Albert Hauser

Was für ein Leben
Schweizer Alltag vom 15. bis 18. Jahrhundert

Albert Hauser

Was für ein Leben

Schweizer Alltag vom 15. bis 18. Jahrhundert

Verlag Neue Zürcher Zeitung

Der Verlag dankt den folgenden Institutionen und Firmen für ihre Unterstützung:

Bank Vontobel, Zürich
Brauerei Hürlimann AG, Zürich
Elektrowatt AG, Zürich
IBM Schweiz, Zürich
Laur Fonds, ETH Zürich
Schweizerische Lebensversicherungs- und Rentenanstalt, Zürich
Schweizerische Rückversicherungs-Gesellschaft, Zürich
Sparkasse Wädenswil – Richterswil – Knonaueramt, Wädenswil
Sparkasse der Stadt Zürich, Zürich
Stiftung Pro Helvetia, Zürich
Zentralverband Schweizerischer Milchproduzenten, Bern

Umschlagbild:
Rückkehr vom Markt.
S. Freudenberger, kolorierte Radierung (Ausschnitt)
(1760 bis 1801)

Frontispiz:
Fasnacht in Schwyz im Februar 1508.
Auf dem Bild des Diebold Schilling bemerkt man
auf einem kleinen Podest die Musikanten, einen
Schalmeibläser sowie einen Hackbrettspieler.
Die Paare bewegen sich gemessenen und tanzenden
Schrittes rund um dieses Podium.

© 1987, Verlag Neue Zürcher Zeitung, Zürich
Grafische Gestaltung: Erich Alb
Satz: Febel AG, Basel
Fotolithos: Kläusler AG, Kloten
Druck: Grafische Betriebe NZZ Fretz AG, Zürich
Einband: Schumacher AG, Schmitten
Printed in Switzerland
ISBN 3 85823 179 7

Inhaltsübersicht

Vorwort	7
Umwelt	9
Raum und Zeit	25
Arbeiten	33
Wohnen	49
Hausentwicklung und Wohnkosten	49
Stube	51
Küche	58
Schlafstube	61
Beleuchtung	64
Badstube und heimlicher Ort	66
Waschhäuser, Speicher und Stöckli	68
Die geistige Hauskultur	71
Wohnen im Garten	74
Ernährung	79
Nahrungsmittel und Lebenshaltung	79
Ess- und Trinksitten	101
Kleidung	111
Volksglauben und Volksfrömmigkeit	119
Gesunde und kranke Tage	133
Feiern und Feste	149
Sport	169
Spiel, Tanz und Musik	181
Institutionen der Stabilität	197
Ehe	197
Familie	204
Gemeinde, Nachbarschaft, Bruderschaft und Zunft	211
Garanten der Sicherheit	221
Das Haus als Friedensbereich	221
Wehrbereitschaft	223
Recht	228
Heimat	237
Nation	241
Leitbilder und Leitgestalten	245
Aufgaben und Ziele	245
Volkslieder	246
Volksschauspiel und Drama	249
Malerei und Skulptur	253
Chroniken	265
Sagen	269

Sprichwörter und Redensarten	272
Rechtssprichwörter	275
Bauernregeln	277
Haus-Inschriften	279
Stuben-Sprüche	284
Leitsprüche in Ratshäusern	286
Inschriften auf Truhen und Geräten	289
Flugschriften und Bücher	291
Übergangsrituale	297
Geburt und Taufe	297
Initiationsriten	303
Verlobung und Hochzeit	306
Sterberitual und Totenbrauch	312
Schlusswort	329
Anhang	333
Anmerkungen (Literatur und Quellen)	333
Bildnachweis	352
Tabellen	357
Sachregister	359

Vorwort

Den Anstoss zu diesem Buch gaben – so seltsam dies aussehen mag – die Bauernregeln. Beim jahrzehntelangen Sammeln und Suchen waren mir immer wieder Regeln begegnet, die sich weder mit dem Wetter noch mit den landwirtschaftlichen Arbeiten, sondern vielmehr mit ganz andern Dingen, mit Essen, Trinken, Schlafen, Wohnen, mit der Liebe, dem Heiraten, mit Krankheit und Tod, das heisst also mit dem ganzen komplexen Bereich menschlichen Lebens und Daseins befassten. Ich nahm mir nach der Publikation der Bauernregeln (das Buch erschien 1973) vor, diesen «Lebensregeln» weiter nachzugehen. Schon nach einigen Jahren hatte ich ein riesiges Material beisammen – ich gedachte es unter dem Titel Leitbilder und Leitgestalten zu publizieren. Doch dann sah ich ein, dass dies falsch gewesen wäre. Man kann die Leitbilder nicht allein, gewissermassen abstrakt, zeigen. Sie gewinnen erst an Leben und Relief, wenn man sie in ein grösseres Ganzes einbezieht. Wir müssen zuerst wissen, aus welchem Denken, aus welchen Voraussetzungen heraus sie entstanden sind. Und vor allem müssen wir wissen, ob und wie weit sie überhaupt befolgt worden sind. Es galt also, das Leben gewissermassen selber aufzuspüren. Wie sahen die alltäglichen Lebens- und Umweltbedingungen aus? Für mich war diese Fragestellung an sich nicht neu. Mit dem ökologischen Denken der Vorfahren beispielsweise hatte ich mich schon wiederholt befasst («Wälder und Felder in der alten Schweiz», 1972). Nach einem ausgiebigen Quellenstudium hatte ich mich schon früher auch mit der Ernährung auseinandergesetzt («Vom Essen und Trinken im alten Zürich», 1962). Zustatten kamen mir nun auch die früheren Untersuchungen über das Heimat- und Nationalbewusstsein, das Selbstbild der Bauern in der alten Eidgenossenschaft, das bäuerliche Leben im Brauchtum, den Bauerngarten und die Waldgesinnung.[1]
Im letzten Jahrzehnt kamen zahlreiche Anregungen von aussen, vom Engländer Peter Laslett, vom Amerikaner Robert McC Netting, den Franzosen Robert Mandrou, Emanuel Le Roy Ladurie, George Duby, dem Österreicher Harry Kühnel, den Deutschen Peter Blickle (Bern), Arthur E. Imhof und von meinen Schweizer Kollegen nicht nur aus dem Fachbereich Geschichte, sondern auch aus den Bereichen Volkskunde sowie Kunst-, Rechts- und Medizingeschichte, Soziologie, Geographie und Klimatologie.
Leider lag die wichtige Bevölkerungsgeschichte der Schweiz von Markus Mattmüller bei der Abfassung meines Textes noch nicht vor. Wer sich in Zukunft mit der Lebensweise unserer Vorfahren beschäftigt, wird mit grossem Gewinn zu diesem Standardwerk greifen.[2]
Trotz den vielen verhältnismässig guten Vorbedingungen sind die Schwierigkeiten, die ein Unterfangen wie das unsrige mit sich bringt, recht beträchtlich. Den Alltagsmenschen ins Zentrum rücken, das ist leichter gesagt als getan. Die üblichen Fundstellen historischer Forschung bringen da keine grosse Ausbeute. Unsere Archive enthalten keine Aufzeichnungen von den Menschen von einst. Zwar gibt es einige

Lebensbeschreibungen und Tagebücher, doch sie sind sehr selten. Wir sind deshalb auf ganz andere Quellen angewiesen: auf Chroniken, Volkslieder, Volksschauspiele, Inschriften an Häusern, Geräten, auf die Dinge an sich, auf die Sachkultur also, das Schlafzimmer, die Küche bis hin zum heimlichen Ort.[3]

Zu den quellenmässigen Schwierigkeiten gesellen sich andere: Sie stehen mit unserer eigenen Optik in Zusammenhang. Wir sind immer in Gefahr, das Leben unserer Vorfahren mit unsern heutigen Augen zu betrachten. Nun sind die ökonomischen und gesellschaftlichen Voraussetzungen völlig anderer Art. Es gilt deshalb, die Welt mit ihren Augen zu sehen, sagen wir besser und schlichter, ihnen Gerechtigkeit widerfahren zu lassen. Wir wollen herausfinden, wo ihre eigenen Probleme lagen, wie sie aussahen und wie sie damit zu Rande kamen. Dabei wollen wir uns bewusst bleiben, dass keine Wiederherstellung des Vergangenen vollkommen objektiv sein kann. Jede Geschichtsschreibung, auch die unsere, lebt aus Leidenschaft, wird getragen von Teilnahme, vielleicht sogar von Mitleid. Im Bewusstsein der Relativität historischer Erkenntnisse werden wir uns weniger um die kaum fassbare Wirklichkeit bemühen als vielmehr um ein Bild, das sich die Zeitgenossen von dieser Wirklichkeit selber gemacht haben. Uns interessieren deshalb die Zeugen der vergangenen Welt, die Aufzeichnungen von Zeitgenossen und ihrer Taten. Uns interessieren weniger die Urkunden als vielmehr die Chronisten, die Richter, die Pfarrer, der Arzt, die Liederdichter und Sagenerzähler. Uns interessiert der Künstler, der seinem Auftraggeber das vor Augen führte, was er zu sehen erwartete. Uns interessiert das ikonographische Programm.

Nicht alle Fragen, die auftauchten, konnten beantwortet werden. Wir haben sie bewusst offengelassen. Manches Gebiet muss weiter erforscht werden. Ich hoffe, dass meine Arbeit mithilft, die «Schwachstellen», die Forschungslücken anzuzeigen. Ein umfassendes Buch über Leben und Sterben in der alten Schweiz lässt sich erst auf Grund weiterer Quellen-Untersuchungen schreiben.

Offen bleibt auch die Frage, ob und wie weit wir uns mit den Leitbildern und Verhaltensweisen unserer Vorfahren identifizieren können. Sicher: kein Zeitalter kann für ein anderes einstehen, kann ihm seine Entscheidung abnehmen. Aber vielleicht können uns doch die von den Ahnen erprobten und erlebten Lösungen helfen, in unserer Zeit zu bestehen. Das Buch möchte nicht zuletzt dazu anregen, über unser eigenes Lebens nachzudenken. Was haben wir im Hinblick auf die Vergangenheit verloren, und was haben wir gewonnen?

Es bleibt mir allen jenen, die am Zustandekommen dieses Werkes geholfen haben, zu danken. Es sind die Professoren Peter Liver, Paul Zinsli und Arthur Meier-Hayoz, die Pfarrer Walter Angst, Pater Dr. Thomas Locher, Pfarrer Werner Gysel, der Arzt Dr. med. Peter Möhr, die Kunsthistoriker Prof. Dr. A. Reinle und Dr. Andreas Hauser. Dem Leiter des Volkskundemuseums von Basel, Dr. Th. Gantner, danke ich für die Hilfe bei der Beschaffung des Bildmaterials. Meinem Schwiegersohn Samuel Galle-Hauser danke ich für die Durchsicht der Druckbögen. Drei Frauen waren unermüdlich an der Schreibmaschine tätig: Silvia Keller, Vreni Pfister sowie meine liebe Frau. Auch ihnen bin ich zu grossem Dank verpflichtet. Vielen Dank für wertvolle Ratschläge schulde ich auch Dr. Gerhard Winterberger. Schliesslich danke ich dem Verlag für die vorbildliche Betreuung und schöne Ausstattung des Buches.

Wädenswil, im Sommer 1987   Albert Hauser

Umwelt

1 *Für Eichhörnchen gab es noch im 18. Jh. keine Schonzeiten. In Zürich ging um die Mitte des 18. Jh. ein Ausrufer durch die Gassen, der Eichhörnchen zum Verkauf anbot.*

Umwelt hat, so verwunderlich das klingen mag, auch historische Dimensionen. Unsere Vorfahren hatten zwar nicht unsere Umweltschwierigkeiten, aber sie hatten auch Probleme. Sie waren lediglich anderer Art: Der Raubbau in den Wäldern führte zur Energiekrise, erhöhte die Lawinen- und Steinschlaggefahr. In den Städten kam es immer wieder zur Verseuchung von Trinkwasser. Vorübergehende Klimaverschlechterungen, Trocken- und Nassperioden führten zur Verhinderung der ohnehin knappen Ressourcen. Seuchen wie Aussatz, Pest, Syphilis und «Englischer Schweiss» führten zu schmerzlichen Einbrüchen ins Leben und zu Wüstlegungen von Höfen und Dörfern. Wölfe rissen Kinder, Feuerbrände zerstörten ganze Städte und Dörfer. Die Beispiele liessen sich vermehren. Sie werfen die Frage nach kausalen Zusammenhängen auf. Gab es, wie manche Umweltschützer glauben, einmal eine heile Welt? Wie sahen die Umweltprobleme unserer Vorfahren konkret aus? Wie fügten sich unsere Vorfahren in die Umwelt, wie beeinflussten sie die Umwelt, wie den Menschen?

Die Antwort ist nicht leicht: Unsere Vorfahren dachten in andern Kategorien als wir. Ihr Weltbild – man lese darüber im Kapitel «Raum und Zeit» – war ein anderes. Ihre Beziehungen zur Natur unterschieden sich in mehr als einer Beziehung von den heutigen. Für sie war der Baum, der Erträge bringt, das Tier, das arbeitet oder Milch gibt, nicht nur Produkte-Lieferant. Zwischen Menschen und Vieh herrschte, wie es ein Chronist des 18. Jahrhunderts sagte, «ein freundliches Zutrauen».[1] Tiere und Pflanzen, ja die ganze Natur, nehmen teil am Leben der Gemeinschaft. Die Pflanzen, die man hegt und pflegt, sind nicht zur Passivität verurteilt. Sie reagieren, wenn man es wahrnimmt, im Guten wie im Bösen, je nachdem, ob sie «richtig», das heisst nach den altüberlieferten Regeln behandelt werden. So kommt es zu einer dauernden Befragung, zu einem Zwiegespräch zwischen dem Menschen und seinen Tieren und Pflanzen. Die Tiere werden nicht nur gut behandelt, weil so mehr von ihnen zu erwarten ist, sie sind vielmehr Teil der Hausgemeinschaft. Stirbt der Imker, der Bienenvater, hat seine Frau die Pflicht, dies den Bienenvölkern mitzuteilen. Das gleiche gilt für den Tierhalter und Tierzüchter. Ist der Bauer gestorben, so ist die Frau gehalten, dies dem Vieh zu sagen.

Unsere Vorfahren, obwohl arm und ohne naturwissenschaftliche Erkenntnisse, waren mit der Natur stärker verbunden als wir. Im Spätmittelalter war es eine in sich fromme Maxime, im Einklang mit der Natur, «secundum naturam», zu leben. Unsere Vorfahren erlebten die Natur als majestätisches System vorgegebener, gesetzhafter und logoshafter Ordnung. Noch gab es Geheimnisse, die sie mit Schauern von Ehrfurcht erfüllten. In diese primäre Naturerfahrung ist der Glaube einbezogen. Die Menschen, gläubiger als wir heutigen, erkannten die Natur deutlich als einmaligen und grossartigen Schöpfungsakt des Herrn. Doch schon im Laufe des 17. und 18. Jahrhunderts bahnten sich einige weittragende Änderungen an. Je stärker die Aufklärung fortschritt, je mächtiger das Wissen um die Einsicht in das Wirken der

Natur zunahm, um so mehr ging die unbewusste Identität mit ihr verloren. Der Donner blieb nicht mehr die Stimme des warnenden oder zornigen Gottes, aus dem Baum riefen keine Geister mehr, er blieb nicht mehr das Lebensprinzip des Menschen; aus Steinen, Pflanzen und Tieren sprachen keine Stimmen mehr. Der Mensch sah sich ausserstande, mit ihnen zu sprechen. Der enge Kontakt mit der Natur ging allmählich verloren und damit auch die starke, emotionale Energie, die diese Verbindung einst bewirkt hatte.

Wie sehr sich die Einstellung des Menschen zur Natur geändert hat, zeigt der Wald. Dem mittelalterlichen Menschen erschien er voller Geister. Sagen, prälogischer Glaube und ganz bestimmte mythologische Vorstellungen bestimmten sein Verhalten. Die zum Teil heidnischen, später christlich gefärbten Vorstellungen prägen nicht nur die Denkweise, sondern auch das Brauchtum. Bestandteil dieser Vorstellungswelt ist die Identifizierung von Mensch und Baum. Der Mensch ist wie ein Baum, der Baum wie ein Mensch. Wie kam es zu dieser Auffassung? Wilhelm Mannhart hat in seinem vor hundert Jahren erschienenen, in einzelnen Teilen zwar überholten Werk über den Baumkultus der Germanen eine schlüssige Antwort gegeben: «Alle lebenden Wesen vom Menschen bis zur Pflanze haben Geborenwerden, Wachstum und Tod miteinander gemein, und diese Gemeinsamkeit des Schicksals mag in einer fremden Kindheitsperiode unseres Geschlechtes so überwältigend auf die noch ungeübte Beobachtung unserer Voreltern eingedrungen sein, dass sie darüber die Unterschiede übersahen, welche jene Schöpfungsstufen voneinander trennen.»[2]

2

Vorstellungen vom Baum als menschlichem Wesen finden wir schon in ältester Zeit, doch blieb es nicht bei dieser Identität. Man glaubte vielmehr, dass im Baum übernatürliche Kräfte seien, und man hat ihn deshalb auch verehrt. Ein eigentlicher Baumkult ist noch im Frühmittelalter fassbar. Die christlichen Missionare traten ihm mit Entschiedenheit entgegen. Hohe Strafen sind ausgesprochen worden: «Wenn einer ein Gelöbnis sei es zu Bäumen oder Quellen machen sollte, wird er sein Seelenheil verlieren.» Von Pirmin, der um 753 gestorben ist, sind die Worte überliefert: «Betet nicht Götzenbilder an, weder bei Felsen, noch an Bäumen, noch an abgelegenen Orten, noch an Quellen.»[3] Die alte Kirche hatte aber nichts einzuwenden, wenn an Bäumen Kreuze oder andere christliche Symbole angebracht wurden. So wurde der alte Baumkult ins Christliche transponiert, und das Volk hatte wieder seine heiligen Bäume. Einige sind bekannt, wie die heilige Eiche mit dem Marienbild in Hergiswil oder die heilige Buche von Meggen. Mancher Baum stand, wie etwa der Trunser Ahorn, bis in die Neuzeit hinein im Glanze kultischer Verehrung. Von ihm berichtet der rätische Geschichtsschreiber Campell um 1537, dass unter seinen Ästen der Graue Bund geschlossen worden sei. Man nahm an, dass er so lange leben werde wie der Bund selber. Dieser Glaube war noch um 1755 intakt. Jedenfalls hätte kein Mensch gewagt, den Baum, obwohl er längst brüchig und bresthaft geworden war, anzutasten. Zu den heiligen Bäumen gehörte auch die Linde. Einst Stätte kultischer Handlungen, wurde sie später Ort des Gerichtes und als Dorflinde Versammlungsort der Gemeinde.

Im Zeichen der Aufklärung schritten die Gelehrten zur Entzauberung der Natur. Johann Jakob Scheuchzer erblickte im alten Baumkult baren Unsinn. Die Alten glaubten, so spottete er, dass der Blitz die heiligen Bäume nicht treffe. Das Gegenteil sei der Fall: Der Blitz schlage besonders gern in Bäume ein. Weder ihm noch anderen Aufklärern gelang es, die alten Baumvorstellungen auszurotten. Man glaubte weiterhin, dass die Bäume mit dem Schicksal der Menschen verknüpft seien. Noch im 19. Jahrhundert pflanzten Aargauer Bauern bei der Geburt eines Kindes einen sogenannten Lebensbaum. Gedieh er, so gedieh auch das Kind. Auch der alte Volksglaube, wonach sich Krankheit und Dämonen in Bäumen aufhalten könnten, blieb er-

2 Holzfrevel und Raubbau waren im 17. und 18. Jh. weit verbreitet. Die Abbildung zeigt einen mit Gertel ausgerüsteten Holzfrevler aus dem obern Reusstal 1797. Die Frevler beraubten die Bäume bis hoch hinauf ihrer Äste, was immer wieder den Zorn der Förster hervorrief. Einzelne Frevler benützten statt Gertel und Axt, die ja weithin hörbar waren, die leisere Säge.

3 Noch im 18. Jh. sind Lerchen in grossen Mengen gefangen worden, um sie auf den Markt zu bringen. Der Spruch im Ausrufbild des David Herrliberger von 1746 bringt die entsprechende Mentalität recht deutlich zum Ausdruck: «Die Lerch, samt Vögeln aus den Reben, Gehört nicht Bauern wohl zu leben.»

halten. Man musste diese Dämonen, so glaubte das Volk, zurückhalten oder, noch besser, seine eigene Krankheit einem Baum übergeben. Erkrankte jemand so stark, dass auch kein Arzt mehr helfen konnte, griff man zu dieser Praxis. Dem Kranken wurde Blut abgezapft, mit diesem eilte man zu einer Tanne, bohrte ein Loch in den Stamm, goss das Blut hinein. Das Loch wurde geschlossen, der Kranke hatte gesund zu werden, der Baum aber zu sterben. Weil der Baum eine Seele hatte, vielleicht auch einen bösen Dämon enthielt, musste man aufpassen, diese Instanz nicht zu erzürnen. Deshalb hieben die Holzfäller im Berner Oberland, nachdem sie einen Baum gefällt hatten, ein Kreuz in den Baumstrunk. Dieser Brauch ist im Napfgebiet geübt worden. Bis um 1860 baten manche Holzfäller, bevor sie einen Baum fällten, diesen um Verzeihung, bevor sie ihn des Lebens beraubten.[4]

Die Einstellung unserer Vorfahren zu Baum und Wald war zwiespältig. Einerseits stand ihnen der Wald, weil sie Land für ihre Äcker, Wiesen und Häuser brauchten, buchstäblich im Weg, anderseits brauchten sie ihn in mancherlei Form für die Nutzung von Holz, Rinde, Harz und Beeren. Schon früh wusste man auch, dass der Wald Lawinen und Erdrutsche abhalten kann. So bannten etwa die Urner 1382 den Wald von Flüelen, um sich vor Lawinen und gegen Steinschlag zu schützen. Der Bannwald von Andermatt, beschlossen 1397, diente ebenfalls dem Schutz vor Lawinen, um nur zwei Beispiele zu nennen. Wald bannte man 1304 in den stadtnahen Wäldern von Bern. Hier ging es ausdrücklich um die Sicherstellung des Holzbedarfes.[5] Der Schutzgedanke bricht von Zeit zu Zeit durch, so etwa bei Josias Simler, der 1574 im Zusammenhang mit den Bergwerken in der Schweiz die erstaunlichen Sätze schreibt: «Der Bergbau ist nicht einmal Fremden gestattet, da man der Ansicht ist, er könne nicht betrieben werden, ohne das Gemeinwohl zu schädigen. Denn zur Gewinnung der Holzkohle würden ganze Wälder ausgerottet…»[6]

Josias Simler steht mit seinem weit über die Gegenwart hinausreichenden Denken nicht allein. Rund hundert Jahre nach ihm tritt Johann Jacob Breitinger von Zürich auf den Plan. Er war, wie sein Tagebuch verrät, ein genauer Beobachter und Kenner von Klima, Tierleben, insbesondere von Vogelzügen. Im Namen der gejagten und dezimierten Böllenen (Blässhühner) hat er ein Schutzgesuch an den Zürcher Rat verfasst, das in seiner Originalität einzig dasteht: «O vilgeliebte, hochgeehrte herren, die ihr in dieser loblichen statt Zürich wohnend», lautet die Anrede der Blässhühner an die Ratsherren, «wir sind zwar nu ein wildes völkli und wohnend ungern so nache under den menschen. Uns hatt die natur geschaffen, zu bewohnen die abgelägnen wildnussen und die rauhen wasser in hochen gebirgen. Daselbsten enthaltend wir uns in aller einsamkeit, und ist niemand, der sich ab uns zu beklagen habe. Wann aber zu kalter wintersyt uns alle wasser verschlossen und wir genötiget werdend, uns wider alle unsere natur zu eüch gar in die statt hinyn zu begäben, doch auch nit lenger, alls allein biss dass die breite crystalline deke wider zu wasser wirt, da beduret uns sehr der etweigen ungewohnten hartigkeit, die unser land mit ihrem uffsat(z) uns noch schwärer machend.» Bei keinen Leuten, so fährt er im Namen der verfolgten Tiere fort, haben wir freundlichere Aufnahme gefunden als in Zürich. Jetzt aber sei es anders. Ist es wegen den Fischen? Aber wir ernähren uns doch von Würmern und Schnecken. Und Ihr findet sicher besseres Fleisch als das unsrige. Verfolgt uns also nicht weiter, denn wir sind auf Euer Wasser angewiesen. Wir müssen «usserthalben dises so kleinen becirks allsamen verderben.»[7] Das aber wollte der Rat nicht. Er erliess ein Mandat zum Schutz der gefährdeten Vogelart.

Insgesamt wird man den Obrigkeiten das Zeugnis ausstellen können, dass sie taten, was in ihrer Macht war. Beweis sind die sich über Jahrhunderte hinziehenden Jagd-Vorschriften: Verbot des Rebhuhnfanges mit Netzen, Schonzeiten für Haarwild, Verbot der Entenjagd, Verbot des Murmeltiergrabens, Verbot der Singvögeljagd usw.[8]

3

4

Während man auf der einen Seite gewisse Wildarten schützte, forcierte man andrerseits ihre Ausrottung. Wir begreifen das erst, wenn wir wissen, um was es ging: Wir schreiben das Jahr 1594. Damals rissen die immer wieder auftretenden Wölfe unmittelbar vor den Mauern der Stadt Zürich vier Kinder. Solche Dramen wiederholten sich. Im Jahre 1636 notierte Pfarrer Christoph Taubenmann in Stammheim, die gefährlichen Raubtiere hätten dieses Jahr «grossen Schaden thon, Ross und Küh nidergerissen». 1645 berichtete er, allein im Zürcher, Schaffhauser und dem angrenzenden Gebiet seien im verflossenen Jahre um die dreissig Wölfe erlegt worden. «Im Jenner diss 1594 haben sich die Wolff unerhörter weyss in dieses Landt … gelassen», schreibt der Pfarrer von Elgg. Sie haben «mechtigen Schaden gethon und etwan manches Mensch zerryssen». In Kilchberg wird notiert: «Den 8. zerreisten sie ein Knaben bi Küssnacht, den 11. einen am Seefeld. War ein grosser Jamer.» Die Gemeinde Dorf in der Kirchgemeinde Andelfingen hatte unter den Wölfen so oft zu leiden, dass die Obrigkeit das Glöcklein in ihre Kapelle hängen liess, obwohl dort kein Gottesdienst mehr gehalten wurde. So konnten die im Tobel wohnenden Leute beim Erscheinen von Untieren die Nachbarn mit ihrem Glöcklein zu Hilfe rufen. Nur zu oft blieben die wilden Gesellen im Lande. Dann beschlossen die Gemeindeversammlungen, die Vögte oder die Landesregierung die Durchführung von Wolfstreibjagden. Während Tagen durchsuchten die Bauern, zusammen mit den Beamten, die Wälder, um das «böse untier» zu töten.[9]

4 Holzfäller bei der Arbeit im Jahre 1661. Die Bäume dieses Waldabschnittes sind im Kahlschlag gefällt worden. Damals bediente man sich noch der Axt. Die verschonte Tanne im Hintergrund ist ein Überständer oder ein Samenbaum, welcher der Wiederaufforstung diente.

Zimmermann an der Arbeit. Er ist nach der Art des ausgehenden 15. Jh. mit einem rockartigen Wams sowie mit Beinlingen und Schnabelschuhen bekleidet. Holzschnitt aus dem Kalender von Hans Schönsperger um 1490.

Der Wald war indessen nicht nur Zufluchtsort wilder Tiere, Refugium von Landstreichern und Geächteten, sondern gleichzeitig auch Aufenthaltsort von Dämonen, von Wildleuten, von Totengeistern. Er war – man denke an die vielen Sagen – Zauber- oder Hexenort, verrufen und unheimlich. Im Wald «geisterte» es nach Auffassung des spätmittelalterlichen Menschen. Diese Geister können längst verstorbene Holzfrevler, aber auch Wetterhexen, Wetterdämonen, Baumfrauen, Baumfeen, Waldfeen sein. Im Wald hält sich mit Vorliebe auch das Totenvolk auf. Ausserdem gibt es Drachen sowie böse, manchmal aber auch gute Zwerge. Angesichts aller dieser spukhaften, geisterhaften Erscheinungen verstehen wir, weshalb unsere Vorfahren vom Wald nur mit einem Gefühl der Scheu oder des Schauerns sprachen.

Wenn im Walddenken des 18. Jahrhunderts neue Züge aufkommen, haben wir das vor allem den aufgeklärten Naturwissenschaftern zu verdanken. Dichter wie Haller und Rousseau prägen ein neues Naturideal. Man entdeckte im 18. Jahrhundert nicht nur die Schönheit der Alpen, sondern auch jene des Waldes. Das einstige Bild des unheimlichen Waldes begann allmählich zu verblassen. Entscheidend war aber vor allem das Wirken der Forstpioniere. Sie zeigten – man denke an das Wirken von Kasthofer und Zschokke – recht überzeugend die Wohlfahrtsfunktionen des Waldes auf. Zunächst hatte das Volk einige Mühe, das zu begreifen. Jahrhundertelang hatte es geglaubt, dass die Steinschläge und Lawinen vom Teufel kommen. Wie konnte es anders sein, wenn die Lawinen, wie das in einer Bündner Sage geschildert wird, selbst den Bannwald zerstörten? Wie sollte man es verstehen, dass der Mensch selber die Verantwortung zu tragen hätte? Es gab ja immer noch genug Wald, und die Bäume wuchsen ganz von selber wieder nach. Eine eigentliche Waldgesinnung gab es vorerst nur vereinzelt.[10]

Ebenso zwiespältig wie die Einstellung zum Wald war jene zum Berg. Die Alpen galten zunächst als Einöde, als Wüstenei. Die Menschen werden, so berichten die Chronisten des Spätmittelalters übereinstimmend, bei der Übersteigung der Alpenketten «von plötzlich entstehenden, wütenden Unwettern überrascht und manche sterben, eingeschläfert durch die unmenschliche, gar zu überwältigende Kälte dahin, andere werden erstickt durch den Schnee».[11]

Dennoch gab es, abgesehen von jenen Leuten, die aus wirtschaftlichen Gründen gezwungen waren, die Bergpässe zu überschreiten, Menschen – es waren vor allem Gelehrte –, die, vom Wissensdurst getrieben, die Berge aufsuchten. Conrad Gessner, der Zürcher Arzt und Naturforscher, fand die Berge in eigentlichem Sinne anziehend. Er schrieb 1541 einem Freund, er habe sich vorgenommen, von jetzt an jährlich einen bis zwei Berge zu besteigen. Das soll immer dann geschehen, wenn die Pflanzen in ihrer Vollkraft stehen. Beteiligt an diesem Entschluss waren auch «die edle Körperübung und geistige Erquickung», denn, so fährt Gessner fort: «Welche Lust und was für eine Wonne ist das für ein empfängliches Gemüt, die unermesslichen Gebirgsmassen staunend zu betrachten und gleichsam das Haupt in die Wolken zu erheben.» Dieses «Wunderparadies» müsse genau untersucht werden, denn es herrschen dort andere Gesetze: «Anders wirken dort die so machtvolle Sonne, die Luft und die Winde.» Wer die Bergwelt, so schliesst Gessner, nicht achtet, «ist ein Feind der Natur».[12]

Mit solchen Einsichten eilte Gessner seinen Zeitgenossen weit voraus. Die Furcht vor unbekannten Gefahren hält die Menschen weiter vom Bergsteigen ab. Ganz ähnlich wie beim Wald fürchtet man sich vor dem Unbekannten, vor Geistern und Dämonen, die sich in den Bergen aufhalten. Renward Cysat berichtet um 1580, es gebe im Rigigebiet einen Drachen von ungeheurer Grösse und Länge. Auch im Engadin soll sich ein solches Ungeheuer aufhalten.[13] Ausserdem strich das Totenvolk nicht nur durch die Wälder, sondern auch über die Grate, und selbst in den Bergen gingen arme, unerlöste Seelen um. In den Bergen gab es Dämonen; man sah sie zwar nicht,

aber man musste mit ihnen rechnen, und wer ihnen zu nahe trat, geriet in höchste Gefahr. Der Luzerner Rat verbietet deshalb, den Pilatussee aufzusuchen. Um 1357 werden sechs Geistliche gebüsst, weil sie allen Warnungen zum Trotz das sagenumwobene Seelein besichtigen wollten.[14] Das Verhältnis zum Berg bleibt ambivalent. Es ist eine seltsame Mischung aus christlich-feindlicher Ablehnung der Natur und primitivem Glauben an Dämonen und böse Mächte. Wir finden diese Irritation selbst beim gebildeten Luzerner Stadtschreiber Renward Cysat oder dem Bündner Chronisten Nikolaus Sererhard. Beide schwankten zwischen dem «Aberglauben» ihrer Zeitgenossen und der aufgeklärten Verachtung der «Phantastereien des Pöffels», wie es Cysat nannte.[15]

Das Volk aber findet sich auf seine eigene Weise in der harten Gebirgswelt zurecht. Schon im Mittelalter setzt eine innere Erschliessung der zur Siedlung erwählten Wildnis ein: Sie wird deutlich und erkennbar in den Namen, den Bezeichnungen für Boden und Bergformen.[16] Mit den Namen des landschaftlichen Raumes, mit dem Ansprechen von Geländeformen wird die menschenfeindliche Umwelt «zur innerlich erlebten, nah vertrauten Heimat».[17]

Die alte Berglersprache war bildhaft, herzhaft und treffsicher. Selbst heute, obwohl verblasst und ihres anschaulichen Gehaltes beraubt, wirken die Namen noch farbig und sinnfällig. Da gibt es im Felsgestein Türme, Kirchen und Kanzeln, da senken sich Wannen und Kessel, springen Bänke und Gesimse heraus. Um die Bergformen zu verdeutlichen, werden nicht nur Bauten, sondern auch menschliche Körperteile herangezogen. Eine runde Anhöhe wird zum «Chopf», zum Haupt oder Giebel. An der Gsteigstrasse erhebt sich der Schüdele, Schidele, der Schädel. Spitz herausragende Gebilde werden für den Bergler Nasen, Zähne. Am Säntis gibt es einen Roten Kopf und ein Öhrli. Schluchtartige Vertiefungen werden zu «Chäle» (Kehle) oder Schlund. Am Hinterrhein gibt es eine Gurgel.[18] Kleine Hügel werden als Nacken, als «Äcke» bezeichnet. Knollig-rundliche Hügel werden zum «Chnubel», langgezogene Bergrücken zu «Buggel» oder «Rugge». Die Bergbauern, vertraut mit der Körpergestalt ihres Viehs, haben das Gelände entsprechend gekennzeichnet. Da gibt es Esel-, Ross- und Geissrugge. In Saanen finden wir einen «Topfelsaarsch», auf der Safier Alp einen «Rossarsch». In der Nähe der Schwarzenegg gibt es einen Hengst. Felsige Spitzen erhielten den Namen Horn oder Hörner. Um topographische Eigenheiten zu beschreiben, brauchte man auch die Namen von Werkzeugen und Gefässen. Die Wanne, eigentlich eine ovale, korbartige Kornschwinge, ist eine längliche Bodenvertiefung. Eine Schneemulde am Eiger wird zur «Schissla» (Schüssel), am Gibshorn hinter Davos-Monstein finden wir den «Nidlelöffel», in Avers gibt es die «Chella», im Sarnerland eine «Folle» (Trichter). Der Berg, genannt Napf, erscheint dem Emmentaler und Entlebucher wegen seiner kuppigen Form als umgestülpter Milchkübel.

In den Bergformen erkennt der Bergler auch Gesichter und Gestalten. So sahen die Leute von Pfäfers im Felsen über ihrem Dorf eine Maria Magdalena. Der aufgeklärte Naturforscher Scheuchzer hat dort dagegen im 18. Jahrhundert lediglich noch unförmige Gefüge von Gesteinsadern wahrgenommen.[19] Die Glarner gaben den drei Grattürmen am Glärnisch den Namen «die drei Schwestern».

Der alte Volksglaube, dass es in den Bergen Dämonen gab, bricht auch bei der Namensgebung durch. «Auf der Frauen» nannte man früher im Kiental die Blüemlisalp; «Wilde Frau» einen bestimmten Gipfel, die «Weisse Frau» einen andern Berg im gleichen Massiv. Auf den gefürchteten Dämon im Berg weist der Name Strubel oder Wildstrubel, noch deutlicher der des «Unghürhorns».[20] Auffällig spitze Zacken in wilder Einöde erschienen den Berglern als «verrufene» Kirchen; «Tüfelschilche» erheben sich in vielen Berggegenden, und die Höhlenkirche heisst ein Felsenmassiv, das über dem Hof «Platta» im Averstal steht. In Klosters gibt es ein «Hexatobel»,

5 Der Rhonegletscher im Jahre 1772, gemalt von Johann Heinrich Wüest. Wüest selber berichtet, dass ihn 1769 der Englische Lord Strange fragte, ob er nicht eine Bergreise unternehmen würde, um für ihn den Rhonegletscher zu malen. John Strange, der geologisch interessierte Engländer, verfolgte mit seinem Bildwunsch die Absicht, die damalige Vorstellung eines «Gletscherberges» zu überprüfen. In dieser Zeit haben die Berge und auch Gletscher viel von ihrem Schrecken verloren. Man beginnt sie als interessant zu erforschen, zu beschreiben und auch zu malen.

bei Haldenstein das «Hexabödeli».²¹ «Arme Seelen» hiessen in Grindelwald die beiden riesigen Schneeaugen an der Südseite der grossen Schreckhornfirste: die verlorenen Seelen sind hier im Gletschereis verbannt.²² Schrattenfluh nannte man einen zerschründeten Berg, in dem der Schratt, der Berggeist herrschte. In all diesen Namen klingt etwas vom alten Glauben mit, «dass eben die obern und wilden Alpen ungehüwrig und mit erschröcklichen Gespenstern gevexiert werden».²³ Die Bergnamen zeigen aber auch, mit welcher Treffsicherheit und Präzision die Geländeformen umschrieben und bezeichnet wurden. Man denkt an Goethes Faust, wo es heisst:

«Du weisst, das Bergvolk denkt und simuliert,
Ist in Natur- und Felsenschrift studiert.»

Dass der Berg zur Heimat werden kann, dass man ihn gar liebt, ist erstaunlich, wenn man weiss, wie hart die Auseinandersetzung mit dem Berg und der Natur einst gewesen ist. Die Zeiten sind herb und streng, sagte einmal Cysat, und die Kräfte der Geschöpfe sind bald erschöpft, wenn man den Kampf mit den Elementen bestehen will. Alles ist eine harte Prüfung Gottes.

Dass die Menschen selber ihren Teil der Schuld trugen, das heisst an der Umweltzerstörung mitbeteiligt sein könnten, dass die Rodungen an Steilhängen Lawinen und Erdrutsche auslösen und so wie ein Bumerang auf die Menschen zurückwirken könnten, sah man im allgemeinen nicht. Pater Josef Dietrich machte eine Ausnahme: «Die einzige Ursache der starken Risinen, der zerstörerischen Erdrutsche», sagte er, «ist das viele Holzhacken, von welchem die in der Höhe stehenden Wälder gänzlich ausgestockt, dem Regenwasser den Gewalt gegeben und also dies grosse Elend erfolget.»²⁴ Im allgemeinen standen die Menschen dieser Jahrhunderte den damaligen Umweltproblemen ebenso ohnmächtig gegenüber wie wir den heutigen.

Zu den Lawinen und Erdrutschen kamen die fatalen Überschwemmungen. Besonders verwundbar waren die Alpentäler, so das Urnerland, die Anliegergemeinden von Flüssen und Seen sowie alle jene, deren Allmenden im Überflutungsbereich von Gewässern lagen. Am stärksten betroffen waren die grossen Schwemmlandebenen wie das Seeland, die Orbe-Ebene oder das Gebiet zwischen Zürich und Walensee. Die Gefahr selber – nicht die Ursache – haben unsere Vorfahren deutlich erkannt. Die Lage vieler Siedlungen beweist es. Man baute zuerst an den sichersten Plätzen. Erst nachdem der sicherste Siedlungsraum für die wachsende Bevölkerung zu eng geworden war, begannen die Menschen, vor allem die landlosen, ärmeren Leute, in die überschwemmungsgefährdeten Gebiete einzudringen und auch hier zu siedeln. Dafür gibt es wohl kein deutlicheres Beispiel als der Emmentaler Schachen. Er ist durch die Schicht der Tauner und Taglöhner besiedelt worden, hat aber bei Überschwemmungen immer wieder grauenhaft gelitten.

Wie zermürbend der Kampf mit dem Wasser war, können wir uns heute kaum mehr vorstellen. Er verschlang nicht nur Arbeitskräfte und Material, sondern auch grosse Summen. J.J. Siegrist hat nachgewiesen, dass in Rupperswil die Ausgaben für das Aare-Wehr im Gemeindebudget den höchsten Rang einnahmen.²⁵ Bei den schweren Überschwemmungen standen im Seeland jeweils ungefähr 30 000 Hektaren Weideland unter Wasser. Nach der Überschwemmung des Jahres 1758 gingen allein im Amt Erlach bis zum folgenden Sommer über zweitausend Stück Hornvieh zugrunde. Ausserdem begünstigten die Überschwemmungen mit ihren gefährlichen Krankheitserregern auch die Epidemien.²⁶ Denn man war ja in dieser Zeit stark auf das Wasser angewiesen; die Bäche, Flüsse und Seen lieferten auch Trinkwasser.

Dass es zwischen Wasser und Gesundheit Beziehungen gab, wusste man schon im 14. Jahrhundert. Im Zusammenhang mit der Pest tauchte plötzlich die Frage des «gesunden Wassers» auf. Man glaubte, die Juden hätten die Brunnen vergiftet. Aufmerksame Beobachter hatten nämlich festgestellt, dass sich die Juden dank ihrem

6

6 Frühe Darstellung einer Lawine. Johannes Stumpf 1540.

7 Grosser Schneefall in Zürich um 1428. Unter der Schneelast brechen laubtragende Äste von den Bäumen. Reben werden «zerdruckt» (hinten links). Im Mittelgrund rechts: Teilansicht der Stadt Zürich mit dem Rennweg-Bollwerk und der Kirche des Frauenklosters Oetenbach. Schnee mit Strichen und Punkten aus Wolken angedeutet.

8 Überschwemmung bei Wettingen und Würenlos um 1568. Die Überschwemmungen waren in der Alten Eidgenossenschaft häufiger als im 20. Jh. (Mangel an Fluss-, Bach-, Seeregulierung sowie Verbauung). Johann Jakob Wick hat in seiner Zeitchronik die Katastrophe recht wirkungsvoll dargestellt. Oben: naive Wiedergabe eines Wolkenbruches, darunter ein Spruch: «In Nott geduldt bringt Gottes huld.» In der Hügellandschaft die Dörfer Buchs, Otelfingen, Wettingen und Würenlos. Die Dorfbäche haben sich in reissende Ströme verwandelt. Bäume werden umgerissen, Häuser weggeschwemmt. Die Menschen fliehen erschreckt.

7

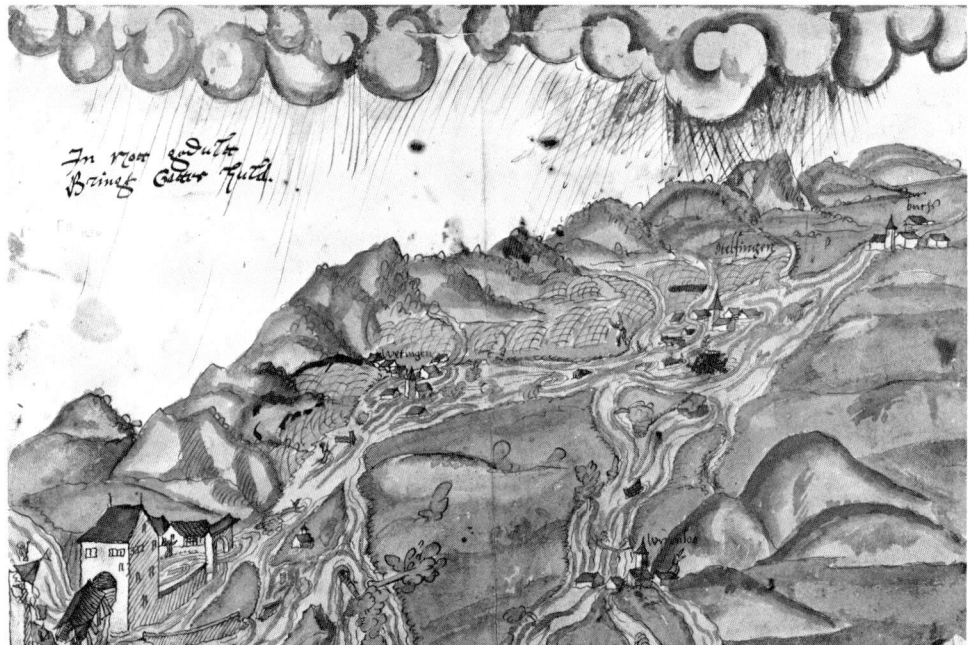

8

medizinischen Wissen vor Epidemien schützten, indem sie statt Brunnen- oder Flusswasser Regenwasser tranken. Diese Feststellung führte 1349 zur Ausweisung der Juden aus Zürich.[27] Im 16. Jahrhundert scheint die Auffassung, dass Krankheiten tatsächlich durch das Wasser hervorgerufen werden könnten, mindestens den Obrigkeiten bekannt. Die Städte Basel, Bern und Zürich erliessen strenge Vorschriften zum Schutze von Brunnen und Flusswasser. Ein Erfolg war ihnen, wie die vielen weiteren Mandate zeigen, nicht beschieden. Offenbar verschlimmerte sich die Situation vielmehr. Im Jahre 1788 wird in einer Eingabe an den Zürcher Rat festgehalten, dass es ekelhaft sei, «dergleichen Wasser ohne dringendste noth oder in speise zu geniessen, wo sehr oft todte hunde, katzen drin ligen». Dass das Wasser der Limmat gesundheitsschädigend sei, bezeugten auch die Fischer. «Zwischen der oberen und unteren Brücke, wo sie ehemals sehr Fische fingen, halten sich jetzt nur noch wenige auf», heisst es in der Eingabe.[28] Dennoch: Am Fortschritt, vor allem der Städte, in ihren Bemühungen um eine verbesserte Wasserversorgung kann nicht gezweifelt werden. Am Ende des 18. Jahrhunderts ist sogar ein beachtlicher Standard erreicht worden. Wenn es trotzdem immer wieder zu Infektionskrankheiten, ja schweren Seucheneinbrüchen kam, hängt dies mit der Praxis der Entsorgung zusammen. Für die Ausräumung der Kloaken hatten die Grundeigentümer, für die Beseitigung der gewerblichen Abfälle die Gewerbetreibenden zu sorgen. Es herrschte also das Verursacherprinzip. Ob es aber alle Leute da so genau nahmen? Dazu kommt ein weiteres: Zwischen den Häuserzeilen gab es Rinnen, in Zürich Ehgräben genannt, welche die Abfälle aufnahmen. Aborte durften da zwar nicht angeschlossen werden, das hätten selbst die an allerhand Gerüche gewohnten Nasen nicht zugelassen. Aber eben, in diese Gräben geriet doch allerlei.

Man tat, was man konnte: Für die Entsorgung stellte man sogar Leute an. In Basel waren es die Totengräber. Doch auch wenn sie ihre Aufgabe recht erfüllten, konnten sie Kontaminationen nicht verhindern. Denn oft waren die Brunnen direkt neben einer Latrine angebracht. Bei den meisten archäologisch ausgewerteten Abfall- und Fäkaliengruben fehlen Baumassnahmen zur Abdichtung. Den Befund kann man im ganzen als tragisch bezeichnen. Nicht Gleichgültigkeit und Bequemlichkeit, sondern zielbewusst eingesetzte Methoden zur Entsorgung schädigten die Grundwasser und führten so zum Infektions-Kreislauf Mensch – Abfallentsorgung – Wasser – Mensch. Erst die technisch-naturwissenschaftlichen Fortschritte des 19. Jahrhunderts durchbrachen diesen Circulus vitiosus.[29] Bis zum Ende des 18. Jahrhunderts dominiert die von der Antike übernommene Miasma-Theorie, die Lehre von der Krankheitsübertragung durch verdorbene Luft. Es galt, vor allem fäulnisbedingte Ausdünstungen zu vermeiden. Es galt, die Corruptio aeris zu vermeiden. Deshalb nahm man die Abfallbeseitigung im Wasserbereich eben notgedrungenerweise in Kauf.

Wie eng insgesamt die Beziehungen des Menschen im Spätmittelalter zum Wasser waren, erhellen auch die Eigennamen von Seen, Bächen und Flüssen. Schon in frühester Zeit sind sie mit grosser Sorgfalt ausgesucht worden. Wir beginnen bei den «einfachen» Namen. Es war naheliegend, den See nach der Siedlung oder Region zu benennen, das war etwa der Fall beim Zürichsee und beim Vierwaldstättersee, beim Ägeri-, beim Zuger-, beim Sempacher-, beim Hallwilersee.[30] Auch die Lage des Sees konnte prägend wirken. So unterschied man etwa zwischen dem Obersee und dem Untersee. Recht sorgsam wurde auf die Grösse, auf die Beschaffenheit des Wassers, die Wasseroberfläche, den Wasserstand eingegangen. Da gibt es den Faulensee, den Totensee; das waren Seen ohne sichtbaren Abfluss. Ausserdem finden wir einen Finstersee, den Blausee, den Schwarzsee. Auch Tiere waren bei der Namengebung beteiligt. Das häufige Vorkommen von wilden Katzen führte zum Namen Katzensee. Bei der Namengebung von Fliess-Gewässern dachte man auch an einzelne Personen. Es gab die Fislis-Aa, den Fridlibach, den Gumpoldsbach, den Michelsbach, den Walterbach, um nur einige Beispiele zu nennen. Die Siedlung, der Weiler, an dem der Bach vorbeifliesst, erscheint in Bachnamen: Aubach, Eibach, Alpbach, Haldibach, Chärstelenbach zum Beispiel. Im weitern wurde die Eigenschaft des Wassers angesprochen: Das ist der Fall beim Fulbach, Schönbach, dem Schrâ, Schraubach, dem Staubbach, dem Rüfibach, dem Risibach, dem Rotbach. Bei der Erfindung der Namen waren nicht nur die Augen, sondern selbst das Gehör beteiligt: Man findet in alten Karten den Färzbach, einen Görbsbach, den Klingenbach, den Rumpelbach, Ruschbach, Trimmel- oder Trommelbach. Die Pflanzenwelt wurde mitangesprochen: Beispiele dafür sind der Eichbach, der Erlenbach, Forenbach, Holder- oder Haslenbach. Auch die Tiere im Wasser spielen eine Rolle. Wir nennen etwa den Enten-, den Krebs-, den Chrotten-, den Otter-, den Groppbach. Manche Namen stammen aus der Welt der Sage oder des Glaubens. Es gab den Chindlibach, das Totenbächli, den Heidenbach, den Erdmannlibach, den Alraunenbach.[31]

9

Nomen est omen: Hinter dem Namen verbirgt sich volkstümliche Beobachtung und Weisheit. Der Dürrenbach bei Seuzach (Kanton Zürich) trocknet häufig aus und fliesst nur bei warmem Wetter reichlich. Wenn er allzu trocken war, verhiess er nichts Gutes. Noch deutlicher wird dies beim Hungerbach, der um 1489 so getauft worden ist. Dieses bescheidene Rinnsal galt als eigentlicher Vorbote von Dürre und somit Hungersnot.[32] Die Leute am Rhein machten, indem sie den Wasserstand beobachteten, ähnliche Feststellungen: Führte der Rhein über längere Zeit wenig Wasser, schlossen sie auf eine schlechte Ernte und nachfolgenden Hunger. Einzelne Steine, die im Rheinbett in niederschlagsarmer Zeit zum Vorschein kamen, nannte das Volk deshalb «Hungersteine».[33] Wenig Wasser konnte indessen aber auch Sonne bedeuten, und das war auf der andern Seite eine gute Voraussetzung für den Weinbau. Sinngemäss hiess es deshalb in Schaffhausen um 1522: «Wenn der riin klain sayg, sol gutter wiin werden.»[34]

Sich in der Umwelt voller Wetterlaunen zurechtfinden, hiess beobachten, hiess kombinieren und interpretieren. In diesem Fach waren unsere Vorfahren Meister. In vielen Dörfern gab es im Spätmittelalter bis hinein ins 19. Jahrhundert den sogenannten Wetter-Heiri. Das war ein Mann, der das Wetter und vor allem das kommende Wettergeschehen zu deuten wusste. Doch stand er mit seinem Wissen nicht allein da. Es ist vielmehr erstaunlich, wie viele Menschen das Wetter beurteilen konnten. Als Wetterpropheten standen ihnen Pflanzen und Tiere zur Verfügung. Sodann beobachteten sie die atmosphärischen Erscheinungen, die Winde, die Wolken, Tau und Reif. Dazu kam ein grosser Schatz an überlieferten alten Wetterregeln. Sie sind entweder mündlich oder durch Kalender tradiert worden. Zu den Kennern gehörten neben den Bauern immer auch Mönche und die gelehrten Humanisten. Sie übernahmen viele Weisheiten antiker Schriften und übertrugen sie in die Kalender und Bauernpraktiken. Das gilt zum Beispiel für die Vogelregeln, die wie die Basler Regeln des 14. und 15. Jahrhunderts deutlich auf Vergils Georgica zurückgehen: Der hochfliegende Reiher, die Krähe, die ihr Haupt mit Wasser besprengt, die Sonne, die spät unter die Wolken geht, bedeuten Regen.[35]

Auch die Verse aus dem Wetterbüchlein des Ludwig Reynmann basieren auf antiker Literatur:

9 Realistische Darstellung einer Viehseuche, die den ganzen Rindviehbestand eines Hofes vernichtete: «Es hat ein gewüsen man aus dem ambt Ruswill hier zum hl. Creutz (Heiligkreuz im Entlebuch) versprochen samt einer Tafell (Exvoto) weill er grosen schaden erliten...»

«Das ist gewiss on alls betrigen:
wenn schwalben auf dem wasser fliegen
und mit den flügeln schlagen drein,
das regenwetter nit weyt thut sein!»[36]

Als Wetterpropheten galten immer auch die Frösche. Reynmann greift in seinen Versen auf Arat (315–245 v.Chr.) und Theophrast (380–285 v.Chr.) zurück:

«Wenn morgens frü schreyn die frösch,
bedeut ain regen darnach rösch!»

Die Froschregeln waren bis in die Neuzeit hinein hochgeachtet. In neuester Zeit haben allerdings die Verhaltensforscher keine besondere Wetterfühligkeit des Frosches feststellen können; das Quaken der Frösche und ihre Wanderung ist nicht wetterbedingt, sondern steht im direkten Zusammenhang mit dem Fortpflanzungstrieb.[37] Als Wetterpropheten betrachteten unsere Vorfahren auch die Haustiere. Sie konnten sich dabei auf die Beobachtung «der Alten» stützen. Schon Plinius hatte geschrieben, dass das Vieh durch mutwilliges Umtreiben eine kommende Schlechtwetterfront anzeige. Das Mittelalter dachte ähnlich:

«So die sonn haiss tut stechen,
die Küe pisen und prummen,
alsbald thun die pauern sprechen:
es wirt gewiss ain regen kummen.»

Im 18. Jahrhundert sind diese Beobachtungen erweitert worden. Klosterkaplan Jakob von Sarnen (1738–1791) hat eine ganze Reihe von solchen Regeln notiert. Er sah, dass die Haustiere sich vor einer Regenperiode nur ungern in den Stall treiben lassen. Die Verhaltensforscher bestätigen die prinzipielle Richtigkeit solcher Regeln.[38]

Schon im Spätmittelalter hat man auch aus dem Verhalten von Pflanzen auf die Witterung geschlossen. So heisst es in einer Regel von 1505: «So die höltzer und die hegken schwartz scheinen, regen erwecken.» Diese Regel beruht auf folgender Beobachtung: Am Ende eines Schneefalls oder einer Regenperiode ist die Luft trokken; infolgedessen biegen sich die Äste aufwärts. Einerseits bleiben die Flocken an den Zweigen hängen, und anderseits zeigt uns der Baum die untere Seite seiner Nadeln, die bei der Fichte heller ist als die obere. Deshalb scheint der Wald grün und hell. Wird die Luft feucht, lässt der Baum seine Äste fallen. Die letzten Reste des Schnees lösen sich ab, und wir sehen nur die obere Seite der Nadeln, glänzend und dunkel. So erscheinen die Bäume schwarz auf dem Hintergrund der weissen Schneefelder oder des Himmels.

Um das Wetter voraussagen zu können, achtete man von jeher auch auf kleine Anzeichen und Veränderungen in Haus und Hof. «Wenn der rauch nit auss dem haus will, so ist vor augen regen zil!», sagt das Wetterbüchlein von 1505. Desgleichen: «Und das salz lind und waich wirt: an dem man gewiss ainen regen spirt.»[39]

Auf genauer Beobachtung kleiner Erscheinungen in der Küche beruht eine Regel aus dem 18. Jahrhundert. Wenn sich der Russ an den Pfannen entzündet und feurig bleibt, nachdem die Pfanne eine Zeitlang vom Feuer weggestellt worden ist, bedeutet das Regenwetter und «zwahr mit zimmlich gewissem Erfolg».[40]

Auch bei den Wolkenregeln stützte man sich auf die Antike. In seiner Beschreibung der Alpen von 1574 zitiert Josias Simler den grossen Plinius. «Wenn die Gipfel der Alpen, so meinte dieser, rein sind, klart es auf. Schwere weissliche Wolken, genannt Alba tempestas (weisser Sturm), bedeuten dagegen Hagelgefahr. Zeigt sich bei klarem Himmel ein kleines Wölkchen, so ist dies Sturmzeichen.» Diese Vorhersagen,

Unsere Vorfahren kannten die Winde und ihren Einfluss aufs Wetter recht gut. Der Föhn oder Mittagwind, wie er auch genannt wurde, bringt «schön Wetter, kann etwa 2 bis 3 Täg anhalten», sagt eine Innerschweizer Regel aus dem 18. Jh. Dass der Föhn vom Regen abgelöst wird, war bekannt. Die Prättigauer sagten: «Der Pföön hedd d'Wassergeltä am Füdli».
Unser Bild: Darstellung der vier wichtigen Winde. Holzschnitt aus dem Augsburger Kalender des Jahres 1490.

so kommentiert Simler, seien völlig zutreffend: «Unsere Landleute beobachten des öftern die Gipfel der Alpen und besonders den Scheitel des Berges, der die berühmte Stadt Luzern überragt, den Fractus, gewöhnlich Pilatus genannt; sie erkennen dann die sichersten Anzeichen für aufziehendes Wetter.»[41] In den volkstümlichen Wolkenregeln bis hinein ins 18. Jahrhundert treten alle Wolkenbilder auf. So kannte zum Beispiel Klosterkaplan Jakob aus Sarnen die Cumuluswolken. Er sprach von schönweiss-heiteren Nebeln, die schönes Wetter bedeuten: «Wenn sich Schön-Wülcklein über den Güpfeln der Bergen sich festsetzen, diese aber ihren Posten verlassen und die weithen des Himmels sich auflassen», dann sei es ein Zeichen, dass die Winde schon in den Lüften seien und sich auch das Wetter entsprechend ändern werde. Ohne Zahl sind die Regeln, die sich mit den Wolkenhüten oder Wolkenkappen befassen: Hat der Pilatus einen Hut, so ist das Wetter gut, sagte man in der Innerschweiz. Die Flumser glaubten dasselbe von ihrem Gonzen, und eine ähnliche Regel stammt aus dem Bergell: Setzt der Piz Duan die Kappe auf, lass die Sense und hol' den Rechen. Das Spätmittelalter kannte auch die Morgen- und Abendrot-Regeln. So heisst es in der Basler Papierhandschrift des 14. und 15. Jahrhunderts: «Morgenrot bedeutet Regenwetter.» Und in Reynmanns Wetterbüchlein von 1505 steht: «Wenn in der Sonnen nydergen rot wolcken an dem hymel sten, der Tag dernach wirt gwonlich schön.» Im 18. Jahrhundert hiess es: «Wenn es abends am Himmel schön roth aussieht, ist es ein Zeichen, dass nachgehender Tags schön Wetter seyn wolle.»[42]

Nun lässt es sich gewiss nicht erwarten, dass man mit einer kurzen Regel wie Abendrot=Gutwetter die ganze Komplexität der Witterung einfangen könnte. Schon unsere Vorfahren wussten, dass das Wetter voll ist von Wandlungen, Übergängen, Überraschungen. Sie wussten, dass fein ausgeklügelte und differenzierte Regeln sich weniger eignen als grob gebaute, allgemeine Regeln. Was die Bauern alten Schlages und was vor allem die Schöpfer der Bauernregeln wollten, war etwas anderes: es waren einprägsame, handliche Faustregeln, kleine Gedächtnisstützen, um in der unübersehbaren Fülle von Erscheinungen einigermassen zurechtzukommen. Sie hatten ein feines Gespür für die Natur und das Wetter, auch wenn sie nicht um alle Zusammenhänge wussten.

Bedeutend schwieriger war es, die langfristige Witterung, das Klima zu beurteilen. Dass sich die Menschen der vergangenen Jahrhunderte mit diesen Fragen beschäftigten, lässt sich leicht nachweisen. Im Frühling 1779 schrieb die Ökonomische Gesellschaft Bern eine Preisfrage aus, die sich mit dem Klima befasst: «Wie hoch steigen die historischen Urkunden, die sowohl von unseren als den benachbarten Eisgebieten einige Meldung tun? Kan aus noch vorhandenen Documenten bewiesen werden, dass sowohl durch den Fortgang unserer Eisgebirge als durch andere Zufälle vieles zum Weidgang ehemals brauchbares Land gegenwärtig durch Eisberge bedekt liege, oder sonsten auf den höheren Alpen erwilderet, oder durch Zufälle verheeret worden?»[43] Die Berner Ökonomen waren nicht die ersten, die sich mit dem Klima und seinen Veränderungen befassten. Schon zwischen 1525 und 1601 hat der Thuner Wolfgang Haller die Witterung beobachtet und registriert. Sein Tagebuch ist für die Erfassung des damaligen Klimas von ebenso grosser Bedeutung wie die Schriften des Luzerners Renward Cysat (1545–1613) oder die Aufzeichnungen der Einsiedler Patres Joseph Dietrich (1645–1704) und Sebastian Reding (1667–1724). Dazu kommen weitere Angaben von J.H. Fries, J. Scheuchzer, H.R. Rieter und J.J. Sprüngli. Christian Pfister, dem wir eine ausgezeichnete Klimageschichte verdanken, hat sich auf dieses recht reiche Quellenmaterial stützen können.

Wie sah das Klima in unserem Land aus? Zunächst stellt er fest, dass die Winter- und Frühjahrsmonate im Zeitraum von 1525–1860 kälter und trockener waren. Extreme Ausschläge des Klimas waren häufiger. Im 16. und 18. Jahrhundert waren die

10

Sommer niederschlagsreicher. Doch kam es in einzelnen Zeitperioden zu deutlichen Verschlechterungen. Zwischen 1580 und 1600 wird es kälter und nasser. Die Gletscher stossen vor, und es kommt zu grossen Überschwemmungen. Dann erholt sich das Klima einigermassen. Aber am Ende des 17. Jahrhunderts kühlen Frühjahr und Herbst jäh ab. Die Temperatur «der letzten kleinen Eiszeit» liegt um insgesamt 1 Grad C unter dem entsprechenden Wert der Gunstperiode von 1901 bis 1960.[44]
Unsere Vorfahren empfanden und registrierten die Klimaverschlechterung, doch wussten sie sie nicht zu deuten. Das Vordringen der Gletscher als Symbol der Kälte und Lebensfeindlichkeit gehörte für sie zum Unfassbaren, Dämonischen. Man suchte nach Erklärungen. In der Blüemlisalpsage werden sie gegeben. Diese Sage ist im 18. Jahrhundert vom Zürcher Naturforscher Johann Jakob Scheuchzer erstmals aufgezeichnet worden. Man könnte sie, verkürzt und in die heutige Sprache übersetzt, so wiedergeben: Ein Senn auf fruchtbarer Alp vergeht sich, meist durch Speisefrevel, Vergötzung der Geliebten, Unbarmherzigkeit insbesondere gegen die Mutter oder auch gegen den Vater. Die Alp vergletschert oder wird mit Geröll überschüttet. Karl Kasthofer hat um 1817 festgestellt, dass es in beinahe allen Alpenländern solche Vergletscherungssagen gebe. In ihnen allen werde von einst «grünen Weiden» berichtet, die jetzt von Gletschern bedeckt seien. Man nennt alle diese Sagen Blüemlisalpsagen.[45] Solche Sagen gibt es nicht nur im Berner Oberland. Denn Vergletscherungen gab es nicht nur dort. Was die Sagenerzähler eigentlich wollten, ist klar: Sie wollten warnen: Menschliche Verfehlungen rufen immer nach göttlichen Strafen. Gleichzeitig aber registrierten sie auch Klimaveränderungen. Nicht nur die Gelehrten, sondern auch das Volk stellte fest, dass es im 12., 13. und später im 16. Jahrhundert zu Gletschervorstössen kam.[46] Die Blüemlisalpsagen müssen denn auch diesem Phänomen zugeordnet werden. Indem die Sagenerzähler das Unbegreifliche miteinbezogen und mit menschlicher Unzulänglichkeit verbanden, machten sie es gleichzeitig auch begreiflich und für den Menschen fassbar. Das Unfassliche wird fasslich. Die Umwelt, oft böse und unverständlich, wird so verständlich.

Die Umwelt zu verstehen – das ist gewiss wichtig, ja lebensnotwendig. Denn nur so kann man das Leben «richtig» gestalten. Richtig aber heisst «sicher», und das heisst, dafür zu sorgen, die mit der Umwelt verbundenen Risiken so klein wie möglich zu halten. Das Hauptproblem, das primäre Wirtschaftsziel unserer Vorfahren, war die Selbstversorgung. Es galt den Boden so zu nutzen, dass auch in schlechten Ertragsjahren genügend Nahrungsmittel vorhanden waren. Welche Strategien im einzelnen angewendet worden sind, wird im Kapitel Ernährung näher dargelegt. Was uns hier beschäftigt, sind Umweltprobleme, es ist die Frage nach der Bodennutzung innerhalb der vorgegebenen, natürlichen Umwelt. Wenn wir am Schlusse dieses Kapitels auf diese Frage etwas näher eingehen, so nicht allein darum, um zu wissen, wie es einst gewesen ist, sondern vor allem, um auch einige Schlussfolgerungen

10 Einfluss der schlechten Witterung auf die Preise. Das kalte Jahr 1432 und die grosse Teuerung. Zürcher Händler (man könnte auch von mittelalterlichen Schiebern sprechen) fahren nach Zug und kaufen dort Holzäpfel zum gewinnvollen Wiederverkauf in Zürich. Dargestellt ist die Szene auf dem Markt von Zug. Die Verkäuferinnen bieten ihre Ware in Zeinen und Tragkörben feil. Daneben befinden sich Sestermasse und Säcke. Rechts der Zeitturm, ringsum die Steinhäuser des Marktplatzes.

11 Das Schema der Dreifelderwirtschaft. Gezeigt ist hier nur das Prinzip, das Schema ist deshalb recht allgemein und einfach gehalten. In der Praxis waren hundertfältige Varianten möglich.

für unsere Zeit abzuleiten. Manchmal schärft die historische Betrachtungsweise den Blick für gewisse ökologische Zusammenhänge.

Eine erste und betrübliche Feststellung: Es ist unsern Vorfahren nicht oder nur sehr bedingt gelungen, mit dem Hunger fertigzuwerden. Die Versorgung in Krisenzeiten hat nicht geklappt. Trotz der geringen Bevölkerungsdichte traten von Zeit zu Zeit Engpässe auf, kam es immer wieder zu Hungersnöten. Das ist auf den ersten Blick erstaunlich, gab es doch damals Boden in Hülle und Fülle. Noch im 18. Jahrhundert war nur ein einziges Prozent der gesamten Kulturfläche überbaut.[47] Doch war der Boden im Gegensatz zu späteren Epochen nur zum Teil kultiviert. Damals waren noch grosse Teile des an sich kultivierbaren Bodens nicht oder nur marginal genutzt. Die Ackerflächen, seit dem Mittelalter zwar bedeutend grösser, brachten sehr geringe Getreideerträge. Die Wiesen – fast alles Magerwiesen – zeitigten nur kleine Heuernten, das Vieh gab wenig Fleisch und wenig Milch.[48]

Das Ackerland, vor allem jenes im Mittelland – gliederte sich in drei oder vier Zelgen, die im Turnus bestellt wurden. Eine Zelge lag, bis ins 18. Jahrhundert hinein, immer brach. Die Verfügung über den Ertrag, ja über den gesamten Anbau, blieb durch kollektive Nutzung eingeschränkt. Das gilt im übrigen auch für das parzellierte Wiesland und selbstverständlich auch für die Allmende. Wie in den Wäldern erfolgte auch hier die Nutzung kollektiv durch die Berechtigten.

Dass die Erträge nicht ausreichen, um den Bedarf der Bevölkerung zu decken, kann nicht allein mit der geringen Produktivität erklärt werden. Die Situation war ökologisch bedingt: Es gab eine Art von unseligem Kreislauf, eine Abfolge von «Zwängen»: Im Getreidebau konnte man die Produktivität nicht steigern, weil es an Dünger fehlte. Es fehlte an Dünger, vor allem an Stallmist, weil auf den Wiesen nicht genügend Heu geerntet werden konnte, um das Vieh im Stall zu füttern und zu überwintern. Das Wiesland konnte nicht ausgedehnt werden, weil die geringen Getreideerträge zu einer maximalen Ausdehnung der Ackerfläche zwangen. So kam es, wie es Christian Pfister ausdrückte, zu einem ökologisch bedingten Nullwachstum. Es wurzelte in der damals geltenden Bodenordnung: «Die Nutzung jedes parzellierten Grundstückes als Acker- oder Wiesland war im Urbar, dem Vorläufer des heutigen Grundbuches, rechtlich festgehalten. Sie durfte nur mit Zustimmung der davon betroffenen lokalen und obrigkeitlichen Körperschaften, der Dorfgemeinschaft, der Zehntherren und der Grundherren verändert werden, ein Verfahren, das an die kommunalen und kantonalen Hürden erinnert, die heute bei einer Umzonung genommen werden müssen.»[49] Das allein erschwerte jede Änderung, jede Weiterentwicklung. Dazu kam aber ein weiterer Zwang, eine weitere Einschränkung. Sie ergab sich aus der kollektiven Bewirtschaftung und Nutzung. Sowohl die Aussaat wie die Erntetermine sind mindestens bei der Dreifelderwirtschaft durch gemeinschaftliche Nutzungsbestimmungen festgelegt. Die Gründe dafür sind zwar einleuchtend: Bei gemeinsamer Bewirtschaftung brauchte es keine eigentlichen Wegnetze, die temporären Wege hat man entlang den Parzellen und Zelgen geführt. Es hatte auch seine Vorteile, dass bei der Ernte einer Zelge das Vieh gemeinsam auf die Stoppelfelder, auf die Brache getrieben werden konnte. Das aber wiederum setzte eine gemeinsame Entfernung der Feldzäune voraus. Das alles führte zu einer starken Einschränkung der Nutzung. Von einem Eigentum im heutigen Sinne kann kaum die Rede sein. Denn wir haben noch nicht alle Einschränkungen und Beschränkungen aufgezählt. Im Gegensatz zu heute stand beispielsweise der Erwerb von Grundeigentum nicht dem Meistbietenden offen. Voraussetzung war der Erwerb des Burgerrechtes oder der Einkauf als Hintersässe. Die Bodenpreise waren deshalb von den Nutzungsmöglichkeiten her bestimmt. Das ist auch der Grund, weshalb (paradoxerweise) für Wiesen höhere Preise erzielt werden konnten als für Ackerland. Das ganze System entspringt dem Sicherheitsdenken. Es ging um Ertragssicherung, nicht

Das Feld in Drey Theil.		
Theil.	Jahr.	Frucht.
I.	1.	Dünckel und Korn.
		Wicken und Haber.
		Brach.
II.	2.	Wicken und Haber.
		Brach.
		Dünckel und Korn.
III.	3.	Brach.
		Dünckel und Korn.
		Wicken und Haber.

11

um Ertragsmaximierung. Die natürlichen Quellen des Landes lassen sich nicht mehren – dieser Satz taucht in allen Varianten vom 14. bis zum 18. Jahrhundert immer wieder neu auf. Es entsprach uralter Erfahrung, dass ein kleiner Acker weniger Getreide trägt als ein grösserer. Deshalb bekämpften denn auch die Obrigkeiten die Vergrösserung des Wieslandes zu Lasten der Ackerfläche, obwohl die Ökonomen bewiesen, dass mit der besseren Düngung, herrührend aus der Stallfütterung, die Getreideproduktion angetrieben werden könnte. Falsch gelenkte Bewirtschaftung, würde man heute sagen. Ist aber dieser Schluss nicht etwas voreilig? Im Grunde genommen musste es so kommen: «Weil die Ressourcen knapp waren, musste ihre Verwendung geplant werden, und weil im Übermass geplant wurde, blieben sie knapp.»[50]

Ohne jeden Zweifel hat die Dreifelderwirtschaft mit ihren Zwängen die Innovationen verzögert oder gar verunmöglicht. Zur Ehrenrettung dieses Systems muss aber immerhin angemerkt werden, dass es umweltfreundlich war. Es herrschte ein geschlossener Kreislauf. Eingesetzt wurde nur organischer Dünger und auch dieser nicht im Übermass. Doch gab es eben gerade da einen eigentlichen Teufelskreis: Erhöhung der Düngerproduktion gleich vermehrte Viehhaltung gleich Ausdehnung der Futterflächen gleich Verminderung der Ackerflächen! Erst im 19. Jahrhundert, im Zusammenhang mit der mineralischen Düngung, hoffte man, ihn durchbrechen zu können. Wie umstritten aber diese Neuerung war, geht aus den erregten Gesprächen zwischen den Mineralstöfflern und Stickstöfflern um 1860 hervor. Damals sah man das Ziel einer wirklichen und starken Ertragssteigerung in greifbare Nähe gerückt. Endlich glaubte man auch, die Landwirtschaft aus ihrer «Abhängigkeit» von der Natur und vor allem vom natürlichen Dünger lösen zu können. Ob und wie weit gerade durch die Einführung der «Chemie» in die Landwirtschaft der Teufelskreis durchbrochen werden konnte oder ob sich nicht vielmehr ein neuer ergab, kann hier nicht untersucht werden.[51]

Die agrarökonomischen Zonen der Schweiz um 1800 (nach M. Mattmüller)

- ⬭ Vorwiegend Ackerbau «Kornland» (Dreizelgwirtschaft)
- ▥ Mischzone «Selbstversorger» (Feldgraswirtschaft)
- ▬ Vorwiegend Viehwirtschaft «Hirtenland»
- ⬚ Alpine Selbstversorgungszone
- + Obst
- • Wein

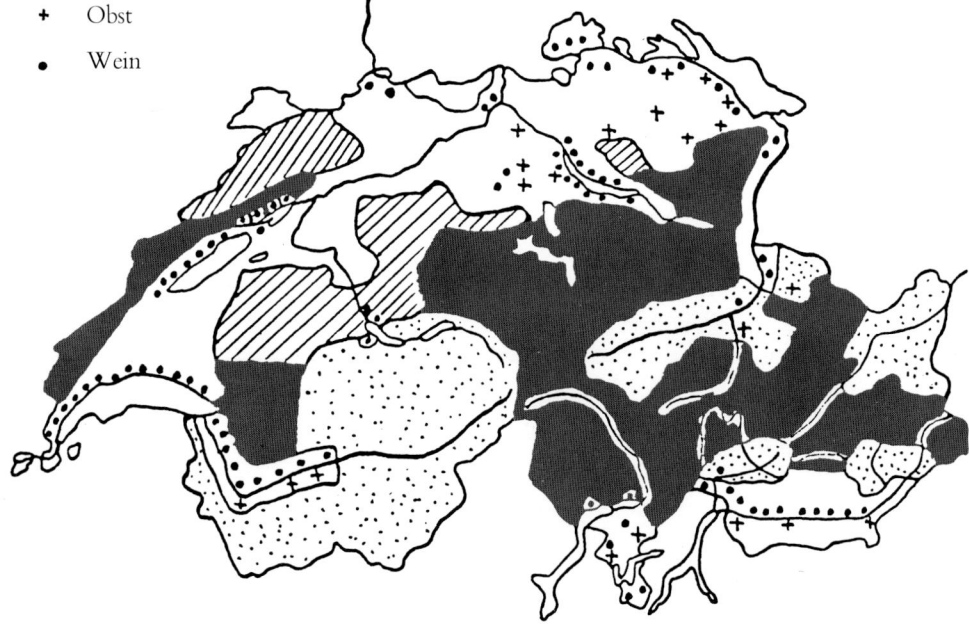

Das *Kornland* umfasst das Mittelland und den tiefer gelegenen Jura. Hier sind alle anderen Produktionen dem Getreidebau untergeordnet. Das Agrarsystem ist gekennzeichnet von der obligatorischen Dreizelgenordnung, durch die alle Dorfbewohner zum Anbau der gleichen Kulturpflanzen gezwungen werden und die Viehhaltung durchaus in eine sekundäre Position verdrängt wird. Das System wird durch die spätfeudale Abgabenregelung (Zehnten und Grundzinsen) zementiert und funktioniert im allgemeinen im Interesse der Versorgung städtischer Zentren (Marktzwang).

In der *Übergangszone* werden – meist in Einzelhofsiedlung oder in Streulage – Getreidebau und Viehzucht/Milchwirtschaft nach freier Wahl und lokalen Bedingungen betrieben. Statt einer regelmässigen Rotation der drei Felder praktizierte man hier die sog. Egarten- oder Feldgraswirtschaft; bei dieser wird eine frisch umgebrochene Parzelle mit Getreide bebaut, einige Zeit intensiv genutzt und nachher als Wiese oder Weide verwendet, bis ein neuer Aufbruch erfolgt. Dieser Wechsel der Nutzung ist praktisch nur dort möglich, wo ein einzelner Betrieb in recht grosser Autonomie über den Boden verfügen kann, d.h. wo die Besiedlungsdichte gering ist und die Nachbarn weit weg sind...

Die *alpine Selbstversorgungszone* betreibt – ohne feudale Abgaben – eine Mischung von Getreidebau und Viehzucht. Im Gegensatz zur mittelländischen Übergangszone wird aber hier nicht nach dem Egartensystem, sondern nach dem Prinzip des «ewigen Baugrundes» produziert, jeweils in geschlossenen bäuerlichen Siedlungen, wo über Jahrhunderte hinweg die Äcker immer am gleichen Ort und in den gleichen Händen sind... Diese Selbstversorgungswirtschaft dürfte ursprünglich die normale und weitverbreitete Produktionsform in den Alpen gewesen sein.

Das *Hirtenland* ist eine hochspezialisierte Region in den Alpen, wo die ganze Produktion auf ein Exporterzeugnis, das Rindvieh oder den Käse, ausgerichtet ist. Pflanzenbau geschieht dort als Residuum einer alten Selbstversorgungswirtschaft nur noch beschränkt, den Talgrund nehmen Heuwiesen ein, höchstens wird in den Gärten noch Gemüse gezogen, um die einseitige Molkenernährung zu bereichern... Die hier gezeigte Karte versucht, die Lage am Ende des Ancien régime wiederzugeben. Wir halten sie aber noch für fragmentarisch und wollen sie ausdrücklich als einen Versuch bezeichnen.

Ob man ein eigenes *Weinland* unterscheiden soll, wie Christian Pfister vorschlägt, ist noch nicht ganz geklärt; wir haben es in der vorliegenden Karte mindestens angedeutet, indem eine Signatur die klimatischen Gunstlagen, in denen die Weinproduktion alles andere dominierte, bezeichnet.

Aus: M. Mattmüller, 1. Bd. S. 410/411

Raum und Zeit

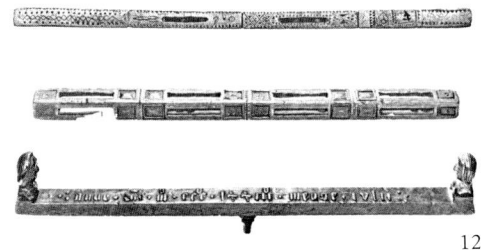

Der moderne Mensch versteht den Raum als dreidimensionale, geometrische Form, die in vergleichbare Abschnitte eingeteilt werden kann. Unsere Raum- und Zeitmasse sind wissenschaftlich und abstrakt. Für unsere Vorfahren existierten die modernen Kategorien von Raum und Zeit nicht. Ihr Denken war konkret und gegenständlich-sinnlich.[1] Sie brauchten, um eine Wegstrecke zu bestimmen, den Fuss, den Schritt, beim Messen von Tuch den Arm. Das scheint einleuchtend und einfach. Doch wurde es kompliziert, weil es nicht nur einen einzigen Fuss oder Schuh gab. Die Berner Steinmetzen besassen den Steinbrecherschuh, die Feldvermesser des 17. Jahrhunderts hatten einen Feldschuh und die Förster den Waldschritt. Ausserdem gab es auf dem Gebiet der alten Eidgenossenschaft den Bern-Fuss, den Nürnberger-Fuss und den französischen pied de roi und im damals österreichischen Fricktal den Wiener-Fuss.[2] Für die Landmasse griff man auf die Arbeit zurück. Die Juchart bezeichnet den in einem Tagwerk gepflügten Boden. Ein Mannwerk oder Tagwan gab an, wieviel Wiesland in einem Tag gemäht werden konnte. Doch das waren recht dehnbare Begriffe und Masse. Je steiler und je hügliger das Ackerland wurde, desto kleiner wurden sinngemäss auch die Masseinheiten. Im Tessin etwa schwankte die «spazza» zwischen 0,4 und 5 Quadratmetern.[3] Im voralpinen und alpinen Raum brauchte man auch Ertragsmasse: Das Kuhrecht ist dafür ein Beispiel. Wer drei Kuhrechte besass, durfte drei Kühe auf die Weide treiben. Bei den Hohlmassen, die im Getreidebau unentbehrlich waren, griff man auf die Gefässe zurück. Für den Transport brauchte man u.a. das Röhrli, ein Fass aus Tannenholz gab das Mass an. Auf dem Markt brauchte man aber kleinere Masse, darum teilte man einfach ab: 1/4, 1/6 Röhrli etwa. Zwischen den einzelnen Massen existierten keine Beziehungen. So hat beispielsweise jeder Stoff die Basis für eine eigene oder nur auf ihn zugeschnittene Behandlung erfahren. Ja, man hat je nach der Qualität des Handelsgutes mit verschiedenen Ellen gemessen. Das grösste Ellenmass hatte die im eigenen Land hergestellte Leinwand. Weil die Seide kostbar und teuer war, ist die Seidenelle die kleinste gewesen. Mit diesem etwas komplizierten und vielfältigen Mass- und Mess-System kam man eine Zeitlang recht gut aus. Je grösser und vielfältiger aber die Wirtschaft wurde, je mehr sie über die engen lokalen Grenzen hinausgriff, um so schwieriger wurde die ganze Geschichte. Eines Tages musste man lieb gewordene Traditionen und Gewohnheiten aufgeben, weil sie mit der Welt der Wirtschaft nicht mehr übereinstimmten. Dass das, als man um 1800 die alten Massbegriffe und Einheiten durch neue ersetzte, zu Spannungen führte, erstaunt nicht. Mit den alten Masseinheiten verschwand eine ganze Welt. Diese Einheiten waren ja selber Sinnbild des alten Menschen- und Weltenbildes.

So wie im Kleinen, im Mikro-Kosmos der Mensch im Mittelpunkt der Betrachtung stand – man mass mit dem Schuh, mit der Elle –, so verhält es sich auch im Grossen. Der Mensch steht auch hier im Zentrum der Betrachtung. Mundus heisst im Mittelalter nicht Welt, sondern Menschheit. In der mittelalterlichen Sicht steht die Erde,

12 Oben: Luzerner Elle mit der Unterteilung in Quartellen, datiert 1658. Hölzernes Gebrauchsmass, Länge 62,8 cm. Mitte: Solothurner Elle mit der Unterteilung in vier Quartellen, datiert 1680. Hölzernes Gebrauchsmass, Länge 54,6 cm. Unten: Luzernische Elle mit der Inschrift des Jahres (1373), Bronze, Länge 44,7 cm.

die terra im Mittelpunkt. Das Weltbild ist erd-zentriert, so wie es uns etwa in der astronomischen Handschrift des Klosters St. Urban aus dem 14. Jahrhundert entgegentritt. Nach der Auffassung des Zeichners steht die Erde im Mittelpunkt, sie wird umkreist von den Planeten. In konzentrischen Kreisen sind um die terra, um die Erde angeordnet aer (Luft), ignis (Feuer), luna (Mond), Mercurius, Venus, Sol (Sonne), Mars, Jupiter, Saturn, schliesslich ganz aussen der Sternenhimmel und dann – erstaunlich – «primum mobile», das Erste Bewegliche.[4] Dieses erd-zentrierte, aristotelisch-ptolemäische Weltbild hatte den Vorteil, dass es die alltäglich gemachten Beobachtungen und Erfahrungen bestätigte und auch den «gewöhnlichen» Menschenverstand befriedigte. Es blieb denn auch – die Gelehrtenwelt ausgenommen – bis weit in die Neuzeit hinein volkstümlich. Das Volk nahm von Galilei, Kopernikus und Kepler keine Kenntnis. Für den gemeinen Mann ging die Sonne weiterhin am Himmel auf, zog ihre Bahn während des Tages am Firmament und ging am Abend hinter dem Horizont unter.[5] Für ihn war der Streit um eine geo- oder heliozentrische Auffassung belanglos – vielleicht auch gegenstandslos, weil die Welt für ihn weder geo- noch heliozentrisch, sondern theozentrisch war.

Doch sorgten die Astronomen, vor allem auch die Astrologen, von Zeit zu Zeit für Unruhe und Verwirrung. Sie registrierten erstaunliche Vorgänge am Himmel und wussten sie auch zu deuten. Der Chronist Victring berichtet, dass sich im Jahre 1336 ein Komet während drei Monaten mit einem langen, leuchtenden Schweif gezeigt habe. Das sei ein untrügliches Zeichen für schreckliche Dinge, die sich noch ereignen würden. So oft nämlich solche Kometen erschienen, würden Pest, Hunger oder Krieg auftreten.[6] In Zeiten von Gefahr und Not sind die Menschen besonders hellhörig und anfällig. Um 1524 sagten die «Astrologi» ein grosses Wasser voraus. Viele Leute verkauften darauf ihr Haus und zogen in die Berge. Aber der Herr liess es, wie Kessler berichtet, nicht geschehen; vielmehr gab es ein trockenes und fruchtbares Jahr.[7] In gar zu krassen Fällen und bei grosser Beunruhigung schritten die Behörden ein. Im Jahre 1467 kam der Kanoniker Erhard Storch nach Chur. Er war Astrologe und hatte ein Prognostikon, eine Vorhersage verfasst. Mit einem Anschlag an der Kathedrale in Chur machte er sie bekannt. Das gab eine grosse Aufregung; glücklicherweise traten aber seine Voraussagen nicht ein. Doch nun bezichtigt ihn der Dompropst Johannes Hopper der Irreführung der Öffentlichkeit. Storch versucht sich zu rechtfertigen und legt die Gründe dar, weshalb sich ein Astrologe irren könne. Der Bischof von Chur gab sich aber nicht zufrieden, Storch wurde gefangen gesetzt, konnte aber fliehen.[8] Ähnlich wie der Bischof von Chur wetterten auch die Reformatoren hin und wieder über die Astrologen und ihre Anhänger. Das Volk war offenbar anderer Meinung. Den Nativitätenstellern glaubt man geschwind, sagte ein Pfarrer um 1657, ja viel eher, obwohl «die Astrologi ein solch ungewisses Fundament haben». Woher wollen sie denn beweisen, fährt er fort, dass der Himmel in 12 Häuser abgeteilt sei, und wie soll denn ein Komet eine Hungersnot anzeigen können? Doch glaubte man allen Warnungen zum Trotz selbst im 17. und 18. Jahrhundert, dass die Kometen Unheil anzeigen würden. Die Obrigkeiten machten da keine Ausnahme: Der Schaffhauser Rat verbot 1565 im Hinblick auf einen Kometen die Neujahrsmahlzeiten und setzte auf Neujahr eine Abendmahlsfeier an.

Was das Volk unter der komplexen Dimension Raum verstand, wissen wir nicht genau. War für unsere Vorfahren Raum identisch mit Welt und sie eine selbstverständliche, gar nicht weiter reflektierte Grösse? Eines scheint festzustehen: Die Gründer der alten Eidgenossenschaft und ihre Nachkommen waren keinesfalls einfältige, hinterwäldlerische Bauern, die, wie ein deutscher Spötter einmal meinte, «sich nicht weiter wagten als ihre Kühe».[11] Die Kargheit des Landes zwang schon zur Gründungszeit zum Handel, zur Tätigkeit ausserhalb der engen Gemarkungen, ja zu saisonalen Wanderungen, zum Reislauf, zur Auswanderung. Es erstaunt deshalb nicht,

13

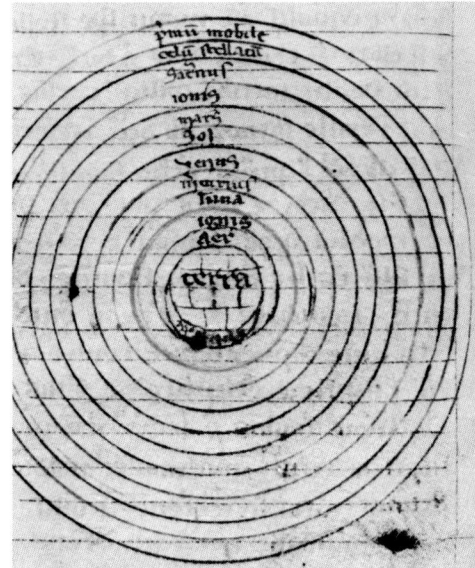
14

15

16

13 Komet als Ursache von Krankheit, Tod und Wassernot im Jahre 1400. Oben links der Komet, unten die Stadt Zürich, links vorne Helmhaus, Wasserkirche und angrenzende Häuser. Das Wasser ist so weit zurückgegangen, dass man mit trokkenen Füssen um die Wasserkirche gehen konnte. Im Hintergrund der Zürichsee mit Uferlandschaft.

14 Weltbild mit erdenzentrierter Auffassung. In konzentrischen Kreisen sind angeordnet: Erde, Luft, Feuer, Mond, Merkur, Venus, Sonne, Mars, Jupiter, Saturn, der Sternenhimmel, «das erste Bewegliche» (primum mobile). Die erdenzentrierte Auffassung blieb, wenn wir von den Gelehrten absehen, bis weit ins 19. Jh. hinein vorherrschend. Aus einer astronomischen Sammelhandschrift des Klosters Sankt Urban, 14. Jahrhundert.

15 «Ein Schrekhafft Passage von Wassen die Schöllenen hinauf auf dem St. Gotthard.» Radierung von J.U. Schellenberg um 1769. Um das Gefährliche dieser Passage zu kennzeichnen, hat der Zeichner rechts unten drei Kreuze angegeben, die den Bergtod von Wanderern kennzeichnen.

16 Gefahren der Landstrasse. Oben: Säumer passieren eine überschwemmte Strecke. Mitte und unten: Darstellung von Lawinen von 1586.

17 Überfall auf Marktbesucher. Die Herren der Festung Wildenburg in der Nähe von Zug hatten die üble Gewohnheit, Leute, die auf den Markt nach Zug gingen, zu überfallen und ihrer Habe zu berauben, die Frauen auf die Burg zu schleppen und zu vergewaltigen. Deshalb versteckte sich ein Bauer vom Berg im Tobel (Mitte). Seine Tochter geht mit Eiern auf den Markt (hinten links). Einer der Herren von Wildenburg bemerkt das, eilt aus dem Schloss ins Tobel (hinten links), um sie zu vergewaltigen. Der Bauer erschlägt ihn und schneidet ihm ein Bein ab (links), das er an eine Hellebarde gebunden mit seiner Tochter auf den Markt bringt (rechts). Im Hintergrund Teilansicht von Zug.

18 Strassenszene, 18. Jh., Kanton Bern. Rechts wird Baukies an einen schräg gestellten Lattenrost geworfen, um feinere und gröbere Steine auszusortieren. Ein zweirädriger Karren steht zum Transport von Steinen bereit. Links: Auf der Strasse befindet sich eine sogenannte Deichselfuhre, das heisst ein vierrädriger Lastwagen mit vier vorgespannten Pferden. Zweispänner und Vierspänner waren erst im 18. Jh. möglich, nachdem die Strassen breiter geworden waren. Vorher sind die Pferde hintereinander gespannt worden.

17

18

dass neben dem Bild vom Hirten, der nicht über seine Weide hinaussieht, auch der andere Topos erscheint, der Topos vom Schweizer, der so lange dem Handel und auch dem Krieg gefolgt ist, dass er «viel in der Welt gesehen und erlebt hat».[12] Und da treffen wir sie denn alle auf mehr oder weniger schlechten, meist sogar sehr schlechten Wegen und Strassen, unterwegs zum Markt, zur Arbeit, zum Versammlungsplatz der Söldner. Unterwegs sind – davon an einer andern Stelle mehr – die Pilger, die fahrenden Leute, die Händler und die Boten. Hin und wieder trifft man auch einen Bildungsreisenden, so etwa Thomas Platter, einen armen Hirtenbuben aus dem Wallis, der zu Beginn des 16. Jahrhunderts, als fahrender Scholar, nicht nur die Schweiz, sondern vor allem Deutschland bereist, vom Elsass bis nach Sachsen und Schlesien wandert und von hier wieder nach Hause bis ins Wallis. Er war ein tüchtiger Wanderer; die Strecke von Zürich nach Basel (84 Kilometer) über den Bözberg legte er mühelos in einem einzigen Tag zurück. Etwas besser hatte es sein Sohn Felix. Er tat mit knapp 16 Jahren den Sprung in die Welt hinaus. Aber er war ausgerüstet mit einem Ross und zwei Begleitern. Am 10. Oktober 1552 startete er von Basel zu einer Reise nach Montpellier und schliesslich nach Südfrankreich.[13]

Leider wissen wir nur in seltenen Fällen, wieviele Kilometer in einer bestimmten Zeiteinheit zurückgelegt werden konnten. Die Chronisten sprechen von Tagreisen, lassen es aber offen, ob diese Tagreisen zu Fuss oder zu Pferd oder in späterer Zeit mit der Kutsche unternommen worden sind. Der Begriff Tagreise ist deshalb recht dehnbar; es konnten zwanzig Kilometer, ebensogut aber auch achtzig Kilometer

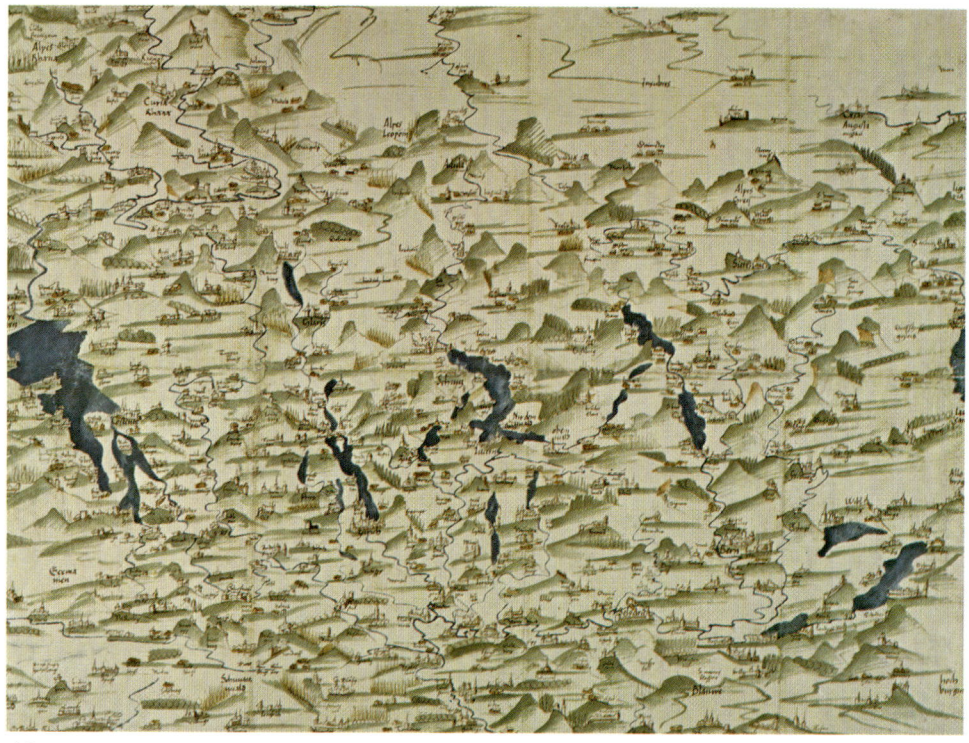

19

sein. Ein berittener Bote hat im 16. Jahrhundert 46 Kilometer im Tag zurückgelegt. Ein reitender Eilbote konnte es mit Pferdewechsel auf 90 Kilometer bringen. Noch im 17. Jahrhundert aber hat ein Postwagen beispielsweise in der Stunde nicht mehr als 8 Kilometer zurückgelegt.[14]

Eine Reise war immer ein Wagnis. Es gab keine Karten, und Reiseführer waren nicht immer erhältlich. Zwar tauchten im 16. Jahrhundert die ersten Reisehandbücher und Strassenkarten auf. Sie gehen zurück auf ein Pilgeritinerar von E. Etzlaub aus dem Jahre 1500.[15] Schon um 1496 erscheint auch die erste Schweizer Karte. Sie stammt vom Zürcher Stadtarzt Konrad Türst. Der Massstab liegt ungefähr bei 1:500000. Die Entfernungen sind entlang den Reiserouten in Schritten angegeben. Es war sicher eine originelle und hervorragende Leistung. Während rund vierzig Jahren ist sie als Vorlage benützt worden. Das Volk hat sie aber zweifellos nicht gekannt, und man konnte sie auch als Reiseführer kaum brauchen.[16] Die einfachen Leute und Wanderer verliessen sich auf ihr Glück und auf hilfreiche Menschen unterwegs. Vor allem die Auswanderer waren auf solche Hilfen angewiesen, sind es doch zumeist junge, unerfahrene Menschen gewesen. Der Zuozer Schuhmacher Jecklin verliess im Jahre 1644 mit zehn Jahren seine Heimat, um in Venedig Arbeit zu suchen. Die Reise dauerte ungefähr zehn Tage. Gian Pitschen Alesch ging 1777 von La Punt im Engadin nach Bordeaux. Die Reise über Zürich, Basel, Beaune, Limoges nahm 3 Wochen in Anspruch.[17] Giacomo Maurizio aus dem Bergell brauchte für die Strecke von Vicosoprano nach Paris siebzehn Tage. Eine Marathon-Leistung vollbrachte Jachen Zamboni im Jahre 1786. Er reiste von Dresden, wo er Arbeit hatte, nach Bever im Engadin zurück. Um zu sparen, machte er die ganze Tour zu Fuss, lief manchmal bis zu zwanzig Stunden täglich und war in zwölf Tagen wieder zu Hause.[18]

Was die Menschen bei der Überwindung des Raumes, beim Reisen erlitten, kann hier nur angedeutet werden: Im Jahre 1546 bereiste Sebastian Münster das Wallis; er schildert in der erweiterten Ausgabe seiner Kosmographie von 1550 den Gemmipass: «Dieser Weg ghat nitt stracks hinauff, denn er were unmüglich solicher weiss zu ersteigen, sonder krümpt sich hin und wieder zur lincken und zur rechten mitt kleinen und gantz schmalen gengen und wo einer neben dem weg hinab sicht, kompt

19 Konrad Türst, Karte der Eidgenossenschaft 1495/1497. Die wichtigsten Routen sind mit Distanzangaben versehen.

20 Astronomische Wanduhr. Konstruiert um 1670 von Beat Jakob Brandenberg (1646–1729). Höhe: 48 cm. Die achteckige Wanduhr ist von einem mit Schildpatt und Zinneinlagen geschmückten Holzrahmen umgeben. Das aus einer bemalten Kupferplatte bestehende Uhrblatt zeigt in der Mitte die allegorische Figur des Chronos (Zeit), auf Wolken sitzend und umringt von mehreren kleinen Zifferblättern aus Silber und Kupfer. Folgende Daten können abgelesen werden: Stunden und Halbstunden, Tages- und Nachtlänge, Tagesdaten, Monatsdaten, Mondphase und Monddaten, Planeten- und Tierkreiszeichen. Ein Spitzenprodukt, für die Spitze der Gesellschaft gedacht.

21 Der Basler Kaufmann Andreas Ryff hat uns eine detaillierte Beschreibung der ersten Wegführung von Leukerbad zur Daube hinterlassen. Er hat im Mai 1591 die Gemmi überquert. Seine Zeichnung zeigt die vielen Windungen des damals nur zwei Fuss breiten Weges, der die Schlucht östlich der Blauen Fluh auf einer in Kriegszeiten abwerfbaren Brücke überquerte, die an vier Ketten aufgehängt war.

22 In Bern wurde von 1527–1530 der Zeitglockenturm mit Glockenschläger, astronomischer Uhr und Glockenspiel sowie automatischem Figurenwerk ausgerüstet. Er war das populäre Wahrzeichen der Stadt. Im Vordergrund befindet sich der Zähringerbrunnen.

20

21

22

jm ein grausame tieffe entgegen, die kaum on schwindel des haupts mag angeblickt werden. Ich weiss wol do ich auss dem bad (Leukerbad) auff diesen berg stig, den zu besichtigen, zitterten mir mein hertz und bein.»[19] In seiner Autobiographie beschreibt 1537 der Florentiner Benvenuto Cellini seine Reise über die Bündner Pässe nach Zürich. Es hätte nicht viel gefehlt, so wäre er bei einem Sturm auf dem Walensee mitsamt seinem Gefährten ertrunken. Auf der Uferstrasse am oberen Zürichsee nahm er mitsamt seinem Pferd ein unfreiwilliges Bad. Als er in Zürich ankam, war er so erschöpft, dass er sich einen ganzen Tag ausruhen musste.[20] Doch das alles nahm man als selbstverständlich in Kauf. Unsere Vorfahren hatten Zeit und nahmen sich Zeit.

Tatsächlich hatten sie ein anderes Verhältnis zur Zeit als wir moderne Menschen. Das gilt insbesondere für die ländlich-bäuerliche Bevölkerung, die noch im Spätmittelalter den grössten Teil der Bevölkerung ausgemacht hat. Ihr Tagwerk richtete sich nach dem Stand der Sonne, nach der Einteilung von Tag und Nacht. Einen Zeitbegriff entwickelten zuerst lediglich die Klöster. Der Tag ist genau in Zeitabschnitte eingeteilt. Er beginnt mit der Matutin, es folgt die Prim, die Terz, Sext und Non, und der Tag wird beschlossen mit Vesper und Komplet. Bezeichnet wurden die Zeitabschnitte von der Glocke. Sie rief zum Gottesdienst, siebenmal in vierundzwanzig Stunden. Sie ersetzte die noch fehlende Uhr. Das gilt auch für die mittelalterliche Stadt. Da gab es eine Vesper- und eine Primglocke, eine Ave-Maria-Glocke, das Salvegeläute, das Mittagläuten. Dazu kamen Musglocken, Feuerglocken, Werchglocken und Tagglocken. Das Läuten bezeichnete den Zeitpunkt für die täglichen Verrichtungen. Die Glockenzeichen waren verbindlich, verpflichtend. So verordnet zum Beispiel der Rat von Luzern im 14. Jahrhundert, es solle niemand in der Stadt nach der Ave-Maria-Glocke tanzen und geigen.[21] Die Feuerglocke hatte gleich zwei Funktionen: einerseits rief sie dazu auf, das Herdfeuer zu löschen, anderseits war sie das Zeichen, heimzukehren beziehungsweise nicht mehr auszugehen.[22] Doch die neue Zeit kommt mit der Zeit! Um 1335 wird in der Kirche San Gottardo in Mailand die erste Uhr eingerichtet. Es ist, wie der Chronist berichtet, «eine wunderbare Uhr, mit einem Klöppel, der vierundzwanzigmal gemäss den vierundzwanzig Stunden des Tages oder der Nacht eine Glocke anschlägt. Für die erste Nachtstunde schlägt er einmal, für die zweite zweimal und unterscheidet so die verschiedenen Stunden, was für alle Menschen sehr nützlich ist.»[23] Wenige Jahrzehnte später gibt es solche Uhren auch in der Schweiz: Zürich erhält 1366 die erste Schlaguhr am St. Peter; in Luzern wird 1408 die Uhr im Rathausturm eingebaut, um nur zwei Beispiele zu nennen. Offenbar gingen nicht alle Uhren gleich. Jedenfalls gingen die Basler Uhren nach einer Notiz des Basler Chronisten Wurstisen von 1585 anders als alle andern. Die Zeitglocken der Stadt Basel und der nächsten Dörfer gehen, so Wurstisen, eine Stunde vor: «Das ist wenn es anderswo XII schlägt, zu Basel eins.» Für die Einhaltung der Basler Zeit verbürgte die Sonnenuhr am Münster. Die Basler Uhr ist 1798 der übrigen Zeit angepasst worden.[24]

Die Uhr und die Glocke ermöglichte von jetzt an ein «pünktlich geordnetes» Leben. Doch sie beherrschte den Menschen nicht. Eine Ausnahme machte höchstens der städtische Kaufmann. Von ihm galt schon damals das Reimsprüchlein:

Mancher beweint das Gut
das er vertut
so bewein ich meine Zeit
die mir niemand wieder gibt.

Hier kommt schon ein gewisser Hader mit Gut und Zeit zum Ausdruck. Vom Volk dürfen wir ein verlässlich präzises Zeitbewusstsein nicht erwarten.[25] Es sprach zwar gern und viel von der Zeit und insbesondere von der alten Zeit, konkretisierte diese

23

aber nicht. Jahreszahlen wurden selten genannt, man sagte höchstens, «im Jahre, in welchem das Dorf brannte», oder «im Jahr, in welchem die grosse Überschwemmung war». Im Gegensatz zu den Chronisten ist das Volk an einer Zeiteinteilung kaum interessiert. Zwar gibt es deutlich eine gewisse Vorliebe für die Alten, die Ahnen, für das Herkommen, die Tradition. Untrügliches Zeichen dafür sind die Herkommenstheorien, die auf ein äusserst reges Interesse stossen. So meldet etwa der Chronist Strettlinger, die Schwyzer hätten am Ostermontag des Jahres 1531 beschlossen, zur Erinnerung an die Auswanderung der Urahnen aus Schweden fünf Paternoster und Ave Maria sowie ein Credo zu beten.[26] Man hat vermutet, es könnte sich um eine von der Behörde gesteuerte Massnahme handeln, der Obrigkeit sei es um die Stärkung des Selbstbewusstseins der Landleute gegangen. Wahrscheinlich wäre aber eine solche Massnahme kaum getroffen worden, wenn auf Seiten der Obrigkeit eine gewisse Sensibilität des Volkes für solche Dinge registriert worden wäre. Eindeutiger scheint ein anderes Beispiel: Der Bündner Chronist Ulrich Campell berichtet, dass beim Erscheinen der «Rhetia» von Aegidius Tschudi in Bünden ein Entrüstungssturm ausgebrochen sei, weil der Autor die Bündner als Nachkommen der Etrusker und nicht der Römer bezeichnet hatte.[27]

Dass das Zeitbewusstsein ins Volk drang, ist den Kalendern zuzuschreiben. Diese erscheinen indessen erst im 15. Jahrhundert und erreichen zunächst nur eine «Elite», die Geistlichen, die Ärzte, Ratsschreiber und andere Lesekundige. Das gleiche gilt für die astrologischen Kalender, die nur den Lesekundigen dienten.

Etwas anders verhält es sich mit den Bauernkalendern und Bauernpraktiken des 16. und 17. Jahrhunderts. Sie verwenden zunächst die Schrift nicht oder kaum. Statt der Monatsdaten und Heiligennamen sowie der Heiligentage finden wir schwarze Dreiecke für Werktage, halbe Weltkugeln für die Sonntage und kleine Figuren für die Bezeichnung der wichtigsten Feste und Heiligentage. Noch gab es ja wenig Schriftkundige, und das Volk liebte Zeichen und Bilder. Es fand hier in diesen Kalendern das, was es suchte, den günstigsten Tag zum Aderlassen, Nägelschneiden, zum Ackern, Mistauslegen, Holzfällen und Wassersuchen.[28] Wichtig war es vor allem auch zu wissen, dass es «verworfene» Tage gab, Tage, an denen man nichts «anfahen» konnte oder sollte. Und selbstverständlich musste man die Geburtstage der Heiligen kennen. Diese fielen nicht nur mit den wichtigen Festtagen zusammen, sie waren gleichzeitig auch Lostage. Ein Lostag bedeutet eine Wettervorhersage: Wie

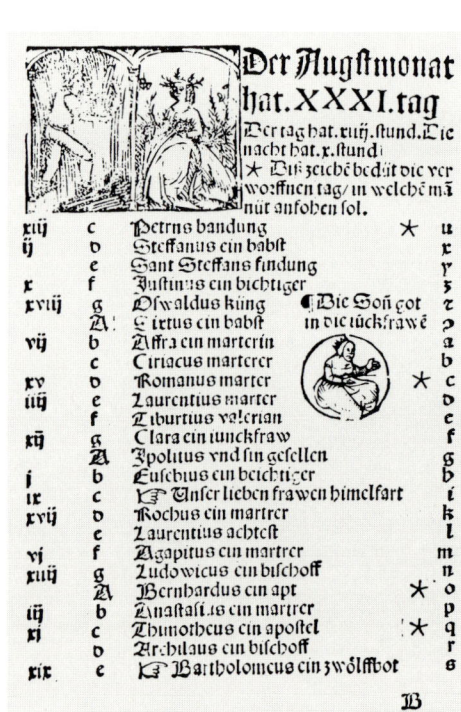

24

25

sich das Wetter an diesem Tag zeigt, so wird es zu einer bestimmten Zeit sein! Sicher kommt ihnen nach dem heutigen Wissensstand kein prognostischer Wert zu; es gibt keine Beziehungen zwischen dem Wetter eines bestimmten Tages und einer später folgenden längeren Witterungsperiode. Wie gross die Bedeutung der Lostagsregeln einst war, erhellt der Streit um die Gregorianische Kalenderreform von 1582. Damals wurde als Hauptargument gegen die Reform geltend gemacht, dass die Lostagsregeln ihre Gültigkeit verlören. Der Bauer würde in völlige Verwirrung gebracht, weil er nicht mehr wüsste, wann er seine landwirtschaftlichen Arbeiten vorzunehmen habe. Mit im Spiel waren freilich auch konfessionelle Erwägungen. Die katholischen Orte nahmen, mit Ausnahme von Nidwalden, die Reform an, während die reformierten Stände sie ablehnten, weil es ein Papst war, der die Reform in die Wege geleitet hatte.

Schon damals waren die Kalender unentbehrlich geworden. Ausser den Lostagen musste man auch die Wochentage genau kennen, denn es herrschte der Glaube, dass es neben Glücks- auch Unglückstage, verworfene Tage, gebe. Daraus hat sich die Tagwählerei entwickelt. Sie war schon im alten Rom bekannt und auch Paulus hat sie bekämpft: «Tage betrachtet ihr und Neumonde und Festzeiten und Neujahrstage. Ich fürchte für euch, dass ich am Ende vergeblich an euch gearbeitet habe.»[29] Im Gebiet der Schweiz nahm die Tagwählerei im 17. Jahrhundert einen grossen Umfang an. Es sind, von wenigen Ausnahmen abgesehen, die gleichen Regeln, die selbst Anfang des 20. Jahrhunderts in einzelnen Regionen der Schweiz noch bekannt waren: Es ist unglücklich, wenn ein Knecht oder eine Magd am Mittwoch den Dienst antritt. Oder: Man soll am Mittwoch keinen Bau beginnen, kein Vieh zulassen, er ist ein Unglückstag. Oder: Man soll am Freitag die Essigflaschen füllen. Selbst die Aufklärung des 18. Jahrhunderts vermochte diesen Regeln nicht beizukommen, verkündete doch damals der «Hinkende Bote» von Bern, dass alle Unglücksfälle auf die verworfenen Tage fallen. Vergeblich war auch der Kampf der Aufklärer in den ökonomischen Gesellschaften: «Der Bauer hat seine eigenen Tage fast für jede Arbeit; diese Sache will an einem Heiligen Abend, diese wieder an einem anderen, besondern Tage verrichtet sein, zum Beispiel die Hanf- und Leinsaat am Karfreitag.» Der Grund sei, so meinten die Ökonomen, tatsächlich lachhaft: «Weil der Herr Jesus am Karfreitag in reinen Leinwand ist gewickelt worden.» In der deutschen Schweiz galt als Unglückstag insbesondere der Mittwoch. Er heisst Mittwoch, ist kein Tag, weil er die Mitte bedeutet. Die Mittwochsangst scheint damals in bäuerlichen Kreisen relativ weit verbreitet. Im Prättigau wurde keine Alpauffahrt auf den Mittwoch verlegt. In Furna gab es, weil die Mittwochskinder als unglücklich galten, an einem Mittwoch keine Geburt, das heisst, man registrierte sie ein bisschen anders.[30] Die Unglücksträchtigkeit des Mittwochs erklärt sich auch anders: Als Wotanstag war der Mittwoch ursprünglich ein heiliger Tag. Um die Erinnerung an Wotan zu verdrängen, hat das Christentum den Mittwoch zu einem Unglückstag gemacht und dies damit begründet, dass Judas Christus an diesem Tage verraten habe. Nach einer andern Erklärung ist der Mittwoch, da er nicht durch die Nachsilbe Tag gekennzeichnet ist, kein richtiger Tag.[31]

Es gab indessen nicht nur Unglückstage, sondern auch Unglücksjahre. Als solche galten die Schaltjahre. Der Chronist Stocker berichtet, dass das Schaltjahr 1520 besonders unglücklich war: «Und uff das schaltjar gieng ales hindersich, und erfruren die reben.»[32] Das Schaltjahr brachte gemäss altem Volksglauben wie alles vom Normalen und Geregelten Abweichende Unglück und Unheil.

Der Glaube an solche Dinge, vor allem auch die Kometen-Gläubigkeit, gerät im 17. und im 18. Jahrhundert allmählich ins Wanken. Die Kalendermacher gerieten mehr und mehr in ein Dilemma. Sollten sie auch jene astrologischen Regeln übernehmen, die zwar gerne gelesen und geglaubt, jedoch kaum in Einklang zu bringen waren

23 Frachtschiff im Sturm auf dem Vierwaldstättersee. Der Nauen ist mit Wein, aber auch mit eingesalzenen Fischen in Fässern beladen. In den Kisten und Ballen befand sich Tuch. Auf dem Heck des Nauen stand der Steuermann. Im vordern Teil ruderten bei Flauten und bei Sturm zwei bis sechs Schiffsgesellen. Die Passagiere sassen ringsum auf Bänken oder auf den Transportgütern. Bei Sturm musste man, wie das Bild zeigt, das vollbeladene Boot erleichtern. Der Maler des Ex-Voto-Bildes hielt den Augenblick fest, in dem ein Fass über Bord gerollt wird.

24 Der Zürcher Kalender aus dem Jahre 1514 enthält eine Liste der verworfenen Tage: «Diess zeichen bedüt die verwoffnen tag, in welchen man nüt anfohen sol.» Diese Tage sind mit einem Sternchen versehen.

25 Immer wieder versuchten unsere Vorfahren die Zukunft zu erkunden. Beliebtes Mittel dazu war die Rose von Jericho. Der Orakelbrauch ist seit dem 16. Jh. nachgewiesen. Man setzte dieses Wüstengewächs, das unter anderem die Jerusalempilger nach Hause brachten, an Weihnachten ins Wasser. Je nachdem wie und wie schnell die Rose sich öffnete, schloss man auf das kommende Jahr.

mit dem Geist der mächtig wirkenden Aufklärung? Am Beispiel eines Luzerner Kalenders aus dem Anfang des 18. Jahrhunderts wird dieser Zwiespalt deutlich. Der Luzerner Kalendermacher hat die Tagwählerei bekämpft und sich dabei fast ausschliesslich auf Anhorns im Jahre 1674 erschienene Magiologie gestützt. Dass der aufgeklärte, katholische Luzerner Kalendermann die Waffen für den Kampf gegen den Aberglauben und die Tagwählerei von einem reformierten Pfarrer entliehen, hat er selbstverständlich den Lesern verschwiegen. Auch in den Walliser Kalendern wird um die Mitte des 18. Jahrhunderts der Kampf gegen die astrologische Praktik aufgenommen. Zwar werden verschiedene astrologische Rubriken, wie astrologische Monatstabellen, in der alten Form beibehalten. Doch werden um 1762 ernste Zweifel laut: «Wer sollte wohl einem Menschen auf eine ganze Woche, also viel weniger auf ein ganzes Jahr hin Bürgschaft vor seine Gesundheit leisten können? Weder aus dem Lauff des Gestirns, noch aus der Vernunfft kan eine solche Gewährleistung hergeleitet werden.»[33]

Unter dem Druck der öffentlichen Meinung sah sich freilich mancher Kalendermacher gezwungen, gleichzeitig mit der neuen, «rationalistischen» Praktik auch die astrologische wieder erscheinen zu lassen.

Beide Praktiken stehen allen Zeitströmungen, politischen, wirtschaftlichen sowie kulturellen Wirren zum Trotz einträchtig bis in die neueste Zeit hinein nebeneinander. Etwas anders verhält es sich mit den Zeitbegriffen. Sie erfahren im 18. Jahrhundert durchgehende Änderungen. Anstoss dazu gab das heimindustrielle Arbeiten. Es führt zu einem neuen Zeiterlebnis: Der alte bäuerliche Tages- und Jahresrhythmus gilt ja für die verlagsindustrielle Arbeit nicht mehr. Die neue Arbeit ist nicht mehr vom Wetter, den Jahreszeiten bedingt; sie zieht sich eintönig, gleichförmig über Stunden, Tage, Wochen hin. Doch kommt es hin und wieder zu plötzlichen Stockungen, anderseits zu Konjunkturen, zu Druckperioden. Sie schärfen das Bewusstsein, dass Zeit Geld bedeutet. Die Arbeitszeit steht im Vordergrund des Geschehens. Die Heimarbeiter haben eine entsprechende Arbeitseinheit pro Tag oder Woche als Richtmass, die sogenannte Rast vorzunehmen.[34] So viele Ellen sind pro Woche zu weben, so viele Bestandteile einer Uhr pro Tag oder Woche zu fertigen. Diese Leistungen werden zu orientierenden Richtpunkten für die Zeiteinteilung. Zeit bedeutet jetzt wirklich Geld; der Leistungsnorm wird alles andere untergeordnet. Die alten Raum- und Zeitbegriffe beginnen sich aufzulösen; ein neues Zeitbewusstsein bricht sich Bahn. Rousseau war der erste, der dagegen protestierte. Er appellierte an seine Zeitgenossen, auf den eigenen Lebensrhythmus, auf die natürlichen Zyklen des Tages und der Jahreszeiten zu achten. Die Kinder sollten absichtlich zu verschiedenen Zeiten geweckt werden, damit sie nicht an ein starres Stundenschema gewöhnt werden. Eine ideale Zeit- und Lebensgestaltung verlangt, die Zeit verrinnen zu lassen, «ohne dass jemand daran dächte, die Stunden zu zählen...» Rousseau ist skeptisch gegen den unruhigen Blick auf den Fluss der Zeit: «Ich werde jeden Tag für sich selbst geniessen, unabhängig vom vorhergehenden und vom folgenden.» Es ist bedauerlich, sagt er, dass niemand mehr für heute leben will, niemand mit der Minute, in der er lebt, zufrieden ist. «Wenn sie sich beklagen, dass die Zeit zu schnell dahineile, so sprechen sie eine Lüge aus. Sie möchten gern alles dahingeben, wenn sie dafür die Fähigkeit erlangen könnten, den Lauf der Zeit zu beschleunigen.»[35] Eilt nicht um zu eilen, sagt er. Sorgt dafür, dass Euere Gedanken mehr da weilen, wo Ihr seid, als wo Ihr künftig sein werdet. Rousseau «war einer der ersten Warner vor der Hetze, inneren Unruhe und Selbstentfremdung, einer von kleingegliederter linearer Zeit und Fortschrittsdenken beherrschten Zivilisation».[36]

26

26 Garnhaspel mit Zählwerk. 18. Jh., Zürich Landschaft. Im Gegensatz zu den gewöhnlichen Garnhaspeln ist dieses Exemplar mit einem Zählwerk versehen. Dem Verleger war eine ganz bestimmte Menge Garn zu einem ganz bestimmten Termin abzuliefern. Solche Massnahmen förderten einen neuen Arbeits- und Zeitbegriff.

27 Blick in eine Bäckerei des 16. Jahrhunderts.

Arbeiten

27

Arbeiten, vor allem körperlich arbeiten, war für unsere Vorfahren gleichbedeutend mit Mühe, Not, Anstrengung und Leiden. Es fehlten all jene technischen Einrichtungen, die uns heute die Arbeit erleichtern. Um überleben zu können, galt es alle Kräfte einzusetzen, lebenslang hart zu arbeiten. Arbeit war Zwang. Im Spätmittelalter sagte man von den Hunden, die einen Maulkorb trugen: «Das isch au en Arbet.»[1] Mühe und Arbeit gehören zusammen; werden immer miteinander genannt, sind ein stehender Begriff. Von jemandem, der viel Arbeit[2] hatte, hiess es, er sei arbeitselig, das heisst mühselig, beladen, bedrängt. Die aus dem 15. Jahrhundert stammende Strättlinger Chronik sagt denn auch: Die Arbeitseligkeit ist harte Arbeit, ist eine Plage und Strafe Gottes. Heinrich Bullinger[3] sprach 1597 von «blödigkeit und arbeitseligkeit, die allen menschen anhanget». «Arbeitsam» bedeutete nicht fleissig, sondern eher mühsam, beschwerlich. Von einem schlipfrigen Weg sagte man, er sei arbeitsam, man müsse ihn meiden.[4] «Kommend her zuo mir alle, die ir arbeitend und beladen sind», so wird um 1530 die Stelle Matthäus 11.28 übersetzt. Der gleiche Gedanke tritt in Johann Fischarts glückhaftem Schiff von Zürich von 1576 auf: «Dann nichts ist also schwer und scharf, das nicht die Arbeit unterwarf.»[5] Die Arbeit ein Fluch? Vieles wird erklärlich, wenn wir uns vergegenwärtigen, dass fast alle Arbeiten von Hand verrichtet werden mussten. Selbst schwere Transporte, man denke etwa an den Hausbau, sind mangels Zugtieren von Menschen, Frauen wie Männern, getätigt worden. Körperliche Kraft war deshalb sehr gefragt. Man wusste, wo es starke Männer gab und wie sie hiessen. Renward Cysat berichtet, dass Jost Meyer, ein Bauer von Neuenkirch im Luzernbiet, «drei Mäss oder Seck saltzes, deren jedes über ein Zentner gewesen, uf die dreissig schritt wytt getragen, eins in den zänen gefasset, die andern zwei unter jedem Arm eins». In Sempach gab es einen 24jährigen Bauernknecht, der imstande war, auf seinen Achseln einen grossen Zuber mit sechs Zentnern Butter aus dem Ankenhaus über eine lange Treppe auf einen Wagen zu tragen. Und Melchior Petermann, ein Luzerner Bürger, konnte fünf Männer auf einmal durch die Hofbrücke hinaus fünfhundert Schritte weit tragen, den einen auf dem Kopf, je einen unter jedem Arm, auf dem Rücken und an der Brust die restlichen zwei Männer angehängt.[6] Besonders stark, so berichtet die Sage, waren die alten Palfrieser: «Benedikt trug ein gewöhnliches Fass Salz vom Tale aus, ohne auszuruhen, auf dem Rücken nach Palfries (drei Stunden). Noch grösser aber waren seine Leistungen beim Bau des grossen Hauses. Da trug er das dicke, fünfzig Fuss lange Hauptträmt der Stuben- und Küchendiele allein auf dem Rücken aus dem Walde zur Baustelle – eine Last, an der sonst vier baumstarke Männer verzweifeln würden.»[7]

Ob unsere Vorfahren, im ganzen betrachtet, stärker waren, als wir es heute sind, lassen wir für einmal dahingestellt. Sicher ist, dass die Muskelkraft des Menschen immer nur eine bescheidene Energiequelle darstellte: In Pferdestärken gemessen (1 PS entspricht einer Leistung von 75 kg/m in der Sekunde), ist seine Kraft sogar geradezu lächerlich gering – sie beträgt 3–4 Hundertstel-Norm-PS gegenüber 27–57 Hundertstel bei einem Zugpferd.[8] Demgegenüber ist allerdings im 18. Jahrhundert behauptet worden, sieben Männer könnten die Arbeit eines Pferdes verrichten. Trotz der verhältnismässig geringen physischen Kraft des Menschen stand aber die menschliche Arbeitsleistung im Zentrum der Betrachtung. Kein Wunder: Die «Kraftmaschine Mensch» war unerlässlich, und sie liess sich auch vielseitig einsetzen. Dank Geschicklichkeit und Übung konnte man selbst unmöglich Scheinendes erreichen: Es ist wiederum Cysat, der uns berichtet, dass selbst hinkende, lahme Weiber imstande waren, eine grosse und schwere Last, bestehend aus einem Geschirr voll Wasser oder Milch, «so meisterlich und industriose» zu tragen, dass sie keinen einzigen Tropfen der Flüssigkeit verloren.[9]

Alles in allem betrachtet aber bedeutete Handarbeit fast immer Schinderei. Viele Felder, vor allem die kleineren, müssen mit dem Spaten umgegraben werden: Es ist Handarbeit in einer ihrer qualvollsten Formen. Pflüge sind noch im 15. Jahrhundert selten und von äusserst primitiver Art. Es sind Hakenpflüge, die nur mit grossem körperlichen Einsatz betätigt werden konnten. Der Räderpflug mit Schar und Streichbrett und beweglichem Pflugkarren breitet sich nur sehr langsam aus. Auch die Egge ist sehr selten. Noch im 19. Jahrhundert besass Männedorf, ein Dorf am Zürichsee, nur einen einzigen Pflug und eine einzige Egge. Alles wurde mit dem Spaten bearbeitet. Bei den Erntewerkzeugen steht die Sichel im Vordergrund. Die Sense setzt sich nur langsam durch. Noch im 16. Jahrhundert ist, wie ein Bild von Silberisen zeigt, das Getreide lediglich mit der Sichel geschnitten worden. Die Sense ist, wenigstens im Mittelland, lediglich für den Grasschnitt verwendet worden.[10] Wie jeder Bauer weiss, verlangt aber die Sichel einen andern Einsatz. Vor allem ist immer auch ein zweiter Arbeitsgang nötig, um das Stroh zu ernten.

Der Mensch des Spätmittelalters war erfindungsreich; er entwickelte, um die Arbeit zu erleichtern, neue Geräte. Wer durch ein landwirtschaftliches oder technisches Museum geht, ist über ihre Vielfalt und ihre Funktionsweise erstaunt. Eine geradezu klassische Gerätedarstellung bietet der Feiertags-Christus. Weil die wenigsten Menschen lesen konnten, versuchte man ihnen auf bildliche Weise beizubringen, welche Arbeit, welche Geräte am Sonntag zu meiden sind. Zu diesem Zweck umgab man die Christusfigur mit den «verbotenen» Geräten. Es sind für diesmal nicht Passionswerkzeuge, die ihn umgeben, sondern ganz banale Geräte des täglichen Lebens. Sie haben am Sonntag aus Liebe zu Christus zu ruhen. Die Feiertagschristus-Bilder sind im 14. und 15. Jahrhundert an möglichst auffälliger Stelle, manchmal auch an der Aussenseite einer Kirche oder gleich neben dem Eingang angebracht worden. Leider sind diese Bilder später verblasst oder gar übertüncht worden. Doch sind allein in Graubünden vier Feiertagschristus-Bilder erhalten geblieben: Rhäzüns, Kirche St. Georg sowie Schlans, Ende des 14. Jahrhunderts; Waltensburg und Alvaschein, 15. Jahrhundert.[11] Aufgrund dieser Bilder könnte man ohne weiteres einen Geräte-Katalog des 14. und 15. Jahrhunderts aufstellen. Da gibt es Geräte für fast alle Arbeiten in Wald und Feld, die dörflichen Berufe, die Handwerkerberufe. Selbst der Säumerberuf fehlt nicht. Selbstverständlich sind auch Geräte fürs häusliche Spinnen, Weben und Brotbacken vertreten.

Doch so genial auch alle diese Geräte konstruiert sein mögen: sie erlaubten nur eine geringe Produktivität. Mit einer Handspindel konnten in einer Stunde lediglich 4 Gramm mittleres Baumwollgarn gesponnen werden. Ein Radspinner im 17. und 18. Jahrhundert brachte es dann schliesslich auf 8 Gramm. Heute wird ein Arbeiter, der gleich mehrere Maschinen betätigt, ohne Mühe 12 Kilogramm produzieren können. Ähnliche Berechnungen könnte man für die handwerklichen Geräte heute machen; die Sägereien etwa, die ursprünglich allein mit Handsägen arbeiteten, mit den ersten primitiven Kreis- und Bandsägen (Ende des 18. Jahrhunderts) ihre Leistung vervielfachten.[12] Das gleiche gilt für die Mühlen, eine Glanzleistung mittelal-

28 Bau des Berner Münsters 1420. Bild aus der Zeit von 1478. Werkende Maurer und Steinmetzen bei der Arbeit. Links ein Kran mit Steingreifzange.

28

terlichen Erfindungsgeistes. Besonders wichtig war der Einsatz von Geräten auf dem Bauplatz. Hier verschaffte sich der Mensch mit einfachen und doch genialen Hilfsmitteln wie Kranen schon früh grosse Erleichterungen. Erstaunlich aber ist es zu sehen, dass selbst mit einfachen, primitiv scheinenden Geräten die grossartigsten Kirchenbauten, wie etwa das Berner Münster von 1420, ausgeführt werden konnten. Krane mit Tretradbetrieb erleichterten auch die Arbeit beim Brückenbau. Wie mühsam und vor allem arbeitsaufwendig die Arbeit beim Strassenbau war, zeigt sich eindrücklich auf einem Bild von Johannes Wick aus dem Jahre 1587. Beim Bau der Zürichbergstrasse wurden ganze Heerscharen von Arbeitern eingesetzt, und selbst für den Transport von schwerem Material standen lediglich Schubkarren zur Verfügung.[13]

29 Bau der Zürichbergstrasse im Jahre 1587. Im Teuerungsjahr 1587 gab es viele Arbeitslose. Der Rat beschloss deshalb, zur Linderung der Not die Leute beim Strassenbau zu beschäftigen. (Frühes Beispiel für staatliche Arbeitslosenhilfe in der Schweiz.) Wick stellte die Leute an der Arbeit dar, oben die Pflästerung der Strasse, dirigiert von zwei städtischen Werkmeistern, unten Vorbereitungen beim Strassenbau und Herbeischaffung des Materials. Im Vordergrund ein Ausschnitt aus dem Stadtbild Zürichs.

30

31

30 Bauern beim Eggen und Säen. Der Chronist Diebold Schilling ist zu diesem Bild angeregt worden durch einen feurigen Meteoriten, der bei Ensisheim niederging. Uns interessiert die Darstellung der bäuerlichen Arbeit. Die Egge wird hier nicht, wie damals üblich, von einem Ochsen, sondern von einem Pferd gezogen. Der Bauer schreitet nicht neben ihm, sondern reitet. Sowohl der eggende wie der säende Bauer sind schlecht bekleidet. Offensichtlich legte der Zeichner grossen Wert darauf, das zu betonen: Man beachte das grosse Loch in den Hosen des reitenden Bauern sowie die ausgefransten Ärmel und grossen Flicke am Gewand des säenden Mannes.

31 Landwirtschaftliche Arbeiten im 16. Jh. Im Vordergrund Pflügen; dahinter Getreideernte mit Sicheln, Garben binden und Abtransport auf vierrädrigem Wagen, gezogen von zwei Pferden; dahinter Heuen: Mähen mit Sensen, Schöcheln und Abtransport auf vierrädrigem Wagen; rechts davon Arbeit mit Hacken im Rebberg. Alle Felder eingezäunt. Im Hintergrund Dorf, See und Gebirge.

32 Bäuerliche Arbeiten im März. Zunftscheibe der Zunft zur Schmieden in Zürich aus dem Jahre 1605. Darstellung des Bäume-, Weiden- und Rebenschneidens.

Im Gegensatz zum Gewerbe musste die Bauernarbeit über die Jahrhunderte hinweg ohne mechanische Erleichterung vollbracht werden. Hier waren der gestaltenden Kraft enge Grenzen gesetzt. Die Natur selber stellte strenge Gesetze auf. Bis hinein ins 17. Jahrhundert war ihr der Bauer völlig untertan, ja ausgeliefert. «Er erschöpfte seine Kraft im Kampf mit den Widerständen des Erdreichs, mit der Unbill der Wetter; er ging auf im Versuch, seine Ernte mit dem Bedarf der Hofinsassen in Einklang zu bringen; neben dem Ringen um die Selbstversorgung blieb in seinem Leben für nichts mehr Raum.»[14] Bäuerliche Arbeit wird selten geschildert, noch seltener bildlich festgehalten. Eine Ausnahme macht der Chronist Diebold Schilling. Seine Luzerner Chronik enthält das Bild eines eggenden Bauern. Die Egge ist aus Holz konstruiert. Der Bauer sitzt – gewiss eine Ausnahme – auf dem Pferd, treibt es mit der Peitsche an. Im Vordergrund schreitet ein weiterer Bauer, um zu säen. Tatsächlich ist der Einsatz von Pferden in der Landwirtschaft durch Bodenfunde und auch schriftliche Quellen verhältnismässig früh nachgewiesen. Da sich aber nicht jeder ein eigenes Pferd halten konnte, wurden Pferde, wie übrigens auch Ochsen, genossenschaftlich eingesetzt.[15] Wie ein altbäuerliches Tagwerk aussah, wissen wir anhand von Aufzeichnungen aus dem Amt Laupen. Den Januar füllte Holzhau, den Februar ausserdem Ausbesserung der Bauten, Werkzeuge und Kleider, im März verrichtete man Vorarbeiten im Feld und begann die Sommersaat. Der April brachte das Umpflügen und Anpflanzen der Äcker, das Ausbessern der Häge. Im Juli vertauschten die Bauern die Sense mit der Sichel, um Roggen und Dinkel zu schneiden. Sie zogen Hanf und Flachs und brachten die ersten Früchte ein. Im August fuhren sie Hafer, Sommergerste, Erbsen und Wicken ein und schnitten das Emd, ernteten Obst. Im September vertrauten sie die Wintersaat (Roggen und Dinkel) dem Boden an, führten das Vieh auf die Spätweide und schoren die Schafe zum zweiten Mal. Der Oktober sah den Abschluss der Wintersaat, das Dreschen des Getreides, das Dörren und Brechen von Hanf und Flachs. Im November und Dezember wird das Getreide weiterhin verarbeitet, wird Mastvieh geschlachtet.[16] Um die Arbeit zu erleichern, ist auf dem Feld gesungen und nach dem Takt der Musik geschnitten worden. Die Drescher schlugen die Dreschflegel im Takt, so gab es den Sechsdreschertakt: Den Rhythmus begleiteten Ausdrücke: die Stadtknecht, die Hundsfott, zum Beispiel.[17] Anders sah die Arbeit im Handwerk aus. Hier stand eine andere Daseinsvorsorge auf dem Spiel, hier herrschte im Spätmittelalter die Vorstellung «einer Arbeit, die jedem gerechten Lohn und gerechte Nahrung zu sichern» hat. Wie die Handwerker dieses Ziel zu erreichen suchten, sei am Beispiel der Zürcher Schuhmacher und Flickschuster erläutert. In ihrem Vertrag von 1336 wird zur «Ehre und Notdurft des Handwerks» die Konkurrenz weitgehend ausgeschlossen. Es ist verboten, die Preise zu unterbieten, Arbeitskräfte abzuwerben, Arbeitsräume einander abzujagen. Das Handwerk darf nur von den in der Stadt Zürich sesshaften Zünftern und Handwerkern betrieben werden, nur sie allein dürfen Schuhe verkaufen. Landleute dürfen nicht einmal im Unterakkord beschäftigt werden. Das scheint uns einseitig, wirkt negativ. Doch es gab auch positive Seiten: Wir treffen da ganz unerwartet auf eine Art von Qualitätsgarantie. Wer nasses Leder verarbeitete, riskierte den Ausschluss. Schuhe aus Schafbock- und Kalbsleder durften nicht als Schuhwerk von Ziegenleder ausgegeben werden (Deklarationszwang).[18] Drastisch tritt uns diese Mentalität im Fleischerrodel der Metzger von 1548 zutage: «Der Gerechte teilt mit gleichem Mass jedem das Seine zu.» Um die Qualität zu sichern, sind Lehr- und Wanderjahre vorgeschrieben. Der zukünftige Meister hat ein Meisterstück vorzulegen. Um die «Gerechtigkeit» zu gewährleisten, beschränken die Zünfte die Zahl der Lehrlinge und Gesellen. Das scheint hart zu sein. Man bedenke aber, dass damals einzelne Handwerke «bis zur Brotlosigkeit übersetzt waren».[19]

Welcher Geist in mancher Zunft herrschte, zeigt ein Brief der Zürcher Uhrenmacher aus dem Jahre 1790. Sie verteidigten ihr Monopol gegen einen Uhrenhändler aus Murten: «Die Notwendigkeit der Selbsterhaltung, die Sorge für Nahrung und häusliche Glückseligkeit einer Menschenclasse, die ihr tägliches Brod aus Mangel liegender Gründen (Grund und Boden) durch Kunst und Handwerk erwerben muss, hat von jeher die Landesregierung bewogen, dem Stadtbewohner gewisse Handwerks-Vorrechte vor dem Landmann zu erteilen, Vorrechte, die in der Natur der ganzen menschlichen Gesellschafts-Verbindungen liegen. Ohne diese Vorrechte wären gewiss die meisten Städte entvölkert, lägen in Schutt zerfallen... Aus diesem wahren Gesichtspunkt handelten unsere in Gott ruhenden Väter. Sie erteilten den Zünften exclusiv Privilegien, die ihr Handwerk nähren sollten...»[20]

Abriß und Beschreibung der XII Monaten, nach ihren Haubtwerken

1. Jänner.
Der Jahrs anfänger lehrt das Ofenholtz zerspalten:
reizt junge Leüth aufs Eis; zum Ofensitz die Alten.

2. Hornung.
Der Hornung bricht das Eis, rabstikelt; mehrt den Orden
der närrschen Mümmereÿ, in Ost West, Süd und Norden.

3. Mertz.
Der Mertz das Jahr verneüt; man rüstet Zäun und Bart
führt krieger in das feld; die Ärtzt der kranken warten.

4. Aprel.
Die vor verschloßne Erd jetzt trinkt Aprellen güllen,
dem Pflantzer hofnung macht die Kisten auß zufüllen.

5. Meÿ.
Meÿmonat Leüth und Vieh erquiket und erfreut
mit schönstem Bluhmenschmuk, und viler nützbarkeit.

6. Brachmonat.
Der Sommer tritret ein, beschär die Schaaff von wollen
berüpf die Gäns, bestrich, und laß ein Grünklein holen.

7. Heümonat.
Was für geschäfft im heün, des Monats Nam uns lehrt:
Gelobet seÿe der, der Leüth und Vieh ernehrt.

8. Augstmonat.
Das Korn ist eingebracht: der Stork und Schwalb entflogen:
den Immen nimmet man: der Hanf wird auß gezogen.

9. Herpstmonat.
Der Säher wirfft die Saat, in voller hoffnung, auß:
man traget Obs und fisch, mit früden, näher Hauß.

10. Weinmonat.
Man nießet Wildpret, Schnepf, Räbvögel, Hüner, Dauben;
felt Bäum, und presset auß der süßen safft der Trauben.

11. Wintermonat.
Der arbeitsame Baur jetz dröschet daß er schwitzt:
Die Bäurin diser Zeit, meist beÿ der Häckel sitzt.

12. Christmonat.
Der Christmon schließt das Jahr; den Winter uns zuspeisen,
wird gmetzget allerleÿ: warum der Höchst zu preisen.

33 Die Arbeiten in den einzelnen Monaten. Dargestellt von Conrad Meyer um 1663. Die Inschriften zu den einzelnen Monatsbildern lauten:
Januar: Der Jahrs anfänger lehrt das Ofenholtz zerspalten; reizt junge Leuht aufs Eis; zum Ofensitz die Alten.
Hornung (Februar): Der Hornung bricht das Eis; räbstickelt; mehrt den Orden/der närrischen Mummerey in Ost, West, Süd und Norden.
März: Der Mertz das Jahr verneut, man rüstet Zaun und Garten/führt Krieger in das Feld; die Ärzt der Kranken warten.
April: Die vor verschlossne Erd jetzt trinkt Aprellen güllen,/dem Pflantzer hofnung macht die Kisten auf zufüllen.
Mai: Meymonat Leuht und Vieh erquiket und erfreut mit schönstem Blumenschmuck und viler nutzbarkeit.
Brachmonat (Juni): Der Sommer trittet eyn, beschär die Schaaff von wollen/berupft die Gäns, bestriich und lass ein Trünklein holen.
Heumonat (Juli): Was für geschafft im tuhn des Monats Nam uns lehrt/Gelobet seye der, der Leuht und Vieh ernehrt.
Augstmonat (August): Das Korn ist eingebracht; der Stork und Schwalb entflogen/den Immen nimmet man; der Hanf wird ausgezogen.
Herbstmonat (September): Der Säyer wirfft die Saat, in foller Hoffnung auss man traget Obs und Fisch mit freuden naher Haus.
Weinmonat (Oktober): Man niesset Wildpret, Schnäpf, Räbvögel, Hüner, Dauben/fellt Bäum, und presset aus den süssen safft der Trauben.
Wintermonat (November): Der arbeitsame Bauer jetzt dröschet, dass er schwitzt/Die Bäurin dieser Zeit, meist bey der Hächel sitzt.
Christmonat (Dezember): Der Christmon schliesst das jahr; der Winter uns zu speisen/wird gmetzget allerley: warum der Höchst zu preisen.

Schon im Spätmittelalter entstanden technologische und wirtschaftliche Konflikte. Um 1551 kam es zu einem Streit unter den Zürcher Gerbern. Die Meister dieses Handwerkes beklagen sich beim Rat, dass vier nicht ihrer Zunft angehörige Bürger Felle auf marokkanische Art gerben. Das bringe ihrer Zunft einen «gar grossen Abbruch». Der Rat erkannte, dass ihre Arbeit künftig auf Qualität überprüft werde und dass sich in Zukunft alle Handwerker dem Zunftzwang zu beugen hätten. Zu weiteren Schwierigkeiten kam es im gleichen 16. Jahrhundert. Damals stand das Verlagswesen im Textilbereich im Mittelpunkt erregter Diskussionen. Die Zunft versucht, «das sich von Tag zu Tag mehrende Gewerbe» der obligatorischen Qualitätskontrolle zu unterstellen, das heisst zunftgebunden zu machen. Um 1670 sehen die Zürcher Posamenter entsetzt, wie ein Augsburger Unternehmer in Feuerthalen eine Florettbandfabrik einrichtet. Sie verklagen ihn, aber der Rat hütet sich, in diesem Streit, der ja nichts anderes als ein Technologiekonflikt ist, eindeutig Stellung zu beziehen.[21]

Die zünftische Arbeit unterstand dem handwerklichen Ehrenkodex. Ihm waren alle, ob Meister, Geselle, Lehrling, unterstellt. Die Meister- und Gesellenverbände sowie die Meister- und Gesellengerichte hatten die Normen durchzusetzen.[22] Alle diese vielfältigen Bestimmungen scheinen uns heute kaum mehr verständlich. Sie reichen von der fehlerhaften Verabschiedung eines Gesellen bis zum Trinken aus dem Becher einer schwangeren Frau, von der Überschreitung der innungskonformen Höchstzahl von Lehrlingen bis zum Berühren eines toten Hundes, von der Verwendung nicht tolerierter Arbeitswerkzeuge bis zum Verkehr mit Henkersangehörigen. Die Tradition sicherte ab und stabilisierte; doch sie lähmte auch und verhinderte neue Impulse, die das zünftische Handwerk so nötig gehabt hätte.

Nun ist das Arbeitsverständnis, die Arbeitsgesinnung, nicht allein von den Zünften geprägt worden. Die verlagsindustrielle Arbeit kommt auf, allen Hemmnissen zum Trotz, und sie verändert vieles. Sie ist geprägt von einem neuen Geist, dem protestantischen Arbeitsethos. Zwingli und Calvin standen ihm zu Gevatter, und protestantische Glaubensflüchtlinge brachten es in Städte.

Wie sah dieses Arbeitsethos aus? Herbert Lüthy hat es in gültiger Weise umschrieben: Es ging den Reformatoren darum, das Elend und die Armut zu überwinden. Was sie anstrebten, war ein Leben, «nicht im demütigen Hinnehmen des Elends als Lohn der Sünde, sondern in der Charakterschule der disziplinierten Arbeit, in der Aktivität des freien und stolzen Menschen, der nicht Mitleid und Gnade fordert, sondern Arbeit und Recht als selbstverantwortliche Lebensführung».[23] Eindeutig bekennt sich Zwingli zur Arbeit als Ethos: «Alle, welche den Menschen wegen Nichthalten von Feiertagen bestrafen», sagt er, «tun unrecht. Der Christenmensch ist auch Herr über den Feiertag. Ja, es wäre viel besser, wenn man an den meisten Feiertagen, nachdem man das Wort Gottes gehört und das Abendmahl gefeiert, sich wieder an die Arbeit machte... Das Feiern, wie wir es jetzt üben, mit Essen und Trinken, mit Spielen und unnützem Geschwätz ist, bei hellem Licht betrachtet, mehr eine Sünde als Gottesdienst. Ich weiss wohl, dass es Gott wohlgefälliger wäre, wenn man am Sonntag, nachdem man den Gottesdienst in richtiger Weise zu Ende geführt, mähen, schneiden, heuen oder andere notwendige Arbeiten verrichten würde, statt sich liederlichem Müssiggang hinzugeben.»[24]

Anhand zahlreicher Belege lässt sich leicht nachweisen, dass die protestantische Kirche mit Hilfe der Obrigkeit über die Sabbat- und Sittenmandate einen bestimmenden Einfluss auf die Arbeitsgesinnung und damit das gesamte wirtschaftliche Leben ausübte. Schwelgen, Müssiggang sind die Quelle allen Übels, heisst es in den Mandaten, in den Predigten. Ja, solche Mahnungen finden wir auch in den Schulbüchern. «Um das ewige Heil zu erreichen, muss man beten und arbeiten.» Zwar murrten und jammerten die Untertanen unentwegt über diese Sittenmandate, aber sie selber betrachteten sie als notwendig, ja unumgänglich. Man durchgehe nur die Stillstandprotokolle (Kirchenpflege) der Gemeinden, um zu sehen, wie eifrig die Kirchenältesten bestrebt waren, die Satzungen und Gebote der Kirche durchzusetzen. Die Arbeit galt von nun an als Erziehungsmittel. Bei der Gründung des Zürcher Waisenhauses vertrat die Kommission die Ansicht, schon siebenjährige Kinder sollten zum Arbeiten angehalten werden, damit sie sich daran gewöhnen.[25] Kinderarbeit ist nicht nur geduldet, sondern nötig. Die Arbeit gehört zu einer christlichen Lebensführung. Sie wird, wie R. Braun sagte, «zum brauchmässigen Zwang, dem sich keiner entziehen kann». Ein liederlicher Zürcher Oberländer Spinner führte auf dem Wege vom Wirtshaus auf dem Hittnauer Spinnplatz eine grosse Rede: Er wolle, sagte er, nicht mehr arbeiten und hausen (sparen). Darauf wird ihm scharf widersprochen: «Und ich sage dir, du musst hausen und schaffen, dazu kann dich die Obrigkeit zwingen.»[26] Erstaunlich ist, dass das protestantische Arbeitsethos nicht nur rezipiert, sondern volkstümlich werden konnte. Und das allein ist nur auf den Erfolg zurückzuführen, den diese Haltung und Einstellung mit sich brachte. Gute Beobachter erkannten bald, dass der Geist der nüchternen Sparsamkeit und der Glaube an den Wert wirtschaftlicher Arbeit dem ökonomischen Fortschritt zugute kam. Lange vor Max Weber, nämlich schon 1792, hat der Zürcher J.C. Hirzel bemerkt, dass es grosse Unterschiede gebe zwischen der March, dem vorderen Glarnerland, den beiden Innerrhoden und Ausserrhoden, zwischen Luzern und Zürich.[27] Hirzel rät seinen Zeitgenossen, sich auf einen Berg zu begeben, von dem aus man sowohl katholisches wie protestantisches Gebiet überblicke. Von hier aus sehe man «den grossen Unterschied zwischen den Ländern der Reformierten und Catholiken». In den protestantischen Gebieten «findet man allethalben Spuren von Betriebsamkeit, Fleiss und Nachdenken; das Land ist volksreicher und belebter; die Güter besser bebaut; die Häuser durchgehend solider und geschmackvoller gebaut...»[28] Hirzels Schilderungen sind beileibe nicht nur Polemiken eines Protestanten gegenüber Andersgläubigen: In einem «Neujahrsgeschenk» an die zugerische Jugend schreibt Ammann Köllin, ein überzeugter Katholik, 1785/86, man brauche nur in benachbarte Regionen zu blikken, um festzustellen, woher ihr Glück, ihr Reichtum und ihre Macht komme: «Geht in ihre Kinderstuben, seht, die kleinsten Kinder gewöhnt man schon an einige Arbeit... Geht in ihre Schulen, geht in ihre Kunst- und Arbeitszimmer! Geht in ihre Handlungsplätze! Seht ihre Geschäftigkeit und ihren Fleiss, ihre unverdrossene Arbeitslust! Woher kommen jetzt ihre Reichthümer, Ansehen und Macht? Wenn alle fleissige Arbeitsbienen sind, muss nicht der Bienenkorb reich an Honig sein?»[29] Freilich wurde die Einstellung zur Arbeit nicht nur vom protestantischen Arbeitsethos, sondern ebenso vom industriellen Produktionssystem geprägt. Dieses System treffen wir in allen Gebieten, nicht nur in den protestantischen Regionen an. Die alte Eidgenossenschaft, obwohl in den Reiseberichten des 17. und 18. Jahrhunderts als Hirtengebiet besungen, gehörte damals zu den stärksten protoindustrialisierten Gebieten des Kontinentes.[30] Tausende und Abertausende von Arbeitshänden sind mit Spinnen, Weben, Stricken, Sticken, Klöppeln, Strohflechten oder der Herstellung von Uhrenbestandteilen und Uhren sowie Musikautomaten beschäftigt. Alle diese Männer und Frauen wären, hätte es das Verlagsgewerbe nicht gegeben, mit saisonaler oder permanenter Auswanderung oder einer marginalen Existenz konfrontiert gewesen. Erst die Protoindustrie ermöglichte ihnen eine, wenn auch teilweise recht kümmerliche Existenz. Sie hat auch das Arbeitsverständnis gefördert und geformt.

Zunächst führte die heimindustrielle Arbeit zu einem gewissen Zwang: So und so viele Schneller sind pro Tag zu spinnen; eine bestimmte Zahl Ellen pro Woche zu weben; eine festgelegte Zahl von Uhrenbestandteilen pro Tag oder Woche zu fertigen. Dem gesteckten Arbeitspensum hatte sich das gesamte Alltagsleben, selbstver-

34

ständlich auch der Haushalt, unterzuordnen. Das hatte natürlich seine Kehrseiten: Man hat plötzlich keine Zeit mehr zum Kochen, Flicken und Waschen. Es wird geklagt, dass viele Heimarbeiter nur gerade so viel arbeiteten, dass sie überleben konnten. Doch stellen viele Beobachter fest, dass es immer Leute gebe, die «höhere Ziele im Auge hatten». Unternehmerischer Geist, Rechenhaftigkeit wird zum neuen Richtmass, ja Tugendmuster. Die Arbeit erfährt im Laufe der Zeit eine nochmalige Aufwertung, sie wird «zur Verhaltenserwartung der Familien, der Nachbarschaft und des Dorfes, der man sich nur schwer entziehen kann».[31] Carl Viktor von Bonstetten hat aus dem Onsernonetal berichtet, dass das Strohflechten mehr einbringe als alle andern Verdienstquellen. Die Folge ist, dass es hier kein Haus mehr gibt, in dem nicht Stroh geflochten wird: «Die Weiber flechten, wenn sie stehen, gehen und sitzen, sie flechten in der Gerichtsstube, wenn sie vor dem Landvogt stehen; sie sollen flechtend eingeschlafen sein, ja man hat mich versichert, dass sie zuweilen schlafend noch eine Zeitlang fortflechten.»[32]

Die heimindustrielle Arbeit fördert auch den Wettbewerb. J.G. Ebel traf auf seiner Reise durch den Kanton Glarus «ganze Reihen von 15, 20 bis 30 Spinnern, Knaben, Mädchen und Frauen an der Strasse sitzend an, die mit Eifer die schwirrenden Spinnräder traten, um sich in die Wette bestreben, den Verdienst der Woche zu erhöhen».[33] Ähnlich wie die Bauern, so beginnen die Heimarbeiter zu singen, um die Arbeit zu erleichtern. Und dann treten Sagenerzähler auf, die «Sotgen» und «Mährgen» zum besten gaben. Auf diese Weise versuchte man, die Eintönigkeit der Arbeit zu überwinden. Dazu kommen – erneute Klagen – Schleckereien, Naschereien, eine neue Art von Stimulanzien.[34]

Die Moralisten jener Zeit sehen schwarz. Für sie «gelüsten die Heimarbeiter einfach nach den Leckereien der Stadt und trinken Kaffee mit dem fettesten Rahm». Fleisch sei – so sagen sie – zur täglichen Nahrung geworden, und «zwar oft das zarteste und teuerste, was man haben kann».[35] Die «leichte» Heimarbeit habe eine wachsende Abneigung für die Arbeit in der Landwirtschaft zur Folge, so heisst es in Protokollen der Ökonomischen Kommission. Ob und wie weit diese Berichte, deren Tendenz leicht zu erkennen ist, zutreffen, wird schwierig zu entscheiden sein. Ein gewisser Wandel hat sich zweifellos vollzogen. Die Beispiele der Fergger und Verleger haben sicher die Heimarbeit zu ähnlichem Tun eingeladen. Vielleicht ist auch die nüchterne, arbeitsame Einstellung der hausindustriellen Frühzeit teilweise verlorengegangen. Entscheidend ist, dass die neue, andersgeartete Arbeit einen dem Bauern fremden Rhythmus ins tägliche Leben brachte. Für die Zeitgenossen war es schwierig, differenzierte Schlüsse zu ziehen. Für die meisten Betrachter ist die Abkehr von

34 Butterfässchen. Weissküferarbeit Ende 18. Jh. Solche Butterfässchen gab es nicht nur in der Sennerei, sondern auch in den einzelnen Haushaltungen.

35 Bündelis-Tag in Bern um 1803. Das Bild zeigt, welch grosse Bedeutung die Dienstboten einst hatten. Unter Bündelis-Tag wird ein Termin des Dienstbotenwechsels verstanden.

der bäuerlichen Lebens- und Arbeitsweise gleichbedeutend mit Niedergang und Degeneration. So hat einer der bekanntesten und besten Reiseschriftsteller, der Göttinger Professor C. Meiners, der die Schweiz 1791 besuchte, prophezeit, dass der bisher kernhafte Stand des Landvolkes allmählich entkräftet werde; diese Leute, so sagte er, werden eine Generation hervorbringen, «die ebenso unfähig sein wird, den Degen als den Pflug zu führen».[36]

Im übrigen hat sich in dieser Zeit nicht allein die Einstellung der Heimarbeiter, sondern auch jene der Unternehmer gewandelt. Hans Baschi-Kitt, ein Zürcher Unternehmer, hat um 1613, in einer frühen Phase der Protoindustrie und des Verlagswesens, das neue Verhalten gekennzeichnet:

«Kauff um bar Gält in, wo müglich.
gib so wenig Ding uss, als du kanst.
Züch fleissig die Schulden ein.
Wartt niemand über dz Zil.
Es ist alle Zeit besser, du handlist
mit deinem Gält, dan dz entleni Gält
nit jedem güt thutt.»[37]

36

Ein rastloser Arbeitseifer und Geschäftsgeist erfüllt die Unternehmer des 18. Jahrhunderts. Die Einstellung zum Fremdgeld beginnt sich zu ändern; viele nehmen ein spekulativeres Geschäfts- und Finanzgebaren an.[38]

Die Wirtschaft versucht mehr und mehr ihren eigenen Gesetzen zu folgen. Wie diese Gesetze auszusehen haben, wie der «gerechte» Preis der Arbeit und Güter der Wirtschaft direkt am Markt – nicht mehr von der Gesellschaft – festzulegen sei, das hat damals Adam Smith in seinem Buch «Über den Reichtum der Nationen» 1776 theoretisch untermauert. Zugleich hat er damit die Legitimation geliefert für eine innovative Wirtschaft, für ein Unternehmertum, das vorausschauend keine Rücksicht mehr nimmt und das sich anschickt, die Welt der Wirtschaft und damit auch die sozialen und politischen Traditionen völlig umzugestalten. Der Preis für die Herauslösung der Wirtschaft aus den gesellschaftlichen Bindungen war der Zusammenbruch der alten Sozialordnung, wie er sich spektakulär und plötzlich in der Französischen Revolution zeigte.

Eine Gesamtbetrachtung der spätmittelalterlichen und frühneuzeitlichen Arbeitswelt zeigt, dass sie viel beweglicher, dynamischer war, als gemeinhin angenommen wird. Die Arbeitsabläufe werden allen Hemmungen zum Trotz rationalisiert.

Eine Aufgabe besonderer Art ist die Berechnung der Arbeitszeit. Sie dauerte nach der staatlichen Lohnordnung von 1484 für die Zürcher Zimmerleute, Tischmacher und Maurer vom Geläute der Betzeitglocke am Morgen bis zum Geläute der Betzeitglocke am Abend und wurde im Sommer (vom St. Georgs-Tag bis zum St. Verenen-Tag) von vier Mahlzeitenpausen unterbrochen, die späteren Ordnungen gemäss insgesamt 2½ Stunden ausgemacht haben dürften. Während der Winterperiode wurden nur drei Mahlzeiten genossen. Dementsprechend wurde die Arbeit nur für zwei Stunden unterbrochen. Das Ratsmandat vom 21. März 1525 regelte das Feierabendgeläute. Vom ersten Montag nach der Frühlings-Tagundnachtgleiche (21. März) an sollte, gleich wie in der Reformation, die Feierabendglocke am Grossmünster wieder um sechs Uhr geläutet werden. Nach der Arbeitspausenordnung oder Maurerzunft vom 23. April 1564 und einem Ratsbeschluss vom 7. Februar 1565 dürfen die Maurer und Dachdecker während des Sommers allgemeinem Brauch entsprechend ein Nachtessen oder zwei Kreuzer verlangen, ob sie sich mit oder ohne Speise verdingen lassen, und während einer halben Stunde die Arbeit beiseite legen (St. Georgs-Tag bis St. Verenen-Tag).

Ein Ratsbeschluss vom 12. Februar 1592 setzte den Arbeitsbeginn für Maurer und

Zimmerleute in der Sommerperiode (St. Peters-Tag bis St. Gallen-Tag) auf morgens vier Uhr und in der Winterperiode auf den veränderlichen Zeitpunkt des Tages (so bald der tag angadt) fest. Die Arbeitszeit hätte im Sommer somit von vier Uhr morgens bis sechs Uhr abends (bis zum Geläute der Feierabendglocke) gedauert. Die 14stündige Zeitspanne wurde, nach der gleichen Ordnung, durch drei Ruhepausen, für das Morgenbrot, den Imbiss und das Abendbrot, unterbrochen. Jede weitere Absenz sollte mit einem Schilling für die Stunde gebüsst werden. Die reine Arbeitszeit hätte im Sommer somit 12 Stunden ausgemacht. Auch die Gesellenordnung der Tischmacher- und Büchsenschiftergesellen von 1655 setzte einen Arbeitstag von vier Uhr morgens bis sechs Uhr abends fest. Demgegenüber bestimmte die Gesellenordnung des Maurer- und Zimmerleutehandwerkes vom April 1765 einen Arbeitstag von morgens sechs Uhr bis abends sechs Uhr und begrenzte die Ruhezeit für das Frühstück und das Abendessen auf eine halbe Stunde, für das Mittagessen auf eine ganze Stunde, so dass eine reine Arbeitszeit von zehn Stunden verlangt werden konnte. Von einer Unterscheidung des längeren Arbeitstages im Sommer vom kürzeren im Winter ist nicht mehr die Rede. Etwas andere Verhältnisse herrschten in Handwerken, die auch unter Licht arbeiten konnten. Die Gesellenordnung der Kannengiesser vom 13. März 1792 setzte die Arbeitszeit für den Sommer von fünf Uhr morgens bis sieben Uhr abends, für den Winter von sechs Uhr morgens bis acht Uhr abends fest, so dass die Arbeitszeit sowohl im Sommer wie im Winter vierzehn Stunden oder, nach Abzug der Essenspausen, 11½ bis 12 Stunden betrug. Rückschlüsse auf ein Bauhandwerk sind jedoch nicht gestattet, da man sich dort weitgehend nach dem Lichttag richten musste. Bezeichnend dafür ist die Unterscheidung eines längeren und besser entlöhnten Arbeitstages im Sommer von einem kürzeren und schlechter entlöhnten im Winter. Die Lohn- und Speiseordnung für das Bauhandwerk von 1788 setzte sogar drei verschiedene Tarife fest, einen Sommer-, einen Zwischenzeit- und einen Wintertagelohn. Im allgemeinen können wir mit einer täglichen effektiven Arbeitszeit von zehn Stunden im Jahresdurchschnitt rechnen.

36 Zimmerleute bei ihrer Arbeit auf dem Werkplatz. Jost Ammann, 1568.

37 Erbauung der Stadt Bern. Bild aus der amtlichen Berner Chronik des Diebold Schilling (um 1478). Der Chronist schildert eine Szene aus dem Jahre 1191. Tatsächlich sind aber Werkzeuge abgebildet, wie sie Ende des 15. Jh. gebräuchlich waren. Ein Kran (hinten) erleichtert die schwere Arbeit.

38

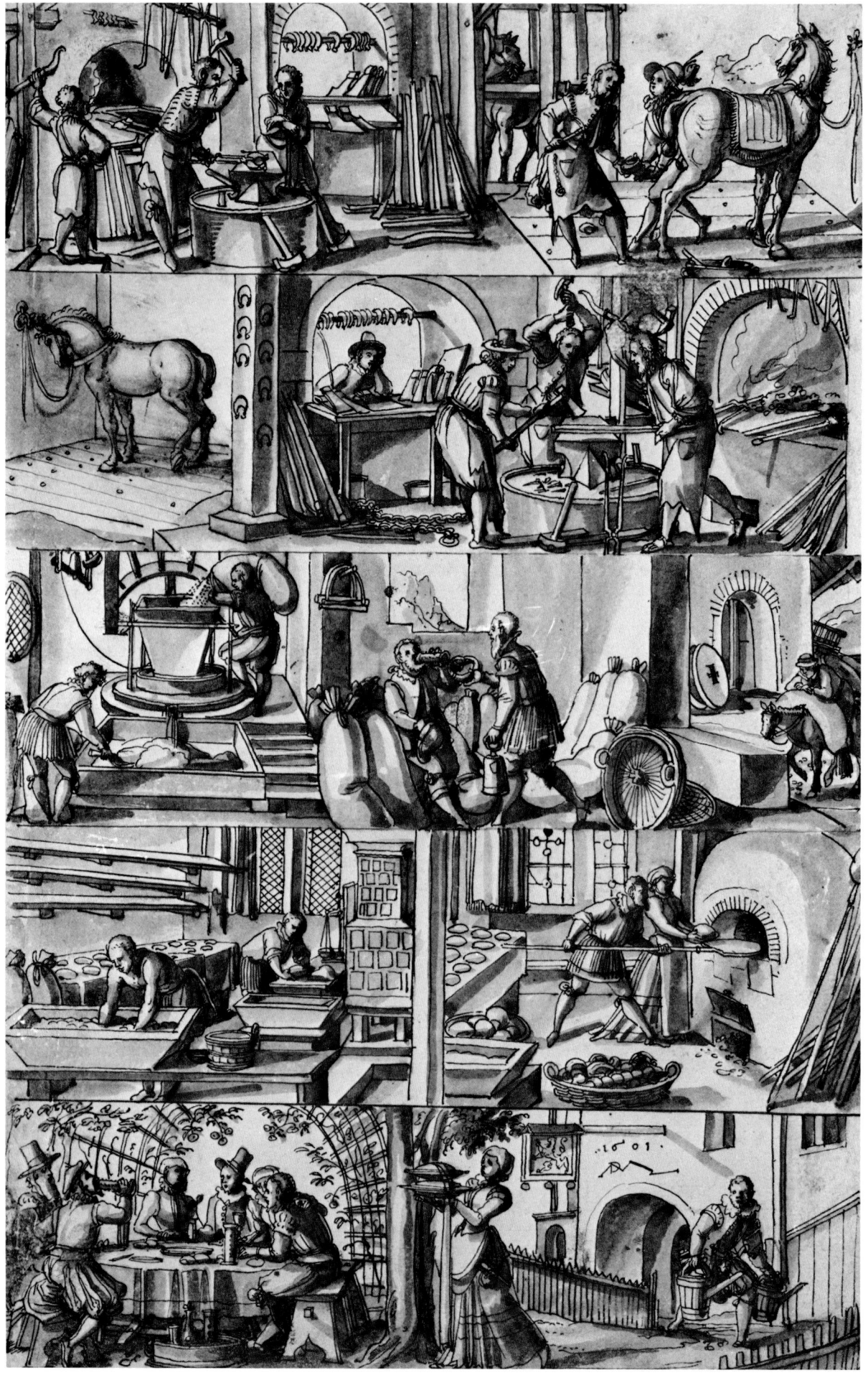

Die Mittagspause der Gesellen währte im Maurer- und Zimmerhandwerk im 18. Jahrhundert eine Stunde, und für das Frühstück und für das Abendessen waren je eine halbe Stunde eingeräumt. Wer diese Zeiten übertrat, wer über «Gebühr zu trinken forderte oder den Wein unbegründet censierte», wurde mit schwerer Busse belegt. Schon um 1564 hat übrigens die Maurerzunft, um dem Übersitzen der Arbeitspausen zu steuern, eine Ordnung erlassen, in der es heisst: In der Zeit, da das Abendbrot gegeben wird (vom St. Jörgen- bis St. Verenen-Tag), dürfen die Gesellen eine halbe Stunde Pause machen. Wenn aber weder Abendbrot noch Geld dafür gegeben wird, soll es wie bisher bei einer Stunde bleiben. Für die Bauleute wurden 1788 die Arbeits- und Ruhestunden wie folgt festgelegt: Von April bis September begann die Arbeit um 5 Uhr morgens. Zwischen 8 und 9 Uhr morgens wurde eine Frühstückspause eingeschaltet; die Mittagspause dauerte von 11½ bis 13 Uhr, und von 15.30 bis 16 Uhr wurde das Abendessen eingenommen; um 19 Uhr war der Arbeitstag zu Ende. In der Zwischenzeit (September bis November und März bis April) begann die Arbeit um 6 Uhr morgens und endete abends um 18 Uhr; die Abendpause fiel aus, und die Mittagspause dauerte nur eine Stunde. Von November bis März war der Arbeitsbeginn auf 7 Uhr festgesetzt. Die Ruhezeit über den Mittag war auf eine Stunde beschränkt, und weitere Pausen waren nicht vorgesehen. Am Samstagabend durfte die Arbeit eine Stunde früher niedergelegt werden. Die wöchentliche Arbeitszeit betrug danach im Sommer 65 Stunden und im Winter 53 Stunden.[38] Ein Vergleich: im Jahre 1984 betrug die Wochenarbeitszeit eines schweizerischen Industriearbeiters 42,9 Stunden.

Die Löhne und deren Kaufkraft sind nur für einzelne Regionen untersucht worden. Wichtige Vorarbeiten hat W. Schnyder geleistet, indem er in den Quellen zur Zürcher Wirtschaftsgeschichte zahlreiche zwischen 1300 und 1500 erfassbare Preise in eine Reihe zusammenfasste. Für eine beschränkte Zeit (1725 bis 1844) hat E. Dürst Preise und Löhne im Glarnerland eruiert. Für den zürcherischen Wirtschaftsraum haben wir um 1960 zahlreiche Lohn- und Preisreihen aus archivalischen Quellen ermittelt. Es galt herauszufinden, was man mit einem Tageslohn kaufen konnte. Die Untersuchungen sind aufschlussreich: um ein Pfund Rindfleisch kaufen zu können, arbeitete der Geselle im 16. Jahrhundert (Zimmer-, Maurer- und Dachdeckergewerbe) im Durchschnitt nicht weniger als 1 Stunde 19 Minuten bis 2 Stunden 30 Minuten, der Meister 1.08 bis 2.13. Für das 17. Jahrhundert lauten die Ziffern für den Gesellen 1.30 bis 3.02, für den Meister 1.15 bis 2.43; im 18. Jahrhundert schliesslich stellen wir einen Arbeitsaufwand des Gesellen von 1.54 bis 2.30 und einen Aufwand des Meisters von 1.29 bis 2.18 fest. Nimmt man nun die obersten, ungünstigsten Ansätze für den Gesellen, so zeigt sich, dass die Kaufkraft des Gesellenlohnes im 17. Jahrhundert schlechter war als im 16. Jahrhundert, im 18. Jahrhundert dann aber wieder etwas anstieg. Nehmen wir das Pfund Kalbfleisch als Basis, so kommen wir zu einem ähnlichen Bild: Der Arbeitsaufwand des Gesellen betrug in der teuersten Zeit 2 Stunden 23 Minuten im 16. Jahrhundert, 4.53 im 17. Jahrhundert und 2.06 im 18. Jahrhundert. Die betreffenden Zahlen für den Meister lauten: 1 Stunde 58 Minuten, 4.21 und 1.53.

Etwas anders sieht die Situation in bezug auf Getreide und Brot aus. Für einen Laib Brot arbeitete der Geselle im 18. Jahrhundert (leider fehlen eindeutige Angaben aus früheren Zeiten) 2 Stunden 7 Minuten bis 2.54, der Meister 1.59 bis 2.31. Am Ende des 18. Jahrhunderts war der Arbeitsaufwand grösser, das heisst die Kaufkraft geringer als zu Beginn, was auf die Teuerung zurückzuführen ist, nämlich 2 Stunden 46 Minuten gegen 2.07 beim Gesellen und 1.59 gegen 2.09 beim Meister. Das Brot war, wie die Ziffern zeigen, verhältnismässig teurer als das Fleisch. Noch haben die billigen Importe aus den entfernten eigentlichen Getreideproduktionsgebieten gefehlt. Die Einfuhren aus Schwaben vermochten die immer wieder auftretenden schwa-

38 Das Gewerbe der Stadt Luzern um 1600, von Daniel Lindtmeyer. Diese lavierte Federzeichnung, wohl für eine Glasscheibe angefertigt, führt uns mitten ins gewerbliche Treiben des 17. Jh. Auf dem obersten Streifen wird eine Schmiede dargestellt. Es folgt in der Mitte die Mühle, anschliessend weiter unten eine Bäckerei, links das Kneten des Teiges in der Backmulde, rechts das Einschiessen der Brote. Unten sieht man eine Trink- und Essszene, links sitzen einige Männer in einer Laube beim Mahl. Der Tisch ist gedeckt, es fehlen aber die Gabeln, man ass mit den Fingern. In der Mitte trägt eine Frau die Platten auf, während der Mann rechts mit gefüllten Weinkannen herbeieilt.

chen Ernteerträge nicht auszugleichen. Die Milch- und Butterpreise erscheinen gegenüber dem Getreide verhältnismässig tief. Bei den Milchpreisen fehlen allerdings durchgängige Zahlenreihen, weshalb wir die Butterpreise heranziehen müssen. Um 1551–1560 hatte ein Geselle 2 Stunden 51 Minuten zu arbeiten, um ein Pfund Butter zu kaufen, der Meister 2 Stunden 30 Minuten; zwischen 1661 und 1680 arbeitete der Geselle 3 Stunden 58 Minuten bis 4.53, der Meister dagegen 3 Stunden 40 Minuten bis 4.20. Um 1781 bis 1790 waren es für den Gesellen 5 Stunden 57 Minuten, für den Meister 4.30. Diese Verschlechterung rührt von der Verteuerung der Butter im 18. Jahrhundert her. Die steigende Preistendenz hielt übrigens im 19. Jahrhundert an, kostete doch das Pfund Butter noch um 1830 70 Rappen und betrug doch der Arbeitsaufwand eines Industriearbeiters für dieses Quantum nicht weniger als 8 Stunden 42 Minuten (heute sind es noch 25 Minuten).

Um ein Pfund Weizen kaufen zu können, arbeitete der Geselle im 16. Jahrhundert 1 Stunde 7 Minuten (in den billigsten Zeiten) und 2.03 (in den teuersten Zeiten). Im 17. Jahrhundert waren es in den günstigsten Zeiten nur noch 39 Minuten, in den teuersten dagegen 2.18. Im 18. Jahrhundert waren es im Minimum 51 Minuten und im Maximum 1 Stunde 4 Minuten. Betrachten wir die Maxima, so erhalten wir das gewohnte Bild, wir finden dieselben Tendenzen, eine Verschlechterung der Verhältnisse im 17. Jahrhundert gegenüber dem 16. Jahrhundert und eine leichte Verbesserung im 18. Jahrhundert. Für den Meister lauten die betreffenden Zahlen (Maxima): 1.49 für das 16. Jahrhundert, 2.03 für das 17. Jahrhundert und 59 Minuten im 18. Jahrhundert. Auch beim Weizen stellen wir im übrigen enorme Preisschwankungen von Jahr zu Jahr fest. Die gleichen Beobachtungen können wir beim Wein machen.

Um einen Liter Wein zu kaufen, arbeitete der Geselle im 16. Jahrhundert 48 Minuten in den billigsten Weinjahren und 1.54 in den teuersten Zeiten. Im 17. Jahrhundert erhielt er diese Menge nach ausgiebigen Ernten sogar mit einem Arbeitsaufwand von nur 30 Minuten; in «bösen Zeiten» dagegen betrug der Arbeitsaufwand 1 Stunde 19 Minuten. Im 18. Jahrhundert musste er im günstigsten Fall 38 Minuten arbeiten und im schlechtesten Fall 1.02. Für den Meister lauten die betreffenden Ziffern für das 16. Jahrhundert 42 Minuten im besten Fall und 1.34 im schlechtesten Fall; im 17. Jahrhundert ist der Arbeitsaufwand auf 27 Minuten bzw. 1.10 gesunken. Für das 18. Jahrhundert errechneten wir einen Aufwand von 36 bzw. 53 Minuten. Hier wäre also die Tendenz zur steten Verbesserung der Kaufkraft festzustellen: Die Weinpreise stiegen zwar ebenso wie die Preise anderer Lebensmittel zwischen 1400 und 1800 unaufhaltsam an. In der gleichen Zeit hoben sich indessen auch die Löhne, und ihre Zunahme übertraf diejenige der Weinpreise, so dass schliesslich ein, wenn auch bescheidener, Kaufkraftgewinn resultierte.[39]

Das Gesamtbild für den Zeitraum von 1400 bis 1800 zeigt eine verhältnismässig kleine Kaufkraftverbesserung. Die Löhne sind zwar, wenn wir die Gesamttendenz ansehen, den steigenden Preisen angepasst worden; dadurch aber, dass von Jahr zu Jahr ausserordentlich grosse Preisschwankungen eintraten, denen die Löhne natürlich nicht folgen konnten, entstanden immer wieder kritische Zeiten, welche die Handwerksfamilien besonders stark in Mitleidenschaft zogen. Deutlich wird dabei auch sichtbar, dass der Meister sich wirtschaftlich nicht viel besser stellte als der Geselle. Aus einzelnen zeitgenössischen Berichten ist das ebenfalls bezeugt. Eine ähnliche Situation ist sogar im 19. Jahrhundert noch anzutreffen. Die wesentliche Kaufkrafterhöhung trat, im Gefolge der sich anbahnenden Industrialisierung, erst im 20. Jahrhundert ein. Unsere graphische Darstellung gibt darüber erschöpfend Auskunft.

Was man mit dem Ertrag einer Arbeitsstunde kaufen konnte.

Durchgehende, für die ganze Schweiz geltende Lohn- und Preisreihen existieren nicht. Für unsere Darstellung griffen wir auf selber zusammengestellte und erarbeitete Reihen für das alte Zürich. Sie dürften genügen, um den allgemeinen Trend des Zeitraumes 1500–1800 zu erfassen. Unsere Vorfahren mussten sich mit schlechten Arbeitsbedingungen abfinden. Um ein Pfund Rindfleisch kaufen zu können, musste ein Geselle im 16. Jahrhundert bis zu zwei Stunden 30 Minuten arbeiten. Heute schafft er es in einer Stunde. Im 18. Jahrhundert brauchte er 45 Minuten, um ein Pfund Brot zu kaufen. Heute sind es knapp zwei Minuten. Um es besser darzustellen, haben wir die Frage anders gestellt: Wie viele Nahrungsmittel konnte ein Geselle für den Ertrag einer Arbeitsstunde kaufen? Die Grafik bringt es klar zum Ausdruck: Die Kaufkraft des Geldes war zwischen 1500 und 1800 äusserst gering. Die schlechten Bedingungen unserer Vorfahren zeigen sich u.a. auch darin, dass in den Familien unterer Sozialschichten bis 90% der Einnahmen für Nahrungsmittel ausgegeben werden mussten. Heute sind es etwa 15%.
Für die einzelnen Zahlen vergleiche man die Tabelle im Anhang.

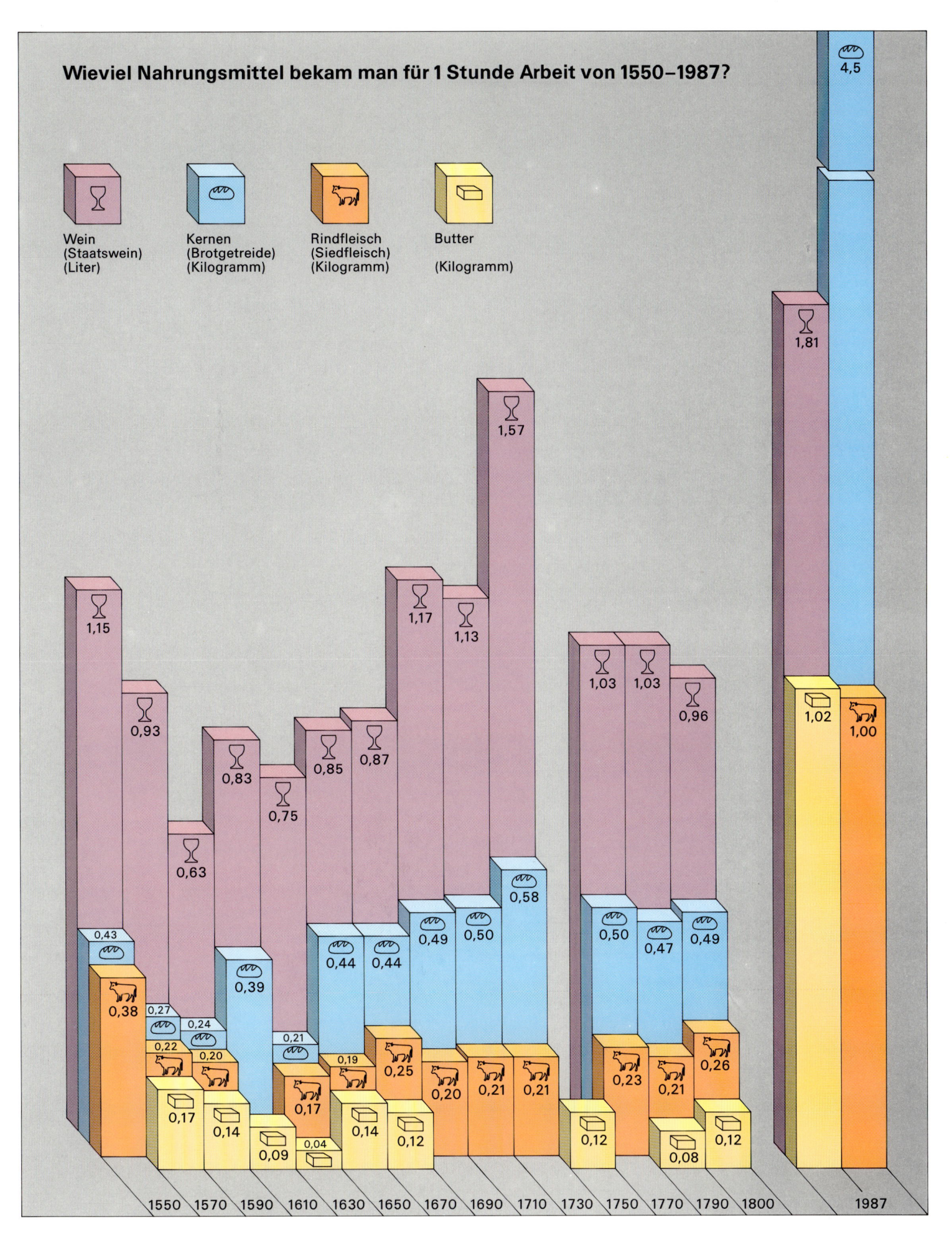

Wieviel Nahrungsmittel bekam man für 1 Stunde Arbeit von 1550–1987?

Wein (Staatswein) (Liter)
Kernen (Brotgetreide) (Kilogramm)
Rindfleisch (Siedfleisch) (Kilogramm)
Butter (Kilogramm)

Jahr	Wein	Kernen	Rindfleisch	Butter
1550	1,15	0,43	0,38	0,17
1570	0,93	0,27	0,22	0,14
1590	0,63	0,24	0,20	0,09
1610	0,83	0,39	0,21	0,04
1630	0,75	0,44	0,19	0,17
1650	0,85	0,44	0,25	0,14
1670	0,87	0,49	0,20	0,12
1690	1,17	0,50	0,21	
1710	1,57	0,58	0,21	
1730	1,13	0,50	0,23	0,12
1750	1,03	0,47	0,21	0,08
1770	1,03	0,49	0,26	0,12
1790	0,96			
1987	1,81	4,5	1,00	1,02

39 Der Reuschtenhof in Schlieren im Jahre 1695. Das Aquarell zeigt einen strohbedeckten Ständer-Blockbau einfachster Art. Stall und Wohnteil befinden sich unter einem Dach. Links: ein Ökonomie-Gebäude. Rechts: der Bauerngarten sowie ein Miststock. Früher Hinweis auf die beginnende Stallfütterung.

Wohnen

Hausentwicklung und Wohnkosten

Das Wort wohnen geht auf eine indogermanische Wurzel zurück und bedeutet ursprünglich etwa im Vertrauten bleiben, zufrieden sein, gern haben. Es ist verwandt mit «gewohnt», aber auch mit «Wonne». Mit Wonne haben freilich die Wohnungen des ausgehenden Mittelalters in den allermeisten Fällen wenig oder nichts zu tun. Der Urtypus des frühen Hauses, das sogenannte Einraumhaus, bot wohl Schutz vor Kälte und Nässe, hingegen keinerlei Annehmlichkeiten. Für die Dreiheit der primitiven Wohnbedürfnisse, Kochen, Essen und Schlafen, musste ein einziger Raum genügen. (In der Form der Alphütte hat er sich bis in die Gegenwart hinein erhalten.) Im Spätmittelalter wohnten Vieh und Menschen unter dem gleichen Dach. Allerdings war man selbst in den alpinen Regionen vom Vieh durch einen Verschlag abgetrennt. Eigentliche Stallwohnungen, wie sie in den west- und südalpinen Gebieten vorkamen, gab es offenbar im schweizerischen Raum nicht.[1] Eine Ausnahme bilden die allerkleinsten Tiere, die Flöhe und Läuse. Sie waren dauernde, aber auch lästige Wohngenossen. Ein allgemeines Kratzen war deshalb üblich, und es herrschte weithin der Brauch des Flöheablesens. Wie das etwa ausgesehen hat, wird aus der Luzerner Schilling-Chronik deutlich. Ein Soldat ruht im Schoss einer Marketenderin, sie sucht sein Haar nach Ungeziefer ab.[2] Noch im 16. Jahrhundert gehörten Mittel zur Vertilgung und Vertreibung von Flöhen, den Nachtfründen, wie sie Cysat nannte, in jeden Haushalt. Es waren etwa Flohkraut, Wermut, Oleanderblätter und Verbenensaft.[3] Es fehlte in den Häusern vor allem an Luft und Licht. Denn bis ins 15. Jahrhundert hinein waren Scheiben und Glas unbekannt; die Fensterlücken waren notdürftig mit Tüchern überdeckt. Die ersten Scheiben wurden in den Ratshäusern eingesetzt. Das alte Zürcher Rathaus kam 1504 zu Scheibenfenstern, «bishar waren sy tüchig gsin».[4] Der Berner Chronist Anshelm schreibt, dass man in Bern um 1500 nur ganz wenige Scheibenfenster sah; überall wurde Leinwand und Tuch in Fensterlücken gespannt. Darnach seien die Waldglasrauten, rautenförmiges grünliches Glas aus dem Schwarzwald aufgekommen. Jetzt aber (um 1510) sei man vom fremden Luxus wie geblendet; niemand wolle sich mehr hinter kleinen «flöminen vensterlin» verbergen (flöm = feine Leinwand oder Gaze).[5]

Übereinstimmend melden die Chronisten, dass die Häuser des ausgehenden Mittelalters grossenteils aus Holz bestanden. Lediglich in den Städten seien, wie Bonstetten von Zürich meldet, «die Hüser us grossen steinen bis in die höhe gebuwen».[6] Das Mauerwerk war nach dem grossen Stadtbrand von 1313 angeordnet worden. In St. Gallen hat man nach dem grossen Brand vom 30. April 1418 zum «stainwerch» gegriffen.[7]

Dank den Untersuchungen von Richard Weiss kennen wir die Verteilung von Stein- und Holzbauten im schweizerischen Raum. Er hat nachgewiesen und gezeigt, in welchen Regionen des schweizerischen Mittellandes der Gemischtbau (Fachwerk

Ländliches Wohnen im 17. Jh. Das Bild, gezeichnet um 1673 in Dietikon, gibt einen ausgezeichneten Einblick in die äusserst bescheidenen Wohnverhältnisse auf der Landschaft. Blockbau strohgedeckt, einstöckig. Wenige, sehr niedere Zimmer, ebenerdiger Eingang.
Graphische Sammlung ZB Zürich.

oder Riegelbauweise) vorherrschte.⁸ Was uns hier aber interessiert, ist das Innere der Häuser, sind die Wohnverhältnisse. Leider versagen gerade in diesem Punkt die Quellen, insbesondere was die Frühzeit anbelangt, fast vollständig. Es muss als Glück bezeichnet werden, dass aus den Archiven einige wenige Hinweise für die Wohnverhältnisse in den Städten gewonnen werden können. So gibt es zum Beispiel aus dem spätmittelalterlichen Basel verschiedene Angaben über die Häuserpreise.⁹ Selbst für Wohnungs- und Mietkosten liegen einige Zahlen vor. Allerdings ist es fraglich, ob die Mietausgaben im ganzen überhaupt eine Rolle spielten. Bis jetzt nahm man an, dass jede Familie ein eigenes Haus hatte, und dass sie dieses nur in schwierigen Situationen ausmietete.¹⁰ Der Basler Historiker T. Geering glaubte, dass es in Basel zu Ende des 14. Jahrhunderts überhaupt keine Mietverhältnisse gegeben habe.¹¹ Zu einem andern Resultat gelangte F.E. Welti, der für Bern das Steuerbuch (Tellbuch) von 1448 untersuchte. Er stiess auf Mietverhältnisse; die Mieter sind in dieser Liste als Hausgenossen aufgeführt.¹² In Schaffhausen waren nach den Untersuchungen von H. Ammann um 1400 3,7% der Steuerzahler Mieter, hundert Jahre später waren es 29,36%. Die Mieter gehörten zu den finanzschwächsten Steuerzahlern.¹³

Schon im Spätmittelalter gab es Rechtsvorschriften, die sich auf die Mietverhältnisse bezogen. So verpflichtete der Zürcher Rat in der zweiten Hälfte des 14. Jahrhunderts einen Mann, der ein Haus auf drei Jahre gemietet hatte, Bauschäden ausbessern zu lassen. Dafür durfte er nach Ablauf der Mietzeit diese Summe zusätzlich «abwohnen».¹⁴ Selbstverständlich wäre es schön, einiges über die Mietzinse zu erfahren. Doch da stellt sich das leidige Problem der Umrechnung. Thomas Platter hat um 1509 für eine Stube ausserhalb der Stadt 41 rheinische Gulden hinlegen müssen. Das ist, wenn wir die Preise allgemein ansehen, eine enorm hohe Summe gewesen. Doch das war in der Pestzeit. Die Vermieter haben vielleicht von den ausserordentlichen Umständen profitiert. Um 1520 hat Thomas Platter für die Miete in Zürich nur rund 1,3 Gulden bezahlt; allerdings war diese Wohnung von zweifelhafter Qualität, denn sie wurde gleichzeitig auch von Dirnen benützt.¹⁵ Offensichtlich gibt es zwischen Wohnungskosten und gesellschaftlicher Stellung enge Zusammenhänge. Als Platter noch sehr arm war, musste er sich mit einer schlechten Unterkunft begnügen, dafür war auch der Mietzins bescheiden. Als er später in Basel wohlbestallter Theologe war, konnte er ohne weiteres acht Gulden für den Hauszins aufbringen. Als er es schliesslich zum selbständigen Buchdrucker gebracht hatte, war es möglich, 16 Gulden Jahreszins für das Haus eines Domherren hinzulegen. Später konnte er es gar erwerben.¹⁶

Sowohl bei den Hauspreisen wie Mietzinsen gab es grosse Spannweiten. Aufgrund der Hauspreise und Mietzinse hat der deutsche Forscher U. Dirlmeier den Wohnaufwand geschätzt. Unter 1,5 Gulden taxierte er als «unterbürgerlich», 1,5 bis 15 Gulden nahm er als «kleinbürgerlich» und 15 bis 20 Gulden als «bürgerlich, wohlhabend» an.¹⁷ Die Ausgaben für jährliche Wohnaufwendungen in Form tatsächlicher Barausgaben oder als Kapitalkosten gelten nur als Richtwerte; sie geben aber, aller Problematik zum Trotz, einen gewissen Einblick in die damaligen Verhältnisse.

Zum Unterhaltsaufwand kommen die Nebenkosten, die Beleuchtung und Heizung. Dass sie ins Gewicht fielen, zeigen die vielen Holzzuweisungen, die in den Dienst- und Besoldungsverträgen vorkommen. Die Versorgung der Städter mit Holz war keineswegs einfach und billig. Mit einer kostenlosen «Selbstversorgung» aus eigenen Wäldern ist nicht zu rechnen. Wie gross, ja drückend die Ausgaben für Feuer und Licht vor allem für ärmere Leute werden konnten, hat der St. Galler J. Kessler um 1539 dargelegt; er sprach von schweren «husbeswerden».¹⁸ Die Ausgaben für Brennholz betrugen in Basel am Ende des 15. Jahrhunderts pro Kopf nicht weniger als 2,17 Gulden pro Jahr, das entspricht ungefähr 10 Prozent des Aufwandes für Lebensmittel.¹⁹ Für die Heizung der Stube eines Gefangenen wurden in Basel 1496–1499 pro

40 Eine Frau liest einem Mann Flöhe ab. Das war im Spätmittelalter eine tägliche Erscheinung. Auf unserem Bild geschieht es in einem Kriegslager. Der Krieger wird von einer Marketenderin «bedient».

Winter 1,6 Gulden berechnet. Der Nachrichter erhielt jährlich 1,9 Gulden für sein Brennholz.[20] In Zürich kam der Jahresbedarf an Holz für Küche und Heizung im 15. Jahrhundert auf etwa 3,5 Gulden zu stehen.[21] Weil der Brennholzverbrauch dauernd zunahm, sahen sich die Obrigkeiten frühzeitig zu Reglementierungen gezwungen. Schon im Spätmittelalter kam es nicht nur in den Städten, sondern auch auf dem Land zu Holzmangel.[22] Man stellte deshalb einmal fest, wer nutzungsberechtigt war und wer nicht. Dabei sind aber kaum je Mengenangaben festgelegt worden.[23] Genaue Angaben über den Holzverbrauch der einzelnen Haushaltungen gibt es schon deshalb nicht. Die Obrigkeiten selbst hatten keine Zahlen. Erst im 18. Jahrhundert machten sich weitblickende Männer daran, diesen Dingen auf den Grund zu gehen. Der Schaffhauser Stadtbaumeister Jezler stellte fest, dass in seiner Stadt jede Haushaltung 1½ Klafter Holz zu Brennzwecken brauche. Der Gesamt-Verbrauch einschliesslich des Gewerbes habe je Haushalt nicht weniger als 2½ Klafter betragen. Die Wälder aber seien nicht mehr in der Lage, diesen grossen Bedürfnissen zu entsprechen.[24]

Weniger gut als über den Verbrauch an Brennmaterial sind wir über die Beleuchtung orientiert. In Basel sind die Lichter der Ratsstube für den Winter des Rechnungsjahres 1500/1501 mit etwa 2,6 Gulden abgerechnet. Dieser Betrag kann aber nicht als repräsentativ für den Privathaushalt gelten. Insgesamt haben die Ausgaben für die Beleuchtung 12 Prozent der Brotkosten ausgemacht. Sie waren also keinesfalls unerheblich.[25]

Allzugerne würde man etwas über den Wohnkomfort der einzelnen Häuser erfahren. Es liegen auch einige schriftliche Nachrichten vor, sie widersprechen sich indessen mehr als einmal. Die frühen Chronisten, so Bonstetten, sprechen von schönen, grossen Häusern, lustigen Gassen.[26] Er meinte Zürich. Der Chronist Stumpf sagt, die Stadt Bern sei mit hübschen Häusern geziert, sie habe weite Gassen und zu beiden Seiten Gewölbe, unter denen man mit trockenen Füssen wandern könne.[27] Piccolomini berichtet von Basel, dass die Häuser überaus stattlich, meistens mit glasierten bunten Ziegeln eingedeckt waren. Im Innern hätten sich prächtige Zimmer und reiches Mobiliar befunden. In jedem Haus seien Räume zu warmen Stuben ausgestaltet.[28] Selbst die Häuser der Dörfer kommen gut weg; so hat Stumpf vom Aargau geschrieben, die Häuser seien mehrteils mit Stroh gedeckt, «die stett» (gemeint sind die Dörfer) «sind gar schön und lieblich erbauwen».[29]

Stube

Diese Beschreibungen sind wohl etwas zu gut ausgefallen, und sie lassen die Frage der Entwicklung offen. Wann und wie ist aus dem Einraumhaus ein dreiteiliges geworden? Wie ist es zur Dreiteilung Küche, Kammer und Stube gekommen? Sicher ist, dass das Einraumhaus der ursprüngliche Typus war und dass das frühmittelalterliche, alemannische Gehöft die Stube ebensowenig kannte wie die hochmittelalterliche Ritterburg. Sie tritt, was sich urkundlich schön belegen lässt, erst in den spätmittelalterlichen Städten auf. Am Anfang der Belege steht die Stube der Äbtissin des Fraumünsters von Zürich. Sie wird von 1252 an genannt. Weitere, vor allem auch private Wohnstuben erscheinen 1247 in Winterthur, 1258 in Basel, 1272 in Zürich; die Stube des Bischofs von Chur ist 1270, die des Franziskaner-Klosters in Luzern 1281 belegt.[1] Trink- und Zunftstuben sind für Basel 1260, für die andern Schweizer Städte aus dem 14. und 15. Jahrhundert bezeugt.[2]

Offenbar ist die Stube eine Erfindung, eine Neuerung des Nordens. Der Engadiner Chronist Campell erklärt 1571 bei der Schilderung der Davoser Ratsstube: «Das ist eine Art von Wintersälen, nach der Sitte der Deutschen erbaut, die sie Stube nennen.» Offenbar haben also die Bündner geheizte Winterräume damals als eine von

41

Deutschland herkommende Neuerung betrachtet.³ Dass es schon damals aber zweierlei Stuben, die Sommer- und Winterstuben gegeben hat, bezeugt Albrecht von Bonstetten für die Stadt Zürich des 15. Jahrhunderts.⁴ Stuben konnte man einbauen und ausbauen; sie waren gewissermassen transportierbar. Vor allem in den Holzbau- und Blockbau-Regionen sind Stuben hin und wieder abgebaut und an anderer Stelle wieder aufgerichtet worden. Sie gehörten, wie es das Hofrecht des Gerichtes Tablat, St. Gallen, 1527 ausdrückte, zum «fahrenden Gut».⁵ Im Steinbaugebiet bildet die Stube einen fest gezimmerten, allseitig umschlossenen Baukörper im Haus; im Holzblockbaugebiet ist sie dagegen etwas wie ein «Blockwürfel». So konnte es vorkommen, dass im bündnerischen Schams 1589 eine Lawine ein Haus umstiess, die Stube aber völlig intakt erhalten blieb.⁶

Die Stube, so wie wir sie heute kennen, ist nicht plötzlich da: ihr Aufstieg zum bürgerlichen und bäuerlichen «Kulturraum» lässt sich vielmehr über mehrere Jahrhunderte hin verfolgen. Dabei gab es deutliche Phasenverschiebungen. So ist zum Beispiel der «animalische» Bereich nicht überall gleichzeitig ausgeschieden worden. Die Ausgliederung setzt in den Städten ein; die bergbäuerlichen Zonen folgen viel später. So hat Richard Weiss im winterlichen St. Antönien noch um 1955 in den Stuben Hühnerkäfige, die «Hennachebia» angetroffen. Und ältere Leute erinnerten sich damals noch daran, «dass man im kalten Winter auch die jungen Schweine und andere kälteempfindliche Tiere in die Stube nahm».⁷ Offenbar war das Bedürfnis nach frischer Luft nicht so ausgeprägt wie heute: «Auch wenn jene gemütliche Atmosphäre der Stube, bestehend aus Stallgeschmäcklein, Tabakrauch, Speisenduft, Dampf trocknender Kleider und allerlei unsäglichen humanen und animalischen Ausstrahlungen zum Schneiden dick war», lehnte man es ab, auch das kleinste Fensterlein zu öffnen: «Luft isch dusse rächt gnueg.»⁸ In der Stube wohnen, heisst vor allem in jüngerer Zeit ausruhen, lesen, sich unterhalten, heisst für die Frauen stricken, heisst Unterhaltungsspiel sowie sonntägliches, manchmal auch festliches Beisammensein. Zweifellos hat aber auch das Repräsentationsbedürfnis sowohl in bürgerlich-städtischen wie bäuerlichen Kreisen zu einer Sublimierung geführt. Oft war und ist die Stube nicht nur Kulturraum, sondern auch Kultraum. Über manchem Esstisch befand sich in den katholischen Regionen die Herrgotts-Schrote oder das Herrgottschrötli, die Ecke mit dem Kruzifix.⁹

41 Wohnraum in Adelbodener Haus von 1698. Das in Blockbauweise erstellte Gebäude enthält unter dem gleichen Dach Wohnteil, Stall und Heuraum. Das Untergeschoss beherbergt den niedrigen Kuhstall sowie einen Keller, der auch gleichzeitig als Werkstatt diente. Im Obergeschoss tritt man von der Laube direkt in die Küche. In der Ecke gegen die Stube steht der massive Steinherd, auf dem das offene Feuer brennt. Von der Küche aus heizte man auch den gemauerten Ofen in der Stube (hinten rechts). Die Stube ist mit einfachsten Möbeln und Gegenständen eingerichtet. Hier schlief auch ein Teil der Familie. Um tagsüber Platz zu machen, verwendete man Schiebebetten (links).

Wichtiger Bestandteil der Stube war der Ofen. Über seine Herkunft und seine Entwicklung war man bis vor kurzer Zeit auf Vermutungen, auf Hypothesen angewiesen. Noch Richard Weiss, gewiss ein renommierter Forscher auf dem Gebiet von Haus und Siedlung, hat sich – gezwungenermassen – recht vorsichtig ausgedrückt: «Für die Herkunft des Stubenofens als eines wärmehaltenden und wärmestrahlenden Heizofens sind als Vorbilder grundsätzlich in Betracht zu ziehen: der Töpferofen, der Schmelzofen und der Backofen, die alle drei schon praehistorisch vorkommen, sodann der osteuropäische Badeofen, wie er in der finnischen Sauna zur Dampfheizung und zur Wärmung des Badegemachs dient, und vor allem der ebenfalls osteuropäische und asiatische Kochofen, welcher Herd, Ofen und Backofen vereinigt. Als wärmehaltendes und wärmestrahlendes Lehmgewölbe gleicht er gewissen primitiven Formen unseres Stubenofens.»[10] Nach den gründlichen Forschungen von Jürg Tauber in den Jahren 1970–1980 weiss man heute mehr.[11] Darnach trat im Verlaufe des 11. Jahrhunderts ein Wechsel vom einräumigen Haus mit Mehrzweck-Feuerstelle zum Küchenstubenhaus mit funktionsgetrennter Herd- und Ofenanlage ein. Um 1300 sind, wie an mehreren Fundorten belegt werden konnte, funktionsgetrennte Herd- und Ofenanlagen vorhanden.[12] Das häufige Vorkommen von Kacheln aus der Zeit um 1200 zeigt, dass der Adel seine Wohnräume damals mit Kachelöfen ausstattete. Das Beispiel machte Schule: Seit 1250 haben auch begüterte Stadtbürger ihren eigenen Kachelofen. Im 14. und 15. Jahrhundert kommt der Kachelofen als «gesunkenes Kulturgut» auch in die Stube wohlhabender Bauern. Dieser «Siegeszug» hielt bis ins 18. Jahrhundert an, wobei der Ofen immer wieder neue Formen annahm.

Was Herd und Ofen im grauen Alltag bedeutet hat, ist nicht messbar, kaum formulierbar. Er strahlte gleichzeitig Wärme, Geborgenheit und Frieden aus. So ist er, wie im Kapitel «Das Haus als Friedensbereich» dargelegt wird, zum Symbol für den Hausfrieden geworden. Kein Wunder, dass Herd und Ofen vom Mittelalter bis ins 18. Jahrhundert hinein immer wieder Ziel von Ächtungsexekutionen wurde. Es gab nicht nur die Hauswüstung, sondern auch eine Ofenwüstung; sie reicht vom Löschen des Herdfeuers bis zum Abbruch des Herdes und Einschlagen der ganzen Ofenanlage.[13] Den Archäologen fiel auch auf, dass die Öfen von eroberten Burgen (Alt-Wartburg und Alt-Rapperswil) in kleine und kleinste Fragmente geschlagen und zerhackt waren. Nach J. Tauber ist dies nicht Zufall, sondern Niederschlag des Wüstungsbrauches. Von Alt-Wartburg ist ausserdem bekannt, dass das Vernichtungswerk nicht vom regulären Auszug, sondern von den Berner Härstern vollbracht wurde.[14] Das Gegenstück zu diesem Brauch bildet das friedliche, feierliche Anzünden von Koch- und Herdfeuer bei der Inbesitznahme des neuen Hauses, die «Hausröiki».

Ofen und Herd waren «heilig», unantastbar. Alten Vorstellungen gemäss befand sich hier der Sitz von toten Seelen und Ahnengeistern. Wie anders könnte man sonst den Brauch der Ofenbeichte oder das brauchtümliche Küssen des Ofens erklären? Offenbar steht der Brauch in engem Zusammenhang mit der Fasnacht. Denn eine Verordnung der Stadt Freiburg im Uechtland wendet sich um 1580 mit aller Schärfe gegen diesen alten «ingewurzelten» Fasnachtsbrauch. Unter Gefängnisstrafe sollen fortan alle jene stehen, die am «Aeschermittwuchen uff jeder gesellschaft den ofen küssen...»[15] Das Küssen des Ofens auf der Gesellschaftsstube lässt sich sonst nirgends nachweisen, es ist schwer zu deuten. Von hier bis zum anderen Brauch des Ofenanbetens und der Ofenbeichte ist jedenfalls kein weiter Schritt. Und wir verstehen nun auch besser, weshalb unsere Vorfahren, um die bösen Geister von Herd und Ofen fernzuhalten, immer wieder Symbole wie Kreuze anbrachten oder Becherkacheln mit Kreuzen und Radkreuzen versahen. Es kann sich, wie J. Tauber darlegt, nicht um Herstellungszeichen handeln, dafür sind sie zu ähnlich und ist ihre Formenspra-

42

che zu klein. Zweifellos handelt es sich um Zeichen zur Abwehr von Feuerdämonen und anderen unerwünschten Geistern.[16]

Die ganze Innenausstattung der Stube bleibt vom 13. bis ins 16. Jahrhundert denkbar schlicht, archaisch-einfach. Lediglich in Steinhäusern von Patriziern tauchen Holztäferungen auf. Vereinzelt sind auch Freskomalereien auf dem Wandverputz erhalten geblieben. Reiche Hausbesitzer begannen im 15. Jahrhundert die Deckenbalken mit verziertem Holzwerk zu verschalen. Den wenigen Hausratverzeichnissen ist zu entnehmen, dass es ausser den fest angebrachten, roh gezimmerten Holzbänken keine weiteren Sitzgelegenheiten gab. In Thomas Platters Verzeichnis von 1529 findet sich ein einziger Stuhl![17] Mit dem Stuhl eröffnen sich für die Stube neue Möglichkeiten: Der Tisch muss nun nicht mehr zur Bank geschoben werden, jetzt kann man die Stühle zum Tisch rücken. Das Ganze wird beweglich, die Mobilität dehnt sich über die Stube hinaus. Der Faltstuhl kann auch auf Reisen mitgenommen werden. In der Renaissance kamen auch Pfostenstühle auf. Sie waren indessen steif und unbequem, mochten sie aus Repräsentationsgründen noch so prunkvoll ausgestattet sein. Aber sie bildeten einen kostbaren Rahmen um denjenigen, der sie «besitzt». Erst das 18. Jahrhundert bringt weitere Fortschritte in Richtung Sitzkomfort. Der Stuhl wird, wie das Selbstbildnis von Heinrich Füssli zeigt, wohnlich und bequem, man sitzt darin «sans gêne».[18]

Die Bilderchroniken des 15. und 16. Jahrhunderts zeigen, dass der Tisch ursprünglich rohgefertigter Zweckgegenstand war. Selbst in den Refektorien wohlhabender Klöster waren die Tische einfachster Art.[19] Das gilt auch für die Rathäuser.[20] Zum Versorgen von Kleidern, auch zum Schutz vor Russ und Ungeziefer gab es Truhen, auch Kisten genannt, einfache, roh gezimmerte Behältnisse. Sie wirken massig, schwer, selbst wenn sie, wie die Stollentruhe aus dem Wallis von 1449, reich geschnitzt sind.[21] Kasten, Schränke, Kredenzen (offene Schränke) sind selten.

Im 15. Jahrhundert entwickelt sich aus zwei übereinander angeordneten und identisch gestalteten Truhenelementen der zweigeschossig gegliederte Kasten (Schrank). Ein erhalten gebliebener zweiteiliger Kasten aus der Zeit um 1500 zeigt, wie man mit dekorativen Eisenbeschlägen, geschnitzten Gurten dem Stück einen repräsentativen, vornehmen Charakter geben konnte.[22] Im 16. Jahrhundert wird das Mobiliar reicher. Der Schrank beginnt, vor allem im bürgerlichen Wohnraum, zu dominieren. Darin liessen sich Kleider besser aufbewahren als in der Truhe. Zu dieser Zeit erscheinen auch die ersten Buffets. Sie enthalten oft ein zinnenes Giessfass mit Becken. An die Stelle der gotischen Balkendecken treten Kassettendecken mit Feldern von gleichmässiger Grösse. Die Täferungen werden reicher. Schnitzereien, Intarsien (Einlegearbeiten) treten auf.[23]

42 Blick in die Stube eines Appenzellerhauses in Brülisau (AI). Die Haustüre des 1752 erstellten Wohnbaues führt direkt in die Küche; diese diente auch zur Käseherstellung. Von hier kommt man in die Stube. Kachelofen und Einbaumöbel befinden sich in originalem Zustand. Sie sind von einfachster Art. Durch die Türe rechts blickt man in den Schlafraum. Rechts von der Türe hängt an der Wand eine Schwarzwälder Uhr. Sie gehört zum Inventar vieler Bauernhäuser des 17. und 18. Jh.

43 Um 1500 liess der Berner Staatsmann Hans-Rudolf Nägeli als Wandverkleidung in seinem Wohnhaus einen Wirkteppich herstellen. Er wird heute unter der Bezeichnung Berner Minneteppich im bernischen Historischen Museum gezeigt.

43

Zur Ausstattung der Stube kommt, vor allem in den Häusern des Adels oder begüterter Bürger, auch die textile Wandbekleidung. Sie schützte vor Kälte und war Ausdruck des gehobenen Lebensstils: Sie erfreute nicht nur das Auge, sondern diente auch der Belehrung der Hausgenossen und Gäste. So zeigt eine Wandverkleidung von Sitten aus der zweiten Hälfte des 14. Jahrhunderts die Ödipus-Geschichte.[24] Ein ausgesprochenes Repräsentationsstück ist der Berner Minneteppich. Er ist vom Berner Staatsmann Hans Rudolf Nägeli um 1500 in Auftrag gegeben worden. Heute befindet er sich im Historischen Museum in Bern. Neben dem Allianzwappen des Berners zeigt er ein vornehmes Paar im Gespräch. Prachtvoll ist auch der Wirkteppich mit Edelleuten auf der Falkenjagd aus der Zeit von 1490; er wird heute im Historischen Museum von Basel aufbewahrt.[25]

Um etwa 1600 kamen Wandbespannungen auf, welche die ganze Wand überdeckten. Von der französischen und burgundischen Hofhaltung übernahmen vornehme Geschlechter den Brauch, die Tapeten für den Sommer und den Winter auszuwechseln, wobei man Seidendrucke, später auch Zeugdrucke als «Kühlteppich» im Sommer, wollene Wirkteppiche im Winter bevorzugte. Im 17. und 18. Jahrhundert sind die kaum erschwinglichen orientalischen oder italienischen Seidenstoffe durch bedrucktes Leinwandzeug ersetzt worden. An die Stelle der kostbaren Samtbespannung trat die Flocktapete. Um den Samteffekt hervorzurufen, streute man feinen Wollstaub auf die mit Mustern vorgeleimte Leinwand. Eine Flocktapete wird am

9. Herbstmonat 1756 in den «Zürcher Donstagsnachrichten» angeboten: «Eine gar saubere Tapezerey in ein grosses Zimmer, welche roth mit Gold von Staubarbeit gemacht, so jemand solche benöthiget, könnte man selbige besichtigen lassen, des Preises halben würde man sich hernach schon verstehen.»[26]

Zur Ausstattung des vornehmen bürgerlichen Haushaltes gehörte, oft als Braut- und Hochzeitsgeschenk, der gewirkte Bildteppich; er wird in den Inventaren als Heidnischwerk aufgeführt. Da wimmelt es von Fabeltieren, Jagd- und Minneszenen. Man konnte aber auch Wildleute mit Liebessymbolen bewundern. Mit 30 verschiedenen Farben erreichten die Hersteller eine beachtliche Stufe, konnten aber mit den grossen flämischen Manufakturen kaum konkurrieren. Die Liebhaber bezogen deshalb solche Teppiche und Gobelins im 17. und 18. Jahrhundert fast ausschliesslich aus Frankreich. Eine besonders schöne schweizerische Wollstickerei aus dem Ende des 16. Jahrhunderts, eine vornehme Bürgerfamilie darstellend, ist erhalten geblieben (Textilmuseum von St. Gallen).[27] Ebenso grossartig sind die leinengestickten Wandbehänge. Die schönsten Stücke stammen aus dem 16. Jahrhundert. Besonders berühmt war die Sticktechnik «punto ungarese», die im 17. Jahrhundert in Graubünden auftaucht.[28] Im frühen 16. Jahrhundert wurden aus Italien Seidentapeten importiert. Später bezog man sie aus der «grande fabrique», wie man die Lyoner Seidenindustrie nannte.[29]

Eine Schweizer Spezialität waren die Schwarzdrucke. Die Produzenten exportierten sie auch, gerieten aber in Schwierigkeiten, weil die nach der Aufhebung des Ediktes von Nantes in die Schweiz geflüchteten Hugenotten neue Drucktechniken für Baumwollstoffe, die sogenannten Indiennes einführten. Zwar waren die als toiles peintes benannten, geblümten Baumwollstoffe eher für Kleider und Schürzen bestimmt, doch gab es auch Wandbezüge, wie ein Zimmer aus Châtillon-sur-Bevaix NE oder die Indienne-Ausstattung des Sommerhauses Vigié in Solothurn zeigt.[30]

Im Gegensatz zu den Wandbehängen gab es selbst in vornehmen Häusern im Spätmittelalter keine Vorhänge. Sie erscheinen in keinem Interieur der Bilderchroniken des 15. und 16. Jahrhunderts. Die Vorhangmode kam allmählich nach dem Einsetzen der Glasfensterproduktion auf. Die Butzenscheiben haben sowieso nur wenig Tageslicht zugelassen. Ein Blick in den Wohnraum von aussen war auch ohne Vorhang unmöglich. Das sind wohl einige Gründe, weshalb es selbst im Haushalt hochgestellter Persönlichkeiten noch im 17. Jahrhundert keinen Vorhang gab, wie die Darstellung der Familie des Landvogtes Hans Bodmer in Greifensee von 1643 zeigt.[31] Selbst bei David Herrliberger finden wir 1741 keine Draperien. Doch weisen die hohen Sprossenfenster seitliche schwere Woll- und Seidenvorhänge auf, die gerafft zusammengehalten sind. In der Stube einer zürcherischen Patrizierfamilie, gemalt von Johann Heinrich Lips, gibt es lediglich dicke Wollvorhänge, die in unregelmässige Falten gelegt sind. Doch findet sich schon hier eine helle, wahrscheinlich feine Musseline als Fenstervorhang.

Zu den in der Stube gebrauchten Textilien gehörte das Tischtuch. Es fehlte im bürgerlichen und bäuerlichen Haushalt im Spätmittelalter. Im vornehmen Haushalt des 14. Jahrhunderts tritt es vereinzelt auf. So befanden sich im Nachlass des 1372 in Basel verstorbenen Konrad Bärenfels zwei unverzierte sowie ein gesticktes Tischtuch. In den Truhen der Commanderie von Freiburg im Uechtland lagen 1480 nicht weniger als elf verzierte Tischtücher. Zu den gestickten treten im 16. Jahrhundert auch gewirkte Tischtücher, das sogenannte Heidnischwerk. So hinterliess der Basler Ratsherr Hans Oberried der Ä. um 1543 ein sogenanntes Heidnischwerktischtuch. Auch Dorothea Kupferschmid war stolze Besitzerin eines solchen Heidnischwerkes.[32]

Genauere Angaben über die Beschaffenheit der Tischtücher – sie wurden nur an hohen Festtagen aufgelegt – vermitteln die Inventare des 17. Jahrhunderts. Faustina Iselin geborene Auerbach aus Basel hinterliess 1602 ein «geneittes dischtuch mit dem tafelstich und listen (Borten) darumb; ein dischtuch mit Creutzstich und Familienwappen».³³ Die Zürcherin Catharina Escher besass um 1680 gestickte Tischtücher mit biblischen Szenen: «Christus als himmlischer Bräutigam, die Jakobsleiter sowie die klugen und törichten Jungfrauen.»³⁴ In den gutbürgerlichen Haushalt gehörten damals nicht nur weisse Ordinaritücher, sondern auch gestickte. Als Familienstücke verehrt, sind sie von einer Generation zur andern weitergegeben worden. Wie ein gedeckter Tisch eines wohlhabenden Bürgers von 1559 aussah, zeigt uns das Bild des Baslers Hans Rudolf Fäsch.³⁵

Im Bild Tischzucht des Conrad Meyer von 1645 (Siehe S. 103) tauchen auch Servietten auf. In seinem Gedicht über Tischzucht rät Meyer, die Finger nicht abzuschlecken, sondern sie an der «Zwählen», der Serviette abzuwischen.³⁶ Im 18. Jahrhundert steckten die Herren, wie das Bild von David Herrliberger zeigt, den Serviettenzipfel in ein Westenknopfloch.³⁷

Nur wenige Wohnungen sind nach einem durchdachten innenarchitektonischen Plan eingerichtet worden. Die meisten entwickelten sich aus allereinfachsten Verhältnissen mit der Zunahme des Wohlstandes und neuer Stoffe sowie Techniken, schritt- und phasenweise. Zufälligkeiten spielten mit. Dennoch kommt es, obwohl jedes Möbelstück (Tisch, Stuhl und Buffet) eine selbstständige Einheit darstellte, zu einer gewissen Harmonie. Ein Beispiel ist die Schaffhauser Bürgerstube (heute im Museum zu Allerheiligen in Schaffhausen).³⁸ Oft weiten sich die Stuben zu eigentlichen Gesellschaftssälen aus. So hat der Regimentskommandant Heinrich Lochmann von Zürich um 1660 einen eigentlichen Prunkraum schaffen lassen.³⁹ Impulse für den Wohnbau gingen von den Rathäusern aus. Hier sah der Bürger, wie ein schönes Täfer, eine schöne Decke aussah.⁴⁰

Manche Neuerung kam aus dem Ausland, so die Kommode, die man im 18. Jahrhundert in Frankreich entdeckte. Sie trat einen eigentlichen Siegeszug durch alle europäischen Stuben und Salons an. Zur Kommode kam der Schreibschrank und die Windellade. Demgegenüber blieben die Sitzmöbel auch des 18. Jahrhunderts noch vorwiegend der Tradition des 17. Jahrhunderts verpflichtet. Neben den allgemein und für den täglichen Gebrauch gedachten Stabellen verwendete man Pfostenstühle recht steifer Form.⁴¹ Überhaupt waren die Wohnräume noch im frühen 18. Jahrhundert recht steif, ja ernst. Lediglich die bunten Kachelöfen und das Zinn- oder Fayencegeschirr gaben einige farbige Akzente. Bodenteppiche waren noch nicht üblich.

44 Gestrickte Vorhänge mit Pfauenmuster, Rand gehäkelt. Anfang 19. Jh. Aus einem Bauernhaus, Wädenswilerberg.

45 Wollstickerei-Wandbehang mit Darstellung einer Familie mit Wappen (Schwan in blauem Feld, Hufeisen in Gold), Stickerei mit Wolle und Goldfaden. Schweiz, Ende 16. Jahrhundert.

46 Fusswärmekistchen. Die kleine Holzkiste enthält einen eisernen Einsatz, in welchen glühende Kohlen gebracht wurden. Die Wärme wich durch die Löcher nach oben. Mit der Zeit wurde die ganze Holzkiste warm. Links ein Steinsack gefüllt mit Kirschensteinen. Ihn legte man zum Aufwärmen in den Kachelofen, um ihn im Winter in die ungeheizte Schlafkammer mitzunehmen. Das Wärmekistchen ist auch für Schlittenfahrten im Pferdeschlitten verwendet worden.

47 Bildnis der Familie des Basler Zunftmeisters Hans Rudolf Faesch. Der Tisch ist mit einem weissen Leintuch gedeckt. Servietten fehlen. Anstelle der Teller befinden sich Holzplättchen; Gabeln gab es nicht. Die Becher waren offenbar aus Silber. Ein Mann (links im Hintergrund), es dürfte der Zunftmeister selber sein, bedient sich eines grösseren Pokales. Zwei Mädchen, rechts im Vordergrund, sind in betender Gebärde dargestellt. Bekleidet sind sie wie erwachsene Frauen.

Das alles änderte sich im Laufe des 18. Jahrhunderts. Reiche Leute konnten sich nun auch die Ausmalung ihrer Wände leisten. So hat Bürgermeister Heinrich von Orelli in seinem Haus zur Stelz dem weitgereisten Maler Johann Balthasar Bullinger um 1775 den Auftrag zu einer grossartigen Ausmalung gegeben. Die bürgerliche Stube hat mit solchen Beispielen auch die bäuerliche Wohnkultur angeregt. Schon die Zeitgenossen des 18. Jahrhunderts stellten fest, dass die alten primitiven Holzhäuser der Landschaft «steinernen Prunkhäusern» Platz gemacht hätten, dass sozusagen alle Häuser mit Ziegel gedeckt und von schönen Gartenanlagen umgeben seien.[42] Die Reiseschriftsteller geben ein ähnliches Bild. So notierte der Deutsche C. Meiners: «Die Häuser haben ein städtisches Aussehen.»[43] Und der Engländer William Coxe rühmt die vielen guten steinernen Häuser, welche gepflastert und weiss getüncht seien und, was ihm ganz besonders auffiel, «mit grünen Fensterläden und venezianischen Fensterscheiben geziert sind».[44] Diese Schilderung ist zu rosig. Es gab im ganzen Land viele alte baufällige Holzhäuser. Weder im 17. noch im 18. Jahrhundert hat die Wohnbautätigkeit mit dem Bevölkerungswachstum Schritt gehalten. Man hat aus Ställen Wohnungen gemacht, ausgebaut, unterteilt. Weil die Nutzungsrechte aus Wald und der Allmend an das Haus gebunden waren, hat man die «dinglichen Gerechtigkeiten» einfach halbiert oder schlimmer: geviertelt. Ja, es gab z.B. im Zürcher Oberland viele Achtelswohnungen. So geben die in Wohnmuseen und Ortsmuseen ausgestellten Stuben nicht einen zutreffenden Eindruck vom wirklichen Wohnen des einfachen Volkes.[45] Die Stube des Hauses zur Hohlen Eich in Wädenswil strahlt zwar Behaglichkeit und Würde aus, doch sie ist nicht kleinbäuerlicher, sondern ländlich-bürgerlicher Art.[46] Wie diese Stube, zeigt auch die bäuerlich-bürgerliche Schaffhauser Stube des Museums zu Allerheiligen in Schaffhausen eine überzeugende Geschlossenheit. Sie ist auf Holz abgestimmt. Eine niedrige Decke und das eingebaute Buffet mit Giessfassnische geben ihr das Gepräge. Stabellen und der runde Tisch, an dem die täglichen Mahlzeiten eingenommen wurden, zeigen so etwas wie bäuerliche Eleganz. Der niedrige Kachelofen mit der Ofenbank strahlt Behagen aus.[47] Die verschiedenen Regionen haben ihren eigenen Stil entwickelt. So hat sich zum Beispiel das Engadin als «eigenständige Möbelregion» erwiesen. Das Museum engiadinais in St. Moritz bietet dazu ein reichhaltiges Anschauungsmaterial. Zwar halten sich die Engadiner Schränke und Buffets typologisch im allgemeinen bündnerischen Rahmen. Doch enthalten sie an der Stelle des offenen Mittelteils eine Klappe, die auch als Schreibplatte verwendet werden kann. An den Truhen werden reiche Intarsien angebracht. Conradin Colani (1751–1806) aus La Punt hat zur Verbreitung des neuen Sekretärmöbels Wesentliches beigetragen. Die aus dem Ausland heimgekehrten Zuckerbäcker und Handelsleute besassen auch die Mittel, um ihre Stuben mit reichem Möbelbestand auszustatten.[48]

Küche

Die Küche hat sich ihren eigenen Gesetzen gemäss entwickelt. Sie ist nach Abtrennung der rauchlosen Stube zunächst in die Stellung eines einfachen und immer noch russigen Kochraumes gedrängt worden. In diesem Zustand blieb sie aber nicht stehen. Da gibt es verschiedene Entwicklungsstufen: Zunächst versuchte man den Rauch aus dem ursprünglichen Feuerhaus zu verbannen, das Feuer im Herd einzuschliessen. In den letzten Rauchküchen alpiner Regionen lassen sich die frühen Stufen dieses Zivilisationsweges nacherleben. Hier schneit es im Winter immer noch durch den offenen Kamin in die Rösti-Pfanne. Aus dem Spätmittelalter ist keine Feuerstelle erhalten geblieben. Hingegen zeigen die Ausgrabungsbefunde von Jürg Tauber aus der Umgebung der Barfüsser-Kirche in Basel, wie solche Feuerstellen einmal aussahen: sie weisen einen Durchmesser von etwa 1,2 Meter auf, sind unregel-

48

48 Blick in die Stube des Hauses zur Hohlen Eich in Wädenswil. Das Haus ist im 17. Jahrhundert von Weinbauern, die aber gleichzeitig im textilen Hausverlag tätig waren, gebaut worden. Sein Äusseres wie Inneres weist einen überdurchschnittlichen Standard auf. Bemalte Decke mit barocken Ornamenten. Einfacher, grün glasierter Bauernofen mit «Choust». Barockes Buffet mit Zinngiessfass. Hier hat man die Hände nicht etwa vor dem Essen gewaschen, sondern nachher, weil man damals noch in bäuerlichen Kreisen die Finger als Gabel benutzte.

49 Der Wurstsieder aus dem «Haus zum Langen Keller», Rindermarkt 26. Gotisches Wandgemälde um 1300. Deutlich sichtbar ist die Hängekette. Sie besteht aus einer Stange mit Kette.

50 Dreibeinige Pfännchen aus Zürich, Rindermarkt 22, um 1500. Ton, rot gebrannt. Gefunden in einem Brunnenschacht. Das Pfännchen links aussen, das «Tüpfi», gehört zu der Gruppe von Gefässen, die im Bereich der spätmittelalterlichen Küche eingesetzt wurden. Die Spuren am Gefäss illustrieren den Gebrauch. Mit einem in die Tülle gestecktem Stiel wurde das Pfännchen in das Feuer gestellt und nach dem Kochvorgang auf dieselbe Art wieder aus dem Feuer genommen.

49

mässig rund; in das Lehmbrett sind runde Flußsteine eingesetzt.[1] Zu dieser einfachen Herdstelle gehörte die Kesselhängekette, das «Häli». Sie besteht aus zwei Stangen und zwei Kettenreihen, wie die vorhandene Einrichtung aus der Kesslerburg zeigt.[2] Diese Kesselhängekette ist eine einfache, in ihrer Anwendungsmöglichkeit aber fast geniale Erfindung. Sie erlaubt feines Regulieren der Höhe über dem offenen Feuer je nach Höhe der Flamme, Grösse des Kessels oder angestrebter Kochintensität. Wann sie in der Schweiz aufgetaucht ist, wissen wir nicht. Eine frühe bildliche Darstellung befand sich im Haus zum Langen Keller, Rindermarkt 26 in Zürich. Sie ist heute im Landesmuseum zu sehen. Dargestellt ist ein Wurstsieder, er bedient sich einer solchen Hängekette. Sie ist in einzelnen Alphütten der Innerschweiz auch heute noch anzutreffen.[3]

Zur Ausrüstung der Herdstelle gehörte meistens auch ein Feuerrost, der aus Flacheisen geschmiedet war. An der einen Schmalseite ist eine Öse mit Ring angebracht, um die ganze Vorrichtung aufhängen zu können. Den Feuerrost brauchte man zum Grillieren von Fleisch, auch liessen sich Töpfe mit flachem Boden darauf stellen. Wollte man gleichzeitig einen Dreibeintopf aufs Feuer stellen, wurden einzelne Stangen herausgezogen. Das Gerät zeugt vom praktischen Sinn und Erfindergeist des spätmittelalterlichen Menschen.[4]

Zu den Kochgeräten gehörten der Dreibeintopf sowie das Dreibeinpfännchen, das sogenannte Tüpfi. Ein solches Tüpfi ist in einem Brunnenschacht am Rindermarkt 22 in Zürich gefunden worden, es stammt aus dem 16. Jahrhundert.[5] Mit einem in die Tülle gesteckten Stiel wurde das Pfännchen in das Feuer gestellt und nach dem Kochvorgang auf die gleiche Art wieder aus dem Feuer herausgeholt. Zu diesen Dreibeintöpfen kamen auch aus Eisen gegossene Dreibeinkessel sowie Kupferpfannen mit langen Eisengriffen. Dass man am offenen Feuer auch feinere Gebäcke herstellen konnte, verraten die Waffeleisen. Das historische Museum von Basel besitzt eine grosse Sammlung von Waffeleisen aus dem 14. bis 16. Jahrhundert.

In den einfachen Haushalten bestanden viele Küchengeschirre aus Holz. Diese «Daubengefässe» sind selten erhalten, auf Abbildungen aber leicht zu erkennen.[6] Zu

50

diesen Holzgefässen kamen Schalen aus Ton; sie waren im 16. Jahrhundert weit verbreitet. In den Haushaltsinventaren werden sie immer am Schluss der Listen erwähnt; sie gehörten eben nicht zum wertvollen Material wie zum Beispiel die Zinngefässe, sondern eher zum «Plunder».[7]

Die mittelalterliche Herdstelle, wie sie in der Abbildung von Nikolaus de Lyra von 1460 auftritt[8], ist wenigstens im Tessin bis in die Neuzeit hinein erhalten geblieben. Die Bezeichnung Ca (Ca vom lateinischen casa) neben dem Wort Cucina verrät es: Küche war und ist identisch mit Haus, zeigt die Übereinstimmung der Wohnung mit dem Feuerraum. Hier vollzog sich das häusliche Leben, hier wurde gekocht, hier wärmte man sich, und hier schlief man auch. Ein Satz wie «l'è dent in ca», er ist im Haus oder in der Küche, gab zu keinerlei Missverständnis Anlass.[9] Die Stube ist im alten Tessin die Küche: Hier versammelte sich die Familie, hier traf man sich am Abend. Hier wurde der Gast empfangen, hier plauderte man, wenn über der züngelnden Glut die Kastanien in der eisernen Röstpfanne brieten, über die täglichen Erlebnisse, die Witterung und die Feldarbeit. Wie die Kücheneinrichtung in den alten Tessinerhäusern aussah, zeigen die von Gschwend aufgenommenen Bilder.[10] Wie sich die Küche in den einzelnen Landesteilen im Laufe der Jahrhunderte entwickelt hat, ist vorläufig nur in groben Zügen zu erkennen. Viele Fragen bleiben noch zu ergründen, zu erforschen. Hier nur so viel: Zunächst verschwindet der Erdboden des alten Feuerhauses, er wird mit Steinen oder Ziegeln gedeckt. Dann wird die Herdstelle selber – eine epochale Erfindung – durch den geschlossenen Kunstherd ersetzt: der Rauch wird mittels des Rauchfanges, später des Kamins eingefangen und aus der Küche verbannt. Die Backmöglichkeiten (ursprünglich gab es viele gemeinsam genutzte Backhäuser) werden durch den Einbau von Öfen mit Backstellen erweitert. Die Küchenausstattung wird sowohl im bäuerlichen wie im bürgerlichen Haus reicher. Man vergrössert die Fenster, der alte ungeschlachte Geschirr- und Vorratsschrank wird im 16. Jahrhundert durchs Buffet ersetzt. Auf dem Umweg über die Stube zieht es im 17. Jahrhundert auch in die Küche ein. Schliesslich kommen Tische und Stühle hinzu, so dass die Küche auf diese Weise «sozusagen im Gefolge ihrer jüngeren Rivalin, der Stube, eine zunehmende Wohnlichkeit gewinnt».[11] Die einzelnen Etappen sind am Bild der bäuerlich-bürgerlichen Küche aus der Hohlen Eich in Wädenswil zu erkennen.[12] Wundervoll kommt die zunehmende Wohnlichkeit in der Schaffhauser Küche des 18. Jahrhunderts zum Ausdruck. Die Einrichtung wird zunächst von der Zweckmässigkeit bestimmt: den gemauerten Unterbau des Herdes aus dem 18. Jahrhundert bedeckt eine Steinplatte. Unter dem Küchenfenster liegt der Schüttstein mit angeschlossenem Geschirrtropfbrett, wie in der Küche der Hohlen Eich mit direktem Abfluss auf die Gasse.[13] Das Bild zeigt deutlich das Bestreben nach schönem Geschirr. Da wird nicht gespart, schliesslich hat es ganzen Generationen zu dienen. Zwar stammt das Küchenmobiliar aus verschiedenen Zeiten. Dennoch passt alles irgendwie zusammen. Was heute als harmonische Einheit erscheint, ist indessen das Resultat der Koch- und Haushaltkunst vieler Generationen.

Anderswo, in den Bergregionen Graubündens zum Beispiel, sah die Küche einfacher aus. Hier hat sich der Wandel und Umbau der Küche (Ersatz des offenen Feuers durch den geschlossenen Herd) zögernder vollzogen. Noch im 19. Jahrhundert gab es in der Bündner Küche die «gemauerte rechteckige Feuerbank», auf der ein oder manchmal auch zwei offene Feuer brannten. Die Kochgeschirre hingen an Ketten über dem Feuer oder standen auf eigenen Füssen in der Glut. Wie in den südlichen Seitentälern bestanden auch die Bündner Kochgeschirre zu einem Teil aus Lavezstein. Simonett berichtet, dass er noch 1959 in Küchen kam, «wo man in dreifüssigen Erzhäfen Fleischsuppe gekocht, in Steintöpfen Butter eingesotten, im Schein eines Talglichtes abgewaschen, Geschirr und Besteck in geflochtenen Wandkörben ver-

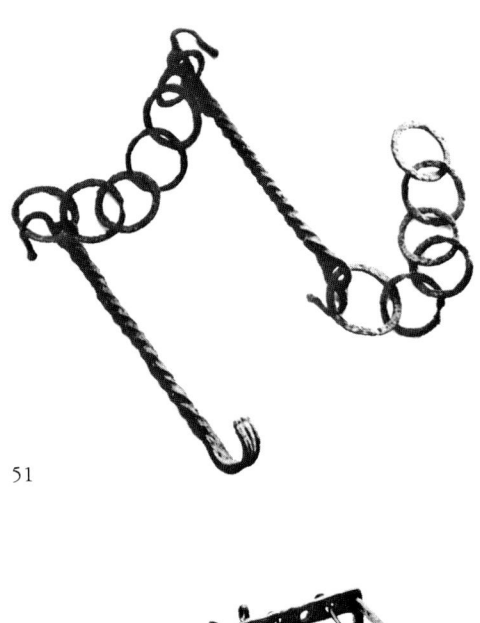

51

52

51 Kesselhängekette, sogenanntes Häli, aus dem 14./15. Jh. Die Kesselhängekette ist eine einfache, in ihrem Anwendungsbereich aber ausgesprochen geniale Erfindung. Sie ermöglicht das feine Regulieren der Höhe über dem offenen Feuer je nach der Höhe der Flamme, Grösse des Kessels oder angestrebter Kochintensität. Wann sie in der Schweiz auftaucht, ist unbekannt.

52 Feuerrost aus Alt-Regensberg (ZH), 14. Jh. Auf diesem Feuerrost konnten Fleisch oder auch andere Speisen gebraten werden. Es liessen sich auch Töpfe mit flachem Boden darauf stellen. Wollte man einen Dreibeintopf gleichzeitig auf das Feuer stellen, konnten einzelne Stangen herausgezogen werden. Das Gerät zeugt für den praktischen Sinn unserer Vorfahren.

53 Küche des Hauses zur Hohlen Eich in Wädenswil. Der Kaminhut stammt noch aus der Zeit vor dem 18. Jahrhundert. Um etwa 1750 ist ein sogenannter zweilöchriger Sparherd eingebaut worden. Wasser gab es in dieser Küche nicht. Deshalb das grosse Wassergetzi am Boden. In der Mitte die grosse Brotschaufel zum Einschieben der Brote in den Ofen, der sich in der anstossenden Stube befindet.

53

sorgt hat».¹⁴ Besondere Probleme bot das Backen. Vor allem Brotbacken verlangt eine nachhaltige, allseitige Hitze, die ein offener Herd nicht geben kann. In Osteuropa, wo der geschlossene Kochofen von alters her anstelle der offenen Herdplatte stand, hat man Kochofen immer auch als Backofen gebraucht. Bei uns sah das anders aus: Sofern nicht der Stubenofen bei entsprechender Einrichtung diese Aufgabe übernehmen konnte, musste ein eigener Backofen gebaut werden. Im Mittelland baute man solche Öfen seit dem 17. Jahrhundert. Vorher gab es die gemeinsam genutzten Backhäuser. Sie haben den Wandel der Zeit selten überlebt. Im inneralpinen Selbstversorgungsgebiet mit Getreidebau haben sich die gemeinsamen Backöfen länger erhalten. So hat Simonett 1964 im bündnerischen Portein ein der Gemeinde gehörendes freistehendes Backhaus, datiert 1683, gefunden, wo von alters her im Turnus gefeuert und gebacken wurde.¹⁵ Im Domleschg gibt es, wie ich im Sommer 1986 feststellen konnte, immer noch solche Backöfen.

Schlafstube

Ins Kapitel Schlafen soll uns ein Bild einführen: Es befindet sich in der berühmten Luzerner Chronik des Diebold Schilling und stellt eine makabre häusliche Mordszene dar. Ihr sind gleich zwei Bilder gewidmet. Wie in einem Film wird erst die Erwürgung des Opfers gezeigt, im zweiten Bild folgt die Entdeckung der Tat.¹ Was uns hier interessiert, ist nicht die Szene, sondern die Ausstattung des Raumes. In diesem archaisch einfachen, holzgezimmerten Raum befand sich ein hochbeiniges Bett, eine Stollentruhe mit einem hölzernen Nachttopf sowie ein Kruzifix und ein Andachtsbildchen. Die Tatsache, dass es im bäuerlichen Reich im 15. Jahrhundert bereits Schlafkammern gab, ist eher erstaunlich. Offenbar war die Ablösung, die Ausgliederung der Schlafkammer aus der Stube damals in vielen Bauernhäusern bereits vollzogen. Aus der gleichen Zeit gibt es aber auch einige Belege, dass die Stube immer noch Schlaf- und Wohnraum gleichzeitig und in einem war, das heisst dass sich die Betten in der Stube befanden.[2] Der Ausscheidungsprozess zog sich eben über Jahrhunderte hin; er ist bis heute noch nicht ganz abgeschlossen: In Maiensäss- und Alphütten sind Schlaf- und Wohnräume bis heute nicht ausgeschieden. In Walliser Bauernhäusern gibt es immer noch Stuben mit Betten.

Der Ausscheidungs-Prozess, das heisst die Etablierung des Schlafraumes, ist durch mancherlei Umstände gefördert worden. Zunächst wünschte man sich dort, wo es, wie im Handwerk, Gesellen und Mägde gab, eigene Kammern. Das Gleiche gilt für Knechte und Mägde im bäuerlichen Bereich. Es ist wohl kein Zufall, dass im Gebiet des brauchmässigen Besuchs der Burschen bei Mädchen, im Kiltwesen oder Gadensteigen, eigentliche Schlafkammern bezeugt sind.[3] Unbekannt waren einzelne Kammern in Avers, dort sind vielmehr zweigeschossige eigentliche Schlafhäuser nachzuweisen, die Pritschen für die Hirten enthielten.[4]

Sowohl im Schlafhaus wie in den Schlafkammern sah das Bett ursprünglich recht einfach aus. Es geht auf zwei Urformen zurück: auf die festeingefügte Pritsche und das freistehende, auf Viereck-Pfosten in einen rechteckigen Holzrahmen gefasste Stroh- oder Laublager. Nachfolger der festeingebauten Pritsche ist die «Gutsche» oder «Kutsche», wie sie in den Quellen des 16. Jahrhunderts genannt wird, etwa die «ufgerüste Gutschen» oder «Gutsche sammt dem loubsack», wie es in den Zürcher Ratserkenntnissen von 1558 heisst.[5] Die zweite Entwicklungslinie führt zum freistehenden Bett, zur Bettstatt, die aus Gitterwerk, einem mit dünnen Stricken netzförmig bespannten Rahmen besteht. Auf diesen Rahmen kam ein Laubsack. In einer nächsten Entwicklungsstufe wird der Boden durch kreuzweise bespannte Gurten ersetzt: Man spricht dann vom Spannbett. Auf den Untersatz kam Bettstroh, im ländlichen Bereich trockenes Laub. Nach einer Aargauer Urkunde von 1476 gehörte zu einem Spannbett: «Ein laubsack, zwei linlachan, ein tecki, ein pfulwen und daruff zwei hopt küssi.»[6]

Wie das Bett des gemeinen Mannes aussah, zeigt Urs Graf in seinem Holzschnitt von 1509. Auf einer kurzen, massiv gezimmerten Bettstatt mit hochgelagertem Kopfkissen mit Kölschbezug liegt der Laubsack. Als Zudecke dienen ein Leintuch und eine Wolldecke, genannt «Serge».[7] Vornehmer sieht die Bettstatt des Bürgers aus; Hans Murer hat sie in einem Bild Ende des 15. Jahrhunderts dargestellt. Das Bild befindet sich in der St. Anna-Kapelle in Frauenfeld-Oberkirch. Maria ruht auf einem spätgotischen Bett mit erhöhtem Kopfteil, das Bettzeug besteht aus Leintuch und Oberleintuch, die Bettdecke aus Seidendamast.[8]

Offensichtlich wichen die Schlafgewohnheiten von Land zu Land, ja selbst von Region zu Region deutlich voneinander ab. Michel Montaigne, der die meisten westeuropäischen Länder besucht hat, bemerkt um 1580: «Der Deutsche wird krank, wenn er auf einer Matratze schlafen muss, der Italiener auf Federn, der Franzose ohne Vorhang und Feuer.»[9] Bett heisst eben vielerlei. Im Kloster zum Beispiel gab es keine Federbetten: «Als Bettzeug genügt eine Matte, eine gewöhnliche Decke und eine Wolldecke und ein Kopfkissen», heisst es in der Regel des heiligen Benedikt. Demgegenüber waren die Häuser von reicheren Bürgern mit Federdecken versehen. Im Sommer ersetzte man sie durch eine «Summerdecki», die Serge. Unter diesem Begriff verstehen die Inventare einen mit Seide oder Leinen gemischten Wollstoff. Oft war die Serge farbig gestreift: «In Jungkher friedrichs seeligen Kammer lit ob den Betten ein güti gruni serig (Serge) und ein Roti und Swartz serigen mit wiss und grünen strichen.»[10] Solche Sergedecken konnten gefüttert oder mit Pelz ver-

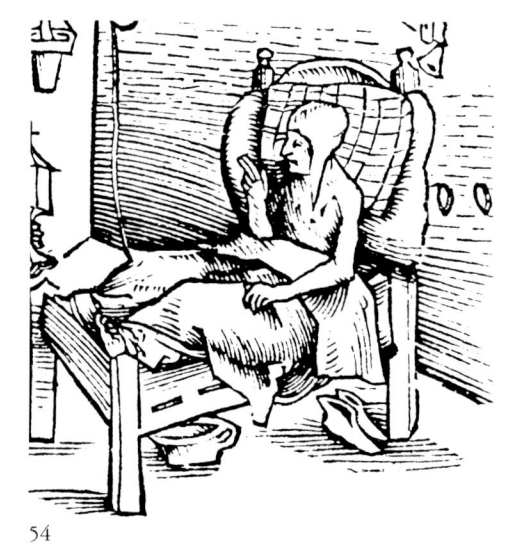

54 Kammer mit Spannbett. Holzschnitt zur Jetzer-Geschichte von Urs Graf, 1509. Kurze, massiv gezimmerte Bettstatt, hochgelagertes, mit Kölsch bezogenes Kopfkissen. Als Zudecke Leinentuch und Wolldecke, «Serge». Nächtliche Bekleidung Nachthaube.

55 Schlafzimmer des Hauses zur Hohlen Eich in Wädenswil. Barockes Himmelbett aus dem 18. Jahrhundert. Grisailledecke aus dem 17. Jahrhundert. Vorn ein Laufgatter für Kinder. Hinten links ein sogenannter Gebärstuhl.

56 Blick in eine Schlafkammer eines bäuerlichen Hauses in Ettiswil, Luzern. Blockbauweise. Die Fensteröffnungen sind offensichtlich ohne Glas und nur mit einem einfachen Laden versehen. Der Mann liegt auf einem Spannbett. Der Nachttopf besteht aus Holz (Weissküferei). Das Mobiliar besteht aus einem truhenförmigen Möbel sowie einem Bildchen mit einer Kreuzigung Christi. Dargestellt ist eine Mordszene.

56

brämt werden. Manchmal sind sie auch durch Pelze oder Schaffelle ersetzt worden. Und das alles war sehr farbig: Deckbett und Kissen waren mit Leinwand, mit «ziechen» bezogen. Neben den weissen Ziechen werden rot oder blau gestreifte Ziechen genannt. Beliebt waren Bezüge aus gewürfeltem Kölsch, «Kölnische ziechen».[11]

Je reicher der Haushalt, um so grösser die Anzahl der Leintücher. Der Zürcher Bürgermeister Hans Waldmann, einer der reichsten Eidgenossen seiner Zeit, besass nicht weniger als 80 Leintücher. Er wird aber noch übertroffen vom Basler Jakob Fröwler, der 91 «linlachen» besass.[12] In vielen der reicheren Haushaltungen gab es ein Himmelbett. So stand in der grossen Kammer neben der Stube des Hauses von Bendicht Fröwner in Freiburg um 1480 «ein gross Bett mit siner hymeldeck», und in einem Basler Bürgerhaus gab es 1542 ein «weltsches spanbett mit sulen (Säulen) und Blauwen hymlenn».[13] Da hat es sich offensichtlich um ein Möbel im Stil der italienischen Renaissance gehandelt. Mit welsch wird die Herkunft bezeichnet. Zweifellos stammt das Himmelbett aus Italien oder aus Frankreich.[14] Seine Funktion ist klar: Man wollte den aus den Fugen der Decke stammenden Staub und wohl auch Ungeziefer von sich fernhalten. Die geschlossenen Vorhänge schützten vor Luftzug und Kälte. Sie schirmten Kranke oder Wöchnerinnen gegen aussen ab. Neben den Himmelbetten gab es bewegliche Unterziehbetten, die sogenannten Bettkarren. Sie dienten als Kinder- oder Gästebetten. Im Pfarrhaus zu Steinen (Kanton Schwyz) stand um 1624 neben dem Himmelbett noch ein Gutschenbett, ein Spannbett und «ein Karren beth».[15]

Die Himmelbetten eroberten im 18. Jahrhundert, wie das Bild aus der Hohlen Eich Wädenswil zeigt, auch den bäuerlichen Bereich. Ebenso beliebt waren aber auch Bettschränke oder Gutschen. Sie sind, wie die noch bestehende Gutsche im Wohnhaus Gumpi, Hirzel, Kanton Zürich, aus der 2. Hälfte des 18. Jahrhunderts zeigt, organisch mit dem Nussbaumtäfer verbunden.[16] Die Ausstattung all dieser Betten war recht verschieden. Vom einfachsten, nur mit einer Wolldecke bedeckten Laubsack geht es hin bis zu den damastenen Ausstattungen reicher Stadtbürger. Diese lernten den Bett-Luxus im Ausland kennen. Balthasar Paumgartner weilte um 1594 in Lucca, Italien. Von hier schrieb er seiner Frau: «Ich erwarb ein stuck blauw in goldgelb damast von einem schoenem zierlichen klein plumblein (Blumenmuster) zu einem bett als fürheng (Vorhang), deck und fraswerck (Fransenbehang), was halt dazu gehörtt.»[17] Einen «Betthimmel» mit Fransenbehang hat Jos Murer 1554 dargestellt: «Gefräns», die Bettvorhänge sind zurückgezogen. Vor dem Bett steht die Betttruhe, in der die Bettwäsche aufbewahrt wurde; sie erleichterte als Tritt das Besteigen der hohen Bettstatt.[18] Viele Bettbehänge sind mit Allianzwappen und allegorischen Darstellungen geschmückt. Es sind wahre textile Kostbarkeiten, man denke an den Bettbehang der Familie Zeender-Manuel von 1608, die fünf Sinne darstellend, oder den Bettbehang der Familie J.R. Sager mit der Erschaffung Adams von 1595, beide im Historischen Museum von Bern.[19]

Im 17. und 18. Jahrhundert wird die Bettausstattung trotz obrigkeitlichen Mandaten in den reichen Bürgerhaushaltungen bis hin zum Paradebett (lit à la duchesse) mit Baldachinen und reichen Damastvorhängen erweitert. Ein solches lit à la duchesse zierte das Schlafzimmer der Werdmüller im Schloss Elgg.[20] Wie prunkvoll das Schlafzimmer eines wohlhabenden Zürcher Bürgers aussehen konnte, führt uns David Herrliberger in einem Stich von 1752 vor Augen.[21] Hinter einem Alkoven mit schweren Vorhängen steht ein Nischenbett mit hohem, bemaltem Kopfteil. Die Wöchnerin liegt auf einem hohen Kissenberg. Sowohl Bettdecke wie Oberlaken sind mit breitem Spitzenbesatz verziert. Selbst die Wiegengarnitur ist fürstlich ausgestattet.

Doch täuschen wir uns nicht. Solche Ausstattungen waren die Ausnahme. Noch im 18. Jahrhundert besass – das gilt sowohl für die bürgerliche wie für die bäuerliche Familie – nicht jedes Familienglied ein eigenes Bett. «Wir hatten», so schreibt Hans Heinrich Bosshard (1748–1815), «ein einziges und schlechtes Bett: Vater und Mutter und wir beiden Brüder mussten in einem Bett liegen, und zwar so: Erstlich die Mutter, neben derselben der Vater, neben dem Vater mein Bruder, und ich musste unten über die Quere zu ihren Füssen liegen. Ich hatte es am allerelendsten, wenn eines nur die Füsse bewegte, bekam ich einen Stoss.»[22] Das ist harte, stossende Realität...

Beleuchtung

Im spätmittelalterlichen Haus war es nicht nur kalt, sondern vor allem auch dunkel. Bis ins 13. Jahrhundert waren die Fenster reine Luft- und Lichtöffnungen; die Schlitzfenster, «die liechter», erhellten den Raum kaum. In der zweiten Hälfte des 13. Jahrhunderts kommen in gemauerten reichen Stadthäusern die Spitzbogenfenster auf; sie sind repräsentativen Räumen vorbehalten. Zu Beginn des 14. Jahrhunderts tauchen die Rechteckfenster auf. Kreuzstockfenster und Staffelfenster kommen, wie etwa im Haus zum Rech in Zürich, erst 1636 auf.[1] Angesichts dieser spärlichen Lichteinfälle durch die Fenster und vor allem im Winter war man auf künstliche Beleuchtung angewiesen. Wie sah sie aus, und wo befanden sich die Lichtquellen? Bis jetzt war man auf Vermutungen angewiesen. Regula Michel hat Licht ins Dunkel gebracht. Am Beispiel einiger Schweizer Städte hat sie die Beleuchtung des Bürgerhauses im Spätmittelalter untersucht. Sie konnte sich dabei sowohl auf die erhaltenen Gegenstände, auf archäologisches Fundmaterial sowie erzählende und bildliche Darstellungen, nicht zuletzt auch auf Nachlass-Inventare stützen.[2] Für unsere Vorfahren galt es zunächst, den richtigen Standort für die Beleuchtung zu finden. Man konnte ja den Leuchter nicht immer dort aufstellen, wo es einem besonders gepasst hätte. Vor allem hatte man an die Feuergefahr zu denken. In den spätmittelalterlichen Häusern findet man deshalb da und dort, wie das Beispiel des Schäniserhauses in Zürich aus dem späten 13. Jahrhundert zeigt, eigentliche Lichternischen. Erfinderischer waren unsere Vorfahren, wenn es galt, das Licht zu fassen. Es begann mit den einfachsten Materialien und Formen: Im 14. Jahrhundert gab es Talglampen aus Serpentin, wie ein Fund aus Zermatt es belegt.³ Weit verbreitet waren die Talglämpchen aus Ton, wie sie von Latrinenfunden aus dem Kloster Allerheiligen in Schaffhausen überliefert sind.⁴ Schon im 13. Jahrhundert gab es Talglämpchen aus Schmiedeisen, wie ein Beispiel aus der Schnabelburg Uetliberg Zürich zeigt.⁵ Das waren kleine, unansehnliche Dinge; die Archäologen fanden aber bei Grabungen auf der Moosburg auch eine grosse Talglampe mit nicht weniger als acht Schnauzen. Sie gab wohl recht viel Licht, aber ebensoviel Rauch und Russ.⁶ Es folgen Lämpchen aus glasiertem Ton. Im 14. und 15. Jahrhundert waren die Talglampen wohl die am weitesten verbreitete Beleuchtungsart. Schon damals gab es indessen Leuchter für Talgkerzen, sei es aus Eichenholz, Ton oder Eisen. Im 17. Jahrhundert kommen eherne Kerzenständer auf. Sie hatten den Vorteil, dass man sie überall aufstellen konnte. Ausserdem liessen sie sich für den vornehmen Haushalt prunkvoller gestalten. Zu den eisernen Beleuchtungskörpern stiessen sodann die «mössi liecht stöck», wie man sie in den Hausinventaren genannt hat: die Messingleuchter. Sie werden im Laufe der Zeit immer reicher und mannigfaltiger. Zunächst eigentliches Luxusobjekt, setzen sie sich schliesslich im bürgerlichen Haushalt durch. Später erobern sie auch die bäuerliche Küche und Stube.

Ganz ähnlich vollzieht sich die Entwicklung beim Hängeleuchter. Er wird, wie bildliche Darstellungen verraten, zunächst im adeligen Haushalt wie auch im kirchlichen Bereich verwendet. Das Licht wir oft kronenartig angeordnet, daher der Ausdruck Kronleuchter. Er galt als Luxus. Nicht abgeklärt ist die Herkunft der Leuchterweibchen und Leuchtermännchen. Sie waren aus Hirschhorn gefertigt, die Talgkerze stand auf einem kopfähnlichen Gebilde. Ein solches «gehurn mit bilden» besass um 1412 ein reicher Basler Bürger. Von einem «hirtzenhorn mit einem brustbild» wird auch um 1535 gesprochen.⁷ Wandleuchter, Wandarme für Talg oder die teureren und selteneren Wachskerzen waren im spätmittelalterlichen Haus nur schwach vertreten.⁸ Dagegen fand man bei Ausgrabungen immer wieder Lichtspanhalter aus Ton oder Eisen. Sie sind, von Generation zu Generation vererbt, bis auf unsere Tage erhalten worden. Im Museum zur Hohlen Eich in Wädenswil befindet sich ein schöner Kienspanhalter aus dem 17. Jahrhundert. Der Nachteil dieser Kienspanhalter war, dass die Glut auf den Boden fallen konnte, man hat sie deshalb nur in Steinhäusern oder in Räumen mit Lehm- oder Steinboden verwendet.⁹

Schön, aber gefährlich, könnte man zu all diesen Leuchtern sagen. Denn offenes Feuer in Holzhäusern oder in holzgetäferten Stuben bedeutete immer eine immense Gefahr. Kein Wunder, dass es zahlreiche Vorschriften gab. So durften Kinder gemäss dem Aargauer Stadtrecht kein offenes Licht tragen. Im Luzerner Ratsbuch aus dem 14. Jahrhundert wird es überhaupt verboten, Licht zu tragen, wenn es nicht in einer Laterne untergebracht war.¹⁰ Die Laternenmacher hatten deshalb bisweilen alle Hände voll zu tun, wie das Jost Ammann zu zeigen versuchte.¹¹

Im 18. Jahrhundert gab es solche Laternen aus verschiedensten Materialien in jedem Bürger- und Bauernhaus. Einzelne Exemplare befinden sich in den historischen Museen. Alles in allem: Unsere Vorfahren waren in Sachen Licht keineswegs verwöhnt. Doch lässt sich auch bei der Beleuchtung von Jahrhundert zu Jahrhundert ein gewisser Fortschritt feststellen. Aus einfachen, einarmigen Leuchten sind schliesslich zwei- bis mehrarmige geworden. Von Stein stellte man auf Keramik und Holz, schliesslich auf Metall, vom Talglicht auf das bedeutend teurere Kerzenlicht um. Grosse Helligkeit war in keinem Fall zu erwarten. Wir wundern uns deshalb nicht über die vielen Vorschriften für die Arbeitszeit, sommers und winters im Handwerk. Sie begann, um nur ein Beispiel zu erwähnen, um 1655 für die Tischmachergesellen im Sommer um vier Uhr, im Winter dagegen erst um sieben Uhr.¹²

57 Die bäuerliche Schlafkammer. Zeichnung von Ludwig Vogel (1788–1879). Aus dieser lebendigen Skizze, die offensichtlich an Ort und Stelle gezeichnet worden ist, geht deutlich hervor, dass die Bereiche Wohnen und Schlafen hier nicht getrennt waren. Das Bett, links, steht in einer Art Alkoven; vielleicht handelt es sich auch um ein eigentliches Himmelbett.

58 Kerzenleuchter, Eisen geschmiedet, 17. Jh.

59 Kienspanleuchter. Höhe 1,5 Meter. Aus dem 17. Jahrhundert.

Badstube und heimlicher Ort

Zum heutigen Wohnbereich gehört zweifellos das Badzimmer. Es fehlte im spätmittelalterlichen Haus. Unsere Vorfahren haben nicht im privaten Rahmen, sondern in den Sitzbottichen der öffentlichen Badestuben gebadet. Diese Einrichtungen sind in schriftlichen Quellen zuerst in den Städten fassbar. In einer Zürcher Urkunde von 1303 wird von der «obren batstuben» gesprochen. Um 1381 wird eine «ze Berne» erwähnt. Sie liegt «bi der steininen brugg im graben».[1] In Zürich besass Johannes von Opfikon eine Badstube im «Nidern Dorf». Eine weitere Badstube befand sich an der Thorgasse.[2] Hähnel konnte für das 14. und 15. bis 16. Jahrhundert allein für diese Stadt nicht weniger als 54 Badstubenbelege zusammentragen. Basel folgt mit 29, Schaffhausen mit 17 Belegen. Diese Belege zeigen lediglich, dass es recht viele Badstuben gegeben hat. Wieviele es wirklich gewesen sind, lässt sich nur vermuten. Denn sicher ist nur einer kleinen Zahl von Badstuben die Ehre einer schriftlichen Erwähnung zuteil geworden. Die Zahlen zeigen aber sehr deutlich, dass der Badstube im Alltag eine zentrale Funktion zukam. Sie diente eben nicht nur der körperlichen Hygiene, sondern (neben den Frauenhäusern) auch dem gesellschaftlichen Vergnügen. Den Beweis dafür müssen wir nicht lange suchen: Immer wieder versuchten die Obrigkeiten, den Badebetrieb zu «zügeln», das gemeinsame Baden von Frauen und Männern zu verbieten.[3] Doch vergeblich: Einzig die Stadt Basel hat (wenigstens von 1524–1530) getrennte Badestuben.[4]

Wie die Badstuben aussahen, erfahren wir aus dem Bericht des Aeneas Sylvius Piccolomini von 1433. Er schreibt, dass die Basler Badstuben aus Tannenholz im Blockbau gezimmert waren. Offenbar existierten aber auch andere Bauweisen; in Grüningen (Zürich) gab es um 1540 ein Badstübli «im rigel gespannen», also Riegelbauweise. Das Dach, so erfahren wir weiter, war mit Ziegeln bedeckt, und es gab sogar einen Kamin. Neben den üblichen Badstuben für das Dampfbad, den «Steinbadstuben», gab es in Basel, Mellingen und Rheinfelden sowie in Schaffhausen im 15. Jh. auch Kräuterbadstuben. Da und dort wurde ein minimaler Komfort angeboten: In Brugg gab es 1498 eine Laube, wo man sich nach dem heissen Bad erholen konnte.[5]

Neben den öffentlichen Badestuben gibt es seit dem 16. Jahrhundert auch private Badstübli. Sie waren in St. Gallen eine Zeitlang verboten, sind aber um 1512 wieder erlaubt worden. Sie sollen indessen «unter dem fryen himel» aufgestellt werden; sie durften also nicht in die Wohnhäuser eingebaut werden (vielleicht um Feuersbrünste zu vermeiden). In Zürich wird im 16. Jahrhundert von Badstuben «in iren hüseren» als von einer gängigen Erscheinung gesprochen.[6] Im 17. Jahrhundert werden «die ehehaften», die konzessionierten Badstuben durch die Badstuben bei den Wirtshäusern bedrängt. Die Bader und Scherer, die ja nicht nur die Badstuben zu heizen und zu unterhalten hatten, sondern auch schröpften und aderliessen, liefen Sturm. Sie beschweren sich auch über die «Brotschwitzstübli» der Bäcker. Diese haben die Ofenwärme des Backofens ausgenützt, um ihren Kunden nicht nur Brot zu verkaufen, sondern, als weitere Dienstleistung, ein Bad anzubieten.[7] Solche Brotschwitzstübli gab es im Thurgau, im Toggenburg, im Zürcher Oberland, sie sind teilweise bis ins späte 19. Jahrhundert hinein in Gebrauch geblieben. In Grüningen haben die Scherer geschickt reagiert: Sie begannen, um die Bäcker zum Rückzug zu zwingen, ihrerseits Brot zu backen. Das allerdings wird 1657 kurzerhand verboten. Noch im 18. Jahrhundert erfreute sich die öffentliche Badstube grosser Beliebtheit, ja damals sind zahlreiche neue Schwitzbäder gebaut worden. Eine Neuigkeit bot der Wirt von Wangen an: Um 1785 fand man bei ihm neben der Schwitzstube 18 Badkästen, jeden für zwei Personen eingerichtet. Solche Badkästen gab es in Bern schon im 17. Jahrhundert; sie sind später verboten worden. Erlaubt war hier allein der Betrieb der Schwitzstube.[8]

60

Im 18. Jahrhundert mehren sich die Privat-Badstübli. Das wäre wohl angegangen, allein diese Privat-Badstübli sind «nit nur für sich und die Hausgenossen gebraucht worden, sondern auch von benachbarten Persohnen gebraucht worden und damit haben sie die ehehaften Badstuben um ihren rechten Gewinn gebracht».[9]

Zu den Privat-Badstübli kamen in dieser Zeit auch immer wieder die andern geheimen Stübli, die Aborte. Das ist eine «neue» Erscheinung. Denn im Spätmittelalter gab es Abortanlagen nur in Bauten der Oberschicht. Die ersten Abortanlagen befanden sich in Burgen des Adels, wo sie seit dem 12. Jahrhundert nachgewiesen werden können. Sie bestanden aus einer Wandnische oder einem Erker, von dem aus die Fäkalien durch direkten Abfluss ins Freie gelangten. Später gab es, vor allem auch in bürgerlichen Häusern, Fäkalientruhen sowie Nachttöpfe, wie die Bilderchroniken zeigen.[10] Die Entsorgung der Fäkaliengruben war in den Städten relativ einfach geregelt. Es galt das Verursacherprinzip: Die Beseitigung hatte, ohne die Nachbarn zu belästigen, auf dem eigenen Grundstück zu erfolgen. Weil das «privat» geregelt wurde, erfahren wir wenig aus schriftlichen Quellen. Das hat in der älteren Literatur zur Annahme geführt, es habe im Spätmittelalter in den Häusern keine sanitären Einrichtungen gegeben. Das berüchtigte «Ausschütten» auf die Strasse sei die Regel gewesen. Die neuen Ausgrabungen in den Städten haben gezeigt, dass es Abfallgruben und Latrinenschächte gegeben hat. In städtischen Häusern der Oberschicht gab es das «heimliche gemach»; die Ableitung war unterirdisch verlegt und mit Steinplatten belegt. Auf der Landschaft konnte man vom Bau des «Häuschens», von so kostspieligen Anlagen absehen.[11] Auf dem Bauernhof ist die Notdurft im Stall oder im Freien verrichtet worden. Es war eine kleine Sensation, als der Patrizierarchitekt de Castella am Ende des 18. Jahrhunderts ein Pächterhaus mit einer Abortlaube und einer Bank mit drei Sitzlöchern entwarf.[12] Noch im 18. Jahrhundert erscheint der Abort sowohl beim Bürger- wie beim Bauernhaus als aussen angefügter, erkerähnlicher Anbau und somit nicht direkt ins Haus integriert. Der Einbau im Innern des Hauses ist erst im 19. Jahrhundert erfolgt.[13]

60 Badeszene um 1300. Herr Jakob Wart im Bad. Man beachte den Holzzuber sowie den Warmwasserkessel am «Häli» (verstellbare Eisenkette).

61 Zweilöchriger Abort (wohl in einem Kloster). Anstelle des heute gebräuchlichen Papieres, Heu in einer kleinen Krippe oben an den beiden Sitzen.

Waschhäuser, Speicher und Stöckli

Wie Badestube und Abort gehören auch Waschhäuser und Waschanlagen zum Haus. Sie sind aber in älterer Zeit nicht oder nur ausnahmsweise ins Haus selber integriert worden. Waschhäuser oder Feuerhäuser findet man oft in Kombination mit dem Backhaus, so etwa in Graubünden oder kombiniert mit der Brennerei im Luzernischen.[1] Im Zürichbiet ist auch die Kombination Waschhaus-Schlachthaus belegt.[2] Alle heute noch erhaltenen Zürcher Feuerhäuser stammen aus dem 18. und 19. Jahrhundert. Schriftliche Quellen des 16. und 17. Jahrhunderts verraten aber, dass es solche Feuerhäuser schon damals gegeben hat. In den meist schlichten Giebeldachbauten befand sich eine Herdstelle mit eingelassenem Wasserbecken. In einer Urkunde aus Stäfa wird 1678 das Wasserbecken auch Sechtkessel genannt. In einer Hofbeschreibung von 1746 wird von einem Haus samt Hofstatt, Sechthaus, Scheune und Trotte gesprochen.[2] Da und dort ist das Waschhaus über einem Sodloch, meistens in der Nähe eines Brunnens oder einer Quelle eingerichtet worden. Oft befand sich der Brunnen, wie Abbildungen zeigen, direkt vor dem Feuerhaus.[3] Besonders gut durchdacht war eine Anlage in Alvaneu-Dorf (Graubünden). Da sind das ge-

62 Speicher der Familie Bannwart in Meiershalde, Richenthal 1737. Schützend breitet eine Platane ihre Fittiche über den kleinen Holzbau. Am zweistöckigen Speicher die Inschrift: «Globt sei Jesus Christus in alle Ebigkeit.»

wölbte Feuerhaus, zwei steinerne Feuertröge und der überdachte hölzerne Spülbrunnen ihrer Funktion entsprechend aneinandergereiht. Im allgemeinen sind indessen gemauerte Brunnenhäuser eher ein Charakteristikum der Südtäler, wie etwa das Bild von Stampa zeigt.[4] Sie sind, wie auch die Waschanlagen und die Dorfbrunnen, genossenschaftlich, jedenfalls gemeinsam genutzt worden. Brunnen und Waschhäuser waren herkömmliche Treffpunkte der Frauen. Hübsch und anschaulich wird das von Simonett beschrieben: «Kleinere Wäschestücke wurden wöchentlich in der Küche oder vor dem Haus gewaschen und im laufenden Wasser gespült, bei Dorfbrunnen gewöhnlich im kleinen Becken. Grössere Wäschestücke, besonders Bettwäsche, wusch man lediglich im Frühling und im Herbst. Gesotten wurde sie zwar nicht, aber sechs- bis siebenmal in einem mächtigen Bottich mit heisser Aschenlauge überschüttet und im warmen und kalten Wasser gerieben. Die Asche kochte man zusammen mit Wermutstauden oder Lavendel in einem grossen Kupferkessel. Die sogenannte grosse Wäsche, an der mehrere Frauen mit viel Eifer und Geplauder teilnahmen, gehörte gewissermassen zu den Familienfesten. Da gab es immer wieder Kaffee und Gebäck, und die Kinder amüsierten sich köstlich am nassen Aschenhaufen oder – verbotenerweise – zwischen den langen Reihen flatternder Leintücher. Mit unsern Waschmaschinen ist all diese häusliche Lustbarkeit verschwunden.»[5]

Auch die Zeit der Speicher scheint abgelaufen. Welch zentrale Bedeutung er im bäuerlichen Alltag einst hatte, können wir bei Gotthelf nachlesen: «Der Spycher ist die grosse Schatzkammer in einem Bauernhause; deswegen steht er meist etwas abgesondert vom Hause, damit, wenn dieses in Brand aufgehe, jener noch zu retten sei, und wenn das Haus angeht, so schreit der Bauer: ‹Rettit den Spycher, su macht ds angere nit sövli.› Er enthält nicht bloss Korn, Fleisch, Schnitze, Kleider, Geld, Vorräte an Tuch und Garn, sondern selbst Schriften und Kleinodien; er möchte fast das Herz eines Bauernwesens zu nennen sein. Darum, wenn Diebe Beute machen wollen, so brechen sie in den Spycher, nicht ins Haus; darum ist der Spycher wohlverwahrt, gewöhnlich aus sogenannten Helbligen (halben Tonnen) gebaut und mit starken und kunstvollen Schlössern wohlversehen.»[6] Gotthelfs Schilderung trifft auch fürs späte Mittelalter zu. Gewandelt hat sich lediglich die Bauweise. In älterer Zeit waren die Speicher gemauert, noch 1500 sind sie allmählich durch hölzerne Blockbauten verdrängt worden. Aus einfachsten Zweckbauten wurden mit der Zeit wahre Schmuckstücke. Das gilt vor allem für die Speicher des Emmentales und des benachbarten Luzernbietes.[7] Der Walliser Speicher gab sich eher bescheiden, und auch die Kornspeicher des Gros de Vaud, der Kornkammer des Waadtlandes, können die Konkurrenz mit den Emmentalern kaum aufnehmen. Östlich des Wallis gab es Speicher nur noch in tessinisch-bündnerischem Gebiet, vom Bleniotal über das Calancatal und das Misox bis hinüber ins Vorderrheintal, wo sie wie im Safiental belegt sind als «Usspiicher», das heisst als freistehende Aussenspeicher. Das Wort Spycher wird hier für etwas anderes, nämlich die Schlafkammer im Oberstock des Hauses verwendet.[8] Mit dem Rückgang des Getreidebaues nimmt die Bedeutung des Speichers schon im 18. Jahrhundert ab. Er war aber immer noch wichtiger Eckpfeiler und Garant der Selbstversorgung.

Wer das Bernbiet mit seinen stattlichen Höfen durchstreift, wird neben dem Speicher und dem Waschhaus bald auch das Stöckli entdecken. Es gibt zweierlei Arten von Stöckli: das Alten- und das Küherstöckli. Das Küherstöckli, die Talwohnung des Kühers, des Viehbetreuers, steht immer auf der Stallseite des Bauernhauses. Der Grund ist einleuchtend: Der Küher hatte seine Tiere bestmöglich im Auge zu behalten. Die Küherstöckli sind reine Zweckbauten: Sie stammen ausnahmslos aus der Zeit zwischen 1680 und 1800. Heute dienen sie, soweit nicht zerfallen, weil es keine Küher mehr gibt, als Dienstenwohnungen oder einfach Gerümpelkammern.[9] Das

63

Altenstöckli ist, wie es der Name andeutet, die Alterswohnstätte des sich im Ruhestand befindenden Bauernehepaares. Es ist eine rein bernische «Erfindung», eine originale und originelle Lösung des Alters- und Generationenproblems. Es ist anzutreffen im Emmental, im Oberaargau, im bernischen Mittelland, im Seeland und vereinzelt auch in der Gegend von Schwarzenburg und Guggisberg. Im Berner Oberland dagegen gibt es keine Stöckli. Selbst im Luzernischen, wo ähnlich wie im Emmental die Einzelhöfe vorherrschen, ist das Stöckli unbekannt. Die Institution selber ist nicht sehr alt. Die frühesten Stöckli stammen aus der Mitte des 17. Jahrhunderts.[10] Damals hatten es viele Bauern dank Rationalisierung, Betriebsumstellung und erhöhter Produktivität zu einem gewissen Wohlstand gebracht. Errichtung und Betrieb eines Alterswohnhauses setzen einige Mittel voraus: «Um ein Stöckli zu tragen, muss der Hof eine gewisse Ausdehnung besitzen.» Und eben diese grösseren Höfe blieben im Emmental erhalten. Erstaunlich: Im Laufe des Spätmittelalters kam es als Folge der Realteilung allenthalben zu einer weitgehenden Zerstückelung und Verkleinerung der Höfe. Im Emmental dagegen herrschte die geschlossene Vererbung vor. Sie setzte einen starken Familiensinn, mehr noch: einen ganz spezifischen Hof- und bäuerlichen Geist voraus. Oberster Leitsatz war es, den Bauernhof der nächsten Generation in bester Verfassung weiterzugeben. Dieses Ziel war vorrangig, ihm hatten sich alle andern Überlegungen und Interessen unterzuordnen.[11] Auf dieser Grundlage hat sich im Emmental das Minorat, ein Erbrecht durchgesetzt, das den jüngsten Sohn zum Nachfolger bestimmte. Was aber geschah mit dem ausscheidenden Bauern? Der Hof duldet ja nur einen einzigen Bauern, eine einzige Bäuerin. Es gab verschiedene Möglichkeiten: Bekannt war schon damals das z'Balleteile, wie es für ärmere Familien im Wallis überliefert ist. Danach hatte der Vater oder die Mutter der Reihe nach den einzelnen Kindern Kost und Unterkunft zu finden. Eine andere Lösung war die Übersiedlung, die Aussiedlung; sie war vor allem in Berggge-

63 Das Stöckli – eine geniale Lösung des Altersproblems im bäuerlichen Bereich. Dass es aber für wohlhabende Bauern gedacht war, zeigt dieses frühe Beispiel aus Gurbrü (BE). Es ist aus Stein gebaut, mit Ornamenten, Wappen, Initialen und der Jahrzahl 1605 geziert.

64 Menschenfratze an einem Fensterpfosten eines Kornspeichers, datiert 1772, Gesserswil/Willisau-Land. Während im Innern des Hauses Amulette und Schutzzettel böse Geister warnen sollen, erfüllen diese Funktion allerlei Fratzen an den Aussenwänden.

bieten möglich, wo der Bauer über mehrere Häuser verfügte. Die Eltern gingen in eines dieser Häuser und behielten das Hausrecht bis zu ihrem Lebensende. Diese Regelung ist beispielsweise in Adelboden oder in St. Antönien bezeugt. Im Kanton Luzern gab es den «Schliiss». In einem Schliissvertrag verpflichteten sich die Hofnachfolger, den Eltern innerhalb des Hauses Unterhalt und Pflege zu gewähren. Im Kanton Neuenburg oder im Engadin gab es Verpfründungsverträge. Im Kanton Uri hatte der Sohn, der den Hof übernahm, für die Eltern aufzukommen. Er blieb, wie auch aus der Ostschweiz bezeugt ist, in deren Haus.[12] Die Emmentaler entschieden sich für das Stöckli. Es bewährte sich im allgemeinen. Vater und Sohn schlossen einen Abtretungsvertrag ab. Der Altbauer verpflichtete sich, den Hof abzugeben, dem Nachfolger alle Nutzungsrechte zu überlassen, dafür bekam er den Stock. Ausserdem durfte er Holz nehmen, soviel er brauchte. Dazu kamen «Erdspeisen, wie man sie zum Unterhalt nötig hat». Die Alten bekamen alle Tage eine «Maass Milch von der Kuh hinweg», Butter und Fleisch – wenn es gab – sowie Eier.[13]

Dass man das Stöckli nicht in andere Landesgebiete übertragen hat, ist eher merkwürdig. Es lässt sich wohl nur mit dem Geist der Emmentaler Bauern erklären. Sie selber haben ihr Stöckli nicht propagiert, ihre Weisheit für sich behalten. Kam ein Fremder auf den Hof, so war man mit Freuden bereit, den Speicher, das sichtbare Produkt des Fleisses und Wohlstandes, zu zeigen. Hingegen schätzte man es weniger, wenn der Gast sich auch für das Stöckli interessierte. Es gehörte eben zu jenem Bereich, in den ein Fremder seine Nase nicht hineinzustrecken brauchte. Selbst ein Mädchen, das auf «Gschaui» geht, hatte da nichts zu suchen. Gotthelf umschreibt es bündig: «Man führte es nicht einmal in den Stock.»[14]

Die geistige Hauskultur

Die Wohnkultur einer Epoche kann bis zu einem gewissen Grad an Möbeln, Geräten, Teppichen und Bildern abgelesen werden. Über das Wohngefühl, über geistige Haus- und Wohnkultur sagen sie Wesentliches, doch wohl nicht alles aus. Da helfen nur direkte Aussagen, zeitgenössische Schilderungen. Sie sind indessen äusserst selten, und wenn wir sie endlich gefunden haben, sind wir enttäuscht, weil sie gerade das, was uns am meisten interessiert hätte, verschweigen. Nun gibt es aber in vielen alten Häusern einige Zeugnisse, die uns ein gutes Stück weiterhelfen. Es sind die Inschriften, die symbolischen Zeichen und Bilder. Auf die Bilder wie die Inschriften wird im Kapitel Leitbilder näher eingetreten. Wir wollen uns an dieser Stelle mit einigen Zeichen befassen, die in enger Beziehung zur geistigen Hauskultur stehen: Es sind die überaus zahlreichen und variantenreichen Schutzzeichen. Sie deuten alle auf Ausdruck einer offenbar weitverbreiteten, schrecklichen Angst hin. Es ist die Angst vor drohendem Unheil in Haus, Hof und Betrieb. Die Zeichen versuchten es zu bannen. Sie hatten alles «Unberufene» vom häuslichen Herd fernzuhalten: Blitz, Hagelschlag, Lawinen, Erdrutsch, Wasser, Feuer und Krankheiten. Und es gab auch unsichtbare Dinge, unerklärliche Vorgänge, vor denen man sich zu hüten hatte. Weil man sie nicht nennen wollte und konnte, griff man zu einem Trick; man schrieb sie dem «Es» zu. Dieses «Es» umfasste alles Unsichere, Unerfasste und Unfassbare. Hinter ihm stand das grosse Grauen, das Numen.[1] Gegen das «Es» gab es eigentlich keinen sicheren Schutz – am besten war vielleicht ein aufrichtiges Gebet – oder, wenn alles schiefging, ein Fluch. Für den geplagten Menschen aber war es auf jeden Fall angezeigt, die Behausung unter den göttlichen Schutz zu stellen. Das ist denn auch die Erklärung dafür, dass wir sowohl in bürgerlichen wie in bäuerlichen Häusern so viele Haus-, Bann- und Segenssprüche finden. In älterer Zeit war es vor allem das Kreuz. Es kommt in vielerlei Formen vor: als Tatzenkreuz, als das gleicharmige, das griechische oder lateinische Kreuz mit nach unten sich verlängerndem Arm. Sie

64

alle dienten der Abwehr gegen das «Es». Man brachte sie über Haus- und Stalltür und im Innern des Hauses an. Die verschiedensten Möglichkeiten des Ausdruckes boten sich an: Es gab geschnitzte, gemalte, geschmiedete Kreuze. Schon in den ältesten noch erhaltenen spätmittelalterlichen Burgen und Steinbauten finden wir das Kreuz in vielen Varianten.[2] Nach 1500 mehren sich die Abwehr- und Hauszeichen. Am häufigsten erscheint das Kreuz an Türen und Fenstern der Schlafzimmer. Hier war nach alter Auffassung der Mensch ganz besonders bedroht und gefährdet. Kreuze finden wir indessen auch an Haus- und Stalltüren, und zwar nicht nur in katholischen, sondern auch in reformierten Talschaften.[3] Das Kreuz als Jesus-Monogramm tritt auch am Ofen und am Speicher der katholischen Innerschweiz auf.[4] So stark war der Glaube an die Wirksamkeit des Kreuzes, dass viele Bündner Bauern ihr Vieh vor dem Alpaufzug mittels Holzkohle mit einem Kreuz versahen.[5]

Zum Kreuz trat der Fisch, auch er ein Symbol Christi. Besonders beliebt waren drei gekreuzte Fische als Symbol der Heiligen Dreifaltigkeit. Sie erscheinen als Regenbogenforellen, blau mit bunten Tupfen bemalt, vor dem Stubeneingang.[6] Als Symbol der Wachsamkeit erscheint sodann der Hahn. Zunächst ziert er, wie die Beispiele aus Disentis-Mustèr zeigen, einen steinernen Türsturz der Burgenzeit. Dann erscheint er auf Kirchentürmen und in der Wandmalerei der Bauernhäuser.[7] Etwas seltener waren rosettenförmige Sterne als Symbol für Maria; in Kurzform sagen sie das aus, was ein Denkspruch, eine gemalte Inschrift des 15. Jahrhunderts meint: «Virgo Maria mihi succurre, et defende ab omni maligno spiritu: Jungfrau Maria steh mir bei und beschütze mich vor allen bösen Geistern.» Um böse Geister zu vertreiben, tritt auch der Teufel auf, so an einem kleinen Haus des Puschlaver Maiensässes Corvera und als grüne Fratze mit roten Hörnern in der Bekrönung eines Fenstergitters von 1750.[9] In der Tat: Wer wollte sich einem Haus nähern, vor dem der Teufel Wache stand? Als weitere Abwehrzeichen christlicher Art treten auf: das Lamm Gottes, das Auge Gottes, Marterwerkzeuge, die Patrone Wendelin und Antonius sowie die Initialen CMB, Caspar, Melchior und Balthasar. Sie haben im Volksglauben seit je einen Ehrenplatz eingenommen.[10] Etwas ähnliches wie das Teufelssymbol zeigt sich im Lälli, einem Fratze schneidenden Gesicht, das böse Geister und schlimme Feinde schreckt.[11] Häufig erscheinen auch das Hexenkreuz (Drudenfuss), Schlangen- und Drachenmotive sowie Zauberinschriften mit griechischen oder gar hebräischen Lettern. Ob so viel ungewohnter Zeichen und Zungen musste selbst die böseste Hexe in Verwirrung geraten... Eine gute Abwehr versprachen auch Symbole bewehrter Tiere. In Graubünden tritt vor allem der Steinbock auf. Er erscheint an der Hauswand, an einer Truhe, und zwar nicht nur als Wappenschild, sondern als Schutzzeichen. Besonders aufschlussreich ist eine Truhe aus Avers, datiert 1571: Im rechten Feld erscheinen als abwehrende Kräfte ein grosses Sonnensymbol, ein Fähnrich mit der Kreuzfahne, ein schwarzer Steinbock sowie der rote Steinbock als Monatszeichen.[12]

Eine ähnliche Funktion wie die Hauszeichen hatten Amulette, Schutzzettel oder die Palmenzweige (geweihte Palmenzweige vom Palmsonntag), das Karfreitagsei, die Scheiter vom Osterfeuer, das Agathenbrot (am Tag der heiligen Agatha, 5. Februar, geweihtes Brot), um nur einige Beispiele zu nennen.[13] Sodann gab es auch Schutzbriefe gegen Verletzungen, sei es durch Feindeshand oder durch Tiere. Unter den Schriften des Edlen von Wellenberg fand man im Jahre 1701 einen Schutzbrief. Er stammt noch aus dem Spätmittelalter. Der Text beginnt mit einigen lateinischen Sätzen, es folgen einige Zeilen in deutscher Sprache: «Jesus autem transiens per medium illorum hie mit gastu dur alle din viend on allen schaden disen brif soltu bi dir tragen so mag dir kein viend geschaden nater noch slange.» Er zeugt für den weitverbreiteten Glauben und die Überzeugung, dass in schwerer menschlicher Not nur Jesus, nur Gott helfen kann. Der Träger des Briefes könnte im Augenblick der An-

65

65 Am Palmsonntag wurden in katholischen Regionen Palmen gesegnet. Man hängte sie nachher an einem Holzpflock im obern Hausgang eines Wohngebäudes auf. Reckenbrunnen, Hochdorf/LU.

fechtung möglicherweise nicht daran denken: An seiner Stelle spricht der amulettartige Brief.[14]

Bei der Untersuchung alter luzernischer Bauernhäuser ist E. Brunner auch auf die merkwürdige Verpflöckung gestossen. Was unter verpflocken, verbohren, vernageln gemeint wurde, erfahren wir aus den Hexenprozessakten des Jahres 1531. Da wurde eine Barbara Schumacher aus Kriens einvernommen. Sie sagte aus: «Di har hät si, in ein loch und schlügend ein nagel dafür.» Um 1637 bekennt Caspar Staldegger von Wolhusen, er habe an vielen und unterschiedlichen Orten Geister und Gespenster beschworen, indem er gesegnete Dinge bei den Türen in vier Löchern kreuzweise einlegte. Dabei habe er jedesmal fünf Vaterunser und Ave Maria gebetet und also «die gespenst vertrieben». Brunner fand in einem Bauernhaus bei Buttisholz in einer Schlafkammerwand 19 Verpflöckungen, unregelmässig über die ganze Wandfläche verteilt. Sie waren zum Teil leer oder mit allerlei Dingen verstopft. In einem Bauernhaus bei Horw fand er in Bohrlöchern: Fetzen von gedruckten alten Wettersegen, Fetzen von Papier-Amuletten, kleine Stücklein von Pflanzenstengeln und Wurzeln, Wachs, Brotrinde und Schnüre. Die Leute, die ihn bei den Untersuchungen begleiteten, baten ihn inständig und mit einer gewissen Scheu, das Vorgefundene unberührt zu lassen.[15]

In den Häusern unserer Vorfahren gab es indessen nicht nur böse Geister, die es mit allen möglichen Mitteln zu vertreiben galt. Es herrschten da mitunter auch gute Geister. Wir meinen damit keineswegs jene in den Sagen vorkommenden gutmütigen Erdmännchen und Wildmännli, die bei Haus- und Feldarbeiten mithalfen[16], sondern jene Menschen, die von alters her in der Familie, im Haus das positive, das frohe Element darstellen und so den guten Hausgeist verkörpern. Das kann, wie eine neuere Untersuchung gezeigt hat, sowohl der Vater wie die Mutter sein.[17]

Wie stand es damit im Hause unserer Vorfahren? Wer war der gute Geist? Manche Betrachter und Beobachter, vor allem gelehrte Autoren, vertraten die Meinung, es sei die Frau. Sie ist die Seele des Hauses, die Bewahrerin des häuslichen Friedens. Sie schaut im Hause zum Rechten, sie kümmert sich selbst dort, wo der Mann versagt, um den Hausstand. Insbesondere die Theologen vertraten die Auffassung, die Frau habe als Ehegefährtin und Mutter in der Familie für die notwendige Wärme und Liebe zu sorgen.[18] Kultur des Hauses sei Aufgabe der Frau. Renward Cysat hat im 16. Jahrhundert, in einer Zeit, in der eher misogyne, frauenfeindliche Tendenzen zu beobachten sind[19], den Frauen hohes Lob gespendet: Es gibt, so schreibt er um 1595, «ein landläufiges Sprichwort, das behauptet, die Reden und Ratschläge der Frauen, die sie, ohne vorher zu überlegen, aufs Geratewohl sprechen oder geben, seien gut und anerkennenswert. Das kann ich bestätigen, da ich es auch in Dingen von grosser Wichtigkeit und in politischen Angelegenheiten oftmals gesehen und erfahren habe…»[20]

Wie steht es mit dem Urteil ausländischer Beobachter? Was sagten sie über die schweizerische Hausfrau und Mutter? Sie seien zwar schön, daneben unfreundlich, «sintemalen sie keinen grüssen», meint Johannes Limberg in seiner «Denkwürdigen Reisebeschreibung von 1677». In einem Reisebericht von 1705 werden sie als sehr reserviert bezeichnet: «Women very reserved here.» Der Ruf grosser Zurückgezogenheit fand seinen Weg sogar in das 1755 erschienene französische Kompendium «Geographie Historique» des geistlichen Dom Joseph Vaissete, wo es heisst: «Les femmes y vivent dans une grande retenue.»[21] Abraham Ruchat, ein Waadtländer, der die Schweizerinnen besser kannte als der Franzose, bestätigt zwar, dass sie in der Öffentlichkeit zurückhaltend seien, zu Hause sehe das ganz anders aus.[22] Wohl das Schönste über das frohe Element der Frau hat Jeremias Gotthelf in Anne Bäbi Jowäger gesagt: Meyeli, die Sohnsfrau, «erhellte das häusliche Dunkel mit lustigem Wesen und heitern Worten».[23]

Wohnen im Garten

Wohnen im Garten: Fürs Mittelalter ist dieser Begriff wohl etwas zu hoch gegriffen. Da waren ganz andere, handfeste Erwägungen im Spiel: Es ging um die Sondernutzung, es ging darum, in einer Zeit der allgemein genossenschaftlichen, kollektiven Nutzung irgendein kleines Stückchen Boden sein eigen zu nennen und fremde Menschen und Tiere fernzuhalten, auszuschliessen. Dass diese Funktion primär war, davon zeugt auch der Name und Begriff. Garten bedeutet nach Jakob Grimm ursprünglich, so fern das uns heute scheinen mag, Zaun, Gitter, Mauer und Wall.[1] Unter der Bezeichnung Gart und Gärt verstanden unsere schweizerischen Vorfahren aber auch Geflecht, Zaungeflecht. Das hat schon Franz Josef Stalder (1757–1833), Verfasser des ersten schweizerischen Idiotikons, gespürt. Gert oder Gärt, auch Gart sagte er, ist ein Zaungeflecht; man braucht Gärt, Gerten zum Flechten der Zäune.[2] Unter Garten verstand man bei uns im Mittelalter ganz allgemein das, was eingezäunt, was eingehegt ist. Am deutlichsten kommt dies zum Ausdruck in der Form Heimgarten, wo die Begriffe umzäunter Raum, Heimstatt und Friedensbereich zusammenfallen.

Im ländlich-bäuerlichen Bereich ging es um handfeste Umhegungen: Der Hag hatte dicht und fest genug zu sein, um das liebe Federvieh fernhalten zu können, und selbstverständlich musste er auch Schweine, Ziegen und Kühe fernhalten. Nicht zuletzt diente er auch dazu, zweibeinige Besucher von unbefugtem Betreten abzuhalten. Erstaunlicherweise erstreckte sich der Frieden der Umzäunung nicht allein auf Mensch und Tier, sondern auch auf irrationale Kräfte wie Hexen. Das erforderte eine ganz besonders dichte und besondere Abgrenzung. Wie schweizerische Rechtsquellen sprichwortartig sagen, soll der Garten sich «selber Frieden geben». Das bedeutet, dass der Garteninhaber für rechte Umzäunung zu sorgen hat und dass er den Schaden selbst zu tragen hat, falls er die ordnungsgemässe Einhegung unterlässt.[3]

Ebenso vielfältig wie die Umzäunung des Gartens waren seine Verwendungsmöglichkeiten. Ursprünglich war er reiner Nutzgarten. Er war Lieferant von Gemüse, Obst und Kräutern. Was er aber darüber hinaus später für die Menschen und Menschengemeinschaften alles bedeutet hat, das reicht über das Nutzdenken weit hinaus. Es hat im Laufe der Jahrhunderte immer neue, tief in soziale Gegebenheiten und Wünsche reichende Aspekte gewonnen.

Was sich die spätmittelalterlichen Menschen unter einem Garten etwa vorstellten, wird nirgends klar artikuliert. Dafür hat ein Maler einen Garten auf die Bohlenwand eines Hauses in Konstanz gezaubert.[4] In einem Garten vor den Toren der Stadt vergnügen sich modisch gekleidete Paare bei einem Brunnen mit Lauten- und Kartenspiel; rechts vom Brunnen badet eine Frau in einem Bassin; der Garten wird durch eine Zinnenmauer, ein Gartenhäuschen mit Aussichtsterrasse abgeschlossen. Sahen die Gärten damals so feudal aus, oder ist hier, so früh schon, romantisches Wunschdenken im Spiel? Auch im «Paradiesgärtlein», das um 1520 in der Region von Basel gemalt worden ist, decken sich Realität und Wirklichkeit nicht. Alles, was zu einem Garten gehören konnte, wird hier in fast poetischer Weise geschildert: eine Blumenwiese, eine Rasenbank, ein Blumenbeet, ein sechseckiger Steintisch, der zum Tafeln im Freien einlädt.[5] Hatten wenigstens die Adeligen, die Burgherren solche Gärten? Keineswegs. Um 1472 wird von der Farnsburg geschrieben, es habe daselbst einen «Krutgarten under dem hus». Ein Gemüsegärtchen also, ganz bescheiden; am Rande erscheinen zwei kleine Blumenbeete.[6]

Grössere Gartenanlagen, in denen man sich auch aufhalten und tummeln konnte, entstanden erst im 16./17. Jahrhundert. Es sind dies indessen keine Burggärtchen mehr, sondern vielmehr dem Geist der Renaissance entsprungene Schlossgärten mit Pavillon und Laubengängen (Beispiele: Greyerz, Wildenstein, Wartenfels, Heidegg

66 Auf der lavierten Federzeichnung von 1743 ist die Stadt Basel festgehalten. Wie das Bild zeigt, hat man im 18. Jh. in unsern Städten auch den kleinsten Platz genutzt. Um Raum und Boden zu gewinnen, schuf man Terrassen. Die Ziergärten sind zum Wohnen eingerichtet. Zum Verweilen im Freien haben auch die Gartenhäuschen eingeladen.

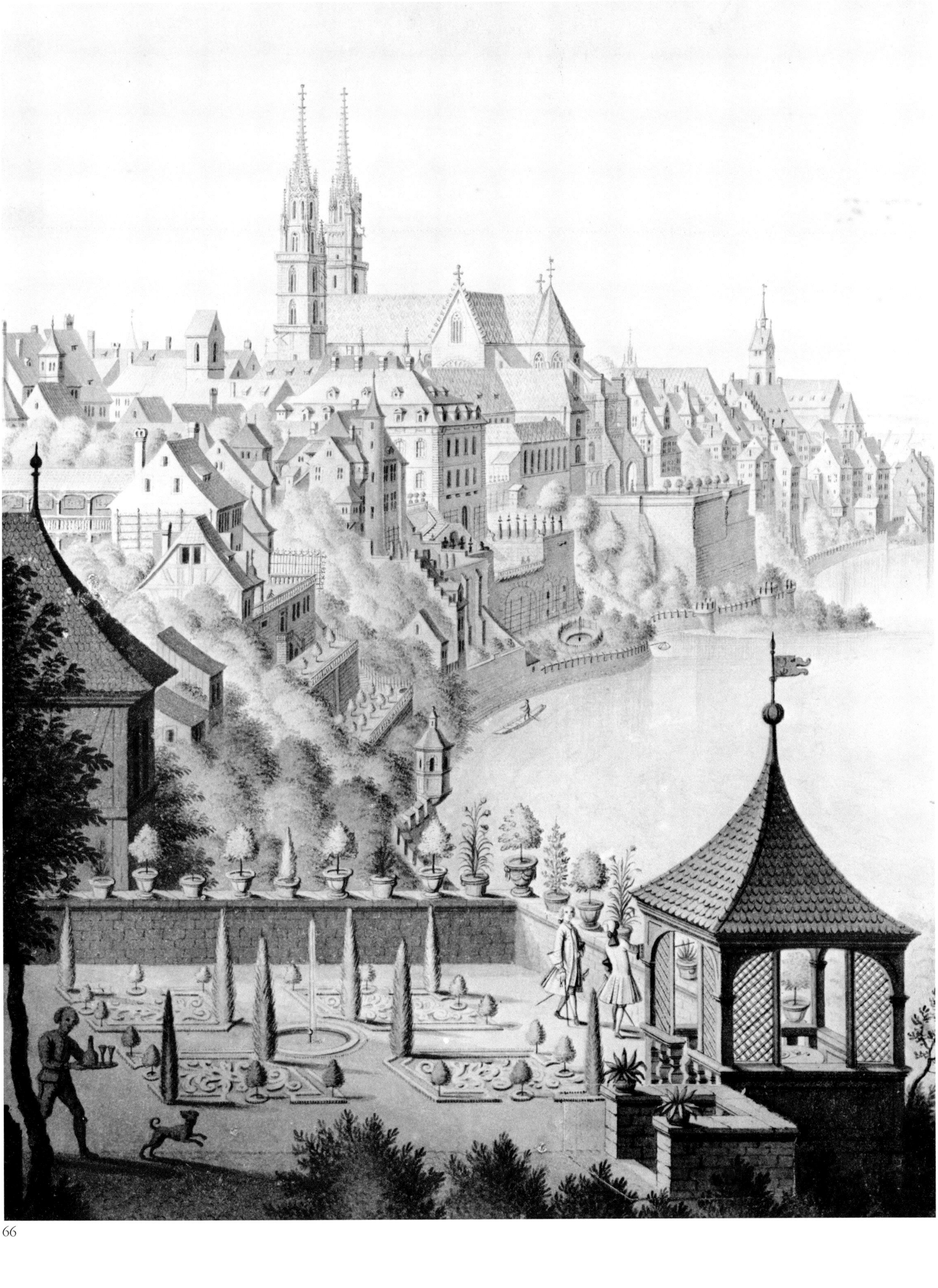

67

und Ortenstein). Noch sind, wie die Gärten der herrschaftlichen Familiensitze in Schwyz zeigen, die Nutzgärten nicht ganz von den Zier- und Blumengärten getrennt.[7] Erst im 18. Jahrhundert sind die Gartenanlagen von Patriziern und reichen Kaufleuten nach französischem Barockvorbild zu eigentlichen Lustgärten, zu Zierstücken, auch zu Wohngärten ausgebaut worden.

Wie die Burggärten sind auch die ältesten Stadtgärten in erster Linie auf reinen Nutzen ausgerichtet; sie waren wohl zu klein, um sich darin zu vergnügen. Allerdings gab es schon im 15. Jahrhundert, nach den Angaben von Bonstetten, neben den Nutzgärten in Bern auch «Lust- und Ziergärtlein».[8] Treffpunkt der Stadtbürger waren indessen nicht diese Ziergärtchen, sondern, so erstaunlich das klingen mag, die Gerichtslinden. Dort gab es, wie es in Basel der Fall war, seit 1259 um die Gerichtslinde herum Bänke, genug Platz für Spiele. Schon um 1581 wird der Basler Petersplatz deshalb auch «Lustgarten» genannt.[9] Wie an anderer Stelle näher dargelegt wird, gab es in vielen Städten planmässig angelegte Lindenplätze. Sie sind aber, wie manche Beispiele dartun, auch auf der Landschaft (Bülach, Marthalen) eingerichtet worden.

Ganz besonders gern hielt man sich indessen auf den Bäumen auf. Um die Bäume begehbar, besitzbar, bewohnbar zu machen, zerlegte, «zerleite» man sie. Solche Bäume richtete man bei den Schützenhäusern ein. Berühmt waren die beiden «zerleiten» Linden beim Schützenhaus an der Limmat in Zürich; sie sind von Konrad Gessner genau beschrieben worden: «Wahre Schaustücke dieser Art sind die zwei Linden, die gleich unterhalb der Stadt bei der Limmat sichtbar sind; zwischen ihnen steht in der Mitte ein Haus, mit dem jede Linde durch einen Laufgang verbunden ist. Diese Linden sind dermassen auseinandergelegt, dass an den etlichen Tischen, die auf jeder von ihnen aufgestellt sind, eine recht hohe Zahl von Gesellen plaziert werden können, wenn man hier zum Essen und Trinken zusammenkommt. Dabei sind sie unten, oben und ringsum von den Ästen und vom Laub der Linden umgeben. Bei allen Bäumen, die man derart gestalten will, hat man darauf zu sehen, dass sie im Stamm nicht höher als vier Ellen werden, dass das, was über diese Höhe hinausgeht, das heisst die Äste und Zweige, restlos waagrecht zu einem Bogen auseinandergelegt wird.»[10] Um 1580 kam Michel Montaigne aus Frankreich nach Schaffhausen. Dort sah er die «zerleite» Linde im Herrenbaumgarten und war hingerissen.

Manchmal stand über einer solchen Linde, bevor sie tragfähig war, ein hölzerner Pavillon. Noch heute kann man einen Linden-Pavillon beim alten Schützenhaus in Brugg bewundern. Aber das ist wohl der letzte Repräsentant dieser einst so beliebten Baumform in der Schweiz. Mit Ausnahme der zerlegten Kastanien bei Ludiano (Tessin) sind alle zerlegten Bäume verschwunden.

Wo es keine zerlegten Bäume gab, traf sich das Volk, vor allem in ländlichen Regionen, in den Baumgärten. Hier wurde nicht nur Gericht gehalten und beurkundet, sondern auch getanzt. Man nannte den Baumgarten deshalb auch Heim- und Heingarten, Hangert, Hängert. Hier trafen sich die Familien, die Freunde und Nachbarn, hier wurde gespasst, gesungen, hier stellten sich Burschen und Mädchen zu fröhlichen Abendgesellschaften ein.[11] Im 17. und 18. Jahrhundert sind auch die Bauerngärten, bis dahin doch vorwiegend Nutzgärten, in Wohngärten umgestaltet worden, sei es, dass man zwischen Haus und Garten ein Spalier anlegte, sei es, dass man in einer Ecke eine Laube oder ein Gartenhäuschen baute. Das hatte zur Folge, dass sich ein Bauerngarten des 18. Jahrhunderts, wie das Beispiel aus Pratteln von 1755 zeigt, kaum mehr von einem bürgerlichen oder herrschaftlichen Garten unterscheiden konnte.[12] Der Garten, ursprünglich nur Lieferant von Gemüse, Heil-, Gewürz- und Färbepflanzen, wird zum wohnlichen Garten, zu einem grünen und farbigen Saal, zu einem kleinen irdischen Paradies. Ideal und Wirklichkeit, noch im Spätmittelalter weit voneinander entfernt, begannen sich zu decken.

67 Ein zerlegter Baum (Linde). Ehemaliger Schützenpavillon, errichtet 1615 über der «zerleiten» Linde, mit Zugang über eine hölzerne Brücke als Verbindung zum Schützenhaus.

68 Die Hauptstrasse von Pratteln/BL um 1735. Vorn: ein gemütlicher, ländlicher Garten mit Gartenhäuschen. Dahinter die Dorfstrasse mit Brunnen. Man beachte auch den Maibaum rechts hinten.

69

Die Ernährung

Nahrungsmittel und Lebenshaltung

Bis ins 18. Jahrhundert, der Zeit des grossen Umbruches in der Landwirtschaft, gab es in unserem Land, wie das von M. Mattmüller gezeichnete Schema auf S. 24 zeigt, für das Gebiet der Ernährung, vereinfachend und grob ausgedrückt, vier Hauptzonen. Zunächst existierte einmal das alte Agrargebiet des Mittellandes. In diesem Kornland herrschte die Dreizelgwirtschaft. In der zweiten Zone, einer Mischzone dominierte die Feldgraswirtschaft. Daran schliesst sich das Hirtenland mit vorwiegend Viehwirtschaft. Es folgt die alpine Selbstversorgungszone. Ursprünglich ist die Ernährung vom Boden, von der Naturkraft und vom Klima bestimmt. Durch die Rationalisierung und Ausweitung des Verkehres sind die lokalen und naturgebundenen Ernährungsgrundlagen mit der Zeit verändert und ergänzt worden. Vor allem die Mais- und Kartoffelrevolution des 18. Jahrhunderts hat das Bild des Nahrungswesens weitgehend verändert, bis es dann schliesslich – was hier nicht mehr behandelt werden kann – durch die industriell-technische Revolution der neuesten Zeit vollständig umgestaltet wird.

Vom Menschen ausgehend, sei zunächst auf die Einstellung zum Essen und Trinken eingegangen. Die Nahrung dient ja nach alter Auffassung nicht nur der Notdurft des Leibes, sondern auch der Erhaltung des ganzen Menschen. Und so überrascht es denn nicht, dass schon im Mittelalter zahlreiche Verhaltensregeln, ja ganze Gesundheitslehren auftauchen. Diese Lehren fussen auf antiken Vorstellungen und Überlieferungen. Zu nennen wäre etwa die Viersäftelehre des Polybos, des Schwiegersohnes von Hippokrates, aus dem 5. Jahrhundert. Sie wirkte weit ins späte Mittelalter, ja bis in die beginnende Neuzeit hinein. Den vier Elementen, Wasser, Feuer, Erde und Luft, entsprechen als Kräfte (man nannte sie Qualitäten) Wärme, Feuchtigkeit, Trockenheit und Kälte. Man stellte sich vor, dass im menschlichen Körper helle Galle (Cholera), Schleim (Phlegma), dunkle Galle (Melancholie) und Blut (Haima) entsprechend wirkten. Die Elementenpaare müssen ausgeglichen, temperiert werden. Gewinnen Hitze und Dürre die Oberhand, so verbrennt das Leben; herrscht hingegen die Kälte, so erfriert es.[1] Die Lehre von den Komplexionen war massgeblich für die Auswahl der Speisen und ihre Zusammensetzung. Sie ist durch die Regimina sanitatis, die Gesundheitslehren, ins Volk getragen, volkstümlich geworden. Bekannt war bei uns vor allem das Werk des aus Laufenburg stammenden, später in Freiburg und Strassburg wirkenden Heinrich von Laufenberg. Sein in Augsburg 1491 erschienenes Werk «Versehung des Leibs» geht von den vier Temperamenten oder Komplexionen aus. Gepredigt wird vor allem die Mässigung:

69 In den Gesundheitslehren wurde versucht, das Volk zur Enthaltsamkeit aufzufordern. Das gleiche Ziel verfolgt das Sinnenbild, einer «tugendliebenden Jugend» von der Zürcher Burgerbibliothek für das Jahr 1655 verehrt. Das Volk verstand die eindrückliche Bildsprache besser als die gelehrten Erklärungen der ärztlichen Traktate.

70 Männer beim Mahle am runden Tisch. Es handelt sich der Bekleidung und den Geräten nach zu schliessen um Bauern und Handwerker. Ausser Bechern befindet sich auf dem Tisch keinerlei Geschirr; die ganze Gesellschaft benützt lediglich ein einziges Messer. Titelblatt eines Fastnachtsspieles von Hans Rudolf Manuel aus dem Jahre 1558.

«Hierumb so sage ich dir voran
das dir nit mer schaden kan
in deiner gesuntheit
denn zevil unmessigkeit
darumb so fleisse dich hie bey
dass dein speise und drancke sey
alle zeitte gemessen wol
one hunger niemant essen sol.»[2]

Aus dem gleichen Jahre 1491 stammt die Gesundheitslehre eines anonym bleibenden Zürchers.[3] Sie ist in der Zentralbibliothek in Zürich aufbewahrt und enthält zahlreiche Gesundheitsregeln, vor allem aber Anleitungen, welche Nahrungsmittel in den einzelnen Monaten zu bevorzugen und welche zu meiden sind. Von Januar bis April soll man «hitzige» Speisen essen und trinken. Das gleiche gilt für den Herbstmonat. Im Oktober soll man zum Beispiel Fische meiden, weil sie kalter Natur sind, im Heumonat ist das Bier und im August sind der Wein und hitzige Speisen zu meiden. Im Wintermonat soll man keine Zwiebeln essen, das Wasserbad sowie Nebel meiden. Baden, Aderlassen, Schlaf und Liebe, das alles wird hübsch aufgeteilt und vorgeschrieben, denn der Mensch muss ins Gleichgewicht kommen. Generell soll man im Sommer kalte Speisen und Getränke, im Winter warme zu sich nehmen. Besonders jene Menschen, die von Natur heiss sind, haben darauf zu achten. Entscheidend ist es für die Gesundheit, dass man nach harter Arbeit nur wenig essen und trinken soll. Zunächst soll einige Zeit Ruhe eingeschaltet werden. Erst dann soll man sich Speise und Trank zuwenden. Bei den Nahrungsmitteln gilt es, eine gewisse Reihenfolge einzuhalten. Die «linden» Speisen, die gut verdaut werden, sollen zuerst gegessen werden und darnach die harten. Niemals soll man sich aber durch seine Gelüste verführen lassen und zuviel essen und zuviel trinken. Der Magen muss Zeit haben, um die Kost zu verdauen. Nach dem Essen wird ein wenig spaziert, aber man darf nicht schnell gehen oder gar laufen, wenn man nicht riskieren will, dass die Speise sich aus dem Magen «ungedeuet» entfernt.

Um 1482 entstand auch das Traktat des Zürcher Stadtarztes Konrad Türst (1455–1503). Türst war ein Schüler des Zürcher Arztes Konrad Heingartner und wie dieser nicht nur Mediziner, sondern auch Astrologe. Seine Gesundheitsregime, in einer Zürcher Handschrift erhalten, waren für den Berner Patrizier Rudolf von Erlach geschrieben.[4]

Aus der 2. Hälfte des 13. Jahrhunderts stammt der Schüpfheimer Codex. Auch er enthält allgemeine Gesundheitsregeln. Neben einer Krankendiätetik findet sich hier eine allgemeine Diätetik. Die Aussentemperatur soll durch die Nahrung korrigiert werden. Ist es draussen kalt, so bevorzugt man warme Speisen. Im Mai serviere man die Speisen weder zu heiss noch zu kalt, wie auch dieser Monat ausgeglichene Temperaturen hat. Sodann folgen einige allgemeine Mahnungen: «Man soll sich hüten, daz man in gelust nit zevil esse noch truncke, bis das sich die erst Kost verdöwet.»[5] Erstaunlich ist es dagegen, dass andere, zum Teil schwer verständliche Vorstellungen bis weit in die Neuzeit hinein erhalten geblieben sind. So war der ursprüngliche Sinn des Wortes «kräftig», dass die verabreichten Speisen und Medikamente über bestimmte «Kräfte» verfügten, die beim Einnehmen auf den Menschen übergingen. Die Nahrungszubereitung hatte den Zweck, die vorhandenen Kräfte im menschlichen Körper auszugleichen und zu einer Art von Gleichgewicht zu bringen. Elementenpaare, das Feuchte und das Trockene, das Dürre und das Fette, hatten sich auszugleichen. Bis weit ins 19. Jahrhundert finden wir in Kochbüchern, auf die noch einzutreten sein wird, immer wieder diese Hinweise auf die Diätetiklehren. Kochen und Heilen waren ja nur zwei Seiten derselben Münze.[6] Die Lehre war in der Praxis nicht immer leicht anzuwenden. Aber da gab es zahlreiche Tricks. Man konnte die Natur durch Färben, Würzen und Zerkleinern der Grundstoffe eines Gerichtes überlisten. Da der Hase nach altem Glauben als unkeusch galt und sein Genuss «heisses Blut» erzeugte, wurde sein Fleisch einfach zerkleinert und als Hasenpfeffer serviert. Die alte Lehre war langlebig. Selbst in heutigen Gerichten ist das Prinzip der Temperierung noch erkennbar. So wird die «starke Kälte» des Kopfsalates mit Essig, Dill und Schnittlauch und die des Fisches mit der «feurigen» Milde des Weines temperiert. Es herrschte weithin der alte sympathetische Glaube, der sagte: «Man ist, was man isst.»[7] Man war davon überzeugt, dass Charakter und Seele der Nahrung auf den Essenden übergehen. Deshalb behaupteten die Jäger, man müsse das Blut von frisch erlegtem Wild trinken, um dessen Augen und Schnelligkeit zu erhalten. Man behauptete auch, dass Schaf- und Kalbfleisch keine Kraft gäben, sondern schlapp machten.

Diese meist auf magischen Zusammenhängen beruhenden Vorstellungen sind nicht nur durch Kräuter- und Kochbücher, sondern vor allem durch die Hausväter bzw. die Hausväter-Literatur tradiert worden. Als Hausväter bezeichnet man herkömmlicherweise die Kompendien der Agrarschriftsteller des 16. und 17. Jahrhunderts, die in weitausladender, barocker Fülle Regeln und Anleitungen zur Hauswirtschaft, zur Land- und Forstwirtschaft enthalten. Sie bergen auch eine grosse Fülle von Gesundheitsregeln und auch von Kochrezepten. Sie gehören in die Geschichte der Ökonomik, die griechischen Ursprunges ist. An vorderster Stelle stand in unserem Lande das Hausbuch des Deutschen Colerus (erschienen um 1603). Es befand sich sowohl in klösterlichen wie patrizischen Bibliotheken und war selbst in Bauernhäusern bekannt. Mit einiger Verspätung, um 1706, erschien auch ein schweizerischer «Hausvater». Es ist die Georgica curiosa des Baslers Emanuel König.[8] Der Haushalt, namentlich die Küche, erforderte eine besondere Darstellung; es war schwierig, die Rezepte in diesen voluminösen Hausvätern aufzufinden. Deshalb schritt man zur Anlegung von Rezeptsammlungen; das war die Geburtsstunde des Kochbuches. Die ersten Kochbücher waren für die Kleriker, für die Klöster, für den Adel gedacht. Als erster brachte der Dillinger Balthasar Staindl ein Kochbuch für den einfachen Mann heraus.[9] Während in den früheren Kochbüchern vor allem Herrenbankette, Schaugerichte beschrieben sind, gibt sich Staindl moderner, praktischer, einfacher. Doch auch er ist dem symbolischen Denken seines Jahrhunderts verbunden. So hat er den Mandelkäse mit einem Absud von Brasilholz und Hausenblase schwarz oder blau gefärbt. Er empfahl auch schwarzes Apfelmus, er färbte es mit einer Mischung von Weichseln, Zwetschgen und stark gebranntem Semmelmehl. Dennoch war er für seine Zeit neu. Keinem andern Autor wäre es eingefallen, ein Rezept für das Spiegelei zu bringen. Das war wohl allen andern gelehrten Autoren zu alltäglich; im mittelalterlichen Sprachgebrauch entsprach ein Ei allgemein etwas Kleinem, Nichtigem, Unbedeutendem. Rezepte für ganz gewöhnlichen Stockfisch, für eine einfache Suppe, ein Erbsenmus, das alles gehörte nach Ansicht der gelehrten Humanisten nicht in ein gedrucktes Buch. Staindl war anderer Ansicht; indem er sein Ziel realisierte, war er den andern Kochbuchautoren um einiges voraus.[10]

Ganz in der Linie der alten Regimina sanitatis liegt das Kochbuch der Arztwitwe Anna Wecker aus Basel. Ihr besonderes Anliegen war die Gesundheit.[11] Es sei, so meint sie, allzeit besser, aus der Küche die Medizin zu empfangen als aus der Apotheke. Ähnlich äusserte sich Hieronymus Bock, der Verfasser der «Teutschen Speiskammer»: «Allerlei Krankheiten entstehen von unzeitigem und vielem Essen und Trinken, davon bekommen die Ärzte am meisten Nutzen.»[12] Zucht und Mass sind in dieser Zeit, vor allem in der bürgerlichen Gesellschaft, Begriffe des höchsten Ideals geworden: «Durch den Fleiss der Mässigkeit enthaltet sich ein frommer Christ von überfluss in speis und trank», heisst es in der Übung, einem von Johann Rudolf

71 Aufruf gegen die Trinksucht. Ausschnitt aus einer Glasscheibe des 16. Jh. Aufschrift: «Fressen, sauffen und pangenthieren, Thutt uns gsellen vom handwerck füeren.»

Hoffmeister geschriebenen und bei Georg Hamberger in Zürich 1645 gedruckten Werk. Unmässig ist nur das Gesinde, hält Rudolf Meyers Totentanz fest, und der Dichter lässt den Koch sagen: «Mein Sinn nichts anderes sinnt denn dass ich werd gemäst.» Unmässigkeit beim Essen und Trinken, meint Lavater in seinen 1763 erschienen Regeln für die Kinder, macht dumm, träge und nachlässig.[13] Entsprechende Regeln waren auch im Volk bekannt: Wenige sterben vor Hunger, aber viele vom zu vielen Essen, so heisst ein altes Sprichwort aus dem Engadin.[14] «Zuviel ist ungesund und wenns Hunig wär», lautet eine Lebensweisheit aus dem 18. Jahrhundert, und «Z'Morge mit Fueg, z'Mittag recht gnueg, z'Nacht gar nüt, das macht hübsch Lüt», hiess es im alten Davos.[15]

Wie weit man solche Mahnungen wirklich befolgt hat beziehungsweise wie weit sie volkstümlich wurden, lassen wir dahingestellt. Angesichts der unzähligen Beschreibungen von üppigen Mahlzeiten mit mehreren Gängen, angesichts auch der Zeugnisse der beobachtenden Ausländer erhält man den Eindruck, dass die Enthaltsamkeit nicht zu den starken Seiten unserer Vorfahren gehört hat. Eine allgemeine Trink- und Essfreudigkeit, ja Fresslust scheint vielmehr vorgeherrscht zu haben. Vor allem an Festen, wir sehen das noch, ist unglaublich viel getrunken und gegessen worden, «bis man est mit dem Finger erlängen mag». Die Speisemengen, die da vertilgt wurden, erscheinen oft geradezu rätselhaft. Johann Heinrich Füssli, ein Zürcher, der allerdings zu Übertreibungen neigte, hat einmal festgestellt, dass ein Mann an einem Zunftfest sechs bis sieben Pfund Fleisch ass; dazu seien noch ein hübscher Fisch, eine halbpfündige Wurst, der Quart von einer Pastete, ein paar Pfund Brot und vier bis sechs Schoppen Wein gekommen. Nun muss man allerdings wissen, dass man diese Gerichte in zwei bis drei Malen auftischte, die erstaunlichen Mengen sind auch angesichts des früheren Brauches des Bhaltis erklärlich.[16]

Wir haben auch zu bedenken, und darauf wird noch zurückzukommen sein, dass die Nahrungsmittel im Alltag äusserst knapp waren, dass immer und immer wieder Hunger vorherrschte. Die festliche Völlerei, die «Sauf- und Fresslust» an Festen, hat viele Forscher zu falschen Schlüssen geführt. Einige Historiker haben das ausgehende Mittelalter als Saufzeitalter bezeichnet.

Versuchen wir zu einem objektiven Bild zu kommen. Laut Arbeitsvertrag erhielt um 1403 ein Weberknecht in Freiburg im Uechtland 52 Mass Wein im Jahr. Umgerechnet in Liter wären dies 87 Liter. Um 1406 erhielt ein Färbergeselle in der gleichen Stadt 306 Liter, pro Tag erhielt er ½ Mass, was 0,84 Liter Wein entsprechen würde. Wesentlich mehr erhielt ein Bauarbeiter von Basel nach Taglöhnertaxe im Jahr 1422, nämlich 752–1036 Liter im Jahr. Im Tag wären das 2 Mass oder 2,84 Liter. Um 1451/52 betrug der Hausweinverbrauch pro Kopf/Jahr in Basel laut Umgeldertrag 83 Mass oder 118 Liter. Im Tag wären dies 0,32 Liter. Im Jahre 1523/24 bezifferte sich der Weinverbrauch eines städtischen Karrers in Basel laut Abrechnung auf 818–1036 Liter oder 2 Mass = 2,84 Liter Wein pro Tag. Anfangs des 16. Jahrhunderts betrug der Durchschnittsverbrauch laut Umgeldertrag in Basel 75 bis 105 Liter oder 0,205–0,41 Liter pro Tag. Ein Berner Pfründvertrag eines Ehepaares sah pro Person 365 Mass Wein oder 613 Liter Wein vor. Im Tag hätte dies eine Mass oder 1,68 Liter Wein ausgemacht. Ein Berner Pfründvertrag von 1498 dagegen sah 547 Mass oder 920 Liter Wein vor. Auf den Tag umgerechnet wäre dies 1,5 Mass oder 2,52 Liter Wein. Ein anderer Pfründvertrag schrieb nur 274 Mass gleich 460 Liter pro Jahr oder 1,25 Liter pro Tag vor. Um 1534 bekam ein Berner Pfründer im Inselspital indessen 306–613 Liter pro Jahr. Das hätte im Tag ausgemacht: ½–1 Mass oder 0,4 bis 1,68 Liter Wein. In Basel betrug die Weinzuteilung an den städtischen Büchsenmacher um 1407 546 Liter Wein im Jahr oder 1,5 Liter im Tag. Etwas weniger erhielt eine Berner Klostermagd der Dominikanerinnen um 1528, nämlich 336 Liter oder 0,92 Liter pro Tag. Fast zur gleichen Zeit, 1529, erhielt der Kloster-

72

schaffner von St. Leonhard in Basel 273 Liter im Jahr oder 0,75 pro Tag.[17] An diesen Belegen ist einmal auffallend, dass der Weinkonsum weniger gross gewesen ist, als man allgemein erwarten würde. Im weiteren fällt die enorm grosse Spannweite auf. Die Gründe sind recht verschieden. Schwer arbeitenden Männern wurde mehr Wein zugeteilt als andern. Ausserdem hat man immer daran zu denken, dass an Nichtarbeitstagen kein Wein dargeboten worden ist. In den Spitälern ist sodann in den Fastenzeiten kein Wein getrunken worden. Da für Basel relativ viele Angaben vorliegen, ist auch der Hausweinverbrauch auszurechnen, er dürfte 100 Liter pro Kopf und Jahr betragen haben.[18] Dirlmeier rechnet mit einem hypothetischen Durchschnittsverbrauch von täglich 1,3 Liter pro Kopf der Erwachsenen in oberdeutschen Städten. Dies würde ungefähr auch den nachgewiesenen Verbrauchsmengen im mediterranen Raum entsprechen.[19] Da die Ernten und somit auch die Weinpreise stark schwankten, ist indessen damit zu rechnen, dass man in einzelnen Jahren den Weinkonsum einschränkte. Zweifellos lässt sich auf Grund der beigebrachten Zahlen die These vom Saufzeitalter kaum mehr aufrechterhalten (Jahresverbrauch heute 45,3 Liter Wein, 68,9 Liter Bier).

Leider gibt es für das wichtige Grundnahrungsmittel und Getränk Milch keine einlässlichen und verlässlichen Zahlen. Man versorgte sich selbst, und wer die Milch verkaufte, schrieb nichts auf. Eine Ausnahme: Es gibt Spitalrechnungen, welche die Milch aufführen. Doch sind da so kleine Mengen angegeben, dass es wohl nur der Verbrauch der Küche war (Milch für Mus etc.). Anders sieht es in den Rechnungen der Findelkinder- und Waisenhäuser aus. Bei den Findelkindern erscheint die Milch mit 0,75 Mass pro Kopf/Tag (1 Mass = 1,68 Liter) vor Brot an vorderster Stelle; sie macht 50% der Gesamtkosten aus. In den Waisenhäusern beträgt ihr Anteil 24% der Gesamtkosten.[19] Das ist ausserordentlich viel. Für den städtischen Konsumenten, der Milch kaufen musste, war das ein teurer Spass. Der Grund ist bekannt. Die Milchpreise waren relativ hoch, die Milchproduktivität äusserst gering[20].

Recht zahlreich sind die Unterlagen über das wohl wichtigste Grundnahrungsmittel des ausgehenden Mittelalters, das Brot. Um 1400 betrug der Getreideverbrauch laut Ratsangabe in Basel 283 kg Dinkel. Pro Tag waren es 775 Gramm. In Basel wurde damals 198 kg Brot (pro Tag 542 Gramm) konsumiert. Ein Büchsenmeister erhielt um 1407 im Jahr 808 kg Dinkel oder 566 kg Brot zugeteilt. Das hätte 1549 Gramm Brot pro Tag entsprochen. Das Leibgeding einer Witwe in Basel sah für das gleiche Jahr 339 kg oder 930 Gramm Brot pro Tag vor. Während der Teuerung erhielt in Baden (Kt. Aargau) um 1438 jede Person 236,8 kg Brot im Jahr oder 649 Gramm pro Tag. In Bern bekam eine Klostermagd um 1528 249–349 kg Brot pro Jahr. Auf den Tag hätte dies 683–956 Gramm ausgemacht. In Schaffhausen bezogen ehemalige Klosterfrauen um 1542 347–485 kg pro Jahr oder 950–1328 Gramm Brot pro Tag.[21] Für das ausgehende Mittelalter haben verschiedene Forscher etwa 200 kg Getreide pro Jahr und Kopf errechnet. Für die bäuerliche Bevölkerung des Aargaus hat Siegrist etwas höhere Zahlen, 272–307 kg, ermittelt.[22] Für Basel ist für das 15. und 16. Jahrhundert mit einem Getreideverbrauch zwischen 190 und 560 kg, für Bern 250–340 kg, für Schaffhausen 210 und 340 kg, für Florenz 219 kg zu rechnen.[23] Im Vergleich zur Gegenwart scheinen diese Brotrationen ausserordentlich hoch. Im Jahre 1984 hat man in der Schweiz 89,2 kg Brot errechnet, dazu kommen aber 24 kg Mehl, 19,5 kg Teigwaren (die es damals noch nicht gab), 15,5 kg andere Teigprodukte und nicht zuletzt 92,6 Kartoffeln (die es damals ebenfalls nicht gegeben hat).[24] Zu bedenken ist weiterhin, dass die Rationen in knappen Zeiten und Teuerungsepochen zurückgingen. Die leichte Zunahme der Korn-Produktion (man vergleiche dazu die Untersuchungen von Markus Mattmüller) war nicht im Stande, die stark wachsende Bevölkerung gut zu ernähren.

72 Weinkrug aus Winterthurer Fayence mit Zinndeckel. Datiert 1685.

73 Holzbecher, gedrechselt, um 1750 aus dem Oberwallis. Hier haben wir die Grundform vor uns. Die Becher aus Holz waren ursprünglich in allen Haushaltungen, ob städtisch oder bäuerlichländlich, vertreten. Im 18. und 19. Jh. findet man sie fast nur noch in bäuerlichen Haushaltungen der alpinen Regionen.

Doch nun einige Angaben zum Fleischverbrauch. Nach allgemeiner Auffassung der Forscher lag er im Spätmittelalter recht hoch. Wilhelm Abel rechnet mit 100 kg pro Person und pro Jahr. Fleisch war im ausgehenden Mittelalter bis weit hinein ins 19. Jahrhundert ein Hauptnahrungsmittel.[25] Tatsächlich fehlt Fleisch in keiner Nahrungsmittelliste. So wird zum Beispiel für das Basler Aufgebot um 1474/75 Speck, Schweine-, Rind- und Ziegenfleisch angegeben.[26] Für Spitäler (beispielsweise Inselspital Bern 1534) werden drei Fleischtage pro Woche angeordnet. Die Fleischration ist da und dort, wo es als notwendig und gegeben erschien, vergrössert worden. So erhielten beispielsweise die Basler Brückenbauer während eines Hochwassereinsatzes neben Fisch grössere Fleischrationen. Selbstverständlich war Fleisch vor allem auch immer wieder Festtagsspeise. In vielen Rechnungen wird genau gesagt, wie das Fleisch zubereitet worden ist. So hat man deutlich zwischen Braten und gekochtem Fleisch unterschieden. Der Grund wird in einer Wirtstaxe erläutert: Aus Fleisch im Einkaufswert von 1 Schilling sind 17 bis 18 Portionen Siedfleisch à 1 Denar oder Braten à 1,5 Denar herzustellen.[26] Schlechtergestellte Konsumenten zogen überwiegend das billigere Kochfleisch vor.[27] Ähnlich wie beim Wein, so wird auch beim Fleisch in den Verpflegungsordnungen und Pfrundverträgen die Fleischzuteilung genau geregelt. Dabei wird allerdings nicht immer das Gewicht notiert, sondern nur die Anzahl der Fleischstücke pro Mahlzeit. In manchen Spitalordnungen wird indessen angegeben, dass aus zwei Pfund Fleisch fünf Stück gemacht werden. Das erlaubt eine

74 Hirt mit Schweinen in der Eichelmast, von Hans Holbein; Feder, laviert, entstanden gegen 1520. Der Zeichner hat sehr genau beobachtet. Die Schweine sind kleinwüchsig und nicht sehr schwer, wie es der damaligen Zucht entsprach. In der Alten Eidgenossenschaft gab es keine Mästereien, dafür hielt sich jedermann, auch Bürgersleute bis hinauf zum Pfarrer, ein eigenes Schwein. Es wurde um Martini geschlachtet. Das, was von der Metzgete übrigblieb, wurde im Rauchfang konserviert. Ärmere Leute verkauften ihr Tier dem Metzger, um Getreide kaufen zu können. Nach Möglichkeit sind die Schweine auf die Allmend getrieben worden, wie das Bild zeigt. Man hat sie aber auch mit Küchen- und Gartenabfällen und den Überschüssen aus der Milchproduktion gemästet. Mit Hilfe des eigenen Schweines kamen auch die Unterschichten zu ihrem notwendigen Protein. Allzu oft hungerten sie; dann traten Mangelerscheinungen und Krankheiten auf. Gepaart damit war Apathie, alles Erscheinungen, die wir aus den Entwicklungsländern kennen.

75

ungefähre Gewichtsbestimmung auf 190 Gramm pro Tag. Diese Zahl dürfen wir nicht mit 365 multiplizieren, denn Fleisch wurde nicht an allen Tagen konsumiert. Da gab es einmal die Fastengebote, die weit über die Reformation hinaus ziemlich genau eingehalten worden sind. Ferner ass man am Freitag und Samstag (Fasttage) ebenfalls kein Fleisch.[28]

Nach den Basler Akten kann man fürs 15. und 16. Jahrhundert mit 190–300 Gramm Fleisch pro Tag und mit einem Jahresverbrauch (in 46 Wochen) von 44–65 kg Fleisch rechnen.[29] Auf die ganze Schweiz bezogen, schwanken die Angaben über den Jahresverbrauch zwischen 26 und 109 kg Fleisch pro Jahr. Die Unterschiede sind ohne weiteres verständlich, wenn man weiss, dass zum Beispiel die Schweizer Söldner als gesuchte, hochbezahlte Spezialisten die höchsten Fleischrationen bekamen. (Später war das freilich etwas anders!) Viel Fleisch assen ebenfalls schwer arbeitende Handwerker.[30] Auf Grund dieser Tatsachen kann man feststellen, dass ein Fleischkonsum von mehr als 100 kg pro Person und pro Jahr mit Sicherheit für das ausgehende Spätmittelalter und die beginnende Neuzeit nur in Einzelfällen anzunehmen ist. Verschiedene Indizien zeigen an, dass die Viehzucht zwischen 1500 und 1800 stark ausgebaut worden ist. Dennoch war es schwierig, die wachsende Bevölkerung mit Fleisch jederzeit zu versorgen. Anders sieht es heute aus. Der heutige Fleischverbrauch beträgt inklusive Wurstwaren 125,9 kg pro Jahr.[31]

Wie sah die einzelne Mahlzeit im ausgehenden Spätmittelalter aus? Leider gibt es für diese Zeit weder Haushaltrechnungen noch Voranschläge. Aus den Spital- und Stiftungsrechnungen lassen sich indessen gewisse Verbrauchszusammenstellungen machen. Daraus ergäben sich Speizezettel oder Menüzusammenstellungen. Solche Speisezettel von Massenverpflegungsanstalten eignen sich für die Ermittlung der Ernährungsgewohnheiten nicht schlecht; in den Spitälern sind ja nicht nur Arme verpflegt worden, es gab, wie die Pfrundenkäufe zeigen, da auch wohlhabende Leute. Fein säuberlich ist zwischen gemeinen Pfründen (Arme) und Mittel- sowie Herrenpfründen unterschieden worden. Es gab gemäss den Spitalordnungen zwei Mahlzeiten im Tag, das Morgenessen und das Nachtessen. Diese beiden Mahlzeiten bestehen im wesentlichen aus Fleisch und Gemüse, wobei mit Gemüse das Mus von Hülsenfrüchten oder von Getreide, manchmal aber auch Kraut gemeint ist. Dazu kam Brot. Käse und Milchspeisen sind in den Städten weniger häufig genannt. Die Fleischtage variieren zwischen 1–5 Tagen. Im Inselspital zu Bern waren es um 1500 drei Fleischtage.[32] Ober- und Herrenpfründner erhielten als Zukost auch Obst und Frischgemüse, an den Fasttagen Fische, Eier und Milchspeisen. An den Festtagen gab es – wiederum wird sozial differenziert – für die Pfründner Sulz, Braten, Pfefferfleisch, Kuchen und Wein. Das Gesinde dagegen erhielt keinen Braten, keine Sulz, aber Pfefferfleisch, Kuchen und Wein. Dabei wird ausdrücklich darauf hingewiesen, dass die Pfründner den Wein aus Silberbechern, das Gesinde aber aus gewöhnlichen Bechern, wohl Holzbechern, erhielten.[33] Den Kranken aber, wobei die Armen nicht ausgenommen sind, werden zugeteilt: Birnen, Trauben, Apfelkompott, rote Rüben, Kirschen, Maulbeeren und zusätzlich auch Eiergerichte. Milchspeisen gab es in den

75 Bauern beim Kuhmelken und Käsen, von Daniel Lindtmeyer; Feder laviert, 17. Jh. Man beachte die kleinwüchsigen Kühe. Lindtmeyer hat sie allerdings etwas zu wohlbeleibt wiedergegeben. In Tat und Wahrheit waren sie schlecht ernährt und gaben im Winter wenig oder fast keine Milch mehr. Daher der winterliche Milchmangel und die relativ hohen Milchpreise. Dabei war Milch die bedeutendste Quelle von tierischem Eiweiss. Weil sie sehr verderblich war, versorgte sich die Familie selber. Da im Stalle des Vollbauern nicht mehr als drei Kühe standen, kam es zu grossen saisonalen Kontrasten in der Milchversorgung. Die Käserei blieb deshalb bis ins frühe 20. Jh. auf den Sommer beschränkt, und die Milchpreise waren im Winter immer höher als im Sommer. Erst im späten 19. Jh. gelang es, die winterlichen Engpässe durch Trockenfutter wie Heu einigermassen auszugleichen.

einzelnen Stiftungen vor allem an Fasttagen.[34] Am Sonntag wurde statt gesottenem Fleisch Braten oder hin und wieder auch ein «Pfefferlin» dargeboten. Offensichtlich war die mittelalterliche Küche zu einer grössern Vielseitigkeit fähig, als man allgemein vermuten würde. In den Spitalstiftungen wird immer wieder von den «gemainen spisen», von den guten Speisen oder von der Labung gesprochen. Ausdrücklich wird erwähnt, dass verarmte Miglieder der Stifterfamilien mit der Speise von ehrbaren, «erbern» Leuten, nämlich mit Gesottenem, Gebratenem, Gebackenem, mit Fischen und Eiern und andern «erbern», redlichen «sachen» zu versorgen seien. Jedes Mahl hat mindestens drei gute Gänge zu umfassen, und dazu muss Wein gegeben werden. Die «erbern» haben Anspruch auf Fisch, Eier, Zwiebeln, Essig, Käse, Kraut, Safran, Ingwer, Nelken, Pfeffer und Zimtröhren.[35] Wie stark das ständische Bewusstsein die Speisezettel, den Ess-Tisch ganz allgemein bestimmte, zeigen die Handwerkerverträge aus Freiburg im Uechtland. Die Ernährung, so wird da bestimmt, soll so sein, «wie es sich für einen solchen Gesellen geziemt» (victus prout decet tali famulo). In einem andern Vertrag heisst es «victus secundum statum suum» (die Ernährung gemäss seinem Stand). Für einen bei einem Wirt untergebrachten jungen Mann wird Unterkunft und Verpflegung so bemessen, «wie es dem Sohn eines ehrenhaften Bürgers zukommt», «prout filio unius honestis burgensis pertinet».[36] Schön kommt das Standesbewusstsein auch bei der Brotzuteilung zum Ausdruck: Weissbrot gibt es für Meister, für Pfarrer, für Unternehmer, Roggenbrot für den gemeinen Mann.[37] Für Werkleute gab es Fleisch, Käse, Brot und Butter.[38] Weissbrot gibt es für Meister, die «ebern», Roggenbrot aber für den «gemeinen» Mann. Dabei ging es nicht so sehr um die Ansprüche etwa des Gaumens, als vielmehr jene des Geldsäckels. Mittelalterliche Backproben zeigten, dass Weissbrot auf Grund der mahltechnischen Gegebenheiten dreimal so teuer war wie Roggenbrot.

Ähnlich verhält es sich beim Wein. Elsässer Wein war, wie konkrete Beispiele aus Zürich zeigen, zwei- bis dreimal teurer als die einheimischen Weine.[39] Der Nahrungsmittelaufwand ist also zum mindesten qualitativ in den verschiedenen Ständen und sozialen Schichten unterschiedlich gewesen. Dazu kamen aber auch quantitative Unterschiede. Sicher war es den bemittelten Schichten auch in Teuerungszeiten eher möglich, zu einem genügenden Essen zu kommen, als den unbemittelten Schichten. Die Tagesrationen sind nicht immer gleich hoch gewesen. Im alten Zürich beispielsweise hat man die Tagesration der Bauhandwerker im 18. Jahrhundert für besonders schwere Arbeiten von einer Portion auf $1\frac{1}{2}$ Portionen erhöht. Das war notwendig, hat doch der Nährwert einer Tagesration, bestehend aus Brot, Käse und Wein, damals umgerechnet rund 2250 Kalorien betragen. Der tägliche Kalorienbedarf liegt indessen je nach Alter, Grösse und Beruf über 2700 Kalorien, bei körperlich Tätigen über 3000 Kalorien.[40] Der Handwerker im alten Zürich war, wenn er sich mit dieser Portion allein begnügen musste, sowohl ungenügend wie einseitig ernährt.

Art und Weise sowie Menge der konsumierten Nahrungsmittel waren insgesamt stark von der Ernte bestimmt, diese variierte von Jahr zu Jahr. Dazu kommen die langfristigen Trends: Im Mittelalter waren die Erträge bedeutend kleiner, sie stiegen im 17. und 18. Jahrhundert an, ohne freilich die Höhen des 19. Jahrhunderts – von der Gegenwart ganz zu schweigen – zu erreichen.

Annemarie Dubler hat für die Jahre 1627 bis 1639 für das Gebiet des Klosters Hermetswil im Kanton Aargau für Dinkel einen durchschnittlichen Ertragsfaktor (Ertragsfaktor = Ertrag dividiert durch Saatmenge) von 5,8 berechnet. In schlechtesten Erntejahren war der Faktor 3,8, in den besten 7,8 (als Gegenüberstellung: 1945 rechnete man mit einem Ertragsfaktor von 15,96). Allmählich stieg der Ertragsfaktor an, blieb aber immer noch gering. Im 17. und im beginnenden 18. Jahrhundert dürfte der Roggen im Mittel 7 dz pro ha, der Weizen 8–9 dz, die Gerste 6–6,5 dz, der Hafer kaum mehr als 4 dz ergeben haben. Die Kartoffel – die Manna des gemeinen Mannes

– halb aus der Not. Ihre Erträge zu Beginn ihres «Siegeszuges» nach 1770/71 blieben gering. Im Jahre 1770 hat man von 29 Hektaren lediglich 1235 Zentner Kartoffeln geerntet. Selbst 1874 erntete man im Kanton Zürich nur 77,89 Zentner je Hektare, während es im Jahre 1966 269 Zentner je Hektare waren.

Gering waren auch die Weinerträge. In Seengen hat man in den Jahren 1680 bis 1691 pro Hektare 15,9 Hektoliter Wein bekommen. Zwischen 1960 und 1968 rechnete man mit einem Ertrag von 78 Hektoliter pro Hektare. Auf dem Fleischsektor sah es nicht viel besser aus. Um 1800 hatte ein zwei bis drei Jahre altes Schwein ein Lebendgewicht von 40 kg, im Jahre 1950 waren es 150 kg. Im Zeitraum 1650 bis 1670 rechnete man mit einem Milchertrag pro Kuh und Jahr von 800 Litern. (Heute sind es 5000–7000 Liter.) Ganz allgemein nahmen die Bauern die Erzeugung nicht nach wirtschaftlichen, marktmässigen Überlegungen, sondern nach der Gunst und Ungunst des Bodens vor. Wir finden deshalb – eingangs dieses Kapitels erwähnt, auf einem engen Raum wie der alten Eidgenossenschaft verschiedene Wirtschaftsweisen, den Viehzüchter und Milchproduzenten der Urschweiz, den Weinbauern im Weinland oder der Westschweiz, den Getreidebauern im Mittelland. Von der Bewirtschaftung hing auch die Ernährung ab. In den Weinbauernfamilien tranken die Kinder nicht Milch, sondern mit Wasser vermischten Wein. Im Hirtenland dominierten die Milch- und Fleischspeisen, bei den Getreidebauern der Hafer- und Gerstenbrei. Weil Selbstversorgung vorherrschte, hat man selbst in wenig ertragreichen Höhenlagen noch Getreide gepflanzt; das gleiche gilt für den Weinbau.[41]

Wer in den schriftlichen Quellen den Nahrungsmitteln und Essgewohnheiten nachgeht, wird vorsichtig sein müssen. Nicht nur die Gewohnheiten waren andere, sondern auch die Terminologie, die Bezeichnungen der einzelnen Speisen. Wenn zum Beispiel von «spys» geredet wurde, meinten unsere Altvordern den Brei, das Mus. Brei oder Mus bildete vor allem das herkömmliche Morgenessen des Getreidebauern. In einem Leibgeding eines Bauern durfte Hafermehl nie fehlen. Hafermus gehörte wohl zu den weitest verbreiteten bäuerlichen Speisen. «Ich esse», so schrieb Thomas Platter (1499–1583), «nach altem Brauch ein Stück Habermus wie die andern Bauern.»[42] Hirse- und Haferbrei gehört indessen auch zu einer der gebräuchlichsten Speisen städtischer Bürger, vor allem der Handwerker. Und bereits im 17. Jahrhundert wird die Bekömmlichkeit und Kraft des Haferbreies beschrieben und gelobt. Zum Hirse- und Haferbrei tritt schon in früher Zeit das Bohnenmus. Alle diese Breiarten haben bis zum Ende des 18. Jahrhunderts, also bis zur «Kartoffelrevolution», das gebräuchlichste Essen gebildet.[43]

In den Hirtengebieten wird der Haferbrei durch Milchmus ersetzt. Dort bestand das Morgenessen aus Milch und Zieger oder aus Ziegersüffi (frischem, weissem Zieger, der Schotte), oft mit Zugabe von getrockneten Früchten als Brotersatz. Im Berner Oberland ist die Milchsuppe (Milch mit eingebrocktem Brot) mit Pfeffer genossen worden. Einzelne Autoren bezeichnen die Milchsuppen und «Milchmüeser» als eigentliche Nationalspeise. Tatsächlich haben eidgenössische Söldner als Hauptgegenstand ihres Heimwehs die heimatlichen Milchsuppen und Müser genannt.[44] Wie sah ein solches Milchmus aus? In der Zentralbibliothek befindet sich ein handgeschriebenes Rezept für eine Morgensuppe aus verhältnismässig früher Zeit. «Für ein Ziegersüppli mach vorerst den Ancken heiss, danach den Ziger, nit lang, hernach das Wasser.» Unter Zieger haben wir uns zunächst nicht Schabzieger vorzustellen, sondern einen Weichkäse, der aus mehr oder weniger flüssigem Quark oder geronnener Milch bestand. Schabzieger und Labkäse sind für das 16. Jahrhundert bezeugt, was aber nicht heisst, dass sie nicht schon vorher vorgekommen wären. Sicher war die ursprüngliche Art die Sauerkäserei; sie ist bis ins 19. Jahrhundert bei vielen Bauern gebräuchlich geblieben. Sie wird u.a. noch im Kochbuch des Felix Stäubli von Regensdorf aus dem Jahre 1803 beschrieben.[45]

76 Fischer an der Arbeit. Der Kommentar zu diesem Bildchen von Jost Ammann zeigt, wie reichhaltig das Instrumentarium des Fischers schon im 16. Jh. war. Die Fischer gingen damals ihrer Beute mit Reusen-, Setz- und Schwebnetzen sowie mit der Angel nach. Die Berufsfischer lieferten, wie Jost Ammann festhält, auch Krebse.

Dass der Käse zu den wichtigsten Nahrungsmitteln der Hirtenregion gehörte, ist unbestritten. Schon im Jahre 1588 fiel einem Italiener, der die Innerschweiz bereiste, der grosse Verbrauch von Milch und Käse auf. «An vielen Orten», so sagte er, «brauchen sie, weil sie dafür weniger Brot haben, neuen, weichen, feissen Käse. Den Geissenkäse nennen sie ‹Ziegerlin›. Er wird», so sagte er, «von ihnen wie ein Pulver verkauft und ist dermassen räss, dass er einem wie Pfeffer auf der Zunge beisst. Es kommt von den Kreutern, mit welchen er zubereitet wird.» Dieser Schabzieger, so meint der Verfasser, «ist dicht und feisst wie eine Tarte von Marzipan und Angelica gemacht, wird sehr hart und von Farben ganz grün, gut von Geschmack, schabt ihn dann wie ein Pulver und essen ihn mit Butter, welchermassen er überaus kostlich für verkaltete oder sonsten schwache Magen zu gebruchen».[46]

Unersetzliche Volksnahrung war das Brot. Für den Brotkonsum sind auch die Belege zahlreich. In Genf gab es im 16. Jahrhundert drei Brotsorten, für die ganz Reichen das Weissbrot, für die Wohlhabenden das mittlere, ein etwas helleres Brot und für das Volk das Graubrot.[47] In Basel existierten um 1438 «wiszbrot, kerninbrot, zweiling-roggenbrot, vierphenningbrot».[48] Der Humanist Stucki bezeichnet 1582 die breiten und nicht harten Brote der Alpenbewohner (panes lati et non spissi) als typisch schweizerisch. Sie können leicht gebrochen und brauchen dabei nicht geschnitten zu werden. Nach Stucki nannte man diese Art, offenbar ein Gerstenbrot, das Siebentalerbrot. Ein anderes Brot wird Gredlin genannt, angeblich vom lateinischen panes gradilis. Dieses Brot ist hauptsächlich in Klöstern gebacken und als Lohn oder Geschenk verteilt worden. Stucki zählt auch verschiedene Kleingebäcke, Kleinbrote auf, den Zweybacken, den Spiesskuchen und ferner die Hörner, wahrscheinlich nach ihrer Form so genannt. In den Städten gab es schon im 15. Jahrhundet zahlreiche Vorschriften über die Qualität des Brotes, die Brotlagerung, die Verkaufszeiten. Unter anderem war die Beimischung von Bohnenmehl sowie Hopfen verboten. Das Brot ist mit Sauerteig getrieben worden. Es gab aber auch Bäcker, die das Privileg hatten, gehopftes Brot, Brot, das mit Hefe angetrieben wurde, herzustellen. Einzelne Bäcker haben sich auf Kleinbrot, Brötli aus Weizenmehl (Herrenbrot) spezialisiert. Solche Bäcker hiessen «Chlibrötler». Sie arbeiteten aber nicht ausschliesslich für den städtischen Bedarf, sondern versorgten auch die Bauern, die den Markt besuchten, mit feinem Brot. Gewöhnliches Brot wurde im allgemeinen aus Roggen und später mitunter sogar aus Hafer gebacken. Schon im 18. Jahrhundert wurde mehr Weissbrot, das einst reiner Luxus gewesen war, hergestellt. Immer wieder wird ausdrücklich betont, dass Brot besonders kostbar sei und dass es in Missjahren schmerzlich fehlte. Es wurde ersetzt durch gedörrte Früchte, durch Kastanien und Kastanienmehl. Von solchen «Strategien» wird an anderer Stelle die Rede sein. Unsere Vorfahren assen indessen nicht nur Brei und Brot, sondern auch viel Gemüse. In den Quellen ist wiederholt die Rede von Bohnen, von Kraut. Der Zürcher Gelehrte Stucki spricht 1588 sogar von Krautmahlzeiten, bestehend aus Fenchel, Rüben und Erbsen. Diese Gemüse sind in den Krautgärten der Städte oder in den bäuerlichen Gärten angepflanzt worden. Bereits im 14. Jahrhundert kam es auch zu «Einfuhren» vom Land in die Städte, es gab die Gemüsestände. Beim Gemüse standen Bohnen und Erbsen sowie Linsen in den vorderen Rängen. Die Ackerbohne (vicia faba), heute unter dem Namen Sau- oder Pferdebohne bekannt, blühte schon in den Pflanzungen des Frühmittelalters. Im 16. Jahrhundert erscheint sie besonders weit verbreitet. Vor der «Kartoffelrevolution» gehörte sie zu den nahrhaftesten Kulturpflanzen Mitteleuropas. Vor allem in der Fastenzeit lebten zahlreiche Familien fast ausschliesslich von Bohnen. Besonders in den Hungersnöten des 16. und 17. Jahrhunderts lernte man ihren hohen Nährgehalt schätzen. In den Gebieten der aufkommenden Heimindustrie ist die Saubohne bald einmal auch in der Brache angebaut worden. Sie ersetzte zum Teil den Hafer, der seine alte Vorherrschaft verlor. Das

Der Sämann. Holzschnitt von Hans Schönsperger, 1490.

77

77 Salzmühle aus Granit, auf einem Holzblock montiert, um 1673. Vermutlich aus dem Wallis oder den Waadtländeralpen. Das Meersalz kam aus Aigues-Mortes über Genf oder aus verschiedenen Salzgärten der Adria und des Mittelmeeres über Venedig und den Simplonpass. Es erreichte die Alpentäler in groben Stücken und musste zermahlt werden.

gilt auch für viele Berner Gemeinden.[49] Zur Saubohne kommen im 16. Jahrhundert (an guter Lage und bei guter Pflege) auch andere Gemüsearten wie Mangold, Binetsch (Spinat), Kabis, Kohl, Blumenkohl, Kohlraben, Kiflen (Kefen), weisse und gelbe, rote Rüben (Randen), Lattich, Sellerie, Gurken.[50] Selbst Spargeln und Artischocken tauchen auf. Sie scheinen indessen eher dem städtischen Tisch vorbehalten. «Kauffed Kardividiol und Artischock» liess der Ausrufer um 1770 verlauten.[51] Wohlhabende Zürcher haben im 17. Jahrhundert Spargeln aus Schaffhausen kommen lassen. Wer das nicht vermochte, begnügte sich mit den jungen Schossen von Hopfen. Bekannt war auch der Salat. Nüssli-, Kresse-, Randensalat wird, wie Stucki sagte, um den Appetit anzuregen, auch vor dem Essen mit Essigsauce serviert.[52]
Um die wachsende Bevölkerung mit Gemüse versorgen zu können ist das Gartenland erweitert worden. Markus Mattmüller hat in seiner Bevölkerungsgeschichte auf S. 414 einige Hinweise gegeben.
Zum Gemüse tritt das Obst. Haben es unsere Vorfahren frisch gegessen oder gekocht und gedörrt? Johanna Maria Winter glaubt, dass der mittelalterliche Mensch wenig frisches Obst ass, «weil es nicht für gesund gehalten wurde, rohe Sachen zu verzehren».[53] Ein solcher Hinweis findet sich in unseren Quellen nicht. Selbst die Regimina, die doch sonst so vorsichtig sind, enthalten keine derartigen Hinweise. Als Obst (alte Mundart: «Obs») sind ursprünglich alle essbaren Baumfrüchte bezeichnet worden: «Mandeln, eichlen, nuss und dergleichen opss», heisst es im Zürcher Tierbuoch von 1563. Um 1765 wird von «dürrem Bär- und Steinobs und anderen essigen Speisen» gesprochen. Die Gegenüberstellung von Bär- und Steinobst ist kulturhistorisch interessant; unter «bärendem Baum» wurde ursprünglich der Fruchtbaum allgemein, dann aber besonders die Eiche und Buche verstanden. Recht mannigfach waren die Obstsorten namentlich in späterer Zeit; wir hören von Äpfeln, Birnen und Zwetschgen, von Süssäpfeln, Weissäpfeln, Theilersbirnen, Magerbirnen, Langbirnen, Schlag- und Fuchsbirnen, von Kirschen (schon im Jahre 1394). Gedörrtes Obst war eine weitverbreitete und billige Volksnahrung, die vielfach das Brot ersetzte. Meistens wurde das Obst von den Hausfrauen selber gedörrt, es gab aber auch Gemeinden, die gemeinsame Dörröfen besassen.[54]
Einzelne Autoren haben behauptet, unsere Vorfahren seien Vegetarier gewesen, sie

hätten wenig oder überhaupt kein Fleisch genossen. Das ist nicht richtig. In Zürich, Bern und Basel beispielsweise hielt jeder vermögliche Stadtbürger neben seinem Wohnhaus einen eigenen Stall, und noch im 14. und 15. Jahrhundert spazierten Kühe und Schweine durch die Strassen unserer Städte. Auch im Spital durften auf dem Sonntagstisch Fleisch und Würste nie fehlen; selbst in Mangelzeiten hatte jede Kindbetterin Anrecht auf Fleisch. Allerdings war Fleisch für die untern Sozialschichten zwischen dem 16. und 18. Jahrhundert kaum erschwinglich; es kam in der Woche nur ein-, höchstens zweimal auf den Tisch. Die Spitze der Fleischnahrung hält das Schweinefleisch. Es wurde frisch gekocht, einzelne Teile geräuchert und für das ganze Jahr konserviert. Zum Schweinefleisch gehörte das «Compositum» oder «Gumpist», bestehend aus Sauerkraut, Speck, Kohl oder Lattich. Dem Kraut wurden da und dort Äpfel beigegeben. Man nannte sie in Zürich 1651 «Gumpistöpfel». Gesottenes Rindfleisch wird vor allem in den Zunftakten der Städte erwähnt. Im Haushalt scheint es verhältnismässig seltener gebraucht worden zu sein. Weniger beliebt als Schweinefleisch war Ziegenfleisch. Im berühmten Tierbuch von 1563 wird es zwar propagiert, gleichzeitig aber gesagt, dass es das Fleisch von jungen Ziegen sein müsse. Fleisch von alten Tieren, wird da weiter gesagt, sei nicht nur nicht gut, sondern ungesund. Kalbfleisch war eine eigentliche Kostbarkeit und selten. Die Zürcher und Basler Hausfrau konnte sich in den städtischen Metzgereien damit nicht

78 Spanische Suppenschüssel. Diese aus der Zürcher Giesserei Füssli aus dem 17. Jh. stammende Schüssel diente der Herstellung eines Eintopfes: Fleisch, Gemüse, Kastanien schmorten darin, währenddem die Familie den Sonntags-Gottesdienst besuchte. Ob die Benennung auf das Gericht zurückgeht, ist ungewiss. Sicher ist nur, dass es köstlich schmeckte.

eindecken, sie war auf den schwarzen Markt angewiesen; hier aber bezahlte sie den Bauern aus den nahen Gemeinden das doppelte des offiziellen Preises. Selbst im 18. Jahrhundert war Kalbfleisch ausschliesslich der festlichen Tafel vorbehalten. Eine Spezialität der Zürcher scheint die Spanischsuppe gewesen zu sein. Im Gegensatz zur spanischen Olla Podriga, die übrigens im 16. Jahrhundert auch in Deutschland bekannt war, verzichtete die Zürcher Hausfrau auf die eigentliche Brühe. Die Spanischsuppe war deshalb eher ein wohlschmeckendes Gemisch von schichtenweise eingelagertem, verschiedenartigem Fleisch, Krautgemüse, Sellerie und Rüben. Das Gericht diente als Sonntagsspeise.

Bis ins 15./16. Jahrhundert war (vor allem in den Alpenregionen) auch Wildbret eine verhältnismässig häufige Fleischspeise: «An Wild und allerlei Gevögeln befinden sich bei ihnen eine solche Menge, dass auch über dem, was sie für sich selbst und in Würtzthäusern täglich brauchen, sie eine grosse Anzahl für das ganze Jahr einsalzen.»[55] Besonders beliebt waren die Murmeltiere. «Sie sind winters, besonders vor Weihnachten, am feissesten», berichtet der Chronist Stumpf: «Man sticht jnen also slaaffende die gurgel ab und sterbend also eh sie recht erwachend. Den Schweiss (Blut) fasset man davon in ein Geschirr, ihn setzt man später wieder dazu, man bereitet es zu einem Pfeffer oder zu Braten, wie man will. Sie sind sehr lieblich zu essen, gleich als eines rindsbrustkernen, oder die feiste an der brust eines guoten Widders.»[56] Noch um 1770 sind in Zürich «Murmelthiergen» feilgeboten worden, wie die Ausrufbilder zeigen.

Wildbret schätzten auch Leute in den Stadtstaaten. Aber seit dem 16. Jahrhundert sind die Jagdordnungen verschärft, die Schonzeiten verlängert worden. Das auf dem Lande gefangene Hochwild musste in Zürich zum Beispiel dem Brauch gemäss im Rathaus abgeliefert werden. Um aber dem Volk trotzdem hin und wieder Wildbret zu gönnen, sind im Stadtgraben (Hirschengraben) im 16. Jahrhundert Hirsche gehalten worden. Hin und wieder sind einige «gefällt» worden, um sie auf den Zünften oder im Freien auf dem Lindenhof zu verspeisen. Offenbar aber galt Wildbret nicht als gewöhnliche Mahlzeit. Es war selten und sehr teuer. Um so hübscher ist es, dass man den Kindbetterinnen und stillenden Müttern Murmeltierfleisch zubilligte.

Willkommen auf der Tafel waren sowohl auf dem Land wie in der Stadt die Vögel. Als besonders köstlich galten Rebhühner, Wachteln oder Krametsvögel. Man schätzte aber auch Ringamseln und Lerchen. Schon im 15. und 16. Jahrhundert befürchteten indessen die Obrigkeiten die Ausrottung der nützlichen Singvögel; sie erliessen Mandate gegen das Auslegen von Garn und das Errichten von Standhütten. Im 18. Jahrhundert ist der Konsum von Vögeln immer noch beträchtlich. Noch um 1770 finden wir in Zürich Ausrufer, die wilde Tauben, wilde Enten, Lerchen, Rebhühner, Blau- und Kohlmeisen zum Verkauf anbieten.[57]

Zur Volksnahrung gehörten immer auch die Fische. Seen und Bäche lieferten sie in überreichem Masse. Sie wurden vor allem in vorreformatorischer Zeit in der Fastenzeit in grossen Mengen konsumiert. Nach der Aufhebung der alten Fastenverbote durch die Reformatoren ging der Fischkonsum zurück.[57] Die Fischmärkte verloren an Geltung. Als Käufer blieben die katholischen Orte und auch die Klöster.

Im bürgerlichen Haushalt bildeten die Eier, die einen ansehnlichen Bestandteil des Naturlohnes verschiedener städtischer Amtsleute ausmachten, eines der wichtigsten Nahrungsmittel. Spiegeleier und ähnliche Eierspeisen gehörten nach dem 1577 in Zürich erschienenen Vogelbuch zu den weitverbreiteten und alltäglichen Gerichten: «Kochet man auch eyer in anken, isset man gewohnlich zue morgen». Als Morgensuppe diente auch die Eiersuppe; das Rezept aus dem 15. Jahrhundert heisst: «Mach den ancken heiss, klopf das ey und wasser wol, darnach schiess in ancken.» Umständlich zählt das Vogelbuch von 1550 alle damals gebräuchlichen Eierspeisen auf: die weichen Eier, die vor allem Krankenkost sind, die gesottenen Eier, die sich als Salat-

79 Im 18. Jh. ist die Jagd auf Vögel und Niederwild sehr erfolgreich. Wildbret und Vögel sind auch für den einfachen Bürger erschwinglich. Ein Ausrufer geht in Zürich durch die Strassen, er preist Hasen, Schnepfen und Finken zum Verkauf an. (Zürcher Ausrufbild des David Herrlibergers, 1748.)

garnitur eignen, die Spiegeleier, welche zum Morgenessen serviert werden, die Omeletten, die im Gegensatz zu südlichen Ländern nach eidgenössischem Brauch in Butter und nicht in Öl gebacken werden; und dann folgen alle Möglichkeiten der Eierzubereitung und der Kombination mit Wein. Eier brauchte man für die wichtigen «Küchli oder Milchörle», die ein volkstümliches Festgebäck bildeten. Man macht aber, so sagt der bestorientierte Verfasser weiter, «noch vil anderley Gattungen, als Küchle, fladen, pfankuchen, eyermüser, jüssel, eyerziger, gebratene Milch und anders dergleichen aus den eyeren». Für all diese Speisen brauchte es Fett und Butter. Die Kost war überhaupt viel fettreicher als heute. Fetttropfen oder Augen kennzeichneten die Qualität einer Brühe; eine Suppe aber, der es an Fett fehlte, wurde blind geheissen. In Hans Ulrich Brennwalds 1651 geschriebenen Schimpf- und Glimpfreden «führte einer die suppen, wyl sie keine augen habe und nichts säche, an einer schnur in die stuben». Fettgebackenes, wie Käsekrapfen und Salbeiküchlein, gehörte zu jeder Festmahlzeit. Bereits im Mittelalter war ebenso die Herstellung von Pasteten und Kuchen aller Art bekannt. Offenbar hat sich ursprünglich die Kochtechnik den Essgewohnheiten angepasst. Da man bis ins 16. Jahrhundert hinein, wie noch zu zeigen sein wird, viele Speisen von Hand ass, gleichzeitig aber doch sauber sein wollte, sahen sich Küchenmeister und Hausfrauen gezwungen, die Speisen entsprechend zu «verpacken», in einen Teig einzurollen oder auf und mit dem Teig zu backen. Die Sachform kann auf diese Weise funktionell gedeutet werden. Dass auch kochtechnische Vorteile damit verbunden waren, ist augenscheinlich.[59]

Im Verlaufe des 16. Jahrhunderts kommt es nicht nur wegen der Reformatoren zu einer Verschiebung der Nahrungs- und Ess-Struktur. Dies ist einmal auf die Entdeckungen fremder Länder sowie die besseren Verkehrswege zurückzuführen. Zucker, bisher unbekannt und durch Honig ersetzt, wird jetzt ebenso wie Reis auch für den durchschnittlichen Beutel erschwinglich. Vor allem Reis wird in den städtischen Haushaltungen häufiger gebraucht. Als Käufer treten auch die Spitäler und die Zünfte auf. So beschliesst 1637 eine Zürcher Zunft, an bedürftige Zünfterwitwen gratis Reis abzugeben.

Das Aufkommen des Zuckers führte zu neuen Essgewohnheiten. Wurden noch anlässlich eines Festschmauses im Jahre 1568 in Zürich für Süssigkeiten 8 Gulden ausgegeben, so waren es bei einem ähnlichen Anlass bei ungefähr gleicher Personenzahl hundert Jahre später 27 Gulden. Das drückt, selbst wenn wir die inzwischen erfolgte Geldentwertung miteinkalkulieren, den grossen Wandel deutlich aus. Auch ein Mengenvergleich ist aufschlussreich. Im 16. Jahrhundert war das Verhältnis zwischen Süssigkeiten und Fleischspeisen an der Tafel des vornehmen Städters ungefähr 1 zu 4, im 17. Jahrhundert dagegen 1 zu 3 oder 1 zu 2. Es entstehen auch neue Gerichte und Rezepte. Auch der Konsum des Gewürzes beginnt zu steigen. Pfeffer und Safran waren ja einst recht selten und auch teuer. Je mehr Gewürze bekannt wurden, um so grösser war die Auswahl. Oft sind von Spezereihändlern Ziegelpulver und andere wertlose Stoffe zum Strecken des gemahlenen und teuren Gewürzes genommen worden. Schon um 1580 kommen indessen in den Städten zahlreiche Rezepte vor, die einen grossen Gebrauch von Zucker und Gewürzen vorschreiben. Aber damals noch musste der wohlhabende Städter sein Zuckerwerk in Apotheken kaufen. Dennoch nehmen die Süssspeisen, die früher fast durchwegs fehlten, in den Kochbüchern des 17. Jahrhundert einen breiten Raum ein. So enthält etwa das Kochbuch der Zürcherin Anna Margaretha Ziegler von 1693 Rezepte für Mandel-, Äpfel-, Zwetschgen-, Eierküchlein sowie Fruchtkuchen (Wähen). Ferner finden sich Rezepte für mancherlei Pasteten und Torten, Hüppen, Birnweggen. Ein anderes Kochbuch enthält das Rezept für die berühmten Zürcher Tirggeli. Mit dem Zucker und Zuckergebäck zogen auch Tee, Kaffee, Kakao und Schokolade in den Städten ein. Mit einer grossen Verspätung sind diese Dinge auch auf der Landschaft konsumiert worden. Im 18. Jahrhundert verdrängte der Kaffee die althergebrachte Milchsuppe und wurde im 19. Jahrhundert zum eigentlichen Volksnahrungsmittel.

Doch standen in früherer Zeit und auch noch im 18. Jahrhundert andere Getränke im Vordergrund. Da ist zunächst das Wasser. Seine Beschaffung war durchaus nicht immer einfach. Wo man keine Quellen fand, trieb man Schächte ins Grundwasser. Diese Sodbrunnen haben in den Städten und Dörfern eine grosse Rolle gespielt. Doch schon im 13. Jahrhundert sind eigentliche Quellwasserwerke gebaut worden. Basel, als grösste Schweizer Stadt, ging voran. Schaffhausen folgte 1315 mit einer Quellwasserversorgung. In Luzern gab es 1415 Röhrenbrunnen, Freiburg und St. Gallen bauten im 15. Jahrhundert Quellenleitungen.[60] In Zürich ist der Wasserkonsum bis zum Bau der Quellwasserleitungen vom Zürichberg und Uetliberg mit Wasser von der Limmat gedeckt worden. Doch war man immer auch auf die Sodbrunnen angewiesen. Zahlreiche Vorschriften forderten zum Reinhalten des Wassers auf; doch wurden sie nicht oder nur mangelhaft befolgt.

Alltagsgetränk war, wenigstens in den Weinbauregionen, der Wein. Er gehört, sagte der Zürcher Chorherr Hemmerli, einfach zu jeder Mahlzeit. Wir könnten heute die Weine, die unsere Vorfahren tranken, wohl kaum mehr trinken. Aber die Altvorderen waren zufrieden: Wenn einmal ein besonders gutes Jahr einen milden und süssen Tropfen hervorbrachte, der es sogar mit dem Elsässer aufnehmen konnte, sprach man von Königs- oder Bruderwein. Neben dem Wein wurde im 13. und 14. Jahrhundert auch Met, das alte germanische Honiggetränk, getrunken. Es geschah dies in den Städten. Met ist verschwunden, es hat dem im 17. und 18. Jahrhundert allmählich aufkommenden Bier Platz gemacht. Dem Wein entstand vor allem im 17. und 18. Jahrhundert ein ernsthafter Konkurrent: es ist der Most. Die Mostproduktion, so stellt ein Mandat 1639 fest, ist recht gross geworden; ja es wird viel zu viel Obst vermostet, «wodurch sich das Volk eines wichtigen Nahrungsmittels, nämlich der gedörrten Früchte, entblösst».[61]

Was aber den Menschen des 18. Jahrhunderts einen viel grösseren Eindruck machte, ist etwas anderes und auch Bedeutenderes: das Aufkommen der Kartoffel. Dies kam einer eigentlichen Revolution im Ernährungssektor gleich. Für die Ausbreitung der Kartoffel haben sich im 18. Jahrhundert vor allem die patriotischen Ökonomen eingesetzt. Sie glaubten, mit der neuen Frucht die periodischen Hungersnöte bekämpfen zu können. Zunächst standen die Bauern den Kartoffeln ablehnend gegenüber. Sie meinten, dass dieses «Teufelskraut» Fieber und den Aussatz erzeuge und den Erdboden vergifte. Kinder, die aus Neugierde Kartoffeln versuchten, wurden bestraft, ja, es kam sogar vor, dass sich ein Knabe weigerte, in der Schule weiterhin neben seinem bisherigen Nachbarn zu sitzen, weil bei diesem zu Hause Kartoffeln gegessen wurden. Erst die grosse Teuerung und Hungersnot von 1770/71 führte zu grösseren Anbauversuchen. In den ärmern Volkskreisen freute man sich bald über das neuentdeckte Nahrungsmittel. Ohne Kartoffel wären wir verhungert, wurde festgestellt, oder: die Kartoffel ist die Rettung unseres Landes, meinte ein Pfarrer.

Die Rettung des Landes? Diese Bemerkung lässt aufhorchen. Und sie zwingt zu einigen Fragen. Woher rühren eigentlich die immer wieder auftretenden Nöte? Wieso konnte das Land seine Bewohner nicht besser ernähren? Hier in aller Kürze nur soviel: Im 16. Jahrhundert wuchs die Bevölkerung und damit die Nachfrage nach Getreide. Wo die Flächenproduktivität nicht erhöht werden konnte, verharrte das Getreideangebot auf einem tiefen Niveau, was zu Preiserhöhungen führte. Da aber gleichzeitig auch das Arbeitsangebot stieg, blieben die Löhne gedrückt. Das Realeinkommen etwa eines Lohnarbeiters in der Herrschaft Hallwil sank um 1550 unter dasjenige des Bauern mit 10 Hektaren. Gegen Ende des Jahrhunderts fiel es sogar unter dasjenige des Kleinbauern oder Tauners mit 2,4 Hektaren, der in dieser Zeit die Masse des Landvolkes ausmachte.[62] Ein zweites Beispiel: Um 1612 bezifferten die

80 Krämer und Träger. Entwurf eines unbekannten Meisters zu einem Glasgemälde der Zunft zu Safran Bern, um 1500. Recht aufschlussreich ist die Ausrüstung des Trägers rechts im Bild: Tragräf, Feldflasche, Wanderstock.

Stadtknechte von Luzern ihr Jahreseinkommen auf maximal 118 Gulden und 30 Schilling, das reichte nicht, um eine Familie gut durchzubringen.[63] Einer zunehmenden Knappheit an Boden und damit auch Lebensmitteln (pro Kopf) stand ein steigendes Angebot an Arbeitskraft gegenüber. Im 17. Jahrhundert ist die Kaufkraft der Tauner und Kleinbauern sowie Gesellen auf der Zürcher Landschaft schlechter als im 16. Jahrhundert. Immer mehr blieben die Dörfer und kleinen Landstädte gegenüber der finanziell dominierenden Hauptstadt zurück. Entsprechend der allgemeinen Situation des Landvolkes verharrten auch die Löhne auf der Landschaft auf einem verhältnismässig tiefen Niveau. So betrug beispielsweise um 1530 der Taglohn für einen Mäder im Heuet 4 Schilling, im Emd 3,5 Schilling. Für das Jahr 1562 und 1564 haben wir Taglöhne von 5 Schilling inklusive Speise (Mus, Brot und Käse). Im 18. Jahrhundert dagegen bekamen Heuerinnen einen Taglohn von 10 Schilling. Die Kaufkraft des Schilling aber hat sich inzwischen verschlechtert; am Ende des 18. Jahrhunderts war der Arbeitsaufwand für einen Laib Brot grösser als zu Beginn des gleichen Jahrhunderts. Anhand verschiedener Angaben haben wir für eine fünfköpfige Zürcher Familie für das 18. Jahrhundert errechnet, dass sie 5600 Schilling brauchte, um die notwendigen Nahrungsmittel zu kaufen. Der Lohn eines Gesellen betrug damals im Durchschnitt 6000 Schilling im Jahr, so dass für die übrigen Ausgaben nur noch 400 Schilling übrigblieben. Das will heissen, dass die Nahrungsmittel in kinderreichen Familien den Löwenanteil aller Ausgaben ausmachten. Ein Geselle ohne Familie wäre besser durchgekommen.[64] In andern Regionen sah es nicht besser aus. Im Urnerland hat man im 18. Jahrhundert normalerweise mit einem Schilling 150 bis 200 Gramm Brot kaufen können. In den Notjahren 1770/71 und 1796 sank der Gegenwert bis auf einen Drittel des ursprünglichen Quantums. Bei sehr bescheidenen Ansprüchen und unter günstigen Voraussetzungen konnte die durchschnittliche Urnerfamilie durchkommen. Schon kleine Erschütterungen – eine Krankheit etwa – störten das Gleichgewicht erheblich. Missernten dagegen war der auf schwachen Beinen stehende Haushaltetat nicht gewachsen.[65]
Angesichts dieser Situation ist es nicht verwunderlich, dass zahlreiche Familien unter dem Existenzminimum lebten. Was aber überrascht, ist das Ausmass und die Grösse des Elends, ist die Tatsache, dass im 17. und 18. Jahrhundert das Verhältnis der unterstützten Familien zum Beispiel in Zürich zu den ökonomisch selbständigen 1 zu 5 stand. Im Notjahr 1692 waren von 128 000 Seelen auf der Landschaft 11 300 unterstützungsbedürftig und im Jahre 1771 waren von 137 267 rund 42 000 besitzlos und vollkommen «entblösst». Es waren meistenteils Leute, die keinen eigenen Grund und Boden hatten, Leute, die ihr Glück an den Baumwollfaden gehängt hatten. Es brauchte nur sehr wenig, um vom Gleichgewicht abzukommen. Zu den Notständen kam es hauptsächlich in den Teuerungsjahren des 17. Jahrhunderts, in welchen sich der Getreidepreis von einem Jahr aufs andere verdoppelte. Die Not traf in erster Linie die Alten und Kranken: «Der Hans Steffen war lange krank, er hat nichts zu essen und zu trinken», heisst es etwa, oder: «Die verkrüppelte Barbel Horger ist blutarm und hat Hunger.» Neben den Alten und Verkrüppelten finden wir vaterlose Familien im Elend: «Ein Zimmermann ist ausgewandert und liess seine Kinder allein.» Ein Kriegsknecht ist auf fremdem Schlachtfeld gefallen und «lässt seine Frau und Kinder am Hungertuch nagen». Die Not ist kaum zu beschreiben. Um 1662 gab es in Wasterkingen viele Kinder, die noch nie Milch getrunken hatten. Um 1692 ernährten sich in Schlatt viele Leute von «unnatürlicher Spys, von Chrüsch und Unkraut». Ebenso schlimm sah es in den Fehljahren des 18. Jahrhunderts aus. Vor allem seit den europäischen Hungerjahren von 1770/71 häuften sich die «bösen Zeiten». Ein Indiz dafür ist das «Bettelwesen», das zu einer eigentlichen Landplage wurde. «Brodt war eine seltene Sache und Ziegenmilch nebst wildem Obst waren für viele Menschen Hauptnahrungsmittel.»[66]

Brei essende Knaben. Sie benützen Holzlöffel und Holzschale. Ausschnitt aus einem Holzschnitt im Zürcher Kalender von 1508. Graphische Sammlung der Zentralbibliothek Zürich.

81 Kesselhalterung mit Dreibeinkessel zum Kochen von Mus, Suppe, Siedfleisch. (Um 1460.)

81

Angesichts der immer wieder auftauchenden Subsistenzkrisen lautete deshalb für unsere Vorfahren die allererste und primäre Frage immer wieder: Wie stille ich den Hunger? Das Problem ist auf den verschiedensten Ebenen, jener der Produzenten, der Konsumenten und der obrigkeitlichen Verwaltungen angegangen worden. Es wurden «Puffersysteme aufgebaut, Strategien entwickelt, um die Auswirkungen von Ertragsschwankungen zu dämpfen».[67] In seiner Klimageschichte hat Pfister diese Strategien untersucht. Er unterscheidet zwischen «risikovermindernden und krisenüberbrückenden Strategien». Die einen trugen dazu bei, durch eine möglichst breite Palette von Kulturpflanzen und einen auf verschiedene Böden und Höhenlagen verzettelten Anbau die Schwankungen der gesamten Produktion möglichst gering zu halten und damit das agrarische Nutzungssystem zu stabilisieren. Die andern, die krisenüberbrückenden Strategien, waren darauf angelegt, die dennoch von Zeit zu Zeit entstehenden Mangelsituationen nicht voll auf das demographische System durchschlagen zu lassen, das heisst, in den Zeiten der Not die entstehende Mangelsituation zu lindern. Dazu kamen alle jene Prozesse, die auf eine langfristige Erhöhung der Produktivität (bessere Getreide- und Pflanzensorten, besseres Vieh, bessere Düngung, bessere Verkehrsverhältnisse, bessere Aussenhandelsbeziehungen) abzielten. Den Pufferstrategien der Produzenten standen die hergebrachten politischen Strukturen, oft auch Besitzverhältnisse im Weg. Durch Erbgang und Landverkäufe kam es schon früh zu einer verhältnismässig grossen Parzellierung. Doch so unbequem sie in betriebswirtschaftlicher Sicht gewesen sein mag, so bot sie auf der andern Seite doch unerwarteterweise auch Vorteile. Sie führte zu einer Risikoverminderung. Je nach Art der Witterung, ob trocken, ob kalt, gediehen die Pflanzen auf einer Parzelle besser als auf der andern. Dabei mag auch die Exponiertheit sowie die Sonnenbestrahlung eine Rolle gespielt haben. Wie weit der einzelne Bauer diese Situation ausnützte, aus der Not eine Tugend machte, das heisst, das Risiko bewusst verteilte, ist schwer auszumachen. Sicher ist indessen, dass es Bauern gab, die Getreide nicht auf einem einzigen Feld, sondern auf verschiedenen Parzellen anbauten. Wahrscheinlich hat doch der für seine gute Beobachtungsgabe bekannte bäuerliche Mensch seine Vorteile wahrgenommen. Zur Risikoverminderung trug auch die Wahl der Getreidesorten bei. So setzte beispielsweise der Waadtländer das Mischkorn, eine Mischung aus Roggen und Weizen, ein. Je nach Art der Niederschlagsdichte erzielte der Roggen oder der Weizen bessere Erträge. Die Seeländer setzten das «Paschi», eine Mischsaat aus Linsen, Gerste, Erbsen, Wicken und Hafer, ein. In trockenen Sommern gediehen Hafer und Gerste, in nassen Jahren die Wicken.[68] Auch der Anbau von Wintergetreide diente der Risikoverminderung, blieb doch, falls im Frühjahr die Saat «umstand», noch Zeit, um das Feld nochmals zu pflügen und die Sommerfrucht einzubringen. Diese Praxis hat sich in den Katastrophenjahren 1598, 1614, 1622, 1731 und 1785 als erfolgreich erwiesen. Seit dem 16. Jahrhundert hat man nach dem Bericht des Glarners Tschudi in «bösen Zeiten» auch zusätzliche Böden unter den Pflug genommen.[69] Um 1529 hat der Bauer, um dem Mangel an Nahrungsmitteln vorzubeugen, Getreide auch dort gepflanzt, «wo vorher gar noch nie kein Wasen gebrochen». Zur Überbrückung von Mangelzeiten und Missjahren ist auch die Brachzelge angebaut worden. So bauten die Zürcher im Sihlfeld die nahrhaften Ackerbohnen an, und in der Landvogtei Wädenswil ist in schweren Jahren Hafer in die Brachzelge eingebracht worden.[70] Im Jahre 1770, einem Krisenjahr, säte der Berner Bauer Kirchberger mehr als doppelt so viel Getreide an als zwei Jahre zuvor. Auch die nach grossen Hemmungen durchgeführte Kartoffel-Revolution um 1770/71 ist auf solche Pufferstrategien zurückzuführen.

Im Hirtenland, in der Zone der Vieh- und Milchwirtschaft, musste nach andern Mitteln gesucht werden. Eine altbewährte Tradition, um in Zeiten von Futtermangel durchzukommen, war das Füttern von Laub, das Schneiteln. Das Deckengemälde von Zillis aus dem 12. Jahrhundert zeigt einen schneitelnden Mann mit einem Gertel auf einem Baum. Dieses Futtersystem war also frühzeitig bekannt. Das Schneiteln von Wald- und Feldbäumen nahm im 16. und 17. Jahrhundert sehr stark zu und rief die Förster auf den Plan. In extrem schlechten Jahren wurde das Vieh, wie Cysat für das Jahr 1601 bezeugt, mit «tannkriss und ettlich mit strow» gefüttert. Im März des Jahres 1608 trieben die Luzerner Bauern ihr Vieh gar auf die Misthau-

82 Drei Zinnschüsseln mit langstieligem Zinnlöffel. Basler und innerschweizerische Arbeiten, 18. Jh.

fen.⁷¹ Cysat schildert die Situation mit wahrhaft bewegten und bewegenden Worten: «Wo man usgewandelt, hat man das arme vich mit grossen mittlyden alle stätte mit ungewöhnlichem brüllen sinen Hunger klagen hören.» In Notzeiten verzichteten die Bauern der Hirtengebiete auch auf die Nachzucht oder stiegen teilweise von der Kuh- auf Ziegenhaltung um. Das hat sich allerdings dann später wieder gerächt, musste doch das fehlende Jungvieh durch Zukäufe ergänzt werden.

Pufferstrategien waren auch den Rebbauern bekannt. Sehr genau hat es der Zürcher Wolfgang Haller im Krisenjahr 1572 beobachtet und registriert: «Vil leute schlagend die Reben us und säyend die mit summerguot.»⁷² Das allerdings kam einem Rückgriff auf das Kapital gleich, war doch eine Hektare Rebland bedeutend mehr wert als beispielsweise das Ackerland.⁷³

Von anderer Art waren die obrigkeitlichen Pufferstrategien. Mit Sorge registrierten die Obrigkeiten das Schwanken der Nahrungsmittelpreise. Die Hauptursachen waren bekannt. Die Knappheit entsprang den Krisen und Teuerungen, hervorgerufen durch Krieg, Pest, Misswuchs, Missernten, wie schon der Zeitgenosse Renward Cysat festgestellt hat. Tatsächlich hat die Witterung direkt die Höhe der Preise und das Angebot beeinflusst. Hier nun griffen die Obrigkeiten ein, indem sie die Schwankungen mittels Lagerungen auszugleichen suchten. Hören wir Cysat selber: Im Jahre 1438 herrschte gar grosser Mangel an Getreide. Die Folge war eine furchtbare Teuerung. Die Städte ergänzten ihre Kornvorräte, doch haben gerade diese Käufe die Preise erneut in die Höhe getrieben. In etlichen Städten, so wiederum Cysat, liess man deshalb (auch eine Pufferstrategie) «keinen Frömden mehr Brots kaufen dann für einen Blaphart» (mittelalterliche Scheidemünze). Dabei war Luzern für sein Kornhaus berühmt. Es wurde in den Jahren 1570 und 1584 erneut ausgebaut. Verschiedene Städte schreiben dem Bürger Vorratshaltungen vor. Basel verlangt 1408 und 1442/43 einen Jahresvorrat. Einen gleichlautenden Beschluss fasste 1491 Bern. Um 1516/17 dehnt Bern den Beschluss auch auf Untertanen auf dem Land aus.⁷⁴ Aber offenbar nützten diese Anordnungen wenig: In Basel, wo 1444 die Getreidevorräte der Stadtbevölkerung aufgenommen wurden, waren 25% der Bevölkerung ohne Getreidevorräte.⁷⁵ Offensichtlich gibt es auch positive Aspekte: Basel verfügt 1479/80 über einen Getreidevorrat für 3012 Personen ausreichend für ein Jahr. Um 1550 stieg der Vorrat auf 3,1 Millionen Liter, was für 10 000 Personen während eines Jahres reichte. Ob die Vorräte immer vorhanden waren, wissen wir nicht. Nach einer Schätzung von 1791 betrug das Gesamtvolumen der bernischen Vorräte 500 000 Mäs, was etwa zehn Prozent der Gesamternte ausmachte. In Luzern schwankten die Vorräte damals zwischen einem Drittel und einem Dreissigstel der Gesamternte.⁷⁶ Die Zürcher Vorräte umfassten vor der helvetischen Revolution rund 70 000 Mütt oder 4500 Tonnen, also rund 10 Prozent des Jahreskonsums.⁷⁷ In schwierigen Zeiten sind auch Getreideimporte aus ferneren Gebieten vorgenommen worden. So liess 1757–1785 Bern 870 Tonnen Getreide (1,5% der Durchschnittsernte) aus Schwaben einführen. Luzern importierte zeitweise Weizen aus Oberitalien und aus dem Burgund. Das Elsass war eine weitere Kornkammer der schweizerischen Hirtengebiete. Der Chronist Ryhner nennt das Elsass und den Sundgau «gemeiner Eydgnosssschaft Kornkasten».⁷⁸ Solche Einfuhren waren indessen problematisch, weil ja auch in diesen relativ nahe gelegenen Produktionsgebieten zur gleichen Zeit Missernten auftreten konnten. Die Korneinfuhren waren auch teuer, führten doch 100 Meilen Landtransport zu einer Verdoppelung der Preise. Die Verteilung dieser Vorräte in Notzeiten war im allgemeinen gut organisiert. Die Berner gestatteten in Krisenzeiten den Armen und Bedürftigen, in den amtlichen Kornspeichern ihre Ration zu holen. Auch erfolgten Verkäufe an Hausarme und Handwerksleute unter dem Marktpreis. Den Bauern stellte die Obrigkeit Saatgut zur Verfügung; es musste allerdings später in natura zurückerstattet werden. Die Zürcher bauten ein ganzes System von Ver-

sorgungs- und Lagermöglichkeiten auf. Das Korn ist nicht nur im zentralen Kornhaus, sondern auch in den einzelnen Landvogteien gelagert worden. Alle zehn bis fünfzehn Jahre rief die Obrigkeit ihren Untertanen in Erinnerung, dass es verboten sei, Korn und Mehl auszuführen. Jedesmal protestierten allerdings die innern Orte; die Ausfuhrsperren, so sagten sie, schlügen den alten Verträgen ins Gesicht.[79]
Mehr Erfolg als die Getreidepolitik hatten andere Massnahmen: Um 1699 beschloss der Zürcher Rat, um den Getreidebau zu fördern, dass jene Güter, in welchen Reben ausgeschlagen werden, vier Jahre lang keine Zehnten abliefern müssen. Die Obrigkeit hat offenbar diesen Schritt wegen des Steuerausfalls bereut. In späteren Mandaten ist dieser Passus nicht wiederholt worden.[80]
Obrigkeitliche Eingriffe und Pufferstrategien sind auch auf dem Fleisch- und Viehmarkt erfolgt. So hat zum Beispiel Zürich um 1568 ein Mandat betreffend Fürkauf (Verkauf von Vieh) erlassen. Seit etwa 1550 hatten italienische Viehhändler auf der Zürcher Landschaft Vieh gekauft, um es über den Gotthard nach Italien zu treiben. Diese Ankäufe, so hiess es in Zürich, führten zur Verknappung und Verteuerung. Sie sollen darum fürderhin unterbleiben, wird in einem Mandat betont. Demgegenüber beriefen sich die Landleute auf die alten Freiheiten. Jeder Bauer soll Vieh züchten und verkaufen können, wo es ihm passe. Durch den Viehhandel sei niemand benachteiligt. Wenn ein Bauer von fünf Rindern eines verkaufe, weil es zu jung oder zu mager sei oder weil er zu wenig Futter habe, könne doch nicht von einem Schaden der Metzger und der Fleischkäufer gesprochen werden. Man solle in Zürich auch nicht vergessen, dass dank der Viehverkäufe die Bauern in der Lage seien, ihre Abgaben und Steuern zu entrichten. Trotz dieser klugen Argumentation trat der Rat auf das Begehren der ländlichen Viehzüchter nicht ein.[81] In eigentlichen Hungerjahren liessen die Obrigkeiten die Grenzen schliessen. So beschlossen die Eidgenossen nach Anselm 1481, «dass man kein anken, korn und wiin ussen ihren landen söllte fieren».[82] In Notzeiten sind die armen Leute auch in den Spitälern mit Speise versehen worden. Ein Winterthurer Chronist berichtet, dass 1530/31 die Armen täglich im Spital mit «muoss» und Brot gespiesen wurden. Am 29. April beanspruchten 350 Personen dieses Almosen, am 2. Mai 600 und am 6. Mai 550 Personen.[83] Der Berner Chronist Anselm vermerkt ausdrücklich, dass diese Armenspeise die Leute vor dem Hungertod bewahrte. Es kamen in dem Notjahr 1481 sehr viele arme Leute nach Bern, und man habe sie nicht vertrieben, weil man ein «gros erbärmde mit ihnen hatte.»[84] Nach Tschudi verordnete die Glarner Obrigkeit 1529, dass alle, die «so vech (Vieh) hetten, den armen by iren eiden ziger gen sollten, den stein umb neun schilling».[85]
Die Basler Obrigkeit liess Mehl verteilen. Ausserdem appellierte sie 1599 an die Bürgerschaft, «um bey den bessern und ruhigern Zeiten die Güte Gottes zu erkennen, da die Nahrung reicher, das überflüssige nicht zu verprassen, sondern sparsamlich seine Ausgaben einzurichten, damit man auch etwas in der Noht zum voraus behalten möge».[86] In der Stadt Zürich gab es den Mushafen, der die frühere Klostersuppe ersetzte. Alle Tage wurde im Prediger-Kloster ein Kessel mit Hafermehl, Gerste oder Gemüse gekocht. Um 1587 wurde der Mushafen vom Augustiner-Kloster in das Spital verlegt. Im Hungerjahr 1662 stieg die tägliche Besucherzahl auf 8000.[87]
Wie stille ich den Hunger in bösen Zeiten? Diese erstrangige, ja oft peinigende Frage mussten sich vor allem die einzelnen Konsumenten stellen. Hier einige Antworten, die damals gegeben wurden: Wenn das Fleisch rar und teuer wird, wird auf Wild, Vögel oder Fisch umgestellt. Fehlt der Wein, so wird Most, Kräutertee oder Wasser getrunken. Fehlt das Brot, so hilft man sich, so wie es Cysat ausdrückte, mit gesottenen Rüben und Kraut.[88] Fehlt das Brot, so gibt es gedörrte Stückli und dort, wo es Kastanienkulturen gibt, im 16. Jahrhundert getrocknete Kastanien.[89] Auf welche Weise in Notzeiten Brot ersetzt wurde, schildert der Basler Chronist Wurstisen:

83

84

«Etliche arme schlechte Leute kauften reine kleyen, rädeten dieselbigen und bacheten Brot daraus.» Der Chronist Schnitt berichtet 1530, dass auf dem Land Hafer-, Gersten- und Kleienbrot gegessen worden sei. In den Freibergen hatten die armen Leute Emd gemahlen und Brot daraus gebacken: «Wellichs ich selbst gesechen und versucht habe».[90] In ausgesprochenen Notzeiten ist auch Laub, so etwa Ahorn, gesammelt worden, um daraus Sauerkraut herzustellen. Der altertümliche Name Massholder für Ahorn (Mass = Speise) wird darauf zurückgeführt.[91]

In Notzeiten wurde auch Sauerampfer gesammelt und gegessen. Aus Blättern und Stielen bereitete man Suppen und Gemüse-Eintöpfe. Neben dem Ampfer gehörten auch Brennesseln zu den bedeutenden Sammelpflanzen. In den Kräuterbüchern des 18. Jahrhunderts wird Brennessel gar als wohlschmeckende Speise genannt. Seit dem 16. Jahrhundert ist auch der Konsum von wildem Nüsslisalat nachgewiesen.[92] Sowohl Gessner wie Zwinger rühmen dieses wilde Gemüse sehr. Es eigne sich ausgezeichnet als Salat.[93] Bekannt war auch der Löwenzahn sowie die Brunnenkresse, die man den Bächen entnahm. «Wenn der Kleine Brunnenkresse noch jung und frisch ist, wird er an vielen Orten als Salat gebraucht»,[94] meint der Botaniker Zwinger. Als Zusatz und Notnahrung galten auch die Beeren, die Heidelbeere, im Volk Heubeere genannt, die Himbeeren, Brombeeren, Holderbeeren sowie Hagebutten, die Früchte und Samen wildwachsender Bäume wie Haselnüsse, Kastanien und Buchnüsse. Wie weit auch die Pilze als Notnahrung gebraucht wurden, ist schwer nachzuweisen. Bekannt ist nur, dass man das Einsammeln alten Frauen überliess, die solche Künste kannten.[95]

In Notzeiten stiegen untere Sozialschichten von besseren auf schlechtere Getreidesorten um. Das geschah etwa beim Hafer, der in normalen Zeiten als Viehnahrung diente, in der Not aber immer auch eine ausgezeichnete Armennahrung gab. Glücklicherweise war der Hafer gegen Kälte und Nässe weniger anfällig als Weizen. So ist er recht eigentlich zum Lebensretter geworden. «Die gemein Welt», so meint der St. Galler Chronist Kessler um 1530, «hat sich des Habers gehulfen, der gar wohl geraten ist, sonst wer die not vil grösser.» In Winterthur machte das arme Volk Haferbrot; leider aber stieg in Notzeiten auch der Haferpreis. Und in extremen Missjahren fiel selbst der Hafer aus. So etwa 1587, als der Hafer Anfang September vom Schnee zugedeckt wurde. Ein anderes Mal schädigten die Spätfröste den Hafer so, dass die Bauern die Felder pflügten, um neu anzusäen.[96] In den Missjahren des 17. und 18. Jahrhunderts wurde der Hafer nicht reif; so fiel auch dieser letzte Rettungsanker aus und das Volk nahm zu gesottenem Emd und Abfällen sowie tierischen Kadavern

83 Im 17./18. Jh. kommen in verschiedenen Regionen unseres Landes hölzerne Model auf. Sie sind für verschiedenerlei Gebäck verwendet worden. Im Kanton Zürich gab es die berühmten Tirggelmodel. Man konnte die Model auch für kostbarere Gebäcke, wie Marzipantorten, verwenden. Model aus dem 18. Jh.: «Jesus haltet das H. Abendmahl mit seinen Jüngern.» Darüber die Torte.

84 Kaffeeröstpfanne und Kaffeemühle, um 1800. Milchkaffee mit Rösti bildete damals die «Nationalspeise».

Zuflucht. Man lese etwa die ergreifende Geschichte von Ueli Bräker: «Die Not stieg (gemeint ist der Winter 1770/71) so hoch, dass viel eigentlich blutarme Leute kaum den Frühling erwarten mochten, wo sie Wurzeln und Kräuter finden konnten. Auch ich kochte allerhand dergleichen, und hätte meine jungen Vögel (Kinder) noch lieber mit frischem Laub genährt, als es einem erbarmungswürdigen Landsmanne nachgemacht, dem ich mit eigenen Augen zusah, wie er mit seinen Kindern von einem verreckten Pferd einen ganzen Sack voll Fleisch abhackte, woran sich schon mehrere Tage Hunde und Vögel satt gefressen hatten.»[97] Bräkers Situation ist typisch für die Heimarbeit, die Protoindustrie, Vorläuferin der Fabrikindustrie. Alle diese Menschen lebten, wie ein Zeitgenosse einmal sagte, von der Hand ins Maul. Sie besitzen keinen eigenen Boden, sie müssen ihre Nahrungsmittel zukaufen, behalten dadurch aber die Freiheit, die Ernährungsweise nach ihrem Willen zu bestimmen. Die Bauern mokierten sich zwar hin und wieder über diese «neumodische» Essensweise, und einzelne Philanthropen beklagten es gar. So J.C. Hirzel, wenn er sagte, die Arbeiter trinken den Kaffee am Morgen, sie essen mehr weisses Brot und Schleckereien. Das, meinte er, sei sehr zu bedauern: Denn der Verdienst schwankt und die Nahrungsmittel sind nicht immer wohlfeil. Es gibt gute Zeiten, so Johannes Schulthess, «wo neugebackenes Weissbrot, Ofenkuchen und was sonst den Gaumen gelüstet», die Nahrung der Fabrikarbeiter ausmacht. In schlechten Zeiten aber essen sie «Erdäpfel bis zum bersten und Café oder den Magen überreizendes Cichorien-Wasser und die Nerven überreizender Branntwein ihr Getränk ist».[98] Im 18. Jahrhundert mehren sich solche Stimmen. Die Ernährungsgewohnheiten, so meinen vor allem auch die Philanthropen, hätten sich im Zeitalter der frühen Industrialisierung verschlechtert. Doch dürfen diese Stimmen nicht vergessen lassen, dass die industrielle technische Revolution nach einer gewissen Durststrecke schliesslich doch geholfen hat, die Massen aus dem schrecklichen Hunger herauszuführen. Um 1721 bis 1730 hat ein Geselle in Zürich 2 Stunden und 20 Minuten gearbeitet, um ein Pfund Rindfleisch kaufen zu können. Für ein Pfund Brot waren es 2 Stunden und 7 Minuten, für ein Pfund Butter gar 4 Stunden und 35 Minuten. Im Jahr 1985 hat ein Geselle noch 25 Minuten gebraucht, um ein Pfund Rindfleisch erstehen zu können, für das Brot musste er gar nur 6 Minuten arbeiten und für ein Pfund Butter eine knappe halbe Stunde (siehe Graphik Seite 47).

Angesichts solcher Zahlen wird niemand mehr von einer guten alten Zeit sprechen wollen. Auch dürfte es keine allzu grossen Schwierigkeiten bieten, einige Thesen von Ralph Bircher zu widerlegen. Er hat vor nicht allzu langer Zeit behauptet, die alten Eidgenossen hätten ihre grosse Leistungen dank ihrer besonders günstigen, klugen Ernährungsweise vollbracht.[99] Das einfache, harte, gesunde Leben, von dem er schwärmt, sah in Wirklichkeit anders aus. Vieles, was heute als Tugend erscheint, ist einfach aus der Not geboren. Wenn sie Getreide nicht voll ausmahlten, kleiehaltiges Brot, ungeschälten Reis, Früchte und viel Gemüse assen, viel Milch tranken, taten sie es sicher nicht, weil es «gesund» war – davon hatten sie keine oder nur in Ausnahmefällen eine Ahnung –, sondern weil sie gar keine andere Möglichkeit hatten.

Wenn sie sich mit verhältnismässig wenig Nahrungsmitteln begnügten und somit kein übermässiges Übergewicht hatten, dann nur, weil sie keine Möglichkeit hatten, sich tagtäglich vollzuessen oder gar zu «überfressen». Und um die Unterernährung und die Hungersnöte brauchen wir sie auch nicht zu beneiden. Die unmässige Völlerei an Festen ist wohl angesichts des Hungers begreiflich, doch sicher nicht nachahmenswert. Was hingegen unsere Bewunderung verdient, ist die Art und Weise, sind die klugen Strategien, mit welchen sie ihre Schwierigkeiten zu meistern versuchten. Einen starken Eindruck machen auch die alten Gesundheitslehren, selbst wenn sie nie volkstümlich geworden sind.

Trinkender Mann. Holzschnitt von Hans Schönsperger, 1490.

Höchste Anerkennung aber verdienen unsere Vorfahren für die Weise, mit der sie die ungeheuren Nöte psychisch verkrafteten. Sie fürchteten zwar, was selbstverständlich ist, den Hunger, die Pest, die Missernten, die Viehseuchen und sie fürchteten den jähen Tod, «aber für Weltangst gab es im Rahmen ihrer Weltauffassung keinen Platz». Ihre Weltanschauung reichte weiter als nur bis zum Ende des irdischen Lebenslaufes. Gewiss: Unsere Vorfahren kannten den tiefen Hintergrund der immer wieder auftauchenden Hungersnöte nicht. Sie waren nicht imstande, die Produktivität der Landwirtschaft wesentlich zu verbessern. Wir wissen heute viel mehr und wir kennen auch die Ursachen der Hungersnöte weit besser. Für sie ruhte des Menschen Schicksal in Gottes Händen. Er war gleichermassen Anfang und Ende, Ursache und Ziel. Nach weiteren Erklärungen brauchten sie deshalb nicht zu fragen. Wir aber hätten heute diese Erklärungen, und wir kennen (fast) alle Zusammenhänge. Dafür aber «finden wir keinen Anfang und kein Ende mehr».[100]

Ess- und Trinksitten

Wie stille ich den Hunger? Diese Frage stand im Vordergrund des ersten Teiles dieses grösseren Kapitels. Im zweiten Teil geht es um die Ess- und Trinkbräuche. Zu welchen Zeiten assen unsere Vorfahren, wie sahen die Tischsitten, wie sah die Tischzucht aus? Welche Ess- und Trinkgeräte benutzten sie, welche familiären und allgemeinen Bräuche haben die Ess-Sitten beeinflusst? Welcher Art waren die rechtlichen Funktionen des Essens und Trinkens? Welche Rolle spielte das Essen in gemeinschaftlichen Arbeiten, dem Gemeinwerk?

Zu den Institutionen und Mächten, die einen entscheidenden Einfluss auf die Ess- und Trinksitten ausübten, gehörte im Spätmittelalter die Kirche. Sie hat das Fest gestaltet, hat das Brauchtum gepflegt. Sie beeinflusste in hohem Mass aber auch das tägliche Leben, manchmal bis ins kleinste Detail.[1] Das ist leicht erklärlich, deckte sich doch die Vorstellungswelt der damaligen Kirche weitgehend mit jener des täglichen Lebens. Alles, was zur Lebensform gehörte, galt «als göttliche Einsetzung, die gewöhnlichsten Sitten und Gebräuche so gut wie die höchsten Dinge in Gottes Weltplan».[2] Die Kirche war eine beherrschende Macht; sie besass eine Ordnung, auf die alle Gläubigen verpflichtet waren. Wenn sie auch nicht das ganze Jahr Feste machte, wie das manchen Betrachtern spätmittelalterlicher Kultur scheinen möchte, so lenkte sie doch den Rhythmus der Feier- und Arbeitstage des Jahres. In den Fasten- und Abstinenzgeboten bestimmte sie nicht nur die eigentlichen Fastenzeiten, deren Ausmass recht beträchtlich war, sondern auch die Speisen. Sie schrieb vor, an welchen Tagen (zum Beispiel Freitage und Aschermittwoch) man sich gewisser Speisen wie Fleisch, Milch und Milchprodukte, Eier zu enthalten habe, und sie sagte auch, wie man sich in den eigentlichen Fastenzeiten zu verhalten habe. Im Spätmittelalter kam es zu mancherlei Lockerungen und Sonderbestimmungen. Um 1456 erteilte Papst Calixtus III. den Eidgenossen die Erlaubnis, in der Fastenzeit auch Lacticinia, das heisst Milch und Milchprodukte, wie Käse, Zieger und Butter, zu essen.[3] Entscheidende Veränderungen bewirkten die Reformatoren: Sie lehnten zwar das Fasten nicht grundsätzlich ab, bekämpften aber dessen Gesetzlichkeit und Verdienstlichkeit. Nach den Weisungen der reformierten Regierungen blieb das Fasten wie auch die Auswahl der Speisen dem Einzelnen anheimgestellt. Zu einem vollständigen Umschwung kam es also nicht. Ja, das Volk führte sowohl im 16. wie 17. Jahrhundert im allgemeinen fleischloses Essen am Freitag fort. Die eigentlichen Fastenspeisen wie Fische, Frösche und Schnecken verloren an Bedeutung, ohne ganz zu verschwinden.

In früherer Zeit bestimmte die Kirche auch die Tageseinteilung und somit die Essenszeiten. Die alte Tageseinteilung lehnte sich an die mittelalterlichen Horen an.[4]

85 Speisung der Hungrigen. Am Tisch sitzen zwei hungrige Männer, denen eine Frau Speise bringt. Rundscheibe 1635.

86

Im 15. Jahrhundert ist die alte Zeiteinteilung allmählich durch die moderne Stundeneinteilung verdrängt worden. Nach der Reformation verschwanden die Horen endgültig und die Menschen richteten sich nach den modernen Stundenangaben. Nach wie vor aber waren die Essenszeiten entscheidend für die ganze Zeiteinteilung, ja sie waren so wichtige Fixpunkte, dass sie in mittelalterlichen Urkunden zur Angabe der Zeit verwendet wurden. In den Städten der alten Eidgenossenschaft nahm man drei Hauptmahlzeiten ein: das Morgenessen oder, wie man sagte: das Morgenbrot, die Morgensuppe, zwischen 4 und 5 Uhr morgens; dann um 10 Uhr, in späterer Zeit um 11 Uhr oder 11½ Uhr, den Imbiss, ein oft aus Mus, in wohlhabenden Kreisen meistens aus Fleisch, Gemüse und Getränk bestehendes Vormittagsmahl, später auch Mittagsmahl genannt – der Humanist Stucki spricht in Anlehnung an römische Sitten vom «prandium» –, schliesslich das Abendessen (Nachtimbiss, Nachtmahl, Abend- oder Schlaftrunk), das aus Brot, Käse und Wein bestehen konnte, zwischen 18 und 19 Uhr abends. Dass das Mittagessen zu einer anderen Zeit als heute eingenommen wurde, beweisen zahlreiche Urkunden; zwei Stellen bei Zwingli mögen indessen genügen: «Nachdem erloubt ein Bürgermeister von Zürich yedermann an syn herberg zue gon zue morgen zue essen, dann es was nachent mittentag», und die andere: «Um die elfte stunde stuend jedermann uf und gieng hinweg, da er dann ze morgen essen wollt.»[5] Dass die Zeit des Mittagessens hauptsächlich auf 11 Uhr fiel, dafür sprechen auch mundartliche Redensarten: «bis an Elfi» wollte besagen bis zum Mittagessen; «vom Elfi bis z Mittag» sagte man, um einen kurzen Zeitraum anzudeuten.[6] Diese Essenszeiten galten im grossen und ganzen bis ans Ende des 18. Jahrhunderts; lediglich der Imbiss war im 17. Jahrhundert allmählich auf 11.30 Uhr im Sommer, 12 Uhr im Winter gerückt und so zum eigentlichen Mittagessen geworden.[7] Zu den Hauptmahlzeiten kamen vor allem das Znüni und das Zvieri; sie unterbrachen die ausserordentlich lange Arbeitszeit wohltuend. Wie die verschiedenen Ermahnungen aus einzelnen Handwerken zeigen, wurde im Winter auf das Zvieri verzichtet, um den Lichttag auszunützen. Da man in älterer Zeit in vielen Gewerben nur bei Tageslicht arbeitete, richtete sich auch die Arbeitseinteilung nach der astronomischen Zeit.[8]

86 Räbenspiel auf dem Zunfthaus zur Meisen in Zürich. Wie die Zeitgenossen berichten, war dieses Spiel eine Trinkprobe. Unter der mit einer Schnur an der Decke befestigten Räbe setzte sich ein mit einem breitrandigen Hut versehener Mann. Die Räbe war so in Schwung zu setzen, dass sie den Hut nicht berührte. Währenddessen hatte der Mann drei Gläser Wein schnell auszutrinken. Traf ihn die Räbe, so musste der Versuch wiederholt werden. Die Folgen kann man sich leicht ausdenken...

87 Beinlöffelchen aus dem Toggenburg/St. Gallen, um 1750.

88 Holzlöffel aus dem Binntal (Wallis), um 1790. Der Esslöffel war anfangs überall aus Holz gefertigt. Als solcher hat er sich bis ins 17., auf dem bäuerlichen Tisch sogar bis ins 20. Jh. erhalten. Er ist in Form einer kleinen Kelle mit kurzem Stiel gearbeitet. In der Renaissance wurde er auch zum Luxusgerät; sein Stielende wurde mit einem Ornament aus Silber, etwa einer Frucht, einer Figur oder einem Wappenschild, geschmückt. Mit der Wandlung vom Schöpfer zum Esslöffel setzte die Herstellung der Laffe aus Edelmetall ein.

89 Vornehme Zürcher Familie am Esstisch, um 1645. Conrad Meyer hat dieses Bild mit Tischzucht betitelt, dazu gehört auch ein Gedicht, in dem die Betrachter und Leser zur Befolgung guter Essmanieren aufgefordert werden. Die Familie wird beim Beten gezeigt. Die Kinder stehen, während eine Magd in einer Schüssel einen Braten herbeiträgt. Auf dem Tisch befinden sich Teller. Sichtbar sind auch Messer und eine Gabel. Bei den Kindern fehlt das Essbesteck. Sie hatten offenbar mit den Fingern zu essen. Der Tisch ist mit einem gefransten Tischtuch gedeckt, und auf einem der Teller befindet sich eine Serviette.

Im bürgerlich-städtischen Haushalt gab es bestimmte Tischregeln, so etwas wie eine Tischzucht. Sie war, wenn wir den Angaben glauben wollen, sogar recht streng: beim Essen durften keine Hunde zugegen sein.[9] Auch sollte man keine Töne von sich geben, nicht «schmatzgen».[10] Selbst die Gesellen wurden zu anständigen Tischmanieren angehalten: «Wann sich einer in essen und trinken ungebührend und sich seüwisch verhalten würde», so heisst es in einer Gesellenordnung, so solle er mit 10 Schillingen gebüsst werden. Wer jemanden zum Essen einladen wollte, hatte ihm das Essen «zu verkünden», und es galt als wenig fein, uneingeladen zu erscheinen. Man nannte solche Gäste etwa «Suppenfresser» oder «Tellerschlecker». Auch zirkulierte das Sprichwort: «Ungladner Gast ist eine Last.» Wenn nach einem Mahl die Gäste nochmals erschienen, um die Resten zu verspeisen, so wurden sie als «Brökliufleser» und «Spänesser» bezeichnet. In den vornehmen Haushaltungen gab es Tischdiener und Fürschneider, die zum Tranchieren und für die Verteilung der Speisen zu sorgen hatten. Auch herrschte da und dort eine «Beschliesserin», der die Betreuung des meist kostbaren Geschirres oblag.[11]

In der Tischzucht des Johannes Meyer von 1645 wird der Tischgenosse verpflichtet, die Füsse stillzuhalten, die Ellbogen nicht aufzustützen und die Arme nicht zu verschränken; er darf sich auch nicht auf dem blossen Haupte oder an der Brust kratzen oder gar in der Nase grübeln. Er hat mit aufgerichtetem Leibe zu sitzen, beim Schneuzen, Husten oder Niesen aber sich seitwärts zu wenden. Es ist unanständig, die Speisen zu beschnuppern; auch lässt man die Kost etwas erkalten, um das starke Blasen zu vermeiden. Der Wohlerzogene schiebt einen Bissen erst in den Mund, wenn der vorangegangene hinuntergeschluckt worden ist, und solange er etwas im Munde hat, trinkt er nicht. Stets fasst er die Speisen mit nur drei Fingern an und hält das Glas, so schwer es auch sein mag, mit der Rechten allein. Dabei wird er Speise und Getränk weder rühmen noch tadeln. Alles ausser Fisch zerschneidet er mit dem Messer, doch schiebt er die Speisen damit nicht in den Mund. Auch schleckt er die Finger nicht ab; wenn er Brot schneiden will, wischt er sie an der «Zwählen» (Serviette) ab. Man achtet darauf, dass nicht alles aufgegessen wird, und reinigt auf keinen Fall die Platte mit Brot. Ebensowenig darf angebissenes Brot in die Tunke getaucht oder ein Knochen wie von einem Hund benagt werden. Wein wird erst auf einen Wink des Hausherrn eingeschenkt, dann mit Wasser verdünnt geräuschlos getrunken, nicht «gesürfelt». Vor und nach dem Trinken wird der Mund mit der «Zwählen» gewischt. Man bitte als erster, aufstehen zu dürfen, und lobe und danke Gott mit ernster und lauter Stimme für Speise und Trank.[12]

90

Selbst in den Städten hat man bis ins 16. Jahrhundert für Fleischgerichte anstelle der Gabel die Finger benützt. In einem reichen Winterthurer Bürgerhaus gab es laut Inventar um 1469 nur vier hölzerne Löffel und keine einzige Gabel.[13] Nach dem zeitgenössischen Bericht von Stucki begann die Gabel erst nach 1580 gebräuchlich zu werden. Sie sei, so sagte er, damals noch fünfzinkig gewesen; vorhandene Gabeln aus dieser Zeit weisen indessen zwei, drei, manchmal auch vier Zinken auf. Wie auf dem Land, so fehlte es auch in städtischen Haushaltungen an Messern. Die Hausfrau trug das ihrige stets an einer Kordel mit sich, wie das im Landesmuseum ausgestellte Bild der Regula Rollenbutz aus dem 16. Jahrhundert zeigt. Hingegen gab es im allgemeinen genügend Löffel; sie waren aus Zinn, Messing und in seltenen Fällen auch aus Silber. In einfacheren Haushaltungen behalf man sich auch mit selbstgeschnitzten Holzlöffeln. Aus Holz waren auch die im täglichen Gebrauch stehenden Teller. Die Zinnteller scheinen lediglich den wohlhabenden Haushalt geziert zu haben; auch die irdenen Teller waren in früherer Zeit verhältnismässig selten. Noch um 1611 besass beispielsweise das berühmte Hotel «Zum Schwert» in Zürich über 100 hölzerne Teller, dagegen nur 40 zinnerne.[14]

Grosser Aufwand wurde in den vornehmen Haushaltungen und vor allem auf den Zunft- und Gesellschaftsstuben mit den Trinkgefässen getrieben. Die Stadtbürger besassen, wie die Museen und private Sammlungen dokumentieren, Pokale und Becher, die eigentliche Meisterwerke der Gold- oder Silberschmiedekunst darstellen. Sie zeigen aber auch, wie das Trinken an sich im späteren Mittelalter zur eigentlichen Kunst, ja Wissenschaft wurde. Es gab Trinkgefässe, die einen ganz engen Ausguss besassen, damit man den Wein gewissermassen durch einen Trichter eingiessen konnte. Man nannte diese Gefässe «Gut Treff». Auch gab es automatische Becher, die sofort auszutrinken waren, wollte man ihren Inhalt in einer angeheiterten Gesellschaft nicht ausschütten.[15]

Unsere Vorfahren waren ausserordentlich gastfreundlich. Es ist allgemein Landessitte, sagt Stucki beispielsweise 1582, dass man dem Gast das Beste aus Küche und Keller vorsetzt. Es herrscht der Brauch, ihn sofort mit einem Willkommbecher gewissermassen in die Gesellschaft oder ins Haus aufzunehmen. War ein zu einer Festmahlzeit Eingeladener am Erscheinen verhindert, so wurden ihm Teile der Mahlzeit,

91

90 Bankett. Scheibenriss von Chr. Murer, 1588. Um einen runden Tisch sitzen Frauen und Männer beim festlichen Mahl. Gabeln fehlen, man hat mit den Fingern gegessen. Hingegen gibt es Messer, und eine Salzbüchse ist sichtbar, ferner kleine Becher. Der Herr mit dem kühnen Federhut (rechts) hält in der rechten Hand einen grossen Glashumpen, ein Nuppenglas. Der Mann links im Vordergrund schenkt Wein aus einer sogenannten Guttreffkanne ein. Es galt als lustig, den Wein in hohem Strahl von hoch oben in den Becher oder manchmal auch direkt in den Mund spritzen zu lassen. Man beachte auch die Kleidung. Ende des 16. Jh. sind bereits die enganliegenden Beinlinge verschwunden und haben, wohl spanischer Mode entsprechend, Pluderhosen Platz gemacht. Männer und Frauen tragen Rüschen.

91 Deckelhumpen, Basel um 1673. Silber, getrieben, gegossen, teilweise vergoldet, ziseliert. Arbeit des Ludwig Mieg.

92 Holzbecher, gedrechselt, aus dem Oberwallis, um 1750. Diese Form ist etwas weiter entwickelt. Sie hat einen Fussring sowie einen kurzen gedrungenen Stiel. Vielleicht haben wir hier die Grundform des Pokals vor uns.

hauptsächlich Fleisch und Fisch, geschickt; man nannte diesen Brauch, der sich in bäuerlichen Gegenden bis ins 20. Jahrhundert hinein erhalten hat, das «Bescheidessen». Als typisch schweizerisch bezeichnet Stucki die Sitte des Abschiedsessens. Dieses «Letztmaal» wurde jedem gespendet, der eine längere Reise unternahm. Wer zurückkehrte, erhielt das «Willkummal».[16] Vom 14. bis ins 18. Jahrhundert hinein erschienen alle diese Festlichkeiten und Gastmahlzeiten der Obrigkeit verdächtig, ja gefährlich, weil sie zu Aufwand und Üppigkeit verlockten und von der Einfachheit wegführten. Sie waren vor allem mit den strengen Forderungen der Reformatoren und der Orthodoxie nicht vereinbar. Die «gastereyen» an einem Sonntag wurden als eigentliche Sünde betrachtet. Noch 1618 waren in Zürich sämtliche Gastmahlzeiten an einem Sonntag verboten.[17] Im Jahre 1730 musste allerdings die Obrigkeit feststellen, dass man sich «neuer Dingen» am Sonntag zum Mittagessen besuche: das «Visite machen» vor und während der Abendpredigten wurde deshalb unter Androhung einer Busse von 25 Pfund verboten. Um 1780 und 1790 folgten Mandate, die zugleich die mittäglichen Gastgebote in Privathäusern und die Mahlzeiten in Wirts-, Zunft- und Gesellschaftshäusern verboten; dem Bürger wurde jede Einladung während des Mittagsgottesdienstes oder wenigstens bis nach schlag drei Uhr untersagt.

Über die Zustände in den Wirtshäusern liegen widersprechende Berichte vor. Auf der einen Seite berichtet der französische Philosoph Michel de Montaigne, der um 1580 unser Land bereist hat, dass es in den städtischen Gasthäusern vornehm und gesittet zugegangen sei. Es habe Servietten gegeben, und die einzelnen Speisen seien auf Tafel-Gerüste aufgebaut worden. Ein Diener habe die Schüssel in die Mitte gestellt, und die Gäste hätten nicht mit den Händen, sondern mit ihren Messern zugegriffen. Jeder Gast habe im übrigen sein eigenes Tellerchen gehabt, das er nach dem Fleischgang in einen geflochtenen Korb gelegt habe. Man sitze, so stellte der französische Philosoph weiter fest, in der Schweiz lange, drei bis vier Stunden, bei Tisch, denn die Eidgenossen ässen langsamer als die Franzosen.[18] Weniger schmeichelhaft äusserte sich der Deutsche Sigmund von Herberstein. Er tadelte 1516, dass in den Zürcher Gasthäusern der Bürgermeister, die Räte, die fremden Gesandten und die Gerichtsdiener mit gemeinen Weibern an einer Tafel sassen, und mit Befremden sah er, wie Teller und Trinkgeschirr allgemein noch aus Holz waren.[19] Ihn und andere Beobachter überraschte vor allem, dass die Gäste nicht einzeln zahlten, sondern einen durchschnittlichen Ürtenbeitrag einem Gast- oder Ürtenmeister auf den Teller legten. Der starke Esser und Trinker zahlte somit gleichviel wie der zurückhaltende. Zweifellos war das damals noch sinnvoll, bestand doch das Abendbrot, das selbst der verheiratete Handwerker sehr oft mit Genossen am Wirtstisch einnahm, im allgemeinen lediglich aus Brot und Wein. Auch wenn die Mehrheit der Ürtengesellen entschied, zusätzlich einige Fische zubereiten zu lassen oder im Hause eines Zechkameraden einen in Essig gelegten Kalbsfuss zu verzehren, blieb die Ürtengemeinschaft intakt, und die Kosten wurden gleichmässig unter den Anwesenden aufgeteilt. Es betonte und förderte dies nicht nur das Bewusstsein der Gemeinschaft, sondern zugleich auch des Gleichseins, wogegen das individuelle Menü, die individuellen Extras und die individuelle Bezahlung unserer Zeit das Verschiedensein hervorheben.[20] Das gesellige Leben des Stadtbürgers war weitgehend von der Zunft und von Handwerkstraditionen bestimmt. Es wäre verlockend, diesem von ausgesprochenem Standesbewusstsein zeugenden Brauchtum nachzugehen. Wir müssen uns indessen darauf beschränken, jene Bräuche zu erwähnen, in denen dem Essen und Trinken eine besondere Funktion zukam. Wer die Literatur und die Akten durchgeht, wird immer wieder als auffallend feststellen, bei wieviel Gelegenheiten ein Trunk eingenommen oder eine Mahlzeit abgehalten wurde. Nun ist allerdings daran zu denken, dass dieser Trunk fast immer an die Stelle einer Entschädigung trat oder, genau wie die Urkunde, die Aufgabe besass, einen Vertrag zu bekräftigen. Wenn ein Knabe in die Lehre aufgenommen wurde, hatten vier Zunftmeister und zwei Gesellen anwesend zu sein. Sie erhielten für ihre Bemühungen keinen Lohn, dafür aber einen Abendtrunk. Und zugleich war dieser Trunk das Siegel unter den Lehrvertrag. Das gleiche Verfahren galt beim Abschluss der Lehre, beim Abdingen oder Ledigsprechen. Allen, die sich in irgendeiner Funktion eingefunden hatten, wartete der Abendtrunk. Freilich hatten die Teilnehmer ihre Ürte selber beizusteuern, «wenn nicht des Knaben eltern gutwillig etwas einwerfen woltend». Selbstverständlich wurden auch ankommende Handwerksgenossen mit einem Zutrunk geehrt, und mit einem Trunk wurde die Wegreise eines Zunftgenossen gefeiert.[21]

Die Kochkunst kam von alters her an den kalendaren und familiären Festen zu Ehren. Von einem der merkwürdigsten kalendaren Bräuche, der sogenannten «Würgete», berichtet Stucki 1582: «Allgemein werden Männer und Frauen am Tage der Kalenderheiligen, nach denen sie ihren Namen haben, wie auch an ihrem eigenen Geburtstag, von ihren Freunden und Verwandten am Halse gewürgt und so lange stranguliert, bis sie etwas Speise oder Getränk oder auch die ganze Mahlzeit von sich geben, was deswegen ‹Würgeten› genannt wurde.»[22] Um 1609 musste die Obrigkeit besorgt feststellen, dass seit etlichen Jahren «ein böser bruch entstanden und gar gmein worden ist»; er bestehe darin, dass man am Namenstag eine Zecherei anrichte, die auch die Würgete genannt werde. Als gewürgt betrachtet sich in der Tat jener, der die ganze Zeche zu bezahlen habe. Auch anlässlich von Taufen seien solche Würgeten und Zecheten abgehalten worden. Da dies meist mit grossen Kosten verbunden sei, habe der Magistrat diese Würgeten abgestellt: «Wer hinfüro sölliche würgeten oder göttiwyn oder andere Dinge forderte, solle wie der Spender selber gebüsst werden.» Dieses Gebot wird 1650 erweitert: Götti und Gotten durften einem armen Gevattern höchstens Brot, Wein und Fleisch schicken. Das Würgen, ursprünglich wohl eine krasse Form des Heischens, vielleicht auch eine Form des Schützens vor zauberischen Einflüssen, wurde später nur noch symbolisch durchgeführt oder angedeutet. Damit blieb auch von dieser Handlung nur noch das Wort übrig. Der Ausdruck hat sich in einzelnen Gegenden auf der Landschaft bis 1910 erhalten, wobei die Beteiligten unter dem Würgen einfach eine Helsete verstanden.[23]

Die ländlichen Ess- und Trinksitten unterscheiden sich in mancher Beziehung von jenen der Städte. Wie die wenigen Aufzeichnungen, die wir besitzen, zeigen, gab es auch hier traditionelle Ordnungen. Zu ihnen gehört die Sitzordnung. Ihr mass man grosse Bedeutung zu. In den bäuerlichen Familien herrschte eine strenge Hierarchie. Der Hausvater sass oben am Tisch, im «heilig Winkel» unter dem Brett, wo in katholischen Gegenden das Kruzifix oder ein Heiligenbild hing. In protestantischen Gegenden sass er, weil ja in diesem Winkel die Bibel aufbewahrt worden ist, gewissermassen unter der Bibel. Rechts sassen die Söhne und Knechte, links auf dem Vorstuhl die Bäuerin, die Töchter und Mägde, je nach Rang. Anstandsregeln, gar eine Tischzucht scheint es in den ländlichen Haushaltungen im Gegensatz zu den Städten kaum gegeben zu haben. Im 18. Jahrhundert treten Pfarrer und Gelehrte auf, um gewisse «Entartungen» zu kritisieren. Es herrschen, so sagten sie, auf dem Land schlechte Tischsitten. Pfarrer Nüscheler, der einige Zeit Diakon in Turbenthal war, bemerkte 1786, dass Tischzucht und Tischgebet im Zürcher Oberland arg gelitten hätten. Die meisten Schwierigkeiten führte er auf die primitiven Wohnverhältnisse zurück. Während die eine Familie ihr Tischgebet spreche, unterhalte sich eine andere mit lauter Stimme im gleichen Raume, wobei auch Flüche nicht unterdrückt würden. «Während ein Kind betet, schreyt ein anderes...» Man kann sich daher leicht denken, so sagt er, «dass es weder Vater noch Mutter noch Kindern möglich sey, ohne Zerstreuung zu beten... Sie begreifen nicht, dass man zu Gott nur mit Ehrfurcht, Innbrunst und Andacht reden müsse».[24]

93

93 *Der Schüssler. Aus der Stumpf-Chronik (1548). Da im 16. und 17. Jahrhundert jedermann aus hölzernen Schüsseln und Tellern ass, hatte der Schüssler (Dreher) alle Hände voll zu tun. Wir sehen ihn hier an der Arbeit.*

94 Essbesteck des Landschreibers und Rittmeisters Eschmann von Wädenswil, 1630. Auffallend ist die grosse zweizinkige Gabel. Sie geht eindeutig auf die Urform der alten Küchengabel zurück. Die noch älteren Essgabeln hatten anfangs zwei kurze Zinken und lange, meist gewundene oder kantige Griffe. Um die Mitte des 17. Jh. bewirkte die Angleichung von Gabel und Löffel eine Änderung des Griffes. Abgesehen von der Länge und der Anzahl der Zinken, die von diesem Zeitpunkt an modebedingt abgeändert und variiert wurden, behielt die Gabel bis heute ihre ursprüngliche Form. Lediglich in der Nordschweiz ist bis ins 18. Jh. hinein zwischen Fleisch- und Dessertgabel unterschieden worden. Die erstere war der deutschen Vorlegegabel, die zweite der französischen, kurzzinkigen nachgebildet. Auch das Essmesser hat sich im Verlaufe des 15. und 16. Jh. stark verändert. Aus Scheibenrissen und Glasgemälden ist ersichtlich, dass das Essmesser im 16. Jh. ähnlich wie eine kleine Axt aussah. Im 16. Jh. ist die Klinge schmaler geworden, und in der Mitte des 17. Jh. setzt sich die abgerundete Klinge durch. Der Griff ist mit venezianischem Perlmuster verziert.

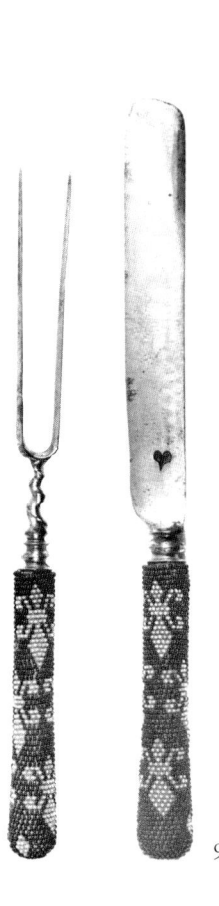

Im Gegensatz zu städtischer Kultur gab es in bäuerlichen Kreisen keine ausgeklügelten Vorschriften über die Art und Weise der Speisenfolge, über das Tranchieren, über das Anrichten in einzelnen Platten und Schalen. Die vorhandenen Zeugnisse lassen vielmehr auf teilweise eher primitive Verhältnisse schliessen. Suppe und Gemüse wurden aus der gemeinsamen Schüssel gegessen. Fleisch ass man von den Holztellern, die erst verhältnismässig spät von den Zinntellern abgelöst wurden, wobei sich zwei bis drei Personen mit einem einzigen Teller begnügen mussten. In den meisten ländlichen Haushaltungen, ja auch in Gasthäusern und Gesellschaftsstuben begnügte man sich mit flachen, runden Holztellern, wie das der schöne Scheibenriss von Stammheim im Jahre 1640 zeigt. Der Brei kam im gemeinsamen Topf auf den Tisch.[25] Gabeln fehlten noch bis ins 18. Jahrhundert weitgehend, für alle festen Speisen benützte man die Finger.[26] Auf dem Buffet stand die Handgiesse, an der nach dem Essen die Hände gereinigt wurden.[27] Im Bauernhaushalt gab es selbst im 19. Jahrhundert selten Gläser. An ihrer Stelle standen höchstens Holzbecher, zudem benützte man das sogenannte Wassergätzi.[28] In ländlichen Kirchen blieben sogar die Abendmahlbecher bis um 1900 aus Holz.[29] Auch das Küchengeschirr war in der Regel aus Holz geschnitzt.[30] Die Gabeln waren zwei- oder dreizinkig, im 18. und 19. Jahrhundert in der Regel an einem braunen oder schwarzen Heft aus Holz befestigt.[31] Hingegen durften in keinem Haushalt, was im Hinblick auf das häufige Vorkommen von Suppe und Brei verständlich ist, die Löffel fehlen. In früherer Zeit bestanden sie aus Holz, später aus Zinn oder Blei. Michel Montaigne hebt 1580 ausdrücklich hervor, dass in der Schweiz im Gegensatz zu Deutschland jede Person am Tisch einen eigenen Löffel besitze.[32] Im allgemeinen kam man mit ganz wenigen Geräten aus, wie das Inventar eines Bauern 1594 zeigt: Es bestand aus einer Kanne, zwei Pfannen, einem Kupferhafen und einem Kupferkessel sowie drei alten Trögen und Fässern.[33] Selbst in wohlhabenden Familien waren im 18. Jahrhundert nur sehr wenige Zinn- oder Holzteller, fast keine Gabeln und meist nur ein einziges Messer vorhanden. Erstaunlicherweise finden wir hingegen schon in jener Zeit Tischtücher oder Tischlaken vor. (In der Stadt waren sie seit dem 15. Jahrhundert bekannt.) In früherer Zeit reichten sie, kunstvoll gefaltet, bis fast zum Boden. Vermutlich legten sich die Essenden einen Teil des Tischtuches auf die Knie und benützten diesen mangels Servietten zum Säubern von Mund und Fingern.

Der Bauer gehört zu den Ständen, die Sitte und Brauch zäh bewahren. Und doch zeigen die Essgewohnheiten, dass auch er mannigfachen Einflüssen ausgesetzt war. Wandlungen ergaben sich einmal aus der Änderung der Nahrungsmittel selber, dem Aufkommen von gewissen Getränken und Speisen (beispielsweise von Kartoffeln und Milchkaffee). Zu diesen natürlichen Gegebenheiten traten geistige Kräfte: Wir denken da vor allem an den stets vorhandenen Trieb, es den höheren Ständen gleichzutun, und an den Drang, innerhalb des eigenen Standes immer wieder zu zeigen, was man besass und dementsprechend auch galt, und wir denken auch an den alten sympathetischen Glauben, der da sagte: «Man ist, was man isst.» Es gab zahlreiche Leute, die glaubten, dass Charakter und Seele der Nahrung auf den Essenden übergingen. Deshalb behaupteten die Jäger, man müsse das Blut von frisch erlegtem Wild trinken, um deren Augen und Schnelligkeit zu erhalten, und man sagte, dass Schaf- und Kalbfleisch keine Kraft gäben, sondern schlapp machten.[34] Von Generation zu Generation wurden diese meist auf magischen Zusammenhängen beruhenden Vorstellungen weitergegeben.

Von alters her besassen Essen und Trinken auch rechtliche Funktionen. Jede Vereinbarung: Kauf, Verlobung und Heirat, wurde durch einen Trunk bestätigt, wobei freilich in vielen Fällen der Wein diese Vereinbarung erleichterte oder gar überhaupt erst bewirkte. Mancher Vertrag entstand unter dem Einfluss von Alkohol: Im 16. Jahrhundert beispielsweise herrschte die Sitte, «auf die Ehe zu trinken». Aus oft

95

95 Ehelöffel. Dieser hölzerne Löffel, wohl aus dem 16. Jh. stammend, hing im Gerichtslokal. Stritt sich ein Ehepaar andauernd und war eine Scheidung im Anzug, griff man zu einem letzten Mittel: Man sperrte die beiden ein, gab ihnen einen einzigen Löffel zum Essen. Auf diese Weise, so hoffte man, würden sie sich aussöhnen. Vielleicht steckt aber auch der alte Volksglaube dahinter: Wer aus dem gleichen Glas trinkt, mit dem gleichen Löffel isst, ist des gleichen Geistes.

zeugenlosen Eheversprechen entstanden indessen immer wieder Streitigkeiten, weil es den einen Teil nachher reute oder weil man später überhaupt nicht mehr genau wusste, wie «alles sich genau zugetragen hatte». Die Obrigkeit erklärte die Weinheiraten als ungültig. Gemäss den Zürcher Ehegerichtssatzungen sollte «fürderhin keine Ehe hinter dem Wein, an Hochzeiten Dantzen, Mahlzeiten, Kilchwinen, Liecht-Stubeten und sonsten leichtfertigen Zusammenkonfften von zwey Personen versprochen werden...»[35]

Dem gemeinsamen Trunk und Essen wohnte ein uralter magischer Sinn inne: «Man trinkt aus demselben Glas, man isst vom selben Teller, man nimmt dieselben Speisen zu sich, folglich hat man dasselbe in sich.» Im Freiamt galt es als rechtsgültiges Eheversprechen, wenn ein Bursche einem Mädchen ein Stück Brot oder auch nur eine Birne zuwarf mit den Worten «I gib ders uf d'Eh» und wenn das Mädchen annahm und ass. Dass Braut und Bräutigam nach dem Eheversprechen zeremoniell vom gemeinsamen Teller assen, ist ebenso alt wie weitverbreitet. In Ellikon mussten die Verlobten beim Verlobungsmahl mit demselben Messer schneiden und aus demselben Glase trinken.[36] Seit dem 17. Jahrhundert pflegte man zankende, die Scheidung verlangende Eheleute gemeinsam einzusperren. Sie erhielten nur ein Bett, einen Stuhl, einen Löffel, damit sie auf gegenseitige Gefälligkeit angewiesen waren. Der zürcherische Ehelöffel wird im Landesmuseum aufbewahrt. Gemeinsam genossene Speise schuf auch Gemeinschaft mit den Toten und den Überirdischen. Darum wurden die Totenmähler nicht nur abgehalten, um die Familie zu versammeln und des Toten zu gedenken; sie verbanden die Hinterbliebenen und schlossen auch den Toten mit ein, für den da und dort bis vor kurzem ein Gedeck aufgestellt wurde.[37] Eine sympathetische Wirkung wurde auch vom Bruderschafts- und Freundschaftsritus, dem Freundschaftstrinken, erwartet. In abgeschwächter Form erhielt es sich im Anstossen, bei welchem sich wenigstens die Gläser berühren.

Dass an den Festen ungeheure Mengen vertilgt worden sind, wurde bereits dargelegt. Zweifellos hängt dies in erster Linie damit zusammen, dass man sich eben während langer Zeit nur mit dem Allernötigsten begnügen musste. Ursprünglich hatten diese bäuerlichen Festmähler aber auch den Sinn, «durch reichliches Essen die pflanzliche Fruchtbarkeit des kommenden Jahres magisch zu fördern». So dienten etwa die verschiedenen Erntefeste dem «Dank an die göttlichen und irdischen Helfer nach der Bergung und Verarbeitung der Ernte». Während der Ernte selbst waren die Erntearbeiter so gut und nahrhaft zu regalieren, dass sie bis zum Schluss der Ernte aushielten. Die aus dem Mittelalter stammende Dorfoffnung von Kloten bestimmt, dass den Schnittern zum Morgenessen gutes, und zwar weisses Brot mit Knoblauch, zum Imbiss aber Kraut, Fleisch und nochmals weisses Brot, zum Nachtessen schliesslich ein Braten, der «nachtbratten», gegeben werde.[38] Unter ausdrücklichem Hinweis auf den «Heuet», die Heuernte, reduzierten Bürgermeister und Räte von Zürich am 13. Juni 1578 den Detailpreis für das Rindfleisch. Hinweise auf die besonders kräftige Kost in der Erntezeit finden sich ohne Zahl bis in die allerneueste Zeit. Sie sind selbst

96 Deckelhumpen. Arbeit des Ludwig Mieg, 17. Jh. Die Deckelhumpen wurden vor allem von den Frauen zwischen dem 16. und 18. Jh. gebraucht. Daraus pflegten sie warme Mischgetränke zu geniessen. Der Humpen musste deshalb schliessbar sein. Deckelhumpen waren auch relativ klein.

108

aus ärmeren Gegenden, wie dem Zürcher Oberland, bezeugt. Anderen Zwecken diente das eigentliche Festmahl nach getaner Arbeit. Ausser der Dankbarkeit schimmern magische Bräuche durch. So etwa, wenn sich im 16. Jahrhundert Bauer und Knechte nach der Aussaat zu einem Essen, dem sogenannten «Saathasen», vereinigten. Der Hase galt von alters her als Sinnbild der Fruchtbarkeit, und es ist sicher auch nicht ohne Bedeutung, dass es beispielsweise nach dem Säen von Mohn üblich war, in Butter gebratene Eier (Spiegeleier) zu essen, war doch das Ei Symbol keimenden Lebens.[39] Das Erntedankfest diente zugleich auch der Geselligkeit und dauerte bis zum Hahnenschrei, weshalb es als «Krähhanen» bezeichnet wurde. In Weingebieten gab es den «Krähhanen» nach der Weinlese, bei den Getreidebauern nach der Getreideernte, und das Hirtenland beging den «Heuhahnen». Das Fest nach der Weizen- und der Haferernte wurde auch «Sichellöse» oder «Sichellege» genannt.

Die Gemeinden, die eigene Felder besassen, spendeten den Leuten nach getanem Gemeinwerk einen «Trunk», der in Humlikon und Andelfingen im 17. und 18. Jahrhundert aus Wein und Brot bestand. In Dübendorf erhielten die Zehntenknechte zum Schneidhahnen schon in früherer Zeit nicht Brot und Wein, sondern 16 Schillinge. Nach dem Abschluss der Kornernte bekam jeder Schnitter aus dem Mehl der ersten Garbe ein Erntebrot, das an den Wanderstab gesteckt wurde, den man mit Stolz auf der Schulter davontrug. Ausgelassene Spiele begleiteten den Krähhahnen der Weinarbeiter im 16. Jahrhundert: «Nach dem gemeinsamen Hirsebrei versuchten die Knaben die Brüste der Mädchen zu entblössen», was man «hirsdöuen» nannte.[40] Auf den Krähhahnen folgte die Trottenmahlzeit. Vielerorts war der Rebbesitzer, in Meilen beispielsweise das Stift Einsiedeln, laut alter Übung verpflichtet, das Trottenmahl zu spenden. In Flaach spendeten die Weinzehntenbezüger noch im 17. Jahrhundert zahlreiche Naturalien, wie Hähne, Kapaunen, Hasen, Gänse, Fische, Fleisch und Wein. Um 1693 wurde diese Spende in Geld umgewandelt. Im Mai hatten jeweils die Lehensleute dem Kornmeister eine Naturaliengabe, die sogenannte «Meyeten», dargebracht. Dafür hatte dieser einen Trunk zu spenden. Um 1789 hob die Regierung diesen Brauch «völlig und ganz» auf.

Am Erntesonntag, dem kirchlichen Dankfest, brachte man eine gewaltige Garbe in die Kirche, die am Schluss der Feier den Dorfarmen überreicht wurde. Am Nachmittag fand öffentlicher Tanz statt. In den Akten wird hin und wieder auch auf die «Mostfeste» hingewiesen. Ob es sich dabei um den Vorläufer des «Sausersonntags» handelt oder um ein Fest, das mit der Herstellung von Obstwein in Zusammenhang stand, lässt sich nicht einwandfrei eruieren.

Zu den Erntefeiern in einem weiteren Sinn zählte auch die Metzgete. Das festliche Begehen dieses Anlasses reicht, wie Urkunden aus dem 13. Jahrhundert zeigen, recht weit zurück. Auch Stucki erwähnt das Fest, und es ist vor allem in der ökonomischen Literatur des 18. Jahrhunderts immer wieder anzutreffen. Bei den Hirtenbauern war die Metzgete das grösste Ereignis des Jahres. Je nach Gegend und Situation des Bauern wurde sie mehr oder weniger umfangreich und grossartig durchgeführt. Aus den Käsereigebieten sind Milchkaufbräuche überliefert. Hatte der Milchkäufer, der Käser oder Senni, die Preise und Lieferkonditionen mit den Verkäufern festgesetzt, so lud er sie ins Wirtshaus zu Wein und Brot ein; die Kinder erhielten Brot und Käse. In Stadel, Elgg, Fischingen und an weiteren Orten erhielten sich die Grenzumgänge, deren ursprünglicher Zweck die feierliche Weihung der Flur war. Nach dem Umzug setzte man sich zu fröhlichem Mahl im Gemeindehaus oder in einer Gaststätte zusammen.

Wer neu in die Gemeinde kam, hatte den andern Bürger einen Trunk zu offerieren. Er kostete oft mehr als die auch nicht immer geringe Einkaufsgebühr oder das sogenannte Einzugsgeld. Manche Einzüger fanden offenbar, es sei des Guten doch zu viel, weshalb bei solchen Einzugsmahlzeiten nicht immer das Beste aus Küche und Keller

96

auf den Tisch kam. Darum beschloss am 24. Juli 1606 die Gemeinde Hinteregg: «Der Wein soll nüt der best, aber auch nicht der schlechteste sein; der Käs auch nicht der schlechteste...»[41]

Mit alten Fruchtbarkeitsbräuchen, teilweise auch mit sozialen, ja staatspolitischen Erwägungen – der kinderreiche Staat war der glücklichste Staat – hängen die Gaben an die Schwangeren und Kindbetterinnen zusammen. In Töss bekamen sie im 16. Jahrhundert ein paar Mütschli, einen Napf mit Mehl und zwei Mass Wein. In Kilchberg musste der Herr von Kappel, der das Recht hatte, von jeder Haushaltung ein Fastnachtshuhn zu beziehen, dieses an die Wochenbetterin zurückgeben.

Unzählige Mandate und Gebote befassten sich mit den ländlichen Wirtshäusern und den Gesellenhäusern. Um 1752 durfte ein Zürcher Wirt für drei Personen nicht mehr als einen Kopf Wein, was ungefähr 5,5 Litern entspricht, auftragen. Später wurde die Einnahme des Morgensüppleins im Wirtshaus sowie der Konsum von Branntwein am Morgen verboten, und nach 1611 war den Wirten auch der Weinausschank am Morgen untersagt. Ein Jahr darauf verbot die Obrigkeit den Besuch von Gesellenhäusern und Wirtschaften am Tag des Herrn und stellte hierauf das Zechen und Weintrinken am Samstag und an den Abenden mit Abendpredigt ab. Im 18. Jahrhundert wandte sie sich gegen den Verkauf von Kaffee, Tee und Schokolade im Wirtshaus, gegen Tanz und Konzert in der Gaststube.[42]

Die Ess- und Trinksitten sind im 17. und 18. Jahrhundert durch die sich stärker durchsetzende Geldwirtschaft umgestaltet worden. Je mehr sich die Menschen von Grund und Boden lösten und ihr Leben «nur an den Baumwollfaden hängen, den sie spinnen oder weben», um so mehr erhielten sie auch die Freiheit, ihr Leben und vor allem ihre Ernährungsweise nach ihrem eigenen Willen zu gestalten. Im Gegensatz zu früher wurde der Küchenzettel nicht mehr allein durch die eigenen Ernteerträge bestimmt. In den Arbeiterkreisen, so hiess es vor allem im 18. Jahrhundert, verschwindet der Brei, das Hafer- sowie Hirsemus, dafür nimmt das Kaffeetrinken sowie der Konsum von Wein und gebrannten Wassern überhand. In guten Zeiten kaufen die Verlagsarbeiter sogar Gebäck, Weissbrot und Zucker, während sie in schlimmen und bösen Zeiten zu Rübenkaffee und Kartoffeln als einziger Nahrung zurückkehren. Ein genauer Beobachter dieser Verhältnisse, der Deutsche Meiners, hat nicht ganz zu Unrecht bemerkt, dass die gleichförmige Beschäftigung des Spinnens oder Webens dazu anreize, die Arbeit mit kleinen kulinarischen Genüssen zu unterbrechen. Er und verschiedene Ökonomen haben sodann auch festgestellt, dass die Leute eine neue Lebenshaltung angenommen hatten: Sie lebten im Gegensatz zu den Bauern in den Tag hinein und von der Hand ins Maul. Im Gegensatz zum Bauern war ja tatsächlich der Heimarbeiter nicht mehr gezwungen, über Monate und Jahrzeiten hinweg zu rechnen und einzuteilen. Die bodenfremde Existenzgrundlage hat zu einem ganz neuen Verhalten, nicht nur in den geistigen, sondern auch den materiellen Dingen des Lebens gegenüber geführt, die im krassen Widerspruch zur Überlieferungsgebundenheit des bisherigen Daseins stand.[43]

Kleidung

Das Kleid war wie heute Schutz vor Wärme und Kälte, Schmuck und Statussymbol in einem. Aber auch und vor allem: Zeichen und Rang des Standes. Der Schaffhauser Chronist Rüeger beschreibt diesen Sachverhalt um 1600 in klassischer Weise: Es gibt drei Stände, den der Ritterschaft, «welchen wir bi uns den stand der edlen uf der Herren stuben nennen». Es folgt der Patricius ordo, «das ist der stand der Geschlechteren, Kaufleute, Handwerker der elteren gmeinen stat im regiment loblich und wol vorgestanden». Der dritte Stand, «das ist der stand des gmeinen manns, genamset Plebeius ordo».[1] Schon bei den Alten, so fährt Rüeger fort, den Vorfahren, hätte man die drei Stände an ihrem Kleid erkannt. Ja die Handwerker hätten, wie es bei den Römern Brauch gewesen sei, zusätzlich ihr «handwerksinstrument und werchzüg» tragen müssen, damit man sie kennen und «unterscheiden könde und möge».[2] Jedermann wusste, was er seinem Stand schuldete: die Kleidermandate sagten es unmissverständlich. Da gab es allerdings ganz verschiedene Auffassungen. Um 1470/71 fanden die Berner Edelleute, man könne ihnen, was die Kleider betreffe, keine Vorschriften machen. Sie hätten vor «anderem gemeinen volk» den Vorzug. Um ihnen entgegenzukommen, gestattete der Rat den Edelfrauen, sich mit edlen Steinen, Gold und anderem nach ihrem Gefallen vor andern Frauen auszuzeichnen. Was hingegen die Kleiderlänge und die Schuhspitzen betreffe, hätten sie sich den andern gleichzustellen. Das war aber offenbar zu viel verlangt. Es kam zur Demonstration: Am 25. November 1470 kamen die Edelleute mit langen Spitzen an den Schuhen in die Messe, die Edelfrauen mit langen Schwänzen an ihren Rücken, alles «wider den alten Satzungen und Ordnungen». Grosse Unruhe entstand und die Fehlbaren wurden vor den Rat zitiert. Sie seien, so machten sie dort geltend, auf diese Vorrechte angewiesen; weil sie an Werktagen keine seidenen und goldenen Kleider tragen können, müssen sie sich mit den Schwänzen auszeichnen, mittels derer man sie erkennen könne. Doch der Rat blieb hart, büsste sie und verbannte sie für einen Monat aus der Stadt. Die Edelleute bezahlten zwar die Busse, kehrten aber nach Ablauf der Verbannung nicht mehr in die Stadt Bern zurück. Dies führte zu wirtschaftlichen Spannungen. Man wäre froh gewesen, den leidigen Twingherrenstreit, wie man diese Auseinandersetzung damals nannte, wieder beizulegen. Die Eidgenossen vermittelten. Es kam eine Einigung zustande, und die Kleiderordnung wurde abgeändert.[3]

Zu den ständischen Farben gesellten sich die Standesfarben. Wiederum sind es die Chronisten, welche uns getreulich Auskunft geben. Brennwald berichtet, dass die Zürcher Krieger schon um 1315 mit weissen und blauen Standesfarben ausgestattet gewesen seien.[4] Die Berner Krieger erschienen 1365 mit weissen Wappenröcken und schwarzen Bären, die Freiburger in Weiss und Schwarz und die Churer um 1499 im Schwabenkrieg in Blau. Die Basler traten um 1576 in Schwarz und Weiss auf.[5] Schon um 1490 erscheinen auch modische Kleider. Bis dahin hatte, so Konrad Pellikan in seiner Hauschronik von 1544, «noch niemand buntfarbige, zerhauene Kleider

97 Der arme Mann im Toggenburg und seine Frau. Gemälde von J. Reinhart. (Um 1790.) Er schuf im Auftrag des Seidenfabrikanten Rudolf Meyer zwei Serien von Trachtenbildern. Mit seinen Arbeiten überliefert uns der Maler eine Reihe von einmaligem kulturhistorischem Wert besonders zur Erfassung von Trachten und der Mode auf der Landschaft im 18. Jh.

gesehen; aber jetzt mussten sich die Schneider daran machen, solche Flickerkünste zu lernen. Denn die heimkehrenden Soldaten führten unter der Hand allerlei Neuerungen in der Heimat ein, wie bunte Stiefel und runde Schuhe, während früher die Männer und Weiber spitze getragen hatten. Um die gleiche Zeit kam eine neue Art abgerundeter Sandalen auf, die man Pantoffel nannte; auch meine Eltern habe ich die neue Mode tragen sehen, wogegen die sog. Holzschuhe mehr und mehr verschwanden. Dergleichen kostspielige Neuerungen und viele andere Kleiderveränderungen, die in meiner Knabenzeit Eingang und Verbreitung fanden, sind ja mittlerweile ins Unermessliche angewachsen.»[6] Der Berner Chronist Valerius Anshelm stimmt in diesen Chor ein: Fremde, seltsame Weisen, Sitten und Bräuche sind aufgekommen. Männer und Frauen kleiden sich anders als noch vor zehn Jahren, sagt er um 1529. «Die Männer anstelle der zotten käplin, hoch baretlin, filzhüetlin, zwilch, lantduoch, kurtz mäntelin, schinzröklin, bastwamsel mit hohen, abgespitzten bappeten göller, mit brise (Saum) oder Knöpflin, hosen mit kurzem gsäss, flachem laz und halben fürfüssen (Socken), spizbundschuoch, solklein (Zoccoli, Sandalen), holzschuoch sind kommen, zottet hüet, sturmbaretlin, rök und mäntel lang, mit viel välten und breiten gstalten…» Ausserdem seien Leibröcke mit halben und weiten Ärmeln, ferner Schürlizwamse, mit breitem Besatz und Brusttuch mit silbernen Knöpfen und vor allem seidene Westen aufgekommen. Anshelm fährt fort: Selbst die Bauern haben angefangen, Seidentuch und weitausgeschnittene Hemden zu tragen. Manche lassen das Wams weg, was eine grosse Schande ist. Dazu kommen ausgeschnittene Schuhe. Die gelbe Farbe, die man früher Judasfarbe genannt habe, sei jetzt allgemein geworden; man nenne dieses Gelb auch Schweizergelb. Noch schlimmer sei die Mode bei den Frauen: Hohe Hauben sind aufgekommen sowie halbe Brusttücher, mit Seide belegte Halsgöller, überhaupt Seide auf Seide, die man selbst im Stall und in der Küche trage, kurzum alles, was die Mätzen aus den Kriegen und fremden Landen gebracht hätten, auch ihre «hurische Üppigkeit».[7]

Der Moralist Anshelm übertreibt vielleicht. Doch er hat die Obrigkeit auf seiner Seite. Sie verbietet zerhauene Hosen bei hohen Strafen bis zu fünf Pfund, sodann lampartische Kragen und Kragenhemden, auch die Plattenbarettli und anderes mehr.[8] Allein der Kampf um die «Sittenreinheit» ist schwer und die Spiesse sind ungleich. Cysat jedenfalls notiert, dass sich in einem Zeitraum von 80 bis 100 Jahren alles, aber auch gar alles verändert habe. Zwar habe das Landvolk eine Zeitlang eine gewisse Zurückhaltung geübt, es habe sich einfach, zum Teil sogar schlecht gekleidet. Da war nichts zu sehen von Samt und Seide. Ganz anders aber die wohlhabenden, ja reichen Leute in den Städten und Hauptflecken. Zwar gebe es auch hier immer noch viele ältere Männer, die Hosen und Wams «nach tütscher Art» trügen, grösstenteils noch unzerschnitten. Doch die Jungen, vor allem die Söldner, trügen zerschnittene Hosen, mit Seide oder Taffet unterzogen. Selbst die Untertanen in den Stadtstaaten trügen jetzt Leibröcke, die bis zum Knie fallen. Zur Kopfbedeckung gehöre jetzt allgemein das welsche Barett oder der Fladenhut, der vor allem in den Städten tägliche Erscheinung sei. Neuerdings gebe es jetzt auch zwei Sorten Schuhe: «Die einen werden ob dem rist zuosamen gestrickt und pundtschuoch genannt.» Sie werden sowohl von den Bürgern wie von den Bauern, den Herren wie den Knechten getragen, aber natürlich werden sie für die Herren feiner geschnitten und aus feinerem Leder gemacht. Die andere Gattung nenne man die Lakaien-Schuhe, sie seien welscher Art und erst vor kurzem eingeführt worden. Diese Schuhe trage man aber nur in den Städten. Dann gab es bis vor kurzem noch ausgeschnittene Schuhe (wohl eine Art Sandalen), sie werden jetzt aber nur noch von einigen alten Leuten, von den Priestern, Edelleuten und vornehmen Städtern getragen.[9]

Offenbar war der Zauber der adligen Lebensform so gross, dass ihm die Bürger, vor allem in den Städten, immer wieder von neuem unterlagen. Der Zürcher Edlibach

98 Maria Barbara Aberli im Alter von etwa 18 Jahren. Gemalt von Emanuel Handmann. (1718–1781.) Das hübsch gekleidete Mädchen hat ein schalenförmiges Körbchen auf den Knien. Darin befindet sich ein Garnknäuel für die Strickarbeit.

98

99 Bildnis des Bannerherrn Jacob Schwytzer. Gefirnisste Tempera auf Lindenholz, 1564. Der Bannerherr trägt ein Barett sowie ein kurzes Wams aus kostbarem Stoff. Am Gurt angehängt ist das Schwert. Typisch sind die eng anliegenden Beinlinge mit der Braguette, der Schamkapsel; in der rechten Hand trägt Schwytzer den berühmten Schweizer Dolch.

100 Bildnis der Elisabeth Lochmann, geborene Schwytzer. Von Tobias Stimmer, 1564. Die verheiratete Frau verhüllt in dieser Zeit ihr Haar, bedeckt mit einer Haube. Im viereckigen Ausschnitt wird das leinerne Hemd sichtbar. Das verhältnismässig einfache Oberkleid ist mit breiten Samtborten geschmückt. Über dem seidenen Rock trägt die Frau eine leinene Schürze. Am Gurt angehängt befinden sich Küchenbesteck sowie eine Tasche.

berichtete schon 1485, dass der Rock der Zürcherin nach der Art der Edelleute mit Pelzwerk verbrämt sei; ausserdem verwende man köstlichen Samt, Damast und Seide. Sie gehen, sagt er, so zur Kirche, als wollten sie auf eine Kirchweih oder auf einen Tanz.[10]

Als Piccolomini 1434 in Basel weilte, fiel ihm auf, dass die Basler Frauen, wenn sie zum Tanz gingen, sich sehr aufputzten und ihre Kleidungsstücke mit Edelstein, Silber und Gold drapierten, so wie wenn sie zur Hochzeit gingen. Der Alltag sehe freilich anders aus, da seien die Kleider der Frauen alle einheitlich, in unabänderlicher, biederer Weise, «weswegen auch eine Dirne wie eine Nonne aussieht».[11] Die St. Galler Mädchen, so meint Kessler 1526 tadelnd, seien der Zeit folgend zu weit gegangen; sie hätten «ire herz fornen und hinden biss auf die brust entblösst und diese entdeckung der herzen und hälsen ward genannt die tafel ufthuon». Etwas Neues ist das nicht, fügt der reformierte Kessler hinzu, denn früher seien gewisse Heilige in Bildern auf diese Art dargestellt worden.[12]

Unsere Vorfahren haben, so meint der Bündner Chronist Ulrich Campell um 1570, eine einfache und selbstgefertigte Gewandung getragen. Aber heutzutage könne man kaum ein Land finden, welches so kostbare Kleider habe. «Da hat sich die Sitte, Gold und Silber (nämlich an Halsketten oder Dolchen und Schwertern), ferner einfach Seide und sogenannten Plüsch, endlich Purpur, Moiré und andere kostbare Stoffe zu tragen, heute so eingebürgert, dass sie allen menschlichen Ständen ohne Unterschied, in Rätien so gut wie in Helvetien, gemeinsam ist... Allein die Davoserinnen sind einfacher gekleidet, als anderwärts der Brauch ist.»[13]

Wie stark die Mode die althergebrachte Kleidung beeinflusst hat – die Chronisten kennen das Wort Mode nicht, sondern sprechen von Brauch –, bezeugt auch Felix Platter. Ich war, so schreibt er 1548, «alzeit zimlich kleidet, altzyt von farben, wie domalen der bruch». Um 1553 dagegen, als er in Montpellier weilte, zog er ein Paar neue, rote Hosen an, die sehr eng und glatt waren und ihn recht einengten, so dass er sich kaum mehr bücken konnte. Aber eben, es war jetzt Brauch, war Mode.[14] Als er 1563 für eine Badekur ins Wallis reiste, war er, wie er wiederum betonte, «wie domol im brauch, hübsch rot bekleidet», «hatt ein rot attlasen wamist, rote hosen sammeten hutt von ungeschorenem samet auf».[15]

Man kleidete sich der Mode entsprechend. Dazu kam die individuelle Note. Sie tritt bei der Uniform in den Hintergrund. Als sich 1484 dreihundert St. Galler an die Fasnacht nach Konstanz gabeten, waren alle in roten «gloggen röcklinen und mit einem weissen und schwarzen Hemd bekleidet».[16] Ganz offensichtlich stand hinter solcher Uniform die Obrigkeit: denn als 1517 die Basler an die Kirchweih nach Altdorf zogen, «verortnetten mine Herren», dass sie «wol uszbutzt» und hübsch alle mit der gleichen Farbe zu kleiden seien. Auch die Zürcher, die 1576 zum Schützenfest nach Strassburg reisten, sind von der Obrigkeit mit der gleichen Hose und Wams bekleidet worden.[17]

Welchem Stand ein Mann auch immer angehörte: Er trug im 16. und 17. Jahrhundert stets die dem Körper anliegende strumpfartige Hose. Sie war so eng, dass eine Schamkapsel, die Braguette, notwendig war. Über die einfarbigen Beinlinge konnte man eine kurze einfarbige oder auch gestreifte Hose ziehen. Um die malerische Wirkung zu steigern, sind die geöffneten Stellen mit farbigen Futtern unterlegt worden. Unter den Beinlingen trug der Mann eine Unterhose oder auch nur Schambinde. In bäuerlichen Kreisen waren es weisse Leinenhosen.

Zur Unterkleidung gehörte vor allem auch ein Hemd, es ist weit geschnitten, schliesst mit einer kragenähnlichen Borte ab. Es galt als höchst unschicklich, sich im blossen Hemd zu zeigen. Um einen besiegten Gegner besonders zu demütigen, lässt man ihn nur mit dem Hemd angetan aus der Stadt ziehen. In der Luzerner Chronik des Diebold Schilling ist eine solche Szene festgehalten. Da ziehen Besatzung und Bevölkerung von Tiengen in blossen Hemden aus dem eroberten brennenden Städtchen.[18]

Zur Männerkleidung gehörte immer auch das Wams. Es ist meistens aus der gleichen Farbe hergestellt wie die Beinkleider. Es kann im Winter auch durch ein Unterwams ergänzt werden. Es war von unterschiedlicher Länge, manchmal war es so kurz, dass die Obrigkeiten daran Anstoss nahmen. Die Ärmel des Wamses und Oberkleider waren weit. Ganz besonders beliebt waren die Puffärmel. Im 16. Jahrhundert trugen vornehme Bürger vor allem die Schaube, einen mantelartigen Oberrock – ähnlich dem heutigen Talar von protestantischen Pfarrern. Er schloss oben mit einem breiten Kragen ab. Beliebt war immer auch die Joppe, der Jupon, eine kurzgeschnittene Jakke, die wohl noch aus dem Repertoire der burgundischen Mode herrührt.

So vielfältig wie Wamsrock und Joppe präsentierte sich die Kopfbedeckung des Mannes. Da gab es die allerverschiedensten Formen und Materialien, und man kombinierte sie oft recht kühn, ja scheute sich nicht, gleich zwei Hüte übereinander zu tragen. Besonders keck scheinen die aus rotem Filz hergestellten Hüte. Sie treten sowohl flach wie kugelig auf und lassen allerhand kühne Ausschnitte am Rand zu. Für sommerliche Arbeiten gab es Strohhüte, während die Bauern im Winter Zipfelmützen trugen. Um ihre Würde zu betonen, trugen die Ratsherren pelzverbrämte Schauben, wozu auch ein Schaubhut aus Pelz gehörte, während sich Offiziere mit

101 Tracht der bürgerlichen Frau für den Kirchgang. (Um 1784.)

102 Bürgerlicher Kirchenhabit des Mannes. (Um 1784.)

103 Engadiner und Oberländer Frauentracht. Ende 18. Jh. Für die aus dem Rokoko stammende Engadiner Feiertags- und Hochzeitstracht (hinten) sind das Capadüsli als Kopfbedeckung, die langen Ohrgehänge aus Silber- oder Goldfiligran und die Bernstein-Halskette ebenso charakteristisch wie der oft über dem Mieder getragene, reich bestickte Vorstecker, die roten Ärmel, der rote Rock und die roten Strümpfe. An der Oberländertracht, Figur links, zu der das unter dem Kinn gebundene Zughubi gehört, fehlen die bunten Stickereien; der mit Brokatstoff bezogene Vorstecker liegt unter der Schnürung des Mieders. Schultertuch und Schürze mit ihren Musterungen sind gewebt.

101

turbanartigen, mit Straussenfedern geschmückten Hüten gefielen. Daneben sind auch Hauben aus Leder bezeugt.

Auch das Schuhwerk ist von grösster Manigfaltigkeit, man hatte Halbschuhe, halbhohe Schuhe und Stiefel. Die noch im 15. Jahrhundert so beliebten Schnabelschuhe treten allmählich zurück und werden nur noch von hohen Geistlichen oder ausländischen Gesandten getragen. Auch die breiten Schuhe, Kühmäuler genannt, kommen im 16. und 17. Jahrhundert nur noch selten vor. Die Stiefel sind aus weichem Leder gearbeitet und, wie Schillings Bilder verraten, manchmal auch zum Knöpfen eingerichtet. Die Holzschuhe treten im 17. und 18. Jahrhundert mehr und mehr zurück, sie werden nur noch von Bauern und Hirten getragen. Unentbehrlich dagegen blieb nach wie vor der Gurt; an ihn hing man Geldbeutel, Schweizerdegen und Ledertaschen.

Im Gegensatz zur verhältnismässig reichen Männertracht bleibt die Frauenkleidung zunächst eher bescheiden. Alle Frauen, ob reich oder arm, tragen ein weitärmeliges Hemd. Grosse Unterschiede treten in der Machart auf. Es kann von grobem Barchent in bäuerlichen Kreisen bis zur feinsten Leinwand in vornehmen Bürgerhäusern variieren. Der Unterrock, im 17. Jahrhundert allmählich Erotikum, bleibt lange Zeit bescheiden. Er bestand aus gleichem Material wie der Oberrock. Dieser reduzierte sich bei Frauen niedrigen Standes auf einen ringförmig geschnittenen Rock. Zur Arbeit banden sich die Frauen eine Schürze um. Auch für sie war der Gürtel wichtig, an ihn hängte man wichtige Attribute des Haushaltes, den Schlüsselbund etwa, oder die Vorlegegabel, Kennzeichen für den gehobenen bürgerlichen Haushalt. Für den Ausgang hüllte sich die Frau in einen weiten, ärmellosen Radmantel. Normmässig vorgeschrieben war auch die Kopfbedeckung: Die verheiratete Frau hatte ihr Haar sorgfältig zu verbergen. Dazu gab es ein straff anliegendes Schleiertuch, das «gebend». Es wird später von der Haube verdrängt; sie erscheint im Zeitalter der Renaissance in modischer Kürbisform. Über die Haube kam für den Kirchgang eine Hulle, ein Schleiertuch aus weissem Leinen.

Den Ausländern fiel besonders auf, das sich die Tracht der Schweizer von der Kleidung «aller übrigen Nationen, die ich je zuvor gesehen habe», unterscheidet. So schreibt der Engländer Thomas Coryat 1608: «Alle Männer tragen knielange Pluderhosen, flache Mützen und Halskrausen; ich sah in der ganzen Stadt Zürich keinen Mann oder Knaben eine herabhängende Halsbinde tragen. Viele von den Frauen, besonders Jungfrauen, tragen ihr Haar in einer sehr seltsamen und ungewöhnlichen Art, wie ich sie zuvor noch nie gesehen hatte, später aber an vielen andern Orten in der Schweiz, vor allem in Basel, häufig bemerkte. Sie flechten es in zwei sehr lange Strähnen, die einen halben Yard über die Schultern hinunterhängen. Und manche von ihnen knüpfen hübsche seidene Bänder oder verschiedenfarbige Schleifen hinein.»[20] Offensichtlich musste man aufpassen, dass man nicht unangenehm auffiel: In Brackenhoffers Reisebericht von 1646 ist ein junger Zürcher namens Orelli beschrieben. Dieser Mann, der an der Zurzacher Handelsmesse gewesen war, «trug französische Kleidung; eine rote, mit Spitzen besetzte Kniehose, ein weites Wams, einen grossen Hut mit zurückgeschlagener Krempe, einen Degen à la mode; kurz, er war ganz und gar gekleidet wie ein Franzose. Nachdem wir zusammen in Zürich eingeritten waren, verabschiedete er sich von uns in der Nähe seines Hauses, kam aber kurz darauf in unsere Herberge, ganz in schwarz gekleidet, mit weiten, gefältelten Pluderhosen à la Suisse, einer kleinen Mütze auf dem Kopf und um den Hals eine kurze Kravatte mit einem seltsamen Knoten; er war derart verändert im Vergleich zu seiner vorherigen Kleidung, dass wir ihn kaum wieder erkannten.»[21] Orelli musste also wieder zur biederen schwarzen Tracht greifen, wenn er sich bei seinen Mitbürgern nicht lächerlich machen wollte.

Diese puritanische Strömung hielt offenbar an, denn um 1705 schreibt der Franzose de Blainville: «Luxus und Eitelkeit herrschen nicht in Zürich. Beinahe alle Männer sind in schwarz gekleidet; nur den Jungen ist es erlaubt, farbige Stoffe zu tragen, und auch diese müssen ganz einfach sein.» Auch dem Marquis de Puyzieulx, der vom Hofe des Sonnenkönigs an ganz anderes gewöhnt war, fiel die Einfachheit der Schweizer auf. Es ist, so sagt er, den Zürchern ausdrücklich verboten, an ihren Kleidern Gold- oder Silberfäden zu verwenden; der Gebrauch von Spitzen ist ihnen gänzlich untersagt; und es ist ein Verstoss gegen das Gesetz, unter seinem Kleid eine Weste zu tragen.[22] In vielen Berichten von Ausländern wird das Wort Tracht verwendet. Lässt sich daraus ableiten, dass es schon im 17./18. Jahrhundert die heute so beliebten Schweizertrachten gab? Die Kulturhistoriker sind in ihrer Antwort recht vorsichtig. D.H. Schwarz, dem wir eine ausgezeichnete Kulturgeschichte der Schweiz verdanken, glaubt, dass «die eigentliche Landestracht» durch Übernahme der städtischen Moden im 18. Jahrhundert entstanden sei. Man habe sie in der Romantik irrtümlich als «uralte» Kleidung betrachtet und verehrt.[23] Im Gegensatz zum Vorbild, der städtischen Mode, blieben die von den Landleuten einmal aufgenommenen Formen und Farben länger erhalten.[24] Welche Rolle in diesem Zusammenhang die Kleidermandate spielten, ist noch unabgeklärt. Nachdem wiederholt von den Kleidermandaten die Rede war, drängen sich einige grundsätzliche Bemerkungen auf. Kleidermandate sind nicht erst im 18. Jahrhundert erlassen worden; sie gehen zum Teil bis ins 14. Jahrhundert zurück. Schon 1356, nach dem grossen Erdbeben, hat der Rat von Basel den Männern und Frauen verboten, «gezierde ze tragen von silber und gold».[25] Ein Jahr später erliessen auch die Zürcher ihr erstes Kleidermandat. In Prozessakten aus dem Jahre 1473 ist recht hübsch beschrieben, wie der Rat nicht nur gegen Übeltäter, die verbotene Schuhe trugen, vorging, sondern auch die Schuhmacher selber belangte.[26] Aber offenbar fruchteten alle diese Strafen nichts, denn 1488 wird gesagt, es habe eine «merkliche Unordnung der kostlichen Kleider halb» begonnen und das solle jetzt abgestellt werden.

Eine eigentliche Flut von Kleidermandaten brachte die Reformation. Sowohl in Basel wie in Schaffhausen, St. Gallen und Bern werden 1529 die üppigen Kleider und zerhauenen Hosen verboten.[27]

Solche Mandate sind von den reformierten Orten selbst in den Landvogteien durchgesetzt worden. Man will, heisst es in den Abschieden 1529, die zerhauenen Kleider auch im Thurgau nicht dulden. Man solle es ihnen mitteilen, damit sie wissen, «wie es in Zürich bräuchlich ist».[28] Die Motive zum Erlass solcher Kleidermandate sind verschiedener Art. Zunächst ging man von sittlichen Empfindungen aus. Im weiteren war das Nationalgefühl im Spiel. Sodann sind die Mandate geprägt von ständischem Denken. Ausserdem spielten wirtschaftliche Überlegungen mit, denn, so sagt schon Anselm 1521, das Übermass an Üppigkeit schadet dem Land. Ausserdem nehmen Betrug und «Geldlist» überhand.[29] Und Bullinger doppelt 1529 nach: Es könne niemand leugnen, dass «der merklich überfluss an kleidung» dem Volk zu grossem Schaden gereiche.[30] Gab es wirklich einen so grossen «Luxusaufwand»? Da wäre einmal daran zu erinnern, dass die gleichen Chronisten, die immer über den Luxus eiferten, doch nebenbei erwähnen, dass viel Volk in schlechten, geflickten Kleidern gehe.[31] In dieses Bild gehört auch, dass es in den Städten einen umfangreichen Altkleiderhandel gab. Ausserdem ist, wie Geering für Basel nachgewiesen hat, in Zeiten der Teuerung das hochwertige und kostspielige Leinen durch billigere Baumwollstoffe ersetzt worden.[32] Aufgrund von zahlreichen Preisangaben konnte Dirlmeier nachweisen, dass selbst die Alltagskleider der Patrizier alles andere als luxuriös waren. Etwas anders verhält es sich allerdings mit den Festkleidern. Wir müssen offensichtlich mit einem differenzierten Aufwand rechnen.[33] Die Preisangaben zeigen, dass es zwischen der sozialen Oberschicht und den Unterschichten grosse Unterschiede gab. So erhielt zum Beispiel in Basel 1401 ein Oberschreiber für Pelz und

104

105

104 Junge Frau und Krieger, von Niklaus Manuel Deutsch, um 1510. Das junge Paar erscheint in der phantasievollen und aufwendigen Bekleidung, die damals grosse Mode war, von den Moralisten indessen bekämpft wurde. So wetterte der Berner Chronist Valerius Anshelm ohne Unterlass gegen die geschlitzten Kleider der Söldner und die tiefen Brustausschnitte der Frauen. Auch die Kleidermandate fruchteten trotz hohen Strafen wenig oder nichts.

105 Männer mit Schaube bekleidet. Der männliche Oberrock war ein mantelartiges Gewandstück. Es lebt fort im Talar der Richter und der protestantischen Pfarrer. In der Länge variierte es; es reichte bald bis zu den Knien, bald bis zu den Knöcheln, konnte aber am Boden Staufalten bilden. Charakteristisch ist der breite Kragen. (Diebold Schilling Luzerner Chronik.)

106

106 Spätmittelalterliche Männerkleidung. Eng anliegende Beinkleider. Das Oberkleid deckt knapp das Gesäss, es wird durch den Leibgurt zusammengehalten. Wie die von Diebold Schilling fleissig eingezeichneten Nähte erkennen lassen, werden die verhältnismässig weiten Ärmel in ein weit geschnittenes Armloch eingenäht. Dieses Kleidungsstück, das auch mit Pelz verbrämt sein kann, erscheint in der spätmittelalterlichen Kunst etwa zwischen 1470 und 1480. Zur Entstehungszeit der Schilling-Chronik musste es also bereits altertümelnd wirken.

Gewand nicht weniger als 16 Gulden, was immerhin 15,5% des Gesamtlohnes ausmachte.[34] (Für die Zeit des 14. und 15. Jahrhunderts müssen wir mit etwa 10 Gulden pro Einzelgewand rechnen.) Demgegenüber kosteten die Kleider, die man in Bern den Armen abgab – sie waren aus Freiburger Tuch hergestellt – weniger als 1 Gulden. Preisangaben allein sind mit Vorsicht zu geniessen. Etwas aussagekräftiger sind Vergleiche: Eine Färbereiarbeiterin in Freiburg i. Uechtland verpfändet 1409 ihr Kleid für 4,4 Rheinische Gulden, und in Basel löst man 1505 aus dem Kleid eines verstorbenen Schmiedeknechtes 3,4 Gulden.[35]

Detaillierte Angaben für Kleider-Ausgaben sind sehr selten. Glücklicherweise hat Harms für Basel einige interessante Zahlen gefunden und ausgewertet. Für sechs Jahre des 16. Jahrhunderts sind die Kleiderkäufe für einen vom Rat aus Barmherzigkeit aufgenommenen und in einem Kloster untergebrachten Knaben nachzuweisen: Für Oberkleidung, Wäsche und Schuhe werden insgesamt 23,6 Rheinische Gulden aufgewendet, pro Jahr sind es 3,93. Die höchste Einzelsumme wird 1524/25 mit 10 Gulden angegeben. Weil das Kloster aufgelöst worden ist, gab man den Jüngling zu einem Handwerker. Mit ihm ist dieser Preis ausgehandelt worden.[36] Im folgenden führen wir die Preise für einige Bekleidungsartikel auf. Dabei muss man daran denken, dass die Qualität von Fall zu Fall und in den verschiedenen Zeiten verschieden taxiert wurde. Die Angaben zeigen aber die Grössenordnung und die allgemeine Tendenz der Preisentwicklung auf. Der Macherlohn für ein Paar guter Schuhe betrug in Zürich um 1505 4 Schilling 6 Heller. 1544 stieg der Schuhpreis auf 9 bis 11

Schilling, im Jahre 1567 auf 14 bis 21 Schilling. Um 1589 war er bei 45 Schilling angelangt, und im Jahre 1623 sogar bei 80 Schilling. Verhältnismässig kurze Zeit später (1649) betrug er 96 Schilling. 1679 sank er wiederum, 1741 aber stieg er erneut auf 80 Schilling, 1750 auf 90 Schilling an.

Noch schwieriger als die Schuhe sind die Textilien zu erfassen, weil wir in vielen Fällen die Beschaffenheit der genannten Tuche nicht kennen und auch die Ansprüche der Käufer verschieden waren. Um 1397 kostete ein grauer Rock 14 Schilling; ähnliche Preise stellten wir um 1405 fest. 1416 wurden für eine Elle Arrastuch 4 Schilling, 1478 für eine Elle graues Tuch 8 Schilling bezahlt. Um 1418 bekam man für 6 Schilling eine Elle leinenes Laken und für einen einzigen Schilling eine Elle Leinen. Schürlitz kostete 1452 und noch im 16. Jahrhundert 82 Schilling die Elle. Das Seidentuch galt 1462 40 Schilling die Elle. Baumwolltuch war billiger; die Elle kostete 1474 8 Schilling. Diese Angaben liessen sich anhand der Säckelamtsrechnungen, die von 1396 bis 1798 erhalten sind, allerdings mit einigen Lücken für die frühere Zeit, in starkem Masse erweitern. Die Rechnungsbücher enthalten periodische Hinweise auf die Kosten für Hemden, Leintücher, Vorhänge, billige «Röckli» für arme Kinder und so weiter. Was zuerst auffällt, sind die gewaltigen Preisunterschiede, die für die verschiedenen Fabrikate bestanden, sowie die grosse Zahl der aufgeführten Tucharten. Das Säckelamt kaufte beispielsweise 1651 allein für die Herstellung der weit über hundert Schützenhosen, welche den besten Schützen in Stadt und Land als Preise abgegeben wurden, sechserlei Stoffe an. Aus dieser Auswahl ziehen wir einige Angaben für Schützen-Barchent und Comer Schützen-Stammet heraus. 1548/49 kostete das «Stuck» (der Ballen) weisser Barchent 110 Schilling, das «Stuck» schwarzer und aschenfarbiger 100 Schilling; 1551/52 kostete das «Stuck» Barchent 93 Schilling 4 Pfennig, 1600/01 150 Schilling und in den folgenden Jahren wieder einige Schillinge weniger. Ein «Stuck» Stammet aus Como kostete 1599/1600 1032 Schilling (die einzelne Elle rund 56 $\frac{1}{2}$ Schilling), im folgenden Jahr, wie schon früher, 920 Schilling (die einzelne Elle gut 40 Schilling). Der Preis von 40 Schilling für die Elle Stammet hielt sich über die Mitte des 17. Jahrhunderts hinaus. 1599/1600 war ein Paar Schützenhosen für die Landschaft auf 105 Schilling zu stehen gekommen, 1650/51 brauchte es für ein Paar Hosen für 80 Schilling Stammet.[37]

Dirlmeier hat feststellen können, dass die von der sozialen Oberschicht im Alltag gebrauchten Kleidungsstücke nicht teurer waren als jene ihrer Dienstboten. Ganz anders sah es dagegen bei den Festkleidern aus. Offenbar hatten diese Kleider einen hohen Statuswert. Hierin haben sich die Chronisten nicht getäuscht. Für eine wirkliche Verschwendung, für einen Kleiderluxus breiter Schichten gibt es aber keinen Beweis. Angesichts der verhältnismässig kleinen Löhne und Gehälter, der geringen Erträge aus Gewerbe und Landwirtschaft hätte man auch die Mittel dafür gar nicht gehabt. Und selbst für höhere Sozialschichten war Luxus nicht «Lebensprinzip». Zwar kommen hin und wieder in den Akten hohe Preise für Garderobenstücke vor. Aber diese Fälle, so meint Dirlmeier zu Recht, «sind sicher nicht geeignet, das Konsumverhalten eines Zeitalters und seine Menschen zu charakterisieren».[38]

107

107 *Frauenkleid, um 1500. Die Frau trägt ein weitärmeliges Hemd, vermutlich aus Leinwand. Darüber zieht sie einen im Oberteil eng anliegenden, unten faltig herabfallenden Unterrock. Weil die Ärmel fehlen, wird er zum eckig ausgeschnittenen Trägerkleid. Um den Kopf trägt sie das Gebende, ein straff anliegendes schmales Schleiertuch, das sich um den ganzen Kopf, Stirn, Wangen und Kinn, schlagen lässt. (Diebold Schilling, Luzerner Chronik.)*

Volksglauben und Volksfrömmigkeit

Im Gegensatz zu heute, da die Religion mehr und mehr auf den Gottesdienst zurückgedrängt und für viele Zeitgenossen überhaupt ausgeschaltet worden ist, umfasste sie in der alten Eidgenossenschaft den gesamten Lebensbereich. Das Leben unserer Vorfahren war völlig von religiösen Beziehungen durchdrungen und gesättigt. Es gibt im Spätmittelalter, wie es J. Huizinga so schön gesagt hat, «kein Ding und keine Handlung, die nicht fortwährend in Beziehung zu Christus und dem Glauben gebracht werden».[1] Die Stellung der mittelalterlichen Kirche ist dominant und prägend. Sie ist Auffangstation für alle, ob arm oder reich, gebildet oder ungebildet, und das Volk erfüllt mehr oder weniger gewissenhaft die traditionellen Pflichten, wobei Gleichgültigkeit und religiöse Erregung oft dicht beieinander liegen. Sicherlich war aber auch dem allerletzten Laien klar, das die Kirche nicht nur das zeitliche, sondern auch das ewige Schicksal beeinflussen kann. Die Kirche selber weiss, dass der Mensch schwach ist und immer wieder zu Rückfällen neigt; trotzdem fordert sie von ihm als Ideal prinzipielle Wandlung des Lebens. Aber sie weiss auch um die menschlichen Schwächen und Anfälligkeiten. Die kirchliche Alltagspraxis wird darum durch die Beichte und andere Sakramente erleichtert. Jeder Mensch, und sei er noch so sündig, kann sich an den Priester wenden. Doch die Menschen dieser ganzen Zeit sind alles andere als bussfertig. Die allgemeine Unsicherheit hat ein hartes, lebensgieriges, schnellebiges Volk hervorgebracht. Grobheit im Reden und in der Kleidung, im Essen und Trinken, all das gehört zur Tagesordnung. Weithin herrscht die Moral des Kriegers: Heute leb' ich, morgen sterb'ich, übermorgen bin ich tot! Begreiflich, dass Kanzelredner und Priester, wenn sie an diese Gesellschaft von hartgesottenen Sündern herankommen wollten, zu gepfefferten rhetorischen Mitteln greifen mussten, zu Mitteln, die uns heute seltsam anmuten.

Da wimmelt es nur so von Teufelserzählungen und Fegfeuergeschichten. Die Hölle wird immer wieder aufs neue beschworen und in schwärzesten Farben gemalt. Doch wer die Predigten und Exempelsammlungen dieser Zeit liest, ist überrascht, mit welchem Geschick die Kanzelredner vom Nächstliegenden, Allgemeinverständlichen oder Alltäglichen auszugehen verstanden, um die Aufmerksamkeit der Zuhörer dorthin zu lenken, wo sie sie haben wollten. Mit Vorliebe knüpften sie an das Tagesgeschehen an. So sprachen sie etwa am Sonntag Quinquagesima von der Fasnacht, an Ostern von Eierspielen und Osterfladen, an Johanni von Feuerbräuchen, an Martini von Zinsen und an der Weihnacht von der Krippe. Kanzelredner, die so bewusst auf das Volksleben eingingen, hatten jederzeit auch genügend Exempel, Fabeln und Schwänke zur Hand. Witz und derber Spott überschritten dabei jedes Mass. Doch der Erfolg beim begierig lauschenden Publikum war sicher und dieser Erfolg mag manchen Priester dazu verleitet haben, «auf eine lustige, ja geschwätzige Weis' zu predigen».[2] Schon die Reformer des 14. Jahrhunderts waren – freilich ergebnislos – gegen die «Predigtmärlein» vorgegangen. Ihnen war ebensowenig Erfolg beschieden wie Erasmus von Rotterdam, der eine eigene Schrift gegen Missbräuche auf der

108 Der fromme und der zerstreute Beter. Aus einer Pergamenthandschrift des Klosters Engelberg, um 1330/40. Links oben kniet ein barfüssiger Mann, die Arme betend erhoben. Von seinem Mund führen weisse Linien zu den Wundmalen Christi. Rechts befindet sich in gleicher Haltung ein jugendlicher, modisch mit Unter- und Obergewand gekleideter Mann. Von seinem Mund gehen Linien zu einem mit einer Trinkschale und zwei Doppelbechern besetzten Tisch und zu einem gesattelten Pferd. Zwei verschiedene Menschen werden so beim Gebet gezeigt. Während der arme Mann (links) an die von Christus erlittenen Schmerzen denkt, sinnt der Edelmann den Tafelfreuden und dem Reitvergnügen nach.

Kanzel verfasst hatte. Das Laterankonzil von 1516, das sich mit dieser leidigen Geschichte befasste, hatte ebensowenig Durchschlagskraft wie die Konzilsbeschlüsse und Dekrete des 17. Jahrhunderts. Einmal gelangten die Weisungen nicht dorthin, wo sie hätten hinkommen sollen. Sodann waren viele Priester gar nicht bereit, solchen Forderungen nachzukommen, denn sie waren, wie viele Textbeispiele zeigen, selbst vom Teufels- und Hexenglauben befangen.

Was da alles von Hexenpraktiken, von Hexenritten, Teufelsbündnissen und Schadenzauber an Mensch und Vieh sowie von Wetterzauber gesagt worden ist, erscheint heute wahrhaft beklemmend. Die Haltung der allermeisten Prediger war zwiespältig: im gleichen Atemzug berichten sie von übernatürlichen Vorgängen, über Unwesen, von Teufels- und Hexengelichter und spotten sie über die Gespensterfurcht ihrer Zuhörer.[3] Manch protestantischer Prediger des 16. und 17. Jahrhunderts hat da keine Ausnahme gemacht, wie die Exempelsammlung von Johannes Manlius, die 1566 vom Schweizer Pfarrer Johann Huldreich Ragor (Herzogenbuchsee, Kirchberg und Muri b/Bern) herausgegeben worden ist, recht schön zeigt. Gegenüber Dämonensagen wird hier zwar eine distanzierte Haltung eingenommen, ja in einzelnen Predigten werden die Zuhörer ausdrücklich vor den Gefahren der Anfechtung gewarnt.[4] Einzelne katholische Pfarrer gingen ein Stück weiter, sie empfahlen im Kampf mit den bösen Geistern ganz direkte, handfeste Mittel. In einer Predigt über zwei Bauern, welche die Marksteine versetzten, wird zunächst dargetan, dass es etwas sehr Gemeines sei, wenn man seinen Nachbarn «übermäht, übermarkt und überzäunt». Die Schlussfolgerung ist aber recht überraschend, es wird zwar gesagt, dass solche Taten verwerflich seien. Im gleichen Atemzug wird aber unbedenklich der alte Volksglaube übernommen, nach welchem die Übeltäter nach ihrem Tod nicht zur Ruhe kommen können. Sie rennen «gantz feurig herum und geben gnug zu verstehen, wie scharf solche Ungerechtigkeiten gestrafft werden». In einer andern Predigt, in der auch von «feurigen Männern» die Rede ist, wird empfohlen, «alle leidenden Seelen Gott eifrig zu befehlen. Dazu soll gesagt werden: Omnis Spiritus laudet Dominum. Alle guten Geister sollen Gott unsern Herrn loben.» Hier wird also von der Kanzel aus die Formel empfohlen, die nach der Volkssage beim Ansprechen von Armen Seelen, Irrlichtern und feurigen Männern durchaus geläufig ist.[5]

Nun hat man ja in der Kirche nicht nur gepredigt, sondern auch gebetet. Gebetet wurde kniend und stehend, mit gefalteten und mit zertanen Händen, und gebetet hat man, wie Renward Cysat 1590 bezeugt, vor allem in Zeiten der Not. Das Gebet ist «von den allten vor zytten in hohen nöten gebrucht worden».[6] Ja, in Notzeiten hat die Kirche zu verstärktem Beten aufgerufen. So liess der Rat von Luzern im alten Zürichkrieg um 1449 und später während der Burgunderkriege 1476 sowie im Schwabenkriege um 1499 das «Grosse Gebet» sprechen. Es dauerte ununterbrochen vierundzwanzig Stunden, und man zierte Chor und Altar aufs herrlichste.[7] Im Gebet setzte sich der mittelalterliche Mensch nicht allein mit den Nöten des Alltags auseinander, es hatte ihn vor allem aus dem Fegfeuer zu erlösen und ihn vor ewiger Verdammung zu bewahren. Das setzte freilich, wie die Kirche immer wieder betont hat, ein richtiges Beten voraus. Was richtig und falsch ist, wird den Menschen nicht nur gepredigt, sondern auch gezeigt. In einer Darstellung aus der Zeit von 1330/40 aus dem Kloster Engelberg erscheinen vor dem Kreuz Christi zwei Beter. Der eine betet richtig, der andere falsch. Der Einsiedler denkt beim Beten an die von Christus erlittenen Schmerzen, wohingegen der Edelmann, der weltliche Mensch, immer wieder auch an Tafelfreuden und Reitvergnügen denkt.[8]

Spätmittelalterlicher Glaube heisst Glaube an Heilige. Für das Volk waren sie die Vertreter Gottes, die Vermittler in Nöten. Jede Stadt, jede Region hat ihren eigenen Heiligen. Ihre Todestage bilden im ganzen Kalenderjahr wichtige Fixpunkte. Allein

109 Die «Klausstud» im Zürichsee, ein Steinsockel, auf dem eine Nikolausstatue stand. Holzschnitt aus dem Bürkli-Kalender vom Jahre 1831. Das Steinobjekt weist auf die vorreformatorische Nikolausverehrung in Zürich hin. Schon im Jahre 1145 ist von einer Nikolauskapelle in der Nähe des Fraumünsters die Rede. Die Nikolausstatue im Hafengebiet weist als Schifferpatron auf die Schifferbruderschaft hin. Die «Stud» grenzte das Hafengebiet vom übrigen See ab.

110 Die damalige Denkwelt war wie das religiöse Denken voller Symbole. Wie reich diese Vorstellungswelt war, sehen wir am Beispiel der Feigenhand. Jedermann kannte diese Gebärde: Sie erscheint seit dem 15. Jh. auch auf Passionsbildern. Die Darstellung geht auf eine Legende zurück. Bei der Kreuzschleppung machte sich ein Jude an Christus heran, hob das Kreuz, als wolle er Christus helfen. Plötzlich liess er das Kreuz fallen, so dass es eine Wunde in die Schulter Christi schlug. Gleichzeitig zeigte er Christus die Spottfeige. «Feigen» aus Holz geschnitzt oder auf Papier gemalt, trug man als Amulett gegen Hexen und Teufel. Später hat man die Feige auch in sexuellen Anliegen gebraucht. Im 18. Jh. drückte sie einerseits Spott aus, anderseits war es eine Geste grober Anzüglichkeit. (Die hier dargestellte Feigenhand wurde von Albrecht Dürer 1434 gezeichnet.)

111 Der Engelssturz, eine ikonographische Seltenheit, steht im grösseren Zusammenhang mit der Schöpfung. Der Trennung der guten und bösen Engel entspricht die Scheidung von Licht und Finsternis. Der Engelssturz selbst wird in der Bibel nicht beschrieben. Die Vorstellung geht auf apokryphische Quellen zurück. Es mag auch die Vorstellung mitgespielt haben, dass ein Engel seinen Thron zu Gott erhöhen wollte und deshalb verstossen wurde. Ein böser, abtrünniger Engel wird auf unserem Bild von einem andern vom Himmel geholt. Er stürzt kopfvoran zur Erde, wo seine Flügel einen grossen dunklen Einschlag hinterlassen. Der Mensch links zeigt warnend auf den Engelssturz, während ein Mann rechts stumm betet. (Wandmalerei Ende 17. Jahrhundert.)

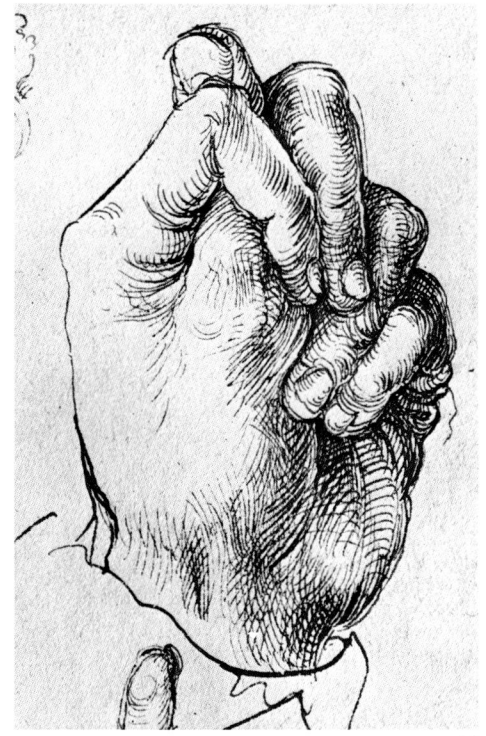

in die Advents- und Weihnachtszeit fallen nicht weniger als 14 Heilige. Am 25. November wird die hl. Katharina von Alexandrien gefeiert. Sie gehörte zu den beliebtesten Heiligen des Mittelalters. Es folgt am 30. November das Fest des hl. Andreas. Am 3. Dezember werden St. Lucius und St. Franziskus Xaver gefeiert. Höchst populär ist sodann die hl. Barbara, deren Fest auf den 4. Dezember fällt. Sie ist Patronin u.a. des Wehrstandes und der Bergleute. Auf den gleichen Tag fällt das Fest der hl. Emerita. Der 6. Dezember ist der Tag des hl. Nikolaus. Auf den 13. Dezember fällt St. Ottilia. Es ist auch der Todestag des hl. Jodocus. Am kürzesten Tag, am 21. Dezember, feierte man das Fest des hl. Thomas Apostel. Der Tag nach Weihnachten ist dem hl. Stephan geweiht. Am zweiten Tag feierte die alte Kirche das Fest des hl. Johannes, und der dritte Tag nach Weihnachten brachte das Fest der Unschuldigen Kindlein, während am letzten Dezember des hl. Silvester gedacht wurde. Es folgt der Dreikönigstag (Kaspar, Melchior und Balthasar); diese drei Heiligen wurden angerufen bei Kopfweh, fallendem Weh und Zauberei und jähem Tod.[9] So hatte jede Jahreszeit ihre eigene Heiligen. Es würde viel zu weit führen, sie alle aufzuführen. Nun sind diese Heiligen nicht nur vertreten durch ihre Bilder, sondern auch durch ihre Reliquien, die Heiltümer. Zu ihnen zog man in höchster Not und an ihre wundertätige Wirkung glaubte jedermann. Gepriesen wird deshalb auch der Tag, an dem ein solches Heiltum in die eigene Kirche kommt. Tschachtlan schildert ergriffen, wie am 25. Mai 1463 «das erwürdig heiltum, S. Vincenzen houpt» nach Bern kam. Es wurde mit grossen Ehren und Würdigkeit empfangen. Etwas weniger würdig war freilich die Erwerbung, denn das Haupt war vorher in Köln gewesen und wurde «mit listen da dannen genommen und hargeführt durch einen bidermann, der ouch lib und leben darumb wagen musst».[10]

Wie stark das Verlangen des Volkes nach Reliquien von Heiligen war, zeigen die vielen Diebstähle: Am 10. November 1348 rauben die Zürcher die Reliquien von Einsiedeln; sie geben sie dann aber auf eindringliche Vorstellungen wieder zurück. Am 13. März 1448 wiederholt sich die leidige Geschichte.[11] Um zu einer Reliquie zu kommen, scheute man keine Kosten. So haben die Zuger im Jahre 1481, als sie die Oswald-Kirche bauten, einen offiziellen Abgesandten nach England geschickt, um eine Reliquie des hl. Oswald zu bekommen. Sie wussten, dass sich das Grab des hl. Oswald in der Abteikirche von Peterborough, Northampton, befand.[12] Im Jahre 1485, drei Wochen vor dem Tag des hl. St. Oswald, sandte der Zuger Rat seinen Ammann Schell, den Ratsweibel Seiler sowie den Stadtweibel Schön nach Weingarten, um einen Knochen des verehrten Heiligen zu übernehmen. Sie brachten das «selb heiltum» genau am St. Oswald-Tag in Gegenwart vieler ehrwürdiger Priester und «anderer frommen lüten» nach Zug. Zweimal hatten die Zuger auch das Glück, beschenkt zu werden: Im Jahre 1482 schenkte ihnen der Abt von Wettingen «ein gleich von einem finger der linggen hand» des heiligen Oswald und 1502 wurde ihnen gar ein Stück von Oswalds Haupt verehrt.[13]

Höchst überraschende und wunderbare Dinge ereigneten sich in der Karwoche des Jahres 1473. Beim Bau einer Kapelle in Solothurn stiessen die Arbeiter auf die Gebeine der Thebäer. Die Solothurner, nachdem der Papst deren Echtheit anerkannt hatte, führten sie in feierlichem Zug in die Stiftskirche. Ein Teil des Heiltums schenkten sie später den Baslern, und hier war die Freude ganz besonders gross: «Man schatzt, dass als heilthum kam, inen entgegengiengen by 1000 menschen und mer.»[14] Ein ähnliches Wunder geschah im Jahre 1491 in Hallau. Beim Bau der Kirche stiess man auf ein Gräberfeld. Das Volk glaubte, dass hier ein Teil der thebäischen Legion ihren Märtyrertod erlitten habe. Die kostbare Reliquie genoss grosses Ansehen, bis die Reformatoren das alles «für ein luter gedicht und papistischen betrug und geltkloben» bezeichneten und die Gebeine in die Sakristei führen liessen, wo sie 1582 auch vergraben wurden.[15] Mit anderen Reliquien ist weniger sanft verfahren worden. Wie

Jeanne de Jussie berichtet, haben 1534 Bilderstürmer im Klarenkloster das Bild der hl. Ursula mit Reliquien vollständig zerstört.

Zum Reliquienglauben gehört unzertrennbar die Wallfahrt. Die Verehrung der Heiligen war natürlich, unbedenklich. Man darf – so der spätmittelalterliche Glaube – auch Bilder, Reliquien und heilige Stätten verehren, insofern es zur Verehrung Gottes selbst führt. Die Heiligen waren, und damit selbstverständlich auch ihre Reliquien, leibhaftige, wirksame Gestalten und Helfer, so dass sich auch weite Reisen lohnten. Und man war, wie ein spätmittelalterlicher Chronist es ausdrückte, dankbar, dass es im eigenen Land «so viele verehrungswürdige Heiligtümer gab: zu Einsiedeln und zu Büren, zu Ettiswil, zu Zug, bei St. Wolfgang, bei St. Beaten oder Thun, die wegen ihrer vielen unerhörten Wunder berühmt sind».[17] Da gab es, um nur einige Beispiele aufzuführen, bis 1524 alle Jahre am Pfingstmontag den grossen «crützgang» der Zürcher nach Einsiedeln oder bis 1525 die Einsiedler Wallfahrt der Glarner, jene der Zuger nach der Auffahrt.[18] In Notzeiten vermehrten und verdoppelten sich die Wallfahrten. Am 12. Juni 1439 zogen angesichts des grossen Peststerbens nicht weniger als tausend Basler nach Einsiedeln.[19] Als 1519 in Zofingen die Pest ausbrach, beschloss die Burgerschaft einen «Creutzgang zuo unser Frauwen in das Schöntal bei Langenbruck zu tun».[20] Auch das Erscheinen eines Kometen konnte Wallfahrten auslösen. So haben die Luzerner, als im Jahre 1577 ein grosser Komet

112 Das Ettiswiler Sakramentswunder. Oben links: Das Wunder wird von einer Schweinehirtin entdeckt. Man bemerkt die Schweineherde sowie die Hirtin selber. Daneben stehen einige Engel, die sich einfanden, um das Wunder zu bestaunen. Oben rechts: Der Pfarrer von Ettiswil, begleitet von Ministranten mit Kreuz und Fahne und einigen Gläubigen, birgt die Hostie in einem goldenen Gefäss. Unten links: Das Sakrament wird in feierlicher Prozession zur Pfarrkirche zurückgebracht. Unten rechts wird der Fundort gezeigt; hier steht eine offene Holzkapelle, und Gläubige verehren die in einer goldenen Monstranz eingeschlossene Hostie. (Diebold Schilling Luzerner Chronik.)

113 Zu den viel aufgesuchten Wallfahrtsorten der alten Schweiz gehörte die Klause von St. Verena bei Solothurn. Wallfahrten waren nicht immer freiwillig. Sie konnten auch als Busse verordnet werden. So verurteilten Landammann und Rat von Uri 1700 ein Mädchen, weil es «Spitzlin an der Hauben über verwarnen im Spithal getragen», zu einer Wallfahrt nach der Kapelle im Riedertal bei Bürglen, und zwar «mit Spitzlen am Hals» und barfuss. Bild aus dem Anfang des 19. Jahrhunderts.

114 Bildersturm in Zürich: «Die Götzen uss der Kilchen Zürich gethan.» (Aus der Bullinger Reformationsgeschichte.)

erschien, zwei Wallfahrten nach Horw und Ebikon unternommen.[21] Es gab Wallfahrtsorte für ganz spezielle Vorkommnisse und Ereignisse. So zogen beispielsweise alle Eltern, die ihr totgeborenes Kind taufen wollten, nach Oberbüren.[22] Ziel der Wallfahrer mit totgeborenen Kindern war in der Westschweiz die Notre Dame de Grâce in Genf.[23]

Eine wahrhaft grossartige Einsicht in die Entstehung eines Wallfahrtsortes vermittelt der Luzerner Chronist Diebold Schilling. Es handelt sich um den Wallfahrtsort Ettiswil bei Luzern. Die Bilder befinden sich in der Luzerner Chronik.[24] Schilling hat die ganze Geschichte fensterartig in je vier Szenen gegliedert. Im ersten Bild wird der Raub der Hostie aus dem Sakramentshäuschen von Ettiswil gezeigt. In einem zweiten Bildchen wird dargestellt, wie die Hostie weggetragen wird. Es folgt die Verwandlung der geschändeten Hostie in eine weisse Blume und die Verehrung durch die Engel. Dann wird die Entdeckung des Wunders durch einen Schweinehirten gezeigt sowie die Bergung und prozessionsweise Rückführung und das Einsetzen der Wallfahrt zur neuerrichteten Holzkapelle. Diese Kapelle ist 1450/52 durch eine steinerne Kapelle ersetzt worden. Die Pilgerinschriften und Zeichen zeugen von dem einst grossen Besuch dieser Wallfahrtsstätte.[25]

Wallfahrten sind nicht nur unternommen worden, um sich bei einer Reliquie im Gebete zu versenken, sondern auch, um Zeichen, Andenken und Ausweise für den Ablass nach Hause zu bringen. Solche Zeichen tauchen schon im 12. Jahrhundert auf. Sie wurden mittels Steinmodeln aus einer Blei-Zinnlegierung gegossen. Im 15. Jahrhundert sind es mehr und mehr billige Serienprodukte. In Einsiedeln sind um 1466 innert zwei Wochen nicht weniger als 130 000 Pilgerzeichen hergestellt worden. Die Wallfahrer selber führten diese Insignien am Kleid, am Hut oder am Pilgerstab mit. Sie galten nicht nur als Ausweis für eine vollführte gute Tat, sondern sie boten auch Schutz, wurde doch nach altem Volksglauben die Kraft des Heiltums durch Berührung auf die Zeichen übertragen. Zu Hause angelangt, heftete der Pilger die Insignie zum Schutz gegen Krankheiten und Unglück an die Haus- oder Stalltür. Pilgerzeichen finden sich als Abgüsse auch an Glocken. Mit dem Schall ist nach altem Glauben auch die übelabwehrende Kraft in alle Himmelsrichtungen übertragen worden.[26]

Auf der Wallfahrt mussten, wie Cysat getreulich berichtet, verschiedene Regeln beachtet werden: Das Opfergeld muss ungrad sein, die Pilger dürfen nirgends «vergebens» essen, die Suppe und auch andere Speisen dürfen nicht ganz aufgegessen werden. Es gab auch mancherlei Vorschriften über die Kleider eines Pilgers. Er hat barfuss in grauem Mantel und mit Pilgerstab einherzuschreiten. So war es beispielsweise 1356 nach dem Basler Erdbeben vorgeschrieben.[27] Die Pilger selber standen unter dem Schutz ihres Patrons, des hl. Jacobus. Dieser Heilige ist, wie die Holzstatue aus Malters (16. Jahrhundert, heute Landesmuseum) zeigt, charakterisiert durch den Reisemantel, die Reiseflasche und den Schlapphut mit aufgenähter Jacobsmuschel.[28]

Die Wallfahrtsreisen waren, vor allem, wenn sie ins Ausland gingen – man pilgerte nach Jerusalem, nach Rom, nach Santiago de Compostela oder Mont Saint Michel –, ja tatsächlich nicht ungefährlich. Mancher Pilger ist entweder krank oder überhaupt nicht mehr von seiner Reise zurückgekehrt. Die wenigen erhaltenen Reiseberichte verraten, mit welch unsäglicher Unbill und grossen Opfern die Wallfahrten verbunden waren. Angesichts der grossen Distanzen und angesichts der Tatsache, dass alles zu Fuss, zu Pferd und mit Segelschiffen unternommen werden musste, können wir uns wenigstens vage Vorstellungen von der langen Reisedauer machen. Die Jerusalem-Reise des Henmann Offenburg von Basel (1437/38) dauerte ein ganzes Jahr und kostete für vier Personen 600 rheinische Gulden, was dem Preis eines schönen Bürgerhauses gleichkommt.[29]

Eine geglückte und vollendete Pilgerfahrt trug denn auch immer wieder Lorbeeren ein. So notiert der Glarner Ludwig Tschudi voller Stolz, dass er 1519 bei seiner

Heimkehr von einer Pilgerfahrt nach Jerusalem mit «allen Ehren und Fahnen und Kreuz mit einer grossen Procession empfangen worden ist». Es hätten auch sämtliche Glocken geläutet.[30]

Die Menschen, die da zu Tausenden und Abertausenden zu ihren Heiltümern und Wallfahrtsorten pilgerten, suchten zuallererst das Seelenheil. Sie taten es im wenig reflektierten Glauben, dass ihnen doch am Ende aller Beschwernisse geholfen werden könne. Doch zu Beginn des 16. Jahrhunderts tauchen plötzlich schwere Zweifel auf. Und diese Zweifel und der Wille, die Wege zum Heil des Menschen der Welt neu zu suchen und zu bestimmen, erschütterten allsogleich die traditionellen kirchlichen, sozialen und politischen Ordnungen. Nicht umsonst spricht die Geschichtsschreibung von Sturmjahren der Reformation, vom Wildwuchs der Reformation. Damit versuchte man zunächst das Bedrohliche, Gewaltsame und Unsichere, auch Unfertige der Reformationsbewegung einigermassen zu umreissen.[31] Hier kann es ja nicht darum gehen, die ganze Problematik der Reformation zu umschreiben. Wir wollen vielmehr ganz bescheiden fragen, wie denn der Glaube des Volkes nach der Reformation ausgesehen hat. Wir wollen wissen, welchen Sitz im Leben die religiösen Praktiken der einfachen Leute hatten.

Bei der Beantwortung dieser Fragen können wir vielleicht gewissermassen als Nebenresultat erfahren, in welcher Weise die einfachen Leute selber an dieser Reformation beteiligt waren. Denn so einfach ist ja die Geschichte nicht, dass irgendwelche Reformatoren aufstanden, die neue Lehre verkündeten und dass sie dann mehr oder weniger schnell und handlich vom Volk aufgenommen worden wäre. Mancher Prozess beginnt nicht nur oben und hierarchisch, sondern manchmal auch – und gleichzeitig – von unten. Die Struktur der Religiosität kann nicht allein hierarchisch begründet und beschrieben werden. So zeigte etwa die Erforschung der Heiligenverehrung – und die von uns angeführten Beispiele konnten das nur erhärten –, dass einst Kulte und religiöse Praktiken «von unten nach oben durchgesetzt und schliesslich kirchlich-institutionell anerkannt wurden».[32] Diese Einsicht sollte uns davor behüten, «die Distanz zwischen den religiösen Erfahrungen und theologischen Einsichten der einfachen und der gebildeten Leute, der Theologen, Prediger und Pamphletisten auf der einen Seite und der Händler, Handwerker und Bauern auf der andern als allzu gross anzunehmen».[33] Bei der Beantwortung der Frage nach der religiösen Haltung des einfachen Mannes jener Jahre kommt uns ein Zufall zu Hilfe. Es sind die Akten der Untersuchung eines Vorfalls, der sich zu Beginn des Jahres 1523 ereignete: Am Fronleichnamstag 1523 predigt in Zollikon der Grossmünsterpfarrer Lorenz. Nach dem Gottesdienst kommt ein alter, bärtiger Mann auf ihn zu und sagt zu ihm mit «scharpfen, harten, unlidenlichen Worten», er hätte ihnen Lügen (luginen) aufgetischt und keineswegs die Wahrheit gepredigt. Vor allem sei seine Abendmahlsauffassung völlig falsch. Kaum ist der unwirsche Disput mit diesem alten Mann beendet, wird er auf dem Heimweg nochmals aufgehalten. Diesmal ist es Jakob Hottinger aus Zollikon, der dem Pfarrer Lorenz vorhält, er predige «uss der philosophy», er aber stehe auf dem Boden des Evangeliums, dort heisse es: «Dann Christus neme das brot, gebe das seinen jüngern und spreche: nemet hin, das ist min lib; darnach neme er den kelch und sprech: nemet hin, das ist min bluot.» Der Disput, den wir hier wiedergeben, beruht auf Zeugenaussagen von Pfarrer Lorenz und des Zollikers Billiter; er zeigt recht eindrücklich, wie auch einfache Leute ein Interesse an theologischen Fragen bekunden. Zweifellos ist dieses Interesse von Zwingli geweckt worden.[34]

Wie stark die religiöse Betroffenheit, oder sagen wir es anders, das Bedürfnis, zu Hause im Dorf seelsorgerisch gut betreut zu werden, war, ist aus einem andern Beispiel ersichtlich. Im Sommer 1524 kam es zu einem Streit zwischen der Gemeinde Marthalen und dem Kloster Rheinau. Die Marthaler erklärten, es falle ihnen

117

115 Zauberinschrift aus dem 18. Jh. auf einem Haus in Urmein (GR). Scheinbar sinnlose Buchstabenreihen. Die beiden griechischen Zeilen konnten entziffert werden. Auf deutsch übersetzt lauten sie: «Die Liebe Gottes und prüfet alles.» Bei der dritten und fünften Zeile handelt es sich um äthiopische Zeichen. In der vierten Zeile könnte aber noch eine dritte Sprache, vielleicht die aramäische beteiligt sein. Bei so viel ungewohnten Zeichen und Zungen konnte, so meinte Ch. Simonett, selbst eine Hexe in Verwirrung geraten.

116 Der Heilige Jakobus, aus Malters (LU), St. Wendelkapelle, Anfang 16. Jh. Der stehende Heilige trägt einen weiten Reisemantel. In seiner Linken hält er ein aufgeschlagenes Buch; die verlorene Rechte hielt den Wanderstab. Auf dem bärtigen Kopf mit langem Lockenhaar sitzt ein Schlapphut, auf dessen breiter Krempe eine Jakobsmuschel aufgenäht ist. Jakobus wird seit dem 13. Jh. als Schutzpatron aller Pilger dargestellt, er ist charakterisiert durch Muschel, Reisehut, Wanderstab, Beutel und Flasche.

117 Ex Voto aus der Wallfahrtskirche von Blatten. Dank für die Genesung von Kuh und Pferd. Bei Viehunfällen und Krankheit riefen die Bauern gleichermassen die Hilfe überirdischer Mächte an; die medizinischen Erkenntnisse waren dürftig und die Kräuteressenzen wenig wirksam. (1784.)

schwer, weiter nach Rheinau zu kommen, der Weg sei weit, der Pfarrer oft nicht zu erreichen. Wenn Sterbende versehen oder Kinder getauft werden müssten, so hätten die Rheinauer Mönche manchmal keine Zeit. Manchmal hätten sie sich geweigert, diese pastoralen Aufgaben zu übernehmen. Sie hätten deshalb einen eigenen Pfarrer gesucht und erwarteten vom Abt von Rheinau, der von ihnen den Zehnten beziehe, dass er ihnen diesen Pfarrer bezahle. Bis das aber geschehe, wollten sie den Zehnten nicht mehr entrichten.[35] Im Frühling 1525 verlangen die meisten Dörfer der Zürcher Landschaft die Pfarrwahl für die eigene Gemeinde.[36] Zweifellos ist es nicht nur eine Formel, wenn die Landleute in ihren Eingaben immer wieder auf den zu gewärtigenden Verlust des Seelenheils hinweisen. Kirchliches und religiöses Leben hat sich, so meinen diese Leute, in der Gemeinde zu verwirklichen, und weder ein Bischof, vom Papst gar nicht zu sprechen, hat da irgend etwas hineinzureden. Der Zürcher Rat dachte in dieser Beziehung ein wenig anders. Allzu grossen Spielraum in theologischen Fragen wollte er nicht geben. Die Gemeindeautonomie in religiösen Fragen sollte sich darauf beschränken, darüber zu befinden, ob die «Götzen» (Heiligenbilder) in den Kirchen bleiben oder entfernt werden sollen. Diese Frage war plötzlich akut geworden, nachdem es zu Ausschreitungen und zu ersten kleineren Bilderstürmen gekommen war.[37] In diesem Punkt, das heisst in der Frage der Entfernung der Heiligenbilder oder dann vor allem auch bei der Frage der Abschaffung der Messe, war man im Volk offenbar nicht überall der gleichen Meinung. Für die Bauern scheinen diese Punkte nicht von vorrangiger Bedeutung gewesen zu sein. Für die städtischen Bürger, die den Reformatoren näher standen, waren sie offenbar von zentraler Bedeutung.[38] Doch so einfach ist die Geschichte auch wieder nicht. Unter den Bilderstürmern gab es nicht nur Städter, sondern auch Bauern. So haben, wie Vadian berichtet, am Palmsonntag 1528 die Bauern von Sommeri bei Arbon nicht nur den Palmesel zerstört, sondern auch den Priester tätlich angegriffen, und Bauern waren es, die 1525 die Tafeln und Bilder von Togern mit Hochmut «freventlich und trutzlich von den Althären hinab geworfen».[39]

Wie die grosse Mehrheit des Volkes all die Neuerungen der Reformation, die Abschaffung von Beichte, Heiligen- und Bilderkult, von Prozessionen, vom Orgelspiel, aufgenommen hatte, wird man wohl nie genau erfahren können. Sie tritt in Quellen nicht auf. Wir wissen lediglich, dass nicht das ganze Kirchenvolk an religiösen Fragen so interessiert war, wie die beiden Zollikoner Beispiele es nahelegen würden. Teils unwillig, teils gelangweilt hörte es den langen, wütenden Kontroversen zu. In protestantischen Kirchen nahm der Kirchenschlaf so überhand, dass eigene Diener bestellt werden mussten, um die Schläfer zu wecken.⁴⁰ Dennoch: die Kontroverse ging weiter und sie hatte unübersehbare Folgen. Zwischen den protestantischen und den katholischen Gebieten ist der Gegensatz schon nach wenigen Jahren eklatant. Im protestantischen Raum ist das Sinnenfällige, Heilige bis auf dürftige Resten verschwunden, man sah keine Bilder, keine Kruzifixe, keine Mönche mehr. Im Zentrum sollte fortan der sonntägliche Kirchenbesuch mit Predigt stehen. Selbst das Singen war aus dem Gottesdienst verbannt. Der neue Glaube appellierte an den Intellekt, er galt dem Individuum, das zur Entscheidung aufgerufen wurde. Das Wort soll, wie Zwingli sagte, das einzige Richtscheit sein. Die «Unsinnlichkeit des Gottesdienstes» wird zunächst bis zum Äussersten getrieben. «Gott wird nicht von den Wänden gelernt», sagte Zwingli, indem er nicht nur alle Bilder, sondern sogar die Sprüche von den Wänden nehmen liess.⁴¹

Die Grösse und Schwere dieses Schrittes kann kaum überschätzt werden. Es wurde nicht nur die traditionalistische, in gemeinsamen Institutionen und Zeichen begründete Gemeinschaft aufgelöst, sondern auch die sichtbaren Traditionen als Gemeinschaftsäusserung in Frage gestellt. Es kam zum grundsätzlichen und bewussten Bruch mit der alten religiösen Volkskultur. Der Bedeutungswandel ist entscheidend. Er brachte, das darf ja nie übersehen werden, als Positivum eine Befreiung aus dem normierenden Zwang des Brauches selber. Er räumte mit vielen von der alten Kirche zwar nicht gewollten, doch tolerierten «abergläubischen» Praktiken auf. Aber von dieser Befreiung soll hier einmal nicht die Rede sein, vielmehr vom Gegenstück. Für viele gläubige, aber der Tradition verhaftete, volkstümliche Menschen müssen diese Entscheidungen von schwerster Bedeutung gewesen sein. Was haben die Eltern totgeborener Kinder empfunden, als sie plötzlich nicht mehr nach Oberbüren gehen konnten? Am 26. Februar 1528 hat der protestantische Berner Rat seinen Boten Anton Noll nach Oberbüren geschickt, um das wundertätige Altarbild vom Sockel zu

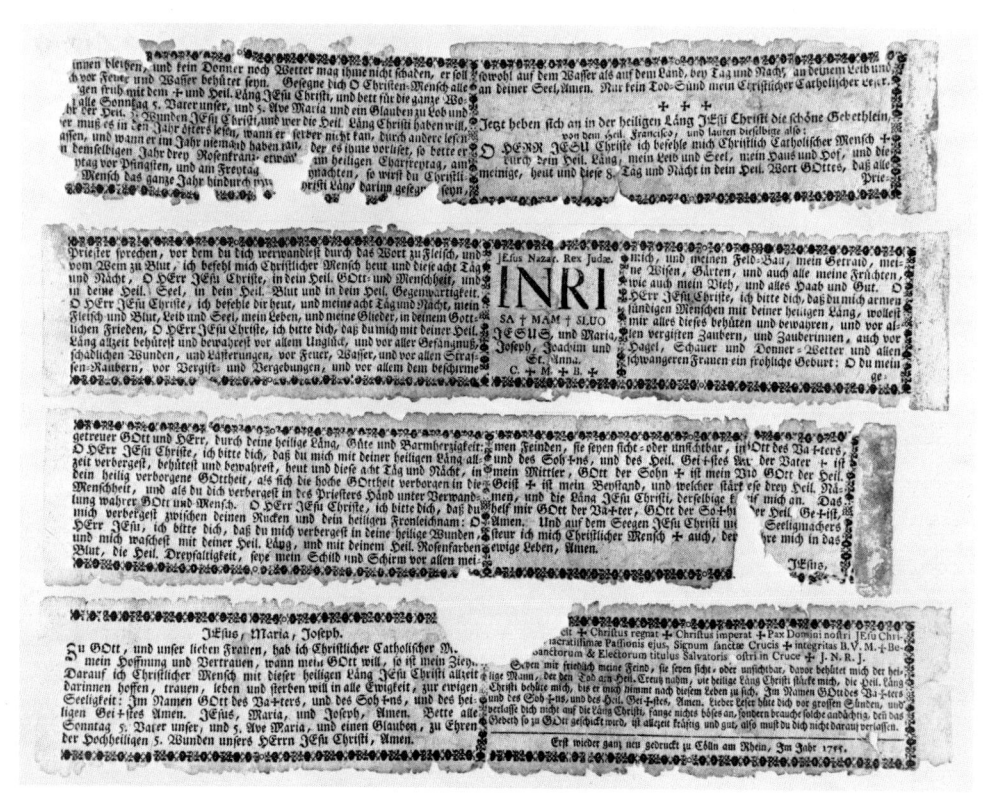

118 Länge des Heiligen Grabes. Hergestellt in Köln, 1755, verwendet im Kanton Jura. Solche Papierstreifen mit Gebeten dienten gegen mancherlei Gebrechen und Gefahren.

119 Die Alraunwurzel (Mandragora). In der Antike ist sie wegen ihrer anästhesierenden Wirkung bei Operationen gebraucht worden. Im Spätmittelalter hat man sie in unseren Regionen als Zaubermittel gebraucht. Ihr wurden, vor allem des Aussehens wegen (oben Kopf, unten Beine mit Geschlechtsmerkmalen), übernatürliche Kräfte zugeschrieben. Das abgebildete Exemplar stammt aus Griechenland. Im Vordergrund: zwei kleine, gefälschte Wurzeln aus dem letzten Jahrhundert. Zur Fälschung bot die Wurzel Anlass, weil sie aus mediterranen Gebieten stammt, und daher in der Schweiz immer teuer gewesen ist.

120 Die Allermannsharnischwurzel (Allium Victorialis L.) vermag, so glaubte man, wenn sie auf dem Leibe getragen oder im Hause aufbewahrt wird, kraft ihrer übernatürlichen Gewalt jedes drohende Unheil abzuwehren.

reissen und es vor den Augen der Wallfahrer zu verbrennen. Das war gewiss ein schwerer Schock; er wurde dadurch verstärkt, dass später der Rat auch den Abbruch der ganzen Kirche verfügt hat. Es spricht für die Tiefe dieses alten Volksglaubens, dass die Wallfahrt weiterging. Noch dreihundert Jahre später lässt sich der lebendig gebliebene Volksglaube an das ewige Unglück nichtgetaufter Kinder selbst in reformierten Gebieten nachweisen.[42] Es gibt weitere ähnliche Beispiele: Nachdem die Reformatoren das Herumziehen des Palmesels am Palmsonntag gänzlich «abstrickten», zogen reformierte Appenzeller nach St. Gallen, um dort die alte Prozession mit dem Palmesel zu erleben.[43] Und weil es im protestantischen Bereich keine Messen mehr gab, gingen protestantische Waadtländer in die nahen Gemeinden des Wallis, um die Messgottesdienste mitzufeiern. Sie brachten auch geweihtes Brot nach Hause, denn die protestantischen Pfarrer nahmen keine Segnungen mehr vor. Wie tief verwurzelt solche Anschauungen waren, erhellen folgende Berichte. Um 1696 hat das Berner Chorgericht den Hans Schlyffer von Frutigen verurteilt, weil er die auf dem Abendmahlstisch übriggebliebenen Brotreste sammelte und sie nach Hause nahm, um böse Geister vertreiben zu können. Schon im April 1695 war ein Mann namens Bitzi von der gleichen Behörde wegen dieses Vergehens einvernommen worden.[44] Selbst okkulte Praktiken wie Abwehrzeichen (Kreuzschlagen), Anbringen von Fisch und Stern (Marien-Symbole), Drudenkreuz und Zahlennetze erfreuten sich nicht nur in der katholischen, sondern auch in der protestantischen Bevölkerung nach wie vor grosser Beliebtheit. Dazu kommen Exorzismen (Geistvertreibungen), Segnungen und Besprechungen. Zwar ist in den Kirchenordnungen wiederholt festgehalten worden, dass das Heilen durch Beschwörungen, Zauberwerk und heilige Worte ausdrücklich zu verbieten sei, weil es sich um Teufelskunst handle. Wer solche Praktiken betreibe, heisst es in der Confessio Raetica von 1552, sei als verdammungswürdiger Geisterbeschwörer und Zauberer aus der Gemeinschaft auszustossen. Doch dieser Anschauung war nicht beizukommen. Hans Huser von Thun bekannte in einem Verhör am 8. Januar 1551, es sei ein Leichtes, hieb- und stichfest zu werden, man müsse lediglich alle Freitage fünf Ave Maria und fünf «Glauben» sprechen. Ein Mann von Jetzikofen glaubte, den Verwundungen beggnen zu können, indem er das Johannes-Evangelium zitiere und die sieben Worte am Kreuz spreche. Barbara Tropfer aus Rüeggisberg glaubte, durch Anrufung der Trinität und Anrufung Marias jegliches Gewitter abwenden zu können.[45]

Beschwörungen, Segnungen und Exorzismen sind auch im 17. Jahrhundert nicht ausser Kurs geraten. Damals haben auch sog. Himmelsbriefe zirkuliert. Wer diesen Brief hat, so heisst es beispielsweise 1733, den «wird kein Wetter erschiessen oder Donner erschlagen, von Feuer und Wasser wird er verwahret und sicher sein». Himmelsbriefe, die auch in protestantischen Gegenden vorkamen, sind eine merkwürdige Mischung von Schutzmittel, Gebet und Sittengebot.[46] Sie verschwanden ebenso wenig wie das Läuten der Kirchenglocken beim Herannahen von Gewittern. Auch mit diesem Wetterläuten sind die Reformatoren nicht fertiggeworden. Zwar gebot der Berner Rat 1530 nach der Aussage von Valerius Anshelm, das «Wettergelüt nit me ze bruchen».[47] Auch die westschweizerischen Reformatoren verdammten das Wetterläuten: «Le sonnement des cloches contre le temps et pour les trépassés est chose vaîne», heisst es in Orbe.[48]

Diese Verbote sind immer wieder wiederholt worden. Offensichtlich gelang es lange Zeit nicht, diesen Brauch aus der Welt zu schaffen. Ob protestantisch oder katholisch: In der Not griff der Mensch immer wieder auf Bräuche und Praktiken zurück, die man längst tot geglaubt hätte. So befestigte man in Graubünden in Sturmnächten Sensen an die Aussenwände des Stalles oder der Alphütte, um die heranfliegenden Wetterhexen aufzuspiessen. Und im Emmental versuchte man, die Wetterhexen zu besänftigen, indem man sie mit Käse und Brot bewirtete. Gegen Blitz sollte – eine

121 Die Mandragora- oder Alraunwurzel galt vom Spätmittelalter bis ins 19. Jh. hinein zu den gesuchtesten Heil- und Wundermitteln. Altem Glauben zufolge durfte die Alraunwurzel nicht von einem Menschen ausgegraben werden, weil sich sonst die Wurzel rächen würde. Man hat deshalb dazu einen Hund verwendet.

Anschauung, die sich bis ins 19. Jahrhundert hinein erhalten hat – auch ein am Karfreitag gelegtes Ei schützen.⁴⁹

Erstaunlich ist, dass der Teufelsglaube in Form des Hexenglaubens im 17. Jahrhundert, also nach längst vollzogener Reformation, einen neuen und zum Glück letzten Aufschwung erlebte und im 18. Jahrhundert mit der letzten Hexenhinrichtung sein unrühmliches Ende nahm. Geblieben ist das «Verhexen», der Glaube an den bösen Blick, und auch im 18. Jahrhundert wird unerklärliches Missgeschick in Haus und Stall gerne als Hexerei einer misshelligen, «verdächtigen» Nachbarin erklärt. Geblieben ist im 18. Jahrhundert der schon von Cysat, zweihundert Jahre früher, geschilderte Glauben an die Spukgestalten. Die halbmenschlichen Dämonengestalten, Zwerge, Riesen, Wildleute, die Drachen, der Kuhbauch, der Scheibenhund, beginnen sich im 18. Jahrhundert allmählich in alpine Reliktgebiete des Volksglaubens zurückzuziehen.

Geblieben ist die Tagwählerei. Sie ist fast so alt wie die christliche Kultur selbst. Schon Moses hat sie bekämpft und verurteilt: «Dass nicht jemand unter dir gefunden werde, der seinen Sohn oder seine Tochter durchs Feuer gehen lässt, oder einen Weissager oder einen Tagwähler, oder der auf Vogelgeschrei achte oder einen Zauberer oder Beschwörer, oder Wahrsager. Denn wer solches tut, ist dem Herrn ein Greuel.» Sie war auch dem Apostel Paulus ein Ärgernis: «Tage beachtet ihr und Neumonde und Festzeiten und Neujahrstage. Ich fürchte für Euch, dass ich am Ende vergeblich an Euch gearbeitet habe.» In der alten Eidgenossenschaft war die Tagwählerei weit verbreitet, ja nahm im 17. Jahrhundert – längst nach den Reformationen – den grössten Umfang an. Wir sind über die Regeln aus den Aufzeichnungen von Gwerd und Anhorn unterrichtet. Es sind, von wenigen Ausnahmen abgesehen, Regeln, die bis ins 20. Jahrhundert überliefert wurden: «Es sei unglücklich, wenn ein Knecht oder eine Magd an den Mittwochen einen Dienst antrete», oder «man soll den Donnerstagabend feiern», oder «man soll am Freitag die Essigflaschen füllen». Bekannt sind auch die Karfreitagsregeln: An diesem Tag gelegte Hühnereier können eine Feuersbrunst löschen. Offenbar haben die Aufklärungen von Gwerd und Anhorn nichts genützt, denn im 18. Jahrhundert verkündete beispielsweise der «Hinkende Bote» von Bern, dass alle Unglücksfälle auf die «verworfenen» Tage fallen. Vergeblich war auch der Kampf der Aufklärer in den Ökonomischen Gesellschaften: «Der Bauer hat seine eigenen Tage fast für jede Arbeit; diese Sache will an einem Heiligen Abend, diese wieder an einem andern ihrer besondern Tage verrichtet sein, z.B. die Haus- und Linsaat am Charfreytag.»

Als Unglückstag galt (vor allem in der deutschen Schweiz) der Mittwoch. Er heisst Mittwoch, ist kein Tag, weil er die Mitte bedeutet. Andernorts war der Freitagsglaube verbreitet. Ihn hat Jeremias Gotthelf in seiner «Käserei in der Vehfreude» aufs Korn genommen. So lässt er einen, der noch an die Wochentagsregeln glaubt, sprechen: «Ja, wenn man den Käse wolle hohl wie Hutdrucken oder blästig, dass man sie den Schmieden für Blasbälge verkaufen könne, so solle man nur am Sonntag den ersten Käs machen... Wer noch einen Glauben habe, und begehre glücklich zu sein in der Ehe, der lasse sich am Freitag kopulieren. Das halte fest, was an diesem Tage gemacht sei. Bei Käsen sei ja das Kopulieren und dass die Käse fest würden und sich hielten, die Hauptsache... Schicklicher zum Anfang als der Freitag sei daher durchaus kein Tag.»⁵⁰

Ein Überblick über alle die merkwürdigen Vorstellungen und Praktiken des 18. Jahrhunderts zeigt, dass es zwischen den protestantischen und katholischen Gebieten nicht allzu grosse Unterschiede gab. Man könnte höchstens sagen, dass die Katholiken bei solchen Praktiken ein verhältnismässig gutes Gewissen hatten, weil nach ihrer Überzeugung alles, was sie tun, kirchlich ist. Der Protestant aber brauchte die Mittel der Magie «nicht nur ohne Kirche, Prüfung und Approbation, sondern meist im bewussten Gegensatz zu Kirche und Pfarrer».[51] Die traditionelle katholische Volkskultur hat immer einen weiten Bereich kirchlich geformten oder wenigstens kirchlich nicht verbotenen Volksglaubens mitumfasst. Für den Katholiken gab es im allgemeinen wohl subjektiv überhaupt keinen Aberglauben, weil er alles unter den Glauben, unter seine fides implicita zu subsumieren vermag. Für den Protestanten gab es eine scharfe Abgrenzung, ja eine gewisse Gegensätzlichkeit zwischen dem eng gezogenen Bereich protestantischer Kirchlichkeit und dem weiten Bereich säkularisierter Volkskultur. Wie Richard Weiss gezeigt hat, bahnte sich in der protestantischen kirchlichen Volksreligiosität mit der Zeit eine allmähliche Regeneration an. Vieles, was in der Anfangszeit verbannt worden war, wurde wieder anerkannt. Der musikalisch begabte Zwingli hatte einst das Orgelspiel aus der Kirche verbannt. Er nannte die Orgel in seiner volkstümlichen Art «des Tüüfels Sackpfyfen». Nach wechselvollem Kampf kam es zur Wiedereinführung des Orgelspiels in den Gottesdiensten. Die Lieder und Choräle erfreuten sich grösster Beliebtheit. Neben den Lutherliedern fanden insbesondere jene des deutschen Liederdichters Paul Gerhardt (1607 bis 1676) Eingang. Hier fand das Volk jenen Glauben, «unter dessen Kraft die Erde ein Vorfeld Gottes wird, erwärmt von dem unwandelbaren Vertrauen auf die mögliche Erlösung».[52]

Anhand der Taufe oder des Abendmahles lässt sich zeigen, wie nach der vollkommenen Unfeierlichkeit, ja Formlosigkeit der reformierten Anfänge allmählich wieder eine Liturgie und ein Brauch aufkamen. Vor allem in den Hausandachten pietistischer Kreise hat sich die alte protestantische Volksgläubigkeit nicht nur erhalten, sondern weiterentwickelt. Aller Aufklärung zum Trotz verlor der Volksglaube auch im 18. Jahrhundert seine Stärke nicht. Die allermeisten Kinder wurden weiterhin in eine einheitliche geistige Welt geboren. Das Leben hatte, aller Unvollkommenheit zum Trotz, immer noch eine geheime Mitte, erhielt Sinn und Tiefe durch den christlichen Glauben. Diese Volksfrömmigkeit hat das Volksleben weiterhin erwärmt. Zwar kann man, wie E. Strübin bemerkt, nicht übersehen, «dass die Zahl derer, die aus lauter Trägheit glaubten, um ungeschoren zu bleiben, ungeheuer gross gewesen ist».[53]

Für viele Menschen war auch der Kirchgang mehr Sitte als religiöses Bedürfnis. Die Beziehungen zu Gott scheinen, abgesehen vom Zwang, eher äusserlich, brauchmässig geregelt. Man befolgt zwar die christlichen Gebote einigermassen, erwartet aber doch auch gewisse Gegenleistungen. Eine Erzählung illustriert das recht hübsch: Ein Bauer geht am Sonntag zur Kirche. Während des Gottesdienstes beginnt es zu hageln. Darauf sagt er beim Verlassen der Kirche, indem er die Faust gegen den Himmel erhebt: «Dir gaani mee z'Chile!»[54]

Diese naive Glaubensauffassung war weit verbreitet. Sie erhoffte von Gott, dass er alles Böse abhalte, sie erwartete vom Gebet das Eintreffen des Gewünschten. Erfüllt es sich nicht, gibt man das Beten auf. Freilich gab es auch ein anderes Beten, ein Beten, in dem der Satz enthalten ist: «Nicht wie ich will, sondern wie Du willst.» Aus der recht grossen Schar der also betenden Männer und Frauen sei stellvertretend ein einziger grosser Beter genannt: Niklaus von der Flüe. Dieser einsame Beter aus dem Ranft fand in einer der gefährlichsten Krisen der alten Eidgenossenschaft das erlösende Wort. Er vermochte den Starrsinn der nach den Burgunderkriegen allzu selbstherrlich Gewordenen zu brechen. Zum Glück für die alte Schweiz gab es immer wieder solche Beter. Ihre selbstlose Fürbitte war sicher für unendlich viele Familien, ja für das ganze Land, eine unermessliche Wohltat. Gewiss: auch sie vermochten die Zustände nicht zu verändern. Aber sie änderten die Einstellung zum Mitmenschen und zur Gemeinschaft.

Allen Wandlungen zum Trotz blieben Frömmigkeit und Volksglauben traditionsverbunden. Man achtete darauf, dass in kirchlichen Dingen die Form gewahrt blieb.

122 «Breverl», Heiltumstäschchen, hergestellt in Bayern, verwendet um 1780 im Kanton Graubünden.

123 Froschauer Bibel, Zürich 1556. Aus dem Obertoggenburg, mit herausgeschnittenen Seiten. Die Seiten wurden unten beschnitten. Die Papierstreifchen sind wie Schluckbildchen im Kinderbrei gekocht worden. Auf diese Weise sollten die Kinder gewissermassen den Heiligen Geist schlucken beziehungsweise von einer Krankheit geheilt werden.

124 Schluckbildchen. Man hat diese briefmarkengrosse Bildchen als geistliche Heilmittel geschluckt. Die hier gezeigten Schluckbildchen sind in Wien hergestellt und im 18. Jh. in der Innerschweiz verwendet worden.

Bei der Taufe – wir werden darauf zurückkommen – hatte der Pfarrer das Ritual immer ganz genau gleich auszuführen. Wichtig blieb immer die Gebärde und Haltung. Beim Beten war es wichtig, den «Glauben», das Glaubensbekenntnis, wörtlich hersagen zu können. Neuerungen im Gottesdienst waren wenig geschätzt; der Pfarrer hatte feierlich zu predigen. Polterpredigten, wie sie noch im 16. Jahrhundert da und dort vorkamen, sind im 18. Jahrhundert nicht mehr gefragt. Der Pfarrer, der Priester ist schliesslich ein Herr, zu dem man mit Ehrfurcht aufschaut. Sein Ornat, sein Talar sind wesentliche Bestandteile. Kein Pfarrer hätte es gewagt, da auch nur kleinste Änderungen vorzunehmen.

Doch gab es zwischen Pfarrer und Volk auch Missverständnisse, ja Spannungen. Sie traten vor allem dort auf, wo der Pfarrer mit geistlichen Aufgaben und Pflichten auch obrigkeitliche Funktionen wahrzunehmen hatte. So hatte zum Beispiel ein Pfarrer von Wädenswil am Zürichsee im 17./18. Jahrhundert die Aufgabe, Kinder und Jugend im Glauben zu unterrichten, die Konfirmanden zu examinieren, am Sonntag zu predigen, die Kinder zu taufen, Ehen zu kopulieren, Abendmahl zu halten und Tote zu beerdigen. Aber er war eben nicht nur Seelsorger, sondern gleichzeitig auch Vertreter der Obrigkeit von Zürich, die ihn ja wählte. Er hatte die Mandate der Obrigkeit zu verlesen, er hatte den Lebenswandel auffälliger Individuen, entlassene Verbrecher oder ledige Mütter zu überwachen. Ganz allgemein hatte er für Zucht und Ordnung zu sorgen, und er stand unter einem Kommunizierzwang, das heisst, er hatte alles, was nicht genau nach Zucht und Recht und Ordnung verlief, nach Zürich zu melden, so beispielsweise auch die chronischen Abendmahlabstinentler. Was das aber bedeutete, wird uns beim Lesen der Gerichtsakten und Korrespondenzen deutlich. Die jungen Leute, so schrieb Pfarrer Jodokus Grob am 25. Juli 1678 nach Zürich, spielen am Sonntag mit Karten und Kegeln, und man fährt am Sonntag allen Verboten zum Trotz über den See, und die Müller lassen – wohlverstanden in Zeiten der Dürre, der Wasserknappheit – am Sonntag die Räder laufen. Wiederholt klagen die Pfarrer im 17. und 18. Jahrhundert über den ausser- und vorehelichen Beischlaf; hochschwangere Bräute seien bald die Regel.[55] In der Mitte des 18. Jahrhunderts mehren und häufen sich die Klagen. Kegeln und Würfeln am Sonntag sei allgemein geworden, und immer wieder gingen die Leute, obwohl es verboten sei, fischen. Und nun erscheinen sie alle, die Sünder, um gebüsst oder gar getrüllt zu werden: des Johann Gattikers Ehefrau, die am Sonntag Wäsche aufhängte, Johann Willi, der am Sonntag ein Paar Schuhe flickte, Heinrich Hoffmann in der Hinteren Rüti, der während der Kinderlehre Heu in den Stall gebracht hat, und Geschirrfasser Johannes Diezinger, der einem armen Mann am Sonntag einen «Mousselinzug» (textile Heimarbeit) ausrüstete. Der Pfarrer zeigte schliesslich auch jene an, die am Sonntag bei sich zu Hause tanzten. Sowohl Kaspar Kleiner, Leutnant Schneider wie Felix Streuli, die alle in ihren eigenen Häusern bei Geigenspiel und Pfeifen tanzen liessen, wurden gebüsst. Vollständig unerträglich schienen dem Pfarrer und auch der weltlichen Obrigkeit das «ärgerliche Geläuf nach dem päpstlichen Einsiedeln, um der Abgötterei und dem Bilderkram zuzuschauen». Wer so wie Müller Haab, Schützenmeister Hauser, Chirurg Stocker und andere den Sabbat entheiligte, hatte schwere Bussen in Kauf zu nehmen.[56] Ist es angesichts solcher Erscheinungen verwunderlich, wenn der Stillstand (Kirchenpflege), als er einmal einige grössere und kleinere Missetäter hätte nennen sollen, einfach schwieg?[57] Nicht alle Landvögte bewiesen jene seltene Einsicht und menschliche Klugheit wie Johann Caspar Escher, der 1717 darlegte, dass alle die Verbote, welche in der Stadt nur teilweise oder überhaupt nicht gelten, auf dem Land böses Blut machen und die Landleute zu heimlichem Tun verleiten.[58] Die Regel war vielmehr die, dass der jeweilige Landvogt den Stillstand, wie es in einem Protokoll heisst, «einmal im samtesten Ton, einmal aber mit allem Ernst» ermahnte, doch ja alle Vergehen, selbst solche kleinster

125 Ein grosser Eidgenosse und stiller Beter (Niklaus von der Flüe) bewahrt die Schweizer Politiker vor falschen Entscheidungen. Diebold Schilling hat in seiner Luzerner Chronik das Geschehen illustriert und beschrieben. Oberes Bild: Pfarrer Am Grund von Stans eilt während der Tagsatzung vom 21. Dezember 1481 mit einem Begleiter, durch den Brevierbeutel ebenfalls als Kleriker charakterisiert, zu Bruder Klaus in den Ranft, um seinen Schiedsspruch zu erbitten. Unteres Bild: Der Begleiter von Pfarrer Am Grund verkündet den Tagsatzungsmitgliedern die Meinung des Bruder Klaus.

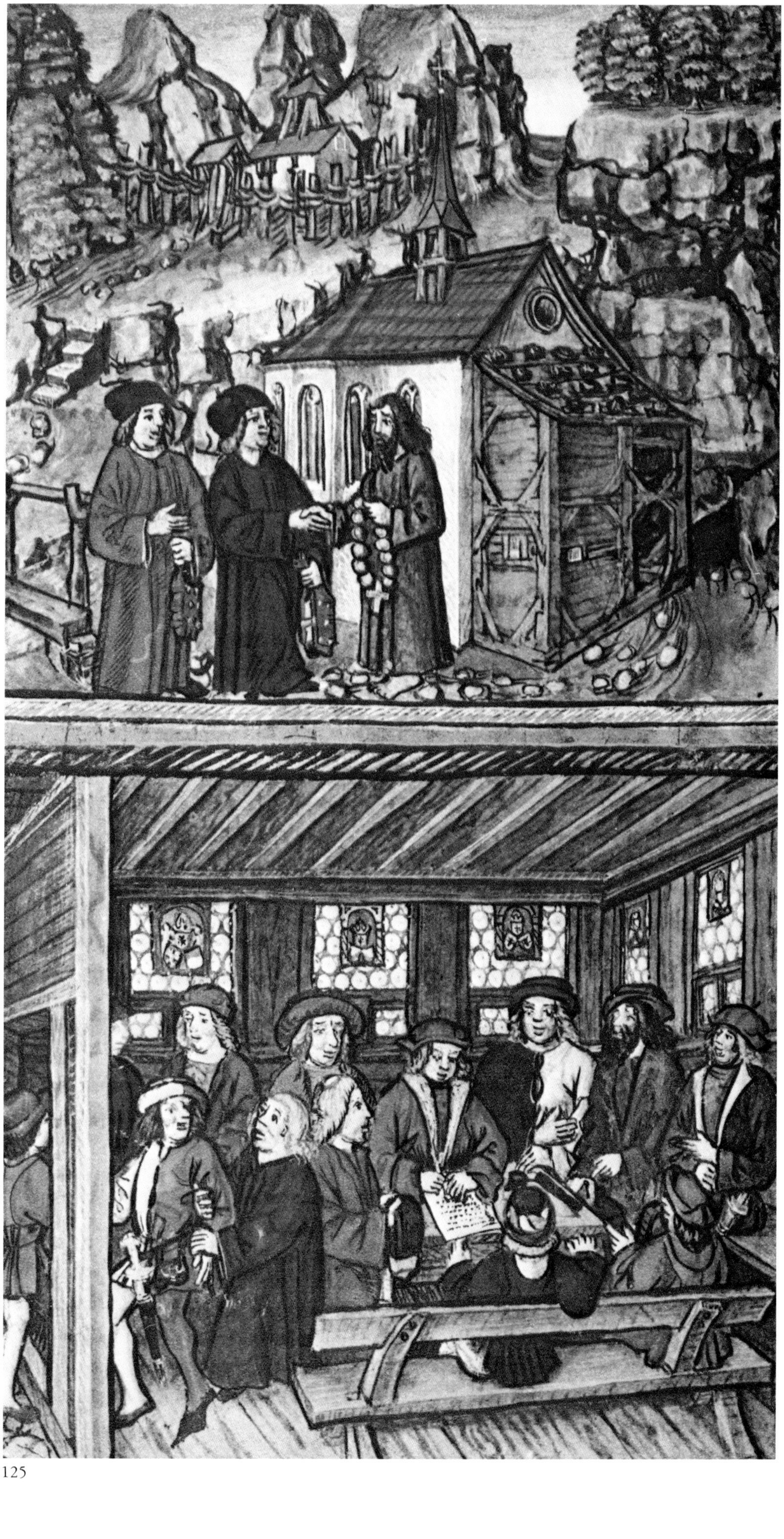

125

Art, zu ahnden und aufzuspüren.⁵⁹ Und die Regel war, dass sich der Pfarrer freute, wenn irgend einem armen Sünder «der Kopf im Schloss (dem Sitz der Landvogtei) recht tüchtig gewaschen wurde».⁶⁰ Man kann sich leicht vorstellen, wie diese Haltung den Stolz des Landvolkes verletzte und auch das Verhältnis zum Pfarrer und zur weltlichen Obrigkeit vergiftete.

Nicht anders lagen die Dinge im Baselbiet. Auch hier war der Pfarrer der Repräsentant städtischen Lebens und städtischer Normen. Zudem trat er als wichtiger Gläubiger und als Vermittler von Darlehen städtischer Finanzquellen auf. Zugleich war er auch Bezüger von Zehnten und anderen Abgaben. Seine Funktion als weltlicher Repräsentant muss der geistlichen Aufgabe nicht unbedingt widersprechen; doch führt sie auch hier zu Spannungen.⁶¹

Zwar steht sein Haus mitten im Dorf; «er geniesst wie die Bürger Holzgabe und Weidgang. Doch wer im Dorf Überwachungs- und Sanktionsaufgaben übernimmt, muss auf Verschiedenes gefasst sein. Kleinere oder grössere Rachezüge können vorkommen: Einmal wird der Gemüsegarten verwüstet, ein anderes Mal werden die Fensterläden ausgehängt. Kurzum: Die Autoritätssituation des Pfarrers gleicht derjenigen des Landvogtes, doch ist sie labiler: Im Umgang mit den Dorfleuten hat der Pfarrer einen Mittelweg zu finden zwischen den Anforderungen der Obrigkeit, seinem Selbstbild und den faktischen Möglichkeiten.»⁶² Nie vergisst das Dorf, dass der Pfarrer eben von der Stadt gewählt ist. Das, was die Gemeinden im Zeitalter der Reformation anstrebten, «die Wahl des Pfarrers durch die Gemeinde», ist also hier in den protestantischen Gebieten nicht erreicht worden. Doch wer wollte da tadeln? Es ist leicht, schreibt der englische Historiker Finlay, «eine nicht mehr existierende Gesellschaft zu tadeln; schwieriger und lohnender ist es zu untersuchen, was damals angestrebt, wie es versucht wurde, in welchem Ausmass man erfolgreich war oder nicht. Wenn man beide Betrachtungsweisen nicht auseinanderhält, ist das Risiko, ja die Wahrscheinlichkeit recht gross, dass man in beiden Hinsichten zu fehlerhaften Schlüssen kommt.»⁶³

Gesunde und kranke Tage

126

Gesundheit erschien dem spätmittelalterlichen Menschen als eine kostbare Gabe. Sie war ein Geschenk Gottes, und man hatte sie zu pflegen. Es gab in dieser Zeit nicht nur eine ars moriendi, eine Sterbekunst, sondern auch eine ars vivendi, eine bis in alle Einzelheiten durchgebildete Lebenskunst. Paracelsus hat sie beschrieben: Denn wie das Kind zum Verstand erzogen werden muss, aus welchem allein die Ordnung des Lebens zu wachsen vermag, so folgt auch aus diesem Wissen das Regiment, die Führung des Lebens in gesunden und kranken Tagen. Auch am gesunden Leibe noch muss täglich der Rand «geflickt und gebosselt» werden, damit er intakt bleibt.[1] Die einzelnen Regeln zur gesunden Lebensführung finden wir in einem zahlreichen Schrifttum von Spätmittelalter bis in die neueste Zeit hinein.[2] Da ist die Rede vom guten Umgang mit Licht und Luft, von der Kultur mit Speise und Trank, vom Rhythmus, von Bewegung und Ruhe, vom Wechsel von Schlafen und Wachen und schliesslich von der Kultivierung der Leidenschaften. Dazu kommen die vielgestaltigen Regeln für die Badekultur. Aus dem grossen Bad-Schrifttum nennen wir hier nur das kleine Opus des Paracelsus: Von dem Bade Pfäfers (1533), in welchem dem «gemeinen Mann der Quelle Tugend, Kräfte und Wirkung» nähergebracht werden. Tatsächlich waren in der alten Eidgenossenschaft, wie der Chronist J. Simler schon 1574 bemerkt hat, die Badekuren recht beliebt und die Bäder gut besucht.[3] Zwar ist am öffentlichen Badebetrieb bald einmal harte Kritik geübt worden. Offenbar haben aber diese Bannflüche von seiten der Moralisten nicht viel gefruchtet. Erst die zu Beginn des 16. Jahrhunderts auftretende Syphilis hat das Badewesen eingedämmt. Jetzt stehen, so Erasmus von Rotterdam, die öffentlichen Bäder leer und kalt, «denn die neue Hautkrankheit lehrte uns, von ihrem Gebrauch abzustehen».[4]

Wie weit die Gesundheitsregeln vom Volk angenommen worden sind, lässt sich nicht nachweisen. Gewisse Ausschweifungen – man denke nur an den Kiltgang sowie an die Exzesse beim festlichen Essen und Trinken – lassen vermuten, dass die gut gemeinten Ratschläge ihr Zielpublikum nicht immer erreichten. Aber was versteht man unter gesund? Zweifellos darf man unter Gesundheit nicht allein körperliches Wohlbefinden verstehen. Ein körperlich gesunder Mensch kann sich bei gesellschaftlicher Isolierung recht krank fühlen. Gesundheit bedeutet ja allgemeines Wohlbefinden als Ergebnis eines ausgeglichenen Wechselspieles verschiedenster Elemente im Organismus sowie das Zusammenwirken mit der natürlichen und gesellschaftlichen Umwelt. So betrachtet, war der spätmittelalterliche Mensch vielleicht gesünder als jener des 20. Jahrhunderts. Allerdings war seine Gesundheit, was den eigentlichen körperlichen Bereich angeht, in höchstem Mass gefährdet. Sie war beeinträchtigt von Kriegen, Aufständen, Missernten, von Kälte, Regen, Schnee und Katastrophen aller Art sowie vor allem auch von Seuchen. Dazu kamen die prekären Wohn- und Arbeitsverhältnisse. Ganz besonders gefährdet waren die Frauen während der Schwangerschaften und Geburten.

126 Lahme werden durch Baden geheilt. Hinten die Kranken in Zubern. Vorne werden die Kranken entweder herbeigetragen oder kommen auf Krücken selber herangehumpelt. (Wickiana, Zürich.)

Wie aber fanden sich die Menschen mit diesen Gefahren, ganz allgemein mit der Krankheit ab? Wie verhielten sich die verschiedenen sozialen Schichten? Welchem Wandel unterlag die Auffassung von Kranksein im Verlaufe der Jahrhunderte? Welches waren die «Anlaufstellen» der Betroffenen? An wen wandten sich die Hilfesuchenden? Welche Personen und Institutionen hatten in den Augen unserer Vorfahren den Vorrang? Welche Rolle spielten die Chirurgen oder Wundärzte (Scherer), «die Doktoren der Medizin», die Klöster, die Apotheker, die Dorfmeier, die Scharfrichter, Quacksalber, die Hebammen und schliesslich auch die Seelsorger? In welcher Reihenfolge sind diese Helfer aufgesucht worden?[5]

An Fragen fehlt es wahrlich nicht. Wir wollen versuchen, sie einzeln anzugehen, und beginnen unsere Betrachtungen mit dem Aussatz.

Diese Seuche war schon während der Antike in den Mittelmeerraum eingedrungen und griff von dort auf die Britischen Inseln sowie auf Gallien über. Die ältesten deutschen Leprosorien von Metz und St. Gallen stammen aus dem 7. und 8. Jahrhundert. Demographisch war der Aussatz von untergeordneter Bedeutung, er hat das Wachstum der mittelalterlichen Bevölkerung kaum beeinflusst. Hingegen versetzte die Krankheit die Menschen in panisches Entsetzen: Man kannte ihre Unheilbarkeit, erschrak vor den verstümmelnden und entstellenden Folgen und fürchtete ihren Verlauf, der schliesslich zur Erblindung und Verkrüppelung führte. Der Kranke wurde, vom Tode gezeichnet, aus der Gemeinschaft ausgeschlossen, und die Medizin konnte keine wirkungsvollen Therapien anbieten. Im ausgehenden Mittelalter verlor der Aussatz seinen Schrecken, obwohl er im 16. Jahrhundert kurzfristig noch einmal aufflammte. Seit Beginn der Neuzeit spielte die Seuche keine Rolle mehr.[6]

Einschneidende und gefährliche Folgen für die Bevölkerung hatte indessen die Pest. Aus dem Orient kommend, zog sie nach Italien und um die Mitte des 14. Jahrhunderts durch das ganze Abendland. Sie wütete in Basel, Bern, Zürich, Schaffhausen wie in Florenz, Lissabon, Lyon und London. Innert kurzer Zeit fielen ihr in Europa 25 Millionen Menschen zum Opfer. Dabei waren nicht nur die Städte gefürchtete Krankheitsherde, die Seuche nistete sich auch in entlegenen Landesteilen ein. Selbst Klöster wie Einsiedeln, Engelberg und Disentis blieben nicht verschont. Gefährdet waren insbesondere die Städte und Ortschaften an Handels- und Verkehrswegen. Allein im Bezirk Brig starben 1495 1400 Menschen. Im Zeitraum von 1601 bis 1625 suchte die Pest die Basler sechsmal, die Berner zehnmal und die Genfer dreimal heim. Zwischen 1626 und 1650 trat sie in Basel sechsmal, in Zürich dreimal, in Genf nicht weniger als neunmal auf.[7] Die Ärzte jener Zeit sahen wohl die Merkmale der gefürchteten Krankheit: Fieber, beulenartige Geschwülste, schwarze Flecken am ganzen Leib, besonders um Mund und Nase, quälender Husten und Blutstürze. Sie standen indessen der Seuche völlig ratlos gegenüber. Selbst ernsthaften Forschern wie Paracelsus und Vadian gelang es nicht, ein wirksames Mittel dagegen zu ersinnen. Seit Jahrhunderten besassen Mithridat und Teriak als Universalmittel allgemeine Bedeutung. In seinem 1519 gedruckten Pestbüchlein empfiehlt Vadian einen als Giftessig bezeichneten Absud von allerlei Wurzeln, Blättern und Blüten zum Besprengen von Wäsche, Betten, Vorhängen und zum Betupfen kranker Körperteile. Die Traktate der Zürcher Ärzte Ludwig Lavater und Johann Heinrich Lavater geben ähnliche Anleitungen. Der Basler Stadtarzt Felix Platter liess eine Aqua theriacalis aus dreihundert verschiedenen Ingredienzen verabreichen. Zur Pesttherapie gehörten sodann auch die Aderlässe. In der Volksmedizin stand Baldrian, Bibernell und Knoblauch an vorderster Stelle. Uralte Rezepte gingen von Mund zu Mund: Bibernell und Stränze sind gut für Pästilenze. Oder: Iss Knoblauch und Pimpernell, so holt die Pest dich nicht so schnell. Die Behörden griffen scharf ein, Wege und Brücken wurden durch Gatter und Pfähle abgeriegelt. Überall wurden Wachen aufgestellt, um die Strassen zu beaufsichtigen. Notwendige Lebensmittel sollten nur aus

127 Aussätziger mit hölzerner Siechenklapper. Ihm gegenüber ein Geistlicher in Bischofsornat, der mit einer Segengeste auf ihn zuschreitet. Der Aussatz war eine ansteckende Krankheit; man hat deshalb die befallenen Menschen in Siechenhäusern untergebracht. Der Aussätzige war verpflichtet, sich bemerkbar zu machen, wenn sich ihm jemand näherte. Er hatte nicht nur zu klappern, sondern ein weisses Tuch, das er über die Schultern trug, vor gesunden Menschen zu schwenken. Federzeichnung aus der Nikolaus de Lyra-Bibel, 1460–1461.

128 Der Heilige Rochus. Das Bild, ursprünglich aus Beckenried (NW) stammend, ist um 1520 entstanden. Der bärtige Rochus weist mit seiner Rechten auf seine Pestbeule auf der Brust. Er trägt eine Pilgermütze und ist mit einem weissen Hemd, einem roten Rock und einem grünbraunen Umhang angetan. Ein als kleines Kind wiedergegebener Engel schiebt sein Gewand weg, um die Pestbeule am linken Oberschenkel zu berühren. Die Verehrung des Rochus aus Montpellier (1295–1327) geht auf eine Legende zurück. Auf einer Romfahrt wird der Pilger von der Pest befallen. Ein Engel heilt ihn jedoch von der Krankheit. Die Anrufung des Heiligen gegen die Pest setzt sich, ausgehend von Südfrankreich, nach der Translation seiner Reliquien nach Venedig um 1415, allgemein durch. Spitäler und Siechenhäuser übernehmen sein Patrozinium. In Zeiten der Pest suchte der Mensch letztlich Zuflucht zu Gott und dessen Fürbitter. Denn er kannte weder die Ursachen der Krankheit noch hatte er Rezepte gegen sie.

129 Badebetrieb im Leukerbad um 1800. Kolorierte Aquatinta von A.S. Fischer. Nachdem im 17. Jh. die allgemeine Seuchengefahr wieder geringer geworden war, nahm auch der Zustrom zu den öffentlichen Heilbädern wieder zu. Das Bild von Fischer zeigt den Badebetrieb in einem renommierten Kurort im 18. Jh. Man hielt sich mit den Kleidern im Bade auf. Um sich die Zeit zu verkürzen, wurde Schach gespielt. Man konnte lesen oder auch essen, wozu es schwimmende Servierbretter gab.

130 Auf dem Wepchenberg (Linth-Gebiet) entdeckte man im 16. Jh. ein neues Heilbad, das sogenannte Kaltbad. (Stumpf-Chronik, 1540.)

gesunden Gegenden bezogen werden. Die Metzger durften kein Vieh aus verdächtigen Orten einführen, und beim Salzkauf, besonders im Burgund, wurde Vorsicht empfohlen. Selbst die Passwege über die Alpen, namentlich der Gotthard, wurden bewacht. Da diese Anordnungen bedeutende Kosten verursachten, verlangte Uri 1617 für seine Wachen auf dem Gotthard einen angemessenen Beitrag. Die Waren sind zum Teil geräuchert worden. Man hat Wacholderbeeren, getrockneten Rosmarin, Thymian, Wermut und Rebenholz dazu verwendet. Selbst Käse, Pelze und Ladezettel wurden beräuchert. Im 17. und 18. Jahrhundert griff auch die Tagsatzung ein. Rettung versprachen Prozessionen zu Pestaltären, sie vermehrten indessen die Ansteckungsgefahr. Die Pestepidemien sind im 18. Jahrhundert ausgeklungen. Daran waren aber nicht Massnahmen ärztlich-gesundheitspolizeilicher Bekämpfung, sondern Verschiebungen im Bereich der Ratten, des gesamten Nager-Reservoirs sowie anderer Krankheitsüberträger schuld. Der Flohbefall der Bevölkerung ging zurück, die Verlausung nahm ab.

Zur Pest kam eine zweite Infektionskrankheit, die Syphilis. Stumpf nennt sie in seiner Schweizer Chronik die Franzosenkrankheit. Sie sei um das Jahr 1495 von deutschen Kriegsleuten und eidgenössischen Reisläufern ins Land gebracht worden. Man nannte sie die «Frantzosen, darumb dass die Knecht sölche Plag bei den Franzosen erobert hatten».[8] Man stand auch dieser Krankheit, die überall in Europa auftrat, machtlos gegenüber. Doch hat sie demographisch nie die gleiche Bedeutung gehabt wie die Pest. Ulrich von Hutten hat die Krankheit in seinem 1519 erschienenen Buch beschrieben. Er gibt auch an, welche Mittel zur Heilung man anwendete. Es waren Quecksilberkuren, die man auch bei andern Ausschlägen als «bewährt» angewendet hat. Doch lassen wir ihn selber sprechen: «Aus drei- oder viererlei oder mehr von diesen Medikamenten verfertigten sie, die Chirurgen, (eine Salbe) und schmierten damit Arm- und Beingelenke ein; einige auch das Rückgrat und den Nacken, auch die Schläfen, ja sogar den Nabel, andere wiederum den ganzen Körper, und zwar bei den einen einmal täglich, bei andern zweimal und bei einigen wieder nur den dritten oder vierten Tag. Die Kranken wurden in eine Hitzestube eingeschlossen, die ununterbrochen und stark geheizt wurde, die einen zwanzig, die andern dreissig Tage hindurch, einige auch noch länger... Kaum lag der Kranke in der Schmiere, so begann er sich in einer seltsamen Weise matt zu fühlen. Von solcher Kraft war die Salbe, dass sie aus dem entferntesten Teil des Körpers das Krankhafte in den Mund zusammentrieb und von da aufwärts zum Hirn. Daher floss durch Rachen und Mund die Krankheit ab mit einem so grossen und gewaltigen Schaden, dass die Zähne herausfielen, welche nicht ganz fest im Munde sassen, allen schmärten Rachen, Zunge und Gaumen, das Zahnfleisch schwoll an, die Zähne wackelten, der Speichel floss ohne Unterlass aus dem Mund, gleich von Anfang an furchtbar stinkend und so ansteckend, dass er alles sofort verunreinigte und besudelte. Daher wurden auch die damit benetzten Lippen geschwürig und die Innenseite der Wangen wund. Es stank die ganze Wohnung, und diese Art der Kur war so hart, dass die meisten lieber sterben als auf solche Weise kuriert sein wollen... Vielen wurde das Gehirn so angegriffen, dass sie Schwindel bekamen, andere wurden tobsüchtig. Es zitterten dann nicht nur die Hände, sondern auch die Füsse und der ganze Körper, die Sprache wurde stammelnd, bei einigen nicht mehr heilbar. Viele habe ich mitten in der Kur sterben gesehen. Einen kenne ich, der mit dieser Behandlung an einem Tage drei Bauern elendiglich umgebracht hat. Andere sah ich sterben, denen der Rachen zugeschwollen war, wieder andere, weil sie nicht harnen konnten. Nur wenige sind überhaupt genesen und auch diese nur durch dieses Wagnis, diese Bitternis und diese Leiden.» Es ist, wie ein heutiger Mediziner feststellt, das Bild der akuten Quecksilbervergiftung, das Hutten hier in allen grauenhaften Einzelheiten aufgezeichnet hat.[9]

Um 1529 trat in der Schweiz der «englische Schweiss» auf. Diese Krankheit erwies sich als «tödende». Sie war gekennzeichnet durch übelriechende Schweissausbrüche. Besonders gefürchtet war der erste Krankheitstag mit seinen Krämpfen, Delirien und einsetzendem Bewusstseinsschwund. Wurde er ohne zerebrale Erscheinungen überstanden, wichen die Schweisse nach etwa 24 bis 48 Stunden, und nach weitern sieben bis zehn Tagen war der Kranke gesund.[10] Der «englische Schweiss» ging von selbst zurück.

Um 1411 trat schliesslich der Keuchhusten auf und es «storbend viel Lüte daran».[11] Eine grosse Rolle spielten im Mittelalter die Erkrankungen des Magen-Darm-Traktes. Im Vordergrund stehen die Symptome Erbrechen und Luftfülle, die ungenügende Verdauungstätigkeit, die Verstopfung oder der Durchfall. Vielfach ist die Leber beteiligt, erkenntlich etwa an der Leberschwellung, der schlechten Säftemischung oder der Gelbsucht. Als Krankheitseinheit begegnet uns sodann auch die Gicht, dramatisch beschrieben mit den daraus entstehenden Lähmungen und Kontrakturen, Folgezuständen aus dem kaum abzugrenzenden rheumatischen Formenkreis. Bei einer Übersicht über die Krankheit, vor allem auch über die Todesursachen, sind wir weitgehend auf Vermutungen angewiesen. Wir können sicher sein, und so war die Situation bis weit ins 18. Jahrhundert hinein, dass «ein Fünftel aller Todesfälle auf das Konto von Kinderkrankheiten, vor allem der Säuglinge ging. Als Sammelgruppen müssen gelten: Fieberkrankheiten, Magen- und Darmleiden, die Lungenschwindsucht».[12]

Wer sich mit dem Panorama der Krankheit des ausgehenden Mittelalters und der beginnenden Neuzeit beschäftigt, dem wird deutlich: Krankheit erscheint in dieser Welt nicht als zufälliger Defekt oder vorübergehender Funktionsausfall, und schon gar nicht als rasch zu behebende Panne, sondern als das bestimmende Schicksal des Menschen. Damit sind wir bei der Frage nach der Einstellung zur Krankheit angelangt.

Die Einstellung des spätmittelalterlichen Menschen zur Krankheit ist bestimmt durch den Prädestinationsglauben. Der Mensch empfand die Krankheit wie alles Unheil, das ihn betraf, als Schicksal, verhängt von autonomen Gewalten, denen wir machtlos anheimgegeben sind. Die Krankheit entstammt der Welt des Göttlichen, Normativen. Krankheit war «entweder Strafe für Sünden, Besessenheit durch den Teufel oder Folge von Hexerei».[13] Die Therapie ist deshalb gegeben: Gebet, Busse und Beistand der Heiligen. Jede Heilung wird letztlich als Wunder angesehen. Diese Auffassung war durchaus volkstümlich. Aus einer übergrossen Fülle seien zwei Beispiele herausgegriffen. Auf einem Bild, das im Pestjahr 1517 entstand, befinden sich oben mitten im Bild drei Engel. Sie schleudern Pfeile auf die Erde. Unten auf der Erde sieht man die Getroffenen, sie sinken zu Boden und werden sogleich auch bestattet. Über den Wolken aber thront Gottvater, der die Fürbitte Christi und Mariae erhört. Er steckt das Schwert zurück in die Scheide und beendet so das Strafgericht.[14] Noch deutlicher wird eine solche Szene auf einem andern Bild dargestellt. Hier ist es Gottvater selber, der die Pest in Gestalt von Pfeilen auf die Menschheit herabschleudert. Maria aber lenkt sie mit ihrem Schild ab.[15] Recht schön tritt diese Auffassung auch im Werk des Winterthurer Chronisten Laurentius Bosshart (1529–1532) zutage. Gott warnt uns, so meint er, mit Teuerung und Pest; aber wir nehmen es uns leider nicht zu Herzen.[16] Dasselbe drückt der Chronist Stumpf aus. In seiner Schweizer Chronik von 1548 klagt er darüber, dass Gott uns Krankheiten, Hunger, Feuer und Erdbeben schickt. Trotz allem lassen wir uns von diesen Strafzeichen nicht bewegen.[17]

Dass die Krankheit und die von ihr erzeugten Schmerzen auch eine Selektionsfunktion hatten, ist in den Quellen nicht direkt bezeugt, dennoch als sicher anzunehmen. Schmerzen waren für die Vorfahren «sinnvoll», weil sie wissen mussten, wann sie krank oder verwundet waren. Zweifellos war der Schmerz ein Mittel, um anzuzeigen, wann man sich aus dem Kampf (sei es im Gefecht oder auch im alltäglichen Existenzkampf) zurückziehen muss und wann man wieder fit ist für den nächsten Kampf. Der Schmerz, die Krankheit hatte also (und hat es bis zu einem gewissen Grad immer noch!) eine Selektionsfunktion.[18]

Weil die Krankheit in den Augen des Volkes eine Strafe Gottes war, kam als Anlaufstelle zunächst der Pfarrer des Ortes und als Therapie Beten und Busse in Frage. Hilfe erflehte man vor allem auch von den Heiligen. Unter ihnen gab es eigentliche Krankheitspatrone. Es waren gewissermassen Spezialisten, deren wundertätiger Einfluss auf ein bestimmtes Leiden erprobt war. Manche hatten auch bestimmte Qualen erduldet. Von ihnen nahm man ein grösseres Verständnis an. Diese Menschen hatten sich einst mit ähnlichen Krankheiten auseinanderzusetzen. Das gilt für die heilige Appollonia; sie litt unter Zahnschmerzen, weil ihr der Henker vor dem Feuertode die Zähne ausschlug. Der heilige Erasmus kannte sich bei Krankheiten des Unterlei-

131 Blick in die Stube eines Schärers. Glasscheibe aus dem Jahr 1534. Oben: Badende und Leute, die sich schröpfen lassen. Unten: zwei Ärzte; der eine prüft Urin in einer Flasche, der andere sitzt am Tisch mit einem Buch. Auf dem Tisch eine Brille.

132 Urin beschauender Arzt. Pergamenthandschrift, illuminiert. Erste Hälfte 15. Jh.

133 Zahnarzt und Patient im 16. Jh. Das Bild trägt den Titel: Der Zahnbrecher. Was dem Patienten zugemutet wurde, erfahren wir aus dem Text: «Wolher, wer hat ein bösen Zan,/denselben ich ausbrechen kan,/On wehtagn, wie man gbiert die Kinder/Auch hab ich Kramschatz nicht dest mindr,/Petroleum und Wurmsamen,/Thriacks und viel Mückenschwammen,/Hab auch gut Salbn, für Flöhe unn Leuss,/auch Pulver für Ratsen und Meuss.»

134

bes aus, weil man ihm mit einer Winde die Eingeweide aus dem Leib gespult hatte. Sankt Valentin wurde gegen die Fallsucht angerufen. Dann gab es die Vierzehn Nothelfer. Blasius war für Halsleiden, Kinderkrankheiten, Viehseuchen zuständig, Georg bei fieberhaften Krankheiten und allerlei Seuchen, Vitus bei Besessenheit, Christophorus bei Pest, Gewitter und Wassergefahr, Pantaleon bei Auszehrung, Katharina bei Migräne und Zungenkrankheiten.[19] So wie man sich heute bei schwerer oder seltener Krankheit an mehrere Ärzte wendet, bat der Mensch damals in ernster Lage mehrere Patrone um Hilfe. Dabei hat sich Maria, die Gottesmutter, mehr und mehr in den Vordergrund geschoben. Sie wird im Mittelalter zur mächtigen Fürsprecherin.

Seit dem 15. Jahrhundert haben die Menschen ihre Hilfesuche und ihren Dank auch in Votivbildern zum Ausdruck gebracht. Man stiftete Wachs sowie wächserne Nachbildungen von Körperteilen und Votivtafeln, Urkunden, auf denen die empfangene Hilfe bezeugt und der Dank ausgedrückt wird. Das alles sollte nicht nur aufgeschrieben werden. Es musste für den, der nicht lesen konnte, auch im Bild erkennbar sein.

Die klassischen Votivtafeln enthalten drei Grundmotive: das Gnadenbild, verkörpert durch die Gestalt des angerufenen Heiligen, sodann das Bild des Stifters, dessen Figur in der Darstellung erscheint, und drittens den Stiftungsanlass, der durch die bildliche Szenerie oder durch einen Begleittext verdeutlicht wird. An die Stelle der Votivbilder konnten auch Krücken treten. So wird von einem Peter Schick aus Erlenbach erzählt, er sei lahm geworden. Daraufhin versprach er, jedes Jahr einmal nach Strettlingen zu pilgern und ein Opfer darzubringen. Wunderbarerweise wurde er geheilt: «Also stuond er uf und empfand, dass er gar und ganz gesunt war worden und nam sin krukken und steken uf sinen hals und gieng hin zuo der kilchen und liess die krukken und steken da bi der kilchen zu einem zeichen, dass der Allmächtige Gott und Sant Michel ihm geholfen hattend.»[20] Ein Mann aus dem Bernbiet, der ein Fussleiden hatte «und vor Schmerz keine Ruhe finden konnte, zog, um Heilung zu erlangen, zu unserer Lieben Frau im Ranft und gelobte deren Diener Nikolaus einen wächsernen Votivfuss. Zu Kräften gekommen, führte er das Versprechen nicht aus, sondern liess es jahrelang unerfüllt. Als aber deshalb das Leiden stärker zurückkam, erinnerte er sich des vernachlässigten Gelübdes und eilte so viel als möglich, es zu erfüllen. Nachdem er das Wachsbild an die Wand der Muttergottes-Kapelle gehängt, empfahl er sich demütig der Fürbitte des Bruder Klaus, und auf dessen inständiges Gebet wurde er endgültig von dem Leiden befreit.»[21]

134 Eine Mutter betet zu Maria für ihr Kind um Heilung des gebrochenen Armes. Kapelle Niederrickenbach, datiert 1650. Der Text gibt über das Anliegen erschöpfend Auskunft: Jeder, so heisst es da, müsse wissen, dass ein dreieinhalbjähriges Kind eine Treppe hinuntergefallen sei, wobei ihm ein Arm brach. Seine Eltern haben alle Mittel angewendet, aber es war alles umsonst. Schliesslich habe auch der «Kalte Brand» zugeschlagen, und als die Eltern dies sahen, wandten sie sich nach Niederrickenbach, um der Maria ein Gelöbnis abzulegen. Da sei es tatsächlich durch «die Fürbitte der glorwürdigen Himmelskönigin Maria» besser geworden, wofür Gott gelobt und gepriesen werden soll. Unterschrieben haben die Eltern Franzisepp J.M. Fockiger und seine Frau Anna-Maria geborene Wirtz.

135 Ex Voto aus der Kapelle Niederrickenbach. Vom Augenübel befreit. Es ist undatiert, stammt wohl aus dem 18. Jh. Mit einfachsten Mitteln wird hier ein Anliegen vorgebracht. Die Aussage wird indessen von jedermann verstanden.

136 Um 1784 hat Franz Josef Murer dieses schöne Ex Voto gemalt. Es befindet sich in der Heiligkreuzkapelle in Emmetten (NW). Das Kind in der Wiege zeigt auf seinen Kopf. Es bittet Christus um Heilung.

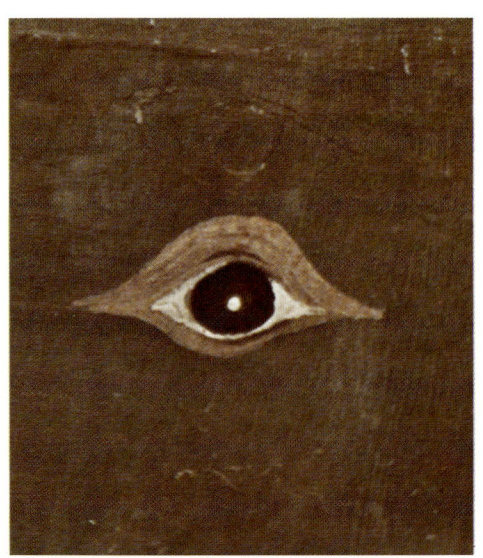

135

EX VOTO
1784.

So gross das Vertrauen des Volkes zum Hergott und zu den Heiligen, so skeptisch war seine Einstellung zu den Ärzten und Heilkundigen. Der Luzerner Apotheker Cysat schreibt 1590 mit Ärger: «In Krankheiten behilft sich der gemeine Mann der von den Altvordern hergebrachten Künsten, desgleichen ettlicher heimischer Gewächsen, Chrütern und Wurzeln, welche sie zwar in ihren Gebirgen treffentlich guet haben, aber ein jeder macht es nach sinem Verstand und wie er das von den Alten gehört und von andern gesehen und darauf setzen sie solchen stifen Glauben, dass sie anders nit dazu bereden sind.»[22] Dabei gab es schon in dieser Zeit ein ganzes Heer von Helfern und Heilern. Allerdings wird man sich keine organisierte Ärzteschaft vorstellen dürfen. Die Erstversorgung der Bevölkerung lag vornehmlich in den Händen nichtakademischer Heilkundiger. Da gab es zunächst die Barbiere. Ihre Funktion der niedern Chirurgie war verbunden mit dem Haarschneiden und Aderlassen. Die Barbiere versorgten Knochenbrüche (Frakturen) und Verrenkungen (Luxationen), frische Wunden und offene Schäden, behandelten Zahnschmerzen und manchmal auch innere Erkrankungen. Von den Barbieren getrennt waren die Bader, sie amteten in Badstuben und nahmen Schröpfungen und auch das Aderlassen vor. Eine kaum zu überschätzende Rolle haben im Mittelalter die Hebammen gespielt. Die Bewohner der Städte waren hingegen im allgemeinen mit Ärzten wohlversehen. So gab es beispielsweise in Basel zwischen 1557 und 1558 nach dem Zeugnis des Basler Arztes Felix Platter nicht weniger als siebzehn Ärzte.[23] Darunter befanden sich grosse Kapazitäten: Adam von Bodenstein, der nach Studien in Basel, Freiburg, Leipzig, Mainz in Ferrara doktoriert hatte, Hans Kaspar Petri, genannt Mellinger, der in Basel und Montpellier studiert hatte und in Lausanne als Arzt tätig war, Guilelmus Grattarolus, von Bergamo, Dr. med. in Padua (ein Emigrant, der als «un des plus célèbres médecins du 16ième siècle» galt). Dazu kamen Johannes Bauhin der Ältere und Otto Brunfels aus Mainz. Platter selber schlug sich am Anfang nur kümmerlich durch, und zwar nicht nur wegen seiner Konkurrenten. In der Nähe praktizierten noch einige Heilkundige, die einen grossen Zulauf hatten, so etwa ein gewisser Ammann, ein Bauer aus Utzensdorf, der aus dem Wasser wahrsagen konnte und andere «seltsame Künst» kannte.[24] Dazu kam ein Jude von Allswil, der, wie Platter sagte, ebenfalls «mechtig gebrucht worden lange zeit». Einen mächtigen Zulauf hatte auch ein altes Weib im Gerbergässlin, Lürbürenen genannt. Sehr viele Patienten liefen zu den beiden Scharfrichtern Wolf und Georg. Diese besassen infolge ihrer Tätigkeit bei den Folterungen anatomische Kenntnisse und wurden, obwohl als «unehrliche Leute» verrufen, von den Kranken des Nachts heimlich aufgesucht, weil man ihnen geheime Kräfte und Künste zutraute.[25]

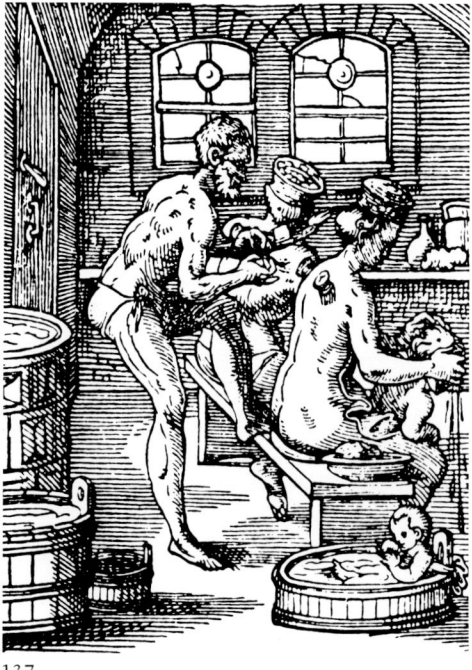

Felix Platter gewährt uns manchen Einblick in seine Praxis. So berichtet er von einem Fall eines Augenkranken. Dieser wohnte in Solothurn und war im Sommer 1579 erkrankt. Er litt «unter Augenschmerzen und Lidentzündung mit Pupillentrübung und Migräne».[26] Der Solothurner Arzt wusste sich nicht mehr zu helfen. Er liess den gelehrten und erfahrenen Basler Internisten zu einem Konsilium kommen. Als Platter erschien, hatte der Kranke bereits seit sechs Wochen arg gelitten. Die Sehkraft des rechten Auges war im Zeitpunkt von Platters Eingreifen bereits auf die blosse Wahrnehmung von Hell und Dunkel vermindert. Platter behandelte die Entzündung nach den Prinzipien der damals herrschenden Humoralpathologie (Säftelehre). Die im Auge und im Kopf bedrohlich sich ansammelnden krankmachenden Säfte sollten auf zwei verschiedenen Wegen abgeleitet werden, nämlich durch den Darm und nach der Haut. Für den erstgenannten Zweck schrieb Platter Abführmittel nach eigenem Rezept vor. Um die krankmachenden Säfte durch die Haut wegzuleiten, ordnete er ein Nasenpflaster im Nacken an. Nachdem er die Blasen geöffnet hatte, liess Platter auf die malträtierte Hautstelle Kohlblätter und Butter legen, um auf diese Weise eine Linderung herbeizuführen. Das Geschwür soll durch ein Ätzmittel (das er von Basel mitbrachte) offengehalten werden. Auf diese Weise soll nicht nur die Entzündung verschwinden, sondern auch das Sehvermögen wiederhergestellt werden. Vor seiner Rückkehr verordnete er noch zwei weitere Mittel: «Ich wies den Patienten an, in gleicher Weise weiterzufahren und nach fünf Tagen ein Stück Kalbfleisch oder Lammlunge auf das Auge zu legen, sowie aus der Feder einer kürzlich geschlüpften Taube die Blutstropfen ins Auge zu drücken, damit sich der Erguss im Bereich der Pupille zerteile.» Platter, ein sonst kühler Rationalist, wie ihn Koelbing bezeichnete, hat damit seine Behandlung in den Bereich des Volkstümlich-Empirischen, ja des Magischen hineinverlegt. Dabei verfolgte er eine alte, ja antike Tradition. Sie besagt, dass die Schwalben, aber auch die Tauben dadurch ausgezeichnet sein sollen, dass Augenverletzungen bei ihnen besonders rasch heilen. «Mit dem Blut der jungen Taube wird dessen augenheilende Kraft auf das kranke Menschenauge übertragen. Je jünger die Taube, desto reiner und stärker ist diese geheimnisvolle vitale Kraft. An sie appelliert auch Platter; sie sollte wohl auch aus dem frischen Kalbs- oder Lammfleisch auf das geschädigte Organ hinüberfliessen.»[26] Uns interessiert hier weniger die Therapie als vielmehr die Frage, was mit dem Patienten selber geschah. Dies wiederum erfahren wie aus den Aufzeichnungen: «Die Schmerzen, die Rötung des Auges und die Schwellung der Lider verschwanden und der Kranke konnte die heilsame Gewissheit haben, dass sich der beste Arzt der schweizerischen Eidgenossenschaft mit Rat und Tat intensiv seiner angenommen hatte. Neben den Qualen seiner Krankheit musste er freilich auch einiges an therapeutischer Quälerei auf sich nehmen. Dazu war er insofern bereit, als es nur hilft.»[28] Aus Platters Beschreibung schliessen die heutigen Ärzte auf ein durch Drucksteigerung im Auge bewirktes akutes Winkelblockglaukom, einen grünen Star. Dieses Krankheitsbild war damals noch nicht bekannt. Platter hat sicher alles unternommen, was damals überhaupt gegeben war: «Vor der therapeutischen Armut der zeitgenössischen Medizin tritt diese persönliche Rolle des Arztes besonders hell hervor...»[29]

Auch die Zürcher fanden, wenn sie krank wurden, einige gelehrte Ärzte. Zwischen 1670 und 1733 praktizierte in Zürich der berühmte Chirurg Johannes von Muralt. Dank seinen Schriften sind wir in der Lage, einen Blick in seine Praxis zu werfen.[30] Da ist zum Beispiel die Rede von einem 78jährigen Bäcker. Er liess sich in Gegenwart von Muralts einen Wasserbruch operieren. Doch verlief die Operation nicht erfolgreich; fünf Stunden später lockerte sich die Ligatur, «weil sich der Patient vor der Operation voll getrunken». Johannes von Muralt muss die Blutung stillen und nach einigen Tagen die Wunde revidieren. Aufgezeichnet ist auch die Geschichte eines 14jährigen Knaben, der an einem Wasserbruch litt. Der Stadtschnittarzt Abraham Hegi behandelte ihn ohne Erfolg konservativ. Mit dem Chirurgen und Stadtrichter Steinfels hält von Muralt ein Konsilium ab und rät zur Operation, die im September 1678 glücklich ausgeführt wird. In ähnlicher Weise überträgt von Muralt im Januar 1672 die «handwürckung» dem Chirurgen bei einer 33jährigen Frau, die er wegen Brustkrebs behandelt; der Arzt ist anwesend, das Messer führt der Stadtschnittarzt Hegi. Die Frau ist Ende März auf der Heimreise «gehling» gestorben. Selbstverständlich hat von Muralt dem Wundarzt alle Routineverrichtungen wie Aderlass überlassen. So auch im folgenden Fall: Am 22. Juni 1671 erlitt ein Knabe durch herabrollende «Säg-hölzer» eine schwere Kopfverletzung; er war bewusstlos und wurde nach Hause getragen: «Ich liesse ihm das Blut stillen, das Ceratum Galeni (eine Salbe) zur Defension überschlagen, und mit dem Betonien-Pflaster verbinden.» In der Nacht ging es dem Patienten schlecht: «Ich riethe eine Aderlässe...» Wie es dem Patienten weiter ging, erfahren wir leider nicht.

Bei einer Verwandten, der «Frau Base», der ein metallischer Fremdkörper bei einem Hammerschlag ins rechte Auge «gesprützt» war, beschränkte sich von Muralt auf die Lokalbehandlung; den Auftrag zum Aderlass erhielt der Chirurg Stadler. Dieser

137 Ein Bader beim Schröpfen von Patienten. (Jost Ammann, 1568.)

138 Der Zürcher Arzt Johannes von Muralt führt im Rahmen des «Collegium anatomicum» eine Demonstration durch. Ein Arzt schreibt das Protokoll, ein Student liest im Buch nach, ein Gehilfe prüft am Fenster ein Objekt durch eine Lupe. Die Umschrift lautet: «Wieviele Wissbegierige! Welches Fieber, welche Neugierde hat die Musen ergriffen, dass hier ihrer 32 zu sehen sind.» Gravierter Grund einer Silberschale von Goldschmied Balthasar Ammann, um 1680.

führte die Behandlung allein weiter, doch nicht sehr erfolgreich, jedenfalls musste er den Stadtschnittarzt Leonhard Engeler zuziehen. Die schwere Entzündung endet mit dem Verlust des Auges. Da tritt von Muralt wieder auf den Plan: «...darnach hab ich ihr ein gläsern Aug, einer Nussschalen gross, wie das ander geformt, hinein gemacht, dass kein Mensch erkennen mag, dass ihr was begegnet seye.» Zwischen den Zeilen dieses Berichtes liest man, dass von Muralt den Verlust des Auges abzuwenden gewusst hätte. Damit wird zu einem wesentlichen Punkt in von Muralts chirurgischer Praxis übergeleitet: Er weiss und kann mehr als die Chirurgen und wird vom Patienten oder vom Chirurgen als Retter in hoffnungslosen Umständen gerufen. Die andere Situation, in der er eingreift, ja eingreifen muss, ist der Notfall. Einige Beispiele sollen das illustrieren: «Eine unglückliche Aderlässe. Herr Pfarrer N.N. hat den 5. November 1680 bey einem Barbierer zur Ader gelassen, welcher ihme die Puls-anstatt der Blut-ader getroffen hat, das Blut sprützte hefftig durch den Puls heraus, dass man es nicht stellen konnte, der Barbierer hielte mit der Hand die Ader vest zu, biss man mich gerufen hatte, ein halb Stund lang; alssbald liess ich auff dem andern Arm eine Ader öffnen und verband unterdess den böss getroffenen Arm mit Vitriol und Dinten (Tinte, enthält zerstossene Galläpfel und Vitriol). Nachmals war der Arm geschwollen und blau allenthalben, auch schmertzhafft bey dem Carpo (Handwurzel), hab ihne lassen wohl salben mit warmen Oehl und laxieren, auch still halten, biss er GL (Gott Lob) wohl curirt war.»[31]

Ein Notfall lag vor, als ein fünfjähriges Kind mit dem Kopf auf den Boden schlug, sich eine Schädelverletzung zuzog, aus der Nase blutete und erbrach. Nach Freilegung des Schädelknochens zeigte sich ein Frakturspalt, auf dem von Muralt den Trepanbohrer ansetzte, «drey Löffel voll Blut» konnte er aus dem Epiduralraum entfernen. Der Patient «ist zu recht kommen, ausser dass er im Vollmond schlechter als im Neumond gewesen». Mehrere Fälle von Schädelverletzung behandelte von Muralt konservativ.

Dramatisch war folgende Situation: «Ein Bein, das im Halss besteckt ist. Eine Jungfer von sechzig Jahren asste eine Lerch, und im hinunderschlucken besteckte ihr ein Beinlein im Halss zu oberst in dem Schlund, worauff viel und starckes Erbrechen erfolget, und sie mit grossen Schmertzen vast ersticken müsste. Die grosse Noht hat mich geheissen das Instrument Rabenschnabel genannt (eine lange, abgewinckelte Zange) vor die hand zu nemmen, so ich mit Mandel-öhl angesalbet, in Halss gesteckt, das Beinlein anzufassen, es zu bewegen, und mit Gewalt auszuzuiehen; gab ihr darauf ein Gurgelwasser von Saat-rosen, Salbey, Essig und Wein gemacht, auswendig liess ich den Halss mit Rosenöhl salben.» Neben dem dringlichen Fall und der zweitinstanzlichen Behandlung trit von Muralt in einigen «Observationen» als selbständiger, eine umfassende Therapie durchführender Arzt auf. So brachte er 1679 bei einem kleinen Kind einen Abszess am Oberschenkel zur Reifung und inzidierte ihn schliesslich «mit einer grossen Lantsetten». Im Jahre 1680 exidierte er bei einem Bäcker einen «schwärenden Krebs in der oberen Lippen»; lokale und internistische Nachbehandlung führte zur Heilung. Am 22. Februar 1681, als «meine Base den Fuss-Knoden herausswerts verrenckt», nahm von Muralt die Reposition vor. Der weitere Verlauf ist zeitlos typisch: «Die folgende Nacht darauff leidete sie grossen Schmertzen im Fuss, und vermeinte, er sey nicht recht eingerichtet, hat den Herren Wegmann, Barbierer, zu mir geruffen, welcher funden, dass das Gelenk recht eingericht, der legte ein Bruch-pflaster auff und liess das Glied wohl rund herumb mit Rosen-öhl salben....» Mit dem Diplom allein ist das Vertrauen des Patienten noch nicht gewonnen – eine nicht nur für von Muralt schmerzliche Erfahrung![32]

Im Vergleich zu den Städten war die Landschaft ärztlich weniger gut versorgt. Hier waren meistens Barbiere und Chirurgen tätig. Wie das etwa aussah, sei an einem Beispiel erläutert. Durch einen seltenen Zufall ist das Tagebuch eines Barbier-Chir-

139

139 Ein bewährtes Hausmittel der Vorfahren: das Senfpflaster. In den Volkskalendern des 18. Jh. heisst es: «Senfpflaster, Seidelbast, machen Blattern und leiten ab.» Das Senfpflaster half auch gegen Seitenstechen und Hüftweh.

urgen aus Celerina, E. Frizzun, 1657–1717, erhalten. Es gibt einen ausgezeichneten und unmittelbaren Aufschluss über die Praxisführung und Lebensverhältnisse eines Dorfarztes.[33] Das Dorf Celerina zählte damals nur 700 Einwohner. Die Gemeinde war etwas zu klein, um einen vollberuflich tätigen Arzt zu erhalten. Frizzun betrieb deshalb mit Hilfe seiner Familie einen kleinen landwirtschaftlichen Betrieb, dessen Überschüsse er verkaufte. Wie aber versorgte er seine Patienten? Was gab es da an Konsultationen und Operationen, was an diagnostischen und technischen Hilfsmitteln? Wie wurde der Arzt mit einer Blutung fertig? Wie mit einem Geschwür? Lassen wir den Arzt selber sprechen: Im ersten Fall handelte es sich um einen Tumor, wahrscheinlich war er nicht bösartig. Frizzun beschreibt, wie er am 28. Mai 1691 der Patientin – wir folgen der Übersetzung aus dem Romanischen – «ein Gewächs auf der linken Wange wegschnitt, nachdem es vorher mehrere Tage zum Kappen eingebunden gewesen war. Viermal behandelt um die Wurzel zu töten, wuchs es dann nicht mehr, sie genas, macht 20 Kreuzer.» Weniger gut ging es einem andern Patienten, der über sehr starke Bauchschmerzen klagte: «Am 24. August 1711 wurde ich zum Herrn Vetter gerufen, welcher starke Bauch- und Magenschmerzen hatte. Ich applizierte ein Klistier, 24 Kreuzer. Nachdem es gewirkt hatte, gab ich 2 Skrupel blähungstreibendes Anisöl, 12 Kreuzer. Um Mitternacht applizierte ich ein weiteres Klistier, 24 Kreuzer. Nachdem es gewirkt hatte, gab ich wiederum 2 Skrupel vom obgenannten Oel, 12 Kreuzer. Ich erwärmte Hafer, füllte ihn in ein Säcklein ab und setzte dies sehr warm und häufig auf den Bauch und Magen. Ungefähr um 2 Uhr nach Mitternacht gab ich 11 Tropfen von meinem Steinoel (Petroleum). Um 4 Uhr bereitete ich ein weiteres Klistier zu aus 1 Unze Sennesblätter, 1 Handvoll Malven und Enzian, 1 Unze Kamillenoel vom Meinigen sowie Anissamen, Kümmel und Olivenoel vom Ihrigen, dazu Rossbollensaft; alles zusammen gekocht in frischer Fleischbrühe, gesiebt und appliziert, 48 Kreuzer. Am nächsten Tag, zirka um 8 Uhr, nachdem Dr. Pool gekommen war, bereitete ich nach seinem Befehl ein weiteres Klistier aus meinen Sennesblättern zu und applizierte es, 36 Kreuzer. Zirka um 10 Uhr verschied er im Herrn. Gott möge ihm eine fröhliche Auferstehung schenken. Macht im Ganzen 2 Gulden 36 Kreuzer.» Hier dürfte es sich wohl um eine Blinddarmentzündung gehandelt haben, welche trotz nächtlichen Einsatzes des Landarztes und anderntags des Konsiliarius auf die zahlreichen Klistiere nicht mehr ansprach.

Recht gefährlich konnte auch eine Diphtherie sein. Frizzun schildert einen solchen Fall: «Am 31. März wurde ich zum kleinen Sohn des Vetter Jan Baptist gerufen, und ich fand, dass er den Krupp mit einem starken Begleitfieber hatte. Ich gab eine Prise

140 Geistliches Heilmittel, sogenannte Schabmadonna, im Volksmunde «Lehm-Cheibli» genannt. Tonfigürchen, von dem Staub in den Brei geschabt wurde. (Einsiedeln, um 1750.)

140

süsses Mandeloel und bereitete unverzüglich ein Gurgelwasser zu und spritzte dies öfters in den Hals; ebenso salbte ich Nacken- und Tonsillengegend mit weissem Lilien- und Kamillenoel und applizierte heisse Wolle. Nachts blieb ich bei ihm und fuhr fort, öfters einzuspritzen. Ich machte täglich 2 mal eine Salbung wie oben. Am 1. April bereitete ich ein weiteres Gurgelwasser zu und spritzte es häufig ein. Von Anfang an verordnete ich sofort gekochtes Wasser und zudem eine Prise Mandelöl. Es wurde ein bisschen besser, fast die ganze Schwellung der Tonsillen bildete sich zurück. Der Atem kam jedoch nur mit Mühe, immerhin nicht so wie am ersten Tag. Es kam auch viel Dreck beim Einspritzen herauf. Am 3. April machte ich ein weiteres Gurgelwasser und gab wegen Verstopfung noch dreimal ein Abführmittel, welche wirkten. Am 4. etwa um 8 Uhr morgens verschied er im Herrn. Macht 1 Gulden 24 Kreuzer.»

Am 3. Juni 1699 behandelte Frizzun eine Patientin wegen eines «offenen Beines» mit Bleiglätte-Salbe und einfachem Diachylonpflaster. «Ich behandelte weitere drei Male, da brachen drei Löcher auf. Macht 16 Kreuzer.» An erster Stelle der vorkommenden Erkrankungen stand jenes grosse Kontingent von «nicht näher bestimmbaren Schwellungen, deren entzündliche Natur aus dem Kontext vermutet werden kann. Findet sich eine solche Schwellung mit Entzündung im Gesicht und wird sie als hart beschrieben, so liegt der Verdacht auf eine Aktinomykose nahe.» Frizzun beschrieb diesen Fall wie folgt: «Am 29. Dezember 1708 applizierte ich auf die rechte Wange der Frau Cousine ein Diachylonpflaster mit Gummi wegen einer Schwellung vom Ausmass einer grossen Kastanie, welche sich bis gegen den Mund hinzog und sehr hart war. Der ganze Kiefer und die Unterlippe waren, zwar nicht ganz so hart, angeschwollen. Ich fuhr mit der Behandlung zweimal täglich wie oben fort. Am 3. Januar brach die Schwellung auf und produzierte dreimal wenig harten Eiter. Danach schloss sie sich wieder, blieb aber ebenso hart. Ich fuhr mit dem obgenannten Pflaster zweimal täglich fort, die Schwellung erweichte sich und ging zurück. Am 6. Januar behandelte ich einmal und hinterliess zwei Pflaster zur Selbstbehandlung, und sie genas. Macht 1 Gulden.» Eine grosse Gruppe von deutlich umschriebenen Krankheitsbildern stellen die Zahn- und Zahnfleischerkrankungen dar. Wo «dours dals dainte», Zahnschmerzen, als Diagnose angegeben werden, versucht Frizzun häufig eine konservative Therapie mit einem Pflaster auf die Wange oder unter das Ohr, mit einem Spülwasser und Weihrauchdämpfen. Als ultima ratio blieb immer noch die Backenzahnextraktion bei vereiterten Zähnen. «Am 26. Dezember 1703 besuchte ich die Frau des Obgenannten, weil sie Zahnschmerzen und geschwollenes Zahnfleisch hatte. Ich gab ihr Bertramwurzeln und am 27. weisses Oel und empfahl mit Kamillen und Malven gesottene Milch. Am 28. gab ich Mastix für Dämpfe. Am 31. brach es im Mund auf. Ich gab den Rat, ihn auszuwaschen. Macht insgesamt 24 Kreuzer. Am 29. Januar 1704 zog ich der Obgenannten einen Backenzahn. 12 Kreuzer.»

Verhältnismässig zahlreich waren die Furunkel und Abszesse. Sie sind praktisch an allen Körperteilen anzutreffen, etwas gehäuft am Nacken. Die Therapie des Dr. Frizzun war einfach: Erweichen mittels eines Pflasters bis zur Reifung und Selbstentleerung, darauf Inzision und Einlegen einer Mèche, um die Schnittstelle offenzuhalten. Am 11. Januar 1706, so schreibt er, «begann ich einen Abszess, gross wie ein gewöhnliches Brot, auf der rechten Schulter zu behandeln. Er war am Abend vorher von selbst aufgebrochen, aber er enthielt nichts als ein wenig Gift. Ich applizierte eine Mèche mit Digestivsalbe und darüber hinaus das Dreimittelpflaster. Am 12. ging ich wiederum hin, behandelte wie oben und fuhr mit zweimal täglicher Behandlung bis am 20. fort, für den 21. überliess ich die Medikamente, am 22. behandelte ich und hinterliess Medikamente, ebenso am 24., 26., 28. und 30., und er genas. Macht 2 Gulden 40 Kreuzer.» [34] Auch auf urologischem Gebiet war Frizzun tätig:

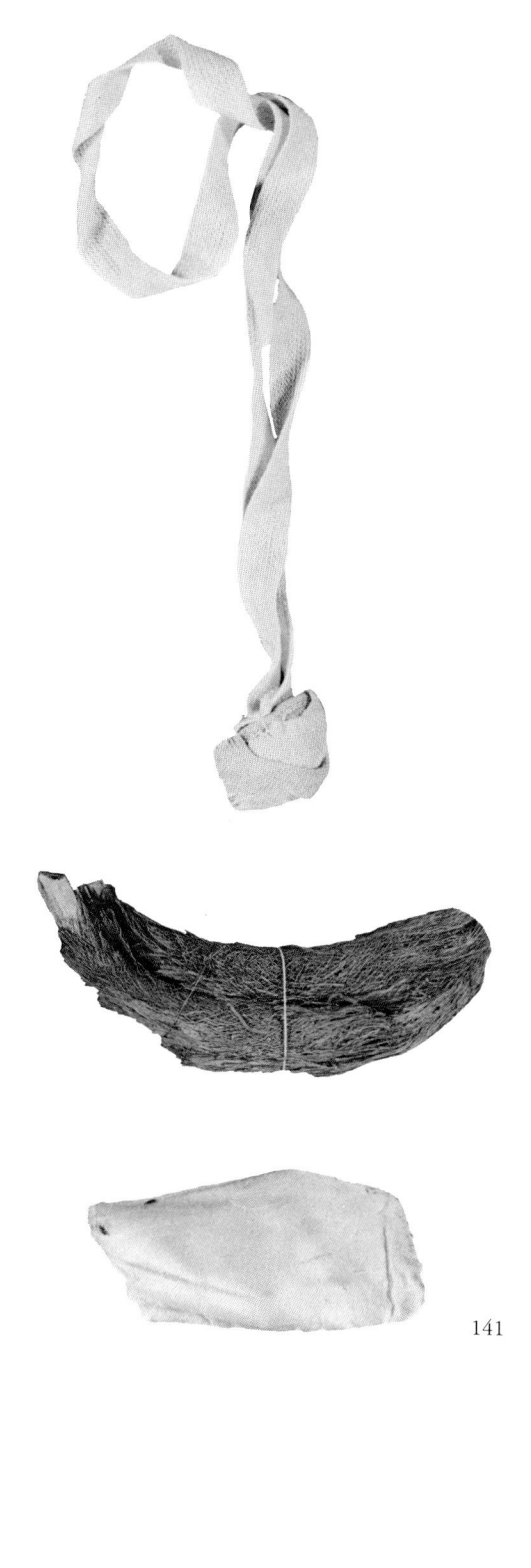

141 Heilmittel gegen Behexung und gegen Verwundungen. Zum Teil unverpackt wie die Allermannsharnischwurzel, mitte, zum Teil in Leinensäcklein verpackt zum Mittragen. Unten, sogenannte Elefantenlaus: Zahn im Säcklein zum Mittragen, um das Zahnen zu fördern. Die Heilmittelchen stammen aus Wetzikon (ZH), Sargans (SG) und Schmerikon (SG), alle 18. Jh.

«Am 26. November 93 gab ich für den Sohn Andrea Terpentin-, Wacholder- und Anisgeist mit Petersilien-Wasser wegen eines Hindernisses im Urin. 24 Kreuzer. Am 1. Februar 94 nahm ich dem Buben einen Stein heraus, gross wie eine ansehnliche Erbse.» Kleine Verletzungen sind mit Hausmitteln behandelt worden. Bei grösseren Verletzungen war man froh, einen Arzt zu haben. Frizzun schildert seine Therapie: «Am 24. Mai 1698 begann ich die Frau Neisa zu behandeln, weil ein – mit Verlaub – Ochse ihr auf die Hand getreten war. Diese schwoll stark an und wies eine grosse Wunde an der Aussenseite auf, welche sehr schmerzte. Ich behandelte einmal täglich bis 27. dieses Monats und hinterliess Medikamente für 4 Tage. Macht 36 Kreuzer.» Recht zahlreich waren die Verletzungen mit landwirtschaftlichen oder anderweitig berufsbedingten Geräten: «Am 31. August 1708 nahm ich den Sohn der Frau Gevatterin Amali in Behandlung, weil er sich mit einer Sense einen Schnitt von 1/3 des Beines und in der obern Hälfte von zwei Fingern Tiefe ins Bein gemacht hatte. Ich nähte mit zwei Stichen und behandelte zweimal täglich bis am 26. September. Die Wunde hielt ich mit Heftplaster zusammen und applizierte die Digestivsalbe und das Dreimittelpflaster. Am 6. September applizierte ich den Johanniskrautbalsam bis am 20. September, wo ich von der Mitte an abwärts die graue Salbe applizierte. Am 12. Oktober war die Heilung beendet. Macht 4 Gulden 30 Kreuzer.» Verhältnismässig häufig waren auch Bein- und Armbrüche. «Am 6. März 1706 nahm ich den Herrn Gevatter Salomon Frizzun in Behandlung, weil er sich den Hilfsknochen des linken Armes gebrochen hatte. Ich reponierte ihn, band ihn ein und besuchte ihn mehrmals täglich. Ich behandelte ihn danach alle 8 Tage, das heisst, ich band den Verband des Armes auf und wiederum zu. Am 18. April nahm ich die Schindeln weg. Am 25. April applizierte ich das Safranpflaster, und der Arm war, gottlob, gut geheilt. Am 2. Juni verrechnete ich die obige Kur mit zwei Dublonen, inbegriffen einige andere ihm erwiesene Dienstleistungen. Am 4. Juni bezahlte der obgenannte Herr Gevatter mit 2 französischen Dublonen für die ihm angediehene Behandlung, und so waren wir quitt.»[35] Frizzun hat im Jahr nur etwa 25 Fälle behandelt. Seine Arztpraxis war demnach recht klein und bescheiden. Der Engadiner Landarzt war deshalb in hohem Masse auf seine Landwirtschaft angewiesen.

Ganz anders sah es bei einem andern Landarzt des 18. Jahrhunderts aus: Michel Schüppach (1707–1781) baute im Emmentaler Dorf Langnau eine ärztliche Praxis auf, die ihn vollauf beschäftigte, ja sogar zwang, bisweilen einige Helfer anzustellen. Im Gegensatz zu Frizzun wurde er über die Grenzen des Emmentals hinaus bekannt. Sein Ruhm drang schliesslich sogar über die Landesgrenzen hinaus.[36] Worin bestand das Geheimnis seines grossen Erfolges? Seine Ausbildung gleicht jener Frizzuns. Er machte eine Lehre bei einem Schärer (handwerklicher Wundarzt, Chirurg, Barbier). Ohne eine Prüfung zu bestehen, übernahm er im Jahre 1727 als Zwanzigjähriger die Schärerstube von Langnau. Schon bald stellen sich Erfolge ein, und er gewinnt das Vertrauen der Bevölkerung. Nach zwei Jahren nimmt er einen Lehrling auf. Zugleich verlegt er seine Schärerstube, sicherlich ein klug berechnender Zug, ins Wirtshaus zum Bären. Um 1739 lässt er ein Kurhaus, eine Art Privatklinik bauen. Schüppach liest botanische und anatomische Werke, kauft auch Kadaver auf, um sie zu sezieren. In seinem Laboratorium destillierte er, wie der Engländer Coxe registriert hat, verschiedene Kräuter. Mit seiner Hausapotheke suchte er auch die Kranken zu Hause auf. Viele schmerzgeplagte Menschen warteten voller Sehnsucht auf seine Ankunft, auf den Schärer-Micheli, wie man ihn damals liebevoll genannt hat. Noch 1746 war er ohne Meisterdiplom, stellte sich dann aber auf wiederholtes Drängen der Chirurgischen Societät von Bern zur Prüfung. Er bestand sie und nannte sich von nun an Doktor der Medizin. Um 1758 zog er nach dem Dorfberg und baute sich ein neues Gästehaus. Durch Chrétien de Mechel liess er eine Radierung anfertigen, die das ganze Anwesen zeigte. Im Vordergrund wird der Herr Doktor von einem Stadtherrn ehrerbietig begrüsst. Die geschickte Werbung zahlte sich aus. Sein Kurhaus war bald dauernd ausgebucht. In seinem Wartezimmer befanden sich nicht nur einheimische Bauern, sondern Menschen aus allen Ländern und sozialen Schichten. In 37 Tagen, vom 19. August bis 24. September 1774, behandelte er nicht weniger als 33 Patienten, also mehr als Frizzun in einem ganzen Jahr. Die Liste seiner Gäste – wir nennen nur die Persönlichkeiten von höchstem Rang – ist wahrhaft imponierend: Kardinal de Rohan von Paris, Graf Karl August zu Altenstein, die Princesse de Monmorancy von Paris, das Ehepaar Constant aus Genf, Louis Charles Fazy von Genf, Fürst Georg Lubomirski aus Polen, Baron von Schwerin aus Hannover, Monsieur le Chevalier de Latouche aus Strassburg, Marschall d'Orsay mit Frau aus Paris, der Gouverneur von Korsika, de Merville Prévôt, der Graf von Nassau, der Schultheiss von Erlach mit Frau aus Bern. Über seine Diagnose ist viel geschrieben und viel gerätselt worden. Ein Zeitgenosse, der Genfer César de Saussure schrieb: «Vom Morgen bis zum Abend sitzt Mickely (so nannten ihn die Westschweizer) vor seinem Tisch an der Seite des Fensters. Dort prüft er das Wasser. Er sagt, was er entdeckt und was er davon denkt. In dieser Art der Krankheitsfeststellung unterscheidet er sich von den hohen Herren Medizinern...» Andere Patienten, wie Lavater und Zimmermann, waren davon überzeugt, dass Schüppach im Gesicht des Patienten mehr lese als in dessen Wasser. Er befragte vielmehr «seine Patienten mit aller möglichen Sorgfalt und Kunst». In der Wahl seiner Arzneimittel unterscheidet sich Schüppach nicht allzu sehr von seinem Kollegen im Engadin; er war ein Kräuterarzt. Wie aus seinem Manual ersichtlich ist, brauchte er auch chemische Präparate: «Er kannte die spezifischen Wirkungen der Quecksilber- und Antimonverbindungen, die des Arsens und die des Bleis, er schätzte Weinstein, Eisen- und Kalkpräparate. Hoch im Ansehen waren seine weingeistigen Auszüge auf Pflanzenteilen und Abkochungen von allerlei Kräutern und Wurzeln in Öl oder in verschiedenen Fetten.» Im Gegensatz zu Frizzun hat Schüppach leider kein Tagebuch geführt. Wir wissen deshalb nicht allzu viel über Erfolg oder Misserfolg seiner Heilkunst. Schwärmerisch veranlagte Patienten und vor allem auch Patientinnen rühmten den Emmentaler Arzt seiner überdurchschnittlichen Fähigkeiten wegen. Kritische Zeitgenossen dagegen urteilten anders. Albrecht von Haller nennt ihn einen Betrüger. Charles Bonnet wägt hingegen differenzierend ab: «Man muss zugeben, dass er wirklich Kranke mit tief eingewurzelten Leiden, welche umsonst bei den grössten Ärzten Europas Hilfe gesucht haben, heilen konnte oder ihnen wenigstens Erleichterung brachte. Vielleicht, dass zu diesen guten Resultaten die gute Luft von Langnau beigetragen hat... Es ist mit der Reputation der Heilkunde immer ein zweideutig Sache, weil die Ärzte durch inkompetente Richter beurteilt werden und die Liebe zum Wunderbaren und sonst allerlei kleinlichen Leidenschaften auf die öffentliche Meinung ihren Einfluss haben.»[37]

Mit der Parole «Zurück zur Natur» ist im 18. Jahrhundert auch eine Renaissance der pflanzlichen Heilmittel eingeleitet worden. Dabei konnte man sich auf eine lange und grossartige Tradition stützen. Die Liste der bekannten Heilkräuter ist schon im 16. Jahrhundert höchst eindrücklich. Stumpf vermerkt, dass die «höchsten Alpgebirg wunder vil Edler Kreuter und wurztlen ertragend». Sie sind nicht nur den «Aerzten und Apotheckern», sondern auch dem «gemeinen Volck» wohlbekannt.[38] Campell rühmt insbesondere den Bergfenchel. Diese Pflanze sollte einem alten verbreiteten Glauben gemäss trocken verrieben und mit Brei vermischt, neugeborenen Knäblein oder kleinen Kindern ausserordentlich zuträglich sein.[39] Im Engadin ist die Blutwurz zum Blutstillen verwendet worden. Die Hirten kannten auch die Verwendung von Enzian bei Schlangenbissen. Bei der roten Ruhr galt der Gänserich, Herba Potentilla, als bewährtes Heilmittel.[40] Die Hundszunge, «von den Engadinern ‹Radisch naira›, das heisst schwarze Wurzel, geheissen», ist, mit menschlichem Urin gekocht, zur

142 Auf dieser Radierung von De Mechel, Basel 1773, erscheint Michel Schüppach in seinem Ordinationsraum, der gleichzeitig auch als Apotheke gedient hat. Er bespricht sich mit vornehmen französischen Patienten.

Reinigung und Heilung äusserlicher Schäden des Viehs angewendet worden. Weitverbreitet war auch die Anwendung von Knoblauch. Nach einem Bericht der Konstanzer Chronik litten um 1437 viele Leute an Koliken. Sie assen Knoblauch und die Krankheit «hört bald uff».[41] Der Apother Cysat weiss auch um die vielen Wirkungen des Rosmarins. Kurz und bündig heisst es bei ihm: «Rossmarinsalb heilt alle wunden.»[42] Wacholderbeeren gehörten ebenfalls ins Repertoire der Volksmedizin: Sie reinigen die Brust, stärken den Magen, fördern die Verdauung, brechen den Stein in den Blasen, «machen wohl harnen». Cysat fand zwar auch einige Leute, die dem Wacholder nichts abgewinnen konnten: «Da hört frag und red darzu, ich aber hab ihne jetzt in minem hus über alle jar gebrucht aber den wenigsten schaden vermerckt.»[43] Mit Eiern und gedörrten Birnen versuchte man der Diarrhöe beizukommen. Kümmel galt als bewährtes Mittel zur Beförderung der Geburtswehen. Einen Aufguss aus «Witschgen» (Hauhechel, Ononis arvensis) sowie ein Gebräu aus Brennesselsamen verwendete man gegen Harnverhaltung. Um die Gelbsucht zu heilen, trug man grün-gelbes Schöllkraut in den Schuhen (Ähnlichkeitsmagie). Im 17. und 18. Jahrhundert werden Kräuterteeaufgüsse gegen Katarrh und Rheuma immer beliebter. Bekannt war der Glarnertee, eine Kräutermischung, die in alle Welt exportiert wurde. Es gab verschiedene Fabrikanten: Staub in Glarus war berühmt für seinen Hirschzungentee; in der Mischung von Tschudi in Schwanden war der Wundklee wichtigster Bestandteil. Als Mittel gegen die im 18. Jahrhundert grassierende Ruhr empfahl man rässen (stark gesalzenen) Käse.[44] Für die Wundbehandlung brauchte man Waldmeisterkraut, Arvenharz und Rottannenharz. Für Aussatzkranke nahm man die grünen Schösslein von Lärchen, um sie in einem Bad zu sieden.[45]

Um die Kraft von Heilkräutern oder die Richtigkeit von volksmedizinischen Angaben zu belegen, ist immer wieder die Meinung der Alten zitiert worden. So schreibt Cysat zur Heilkraft der Mondraute: «Wunderbarliche sachen und superstitiones hand die allten davon gehallten.» Zusammenfassend meint er: «In Kranckheiten behelffend sich der meertheil von dem gemeinen Volck etlicher von den Alltvordern hargebrachter Künsten, dessglychen etlicher heimscher gewächsen, Krüttern und Wurtzeln.»[46]

Zu den einheimischen Heilpflanzen kamen im 17. Jahrhundert zwei amerikanische Heilmittel: die Brechwurzel und die aus Peru stammende Fieber- oder Chinarinde. Sie ist im Kampf gegen das Wechselfieber, die Malaria eingesetzt worden.[47] Recht stattlich präsentiert sich die Liste der tierischen Heilmittel. Hier ist der Übergang zwischen Wissen und Aberwissen fliessend. Das Prinzip der Ähnlichkeit steht im Vordergrund: Wer Hirschblut trinkt, erhält die Kraft und Schnelligkeit des Hirsches. Hier einige Beispiele aus einer grossen Zahl: Das Bären- und Dachsfett ist in «der artzney für vile Dinge». Murmeltier- und Haselhuhnfleisch hilft dem Gichtkranken. Hasenbraten gibt man dem Schwermütigen. Hirschhornpulver vertreibt die Darmwürmer und die Gelbsucht. Igelfleisch wird als Mittel gegen den Aussatz gepriesen. Das Fell der Wildkatze bindet man auf «gesüchtige glider». Luchssteine – aus dem Harn des Tieres gewonnen – werden gegen Harnzwang eingesetzt. Hier tritt das Prinzip «similia similibus» besonders deutlich zutage.[48]

Um Krankheiten zu heilen, griff das Volk auch auf kirchliche Mittel zurück. So gab man einer blinden Frau den Rat: «Wenn du dyn Opfer gibst zu dem Alter, so bitt den Priester, dass er dich bestrich oder bewäg mit der paten oder corporal, so wirst du gesunt.»[49] Beliebt war auch das Taufwasser. Man setzte es ein als Mittel gegen Bettnässen und Gicht der Kinder.[50]

Nach altem Brauch konnte man eine Krankheit verschenken. Cysat berichtet, dass in Zofingen ein Kaufmann krank in seinem Bett lag. Er trug seine Krankheit für ein Mass Wein einem Wächter an. Dieser sei tatsächlich von der Krankheit befallen worden, der Kaufmann am Morgen gesund wieder aufgestanden. Im Glarnerland habe ein Landmann sein Fieber für teures Geld verkauft.[51] In Krankheiten nahm man auch zu magischen Mitteln Zuflucht. Die Zauberbücher, das 6. und 7. Buch Mosis, die ägyptischen Geheimnisse, das Romanos-Büchlein waren noch im aufgeklärten 18. Jahrhundert häufig in Gebrauch. Fast in jedem Dorf gab es einen oder mehrere Praktizierende, die «mit Worten» gegen Krankheiten von Vieh und Menschen antraten. In hohem Ansehen stand die Blutbesprechung. Zu ihr nahm man Zuflucht besonders bei arterieller Blutung. Es gab eigentliche Blutsegen. Das Zauberwort «Blut vergiss dein Gang» galt als Wortmagie. Im Gegensatz zu uns hatten unsere Vorfahren bei der Anwendung magischer Praktiken und Geheimmittel kein «schlechtes Gewissen». Der moderne Mensch ist zwar auch heute unter gewissen Umständen bereit, solche Mittel anzuwenden. Er tut es aber im Widerstreit zur rationalen Logik. Vergleiche zwischen der Weltanschauung unserer Vorfahren und dem «primitiven Denken» in volkstümlichen Schichten unserer Zeit haben darum nur beschränkt Gültigkeit.[52]

Feiern und Feste

Der moderne Mensch hat viele Möglichkeiten, sich vom Stress des Alltages zu erholen, seine Lebensfreude kundzutun. Die Palette von Möglichkeiten ist vor allem im Verlaufe der letzten Jahrzehnte unendlich reich geworden. Unsere Vorfahren dagegen, weit von geistigen Genussmitteln entfernt und von unsäglichem Elend umfangen, bedurften dazu der gemeinsamen Tat: des Festes. Je härter die tägliche Fron, desto unentbehrlicher war das Fest. Und keine Mittel waren zu gering, um dem trostlosen Alltag festlichen Glanz zu verleihen. Im Fest wird der Alltag durchbrochen, im Fest findet die Gesellschaft wieder zusammen. Fest und Feier verleihen dem Leben die grossen seelischen Dimensionen, die dem Alltag fehlen. Und so werden Feste und Feiern Abbild einer grösseren, fast möchte man sagen einer kosmischen Ordnung.[1] Niemand und keine andere Institution war besser in der Lage, das Bild einer «höheren Ordnung» festlich darzubieten, als die Kirche. Mit ihrer im Laufe der Jahrhunderte sich immer mächtiger entfaltenden, grossartiger werdenden Liturgie bot die Kirche wohl die eindrucksvollste Darstellung einer erhabenen Idee. Doch woher haben die Volksfeste ihren Stil? War es die kirchliche Liturgie, waren es ritterliche Vorbilder, war es der Einzug der Fürsten und Könige, waren es alte Tanzweisen und Lieder oder war es einfach eine glückliche Intention, aus dem Nichts, aus einem ganz gewöhnlichen Zusammensein einen festlichen Anlass zu entwickeln? Wir wollen diesen Fragen im einzelnen nachgehen.

Unseren Gang durch den Festkreis beginnen wir mit der Fasnacht. In diesem Fest zeigen sich die sozialen, geistigen Bedürfnisse der alten Gesellschaft in einmaliger Weise. Da werden Bedingungen und Spannungen einer Bevölkerung sichtbar, «die sich sonst kaum kollektiv artikuliert hat» (Paul Hugger). Was die Fasnacht so anziehend, so populär gemacht hat – das Volk wusste es im Grunde genommen nicht. Nur wenige Zeitgenossen dachten darüber nach: Der St. Galler Chronist Johannes Kessler meinte im 16. Jahrhundert: So wie die «abgöttische fromkeit» habe man auch die «haidesche gailheit uf bestimpte tagen entlichnet» (entlehnt). So ganz sicher war er indessen nicht: denn er wundert sich «doch, ob die haiden in begangnus diser fasnachtfesten also getobet haben».[2] Kessler hat, indem er die Heiden nennt, einen vorchristlichen Ursprung der Fasnacht angenommen. Anderer Meinung war der zeitgenössische Chronist Stumpf. Er behauptet, allerdings ohne es belegen zu können, die Fasnacht stamme von den «Teutschen».[3] Nun liegt der Ursprung der Fasnacht auch 300 Jahre nach Stumpf, allen intensiven Forschungen zum Trotz, immer noch im Dunkeln. War es Totenkult oder Vegetationskult? Waren es Agrarbräuche, die auf dem Umweg über die Städte wieder aufs Land zurückkamen? Ist das «Recht der Masken», wie noch Meuli annahm, Schrecken zu verbreiten, zu prügeln, zu heischen, auf alte Totenkulte zurückzuführen? Geht es um den Glauben, dass die Ahnen in bestimmten Zeiten als rächende Totendämonen zurückkehren, um Opfer zu heischen, auf dass die Welt entsühnt werde? Oder haben wir es bei all diesen Erscheinungen einfach mit Übermut oder gar Abartigem zu tun? Dient das Lärmen, Knal-

143 Muotathaler Maske, 18. Jh.

len, Schiessen, das Greifflen, Gräuflen (Kt. Schwyz) dem «Aufwecken» der Fruchtbarkeit? Ist das Brunnenwerfen, das auch immer in diesem Zusammenhang bezeugt ist, nur eine Art von Rügehandlung, oder hat es etwas mit Fruchtbarkeit zu tun? Was hat überhaupt die Maske mit der Fasnacht zu tun, gehört sie unabdingbar zur Fasnacht oder nicht? Der Fragen sind viele, und wir werden nicht alle beantworten können.

Die wohl früheste Darstellung einer schweizerischen Fasnacht stammt vom Luzerner Chronisten Diebold Schilling (siehe Seite 2). In seiner Chronik aus dem Jahre 1513 zeigt er in Farbe einen Fasnachtstanz auf der Langmatte zu Schwyz. Sieben Paare vollführen einen Tanz um zwei auf einem Tisch stehende Musikanten. Die männlichen Tanzpartner tragen der Landessitte gemäss den Degen. Aber weder die Frauen noch die Männer tragen Masken. Auch die jungen Männer des berühmten und berüchtigten Saubannerzuges von 1477, der ja mit der Fasnacht zusammenhängt, waren nicht maskiert. Und in der Berner Chronik des Diebold Schilling erscheinen «die zügellosen Gesellen von Bern ohne Masken».[5] Gilg Tschudi berichtet dagegen in seiner in Basel 1538 gedruckten «Uralt wahrhaftig Alpisch Rhetia» von Masken, die sich «verbutzend». Jeder Maskenträger ist mit einem grossen, starken Stecken oder Knüttel versehen. So ziehen sie in einem Harst von Dorf zu Dorf, dabei springen sie hoch und «stopfend lut mit iren grossen stecken». Man nennt sie Stopfer, sie klopfen auf den Boden, weil ihnen ihr Korn «desterbas gerate, haltend also disen aberglauben».[6] Zwei Dinge aufs Mal: Masken und Fruchtbarkeitszauber! Nach Meuli kann stopfen gleichzeitig heischen meinen, muss also nicht unbedingt im Zusammenhang mit einem Fruchtbarkeitsglauben stehen.[7] Stopfen und Butzen sind indessen schon vor Tschudi bezeugt. Schon 1497 hat der Graue Bund das «butzengan» verboten.[8] Offenbar gehörten also Masken, Larven oder Butzen, das «Böggenwerck», wie es Cysat nennt, im 15. und 16. Jahrhundert auch zur Fasnacht. Tatsächlich sind gegen die «mumery» seit Beginn des 15. Jahrhunderts unzählige Mandate erlassen worden, freilich, wie noch zu zeigen sein wird, ohne jeden Erfolg.

Hintergrund und Zweck dieser Verbote ist klar: In einer solchen «mumery ward uebel geschediget und gelezt».[9] Man spricht nicht umsonst von den «bösen» Fasnachten. Hier einige Beispiele: Am 25. Februar 1376 feierte Herzog Leopold von Österreich die Fasnacht in Basel mit einem Turnier auf dem Münsterplatz. Einige Edelleute forderten durch anzügliches Benehmen – auch das war ein fasnächtlicher Zug – den Zorn der Basler heraus. Als noch zwei übermütige Reiter die Volksmenge mit Speeren bewarfen, lief das Fass über. Die Burgerschaft läutete zum Sturm und besammelte sich, um die Edelleute anzugreifen. Herzog Leopold entkam dem allgemeinen Gemetzel nur mit Mühe.[10] Solche Vorfälle wiederholen sich: An der Fasnacht 1464 in Schwyz geraten zwei Männer in einen hässlichen Streit. Werner ab Yberg ersticht Hans Ulrich.[11]

Die Waldmann-Unruhen von 1489 brechen an einer Fasnacht aus. Ebenso beginnt der berüchtigte Saubannerzug von 1495 an einer Fasnacht. Im fasnächtlichen Treiben von 1509 kam es in Buch zu einer Schlägerei mit tödlichem Ausgang. An der Fasnacht 1525 erstach in Mitlödi Hans Kitliger den Marti Beck. An der Fasnacht 1525 suchte das «buobenvolck» das Frauenkloster St. Gallen heim.[12]

Zur Fasnacht gehört in dieser spätmittelalterlichen Zeit das Herumlärmen mit Trommeln, Musikinstrumenten, Schellen, ferner schon im 16. Jahrhundert auch der Verkauf von Küechli und Krapfen, das Anzünden von Fasnachts- und Mitfastenfeuern sowie das Brunnenwerfen.[13] Der Verkauf von Küechli und Krapfen war offenbar wegen Missbrauchs schon im 17. Jahrhundert immer wieder verboten worden. Ohne Erfolg blieben die Mandate gegen das Anzünden von Fasnachts- und Mitfastenfeuern. Diese Verbote gründen auf der Furcht vor Feuersbrünsten. Anders verhält es sich mit dem Brunnenwerfen, hier ist es wohl die Möglichkeit von Kör-

144

144 Larve aus Berschis/SG. (wohl 18. Jh.)

145 Von alters her, so berichtet der Chronist Diebold Schilling, hat man in Luzern auf der Gesellschafts- und Trinkstuben, genannt «zum Fritschi», einen Mann aus Stroh, den Bruder Fritschi. Am schmutzigen Donnerstag vor der Pfaffenfasnacht ist dieser Bruder mit allen Gesellschaften der Stadt Luzern mit Fähnlein, Pfeifen, Trommeln und tanzender Weise umhergeführt worden. Die Urner, Schwyzer und Unterwaldner machten sich das Vergnügen, den Bruder Fritschi zu stehlen, damit man ihn unter Beibringung einer Gabe wieder zurückgeben musste. Dieses Beispiel ahmten die Basler nach. Jakob Meier zum Hasen, der erste zünftische Bürgermeister Basels, Haudegen erster Güte, ging nach Luzern, um den Bruder Fritschi zu stehlen und ihn nach Basel zu führen. Heimlich bei Nacht und Nebel brachten ihn die Basler in ihre Stadt und im Mai des nächsten Jahres mussten ihn die Luzerner wieder auslösen. Schilling zeigt, wie die Basler den Fritschikopf triumphierend nach Basel bringen.

perverletzungen gewesen, welche die Obrigkeiten zum Einschreiten veranlasste. Dieser Brauch ist in Zürich bezeugt. In Zürich warfen die Burschen «die brutt mitsamt dem brütgam in den brunnen».[14] In Bern und Luzern sind ausschliesslich Jungfrauen, in Bischofszell aber junge Knaben in den Brunnen geworfen worden.[15] Der Brauch ist schwer verständlich. Etwas Licht in die Angelegenheit bringt ein Ausspruch eines Werfers aus dem 18. Jahrhundert: Wir wollen ihn taufen.[16]

Die Fasnacht zeigt indessen auch ein anderes, ein kollektives Gesicht: Es sind die Fasnachtsbesuche. Sie entspringen weniger der Festfreude, der spontanen, närrischen Freude, als vielmehr rationalen Erwägungen. Sie hatten den Zweck, Freundschaft zu pflegen und die einzelnen Orte unter sich besser zu verbinden. Der Chronist Tschudi sagt es deutlich: «Die von Zürich laden die eydgenossen zu Inen in ir statt, um eine vassnacht Gsellschaft bi Inen zehalten, damit si wider gute Fründschaft und Liebe pflantzettind.»[17] Solche Fasnachts- oder Freundschaftsbesuche wiederholen sich mit schöner Regelmässigkeit. An der Fasnacht 1486 gingen 80 Glarner nach Zürich: «Da thet man inen Grosse ehr an ... und schancket inen das alles.»[18] Zweifellos haben die Chronisten längst nicht alle Fasnachtsbesuche registriert. Dennoch, die Liste ist beeindruckend: 1452 fasnachten die Luzerner in Schwyz, 1458 die Zuger in Stans, 1464 lädt Bern die Waldstätte und die übrigen Orte zu einer Fasnacht ein, 1463 bittet Luzern die Unterwaldner, ein Jahr später alle Waldstätte, 1496 laden die Urner die Luzerner, Schwyzer und Unterwaldner ein, 1497 bringen die Berner von Fasnachtsbesuchen in Schwyz und in Uri einen leibhaftigen Ochsen nach Hause, 1508 wird in Basel Bruder Fritschi «verschwellt», 1521 laden dafür die Basler die Innerschweizer ein. Sie geben jedem der drei alten Orte einen Wagen mit Elsässer-Wein mit, «damit sie iren wyberen ouch eine fassnacht hetten».[19] Solche Fasnachtsbesuche kosteten eine ganze Menge Geld, so hat beispielsweise der Fritschi-Besuch in Basel 1508 nicht weniger als 1764 Hühnern das Leben gekostet. Dazu kamen Ausgaben für sieben Fuder Wein, für eine grosse, nicht genannte Zahl von Rindern, Schafen, Lämmern, Lachsen, Stockfischen, Karpfen, Trauben, Konfekt. Das alles bewältigten die Luzerner in drei herrlichen, fröhlichen Festtagen.[20] Allein die schöne Fassade trügt. An Fasnachten gab es immer und immer wieder Unruhen, Zwistigkeiten, Tumulte. Manche kriegsähnlichen Züge sind ganz bewusst auf die Fasnachtstage hin geplant worden. Doch gab es auch Scheinkriege: Am 6. März 1552, anlässlich der Alten Fasnacht, zogen die Berner in Harnisch gerüstet aufs Breitfeld, «das ward belagert, beschossen mit zwölf Stucken ... geschachen auch viel Scharnützel, Sturm und Schlachten ... auch waren 50 oder 60 Reuter (Reiter) zu beyden Seiten. Das Schloss aus Bretter gezimmert, ward gewonnen und verbrannt, kam viel fremdes Volk zuzusehen.»[21] Ähnliches wird aus Luzern berichtet: Am Aschermittwoch 1580 kamen die jungen Bürger in zwei Parteien zu einem «Schimpffkrieg gerüst», wie Cysat berichtet.[22] Immer wieder versuchten die Obrigkeiten mit Mandaten einzugreifen. So verboten die Berner 1480 das Werfen der Jungfrauen in die Bäche, die Zürcher die Schlegel (üppige Fasnachtsmähler), die Luzerner jegliche «mumery».[23] Unter dem Einfluss der Reformatoren sind die Fasnachtsverbote im 16. Jahrhundert verschärft worden. Dass die Reformatoren selber den Anstoss zur Verschärfung gaben, bezeugt der Basler Chronist Wurstisen. Er meldet 1524, dass im Kollegium über die Sitten und Bräuche diskutiert worden sei, dabei habe man als elften Schlusspunkt folgende Feststellung getroffen: «Ein Christ soll sich hüten vor den Fasnachtsspilen ... und allem was nicht aus Eingebung des Geistes beschicht.» Daraufhin erliess der Basler Rat ein neues Fasnachtsmandat.[24] In Zürich wird 1529 «die Fasnacht und Butzen-werck völlig abbekundt».[25] Doch vertane Liebesmüh: Der Basler Tagebuchschreiber Gast meldet 1546: «Die welche unter Missachtung des Ratsmandates an der Fasnacht sich nicht scheuten, mit Larven in der Stadt herumzulaufen, werden in Haft gebracht.»[26] Und in Bern gingen 1579 allen Verboten zum

Trotz viele Leute in «Bögenweis».²⁷ Am Neujahrstag traten 1579 in Bern viele Bürger mit Larven auf.²⁸

Selbst die berühmte und bis ins 15. Jahrhundert zurückreichende Luzerner Fasnachtstradition mit ihrem Fritschi-Umzug hat, obwohl 1590 «alles böggenwerch und was unzüchtigs abgestellt» worden ist, die Zeiten überdauert. Freilich hat sich das Bild der Luzerner Fasnacht völlig gewandelt. Aus der sagenumwobenen Figur des Fritschi, ursprünglich wohl ein Frühlingsgott (eine Analogie zum Zürcher Bögg), ist ein zahnloser Greis geworden (Fritschimasken 1762). Der Fritschi-Zug, einst militärische Waffenschau, ist im 18. Jahrhundert zum rein fasnächtlichen, «braven» Schauumzug geworden. So erinnerte der grosse Umzug von 1749 an den Frieden von Aachen. Doch ganz verschwand selbst die ursprüngliche Figur nicht, denn auch diese Umzüge waren von Bruder Fritschi mit seiner Fritschene, dem possenreissenden Narren, der Magd mit dem Fritschi-Kind begleitet. Allerdings hatten diese Schauumzüge im Gegensatz zu heute wenig fasnächtlichen Charakter.²⁹

Auch die Basler Fasnacht war ursprünglich mit alteidgenössischem Kriegertum verbunden. Um 1540 wird erstmals von Fasnachts-Lustbarkeiten am Aschermittwoch berichtet. Anlass war eine militärische Musterung. Die Zünfte zogen mit ihren Zeichen, den Maskenfiguren in der Art des Vogels Gryff um; daneben gab es aber auch Einzelmasken. An die militärische Herkunft erinnern immer noch der Morgenstreich, der Zapfenstreich, die Trommeln und Pfeifen, die Instrumente alter Militärmusik.³⁰

Andere Züge weist die Schwyzer Fasnacht auf. Die älteste Darstellung von Diebold Schilling, auf die wir schon hingewiesen haben, zeigt wohl Tanzende, hingegen keine Maskierten. Im Verlaufe des 16. und 17. Jahrhunderts erscheinen hier aber immer mehr Masken. Auch treten archaische Züge auf. Sie sind noch im 18. Jahrhundert vorhanden.³¹ Den Beweis liefert der aus dieser Zeit stammende Bericht des Schwyzer Pfarrers Fassbind: «Mit dem Tanzen war noch das Maskenlaufen Tag u Nacht in der Fassnacht in Uebung, wo Junge und Alte schaarenweis ganze Täge u Nächte herumlarmten, und won sie sich allerlei Frechheiten erlaubten... Oefters hielt man kostspielige Vorstellungen und Umzüge von maskierten Personen in grosser Anzahl zu Pferd u zu Fuss, besonders von den Herrn, Schwerten und Tanze Comödien und andere comische Vorstellungen mit vilem Aufwand u nicht selten mit unangenehmen Folgen begleitet... Schon Anfang des Jahrhunderts wurde die ganze Fasnacht durch alle Wochen 3 mal Bäll und Tänze, sumtuose Gastereyen, Comoedien, Umzüge und Maskeraten gehalten... Es zogen mehrere Banden von 30 bis 40 Personen allweg, Tag und Nacht hin und her unter Trommeln und Lermen bis zwei oder drei Uhr morgens... So toll und voll geschah manches, dass die Ehrbarkeit zu sagen verbiethet. Man trat in allerley Kleidungen auf, einige erschienen wie Thiere, in Wolfs- und Bärenhäuten, digna factis, andere stellten Teufel, andere Hexen, alle Narren vor, was sie auch wirklich waren. Einige scheuten sich nicht, geistliche Würden und Stände zu beschimpfen, man sah einige wie Bischöfe, andere wie Priester und Kapuziner, Klosterfrauen mit Rosenkranz, Weihwädel in der Hand, umhertanzen, Töchter in Mannskleidern und Knaben in Weibskleidern verkleidet. Schon am morgen früh, was bisher nie geschehen, um sieben Uhr schwärmten Masqueraten herum, ich hab's selbst gesehen, einige waren von Steina, andere von Brunnen hergekommen. Leichenzüge und Todte zum Friedhof hin getragen, und neben hin Maskeraten umherhüpfen, das Todtengeläut und das Brummen der Narren, Trommeln ertönte zur nemlichen Zeit. Kleine Kinder zogen scharenweis maskiert herum zu den Tänzen, Walzen, Saufen, Spielen usw. herrschten in unaufhaltbarem Gange, ungestraft.»³²

Zum Innerschweizer Fasnachtsgeschehen gehören auch die Fasnachtsspiele; sie sind in Brunnen um 1741 bezeugt, wahrscheinlich aber älter. Um 1784 traten Harlekine

146

146 Zwei Fritschimasken von Friedrich Schäfer, 1762 geschaffen. Wie der «Fritschi» vorher aussah, weiss man nur aufgrund von Bildern.

147 Um 1748 wird in Zürich das Weihnachtsbäumchen noch als St. Niklausbaum verkauft. Ein Ausrufer hält «Sanicklaus-Bäumli» feil. Es ist wohl der älteste Bildbeleg für den Zusammenhang von Bäumchen und Nikolausbrauch am 6. Dezember.

148 Eine eher schreckverbreitende Nikolausgestalt erscheint zur Feier am Weihnachtsabend (24. Dezember). Dieser Bildbeleg von 1799 ist für die Brauchgeschichte besonders aufschlussreich: aus dem «Klausbaum» des 6. Dezembers ist ein «Weihnachtsbaum» oder gar ein «Christbaum» mit Lichtern geworden. Nikolaus selber besucht die Kinder auch am Weihnachtsabend.

als Hauptfiguren auf. Werner Röllin, der die Schwyzer Masken-Landschaft erforschte, kam zum Schluss, dass diese Fasnacht mit den Funktionen des germanischen Totenmaskenkultes im Sinne von Karl Meuli wenig gemeinsam habe. Die Schwyzer Fasnacht, vor allem im 18. Jahrhundert, sei vielmehr das Produkt einer überschwenglichen Lebensfreude. Jedenfalls ist nach Röllin die kultische, magische Funktion der Maske damals verlorengegangen: «Die Maske wurde frei für Ästhetisierung und Spielerei.»[33]

Der Fasnacht zugeordnet werden auch die Chlausbräuche. Das erstaunt vielleicht auf den ersten Blick, erscheint doch heute der Samichlaus in würdiger Form verkleidet als Bischof in den Familien. Daneben gibt es aber auch andere Chlausformen: Die Tradition der Chläuse von Kaltbrunn, der Nachttrichtiger von Fiesch, der Klausjäger von Küssnacht am Rigi verrät den andern Ursprung des Chlausbrauches. Das Chlausjagen gehört ursprünglich ins Umfeld des winterlichen Lärmbrauchtums. Freilich kam es zu Vermengungen: Beim Küssnachter Klausjagen ist möglicherweise das christliche St. Nikolausfest mit dem para-christlichen Brauchglauben rund um die «wilde Jagd des Wuotis-Heeres» verschmolzen. Vielleicht hat das etwas zu tun mit den vom Luzerner Chronisten Cysat im späten 16. Jahrhundert geschilderten nächtlichen Umzügen des wilden Heeres. Er hat diese Erscheinung als nachtwandelnde Seelenschar unter Anführung des obersten Germanengottes Wotan verstanden. Karl Meuli ist dieser Interpretation teilweise gefolgt. Wieweit hinter den nächtlichen Lärmumzügen ein kultischer Kern steckt, ist schwer auszumachen. Wir hören ja aus den Quellen meist nur die Stimme der Obrigkeit. So treten uns die Kläuse aus Kaltbrunn aus einem Mandat von 1674 entgegen: «Man hat des ganzen lands aller orten vor sankt Nicolaus tag nächtlicher weilen die mumereyen gebrucht, als ob es fassnacht were.» Diese bösen «Mumereyen» sollen, so heisst es da, nun gänzlich abgestellt werden. Wie weitere Klagen aus dem 18. Jahrhundert beweisen, gelang es nie, diesen Brauch zu beseitigen.[34]

Dass aber der Niklausbrauch auch einen zweiten, völlig anders gearteten Ursprung haben könnte, erfahren wir aus einer anderen Quelle. Am Konzil von Basel von 1435 traten, wie Wurstisen berichtet, junge Männer mit Infeln, Stab und Kleidung wie Bischöfe verkleidet auf. Sie zogen sogleich den Bannstrahl der Obrigkeit auf sich. Der Brauch, der auch in Chartres bezeugt ist, wird verboten. Er ist aber um 1575 weiterhin belegt. Träger dieses Niklausbrauches scheinen ursprünglich Angehörige des niederen Klerus und städtische Gesellenverbände gewesen zu sein.[35]

Zu den volkstümlichsten und beliebtesten Festen der alten Eidgenossenschaft gehörte die Kirchweih. Eine Kirchweih war ein Kristallisationspunkt, da kamen alle Menschen eines Dorfes, einer Stadt zusammen. Oft beteiligte sich die ganze Region, und oft war der Kirchweihbesuch recht eigentlich organisiert. Man lud die Besucher förmlich ein, der Gastgeber versprach Spiele, Tanz und gutes Essen. Wie ein Chronist um 1450 bemerkt, standen auch sportliche Wettkämpfe auf dem Programm. Der Herr von Strettlingen hat eine grosse Zahl von Leuten auf seine Kirchweih eingeladen und bestätigte ausdrücklich, dass da gemacht werden «Tanz und allerlei spiels; es were singen, springen, schiessen, kugeln, walen, keigeln, stein stossen, essen, trinken und mengerlei sünden so uf denselben zyt da vollbracht würdend».[36] Hinter einer solchen Einladung konnten, wie Stumpf berichtet, auch andere Motive stecken: An der Zürcher Kirchweih von 1533, wo grosse Pracht herrschte, sei man gegenüber den Abgeordneten der V Orte (mit denen man nur zwei Jahre zuvor in einen bittern blutigen Religionskrieg verwickelt war), ganz besonders grosszügig gewesen. Man tat ihnen, wie der Chronist ausdrücklich festhält, viel mehr Ehre an als allen anderen.[37] Ein solches Fest diente also auch dazu, einen so tiefen Graben, wie ihn ein Religionskrieg immer mit sich bringt, zu überbrücken.

Wie bei den Fasnachtsbesuchen fehlen auch bei der Kirchweih die Geschenke nicht. Am 5. August 1554 weilten 300 Zürcher an der Winterthurer Kirchweih. Sie erhielten einen grossen Hirsch und ein ganzes Fuder Wein. Den Hirsch verspeiste man am 8. August in Zürich. Selbstverständlich waren die Winterthurer als Gäste dabei. Der Rat stiftete den Wein und das Brot.[38]

Wie sich ein solcher Kirchweihbesuch im einzelnen abspielte, erfahren wir vom Basler Chronisten Wurstisen: Auf den Samstag vor Laurenz den 8. August 1517 haben die getreuen lieben Eidgenossen von Uri die Basler eingeladen; es galt, nach überstandener Pest sich etwas aufzuheitern. Erste Station der Reise war Luzern. Da wurden sie sehr herzlich empfangen. Beim festlichen Mahl überreichten ihnen die Urner einen «ehrlich hübschen Ochsen mit Tuch bedeckt und geschmückt». Auf der Rückreise machten die Basler in Schwyz halt; hier erhielten sie einen weiteren Ochsen. In Basel angelangt, beschlossen die Herren Räte, die Ochsen zu braten, die Frauen zu einem Fest einzuladen, um guter Dinge miteinander zu feiern. Tatsächlich tafelte und feierte man zwei ganze Tage. Nach dem Imbiss am zweiten Tag standen die Ehefrauen auf, dankten den Ratsherren und luden sie ihrerseits zu einem Festessen. Die «guoten fröwli» aber hatten kein Geld, so dass die Männer die «ürten» geben mussten.[39]

Kirchweihfeste brachten nicht immer nur Freude: Immer wieder waren sie Herd und Brennpunkt von Streit und Schlägereien. Weil auch Blut floss, verbot der Berner Rat 1481 das Tragen von Wehr und Waffen. Es sollen auch vermieden werden alle Tänze, Spiele, das Kegeln, das Würfel- und Kartenspiel, ja selbst das Schiessen.[40] Die Kirchweihmandate sind im Reformationszeitalter verschärft worden. Die katholischen Gebiete machten keine Ausnahme. Denn auch hier sind, wie Cysat vermerkte, viele Missbräuche und ärgerliche Dinge passiert.[41] Tatsächlich ging's ja an der Kirchweih selten ohne Händel und Unruhe ab. Wie recht hatte Herzog Sigismund von Österreich: Wer wohl erfahren will, ob die Eidgenossen eins und lebendig seien, der möge auf einer Kirchweih einen Bauern zu Tod schlagen, «so wurde ers gewis innen».[42]

In einem gewissen Sinne verwandt mit den Kirchweihfesten sind die Empfangsfeierlichkeiten für Könige, Fürsten und Kirchenführer. Auch hier ist der Besuch organisiert, sind die Gäste eigens eingeladen und auch entsprechend verwöhnt worden. Die Gastgeber zogen alle Register, um diesen Festen einen märchenhaften Glanz zu geben. Die Wirkung eines solchen Empfangs muss ungeheuer gewesen sein. Selbst so erfahrene und weitgereiste Herren wie die Chronisten konnten sich dem grossen

149 König Sigmund wird in Luzern feierlich empfangen. Auf dem Bild von Diebold Schilling zieht er in feierlicher Prozession in die Hofkirche von Luzern ein. An der Spitze des Zuges tragen Kapläne im Chorrock und mit Blumenkränzen auf dem Haupte zwei Kirchenfahnen und das Kapitalskreuz; es folgen Reliquiarträger aus dem Laienstande, dann die Chorherren und der Propst mit dem Allerheiligsten unter dem Baldachin. Der mit einem goldenen Gewand gekleidete, als weisshaariger Greis dargestellte Herrscher trägt die Reichskrone. In der Rechten hält er den Rosenkranz, in der Linken ein Gebetbuch.

149

Eindruck nicht entziehen. Was muss erst das Volk empfunden haben! Die Obrigkeit hielt sich an strenge Formen: Schon der zweite Richtbrief von Zürich bestimmt 1304: Wenn ein König zum erstenmal kommt, «so solle ihn die Frau Äbtissin mit ihrer Geistlichkeit, dann der Probst mit seiner Geistlichkeit sowie die drei Orden, das heisst der Prediger-, der Barfüsser- und der Augustinerorden mit dem Schall der Glocken empfangen».[43] Später wird dieses Zermoniell, das antike Vorbilder und christliche Symbolik miteinander verbindet, noch ausgebaut. Im Verlauf des 15. Jahrhunderts gab es nicht wenige Königsempfänge; sie alle tragen die gleiche Signatur: Die Bürger, auf dem Kopf einen Kranz aus grünem Laub und Blumen und mit brennenden Kerzen, erscheinen, um den König vor dem Tor zu empfangen. Sie werden angeführt von der Geistlichkeit mit dem Heiltum, den Reliquien. Der König begibt sich unter einen Traghimmel und zieht so, begleitet von Gesängen, in die Kirche. Er führt altem Brauch gemäss Verbannte in die Stadt zurück. Selbstverständlich wird er reich bewirtet, und nach alter Tradition erhält er einen silbernen Becher, gefüllt mit Gulden; dazu kommen viele Naturalleistungen.[44] Wie minutiös das alles vorbereitet worden ist, berichten die Basler Chronisten anlässlich des Besuches von Kaiser Friedrich III. im Jahre 1473. Die Vorbereitungen sind genau und umfassend: Die Mitglieder des Rates wurden in kleine Kommissionen aufgeteilt, haben bestimmte Aufgaben zu erfüllen: Einkauf des Weines, Besorgung der Stallungen, Vorbereitung des Tanzes. Den Zünften wird mitgeteilt, was sie zu tun haben: Die Brunnen müssen gesäubert werden, die Gassen gewischt, laute Weiber und Kinder von den Gassen getrieben.[45] Die Empfänge werden von den Chronisten genau beschrieben.[46] (Bild Nr. 149.) Diebold Schilling führt uns den Empfang von König Sigismund in Luzern vor. Vorn kniet der Luzerner Schultheiss mit entblösstem Haupt. Er ist bereit, den reichgekleideten König zu empfangen. Im Hintergrund spielen die städtischen Musikanten auf. Stolz steht der Standesweibel in den heraldischen Farben der Stadt, neben ihm ein Ratsherr mit dem Knotenstock, dem Symbol der Schultheissen-Würde. Der König selbst hält den Stadt-Schlüssel in seiner Rechten. Auf diese Weise wird symbolisch angezeigt, dass die Stadt für ihn und sein Gefolge offensteht. Die Zeremonie ist von grösster Würde.[47]

Ein solcher Empfang kostete viel Geld. Justinger beteuert, dass die Stadt Bern für den Empfang von Kaiser Sigismund im Jahre 1414 nicht weniger als 2000 Pfund Pfenninge ausgab. Damit hätte man ein kleines Haus bauen können. Aber diese Kosten habe niemand bedauert, denn der König habe öffentlich bekannt, dass ihn keine Reichsstadt mit grösseren Ehren empfangen habe als Bern.[48]

Besonders schön war's natürlich fürs Volk, wenn der Gast nicht nur Geschenke nahm, sondern auch gab: Als 1517 Herzog Karl III. von Savoyen in Bern weilte, schenkte er den Bernern, die eigens für ihn neue Kleider hatten machen lassen, «hundert Kronen zuo vertrinken».[49] Offenbar war das Volk an den Empfängen mitbeteiligt. Siegmund v. Herberstein, der kaiserliche Rat und Gesandte Maximilians I., bestätigt, dass, als er im Juli 1516 in Zürich war, nicht nur der Bürgermeister, die Gerichtsdiener, sondern auch «gemaine Weiber» mit den Gesandten assen. Ja, es hätte sich zur Tafel setzen können, wer immer wollte. Und dabei habe man während des ganzen Essens nichts anderes getan, als über den Kaiser, Herbersteins hohen Herrn, zu schimpfen.[50]

Im allgemeinen wussten die Gäste, was ihrer bei ihrem Empfang harrte – viel essen, noch mehr trinken... Das geht aus den Erinnerungen und Relationen des Venezianers Padavino recht deutlich hervor. Er weilte als Gesandter seiner Stadt vom 18. Februar 1607 bis zum 22. Mai 1608 in Zürich. Auf dem Programm standen Lustfahrten auf dem Zürichsee sowie verschiedene Festessen. Der Venezianer, im genauen Wissen um das, was ihm bevorstand, suchte die Einladung zunächst abzulehnen. Schliesslich nahm er sie an. Seine Ahnung war richtig. Das Bankett dauerte mehr

150 Anlässlich eines grossen Staatsempfanges in Zürich um 1608 hat Giovanni Battista Padavino dem Rat ein Trinkgefäss in Form des Löwen von San Marco überreicht. Auf dem geöffneten Buch sind die beiden Künstler Ulrich Oeri und Diethelm Holzhalb bezeichnet.

151

als sieben Stunden. Er überbrachte den Zürchern einen silbernen, vergoldeten Löwen mit dem Wahrzeichen des Markus-Löwen. Die Gastgeber zeigten sich zufrieden. In seiner Dankrede verkündete der Bürgermeister, zur Erinnerung an dieses Ereignis werde der Rat künftig jedes Jahr auf Kosten der Stadt ein Festessen abhalten.[51]

In seinem Reisejournal hat der Holländer Huygens geschildert, wie er im Mai 1620 von den Zürchern empfangen worden ist. Die Regierung liess dem hohen Gast die üblichen Ehrengeschenke überbringen, es waren vor allem frisch gefangene Fische aus dem Zürichsee und Wein. Am nächsten Tag führten die Zürcher den Niederländer mit Trompetenklängen und grossem Andrang des Volkes durch einige Strassen bis zu einer Lustbarke, die mit einem Zelt in den Standesfarben überdacht war. Hier war ein Tisch gedeckt, und hier tafelte man den ganzen Nachmittag bis tief in die Nacht hinein. Das schwimmende Zelt war von mehreren andern Booten begleitet, die als Küche und Weinkeller dienten. Hier spielte auch die Musik – es waren Trompeten und Geigen – auf.[52]

Einen andern und ganz besonderen Zweck verfolgten die Feste und Feiern anlässlich von Bundesbeschwörungen. Hier ging es darum, so drückt es das Stanser Verkommnis von 1481 aus, dass «alt und jung unnser aller gesworen bünde dest fürer in gedächtnis behalten mögend».[53] Wie meisterhaft eine solche Feier in Szene gesetzt wurde, erfahren wir vom Schaffhauser Chronisten Stockar. Er ist mit Boten aus andern Städten und Orten am Morgen des 22. Juli 1526 vom Berner Schultheissen in der Herberge, wo die Schaffhauser abgestiegen waren, abgeholt und in feierlichem Zuge unter Glockengeläute mit Pfeifen und Trommeln zum Münster geleitet worden. Hier wurde der Bundesbrief verlesen und der feierliche Schwur vollzogen.[54] Das Fest für die Bundeserneuerung zwischen Bern und Solothurn vom Jahre 1577 dauerte, wie uns der Chronist glaubhaft versichert, zwei ganze Tage: «Item mit Schiessen mit Gastereien überaus köstlichen Traktation wobei der Umzug von jungen Knaben und ein Schwerttanz sowie lustige Schauspiele auf Latein und Deutsch vorkamen.»[55] Alles wird übertroffen vom Fest, das 1578 bei der Erneuerung des Bundes zwischen dem Wallis und den katholischen Orten stattfand. Cysat schildert diese Feierlichkeiten im einzelnen, sie zogen sich über gut zwei Wochen hin.[56] Am 27. Mai ritten die Gesandten in Bern ein, hier wurden sie freundlich empfangen und bewirtet. Einen Tag später zogen sie in Freiburg ein, wo sie mit Geschützdonner empfangen und ebenso grosszügig bewirtet wurden. Hier nahmen sie auch an einer Fronleichnamsprozession teil. Sie übernachteten in Romont, wo ihnen die Bürgerschaft mit den Schützen unter Kanonendonnern entgegengegangen war. Am Abend wurde ihnen eine frohe Unterhaltung geboten mit einer Gesellschaft von Frauen und Töchtern, die hübsch maskiert und verkleidet Tänze vorführten. Am 30. Mai wurden sie in Vevey unter Geschützdonner empfangen und köstlich bewirtet. Eindrücklich war auch der Empfang in St. Maurice: Die Kirchenglocken läuteten, und die Strassen waren mit Lärchenbäumen verziert. Nach der Besichtigung der Kirchenschätze folgte eine feierliche Prozession mit einem Schauspiel der Heiligen drei Könige. Grosse Empfänge in Sitten, in Siders, in Leuk, in Glyss und Brig schlossen sich an. Überall wurden sie herzlich begrüsst und aufmerksam bedient. Die Walliser begleiteten sie schliesslich bis zur Furka-Passhöhe, wo ihnen ein Abschiedsmahl geboten wurde, das an Speise und Trank alle vorangegangenen übertraf.

Das Bild vom Fest der alten Schweizer wäre unvollständig, würden wir nicht auch die Schützenfeste miteinbeziehen. «Denn es hatten die Alten», so Bluntschli in seinen Memorabilia, «neben den Fasnacht- und Chilbifreuden auch ergötzlich Freundlichkeit gesucht in gemeinen Frey-Schiesseten, bei welchen sich oft eine grosse Menge Volks eingefunden».[57] Die von Bluntschli genannten drei Festkreise lassen sich indessen weder sachlich noch sprachlich eindeutig voneinander abgrenzen. Da, wo wir glauben, es sei eine Fasnacht gewesen, könnte es sich ebensogut um ein Schützenfest gehandelt haben. Anderseits kann es sich, wie Schaufelberger bemerkt, «bei einem überlieferten Schützenanlass um ein ursprüngliches Fasnachts- oder Kirchweihvergnügen gedreht haben».[58]

Im Gegensatz zu Fasnacht oder Kirchweih sind die Schützenfeste von der Obrigkeit gefördert worden. Dabei standen nicht nur, wie wir vermuten würden, militärische Überlegungen im Vordergrund, vielmehr ging es, wie die Chronisten immer wieder beteuerten, um gute Kontakte. Tatsächlich sind zwischen den Orten die Schützenkontakte intensiv und regelmässig gepflegt worden. Schaufelberger hat die Kontaktkreise aufgelistet. Seine Liste zeigt, welch grosse Bedeutung man den Schützenfesten beimass.

151 Umzug der Widder-Zunft auf dem Lindenhof. Im Hintergrund links erscheint der Isengrind, der als obrigkeitliche Auszeichnung für das tapfere Verhalten der Metzger in der Mordnacht von 1350 missdeutet wurde. Der vergoldete Löwenkopf steht eher mit knabenschaftlichen Heischebräuchen im Zusammenhang. Brauchmässig durchgeführte Feste haben den Zusammenhalt der Zünfte gefördert. Kupferstich von Johann Meyer.

152 Gauklervorstellung. Scheibenriss von Daniel Lindtmayer, 1594. Man beachte auch die Kleidung: Spanische Pluderhosen und Rüschen herrschen vor. Der Mann links spielt Laute. Gaukler traten vor allem in den Städten auf; sie präsentierten sich aber auch an Schützenfesten und an der Kirchweih.

153 Schützenfest in Konstanz 1458. Rechts ein Handgemenge wegen dem «Kuhplappart». (Diebold Schilling, Luzerner Chronik.)

154

154 Schützenfest in St. Gallen im Jahre 1583. Darstellung eines Freischiessens mit allen Volksbelustigungen. Vorn eingehagter Schiessplatz mit zwei Ständen, daneben Schützen und Zuschauer. Als Gewehr ist die Luntenschlossmuskete verwendet worden. Dahinter befindet sich das Schiesskomitee und der Pritschenmeister, der zwei fehlbare Schützen handgreiflich bestraft. In der oberen Hälfte des Bildes Steinstossen, von Schiedsrichtern beaufsichtigt, ferner ein Wettlauf. Trommler und Pfeifer spielen zum Tanz auf. Der Zeichnung ist ein Gedicht beigegeben, dessen Anfang lautet: «Erst jtzt wil mir wol gefallen./Ein loblich Statt hie zu Sant Gallen./Da hatt man was man haben sol...» (Wickiana, Zürich.)

Selbst die Reformation hat die Schiessfreudigkeit und Festfreudigkeit der Eidgenossen nicht gedämpft, die Begegnung der verschiedengläubigen Schützen auf dem Festplatz nicht verhindert.[59] Dazu ein Beispiel: Am 25. August 1526, nicht lange nach der Reformation, kam, wie der Chronist Bernhard Wyss schildert, der Bürgermeister von St. Gallen mit 30 Mann zu Pferd und zu Fuss nach Zürich. Nach dem Schiessen tafelte man gemeinsam. Das Volk machte begeistert mit. Als man «mit trummeten, pfifen und trummen ab dem Hof zoch, zalt (zählte) man 800 mann». Ihnen aber tat man so grosse Ehre an, wie man es in Zürich «lang Zit nie gesehen hat».[60]

Was auf dem Spiel stand, kommt in einmaliger Weise in einem Schreiben von Heinrich Bullinger an den St. Galler Vadian zum Ausdruck. Es datiert vom 15. August 1547. Da Schützenfest, so heisst es da, «lasst sich gar wol an. Es ist ein seer eerliche, schöne gesellschaft von meerteyls orten der eydgnoschaft». Es seien Luzerner, Schwyzer, Urner, Unterwaldner und Appenzeller da, und sie zeigten, dass «sy mer fründschafft ze machen, dann anderer sachen kummend syend».[61] Nur wenige Tage später schreibt Konrad Escher am 24. August an Vadian: «Ich hoffe auch, dieses Schützenfest werde viel gutes und viel Freundschaft in eine Eidgenossenschaft bringen, deshalben haben meine Herren keine Kosten bedauert.»[62] Das Volk aber, «wib und man, jung und alt, rich und arm», gab sich dem Treiben, wie es Stockar ausdrückt, mit grosser Freude hin, denn es gab viel Abenteuer und manches grosse Spiel. Es war heiter und lustig, jedermann ging zum Abendessen «vergebes, und gab niemend nütt».[63] An manchen Schützenfesten wie beispielsweise in St. Gallen 1527 waren während mehreren Tagen nicht weniger als 700 Personen zu verpflegen.[64] Unglaubliche Spektakel waren zu sehen: Ein lebendiger Löwe wurde gezeigt[65], es gab Gefechte, es wurde gekegelt, das Volk mass sich im Schnellauf und Weitsprung, und ausserdem lockten schöne Preise, ein schöner weisser Ochse, ein Pferd sowie eine komplette und teure Rüstung. An Preisen winkten auch goldene Ringe, carmosinrote Bettdecken, eine Kante Wein, ein damastenes Wams, ein paar Hosen in der Stadtfarbe.[66]

Eine Sensation besonderer Art waren die Hirsebreifahrten zu den Strassburger Schiessen, die sich zwischen 1446 und 1576 mehrfach wiederholten. Zu den Preisen gesellten sich die Unterstützungsgelder der Obrigkeiten für die Ausstattung, Reisekosten und Transportmittel. Schliesslich und nicht zuletzt winkte den erfolgreichen Schützen auch der Ruhm. Daneben spielten sich einige Dinge ab, die wir heute nicht

155 Schwingtag auf der Kaiserstadtalp am 3. August 1817. Federzeichnung von Ludwig Vogel.

158

mehr verstehen. Schaufelberger hat sie aufgespürt: Die Obrigkeiten haben ihre bedeutenden Unterstützungsgelder jenen Schützen zugehalten, deren Erfolg einigermassen sicher war. Das aber waren vorab Büchsen- und Schützenmeister, Armbruster, Bolzenmacher – professionelle Spezialisten. Das ist wohl auch der Grund dafür, dass die Schützenfeste im Verlaufe der Zeit ihren ursprünglichen politischen Charakter verloren, zu sportlichen Ereignissen wurden. Wieweit auch das Militärische beteiligt war, wieweit sich die Feste mehr und mehr zu einer Ausmarchung von Spezialisten einengten, mag dahingestellt bleiben. Erstaunlich ist, dass der Besuch an «internationalen» Schützenfesten zunahm. Man reiste ins Elsass, nach Heidelberg, Stuttgart, Ulm, Rotweil, Nürnberg, Kaufbeuren, Wien, Frankfurt, München, Linz, ja selbst nach Prag.[67]

Zu den Schützenfesten kamen die Schwingfeste. Sie erfreuten sich im Gegensatz zu den Schützenfesten keinerlei Förderung durch die Obrigkeiten. Im Gegenteil: Um 1593 schreibt die Berner Regierung ins Oberland und Emmental, man habe das Schwingen zu verbieten. Ein Jahr später wird jegliches Schwingen und Ringen bei 10 Pfund Busse verboten. In den drei Kirchspielen von Schwarzenburg wird 1611 von der Kanzel verkündet, «söliches schwyngen und ringen zu unterlassen, weil dadurch vil ungradts entsthat».[68] Der Rat von Luzern beschliesst 1594, das Schwingen und Ringen mit hohen Geldbussen zu bestrafen, weil dadurch viel «todschläg» erfolgt seien. Auch in Basel werden 1611 die Ringübungen auf öffentlichen Plätzen untersagt.[69]

In welcher Zeit die Schwingfeste aufkamen, wissen wir wegen des Mangels an schriftlichen Nachrichten nicht. Sicher ist, dass das Schwingen seit dem 16. Jahrhundert eine Spezialität der Bergler war und dass es im alpinen Raum kleinere und grössere Schwingfeste gab. An einem heiligen Pfingstsonntag, so klagt ein Pfarrherr aus dem Niedersimmental 1619, habe sich das Jungvolk versammelt, um daselbst ihren «mutwillen mit schwingen, spilen und tantzen und andern dergleichen uppigkeiten zu verüben».[70] In Meiringen und Brienz war beim «schandlichen bruuch» des Schwingens eine grosse Volksmenge zugegen, und nach dem Verenatag fand bei Rüeggisberg «ein schwinget», genannt das Bergmahl, statt.[71]

Allen Verboten zum Trotz sind die Schwingfeste oder Schwingdorfete, Älplerfeste wie man sie auch nannte, lebendige Tradition geworden und geblieben. Es scheint, dass die weltlichen Behörden toleranter waren als die Prädikanten. So hat der Statthalter von Belp, obwohl ihn der Pfarrer bat, er solle es nicht gestatten, weil es wider die Heiligung das Sabbats sei, 1645 seine Zustimmung zu einem Schwingfest gegeben.[72] Schwingfeste waren da und dort mit der Kirchweih gekoppelt. Heute noch spricht man im Bernbiet, wie Schaufelberger nachweist, vom Chilbischwinget.[73]

Anlass zu Festen boten auch die Märkte und Messen. Sie fielen oft auf kirchliche Feiertage. So gab es in Basel und Zürich den berühmten Pfingstmarkt (1390–1880), in Luzern und Laufenburg einen Ostermarkt.[74] Berühmt waren besonders die Zurzacher Messen. Dieser zentral gelegene Ort hat sich im Spätmittelalter zum grössten Messeplatz der Schweiz entwickelt. Er war zugleich auch Wallfahrtsort. Hier wurde alles aufgeboten, was das damalige Menschenherz erfreute. Da gab es Gaukler, Glücksspiele, Brettspiele, Musik, Tanz und Wettspiele aller Art. In Wirtshäusern und an offenen Ständen war für die leiblichen Genüsse jeder Art gesorgt. Es gab, wie der Chronist Stockar zu berichten weiss, aber auch «das lastarlich ding mit den frowen». Das gefiel dem Volk hier: «Ich habe in der Welt nie kein solch schandliches Leben mehr gesehen», fügt er bei.[75]

Bedeutung und Rang der altschweizerischen Volksfeste können kaum überschätzt werden. Sie einigten, schweissten zusammen, was auseinanderzugehen drohte. Sie erhellten in düsterer Zeit Gemüt und Seele. Sie waren, wie Stalder schon im 18. Jahrhundert gemerkt hat, geeignet, durch «gastfreye bewirtung, freuden und freundschaft zu verbreiten oder durch Proben der Geschicklichkeit und Kraft in freundschaftlichen Kämpfen (Schiessen, Ringen, Steinstossen, Wettlaufen) den Stolz und die Selbstschätzung zu erhöhen».[76] So trug das Fest zur Selbstfindung bei. Darüber hinaus hat es – wie an anderer Stelle berichtet wird – zur Stärkung des Nationalbewusstseins beigetragen.

Von anderer Art war das Kirchenfest. Was religiöse Feiern für den spätmittelalterlichen Menschen bedeuteten, können wir heute kaum mehr nachempfinden. Und was die alte Kirche an optischen und akustischen Einfällen und Szenerien entfaltet hat, ist kaum zu übersehen. Neben den kirchlichen Festen und Schauspielen treten die Volksfeste in den Hintergrund. Kirchenfeste sind Höhepunkte spätmittelalterlichen Lebens und Daseins.

Im kirchlichen Festjahr lassen sich zwei Höhepunkte ausmachen; es sind Weihnachten und Ostern. Beide tragen wenigstens in früheren Jahrhunderten nicht nur christliche, sondern auch heidnische Züge. Selbst im höchsten christlichen Fest, in der Weihnacht, lebt alte Totenverehrung und alter Vegetationsglauben mit. Weihnachten setzt gewissermassen präludierend im Advent mit der Rorate-Messe ein. Am frühen, noch dunkeln Dezember-Morgen zieht das Volk in die Kirche. Hier wird die Rorate-Messe gefeiert. Sie ist schon im hohen Mittelalter bezeugt; ihren Namen hat sie vom Eingangsgebet erhalten: «Rorate coeli desuper et nubes pluant justum», «Tauet Himmel den Gerechten, Wolken regnet ihn herab». Der Text ist dem Propheten Jesaias entnommen und fast wörtlich ins Volkslied eingegangen. Der Gottesdienst beginnt mit dem Ave Maria, dem Gruss der Engel. Im 18. Jahrhundert ist der «Englische Gruss» in Einsiedeln und Andermatt mit kostümierten Figuren dargestellt worden. Zwei Geschwister standen als Maria und Gabriel auf den Altarstufen, um abwechselnd zu singen:

Engel:
«Gegrüsst seist du, Maria, jungfräuliche Zier,
Du bist voll Gnaden, der Herr ist mit dir.
Eine ganz neue Botschaft, ein unerhört Ding,
Von himmlischer Hofstatt, ich, Gabriel bring.»
Maria:
«Was sind das für Reden, was soll dieses sein?
Wer ist's, der da kommt ins Zimmer herein?
Die Tür ist verschlossen, die Fenster sind zu;
Wer ist's, der da rufet in nächtlicher Ruh?»[77]

Doch Advent mit seinen Rorate-Messen ist ja nur Auftakt zu einem grösseren, zum wichtigsten Fest der Christenheit: zum Weihnachtsfest. Am Nachmittag des Heiligen Abends erklingen die Glocken; während einer halben Stunde wird «das Christkind herbeigeläutet».[78] Gegen Mitternacht, nähern sich von allen Seiten frohe, bewegte Menschen den Kirchen. Jedermann erscheint im besten Kleid; die Kirche strahlt von den vielen Kerzen und den farbigen Paramenten des Priesters. Noch fehlt der Christbaum.[79] An seiner Stelle stehen wunderhübsche Krippen, gestiftet von geistlichen oder weltlichen Herren und Frauen.[80] Ursprünglich Einzelfiguren, die zum Altar gehören, finden sie sich gegen Ende des 17. Jahrhunderts in den volkstümlichen Krippen zusammen. Da und dort wird die Krippe vertreten durch ein Krippenchristkind. Das älteste Krippenchristkind aus Sarnen stammt aus der Mitte des 14. Jahrhunderts. Erhalten hat sich u. a. eine aus dem 14. Jahrhundert stammende Weihnachtsgruppe (Histor. Museum Thurgau). Sie wurde in der Weihnachtszeit wie eine Krippe aufgestellt. Die Weihnachtsspiele sind verlorengegangen. Eine Ausnahme bildet das St. Galler Weihnachtsspiel (13. Jahrhundert). Im Zentrum dieses Spieles steht die Geburt Jesu Christi; der Text ist den Evangelien entnommen.[81]

156

156 Zum Osterfestkreis gehörte in der alten Kirche die Kreuzabnahme. In einzelnen Kirchen waren im 16. Jh. grossartige Ölberggruppen aufgestellt. Die meisten gingen verloren. Was erhalten blieb, ist von grosser Eindrücklichkeit. Dafür zeugt der Hl. Johannes aus der Ölberggruppe der Pfarrkirche Wettingen/AG, 16. Jh.

Silvester und Neujahr, heute Anlass zu kirchlichen Feiern, sind von der alten Kirche nicht beachtet worden. Anders verhält es sich mit dem Dreikönigstag (6. Januar). Hier konnte sich die Kirche auf eine wahrhaft grossartige, jahrhundertealte Tradition stützen. Der Gottesdienstordnung von Sitten, die auf die Zeit um 1100 zurückgeht, können wir entnehmen, dass im Rahmen des Hochamtes der Epiphanie drei Domherren die drei Könige darstellten. Ihnen voran schritt der Sternträger.[82] Besonders eindrücklich war die Dreikönigsfeier in Freiburg. In feierlicher Prozession zogen die Chorherren, die die drei Könige darstellten, Melchior in rotem, Balthasar in weissem, später blauem, Kaspar in schwarzem Chormantel, durch die Stadt. In der Kathedrale St. Nikolaus wurde das Evangelium gesungen, worauf die Teilnehmer um den Hochaltar herum zum Opfer schritten. Seit 1430 gab es eine grossartige Prozession, seit dem 16. Jahrhundert das Spiel: «Von jedem Tor her nahte ein König mit Reitern und verfügte sich zur Liebfrauenkirche, wo eine Bühne für Herodes und die Propheten aufgestellt war und das Zwiegespräch zwischen den Königen und Herodes sich entspann. Auf dem Samson-Brunnen stand der Engel, der den Hirten die Geburt des Herrn verkündete; ein Stern, der an einem Draht aufgehängt war, ging den Weisen voran zur Hauptkirche, wohin auch die Hirten und die heilige Familie zogen. Während des Hochamtes sass Maria auf den Stufen des Hochaltars und nahm dort die Opfer der Teilnehmer entgegen. Allmählich wurde das Reiterspiel der drei Könige zentrales Ereignis der Feier. Das Spiel ging in den Wirren der französischen Revolution unter.»[83]

Als zäher und lebensfähiger erwies sich das Dreikönigssingen in Kerns. Es ist in Obwalden urkundlich seit dem Ende des 16. Jahrhunderts bezeugt. Allerdings wurde es ohne den kirchlichen oder obrigkeitlichen Segen durchgeführt. Ja, die Ratsprotokolle (1644–1798) berichten von unzähligen Verboten, die nicht zuletzt auch von der Kirche selber ausgingen. Die drei Könige zogen von Haus zu Haus, um Lieder zu singen und Gaben zu heischen. Beim Einüben halfen die Lehrer mit. Zum Dank für diese Leistung erhielten sie den Hauptbetrag der Kollekte, genannt Helsete. Noch um 1799 machte der Ertrag die Hälfte des gesamten Lehrerlohnes aus. Selbstverständlich gingen die Kinder nicht leer aus. Nach dem Umsingen gab es ein festliches Mahl. Doch da trat wiederum die Obrigkeit auf: Es soll dabei nicht getanzt werden. Der Brauch verschwand im 19. Jahrhundert – wurde er zu Tode reglementiert? Am Dreikönigstag des Jahres 1944 lebte er wieder auf. An diesem Tag zogen die drei Könige und die Sänger mit ihrem Stern in die Kirche von Kerns ein.[84]

Ähnlich ging es dem Sternsingen in Luzern. Dieses Stern- oder auch «Guottjaarsingen» ist von Renward Cysat schon fürs späte 15. Jahrhundert bezeugt.[85] Der

157 Im 18. Jh. kam der Brauch des Eiersuchens an Ostern auf. Die Abbildung stammt aus einem Zürcher-Singbuch des David Bürkli von 1789. Durch ähnliche Bilder in Volkskalendern ist dieser neue Brauch weiter verbreitet worden. Er trug zur Popularisierung des einst ausschliesslich kirchlichen Feiertages bei.

Brauch ist aber wohl älter und geht, wie Leo Zihler vermutet, ursprünglich auf mittelalterliche Dreikönigsspiele zurück. Im Laufe der Zeit ist daraus ein Kinderbrauch geworden, die letzten Träger des letzten Luzerner Sternsingens sind denn auch die Sänger- und Chorknaben an der Stiftskirche in St. Leodegar. Um 1820 bestand dieser Brauch noch. Er ist vom Luzerner Arzt Feierabend geschildert worden: «Wie vormals in Freiburg, so finden wir noch bis in die zwanziger Jahre (gemeint ist das 19. Jahrhundert) in Luzern am Dreikönigsfeste einen possierlichen Umzug der Chorknaben im Hof, der sogenannten Hofgeissen (so genannt wegen ihren Mänteln aus Ziegenfell), die Heilige Familie sammt den Dreikönigen, Engel und Hirten darstellen. Von einem dichten Schwarm von Buben umgeben, zogen sie unter häufigen Neckereien jugendlichen Muthwillens durch die Stadt, und es nahm sich allerliebst aus, wenn dann im Jähzorn Josef oder Maria eine Schneeballe vom Boden raffte und mit einem kräftigen Luzerner-Fluch auf die Verfolger warf, oder wenn die Engel mit ihren friedlichen Kreuzstäben gar handlich drein schlugen. Dieser possierliche Kontrast mag Ursache gewesen sein, dass dieser Umzug eingestellt wurde.» Bedauernd stellte der volkskundlich versierte Arzt 1843 fest, die Stadtjugend habe eine Freude verloren, «die ihr durch keine bessere ersetzt wird, und das sollte niemals sein! Die Freuden des Volkes, ob jung oder alt, sollten sein wie ein gefriedetes Heiligthum, das man wohl ausbessern und zeitgemäss herstellen, niemals aber baufällig werden lassen oder niederreissen darf. Ich wünschte daher in besserer Form diesen Umzug zurück.» Sein Wunsch ging erst im Jahre 1934 in Erfüllung. Aufgrund einer Initiative der «Luzerner Spielleute» ist das Sternsingen wiederaufgenommen worden. Es gehört heute zu einem wichtigen Bestandteil des Luzerner Winterbrauchtums.[86]

Ein Kerzenfest – so könnte man die kirchliche Feier am 2. Februar, Mariae Lichtmess, nennen. An diesem Tag wurde «der hochwürdigen mütter gotz der jungfrowen Mariae» mit einer Messe, feierlichem Gesang und Kerzenweihe samt Kerzenprozession gedacht. J. Kessler, ein Kenner aber auch Verächter alter Zeremonien, vermerkt, dass Papst Sergius im Jahre 694 dieses Fest anstelle eines heidnischen Fakkelfestes eingeführt habe. Die Reformatoren haben die, wie es Kessler nennt, «götzenfest, – abgöttery» bekämpft: Tatsächlich wurde die Lichtmesse im Jahre 1524 in den protestantischen Kirchen «nüt mer begangen».[87]

Eindrücklich und volkstümlich waren die Feierlichkeiten des Palmsonntags. Dieses Kirchenfest war dem Andenken an den Einzug von Jesus in Jerusalem geweiht. Wie das Fest vor der Reformation aussah, wissen wir dank einer Beschreibung des St. Galler Chronisten Hermann Miles: Die Prozession begann im St. Galler Münster, der feierliche Zug bewegte sich gegen St. Mangen. In dichten Reihen stand das Volk, um die mitgebrachten Palmenzweige weihen zu lassen. Die Zweige – oft verwendete man anstelle der kaum erhältlichen Palme die Stechpalme, den Sevibaum, den Wacholder, mancherorts auch den Buchs – sind nach der Prozession nach Hause genommen und aufbewahrt worden. Sie vertrieben, so glaubte das Volk, Hagelwetter und Platzregen.[88] Nach der Palmweihe bewegte sich der Prozessionszug zum Münster, wo der Palmesel, ein hölzerner Esel mit der Christusfigur, wartete. Bei ihm standen die Schüler, um zu singen und zu rezitieren. Es waren nach dem verlässlichen Bericht des Chronisten die Worte aus dem Johannes-Evangelium (Kap. 12, Vers 12): Des andern Tages, da viel Volks, das aufs Fest gekommen war, hörte, dass Jesus käme nach Jerusalem, nahmen sie Palmenzweige und gingen hinaus ihm entgegen und schrien: Hosianna! Gelobt sei, der da kommt, in dem Namen des Herrn, der König von Israel. Singend zeigten die Schüler auf den Palmesel. Sie fragen, die Hände über dem Kopf zusammenschlagend: Wer ist, der da reitet? Darauf im Chor: «Fürchte dich nicht du Tochter Zion! Siehe, dein König kommt, reitend auf einem Eselsfüllen.» Und also «knüwtend sie nider und sungen zuom dritten mal also». Eine Messe beschloss die Feier.

Von ganz anderer Art waren die kirchlichen Feiern des Karfreitags. Da läuteten keine Glocken, vielmehr riefen «holzin klapfen», hölzerne Klappern, Rätschen, Rumpel- oder Düsterklappern.[89] Im Mittelpunkt der Feier stand die Kreuzabnahme. Zwei Prister nahmen die Christusfigur vom Kreuz, um sie unter klagendem Gesang ins Grab zu legen. Daneben standen Weiber mit brennenden Kerzen, samt den Schülern, «die ohne Unterlass sangen».[90] Derweil waren alle Bilder verhüllt. Am Karsamstag nahm der Priester die Tücher weg und jedermann «frolocket, dass Christus erstanden ist».

Die «herrlichest und prachtilegist Feier» fand am «Urstendtag», an Ostern, statt. Da wurde alles aufgeboten, um die Menschen, die durch «die fasten in abbruch und trurigkeit geraten und geschwecht» waren, wiederum aufzuheitern. Da hatten die Prädikanten die «gewonhait, in irer predig eine kurzwilige fabel zu erzellen damit die trurigen herzen zuo lachen und iren schwermott hin zuo legen möchtend».[91] Wie waren diese Ostermärchen beschaffen, wie sah das Osterlachen aus? Oekolampad, der grosse Basler Gelehrte und Reformator, hat sie anhand einiger zeitgenössischer Berichte beschrieben: «Einer der Prediger pflegte nach Art eines Kuckucks, wenn er im hohlen Weidenbaum gesessen hatte, Kuckuck zu rufen. Ein anderer, auf Kuhmist sitzend und sich gebarend, wie wenn er ein Kalb vorführen wollte, trieb alle, die sich näherten, mit Gänseschnattern weg. Wieder ein anderer zog einem Laien eine Mönchskutte an, machte ihm dann vor, er sei nun Priester, und führte ihn zum Altar. Wieder einer erzählte, mit welchen Mitteln der Apostel Petrus die Wirte um die Zeche betrogen.»[92] Wieweit Oekolampad, dem es um die Verdammung dieses Brauches ging, übertrieben hat, sei dahingestellt. Aus anderen Quellen wissen wir, dass der Brauch in der Schweiz die Reformation nicht überlebte. Im Zeitalter der Gegenreformation unternahm auch die katholische Kirche energische Schritte, um die «Osterfabeln» aus der Welt zu schaffen.[93]

Glanzvoll wusste die Schwyzer Kirche ihr Osterfest zu gestalten. Im grossen Prozessionszug zog man zur Kirche. Am Kirchentor stiess der Priester mit dem Fuss an die Tür und sprach: Öffnet eure Tore, ihr Fürsten, es wird einziehen der Herr der Herrlichkeit. Eine Stimme aus dem Hintergrund – es ist Luzifer – ruft: Was ist das für ein König der Herrlichkeit? Darauf der Priester: Der Herr ist glanzumstrahlt, er ist der König der Herrlichkeit. Das spricht er dreimal, worauf sich das Tor öffnet und die Prozession einzieht.

In Chur zog die Prozession nach dem Bericht von 1490 zu einem heiligen Grab. Es ist bewacht von zwei Frauen, zwei Kanoniter stehen als Engel zu beiden Seiten des Grabes. Die Frauen sprechen: Wer wird uns den Stein wegheben? Darauf die Engel: Wen suchet ihr? Die Frauen wiederum: Jesus von Nazareth. Antwort der Engel: Er ist nicht hier. Die Frauen aber: Wir sind zum Grabe gekommen. Zwei Jünger gehen zum Grab, nehmen das Tuch, verlassen das Grab und singen: Beeilet euch Brüder. Die Engel ergreifen das Kreuz, zeigen es dem Volk und singen: Der Herr ist auferstanden, wie er gesagt hat. Hierauf folgt das Tedeum, die Glocken läuten, das Kreuz wird zum Hochaltar getragen.[94]

Alle diese szenischen Darstellungen werden überboten vom Luzerner Osterspiel. Da waren, einem Bericht des Mailänder Gesandten von 1549 zufolge, 255 Rollen vergeben. Ein solches Theater war nur mit Unterstützung der Kirche und der Obrigkeit und nur als Gemeinschaftsunternehmen der gesamten Bürgerschaft denkbar. Das Osterspiel vertrat ein ernstes Anliegen; es begann im Namen Gottes, ihm «zu lob und zu Er Mariae und gantz himmlisch heer». Eindrücklich wird auf das Wunder der Gnade und der Sündenvergebung durch Christi Leiden und Sterben hingewiesen. Zwar gibt es Stellen, die zum Lachen reizen, doch am Ende des zweiten Spieltages wird das Volk zur Einkehr und Busse aufgerufen: «So knüwend nider, wie ir hie sind.»[95]

158 Palmesel aus Steinen (Schwyz), um 1200. Holz, vollplastisch geschnitzt und gefasst mit Rädern, rechte Hand fehlt. Höhe 177 cm. Die schon im Hochmittelalter erwähnten Palmeselstatuen dienten am Palmsonntag zur Nachahmung des Einzuges Christi in Jerusalem. Sie wurden vom aktiv teilnehmenden Volk gezogen und in der Prozession in die Kirche geführt. Das Denken des Spätmittelalters bis hinein ins 17. Jh. war auf visuell Erlebbares und auf sinnenfälliges Schauspiel ausgerichtet.

Zum Osterfestkreis gehört von alters her die Auffahrt. In der alten katholischen Kirche löschte der Diakon nach dem Verlesen des Evangeliums beim Hochamt die Osterkerze. Sie brannte als Symbol Christi während der ganzen Osterzeit. Jetzt ist Christus zum Vater gegangen, sein Symbol verschwindet.[96] In vielen Kirchen war am Auffahrtstag Christi Himmelfahrt bildlich dargestellt. Da gab es einen Ölberg mit dem Christusbild. Unter feierlichem Gesang und Gebet zog es der Sigrist in die Höhe. Das geschah auch im Zürcher Grossmünster, wo es der Chronist Edlibach miterlebte. Aber im Jahre 1524, so hält er fest, ist «das Bild unseres Herrn nüt mer uff gezogen wie von alter har der bruch gewesen ist».[97]

Die noch erhaltenen Ölbergfiguren, wie der heilige Johannes (16. Jahrhundert) aus Wettingen, geben Einblick in die Stimmung solcher Feiern. Am Auffahrtstag fanden auch Umritte statt. Berühmt war und ist auch heute noch der Auffahrtsumritt von Beromünster. Einst alter Bannritt um die Gemeindegrenzen mit dem Sakrament, ist er um 1509 zur berittenen Prozession umgestaltet worden. Um fünf morgens bricht der Zug von der Pfarrkirche St. Stephan in Beromünster auf, nachmittags ge-

159 Trinkspiel in Form des Heiligen Georg. Basel, um 1590 bis 1600. An grossen Festen der Zünfte und Gesellschaften sind Pokale in verschiedensten Ausformungen gebraucht worden. Sie sind deshalb unter dem Sammelbegriff Trinkspiele bekannt.

gen drei Uhr ist der wieder zurück. Unterwegs werden an verschiedenen Orten Halte eingeschaltet, um Messen zu feiern. Manche Prozessionsteilnehmer schreiten zu Fuss mit und beten laut. Der zurückgelegte Weg beträgt 16 Kilometer.[98]

Mit «grossem pomp und pracht» ist – vor allem in vorreformatorischer Zeit – der Fronleichnamstag gefeiert worden.

In Winterthur trugen alle Schüler Kränzlein wie an der Auffahrt, berichtet der Chronist Bosshart.[99] Berühmt war auch die Fronleichnams-Prozession von St. Gallen. Sie wurde angeführt von den Zünften mit ihren Kerzenträgern. Besonders köstliche, vergoldete Laternen besassen die Schmiede, sie kosteten nicht weniger als 70 Gulden, bemerkt der Chronist. Eine Schar von Schülern folgte mit Vortragekreuzen, die Geistlichkeit mit den Reliquien und Monstranzen. In der Mitte des Zuges schritten vier Schüler als Engel mit seidenen Kleidern und goldenen Flügeln, sieben Kinder trugen Schalen, in denen sich blühende Rosen befanden. Es folgte unter einem Traghimmel die Geistlichkeit mit der grossen Monstranz. Der Himmel selber wurde von sechs Zunftmeistern getragen.[100]

Von einer frohen Stimmung war auch das Fonleichnamsfest, der Herrgottstag, von Appenzell geprägt. Kirche, Obrigkeit und Volk bilden hier von jeher eine grossartige Einheit. Eine Ratsverordnung, nicht etwa eine kirchliche Liturgie, hält die Details des Festes fest: Der regierende Landammann und der Statthalter haben den Priester neben dem Allerheiligsten zu begleiten. Und der Landessäckelmeister sowie der Landweibel tragen den Himmel, und selbstverständlich ist auch das Militär dabei. Selbst die militärische Begleitung wird 1656 vom Rat vorgeschrieben: Man soll während der Eucharistiefeier und beim Erteilen des Segens «die grossen Stücke abschiessen»; die Musketiere haben auch die Landesfahnen mitzubringen.[101]

In Meggen am Vierwaldstättersee wird die Fronleichnamsprozession nach einer Ordnung des 18. Jahrhunderts mittels Rudernauen durchgeführt. Auf dem vordersten Nauen befindet sich ein geschmückter Tisch als Altar. Auf der Fahrt zur Wiese des «hochgeachteten Herrn Göldlin» bei Vordermeggen wird gebetet. Hier wird die Prozession vom Kaplan unserer lieben Frau auf den Platten erwartet. Vor dem Hause Göldlin steht ein Altar, von hier zieht die Prozession durchs geschmückte Dorf zur Kirche, wo das zweite Amt sowie der Schlussegen erfolgt. Dieser Brauch ist in der Mitte des letzten Jahrhunderts aufgegeben worden; er lebte im Jahre 1920 wieder auf.[102]

Verwandt mit den Kirchenfesten sind – auf den ersten Blick mutet es erstaunlich an – die Schlachtfeiern. Wie im Spätmittelalter ein Totengedenktag, so besass der Morgartentag – die Schlachtfeier in der heutigen Gestalt ist eine Schöpfung der Helvetik von 1801 – um 1560 den hohen liturgischen Rang eines Apostelfestes.[103] Auch die Jahrzeit der Schlacht bei Laupen war, wie der Chronist Justinger um 1420 versichert, kirchlich geprägt. An diesem Tag sollen die von Bern und alle ihre Nachkommen nicht nur an die Toten, sondern auch an den Tag der Zehntausend heiligen Ritter denken. Mit dem Kreuz und Heiltum sollen sie um das Münster gehen und «allen armen Lüten ein ewig spend geben».[104] Auch die Sempacher Jahrzeitschlachtfeier war ursprünglich kirchlich geprägt. Nach einem Gottesdienst für die Gefallenen und einer Predigt verlas der Leutpriester von Sempach den Schlachtbericht und die Namen der Gefallenen. In feierlicher Prozession begaben sich Geistlichkeit, Obrigkeit und Volk aufs Schlachtfeld. In der Kapelle, ein Jahr nach der Schlacht erbaut, feierte man die Totenmesse. Den Armen spendete man einen Laib Brot. Diese Spende ist später durch das traditionelle «Bohnengeld» ersetzt worden. Was heisst Bohnengeld? Der Zeitgenosse Renward Cysat erklärt es: In ein kleines Geschirr legte man Bohnen. Wer etwas für die Verstorbenen tun wollte, nahm eine Bohne und legte dafür ein Geldstück ins Geschirr. Gibt er zwei Geldstücke, darf er zwei Bohnen nehmen. Die Bohnen sind also gewissermassen die Quittung für die vollbrachte Guttat.¹⁰⁵ Im 16. Jahrhundert war die Feier erweitert worden; dem Leutpriester von Sempach standen damals die Pfarrer von Beromünster, Sursee und andern Dörfern zur Seite. Anwesend war auch der Stiftsweibel von Beromünster mit seinem scharlachroten Mantel. An die Feier schloss sich die gemeinsame Mahlzeit an. Im 16. Jahrhundert weitet sich die einfache Feier zu einem grossartigen Fest aus; die Kosten für das Essen übernahm die Stadt Luzern. Offenbar ist später die Festfreude auch übcrbordet, um 1780 kommt es zu wiederholten Klagen über eine allzu laute und ausgelassene Feier.¹⁰⁶

Anderer Art war die Schlachtfeier von Näfels, die sogenannte Näfelserfahrt. Eine frühe Schilderung (1576) verdanken wir dem Zürcher Chronisten Simler. Die Näfelser Fahrt beginnt am frühen Morgen des ersten Donnerstags im April. Zunächst werden die Landleute und Landsässen aufgerufen, diese «lobliche Fahrt» mit Ernst und Andacht zu begehen. Es geht durch die Stege und Wege, auf denen unsere frommen Altvordern grosse Not erlitten. Jedermann schweige still und enthalte sich des Essens und Trinkens, damit weder Unzüchtiges noch Unehrbares beginne. Ist die Menge versammelt, so macht man einen Ring, damit männiglich zuhören kann. In feierlich-gemessenem Ton begrüsst der Landammann die Boten von Schwyz; er heisst sie im Namen des ganzen Landes freundlich willkommen. Er begrüsst auch die gemeine Priesterschaft, desgleichen die Leute aus dem Gaster, der March und von Rapperswil sowie der Grafschaft Toggenburg. Darauf formiert sich die Prozession; sie wird angeführt vom Fahnenträger mit der roten St. Fridolinsfahne. Es folgt das Heiligtum, getragen von vier starken Männern; es wird begleitet von Kreuz- und Fahnenträgern. Dahinter schreitet der Pfarrer zu Glarus samt dem Abt, ihm folgt der Landammann mit den Boten von Schwyz. Es folgt das Volk, zuerst die Männer, zuletzt auch das «Weibervolk». Sobald man zum ersten Stein kommt, es gibt insgesamt deren elf, weil es elf Angriffe waren, steht man still, alles kniet nieder und betet; beim sechsten Stein macht man einen Ring, und der Landschreiber verliest Ursprung und Ursache dieser Fahrt, den Fahrtbrief. Danach wird gepredigt. Es werden, so schliesst der Chronist Simler seinen Bericht, an diesem Tag alle Geistlichen aus des Landes Seckel zu Gast gehalten. Nach dem Imbiss begleiten die Messpriester den «Sarck» (Reliquie) und die Kreuze sowie die Fahnen mit Gesang wieder zurück nach Glarus.¹⁰⁷ Die Näfelserfahrt war hin und wieder durch konfessionelle Streitereien gefährdet. Doch hat sie alle Zeiten überstanden.¹⁰⁸

Eher weltliche Züge trägt die Schlachtfeier von Genf, die sogenannte Escalade. Sie ist am 11. Dezember 1603 erstmals durchgeführt worden. Damals feierten die Genfer mit ehemaligen Kämpfern den ersten Jahrestag der Escalade. Ein Jahr zuvor hatten die Savoyarden mitten in finsterer Nacht versucht, die Mauern zu übersteigen und die Stadt zu erobern. Doch die Genfer hatten standgehalten. Nun also finden wir sie beim festlichen Mahl; es gibt überlieferungsgemäss Reissuppe, Kapaune und Pfannkuchen. Ganz fehlt auch hier die Kirche nicht; die Feier beginnt immer mit einem Dankgebet in der Kirche. Auch die Escalade hat die Zeiten überdauert, sie wird heute noch gefeiert.¹⁰⁹

Völlig anderer Art sind die Landsgemeinden. Dürfen wir sie überhaupt in diesem Kapitel, in welchem von Festen geschrieben wird, aufführen? Ja und Nein. Sie sind ein Fest, weil sie die Teilnehmer nicht nur als politische Pflicht, sondern als Tag der Gemeinschaft auffassen. Eine Landsgemeinde ist mehr als ein Fest: es ist ein Staatsakt, Ausdruck einer souveränen Gemeinschaft, eine Willensbezeigung zur politischen Selbstbestimmung und Selbstbesinnung. In einmaliger Weise werden Staatsgewalt und Volkssouveränität sichtbar gemacht. Das Volk sieht hier seine Repräsentanten: die Regierung, die Geistlichkeit, die Gerichtsherren. Durch alle Jahrhunderte hindurch erfreuten sich die Landsgemeinden einer starken Anziehungskraft. Ihr Alter verleiht ihr den ungewollten, aber ehrwürdigen Anstrich von altem Brauchtum.

160

Betrachten wir einen Augenblick die Landsgemeinde von Nidwalden. Um halb zwölf Uhr mittags mahnt der Helmibläser (Harsthorn) mit drei machtvollen Hornstössen zum Aufbruch. Der Zug setzt sich in Bewegung. Nach halbstündigem Fussmarsch betritt der Landsgemeindezug den Ring. Hier fragt der Landammann das versammelte Volk, ob er mit der hohen Gewalt der Landsgemeinde zu beginnen habe. Daraufhin stellt der Statthalter den Antrag auf Beginn, der Landammann erklärt die Versammlung für eröffnet. Darauf folgt das «Veni creator» der Geistlichkeit und die Begrüssung durch den Landammann. Die Wahl- und Sachgeschäfte werden sachlich und beförderlich erledigt, doch sind alte Bräuche wie das Auszählen geblieben. Ein Hornstoss beendet die Landsgemeinde. Zurück geht es nach Stans in der gleichen Ordnung. Bei der Pfarrkirche angekommen, hält der Zug einen Augenblick. Der Pfarrer von Stans in vollem Ornat begrüsst den neue- oder wiedergewählten Landammann. Regierung und Volk ziehen unter Orgelklängen zum feierlichen Te Deum in die Kirche ein. Später wird in den umliegenden Wirtschaften gegessen, getrunken, diskutiert. Man trifft Bekannte. Die Gemeinschaft wird erlebt.[110]

Ein Fest mit politischer Bedeutung bildeten die Bannumgänge im Baselbiet. Unter dem Namen Banntag versteht man das Umschreiten der Gemeindegrenzen. Das eigentümlich-archaische Volksfest, schon um 1460 bezeugt, hatte vor der Reformation eine doppelte Funktion: die einer kirchlichen Flursegnung und einer Grenzkontrolle. Nach der Reformation fiel der religiöse Bittgang weg, hingegen erhielt sich während Jahrhunderten die Bürgerpflicht, die Weid- und Bannsteine zu besuchen. Vor allem hatten die Knaben, die männliche Jugend, teilzunehmen, auf dass die «Sachen nicht aus dem Gedechtnusz kommen». An den Umgang schloss sich ein Trunk an, ausserdem wurde geschossen und getanzt. Vergeblich lamentierte die Geistlichkeit über die Profanierung, über «das Bannreiten der Bauern, Dirnen und Mägdlein in den Dörfern». Bis um die Mitte des 19. Jahrhunderts war der Bannumgang unumgänglich. Erst als die Gemeindegrenzen vermessen und festgelegt worden waren,

160 Schlachtkapelle von Sempach. In diesem schlichten Gotteshaus wurde jedes Jahr eine Totenmesse gelesen. Ausserdem spendete man Brot, später auch Geld, für die Hinterbliebenen der Gefallenen. Die Zeichnung für den schönen Kupferstich stammt vom berühmten, am französischen Hof tätigen Ch. Perignon.

verlor er an Bedeutung, schliesslich degenerierte er «zu einem Sauftag». Nach dem Zweiten Weltkrieg ist der Banntag wiederauferstanden. Er wird festlich begangen und freut sich heute wachsender Beliebtheit.[111]

Etwas weniger weit zurück reicht die Tradition eines anderen «politischen» Volksfestes, der «Schanfigger Bsatzig». Im Jahre 1653 konnten die Leute in St. Peter nach der Befreiung aus der österreichischen Territorial-Herrschaft die richterlichen Ämter erstmals frei besetzen. Dieser Tag wurde fortan dankbar und freudig gefeiert. So ist die grosse Tat der Vorfahren im Bewusstsein lebendig geblieben. Die «Bsatzig» war, wie die Chronisten berichten, eine Lustbarkeit sondergleichen. Am Ostermontag versammelten sich die jungen Leute. Jedem Knaben fiel durchs Los eine Begleiterin zu. In einem Tanz wurde die Partnerin erprobt. Anderntags begann der Zug der Gemeinden dem Versammlungsplatz der «Ebi» zu. Jeder Knabe nahm sein Mädchen zu sich auf den Saumsattel. Beim Schall der Trommeln ritten auch die Ratsherren und Pfarrer der Orte heran. Unter freiem Himmel wurde der Eid abgelegt. Dann erfolgten die eigentlichen Wahlgeschäfte. Hierauf setzte man sich zum Essen, an das sich ein langer Tanz schloss. Die Kosten übernahmen die Knaben. Als Zeichen der Dankbarkeit erhielt der Knabe von seiner Partnerin ein Hemd.[112] Die «Bsatzig» hat im Laufe der Zeit verschiedene Änderungen erfahren. Geblieben ist der Geist des alten Volksfestes. Hier wird man über das Alltägliche hinausgehoben. Hier zählen die Unterschiede von Stand und Besitz nicht, sind Hader und Streit in Vergessenheit geraten, «fühlt man sich, aller Sorgen ledig, als freier Talbewohner».[113] Insgesamt wird man dem altschweizerischen Fest zugestehen, dass es allen Auswüchsen und Übertreibungen zum Trotz seinen Sinn erfüllte. «Jüngst habe ich mich wieder gründlich gesund gemacht, indem ich mich unter fast viertausend bewaffnete Jüngelchens oder Kadetten stürzte, die wir in Zürich aus der halben Schweiz zusammengetrieben hatten, um ein viertägiges Fest zu geben. Ich habe noch nie eine solche Freude gesehen oder selbst gehabt und habe mir alle Grillen aus dem Kopf geschlagen.»[114] Wer hat Sinn und Zweck des Volksfestes schöner umschrieben als Gottfried Keller?

Sport

Als Aeneas Sylvius Piccolomini im Jahre 1434 in Basel weilte, fielen ihm unter anderem die vielen Rasenplätze auf: «Hier findet sich die ganze Jungmannschaft ein, wenn sie eine Lustbarkeit haben und dabei tanzen und spielen wollen. Hier wetteifern sie im Laufen, Ringen und Entsenden des beschwingten Pfeils; hier reiten sie Pferde zu und lehren zu traben und setzen; andere schleudern den Speer, manche stossen Steine, um ihre Kraft zu zeigen, viele vergnügen sich am Spiel mit der Kugel, und zwar nicht nach italienischer Art...»[1] Eine Art sportlichen Betrieb hat auch der aus dem Elsass stammende Humanist Pellikan im alten Ort Schwyz registriert. Er notierte 1504, dass die jungen Leute von Schwyz auf dem Marktplatz spielten, wobei sie «allerlei Ringkämpfe aufführten mit grosser jugendlicher Freiheit, ja Ausgelassenheit, einer Folge ihrer langen Musse im Sommer, wo sie nichts zu tun haben, als Heu zu machen».[2] Zu diesen beiden Berichten von Ausländern ein schweizerisches Zeugnis: Josias Simler bemerkt 1576, dass denen, «die sich mit Lauffen, Springen, Ringen, Stein- und Stangenstossen, Fechten und allerley Gewehren, an den meisten Orten Gaaben ausgetheilt werden». Und stolz fügt er bei, dass «kein Volck in der Christenheit gefunden werde, welches sich also im Schwimmen übe, dass sie über die grossen See, deren viel im Land sind, leichtlich schwimmen und etwan hoch in die Wasser springen».[3] Der Schaffhauser Chronist Rüeger meinte gar, die Schweizer seien von Gott «grade, stark und herzhaft» gemacht worden und somit «geschickt und dugentlich zum kriegen». Das sei allerdings nicht nur eine Gabe Gottes, denn sie üben sich von jung auf «mit dem Fechten, Ringen, Springen, Laufen, Jagen, Schwimmen und vil andern kurzwilen und libsübungen mer».[4] Dass der Sport tatsächlich im Leben unserer Altvordern einen hohen Stellenwert hatte, wird auch im Kapitel «Feiern und Feste» belegt. Doch so wichtig auch die sportliche Betätigung im Rahmen der weltlichen Feste gewesen sein mag, so gibt es doch einige Aspekte, die nicht nur aus der Optik des Festes betrachtet werden sollten. Ausserdem gibt es Sportarten wie Jagen, Fischen und Alpinismus, die mit den Festen direkt nichts zu tun haben.

Bei der Lektüre des reichen Quellenmaterials und auch der Sekundärliteratur wird uns immer wieder bewusst, dass der heutige Sport mit den damaligen Zuständen nicht verglichen werden kann. Die uns vertraute Turn- und Sportbewegung ist ein Kind des 19. Jahrhunderts; der Spitzensport ist noch jüngeren Datums. Der Sport hat für die moderne Gesellschaft eine andere Bedeutung, er dient uns als Ausgleich, weil uns die körperliche Bewegung weitgehend fehlt. Für unsere Vorfahren stellte sich dieses Problem nicht. Für sie standen ganz andere Anliegen im Vordergrund. Zunächst etwas ganz Naheliegendes: Sowohl im Alltag wie im Krieg kam es ganz wesentlich auf die körperliche Kraft an. Grosse Körperkraft galt als Ideal. Die Starken wurden bewundert, ja beneidet. Ein Zuger wird, Mitte des 16. Jahrhunderts, als der stärkste Eidgenosse der Inneren Orte gerühmt. Dann gab es damals den stärksten Eidgenossen im Steinstossen, es war der Baarer Söldner Hans Gerhard. Hundert Jah-

161 Leichtathletische Spiele auf der Schützenwiese bei Einsiedeln: Weitsprung aus dem Stand, Steinstossen, Schwingen und Wettlaufen. Hinten eine zuverlässige Ansicht von Dorf und Kloster Einsiedeln von Norden. (Diebold Schilling, Luzerner Chronik.)

re später wurde diese Ehre dem Appenzeller Johannes Frischknecht zuteil. Vom Entlebucher Schibli, dem Anführer im Bauernkrieg, erzählte man sich mit grösster Bewunderung, er habe einen Mann mit ausgestrecktem Arm halten und ein Pferd auf seinen Buckel nehmen können.[5] Mehr noch als im Wettkampf wird im Krieg das Mass des männlichen Wertes an der Körperkraft gemessen. Kein Wunder, dass schon in den Knabenschaften nur der Starke als Führer anerkannt wurde und dass der Wettkampf entscheidender Bestandteil jugendlichen Gemeinschaftslebens bildete.[6]

Zwischen Krieg, Kriegsbereitschaft, Leibesübung und Schiessen gibt es enge Beziehungen. In einzelnen Sparten, so etwa im Steinstossen, liegt der Zusammenhang auf der Hand.[7] Vor allem in älterer Zeit ist der Steinwurf eine wichtige und immer wieder von neuem eingesetzte, gefürchtete Waffe. Davon zeugen auch bildliche Darstellungen: Diebold Schilling hält in seiner Spiezer Chronik eine Szene aus der Schlacht bei Morgarten fest: Da bewerfen eidgenössische Krieger ihre Gegner mit faustgrossen Steinen.[8] In der Schlacht von Laupen hat, wie Justinger berichtet, «jedermann zwen steine oder drye zu im genommen, hiess der houptman von in die vigende (Feinde) werfen».[9] Ein Österreicher, der bei Sempach die Eidgenossen von der andern Seite her erlebt hat, schildert, wie die Eidgenossen Steine gegen sie warfen. Sie flogen wie aus den Wolken vom Himmel «quasi imbrem de coelo».[10]

Wie die Gerichtsakten belegen, hat man das Steinwerfen auch im zivilen Bereich geübt. Mit gezielten Steinwürfen vertrieb man etwa einen Konkurrenten im Kiltgang.[11] In seiner Autobiographie schreibt der Walliser Thomas Platter um 1560, er habe eine Gans mit einem einzigen Stein erlegt, denn er habe als Hirtenbub bei den Geissen Steine werfen lernen, «sodass kein hirt mins alters über mich was».[12]

Auch Plattenschiessen oder -werfen galt zu Stadt und Land als vergnügliche Kurzweil: «Die Plattenschiesser werffen in die Weite und zilende nach dem fürgestrickten Ziel.» Dazu kam das Stöcklen, ein Spiel, bei welchem der Untersatz auf einen Pflock gelegt wurde, der aus vorgeschriebener Distanz mit einem Steinwurf umgelegt werden musste.[13] Das Stöcklen ist ebenso wie das weit harmlosere «Kluckern» von den Obrigkeiten verboten worden – sei es, weil es um Geld ging, sei es, weil es oftmals mit schwerem Fluchen verbunden war.[14] Beliebt war im 16. Jahrhundert auch das Spickspeck-Spiel. Man warf mit Messern auf Bretter um die Wette.[15]

Älter als das Plattenschiessen sowie Stöcklen ist das Steinstossen. So heisst es im Weistum von Uzwil um 1465, die «Hofreiti» soll frei sein «wie ein Hängert (Hengert, Versammlungsplatz) so dass jedermann da springen, laufen, steinstossen und ander bescheiden muotwillen tryben, als dan landläufig ist».[16] Aus dem 16. Jahrhundert sind über das Steinstossen nähere Angaben überliefert. Der Stein, mit dem man stiess, war damals 22 Pfund schwer: Es waren drei Stösse zu machen und nicht mehr.[17] Der Entlebucher Pfarrer Stalder sah im 18. Jahrhundert einen Appenzeller beim Steinstossen. Er nahm einen «kleinen Felsen auf und warf ihn mit Riesenkraft von den Schultern, dass weiterum die Erde dröhnte». Anton Joseph Thörig von Schwendi hielt, so wird berichtet, einen Stein von 184 Pfund mit einer Hand eine Zeitlang über seinem Haupt und warf ihn dann, ohne einen Fuss zu verrücken, zehn Fuss weit von sich. Johann Rudolf Steinmüller berichtet um 1804, «dass starke Männer einen 80–100 Pfund schweren, runden Stein in die rechte Hand nehmen, sie heben ihn dann auf die rechte Schulter und werfen ihn mit einem plötzlichen Schwung des Körpers etliche Schritte von sich weg. Wer denselben am weitesten von sich wirft, von dem sagt man: er habe den Stein gehabt, und der ist alsdann der Sieger.»[19]

Steinstossen und Kegeln, heute zwei ganz verschiedene Dinge, werden in den schriftlichen Quellen fast immer im gleichen Atemzug erwähnt. Waldheim erwähnt in seinem berühmten Bericht von 1474 das Kegelspiel in Zürich. Der Berner Chronist Anshelm berichtet von einem Mandat, das das Kegeln an den Kirchweihen verbot.

162 Der starke Steinstosser Anton Josef Thörig von Appenzell Innerrhoden. Der Appenzeller-Kalender 1806 brachte mit regionalem Stolz einen Holzschnitt vom Sieger im Steinstossen am Unspunnenfest von 1805.

162

163

Im Ratsbüchlein von Luzern heisst es, der Rat sei übereingekommen, dass niemand auf dem Kirchhof kegeln dürfe. Schliesslich erfahren wir, dass die Zürcher im Feldlager bei Kappel kegelten; das sei allerdings «früntlich und dugentlich» abgestellt worden. Es wurde gekegelt vor der Stadt, bei den Wirtshäusern, in den Gärten, auf den Alpen, auf dem gefrorenen Rhein, in Feldlagern, an Kirchweihen und eben manchmal auch auf dem Friedhof. Gekegelt wurde immer mit grosser Freude und Leidenschaft, aber eben nicht immer im Einvernehmen mit den Obrigkeiten, wie die zahlreichen Verbote beweisen. Um zu kegeln, brauchte man keine Bahnen, eine Wiese genügte auch. Dann wurde die Kugel einfach anstatt geschoben, geworfen. Ziel waren nicht immer neun Kegel, die alten Quellen sprechen auch von drei Kegeln.[20]
Eng verwandt mit dem Kegeln ist das Kugelwerfen und Kugelschlagen. Hier ging es um das Schleudern von Holz- und Eisenkugeln in grosse Weiten. Um 1800 wird das Kugelschlagen wie folgt beschrieben: Es erfordert einen starken, sichern Wurf, es ist daher mehr ein Spiel erwachsener Jünglinge als ein Kinderspiel. Zwei Parteien bestehend aus je fünf Mann gehen eine Wette ein. Gewöhnlich wird um Wein oder Most geworfen. Wenn der erste Mann geworfen hat, eilt er seiner Kugel nach und bleibt bei ihr stehen. Von diesem Standort aus wirft der Zweite die Kugel ein Stück weiter, und so geht es der Reihe nach. Man warf die Kugel einer Landstrasse entlang, und das konnte über weite Strecken bis zu einer Stunde gehen.[21] Verwandt mit diesem Kugelspiel war das Kugelwalen oder Walon; man weiss von ihm, dass es ebenfalls auf dem Kirchhof gespielt worden ist. Es scheint mit dem Boccia verwandt zu sein, galt es doch, eine Kugel möglichst nahe zur Zielkugel zu rollen oder zu werfen.[22]
Als Vorläufer des Golfspiels kann man das Mazzenschlagen bezeichnen. Es war ein wuchtiges Schlagspiel mit Kolben und Schläger, wobei die Mazze bis 150 Meter weit geschlagen worden ist.[23]
Aus dem 17. Jahrhundert ist das Hornussen bezeugt. Es wurde im Kanton Bern, im Wallis und in Graubünden gespielt. Möglicherweise ist es aber älter. Wie es ursprünglich gehandhabt wurde, zeigt eine alte Regel aus dem Lötschental: Während es beim heutigen Hornussen für die Schläger darum geht, den Hornuss im Ries zu landen, für die Fänger, ihn vorher «abzutun», trug das im Lötschental dem Schläger

163 Steinstossen. Lithographie, Anfang 19. Jh.

einen Punkt ein. Er erhielt aber zwei bis drei Punkte, wenn das Geschoss den Körper eines Fängers traf. Beim «Hürnen» in Furna (Prättigau) trägt der Huri, der einen Fänger trifft, dem Schläger doppelten Gewinn ein; im Emmental galt Ähnliches. Das alles ist vom heutigen Hornussen weit entfernt. Offensichtlich war das ältere Spiel nicht weit von kriegerischen Formen entfernt. Entsprechende Ausdrücke, die dem Getroffenen galten, mögen das belegen: «Äs häd en verbrännt» oder «er ischt verreckt» sprechen für sich.[24] Andere altüberlieferte Spiele wie Ziberischlagen, Hurniglen, Niggelen sind mit dem Hornussen verwandt. Das «Horniggle» bestand darin, einen kleinen, zur Hälfte auf einer Unterlage ruhenden Pflock, den Hurnigel oder Niggel, in die Luft zu katapultieren, indem man kräftig auf den hervorragenden Teil schlug. Die Gegenpartei hatte aufzufangen und zurückzuschleudern.[25]

Weit gefächert und beliebt war die Leichtathletik. Im Laufen gab es eigentliche Wettkämpfe. «Die Gesellen machen eine Wette zu laufen», so heisst es etwa. Lauf- und Fangspiele sind ebenso verbürgt wie eigentliche Laufkonkurrenzen. Die Distanzen waren reglementarisch festgelegt. Für Mädchen verkürzte man sie. Sie liefen «ohne scham sich bis an die hembder entblösst vor männiglich daher», wird aus dem alten Zürichbiet berichtet.[26] Den Ausschreibungen ist zu entnehmen, dass auch der Sprung geübt wurde. Drei Sprungarten werden genannt: Der Sprung aus dem Stand, aus dem Anlauf und der Dreisprung.[27]

Neben diesen heute noch geübten Leichtathletikarten stossen wir auf Wettkampfspiele, die heute vollkommen verschwunden sind. Zu ihnen gehört das Katzenstriegelziehen: Zwei Männer schlingen sich ein geschlossenes Band um den Nacken und versuchen, allein auf Unterarme und Knie gestützt, den Gegner mit der Kraft des Nackens über eine Markierung zu ziehen. Verloren hat jener, der sich über die Markierung ziehen liess oder den Nacken beugte und so das Bank wegrutschen liess. Ein Knebel im Mund erlaubte es, die grosse Anstrengung ohne Verletzungsgefahr zu überstehen; er verhinderte auch das Abrutschen des Bandes. Der Name des Spieles dürfte, abgesehen von der Haltung der Spieler, vor allem von den Miau-Rufen der Zuschauer herrühren. Es ist ein bildlich überliefertes Spiel; vereinzelt hielt es sich bis Ende des letzten Jahrhunderts. Erhalten geblieben ist eine schöne Darstellung in Form einer bemalten Flachschnitzerei aus dem Benediktiner-Kloster Rheinau. Sie wird ins 16. Jahrhundert datiert.[28]

Erstaunlich wenig erfahren wir über den Schwimmsport. Zwar bestätigen die Chronisten Simler und Rüeger ausdrücklich, dass es kein Volk in der ganzen Christenheit gegeben habe, das sich also im Schwimmen übe wie die Schweizer.[29]

Der Basler Chronist Wurstisen berichtet, dass zu seiner Zeit (16. Jahrhundert) in Basel die jungen Leute «ab der Bruck springen und sonst allerley Abentheuer im Wasser treiben».[30] Etwas ausführlicher äussert sich der gelehrte Humanist Nicolaus Wegmann. Er hatte die Jugend- und Schuljahre in Zürich verbracht. In seiner Schrift «De arte natandi» von 1538 erklärt er, es brauche viel Mut, in der Limmat zu schwimmen. Die Zürcher überlassen das Schwimmen deshalb der Jugend und schauen von der Brücke aus zu. Besonders beliebt seien die Sprünge vom Umgang der Wasserkirche aus. An hellen Sommerabenden baden hier auch die Mädchen. «Man möchte glauben, Robben und Delphine spielen im Wasser.» Die Mädchen tragen passend hergerichtete Hemden; vom frischen Bad gehen sie meist alsbald schlafen, ohne die Kleider auszuziehen. «Sie sind im Schwimmen geschickter als die Knaben.»[31]

Selten sind die Angaben über den Reitsport. Er erscheint als Spezialität der vermöglichen Bürger und Patrizier; sie brauchten Pferde, um sich an den Turnieren beteiligen zu können. Guter Sitz und Beweglichkeit waren gefragt. Das verlangte Übung. Es wundert uns deshalb nicht, wenn wir lesen, dass es ausserhalb der Turniere mindestens Ansätze zu schulmässigem Reiten gegeben hat. Der Italiener Piccolomini re-

164 Die Jagd. Federzeichnung von Tobias Stimmer, um 1570. Auf diesem Blatt werden die verschiedenen Arten der Jagd gezeigt: Beizjagd, Hirschjagd, Vogeljagd mit Falken.

165 Katzenstriegelziehen, Flachschnitzerei mit Polychromie aus dem 16. Jahrhundert (Rheinau). Zwei Männer in Tracht versuchen, auf Unterarme und Knie gestützt, allein mit der Kraft des Nackens, sich über eine Markierung zu ziehen. Ein Knebel im Mund verhindert das Abrutschen des Bandes und verhindert die Verletzungsgefahr.

gistrierte 1434, dass es in Basel mehrere Rasenplätze gebe, auf welchen die Jungmannschaft Pferde zuritt, trabte und springen lernte.[32] Nach dem Zeugnis des Baslers Johannes Gast befand sich auf dem Münsterplatz eine Reitbahn: «Hier hat der Bursche Batt Meyers, ein Lehrling, das Ross seines Herrn getummelt...»[33] Auch in St. Gallen huldigten reiche junge Leute dem Reitsport. Abt Ulrich VIII. beschwerte sich bei der Burgerschaft darüber, dass sich die jungen Leute mit ihren Pferden «uf dem Bruoel» (Brühl) ausserhalb der Stadt «unnütz gemacht haben mit riten».[34] Offenbar war das Reiten, nehmen wir das Pferd als Transportmittel aus, ebenso elitär wie das Turnier. Der Chronist Aegidius Tschudi hat es deutlich gesagt: «Ritterspiel zu pflegen mit rennen, stechen und turnieren ist unter den herren und adel allweg gebrucht, insbesonders wann die Keiser, König oder gwaltige fürsten hochzite oder grossen hof gehalten.»[35] Doch es gab nicht nur Turniere für Adlige. Um 1418 und 1441 organisierten die Zünfte in Konstanz ein Gesellenstechen; an ihm nahmen siebzehn Gesellen, darunter auch Schaffhauser und Zürcher Bürger teil. Das ursprünglich allein den Rittern vorbehaltene Turnier ist hier auf die Ebene bürgerlicher, handwerklicher Belustigung «gesunken».[36]

Zwei Sportarten erfreuten sich obrigkeitlicher Huld: das Schiessen und das Fechten. Zwischen dem 14. und 16. Jahrhundert gibt es in fast allen Schweizer Städten eigentliche Fechtlehrer, Fechtmeister und auch Fechtschulen.[37] Doch da ging es nicht tierisch-ernst, sondern ganz heiter zu. Die Obrigkeit aber verlangte Ernst: Der Luzerner Rat ordnete an, «das offne Fechtschulen nur stattfinden sollten, wenn sy kein spill oder trummen darzuo bruchend». Doch den Obrigkeiten war sehr an diesem Unterricht gelegen. Bern bot dem Fechtmeister zur stattlichen Besoldung von jährlich zwanzig Gulden noch fünfzehn Mütt Dinkel, sechs Fuder Holz und eine hübsche Behausung an. Auf dem Fechtboden bricht hin und wieder die Leidenschaft durch. In Zürich musste der Fechtmeister zwei Kontrahenten, die allzu heftig aneinander geraten waren, mit einer Stange auseinander treiben. Verletzungen waren an der Tagesordnung. Dem Fechtlehrer Hans Schüssler von Augsburg wurde mit der Hellebarde ein Auge ausgestochen.

Fechten war nicht zu allen Zeiten beliebt. Im 16. Jahrhundert stellte der Berner Rat fest, dass es einst als richtig und ehrenfest galt, mit dem Schwert und Rapier umzugehen, jetzt kommen die Männer anstatt mit Seitengewehren, mit Stecken und Knütteln einher. Fechtunterricht nahmen in dieser Zeit nur noch begüterte Bürgersöhne.[38]

Mit dem Fechten verwandt ist der Schwerttanz. Er trat im 15. Jahrhundert in den Städten auf. In der ersten Hälfte des 16. Jahrhunderts erreichte er eine eigentliche Blüte. Er wird um 1487 in Zürich ein erstes Mal erwähnt, doch noch nicht näher umschrieben.[39] Eine erste Beschreibung des Brauches stammt von Aegidius Tschudi: «Ihre schauspiehl und kurzweil, wann die Junggesellen zusammen kommen, ziehen sie sich nackt aus, springen über blosse Schwerdter, und über die Spiess (Frameas genannt).»[40] Haben die alten Eidgenossen, wie Tschudi vermutet, den Schwerttanz

166

von den Germanen übernommen? Die Überlieferungslücke scheint allzu gross zu sein, um eine solche Kontinuitäts-Hypothese stützen zu können. Die Schwerttänze standen unter der Leitung des städtischen Fechtmeisters. Die Spieler trugen Masken.[41] Eine genaue Beschreibung stammt vom Winterthurer Chronisten Ulrich Meyer aus dem Jahre 1555: Etwa 40 Gerber und Schuhmacher haben den Schwerttanz unter der Leitung von Lorenz Kaufmann, einem Gerber, an zwei Orten für Bürger und Gäste aus Diessenhofen und Frauenfeld aufgeführt. Anlass war eine Hochzeit. Die Tänzer waren alle «mohren mit wyssen hemderen und schwarz huben mit guldinen sternen und guldy krägen an hemderen und die füss voll schellen und an schuhen».[42] Am 3. Januar 1566 führte in Basel der spätere Bürgermeister Melchior Hornlocher einen Schwerttanz an. Beteiligt waren 60 Bürger: «Es war sehr schön anzusehen und es war mit allen Zuchten vollendet, aussert dass man Zachariam Langmesser, den tuchscherer und Franz von Speyr, den seckler in Parfüsserbronnen geworfen hat.»[43] Wohl einen Rekord stellten, wenigstens was die Länge des Schwerttanzes anbelangt, die Berner auf. Anlässlich der Bundeserneuerung und Beschwörung von 1577 mit Solothurn haben die Berner Gesellen vor den Gesandten aus Solothurn «zween ganze Tag den Schwerttanz geboten».[44]

Wie das Fechten, so war auch das Ringen und Schwingen ursprünglich eine Kunst zur Selbstverteidigung. Offenbar war das Ringen einst eng mit dem Fechten verbunden: Die ersten genauen Hinweise über die Ringkunst stammen vom Fechtboden. Ein guter Fechter muss ein guter Ringer sein, so hiess es. In den Fechtbüchern gab es Anweisungen für wirksame Griffe und Kniffe. Kein Wunder: Mündete doch mancher Zweikampf, nicht nur in der Schlacht, sondern auch im zivilen Bereich, in ein Ringen aus.[45] Die Chronisten stimmen darin überein, dass das Ringen sehr notwendig sei. Es wird so hoch geachtet, weil es zur «kriegerischen dapferkeit» führt.[46]

Die ältere Ringkunst ist, wie Schaufelberger anhand von Quellen und bildlichen Darstellungen nachweisen kann, kaum von irgendwelchen technischen Regeln be-

166 *Schwerttanz in Zürich vom 17. Februar 1678. Das Schwert wird als Verbindungsglied von Tänzer zu Tänzer eingesetzt. Die Waffe wird zum Instrument; die Schwerter werden im Takt gegeneinander geschlagen. Maskierung und Termin verraten, dass dieser Tanz in Zusammenhang mit der Fasnacht stand. Ob auch Dämonenabwehr im Spiel war, erscheint fraglich. (Kolorierter Stich von Martin Usteri.)*

167 Das zürcherische Knabenschiessen im Jahre 1794. Vorne rechts, in gedecktem Zielstand, ein stehender Schütze. Links hinten die Scheiben mit dem Häuschen für den Scheibenwärter. Rechts aussen das Festzelt.

168 Älplerschwinget auf der grossen Scheidegg. (Um 1800.)

gleitet oder gar beherrscht. Zwischen Ringen und Schwingen hat man damals noch nicht unterschieden. Bis gegen Ende des 16. Jahrhunderts ist vom Schwingen allein nicht die Rede. Doch lassen schon die ersten Hinweise aus bernischen Quellen erkennen, dass es eine Spezialität der Bergler war und in den Bereich der Hirtenkultur gehörte.[47] Schon früh sind auch gewisse Regeln entwickelt worden. Der Entlebucher Pfarrer Stalder berichtet im 18. Jahrhundert vom gesitteten Kampf nach festen und gültigen Riten. Er erwähnte das Kurzziehen, den Fleutischwung, Letz, Bodenletz, Knieschwung, Höck, Fliegendätsch, Stich, den rechten Haken oder Gammen, den Weiberhaken. Ob alle diese Griffe kunstgerecht angewendet wurden, entzieht sich unserer Kenntnis. Die Technik war wohl einst weniger wichtig als die Kraft, Ausdauer und Klugheit. Die Anzahl Gänge war nicht festgelegt und der einzelne Gang zeitlich nicht beschränkt. Der Schwinger schwang zu, bis er verlor.[48] Das Schwingen war und blieb beliebt und volkstümlich. Lediglich die Obrigkeiten hatten einiges auszusetzen. Das Schwingen, so sagten sie, «trägt böse Frucht und vielen Neid und Hass, auch offtmahlige beschädigung der gliederen»; so heisst es in einer der über Jahrhunderte hin sich gleichbleibenden Proklamationen.[49]

Ein einziger Sport hat sich durch alle Jahrhunderte hindurch der Huld der Obrigkeiten erfreut: das Schiess- und Schützenwesen. Es gibt, so der Berner Rat um 1530, erwünschte und unerwünschte Wettkämpfe: Spielen, Würfeln, Kegeln, Plattenschiessen sind nicht erwünscht. Schiessen aber darf und soll man.[50] Das Schiessen wird nicht nur erlaubt, sondern gefördert. Schon in ältesten Stadtrechnungen von Biel um 1390/1391 finden wir entsprechende Ausgabeposten. Den Schützen wird Wein abgegeben, heisst es Jahr für Jahr. Auch in Luzern wird Ende des 14. Jahrhunderts ein Passus eingeführt: «umb win den schützen». Doch findet sich daneben auch der warnende Satz: Schiessen sie nicht, «so soll man ihnen den win nicht geben».[51] Dazu kommen die vielen Ehrengaben an Schützenfesten. Siehe Kapitel Feste und Feiern. Als sich auf dem Schlachtfeld die Feuerwaffen entscheidend durchzusetzen begannen, verstärkte man die aktive Förderung.[52] In Zürich schnellen die Gesamtausgaben für die Schützen zwischen 1561 und 1601 von 916 Gulden auf 4173 Gulden. Im Jahre 1641 erreicht die Ausgabe die stolze Höhe von 7247 Gulden, um 1700 waren es gar 8149 Gulden.[53] Ein gewisser Etatismus prägt das Schützenwesen dieser Zeit. Die Obrigkeiten versuchten den Schiessbetrieb zu konzentrieren und zu kontrollieren. Die Büchsen- und Musketenschützen werden besonders gefördert. Dennoch stand das alte Papageienschiessen, das Schiessen mit Bogen und Armbrust auf eine Vogelattrappe hoch im Kurs.[54] Allem traditionellen Denken und Fühlen zum Trotz ist das Schützenwesen im 17./18. Jahrhundert militarisiert worden. Auf den Schiessplätzen führte der Trüllmeister das grosse Wort. Er hat, so heisst es zum Beispiel in einer Luzerner Weisung von 1652, bei seinen Untergebenen anzustreben, «dass sie in allem dem, so er ihnen in dem exercitio commandieren wird, fleissig gehorsamen und mit beständigem stillschweigen sowohl in den zu- als schlachtordnungen auff alle befelch auffmerken».[55]

Nicht mehr das gemütliche Schiessen, sondern die militärische Übung stand im Vordergrund. Es erhöhte die Schiessfreude nicht. Eine Flut von Mahnungen setzte ein; doch weder eindringliche Worte und Bussen halfen dem einst so glanzvollen Schützenwesen wieder auf die Beine. Zwar gibt es auch Beschreibungen, die von einer neuen Begeisterung sprechen. «Es ist lustig zu sehen», schreibt Hans Erhard Escher um 1792, «wie die Knaben zwischen neun und zwölf Jahren während den Hundstagen mit Ober- und Untergewehr zusammenkommen und von dem Trüllmeister gemustert werden. Die Jungen verrichten die ihnen gestellten Aufgaben so trefflich, dass es selbst geübten Soldaten schwerfallen dürfte, ihnen gleichzukommen. Die Burschen feuern ihre Salve so präzis ab, dass man meinen könnte, es sei bloss ein einziger Schuss gefallen.»[56]

Mit dem Schiesssport verwandt ist die Jagd. Wie beim Schiessen auf Scheiben kommt es auch hier auf den richtigen und geübten Umgang mit den Waffen an. Der Chronist Simler nennt deshalb den Schiesssport und die Jagd im gleichen Atemzug. Beides, sowohl das Jagen wie das Schiessen, ist, so meinte er, dazu da, den Mann «zu einer kriegerischen Tapferkeit zuzubereiten». Die Eidgenossen seien grosse Jäger, sie «schiessen die Gemsen und Steinböcke, andere stellen den Bären, Wolffen, Lüchssen, wilden Schweinen und anderm Gewilde nach».[57] Gewiss war mancher Jäger froh, seinen ohnehin schmalen Tisch mit etwas Wildbret zu bereichern. Im allgemeinen war man aber schon im 15. Jahrhundert auf das Wild nicht mehr unbedingt angewiesen. Im Vordergrund stand schon damals, wenn wir von den Wolfsjagden absehen, das reine Jagdvergnügen. Die Jagd als Selbstzweck, als Weidwerk, hat sich zunächst in den ritterlichen Kreisen entwickelt. Doch begann schon früh der «gemeine» Mann ein gewisses Interesse zu zeigen. Mitunter waren auch ökonomische Überlegungen beteiligt: Campell und Stumpf berichten, man habe Habichte gefangen und für die Beizjagd nach Mailand verkauft.[58]

Verkaufen konnte man auch das begehrte Murmeltierfleisch (Murmeltierfett galt als Heilmittel) sowie die Weisshühner und Wildtauben. Den begehrten Murmeltieren wurde so nachgesetzt, dass das Murmeltiergraben im Urnerland schon im 16. Jahrhundert verboten werden musste. Im 18. Jahrhundert folgten weitere Schutzerlasse.[59] Das Jagen gewisser Wildarten war indessen auch ein Gebot des Selbstschutzes. Deshalb setzten die Obrigkeiten Prämien für die Erlegung von Bären, Wölfen, Luchsen, Wildschweinen und Fischottern aus.[60]

Im Zuge des Ausbaues der Stadtstaaten kam es schon im 14. und 15. Jahrhundert zu einem Ausbau des Jagdregales und Jagdrechtes. Verschiedene Mandate setzten die Jagdzeit, Jagdbezirke, Jagdmethoden fest. Sie statuierten eigentliche Vorrechte der Stadtbürger gegenüber den ländlichen Untertanen.[61] Das Jagdrecht des «gemeinen» Mannes war, je nach der Herrschaft, äusserst verschieden. So hatten beispielsweise in der Landvogtei Münstertal im Jura die Untertanen das Recht, Wildschweine, Wölfe und Bären zu erlegen. In der Landvogtei Delsberg kamen zusätzlich noch Luchse, Hasen und anderes Kleinwild dazu. Ende des 17. Jahrhunderts wurden die Jagdrechte fast überall eingeschränkt.[62] Konflikte waren unvermeidbar, um so mehr als das Volk der unbedingten Überzeugung war, dass «das Getier im Wald und Wasser, vom Schöpfer allen Menschen zugedacht» sei.[63] Wildfrevel, Wilddiebstahl ist in den Augen der Obrigkeit immer ein Verbrechen, in den Augen der Untertanen aber mehr oder weniger gerechtfertigt: «All bäch, der fisch im wag, der vogel im luft und das tier im wald sölle frig sin dem armen und dem richen man... Also soll niemand kein zwing noch wiltbann haben», heisst es in einer Eingabe der Zürcher Landleute von 1525.[64] Die Regierung beharrte auf den «alten Sprüchen»; die Jagdfreiheit sei nicht zum Vorteil der Landleute. Einerseits betreibe der Landmann die Jagd unweidmännisch; tödlich getroffenes Wild entkomme und «verludere». Der

169 Winterliche Entenjagd im 17. Jh. Conrad Meyer hat dieses schöne Blatt geschaffen. Links in den Nauen befinden sich die unentwegten Entenjäger. Rechts auf dem teilweise zugefrorenen Zürichsee vergnügen sich Kinder und Erwachsene beim Schlitteln und Schlittschuhlaufen. Ganz rechts aussen findet eine Hausmetzgete statt.

170 Gefragt war vom 15. bis zum 18. Jahrhundert immer das Murmeltierfleisch. Einzelne Kantone mussten, weil die Murmeltierjagd allzu grosse Ausmasse angenommen hatte, Schonzeiten erlassen. Noch Mitte des 18. Jahrhunderts sind in Zürich indessen lebende Murmeltiere zum Verkauf angeboten worden. (Zürcher Ausrufbild des David Herrliberger, 1748.)

171 Der Maler Johann Heinrich Freudweiler als Jäger mit Gattin und Schwägerin am Sihlsprung, um 1790.

Bauer soll das Feld bestellen und sich von seiner Arbeit nicht ablenken lassen, heisst es etwa.⁶⁵ Ganz ähnlich tönt es aus Luzern: Die Jagd soll man den einfachen, armen Bürgern, die sich aus Gewerbe und Handarbeit ernähren müssen, nicht gestatten, «denn es gewennt sy zum müssiggang und liederlichem wesen».⁶⁴ Die Jäger vertraten eine andere Meinung: Das Weidwerk macht den Menschen «lustig, käch und unverdrossen und besunders in kriegsnötten sorgsamer und arbeytsamer». In freier Natur, mit einfacher Kost versehen, altert er langsamer. Das Weidwerk spendet Trost, erlabt Gemüt und Herz. Indem er wilde Tiere beseitigt, die Mensch, Vieh und Feldfluren schädigen, bereichert er den eigenen Küchenzettel um eine Speise, welche die Wirkung einer Arznei hat. So schreibt der Zürcher Pfarrherr Jodocus Oesenbry, selbst ein passionierter Jäger, in seinem 1575 erschienenen Vogelbuch.⁶⁷

Unsere Vorfahren waren unermüdlich damit beschäftigt, neue Jagdmethoden zu erfinden. Zum Fangen von Vögeln verwendeten sie den Kloben. Er bestand aus zwei parallel zueinander verlaufenden Holzstäben, die so in ein Rundholz eingefügt waren, dass sie leicht auseinanderklafften. Mit einer Schnur war der Jäger mit dem

Fanggerät verbunden. Um die Vögel anzulocken, gab es spezielle Pfeifen oder auch Lockkäuzlein.[68] Die Wacholderdrossel wurden mit dem Flügelnetz, dem Vogelherd gefangen. Oesenbry versichert uns, es habe kein Mangel an Drosseln geherrscht. Den Staren, Schnepfen und Lerchen rückte man mit Licht, Glocke und Netz zu Leibe. Das kunstvollste Weidwerk bestand nach Oesenbry im Tirass. Der Tirass war ein breites und langes Netz, das man geräuschlos über ein Stoppelfeld zog und damit Wachteln, Lerchen und Rebhühner überdeckte. Einfacher und bei den Bauern beliebter war der Vogelfang mit Schlingen. Die Mandate des 17. und 18. Jahrhunderts bekämpften diesen unweidmännischen Brauch ebenso wie den Vogelleim, die Fangmethode des armen, hungrigen Mannes. Im 18. Jahrhundert hat die Schusswaffe die alten Fangmethoden verdrängt.[69]

Zur hohen Schule der Jagd gehörte die Beizjagd. Der Falke auf der Faust war gewissermassen Symbol, Standesabzeichen des Adels, später auch des vornehmen Bürgers. In seinem Vogelbuch von 1557 hat Conrad Gessner festgehalten, was der Jäger über die Pflege der Greife und die Jagd selber wissen musste.[70] In der zweiten Hälfte des 18. Jahrhunderts war die Beizjagd bedeutungslos.[71]

Zum Fangen des kleineren Wilds (Niederwildjagd) wurden häufig Gruben (Hurden) verwendet. Diese archaische Jagdart kam noch im 17. und 18. Jahrhundert vor, obgleich die Behörden den Fang von Füchsen mit den gefährlichen Hurden verboten hatten. Zur Hurd kamen allerlei Fallen. Selbst Tellereisen, ja sogar Gift wurde zum Fangen des niederen Wildes verwendet. Mit dem Aufkommen des Gewehres traten die alten Jagdmethoden in den Hintergrund. So schoss man im 18. Jahrhundert die Hasen auf dem Anstand. Damals gab es auch Hasen- und Fuchshetzjagden. Weniger weidmännisch, aber populär waren die Selbstgeschossanlagen.[72]

In der Hochwildjagd sind ähnliche Methoden verwendet worden. Die Wölfe fing man mit Gruben. Für das Rotwild galt die Ansitz- und Pirschjagd. Wie ein Jäger auf der Pirschjagd aussah, hat David Herrliberger auf einem anmutigen Bild dargestellt.[73] Der Jäger Johann Heinrich Freudweiler hat sich selber porträtiert. Mit Jagdtasche und Jagdflinte sehen wir ihn am Sihlsprung mit seiner Gattin plaudernd. Romantische Idylle…[74]

Doch so idyllisch war's nicht immer. Vor allem die Treibjagden auf Wölfe und Wildschweine waren gefährlich. Mit der Zeit wusste man allerdings, wie es am besten ging: Man umstellte ein bestimmtes Gebiet mit Garn und grenzte es mit einem Wildhag ab. In dieses «eingestellte» Gebiet trieb man das Wild. Auf diese Weise wurden um 1530 Bären mit dem Spiess gejagt, wie das Hans Funk auf einer Scheibe der Berner Kirchgemeinde Trub dargestellt hat.[75]

Zum «eingestellten» Jagen kam die Hetzjagd sowie die Parforcejagd. Sie galt immer einem einzelnen Wild. Diese wurde von den Hunden auf der Fährte mit der Nase verfolgt; ihnen folgten berittene Jäger. Wichtiges Erfordernis waren Kenntnis der Fährtenlehre, der Hornsignale und das Abrichten der Hunde. Dazu gab es schon im 16. Jahrhundert Jagdlehrbücher. Zur Jagd gehörte immer auch ein fröhliches Beisammensein, das Asern. David Herrliberger hat eine Aserstunde in Kupfer gestochen. Die Jagdgesellschaft vergnügt sich mit Schinken, Wein und Brot.[76]

Im Gegensatz zur Jagd ist der Alpinismus ein Kind der Neuzeit. Zwar sind schon im ausgehenden Mittelalter einzelne Berge bestiegen worden. So ist der sagenumwobene Pilatus um 1518 erklommen worden. Conrad Gessner hat den Versuch um 1555 wiederholt.[77] Um 1536 wird auch das Stockhorn bei Thun bezwungen. Campell berichtet um 1570/73 von einer Erstbesteigung des Piz Linard.[78] Doch die Gefahren, die in den Alpen lauerten, und auch die Angst vor allerhand Berggeistern hinderten selbst unternehmungslustige Leute, sich der «unregelmässigsten und missgestaltetsten Szene der Welt», wie sich der Engländer Addison noch um 1701 ausdrückte, zu nähern.[79] Am Ende des 16. Jahrhunderts waren erst zwölf Alpengipfel

172 Die Jagd, vor allem die Bärenjagd, konnte recht gefährlich sein. Lux Zeiner bringt dies zum Ausdruck auf einem Scheibenriss für eine Vierpassscheibe des 16. Jh.

172

173

173 Der Genfer Physiker de Saussure ersteigt 1787 den Mont Blanc. Die Ausrüstung besteht aus eisenbewehrten Stöcken. Voraus läuft ein Mann mit einer Leiter zur Überbrückung von Gletscherspalten. Der zweite Mann trägt einen Pickel. Hinten die Träger mit Biwak, Ess- und Kochmaterial. (Stich von Ch. de Mechèl, Basel.)

bestiegen; viele Gipfel hatten noch nicht einmal einen Namen.[80] Im 17. Jahrhundert erfolgten offenbar keine weiteren Neubesteigungen; vielleicht aber sind einfach keine Beschreibungen auf unsere Tage gekommen. Eine eigentliche Wende brachte das 18. Jahrhundert. Albrecht von Haller hat sie mit seinem grossen Gedicht «Die Alpen» literarisch eingeleitet. Grösster Wegbereiter des neuen Naturgefühls war Jean Jacques Rousseau. Seine Leistung war geistiger Art; doch gehört er auch zu den frühen Alpinisten, bestieg er doch 1766 den wegen seiner Fernsicht berühmten Chasseral. Ein grosser Alpinist war auch der Seewiser Pfarrer Nikolaus Sererhard. Er bestieg als erster die Schesaplana im Raetikon.[81]

Zu den grossen Bergfreunden gehört Goethe. Er war dreimal in den Schweizer Alpen. Im Sommer 1775 bestieg er, begleitet von einem Freund und einem Träger, die Rigi. Eine zweite Schweizerreise, 1779, bringt ihn ins Lauterbrunnental. Dort betritt er zum ersten Mal ein Eisfeld, den Tschingelgletscher, sieht die Klüfte, hört das Donnern der einbrechenden Eistürme. «Kein Gedanke, keine Beschreibung noch Erinnerung reicht an diese Schönheit und Grösse», schreibt er angesichts der Erhabenheit der Berge. Die Gesellschaft reist dann über den Jura; man begibt sich auf die Dôle (1680 m), von hier fliegt der Blick zum Mont Blanc, und es erwacht der Wunsch, dieses Wunder aus der Nähe zu betrachten. Tatsächlich steigt Goethe mit seinen Begleitern zum Montenvers hinauf; seine Aussicht galt damals als grosse Sehenswürdigkeit.[82] Die Bezwingung des Mont Blanc blieb andern vorbehalten. Der Genfer Gelehrte Horace Bénédict de Saussure hatte schon um 1760 seine Ersteigung geplant. Er setzte auch eine beträchtliche Belohnung für seine Bezwingung aus. Doch es dauerte volle 26 Jahre, bis es dem Bauern Jacques Balmat schliesslich gelang, den Weg auf die Kuppel des Mont Blanc zu entdecken. Vergeblich hatte es der bergbegeisterte Genfer Maler Marc Théodore Bourrit versucht. Systematisch suchte ein Arzt aus Chamonix, Michel Paccard, mit dem Fernrohr nach den besten Aufstiegsmöglichkeiten. Den Durchstieg zur Kuppel fand dann aber Balmat. Ein hässlicher Streit um die Priorität bei der Entdeckung des Weges entbrannte. Noch nach dem Tode der beiden Bergsteiger Balmat und Paccard waren die Lager getrennt.[83] Der Fall Balmat/Paccard ist ein betrübliches Vorspiel, ein frühes Beispiel dafür, dass schon damals nicht der Berg und die Leistung im Vordergrund stand, sondern menschlicher Ehrgeiz.

174

Spiel, Tanz und Musik

Nach den übereinstimmenden Berichten der Chronisten waren die Eidgenossen arbeitsam, ernsthaft, kühn, grimmig und kriegerisch, ein Volk von tapferen und arbeitsamen, fleissigen Menschen. Gewiss ein idealisierendes Bild. Einzelne Chronisten wie Simler und Campell geben – fast verstohlen und ärgerlich – zu, dass es auch negative Seiten wie die Trunksucht gegeben habe.[1] Die Ausländer, die unbefangener beobachteten und urteilten, fanden indessen auch noch einige andere Züge. Sie erweitern das Bild und bringen es der Realität näher. Pellikan, ein Elsässer, fand in Zürich eine weitverbreitete «Putzsucht der Weiber».[2] Der päpstliche Legat Antonio Pucci berichtet 1517, er kenne einen katholischen Priester, der sich ständig in den Kneipen und Badestuben Zürichs herumtreibe, «all modo di quà».[3] Aenea Piccolomini schrieb von den Baslern, sie huldigten nicht nur in hohem Masse dem Vater Bacchus, sondern auch Mutter Venus.[4] Poggio aber entdeckte eine ganz andere, neue Note: Die Eidgenossen können gut spielen und singen. «Alt und jung, Männer und Frauen kommen am Abend zusammen, um sich bei Spielen und Tanz zu belustigen. Die meisten spielen Ball. Es gebe noch viele Scherze, die aufzuzählen zu weitläufig ist.» Dies habe er nur berichtet, «um einen Begriff davon zu geben, was für eine hohe Schule des Epikuräismus hier ist. Und ich glaube, das sei der Ort, wo der erste Mensch geschaffen worden, den die Hebräer Gan Eden, d.i. Garten Wollust nennen.»[5]

Tatsächlich haben die alten Schweizerstädte innerhalb der Stadtmauern im ausgehenden Mittelalter planmässig Freizeitanlagen in Form von Lindenplätzen geschaffen. Die Basler gestalteten ihren Petersplatz, so wie ihn Merian in seiner Topographia von 1642 wiedergegeben hat. Was für die Basler der Petersplatz, war für die Zürcher der Lindenhof. Schon der sächsische Edelmann Hans von Waldheym war sichtlich beeindruckt von den 52 schönen Linden, unter denen die Bürger «mancherley zitvortrips und churzwile haben».[6] Die Berner schufen nach der Reformation von 1531 beim Berner Münster einen Lustplatz gemäss der Devise: «Das münster zur predigt und sinen hof zur lust.»[7] In Baden gab es bei der Kirche zu den Heiligen drei Königen «einen schönen Tanzplatz an der Limmat, auff welchem ein linden mit bäncken geordnet».[8]

Doch sind nicht allein diese planmässig angelegten Erholungs- und Spielplätze aufgesucht worden. Der Engländer Thomas Coryat berichtet 1611, die Zürcher liebten bequeme Spaziergänge entlang dem Fröschengraben. Auch beim Hirschengraben gebe es besonders vergnügliche und erholsame Spaziergäng ins Grüne: «an exceeding pleasant and delectable greene walke». Man hat, liest man den Bericht von Mercator von 1620, manchmal den Eindruck, die Zürcher hätten den ganzen lieben Tag nichts anderes getan, als auf ihren Brücken und Strassen zu spazieren.[9] Eigentliche Freizeitanlagen blieben aber immer die Lindenplätze. Sie bildeten, um mit Albrecht von Bonstetten zu sprechen, das «theatrum et civicum spectaculum atque estivalis palestra, ein statt der übung aller geradekeit, beschowunge und des summers placze»![10]

174 Der Spielplatz auf der Berner Münsterplattform um 1635.

175 Der Lindenhof in Zürich. Ältester und berühmtester offizieller Spielplatz der Stadt. Ofenkachel von Hans Heinrich III Pfau (1642–1719).

Zur Sportanlage treten die Spiele. Da gab es zum Beispiel auf dem Lindenhof Bosskulen, Schaukeln. Auf den Tischen lagen «Schachczabel spil», Schachspiele.[11] Das Schachspiel übte damals auf die gebildeten Stadtbürger eine ganz besondere Faszination aus. In einer Zeit der Symbole bot sich dieses Spiel mit seiner klaren Mathematik und den symbolischen Figuren wie kein anderes für tiefsinnige Reflexionen über Gott und die Welt an. Schon damals existierte, allerdings nur den Gelehrten zugänglich, eine Schach-Literatur.[12] Populärer als das Schachspiel waren andere Brett- und Würfelspiele. Auf der Gesslerburg in Küssnacht fand man einen aus Horn geschnitzten Brettspielstein. Der Fund zeigt, wie verbreitet dieses Spiel war: Nicht nur Knechte, sondern auch Burgherren waren diesem Spiel zugetan.[13] Oft wurde um Gewinn gespielt. Dies zeigt eine aus der gleichen Burg stammende Ofenkachel: Da streiten sich drei Würfelspieler um den Gewinn. Im Hintergrund befindet sich das Spielbrett mit drei Würfeln. Der Verlierer tritt seine Kleider an die Gewinner ab. Der eine Mann hält bereits das Hemd, der andere zieht dem Verlierer die Hosen aus.[14]

Ebenso leidenschaftlich wie mit den Würfeln spielten die Menschen des Spätmittelalters mit Karten. Selbst in den Pausen der Schlacht wurden, wie die Chronisten Brennwald und Edlibach bezeugten, Karten gespielt. Beim Abbruch der Belagerung Zürichs durch die Eidgenossen fand man «in etlichen hüten, do si gspilt hattend, noch würfel karten und spilbrett, ouch etlich geld under den tischen ligen».[15]

Im 14. und 15. Jahrhundert erliessen die Städte die ersten Spielverbote. Man wollte nicht nur die Spielwut dämpfen, sondern auch Schlägereien verhindern.[16] Dass es vor allem wegen des Falschspieles in Zürich wiederholt zu tätlichen Auseinandersetzungen kam, belegen die Waldmannschen Dokumente. Der Basler Gast vermerkt in seinem Tagebuch von 1548, dass auf dem Rebhaus in Kleinbasel ein Mann «beim Spiel von einem Mitspieler aus geringer Ursache erstochen und getötet worden ist». Der Bündner Ardüser registriert in seiner Chronik, dass um 1590 «eine person des spielens wegen zwei Mann entlübt hat».[17] Von der Spielleidenschaft wurden auch die Frauen ergriffen. Eine um 1500 entstandene Ofenkachel aus Zug zeigt Frauen beim Kartenspiel.[18]

Einzelheiten des Spieles und der Karten sind aus älterer Zeit nicht bekannt. Zu Beginn des 15. Jahrhunderts ist mit italienischen Karten gespielt worden. Tatsächlich gab es bei den intensiven eidgenössisch-italienischen Beziehungen mancherlei Gelegenheit, das Spiel kennenzulernen und Karten zu bekommen. Um 1460 werden neben den italienischen auch deutsche Spielkartenfarben genannt.[19] Als Kartenfarben erscheinen in den Zürcher Rat- und Richtbriefen von 1486 die Rosen: Als einer beim Kartenspiel «wider uswerffen sölte, hette er noch nit me denn sechs kartten und das wärint als rosen». Um 1501 wurden in Basel Kartenspiele mit der Hut- und Federn-Farbe hergestellt.

Hat man damals auch gejasst? Die Geschichte des «Nationalspieles» liegt noch im Dunkeln. Verschiedene Autoren meinen, das Spiel sei durch Söldner in holländischen Diensten in unser Land gekommen. Sowohl Spiel wie Name (Klaver-Jass) waren tatsächlich in den Rheingegenden bekannt. Vielleicht ist das Spiel entlang dem Handelsweg unter «gütiger Mitwirkung» von Wirtshäusern in unser Land eingewandert. Gejasst wurde jedenfalls immer an der berühmten Zurzacher Messe. Man sagte daher von einem, der gut jasste, er sei ein Zurzacher.[22]

Schon vor dem Jass war auch das Chaisere, das Kaiserspiel bekannt. Es scheint um etwa 1500 aufgekommen zu sein. Damals wird dieses Spiel als neue Sitte bezeichnet. Es spielten zwei Personen oder zwei Parteien. Der Under der Trumpfkarte hiess Jos. Waren die Karten ausgeteilt, so wurde jedem Kaiser «sein Recht gegeben». Wer mehr zählende Karten hatte, schrieb sie auf den Tisch, damit der Gegner erklären konnte, ob er dagegen spielen oder die Partie aufgeben wollte. Dann war «gekai-

176 Ziehung der Schützenfestlotterie im Glückshafen um 1504. Hinten die beaufsichtigenden Räte, oben Trompeter. Aus der Chronik des Gerold Edlibach.

sert».²³ Die Farben des Kaiserspiels sind Eicheln, Rosen, Schellen und Schilten. Sie hiessen auch Grün, Blau, Fugel und Tätsch.²⁴ Wohl die ältesten in der Schweiz schriftlich bezeugten Spielkartenfarben sind Eicheln und Schellen.²⁵ Sowohl Spiele wie Farben gehen bis zum Ende des 18. Jahrhunderts die verschiedensten Wege; zu den italienischen und deutschen gesellten sich auch die französischen Farben.²⁶ Erstaunlich bleibt, dass all diesen Einflüssen zum Trotz die Kartenspiele regional und lokal gebunden blieben. Ein Glarner spielte auf dem Gurten bei Bern mit seinen Freunden und da erklärte er: Sie hatten Karten gehabt, die er «miner Lebdig meh kei g'sih».²⁷

Ebenso beliebt wie das Kartenspiel waren die Lotterien, Wetten und Glücksspiele. Man nannte die Lotterie Glückshafen. Woher die Bezeichnung kam und wie das Glücksspiel funktionierte, erklärt der St. Galler Humanist Vadian: Um die Anziehungskraft des Schützenfestes zu erhöhen, hat die Obrigkeit am St. Galler Schützenfest von 1485 einen Hafen aufgestellt. In diesen Glückshafen legte der Lotterieteilnehmer einen Zettel mit seinem Namen ein. Für diesen Zettel bezahlte er 7 Haller St. Galler Währung. Für diesen Betrag konnte er in den Glückshafen greifen, um einen Zettel herauszuziehen. War er leer, gewann er nichts, im andern Fall war der Gewinn vermerkt. Der höchste Gewinn belief sich auf 50 Gulden, der kleinste war ein Gulden.²⁸ Dieses «afentür» gefiel dem Volk sehr. Im 16. Jahrhundert sind, wie der Chronist Wurstisen zu berichten weiss, allerorten Glückshafen aufgestellt worden. Weil sich aber das Volk «diesem Spiel sehr ergab, so wurden selbige in Basel 1585 aberkannt».²⁹ Cysat nennt die Gründe, welche die Obrigkeiten veranlasste, einzuschreiten: Es haben «landsschweiffende gsellen» an den Märkten Glückshafen aufgestellt und dabei das Volk betrogen. Diese Praktiken waren dem guten Ruf der ordentlichen Märkte abträglich.³⁰ In den reformierten Orten fielen die Glückshafen und Lotterien ohnehin unter das Spielverbot. Nach den um 1527 erlassenen Mandaten war alles Spiel um Geld, sofern der Betrag einen Pfennig überstieg, untersagt.³¹ Man solle, so wird in den Mandaten immer wieder betont, das Spielen unterlassen, um die Kinder vor diesem Laster zu bewahren.

Es galt «rechtzeitig» anzusetzen. Man verbot deshalb schon harmlose Kinderspiele wie das Schlitteln³² oder Kluckern (Murmeln).³³ Das Niggelen oder Mepperle, ein Bubenspiel mit Holzbengelchen, wird als «träffentliche Unzucht» bezeichnet. Eine grosse Anzahl von Kinderspielen blieb allerdings ungeschoren, so das Spiel mit den Reifen, wie die schöne Zeichnung von Urs Graf (1486–1527) zeigt.³⁴ Auch andere Kinderspiele wie Stelzengehen, Windrädchen, Seilspringen und Reifeln tolerierte man, wie die Kupferstiche von Conrad Meyer von 1657 zeigen.³⁵ Zu den alten Kinderspielen kamen im 18. Jahrhundert neue, so etwa das Federballspiel. Es war, wie ein Kupferstich von 1788 belegt, ein Kindervergnügen bürgerlich-patrizischer Gesellschaftsschichten.³⁶ Daneben werden alte Kinderspiele wie Schaukeln, Kegeln, Reitseil und Armbrustschiessen fortgeführt. Sie galten als «anständige Vergnügen».³⁷ Als «anständig» galten im Spätmittelalter auch Reigen und Tanz. «Sie tanzen Reigen», berichtet Piccolomini 1434 von den Baslern,³⁸ und F. Niger hält 1547 fest, dass die Bündner nach alter Väter Sitte Festreigen aufführen, wobei sie mit den Füssen gar «froh den Takt geben zum Schall des Tambourins».³⁹ Auch Poggio berichtet, dass sich die jungen Leute von Baden (Zürich) mit Tanzen belustigen.⁴⁰ Metzgertänze sind in Bern nach Anshelm schon um 1480 nachgewiesen.⁴¹ «Seit undenklichen Zeiten ist», so heisst es 1795, «von Metzgern und Küfern ein schöner Umzug gehalten worden. Statt des Schwertes führten sie ein Schlachtmesser in der Hand; und so ausgerüstet, stellten sie eine kleine Schlacht, tanzend und durch künstliche Wendungen, vor mit einer überaus schönen Musik des löbl. Berner Regiments von Wattenwil begleitet.»⁴² Am Aschermittwoch 1688 führten die Basler Küfer einen Tanz auf. Sie sprangen durch Reifen; sie haben das zwei Tage nacheinander getrieben, am dritten

177

177 Bildteppich eines Liebesgartens. Um 1495. Basel. Zwischen 1430 und 1500 blühte in der Schweiz eine köstliche Bildwirkerei. Zentrum war Basel. Diese Teppiche waren zum Teil für kirchliche Zwecke bestimmt und zeigen entsprechend auch religiöse Motive. Wunderbare Stücke sind auch aus dem profanen Bereich erhalten. Ihre Ikonographie ist weltlicher Art: Da erscheinen Minneszenen, Wildleute und Edelleute beim Schachspiel. Auf unserem Bildteppich ist ein Zelt in einem Liebesgarten dargestellt. Das Paar, das am Tisch mit Fruchtschale, Becher und Rettich beim Kartenspiel sitzt, wird von einem Jüngling gestört: «den us wurf hand ir wol besunnen», sagt, etwas betroffen, der Mann. Das Mädchen aber triumphiert: «do mit han ich das spil gewunnen». Am Zelt erkennt man das Wappen des Basler Ratsherrn Niklaus Meyer zum Pfeil; er liess den Teppich, das «Heidnischwerk» wie man die Teppiche wegen der orientalischen Herkunft gemusterter Stoffe nannte, wirken.

Tag haben sie gar «Baurenmeitlinkleider angezogen und in der Statt umgetanzt».⁴³ Auch an Hochzeitsfesten sind Handwerkertänze aufgeführt worden. Am 21. Januar 1555 tanzten die Berner Küfergesellen einen Reifentanz.⁴⁴

In den Chroniken liest man auch von Tänzen in Kirchen und auf Kirchhöfen. Sie wurden von den Predigern des 15./16. Jahrhunderts scharf attackiert; hier habe man nichts anderes als heidnische Bräuche vor sich. John Meier vertrat die Ansicht, die Kirchhoftänze seien ursprünglich zum Schutz gegen feindliche Dämonen aufgeführt worden, später habe man sie umfunktioniert.⁴⁵ Kirchhoftänze sind noch am Ende des 16. Jahrhunderts bezeugt. Der Rat von Freiburg entrüstete sich 1591, dass am Weihnachtsabend die Heilige Zeit «mit suffen, fressen, springen und unzüchtigem singen» einsetze, «ja ouch in der kilchen mit dentzen oder reyensingen... wider catholischer kilchen gebot und christlicher andacht».⁴⁶

Getanzt wurde auch, um die Stimmung zu heben. Im Sommer 1317, einem «türen jar», tanzten die Menschen um «allso ires leids vergessen». Oh, dieser Tanz, schreibt der Chronist Bosshart, «er macht froid gantz». Vor einem Angriff tanzte man im Lager, um sich Mut zu machen, wie Conrad Justinger um 1420 bezeugt. Und der Basler Bruckner berichtet 1748, die alten Eidgenossen hätten, «so oft die Pestseuche bey ihnen regierte, sich versammelt, um die Furcht des bevorstehenden Todes mit öffentlichen Däntzen und Reigen zu vertreiben».⁴⁷

Ebenso zahlreich wie die Hinweise auf Tanz und Reigen sind die Tanzverbote. Sie setzen schon im 15. Jahrhundert ein. Prediger und Obrigkeiten warnten vor den Gefahren des Tanzes: «Wo man tanzt und springt, da ist der tüfel... Got hat uns die füss nit dar umme geben, dass wir mit den tüfeln springen, dann wo und wan man uff hüpft, so freuwent sich die tüfel.» Tanzen sei in vierfacher Weise Todsünde. Zum ersten, wenn eine geistliche Person öffentlich tanze. Zum zweiten, wenn zur Zeit der Messe getanzt werde, zum dritten, wenn man in der Kirche, auf dem Friedhof oder an andern heiligen Orten tanze und viertens «von liplicher lusten und unküschen begirde... bösen gelüsten, unzüchtigem uffspringen, sich entblössen».⁴⁸ Tatsächlich musste es ja ein Ärgernis sondergleichen sein, wenn wie es im Luzerner Ratsbüchlein von 1340 heisst, das Volk tanzte, während man «ze kappelle gesinget».⁴⁹ Wir wundern uns nicht, dass der Berner Rat um 1481 kurz aber bestimmt erklärte: «Es sollend ouch vermitten (vermieden) werden alle tänz.»⁵⁰

Im Zeitalter der Reformation mehren sich die Tanzverbote: Tänze und Reigen sind bei hoher Geldbusse verboten, notiert zum Beispiel 1548 der Basler Gast.⁵¹ Alles Tanzen mit Ausnahme der Hochzeitstänze ist verboten, schreibt ein Thurgauer Mandat von 1530 vor.⁵² In Zürich wird im Jahre 1526 das Tanzen an Weihnachten, Ostern, Pfingsten und Allerheiligen, «desglych an den Abenden» verboten.⁵³

Zu den sittlichen Erwägungen kamen Fragen der Sicherheit: An Tanzveranstaltungen kam es immer wieder zu harten Auseinandersetzungen und Eifersuchtszenen. Im Unterengadin, so berichtet der Chronist Ardüser, sind 1591 auf einer Hochzeit wegen eines Tanzes zwei tapfere Männer umgebracht worden.⁵⁴

Vielleicht fürchtete man sich auch vor der Tanzsucht, der Tanzmanie, dem Veitstanz, wie man damals sagte. Eine solche Erscheinung registrierte man in Strassburg um 1518. Damals tanzte, wie der Chronist Imlin schreibt, eine Frau während sechs vollen Tagen, und das war «so ansteckend, dass auch andere anfingen zu tanzen, also dass man in vier Tagen 34 Frauen und Männer zählte, die miteinander unaufhörlich tanzten».⁵⁵

Das Bild vom Tanz würde schief, würden wir nur die Verbote und Aussagen klerikaler Kreise aufführen. Die stete Wiederholung der Mandate zeigt ja gerade, wie beliebt das Tanzen in Wirklichkeit war. Den schärfsten Verboten zum Trotz ist in allen Jahrhunderten getanzt worden. Gewandelt haben sich höchstens die Tanzbräuche. Leider schweigen sich die Quellen gerade in diesem Punkt aus. Eine Aus-

178

178 *Tanzendes Bauernpaar. Federzeichnung von Urs Graf, 1525. Meisterhaft hat der Zeichner die drehende Bewegung des behäbigen Paares erfasst – dies in einer Zeit, in der volkstümliche Themen selten aufgegriffen wurden.*

179 Vier tanzende Bauernpaare. 1. Hälfte 16. Jh. Die Paare sind von ungleichem Alter. Das zweite Paar von links dürfte älter sein, die Frau hat ihre Haare verhüllt und trägt eine Haube. Man beachte die sehr einfachen, bis an die Knöchel reichenden Röcke der Frauen. Tanzart unbekannt, wohl Polkaähnlich.

nahme macht der Chronist Aegidius Tschudi. Er schreibt 1538, dass man in Rhätien Tänze kenne, «die wir churwälchisch nennend, uf sonder manier, den bruch ir altvordern usss Thuscia one zwyfel hergebracht und also behalten».[56] Interessant ist auch eine Stelle im Tagebuch des Felix Platter: In Orléans ging er in ein Haus, da tanzte man, weil viele Deutsche das waren, nach deutscher Manier. Er aber tanzte «welsche Dentz zur Verwunderung der anderen Teutschen». Er brachte die welsche Manier nach Hause. Man tanzte in vornehmen Basler Häusern «branle, gaillarde, la volte, la direscheine».[57]

«Der Branle wurde mit seitwärts gerichteten Schritten und Hin-und-her-Wiegen des Körpers, mit Reverenzen und Verbeugungen getanzt. Es gab viele Varianten dieses populären und zugleich hoffähigen Tanzes: den Branle du Poitou mit Stampfen, den Branle des Lavandières mit Klatschen usw. Die lebhaftere, aus Italien stammende Gaillarde (Gagliarde, Galliarde) verdankt ihren Namen den hüpfenden, schräg vor- und rückwärts gerichteten Bewegungen im 6/8-Takt. Zu den «cinq pas» fügte sich auf den 3. Taktteil die «Kadenz», d. h. ein hoher Sprung mit nachfolgender «Positur», der Schlussstellung. Die Courante, ein alter französischer Kunsttanz im 3/2- oder 3/4-Takt, entwickelte sich aus einem pantomimischen Werbe-Spröde-Spiel, das in einen gemeinsamen Tanz der Paare ausmündete; die Courante wurde in ständigem Wechsel von zwei einfachen und einem Doppelschritt nach links, dann nach rechts im Zickzack getanzt. Gaillarde und Courante waren Nachtänze; ihnen ging gewöhnlich ein Vortanz voraus, entweder der ursprünglich spanische feierlich-langsame Schreittanz, die Pavane (=Pfauentanz), die mit Barett, langer Robe und Degen getanzt wurde, oder der etwas schnellere Passamezzo. Die aus der Provence stammende volkstümliche Volte war eine Art Gaillarde, ein Paartanz im 3/4-Takt mit gemeinsamem Hochsprung während des Drehens, wobei der Tänzer seine Partnerin kräftig anfasste und in die Höhe hob, was von vielen als unanständig abgelehnt wurde.[58] Um 1752 sind in Bern neben deutschen und französischen auch «englische Contredäntz» getanzt worden.[59]

Über die Tanzmusik erfahren wir nur Weniges. Sie ist nicht schriftlich tradiert worden. Die Musik, wie sie die zum Tanz aufspielenden Trompeter brauchen, heisst es um 1564, «ist nit geschriben, und machen's nur aus dem Synn».[60] Die Begleitmusik bestand aus Gesang und aus Instrumentalmusik. Man spielte auf der Bomhart, einer

Art Schalmei, der Pfeife, der Trompete, dem Dudelsack, dem Hackbrett, der Maultrommel. Hinzu kamen Geräuschinstrumente wie Rasseln, Schellen und Tamburin. Die Tanzenden stampften mit den Füssen und klatschten, riefen, schrien, wie viele Bilder erkennen lassen.[61] Diebold Schilling hat in seiner Luzerner Chronik eine Tanzszene dargestellt. Auf einem Podest spielen zwei Musikanten auf. Deutlich erkennbar sind Hackbrett und Bomhart. Die Tänzer bewegen sich paarweise, gemessenen Schrittes im Kreis.[62]

Zum Tanz spielten, wie eine schriftliche Quelle von 1481 bezeugt, auch Trommler und Pfeifer auf. Trommel und Pfeife gehörten ursprünglich zum Inventar der Militärmusik. Der Chronist Simler berichtet 1576, dass die eidgenössischen Krieger Trommeln, Pfeifen und Trompeten brauchen. Es besteht aber, fügt er bei, ein grosser Unterschied zwischen dem «landsknechtischen und eydgenössischen Schlag, dann der unser etwas gemächer ist».[63] Nun war die alteidgenössische Militärmusik keineswegs immer gemach. Wir lesen von Harsthornbläsern, die der Schrecken aller Gegner gewesen seien. Tatsächlich hatten nach dem Zeugnis von Josias Simler die Unterwaldner einen Mann bei sich, der «Horn von einem wilden Urochsen schön mit Silber beschlagen blaset».[64]

Einer Luzerner Kriegsordnung von 1595 zufolge hatten sie sich sogar zu üben: «Sollend sich dazu abrichtend und gewennend.»[65] Harsthörner und Tierhörner sind, wie wir aus andern Quellen wissen, auch von den Hirten verwendet worden. So erzählte Thomas Platter (geb. 1499 in Grächen, Wallis) in seinen Lebenserinnerungen, er selbst habe das «hirten horen blassen» können.[66]

Dass die Eidgenossen mit ihrer Militärmusik grossen Eindruck machten, ist mehrfach bezeugt. Vielleicht brauchten sie die Harsthörner auch, um sich selber Mut zu machen: Während der Belagerung von Grandson 1467 «viengen sie an ze pfifen mit einer sweglen (kleine Hirtenflöte, Pfeife) und schlugen die trummen, also dass jedermann fröhlich wurd».[67] Die gleiche Taktik hatten sie 1443 vor Rapperswil angewendet: «Di schickten si ir pfiffer und trumetter gen der statt.»[68] Die Militärmusik spielte zum Tanz auf: «Do hatten sie pfiffer und böggenslaher und tantzoten.»[69] In der amtlichen Bernerchronik hat Diebold Schilling 1478/83 ein ganzes Ensemble dargestellt: Man erkennt Flötenbläser und Trommler.[70] Ins 16. Jahrhundert fällt die erste Notierung eines Pfeifer- und Trommlermarsches.[71] Damals gab es in den Städten Pfeiferbruderschaften. Sie waren angesehen und erfreuten sich der Gunst der Obrigkeit: Bern stellte 1507 seiner Pfeiferbruderschaft einen Freiheitsbrief aus. Die fröhlichen Pfeifer sind in der Gestalt des Dudelsackpfeiferbrunnens an der Spitalgasse erhalten geblieben.[72] Die Sackpfeife war bis um 1530 Militärinstrument; sie ist durch die Pfeife oder Flöte abgelöst worden und in die Hand von fahrenden Musikanten gekommen.[73] An Festen und Feiern, wie beim Einzug König Sigismunds in Luzern, traten, wie das Bild aus der Luzerner Chronik des Diebold Schilling zeigt, auch Trompeter auf.[74] Der schmetternde Klang der Trompete gab dem Fest Würde und Glanz.[75] Wohl älter als die Trompete ist das Alphorn.[76] Der älteste schriftliche Beleg für das Instrument findet sich in den Rechnungsbüchern des ehemaligen Klosters St. Urban von 1527.[77] Um 1619 berichtet Michael Prätorius, dass schweizerische Schafhirten als Bettel-Alphornbläser in die Städte gekommen seien. Es scheint, dass das Alphorn eine ähnliche Entwicklung wie die Sackpfeife erlebte. Jedenfalls gab es im 18. Jahrhundert nur noch ganz vereinzelte Alphornbläser. Die Unspunnenfeste bei Interlaken leiteten 1805/1808 die Renaissance des «schweizerischen Nationalinstrumentes» ein.[78]

Gradlinig und ungebrochen präsentiert sich dagegen die Tradition der Trommel. Um 1445 in Basel erstmals erwähnt, steht sie vom 15. bis ins 18. Jahrhundert sowohl im Militär wie auch im alltäglichen Leben in höchstem Ansehen. Trommler begleiten den Tanz, Trommler sind bei jeder Fasnacht und jeder Kirchweih anzutreffen.

180

181

181 Hirt aus dem Oberhasli mit einem Alphorn, Anfang 19. Jh. Die Darstellung stammt aus einer Zeit, in welcher das Alphorn nach einem eigentlichen Niedergang wieder zur neuen Blüte gekommen war und zum eigentlichen Nationalinstrument erklärt wurde.

180 Musikantenpaar. Abgebildet ist links ein Mann mit einem Dudelsack, rechts eine Frau mit der Drehleiher. Oben im Band des Scheibenrisses eine tanzende Gruppe, wobei die beiden zum Tanz aufspielen. Der Dudelsack war eines der populärsten Volksmusikinstrumente. Einzelne Städte wie Bern und Basel hielten sich besoldete Dudelsackpfeifergruppen. (Scheibenriss von Ch. Murer, 1606.)

182 Die Hackbrettlerin von Tobias Stimmer (1539–1584).

183 Krummhorn oder Trompete spielender Engel. (Um 1450.) Die Trompete ist besonders bei offiziellen Empfängen gerne verwendet worden. Ihr schmetternder Klang gab diesen Anlässen den nötigen Glanz.

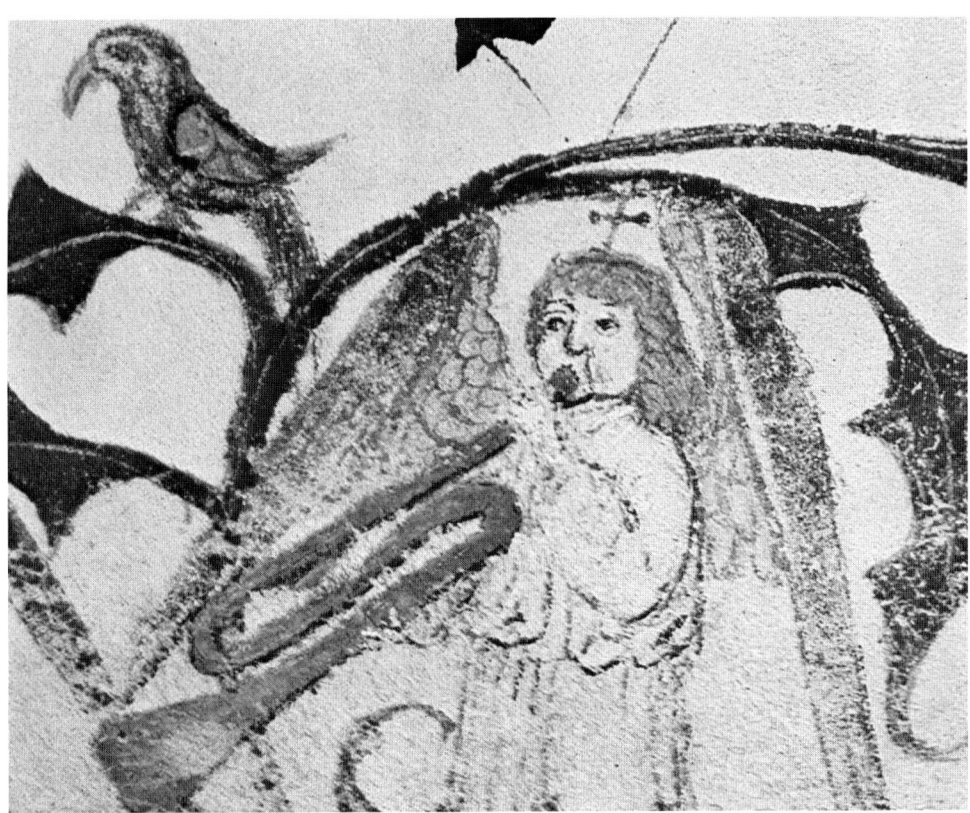

183

Trommler und Pfeifer erscheinen auf den Landsgemeinden; sie spielten bei der «Bsatzig» auf, sie begleiten den Bannumgang in Baselland.[79] Noch älter als die Trommel ist die Maultrommel, das Trümpi. Dieses aus Eisen bestehende, kleine, handliche Instrument ist, wie die Ausgrabungen der Ärchäologen zeigen, bereits im 12. Jahrhundert da. Vom 13. bis zum 15. Jahrhundert wird es auf dem Land wie in der Stadt gespielt.[80] Das unscheinbare Instrument erfreute sich auch in höchsten Kreisen besonderer Gunst, ist doch eine Maultrommel auf dem schönen Holbeintisch von 1515 abgebildet. Der Basler Mediziner Felix Platter kannte und schätzte es. Um 1668 wird dagegen in Basel Tanzmusik, die des «Almosen Müllers Magd und des alten Hirten Tochter mit der Maultrommel gemacht haben», verboten. In Wildhaus sind Alpstubeten, zu denen die Maultrommel aufspielte, untersagt worden. Bis ins 19. Jahrhundert hinein ist die Maultrommel populärstes Musikinstrument geblieben. Wenn man den Kindern eine besondere Freude machen wollte, spielte man auf der Maultrommel. Das kleine und einfache Instrument ist auch zum «Fensterlen» beim Kiltgang gebraucht worden. Kurzum: Das Brummeisen war vielseitig verwendbar und, weil leicht zu spielen, auch beliebt.[81] Seine Töne dagegen waren so karg und brummig wie das Leben selbst.

Volkstümlich war auch das Hackbrett. Es wird um 1477 zum ersten Mal erwähnt. Es ist bei D. Schilling 1513 abgebildet.[82] Es war in der ganzen Schweiz, eingeschlossen die Westschweiz und Romanischbünden, bekannt. Im Tessin nannte man es salterio tedesco. Aus der grossen Zahl von Hackbrettspielern greifen wir zwei besonders berühmte «Brettler» heraus: Der musikalisch hochbegabte Reformator Zwingli spielte ebenso begeistert Hackbrett wie der Medizin-Professor Felix Platter.[83] Es war eben «domolen seer brüchlich».[84] Die noch vorhandenen alten Hackbretter gehen alle auf ältere Vorbilder zurück. Bewährte sich ein Instrument, so wurde es kopiert. Zum Bau von Hackbrettern gab es sogar Anweisungen: Der Basler Pfarrer J. Hutmacher hat in seinen Aufzeichnungen der Künste 1561/90 genau gesagt, wie man vorzugehen hatte. Tobias Stimmer (1539–1584) stellte eine vornehme Hackbrettlerin dar. Die Inschrift lautet:

182

Das Hackbrett ein alter fund
Sein ursprung aber ist nicht kund;
Doch meinen etlich für gewiss
Dass von der Harpfen es entspriss
Und von David sei erstlich grifft
Und wie solchs bezügt Josephs Schrifft
Der schreibt dass David hab gar vil
Erfunden newen Seitenspiel
Und ausgetheilt inn die Leviten
Einsonder Instrument eim jeden:
Deren eins soll das Hakprett sein:
Bei Frauen ist es sehr gemein.[85]

Die älteren Instrumente sind weniger dicht besaitet als die heutigen. Auf einer Berner Glasscheibe von 1507 kann man lediglich 8 Chöre feststellen. Die Hackbretter des 18. Jahrhunderts sind 9chörig, währenddem Anfang des 20. Jahrhunderts die 23chörige Besaitung üblich war.[86]

Zusammen mit dem Hackbrett tritt nicht nur die Schalmei, sondern auch die Fidel und die Geige auf. Sie galt als das vornehmste Instrument des Spätmittelalters. Man erkennt die Fidel – sie wird von einem Engel gespielt – in einem Antiphonar aus dem 15. Jahrhundert.[87] Im Gegensatz zur Geige weist sie keine Einschnürung des Resonanzkörpers auf, sie wurde auf der Armbeuge gespielt. Man brauchte sie für die Kirchenmusik wie für weltliche Feste.[88] Dass die Geige aber auch ein volkstümliches Instrument war, zeigen die Gerichtsakten. In einem Urteil des Simmentaler Chorgerichtes von 1680 tritt ein Mann auf, der mit seiner Geige zum Tanz aufspielte.[89] Um 1613 und 1638 wurden Leute gebüsst, weil sie mit der Geige zum Tanz aufspielten.[90] Im 16. Jahrhundert versuchten Landstreicher mit Geigenspiel ihr Leben zu fristen.[91] Ein beliebtes Hausinstrument war auch die Kleinorgel. Man unterscheidet drei Arten: Regal, Positiv und Portativ. Nach und nach ist dieses Tasteninstrument durch das Cembalo und seine Kleinform, das Spinett, verdrängt worden. Ein um 1594 gemaltes Aquarell zeigt den Basler Gelehrten Christoph Leitfried an seinem Positiv.[92] Im 16. und 17. Jahrhundert waren die Regale als Tischinstrumente hoch geschätzt. Nachher gerieten sie in Vergessenheit.[93]

Hingegen hat sich das Positiv als selbständiges Instrument in der Schweiz bis in die Mitte des letzten Jahrhunderts gehalten. Einzelne Instrumente wie die Toggenburger Orgeln der Meister Wendelin und Joseph Looser wurden berühmt. Ein um 1754 gebautes prachtvolles Instrument von Wendelin Looser befindet sich heute im Besitze der Schweizerischen Anstalt für Epileptische in Zürich.[94]

Im 17. Jahrhundert erscheint vor allem im bürgerlichen und im patrizischen Haus das Spinett und sein grosser Bruder, das Cembalo. Die meisten dieser Instrumente stammten aus Italien oder Flandern. Zu den grossen Cembalobauern zählte der Glarner Burkhard Tschudi (1702–1773). Er ging bei einem flämischen Meister in die Lehre und errichtete in London eine Werkstatt, die bald europäische Geltung hatte.[95]

Sowohl als Solo- wie als Begleitinstrument galten die Zupfinstrumente wie Laute, Zither und Harfe. Harfen und Lauten sind schon im 15. Jahrhundert gespielt worden. Auf einer aus Arbon stammenden Ofenkachel sitzt ein musizierendes Paar auf einer Rasenbank vor dem Liebesbrunnen. Das Mädchen spielt auf der Harfe, während der Mann die Laute zupft und vorsingt.[96] Aus der ersten Hälfte des 15. Jahrhunderts stammt eine grünlasierte Tonkachel. Sie ist am Rennweg in Zürich gefunden worden. Ein elegant dahinschreitender Mann singt und begleitet sich dazu auf einer Laute.[97] Die Harfe ist von Musikkennern wie Zwingli und Platter gespielt worden.[98]

184

184 Fidel spielender Engel. (Um 1450.) Die Fidel tritt vom 15. Jh. an sowohl in der Kirchenmusik wie im festlichen Alltagsleben in Erscheinung. Sie wurde auf der Armbeuge gespielt. (Vorläuferin der Violine, die im 16. Jh. auftritt.)

185 Christof Leibfried an seiner Hausorgel in Basel. (Um 1594.)

185

Volkstümlich wurde sie erst im bürgerlichen 19. Jahrhundert. Auf einem Flügel einer Appenzeller Hausorgel von 1811 erscheint sie zusammen mit Violine, Klarinette und Triangel als Hausinstrument.[99]

Wie reich das gesamte Inventar an Musikinstrumenten schon im 16. Jahrhundert war, zeigt das Bild vom Castalischen Brunnen. Auf dieser allegorischen Darstellung sind vertreten: Hackbrett, Laute, Harfe, Querflöte, Posaune, Violine, Gambe, Tambourin, Schalmei, Pauke, Spinett, Orgel-Positiv und Orgel-Regal.[100]

Da weder Schulen noch Kirchen das Musikleben förderten, schlossen sich die Musizierfreudigen zu Musik-Gesellschaften, oder wie sie auch hiessen «Collegia musica» zusammen. Zürich machte 1613 den Auftakt. St. Gallen besass zwei Gesellschaften; die eine wurde 1620, die andere 1659, gegründet. In Winterthur begann das Collegium 1629, in Schaffhausen um 1650, in Bern um 1670 zu musizieren. Später folgten Basel, Aarau, Frauenfeld, Chur, Bischofszell, Wetzikon, Herisau und Thun.[101]

Im kirchlichen Musikleben hatte die Orgel eine kaum zu unterschätzende Bedeutung. Das Instrument, das «königlich alle andern Instrumente in sich begreift», wie es Praetorius ausdrückte, erlebte in der Reformationszeit eine grosse Krise. Obwohl ein grosser Musikliebhaber, unterbindet Zwingli 1524 das Orgelspiel und lässt 1527 die Orgeln im Grossmünster, im Fraumünster und in der Wasserkirche abbrechen. Im Vordergrund sollte die Wortverkündigung stehen, das Orgelspiel stehe im Widerspruch zur apostolischen Lehre.[101] Das Grossmünster blieb bis 1876 ohne Orgel.[102] Das Berner Münster kam dagegen schon um 1731 wieder zu einer Orgel.[103] Im Basler Münster, wo lediglich einzelne Pfeifen «davon kamen», begann man um 1561 «nach der predigt widerumb zu orgeln».[104]

Die Beseitigung der Orgeln gab viel zu reden. Als Oekolampad in Basel auch den Kirchengesang abschaffen wollte, begann das Volk aufzubegehren: Die Gemeinde betrachtete es «gar schier als ein nüw unglück ... sie vermeint, wo einhellig geprediget wurd, möcht man auch psalmen singen».[105] Als man einige Jahre später dazu überging, «Teutsche Psalmen» zu singen, sind «vil Leuten vor Freuden die Augen

186 Der Castalische Brunnen gemalt um 1540. Allegorische Darstellung der Musen. Der Maler hat auf diesem schwer zu deutenden Bild versucht, sämtliche Musikinstrumente seiner Zeit festzuhalten. Das Instrumentarium war erstaunlich reichhaltig. Bei den Zupfinstrumenten erkennen wir die Laute, die Harfe, das Hackbrett. Zu den Blasinstrumenten zählten die Flöte, die Schalmei, die Trompete. Bei den Streichinstrumenten kann man eine Violine und eine Gambe ausmachen. Zu den Tasteninstrumenten gehörten verschiedene Orgeln, und schliesslich gab es Pauken und Tambourine.

187 Die Laute ist vom 15. bis zum 18. Jh. beliebtes Saiteninstrument. Mit ihr sind sowohl kirchliche wie weltliche Lieder begleitet worden. Darstellung eines Laute spielenden Engels. (Um 1450.)

187

überschossen, gleichwie vorzeiten in Wiederbauung der Stadt Jerusalem beschehen».[106]

Deutsche Psalmen singen – damit war der Gemeindegesang gemeint. Und er setzte denn auch ein, zögernd zwar und nicht überall zur gleichen Zeit. Er kam nicht von innen heraus, sondern von aussen her. Von Strassburg springt 1526 der Funken über nach Basel, von Augsburg her kommt der Gemeindegesang nach St. Gallen, das 1533 ein erstes Gesangbuch in Zürich drucken lässt. Mächtiger Einfluss ging von Konstanz aus, das im Jahre 1539 bei Froschauer in Zürich den Druckauftrag für ein eigenes Gesangbuch gab. Um 1546 erhält Winterthur ein eigenes Gesangbuch. Es folgte das Engadin, wo der Reformator Durich Chiampell eine aus dem Konstanzer Gesangbuch schöpfende ladinische Gesangbuchausgabe wagt; sie wird 1562 in Basel gedruckt und von ihm – ein wahrhaft grossartiges Opfer – auch selber bezahlt.[107]

Die Westschweiz ging andere Wege. Die Genfer liessen 1552 ihre Psalmen in französischer Sprache in Bern drucken. Bern besass im 16. Jahrhundert noch kein eigenes Gesangbuch.[108] Doch setzt der Gemeindegesang um 1558 ein. Die Einführung des Gemeindegesangs hing nicht allein vom Gesangbuch ab, obwohl es sicher eine starke Stütze war. Der Impuls ging meistens von sangesfreudigen Pfarrern und Lehrern aus. In St. Gallen fördern Johannes Kessler (Verfasser der Sabbata) und Dominik Zyli den Gemeindegesang. Zyli erhielt vom Rat die Erlaubnis, ein Gesangbuch herauszugeben.[109] In Biel führte Jakob Fünklin um 1550 den Gemeindegesang ein. Er war ein Schüler des Liederdichters Blarer, der 1551 nach Biel kam. Wie wichtig positive Beispiele waren, zeigt die Zürcher und Berner Landschaft. Dort sang man so begeistert, dass auch die Stadtgemeinden «angesteckt» wurden. Die Wirkung eines guten Gesangbuches zeigt das Beispiel von Zuoz. Hier hatte man das Konstanzer Gesangbuch. Unter der Leitung von begeisterten Pfarrern sang die Gemeinde die Sweelink-Psalmen. Zuoz und sein guter Chorgesang war ein Begriff.[110]

Das Bild vom weltlichen Gesang haben die für heimische Kultur und Eigenart begeisterten Humanisten gezeichnet; es ist die zweistimmige, köstliche Fassung des Appenzeller Kuhreigens in den von Luthers Freund und Mitarbeiter Georg Rhau (Rhaw) 1545 in Wittenberg herausgegebenen Bicinien.[111] Neben dem von Urban Weiss aus dem Jahre 1565 stammenden «Schweitzer Tanz – der Sibentaler genandt» ist es einer der wichtigen frühen volksmusikalischen Belege für die Schweiz. Den wohl frühesten Hinweis aber für den Kuhreigen finden wir in einem Lied aus dem Jahre 1531, das die Zürcher über die katholischen Feinde spottend sangen:

«Wir wellen sy nachts angryfen
im schlaf wellen wirs ermörden all
und in Kuoreien pfifen.»[112]

Wurde der Kuhreigen gesungen, und welche Worte gehören dazu? Rhau hat der Melodie ausser den Worten lobe, lobe keinen Text hinzugefügt. Auch in den Aufzeichnungen von J. Hofer in seiner Nostalgia von 1710 befindet sich kein Text. Der Autor bemerkte lediglich, dass der Kuhreigen entweder auf der Tibia (Schalmei, Pfeife) oder als Gesang aufgeführt werde.[113] Er hat keinen Text überliefert. Dafür entschädigte er uns mit einem andern, aufschlussreichen Detail: Im 16. Jahrhundert habe der in der Fremde gespielte oder gesungene Kuhreigen bei den Schweizersöldnern ein Heimweh, ein delirium melancholicum hervorgerufen. Das Heimweh habe zur Desertion verleitet, und daher sei das Aufführen von Kuhreigen verboten worden.

Was bedeutet der Kuhreigen? Gehörte ein Text dazu oder nicht? Diese Frage hat im 18. Jahrhundert die Gelehrten aufs neue beschäftigt. Der Zürcher J. J. Bodmer wusste es nicht. Er tat das einzig Mögliche und auch Richtige: Er fragte seinen Freund, den Appenzeller Landammann Zellweger. Ist es nur eine Melodie ohne Worte, oder doch am Ende ein Lied mit Weise und Worten? Er solle bei den Appenzeller Sennen nachfragen. Zellweger begab sich auf die Suche, konnte aber den Sennen nicht mehr als ein «unverständliches Lachen» entlocken: «Ces diables là n'en font que rire.»[114] Dem deutschen Reise-Schriftsteller J. G. Ebel gelang eine Klärung. «Der Gesang», so meinte er, «besteht nicht aus artikulierten Lauten, und wird von den Sennen und Hirten nie mit Worten gesungen. Alle Töne desselben sind einfach, und werden meistens in der Stimmritze ohne Beihilfe anderer Theile als des Pharynx gebildet. Daher sieht man bei diesem Gesang gar keine oder nur geringe Bewegung der Kinnladen und ihrer Muskeln; daher haben diese Töne nichts Ähnliches mit denen, welche man sonst aus der menschlichen Kehle zu hören gewohnt ist, sondern scheinen vielmehr Töne eines Blasinstruments zu seyn, besonders auch weil man von dem Athmen wenig bemerkt, indem die Sennen bisweilen Minutenlang mit einem Atemzuge singen.» Im übrigen sei es sehr schwer, das Thema des Kuhreigens in Noten zu setzen. Er werde bisweilen halbe Stunden lang mit beständigen Veränderungen gesungen. Der Kuhreigen unterscheide sich von allen andern und bekannten Melodien; es habe «etwas ganz Charakteristisches in diesem Gesang».[115] Die Textstelle macht deutlich, dass es sich um jenen Gesang handelt, den man seit dem 19. Jahrhundert gemeinhin mit Jodel bezeichnet.

188 Hausmusik. Malerei eines unbekannten Künstlers auf einer unsignierten Appenzeller Hausorgel von 1811. Das Bild zeigt das seit dem 18. Jh. bis in die Neuzeit hinein in Bürgerkreisen beliebte Musizieren im Kreise der Familie. Dargestellt sind: Harfe, Geige, Triangel, Waldhorn und Schalmei (Klarinette).

189 Das Collegium Musicum in Thun; Sänger und Sängerinnen, begleitet von drei Geigern und einem Cellisten. Sie werden im Oberbild von himmlischen Chören mit Harfen unterstützt. Das Thuner Collegium Musicum wurde 1668 gegründet; es bestand bis 1863. Auch in andern Städten, wie Basel und Zürich, gab es solche Musikgruppen, die Konzerte gaben und auch ausländische Sänger und Sängerinnen auftreten liessen. Bern hielt gleich drei Collegia, nämlich ein bürgerliches, ein aristokratisches und ein studentisches. Das letztere hat um die Mitte des 18. Jh. öffentliche Konzerte veranstaltet. (Das Bild stammt aus dem Jahre 1737.)

Collegium Musicum in Thun. Aᵒ 1737.

Der Kuhreigen war wohl ursprünglich nicht viel anderes als ein Eintreibelied, ein Lockgesang der Hirten. Damit ist das Wort Reigen allerdings noch nicht erklärt. Warum sprach man nicht einfach von Kuhweisen? Ebel hatte dafür eine plausible Erklärung: «Wenn die Kühe auf den Gesang der Hirten von allen Seiten herbeieilen, kommen alle, welche zusammen weideten, oder sich begegneten, gewöhnlich so an, dass eine hinter der andern folgt und dabei in Reihen gehen. Ich vermute, dass dies die Ursache geworden ist, dem Gesange, welcher die Kühe herberuft, oder sie zusammen reiht, den Namen Kuhreigen zu geben.»[116] Schliesslich habe man den Kuhreigen oder Kuhreihen eben nicht nur zum Herlocken des Viehs gebraucht, sondern auch aus lauter Freude und Lust gesungen. Die Sennen, so meint er, singen den Kuhreigen nicht nur auf der Alp, sondern zur «fröhlichen Erbauung» in den Wirtschaften.[117]

Zur «lustigen und wohlgemuten Unterhaltung» sangen ihn auch die Soldaten. Ulrich Bräker berichtet in seiner Lebensbeschreibung, wie er um 1756 als Rekrut im preussischen Dienst den Kuhreigen auf Wunsch zusammen mit seinen Landsleuten zum besten gegeben habe: «Sobald das Exerzieren vorbey war, flogen wir miteinander in Schottmanns Keller und trillerten ein Schweizerlied... Etliche Herren liessen uns sogar oft express in eine Garküche rufen, ihnen den Kuhreigen zu singen. Meist bestand der Spielerlohn bloss in einer schmutzigen Suppe.»[118]

Nicht alle Schweizer sind solchen Wünschen gefolgt. Nach einem Bericht aus dem Jahre 1780 kam ein Schweizer nach Paris, man führte ihn in die Opera. Als er da «die Triller der Castraten hörte, vergass er sich, und sagte der Gesang wäre zu weibisch; er schloss die Augen zu und steckte die Finger in die Ohren; dann stimmte er den Kuhreigen an, und überstimmte bald die ganze Musik der Opernsänger.» Der grosse Ludwig und sein Hof erstaunten über das Wirbeln und Kräuseln. Er wollte ihn in seinen Gärten hören, aber er weigerte sich und sagte: «Er sey ein freyer Mann, des Königs Bundsgenoss, und singe nicht wenn es ihm nicht gefiele.»[119] In diesen beiden Berichten sind erste Ansätze zum Musikfolklorismus enthalten. Tatsächlich wird nach dem Unspunnenfest von 1805 der Kuhreigen zum Vorführstück stilisiert. Kuhreigen, Jauchzen, Jodel, Alphornblasen dienten von nun an «zur unrealistischen aber wohltätigen Selbstverklärung der eigenen Existenz».[120]

Diese Funktion vermochte auch das Lied zu erfüllen. Im Kapitel «Leitbilder» wird gezeigt, wie das im einzelnen ausgesehen hat. Es gab eine ganz bestimmte Art von Liedern, die der Verherrlichung der grossen kriegerischen und politischen Taten des eigenen Volkes dienten. Sie haben bei der Bildung des Heimat- und Nationalbewusstseins eine grosse Rolle gespielt. Josias Simler hat es schon 1576 angetönt: «Gleich wie die Eidgenossen mit schlechtem einfaltigen liederen ihrer alten tapffere thaten gepriesen, also haben auch unsere Altvordern lieder gemachet von ihren Schlachten und ihren Sieg also gepriesen.»[121] Es gab aber auch eine andere Gruppe von Volksliedern: die Spott- und Schmählieder. Man hat sie gesungen, um den Gegner zu reizen – vielleicht aber auch, um sich selber zu stärken. Der Chronist Tschudi berichtet, dass man «mengerlei liedlin denen von Schwitz gesungen, darus vil widerwillens entstund... und half je ein Bös das ander meren».[122] Schmählieder haben im Zeitalter der Reformation die Stimmung hüben und drüben angeheizt und auch vergiftet.[123]

Das Lied war auch Nachrichtenübermittler. Wichtige Ereignisse oder Meldungen über Kuriositäten sind mittels Liedern von einem Ort zum andern, oft sogar von einem Land ins andere übermittelt worden. Diese Übertragung wurde durch die im 15. Jahrhundert aufkommenden Einblattdrucke und Flugschriften verbessert und intensiviert. Dabei haben die Drucker von Basel, Zürich und Bern eine nicht geringe Rolle gespielt.[124] Übertragen wurde nicht nur der Text, sondern auch die Melodie: Der Drucker oder Verfasser nennt ein bereits bekanntes Lied; nach dessen

190 *Titel-Kupfer zur «Sammlung von Schweizer Kühreihen und Volksliedern» (Bern 1826) von Johann Jakob Lips. Links sitzt eine Bernerin mit einer Emmentaler Halszither, neben ihr ein Alphornbläser. In der Mitte steht ein Bergler, der nach alter Sitte zum Jodeln die rechte Hand ans Ohr hält und den Zeigefinger der andern Hand ins linke Ohr steckt.*

191 *Im 18. Jh. blüht der Volksgesang immer noch. Einzelne Volkslieder waren damals, wie die Abbildung von David Herrliberger aus dem Jahre 1748 zeigt, als Flugschrift samt Text und Noten erhältlich. Der Kommentar hat allerdings nicht zum Liedersingen aufgefordert, er lautet: «Die Därme möchten mir zerspringen, so offt ich hör so garstig singen.»*

«Ton» soll das neue Lied gesungen werden. Doch ging neben der schriftlichen Tradition die mündliche in einem mächtigen Strom weiter. Denn im Gegensatz zur Annahme von John Meier sind die historischen Lieder wirklich gesungen worden.[125] Das Liedergut ist von immenser Grösse. Was von den grossen Liedersammlern Liliencron, O. von Greyerz, L. Rochholz und L. Tobler zusammengetragen worden ist, stellt ja nur einen kleinen, trümmerhaften Teil dessen dar, was einst am Herd, in der Spinnstube, in der Trinkstube, auf dem Feld und im Kriegslager gesungen worden ist.[126]

Im Laufe der Zeit hat das Lied nicht nur seinen Inhalt, seinen Ton, sondern auch die Sprache geändert: Im 16. Jahrhundert herrscht die alemannische Schriftsprache; vom 17. Jahrhundert an stösst die neuhochdeutsche Schriftsprache vor. Leider sind wir, weil es damals noch kein Tonband gab, auf die schriftliche Aufzeichnung angewiesen. Diese aber gibt wohl nicht immer den richtigen «Volkston» an; sie verzichtet oft auf mundartliche Züge.[127] Das erste unserer Beispiele stammt aus dem Jahre 1530, es ist in alemannischer Schriftsprache abgefasst:

Wer mit herren Kriesi essen wil,
Der wird dick geworfen mit dem stil,
Den spott den müss er haben.
Wer von dem esel begert das schmer,
Der wird dick von ihm geschlagen…

Käs und ziger das war ire spis,
Sie zugend her in heldes wis,
Ire seckli uf dem rugken.
Frisch wasser was in edles trank,
Sie thatend's tapfer schlucken.

Sie rittend nit vil hoche ross
Und fürtend nit vil grosses gschoss,
Gott was ir hoffnung alleine.
Sie zugend her in löuwes müt,
Als an mengem ort erscheine.[128]

Aus dem 17. Jahrhundert sind uns einige Mundart-Lieder bewahrt worden. Der «Gesang von eitler Freude» diente um 1680 als mundartliche Liedeinlage in einem Drama:

Hertz hüseli, hertz hüseli,
Wie bist nur volle freud
Als wie ein magers Müseli,
Wanns d'nus ins löchli treid,
Das au den winter fressa ka,
Mit freuden mengest kerba dra.
Hertz hüseli, hertz hüseli,
Wie bist so vollä freud.

Hertz hüseli, hertz hüseli,
Du bist ia gar kes leid
Als wie ein läress krüseli,
Wen der wihana kräit.
Umb das ein jedra läplä thut
's dunkt au die alten weiber gut.
Hertz hüseli, o krüseli,
Du best ia gar kes leid.

Es ist mir wohl gar grüseli
Bey einer düren Wurst,
Aus einem schnäge heuseli
Drink ich und lösch der Durst.
Es wird mir drab gar grüseli wohl,
Ich weis dan, wie ich dantzen sol.
Es ist mir wohl gar grüseli
Bey einer düren Wurst.[129]

Im 18. Jahrhundert mehren sich die mundartlich übertragenen Lieder. Der Zürcher Pfarrer Johann Caspar Ulrich (1705–1768) veröffentlichte die heute noch bekannte Geschichte vom Joggeli, der Birnen schütteln soll. Hier die erste Strophe:

Es ist ein Baum im Gärtli hinne,
d'Birren wänd nüd fallen,
Da schückt de Bur de Joggeli usen,
Er soll die Birren schütteln…

Um 1780 hörte Wilhelm Heinse bei Stans einige Lieder. Er notierte eines:

Sit i ghyrathet hab,
isch mir nie wohl;
und wenn mich nit schamen thät,
So kyt (lief) i darvo.

Sit i ghyrathet hab,
muss i viel leide,
und wenn mich nit schamen thät,
so liess mich noch scheide.[130]

Zweifellos war Heinze um mundartliche Wiedergabe bemüht. Leider ist es ihm nicht ganz gelungen.
In der Ostschweiz hat Karl Witte ein Lied aufgezeichnet, das ihm ein Glarner vorsang:

's ischt nit lang, dass's grägnet haot;
d'Läubli tröpfle noch.
'ch haob ämaol ä Schätzeli g'hat,
'ch wollt', ich hätt' es noch.[131]

H. Trümpy, ein Glarner, meint dazu, dass Witte mit dem ao als Zwischenlaut wenigstens ein typisches Merkmal glarnerischer Phonetik beobachtet habe. Mit der Liederverkäuferin aus Herrlibergers Ausrufbildern könnte man angesichts aller dieser gutgemeinten Aufzeichnungen ausrufen:

Die Därme möchten mir zerspringen,
So offt ich hör so garstig singen.[132]

Institutionen der Stabilität

192 Liebespaar. Urs Graf hat zu Beginn des 16. Jh. diese meisterhafte Federzeichnung geschaffen. Der Mann, mit allen Emblemen des Kriegers und mit den der damaligen Mode entsprechenden geschlitzten Ärmeln und Hosen ausgestattet, scheint sich mit seiner Gefährtin über ganz handfeste Dinge zu unterhalten: Sie hält ihm einen geöffneten Beutel entgegen. An ihrem Seitengehänge erkennt man ein Messer im Etuis, sodann Schlüsselbund, Beutel und Riechflasche. Kein armes Mädchen, ohne jeden Zweifel.

Die Ehe

In seinem berühmten «Essay on the Principle of Population» von 1798 stellte Thomas Robert Malthus fest, die «passion» zwischen den Geschlechtern, der Fortpflanzungstrieb, eine Grundlage des Menschen, garantiere nicht nur die Erhaltung des Menschengeschlechtes, sondern auch das Bevölkerungswachstum. Tatsächlich kämen, liesse man ausschliesslich biologische Gesetze gelten, im Leben einer Frau acht bis zehn Geburten. Nun kommen aber bekanntlich auch andere Elemente wie die Ernährungssituation – Malthus sprach von «food» – ins Spiel. Auch die Krankheiten, von anderen Hemmnissen wie Auswanderungen wird noch zu reden sein, dämmen das Wachstum ein. Eine Institution zur Eindämmung der biologisch möglichen Fruchtbarkeit ist auch die Ehe. Sie schränkt die «passion» auf ein Paar ein. Die Tendenz zur Spätheirat verstärkt den Bremseffekt. Dazu kamen seit dem 16. Jahrhundert allerlei Methoden der Empfängnisverhütung. Indem die Gesellschaft das Kinderhabenkönnen auf die Ehe beschränkte, wirkte sie ebenfalls in der Richtung des Bremsens: Ehelose Menschen waren von der Reproduktion ausgeschlossen.[1] Leider wissen wir über die Ledigenziffern, wie auch Mattmüller betont, fast nichts. Anders steht es mit den Heiraten. In Baselbieter Kirchgemeinden finden wir im 16. Jahrhundert durchschnittliche Heiratsziffern von 12,7, im 17. Jahrhundert von 11,5 ‰. Zürcher Landgemeinden brachten es im 17. Jahrhundert auf 12,3, luzernische auf 11,1, solothurnerische dagegen nur auf 9,7 ‰, Appenzell-Innerrhoden (Hügel, Bergregion) nur auf 8,8 ‰. Im 19. Jahrhundert ging die Heiratsziffer auf 7,1 im Durchschnitt, im 20. Jh. gar auf 7,5 im Durchschnitt zurück.[2] Sie dürfte heute bei 5,0 liegen.

Offensichtlich herrschte also in der frühen Neuzeit eine grössere Heiratslust als heute. Das hat viele Gründe. Zunächst sind nach den verheerenden Pestzügen Ernährungsstellen frei geworden. Manchmal ging es auch um die blosse Versorgung von Halb- oder Ganzwaisen. Dass der «passion» im Malthusischen Sinne so stark zugesprochen wurde, hängt mit der feurigen Lebenslust und auch mit einer religiösen Haltung zusammen. Um das aufzuzeigen, müssen wir etwas weiter zurückgreifen. Schon die mittelalterlichen Bussbrüder zeigen, welche Mittel die alte Kirche einsetzte, um der Ehe einen hohen Stellenwert zu verschaffen. Peinlich genau werden hier die Strafen, die beispielsweise für Ehebruch ausgesprochen wurden, aufgeführt. Sie können im Ausschluss von der Kommunion bestehen oder eigentliche Strafen vorsehen: Entzug der Speisen; fasten bei Brot und Wasser. In den Bussbüchern wird genau gesagt, was geschieht, wenn einer eine Ehe mit einer Verwandten oder mit der Braut eines andern eingeht. Es wird vom einfachen und vom qualifizierten Ehebruch gesprochen, es wird dargetan, was geschieht, wenn ein Ehebruch ohne Wissen des Mannes und der Frau vorgenommen wird. Es wird von der Unzucht gesprochen, die mit einer Frau begangen werden kann, mit einer Witwe, mit einer Verwandten, mit der Schwester, mit der Magd.[3]

Die Obrigkeiten unterstützten die Kirche. Zunächst versuchten sie das Dirnenwesen in Schranken zu halten. Sie griffen aber auch ein, wenn ein Ehebruch begangen wurde. Im Jahre 1448 stellte der Rat von Basel fest, dass viele «unehlich by einander sitzen, ouch ettlich man by eins andern elich wyb, ettlich fröwen wy mit einer andern elich man sitzen». Die Schuldigen sollen der Stadt verwiesen werden. Später trat die Obrigkeit energischer gegen den Ehebruch auf. Der Ehebrecher wird mit der hohen Busse von fünf Pfund Pfennig, in krassen Fällen an Leib und Gut gestraft. Ehebrecher werden aus der Stadt gewiesen; die gleiche Strafe traf jene, die den Ehebruch begünstigt hatten. Im Jahre 1465 verbot der Basler Rat das Konkubinat, und 1482 drohte er unverheirateten Personen, die beieinander sitzen oder «täglich wandlung in uppigkeit zesammen haben» an, sie aufzugreifen und zu büssen.[4]

Nach dem Basler Konzil wuchs die Sorge des Rates um die öffentliche Sittlichkeit. Seit der Mitte des 15. Jahrhunderts schritt er mit generellen Verboten gegen das «öffentlich bei der unehe sitzen», gegen Ehebruch und Konkubinat ein. Beide Partner sollten bestraft werden. Anfänglich neigte man dazu, die «Buhle» strenger zu bestrafen als den ehebrecherischen Mann. Der kirchliche Standpunkt, wonach die Untreue des Ehemannes ebenso verwerflich sei wie die der Frau, hat sich nur allmählich durchzusetzen vermocht. Die Strafen, die der Rat für Konkubinat und offenen Ehebruch androhte, bestanden in Geldbussen oder Verbannung, bei hartnäckigen Fällen Bestrafung an Leib und Gut. Ähnlich wie Basel gingen auch andere Stadtregierungen vor. Um 1424 wurden in Luzern zwei Frauen und zwei Männer beim Ehebruch ertappt. Diese vier Personen liess die Obrigkeit einziehen, und sie entschied, dass man sie alle vier gebunden «uff ein karren setzen und durch die ganze stadt hinweg führen durch den Grossweibel ire Missetat öffentlich usgeschreigen und darnach sy 2 jar von der stadt schwören sollen». Ein gleiches Urteil war schon 1414 ergangen.[5] Eine nachhaltige Wirkung dieser Sittengesetzgebung war offenbar nicht vorhanden. Ganz unbefangen wird in den Urkunden von Bastarden angesehener Städter geschrieben. Im gemeinsamen Testament Peter Wolfers und seiner Frau von 1475 werden den natürlichen Söhnen des Wolfers so gut Legate zugeschrieben, wie Hans Waltenheims kinderlose Witwe 1479 die Kebskinder ihres verstorbenen Mannes, Anton und Elsbet, mit Vermächtnissen bedenkt. Matthias Eberler hat seine Ehefrau in Basel, während er in Hiltalingen mit hübschen Frauen Haus hält; er hinterlässt fünf Bastarde. Und wie seine ältere Frau durch eine Freundin mit dem Hinweis darauf getröstet wird, dass viele Männer hier seien, die junge Eheweiber haben und dennoch buhlen, so erklärt auch Bürgermeister Bärenfels dies «als eine stadtkundige Tatsache». Auch um 1498 wird darüber geklagt, dass das Sakrament der heiligen Ehe von Männern wie Frauen vielfach missachtet würde. Die Strafbestimmungen gegen Ehebruch aller Art, gegen Konkubinat und sonstige Anstoss erregende Geschlechtsbeziehungen, gegen das Einsteigen in Klöster, gegen Köche und andere leichtfertige Personen, die sich als Kuppler betätigen, werden verstärkt. Deutlicher als bisher tritt neben der Wahrung der öffentlichen Sittlichkeit der Schutz der Ehe in den Mittelpunkt der Vorschriften. Und dabei wird zwischen Mann und Frau grundsätzlich kein Unterschied mehr gemacht.[6] Aus all diesen Rechtsnormen geht deutlich hervor, dass Sexualität nur innerhalb der Ehe legitim auftreten kann, ausserhalb dieser Institution wird sie verfolgt.

Die Reformatoren schufen in diesem Punkt keine neue Lage. Sie führten 1521 in Zürich, 1527 in St. Gallen und 1538 in Genf Ehebücher ein, um «zu wüssen wer eelich by einandren sitze oder nitt». Im folgenden Satz wird deutlich gemacht, was der Zweck dieser Ehebücher eigentlich ist: «Und welche dann in Eeren nit by einandren sitzend, dass man dieselben möge tryben zu dem Kylchgang oder voneinanderen.»[7] Die Auffassung der Reformatoren kommt deutlich bei Melanchthon zum Ausdruck: «Ich glaube, dass man von Natur zum Heiraten gezwungen wird. Diese

193 Emblem eines Luzerner Frauenhauses. Die primitive Figur aus grauem Sandstein war als Fundstück am ehemaligen Freienhof in Luzern eingemauert und gelangte nach dessen Abbruch ins Historische Museum. Dargestellt ist eine Frau, die in der Rechten einen Apfel oder eine Kugel hält, mit der Linken den Rock hochnimmt. Es ist dies eine typische Geste, die auch auf einer holzgeschnitzten Türe eines Frauenhauses in Genf vorkommt (Musée d'Art et d'Histoire). Die Luzerner Figur dürfte wie diese ins 16. Jh. zu datieren sein. Damals gab es in fast allen Städten Frauenhäuser. Sie waren von der Obrigkeit mehr oder weniger toleriert, wie sonst hätten diese Häuser ihre Figuren öffentlich zur Schau stellen können.

193

194

Lebensform ist niedrig, aber heilig und gefällt besser als die Ehelosigkeit.»⁸ Zur Zeit der Reformation lag «das Hauptgewicht durchaus noch auf dem Ersatz geschehenen Schadens und der Vermeidung öffentlicher Ärgernisse, was doch die Duldung ihrer nicht allgemein sichtbaren Manifestationen implizierte: ‹Plus que la faute on pénalise le scandale›».⁹

Im 17. Jahrhundert kam es auch in diesem Punkt zu einer Änderung der Denkweisen. Mehr und mehr stellte man sich vor, dass durch eine sexuelle Betätigung ausserhalb der Ehe eine «Verunreinigung, ja Entheilgung» dieser Institution stattfinde. Mit der Heiligsprechung der Ehe war selbstverständlich auch die Familie gemeint. «Die Kriminalisierung von Unzucht und Ehebruch und die Diskriminierung lediger Mütter und unehelicher Kinder waren dann Massnahmen zur Stabilisierung der Institution Familie.»¹⁰ In der Tat sind die Massnahmen zur Aufrechterhaltung der Ehe erneut mit theologischen Erwägungen begründet worden. Schon der Dekalog war ja nicht nur ein Versuch, um die Normenkrise zu bewältigen, es ging schon damals, im Alten Testament, um eine Forderung des Glaubens. Im Grunde kann ja nur der – diese Meinung steht im Hintergrund – die Gebote halten, der vom Gottesglauben herkommt. Er, der Dir das Leben gegeben hat, bestimmt auch über das Leben und die Ehe. Und eine Entheilgung eines der allerhöchsten Werte ist eben durch Bestrafung des Sünders zu sühnen. Die Gottesfurcht soll die Verinnerlichung der Werte beim Volk bewerkstelligen. Oder, wie es in einer Begründung des Basler Ehegerichts vom 25. Juni 1770 heisst: Dem Volk muss durch die Geistlichkeit eine «heilige Scheu vor Gottes allsehendem Auge» eingepflanzt werden.¹¹ Die Obrigkeit aber darf alle diese Vergehen nicht zulassen, die Massnahmen sind nicht nur gottgefällig, sie kommen auch der Gesellschaft zugute.

Das Volk hat alle diese kirchlichen und obrigkeitlichen Normen zwar mit Murren, jedoch ohne zu revoltieren angenommen. Dabei muss allerdings vor Augen gehalten werden, dass man oft dasselbe sagte, aber nicht das gleiche meinte. So kam der voreheliche Geschlechtsverkehr, der ja eigentlich nicht hätte passieren dürfen, wie die Quellen verraten, recht häufig vor, und er wurde vom Volk auch mehr oder weniger geduldet, als unabwendbar angesehen. In Sissach (Basel-Land) traten im Zeitraum von 1750 bis 1800 rund 25 Prozent der Bräute in schwangerem Zustand vor den Traualtar.¹² Offensichtlich besteht in Beziehung auf den Ehebruch kein eigentlicher

194 Ehescheidungsszene vor dem Richter um 1539. Ehescheidungen waren verhältnismässig selten. Vielleicht hat aber gerade dieser Umstand den Holzschneider angeregt, die Szene bildlich festzuhalten.

Widerspruch zwischen obrigkeitlichen Normen und allgemeinen Verhaltensweisen. Mann wie Frau gehen davon aus, «dass die Ehe ein Bund fürs Leben sei, der keinen Platz für Seitensprünge übriglasse».[13]

Reisenden aus fremden Ländern fiel auf, dass die Frauen in der Eidgenossenschaft «dans une grande retenue» leben. «Women very reserved here», heisst es 1705 von den Zürcherinnen. Der Italiener F. Betti bemerkte, dass Ehebruch und einfache Unzucht in der Schweiz verpönt seien, ganz im Gegensatz zu Italien, wo sich einer rühme, wenn er die Frau eines andern für sich nimmt.[14] Anderseits darf auch nicht von «Paradies-Unschuld eines glücklichen Hirtenvolkes» gesprochen werden. Man kann solche Erzählungen den Idealbildern zuordnen. In Anbetracht der Tatsache, dass es den Knaben verhältnismässig leicht gemacht wurde, mit Mädchen ganze Nächte zuzubringen, darf man sich in bezug auf «Sittenreinheit» keine allzu grossen Illusionen machen. Die Gerichtsakten sprechen eine deutliche Sprache. Dabei sind längst nicht alle Fälle von Unzucht und Ehebruch überhaupt geahndet worden.[15]

Was an den Gerichtsurteilen und an den Zeugenaussagen immer wieder auffällt, ist, dass sich die Ehebrecher nicht für grosse Sünder halten. Vor Gericht bereuen sie ihre Tat, lassen aber kein tiefes Schuldbewusstsein erkennen.[16] Der Ehebruch war offenbar eine «verzeihliche» Tat, und die Gerichte akzeptierten diese Einstellung mehr oder weniger gern. Ihr Ziel war die Erhaltung der Ehe, deshalb versuchten sie in Ehebruchsfällen, Scheidungswillige von ihrem Begehren abzubringen. Ehescheidungen waren deshalb relativ selten. Abgesehen von der Gerichtspraxis mag dies auch daran liegen, dass die Ehe ein Verband ist, dessen Wurzeln sehr verschiedenartig sind: Selten reissen alle Stricke. Die Ehe hat, wie sich aus Streitpunkten zwischen Ehegatten ergibt, sowohl eine ökonomische als auch eine sexuelle und emotionale Basis. Zur Ehe sind gegenseitige Treue, Verträglichkeit, Zuneigung, Ehrbarkeit nötig. Dazu kommen, so die Aussagen vor Ehegerichten, noch einige Dinge, die nicht ausser acht gelassen werden dürfen: Körperliche Tüchtigkeit ist gefragt; wenn «gute Mittel» vorhanden sind, weist man das auch nicht von der Hand. Die Frau muss kochen und auf dem Feld arbeiten können. Der Mann darf die gemeinsamen Mittel nicht verschwenden. Selbstverständlich kommen auch andere Motive ins Spiel: Eine Frau muss Lust haben zu ihm, der Mann muss mit ihr glücklich sein können, wird etwa ausgesagt. Man wusste genau, worauf es in der Ehe, im Haushalt ankommt.[17]

Bei der Partnerwahl wurde auf viele Dinge geachtet: Harzer Hans heiratete eine tüchtige, aber auch eine arme Frau, weil «eine gute Frau in einem Heimwesen alsbald einige tausend Gulden herausschlage, während eine reiche, welche es nicht verstehe und nur stolz und hoffärtig ist, in gleicher Zeit ebenso viel verliederliche». Die Bauern sehen vor allem auf die Eignung als Gehilfin, sie sehen auf Bauerntöchter, «die sich auf dem Felde auskennen».[18]

Wie sah die Ehe aus? Wie verhielten sich die Männer den Frauen gegenüber? Waren die Partner, wie es Albrecht von Bonstetten 1479 beschrieben hat, «einandren gehorsam, die frowen mutlich mit eren kurzwilig und loblich»? Gingen sie, so wie es die Weistümer formulierten, «keusch und rein» in die Ehe ein?[19] Oder war es so, wie es 1680 heisst: «Die Unzucht und hurerey ist so gemein geworden, dass auch wenig ehen mehr rein und unbefleckt zusammen kommen»? Und die Stellung der Frau? Muss man davon ausgehen, dass die spätmittelalterliche Gesellschaft eine «Männergesellschaft» war, dass sie der Frau eine zweitrangige Rolle zuwies? War sie, wie auch schon gesagt worden ist, vollkommen handlungsunfähig? Stand sie, wie es Elfriede Moser ausdrückt, «lebenslang unter Geschlechtsvormundschaft»?[20]

Nach dem Recht, so wie es in den Weistümern festgelegt ist, wurde die Ehe nicht auf dem Genossenschaftsverhältnis von Mann und Frau aufgebaut; sie war vielmehr ein eigentliches Herrschaftsverhältnis. Ging die Frau eine Ehe ein, so unterstand sie der Herrschaft des Mannes.[21]

195 Aufforderung zur Keuschheit. Sinnenbild einer tugendliebenden Jugend für das Jahr 1652 von der Zürcher Burgerbibliothek verehrt. Links liest eine Frau in den zwölf Geboten. Der Mann in der Mitte weist auf die Bienenkörbe, möglicherweise aber auch auf den im Hintergrund auf einer Wolke thronenden Jesus. Der Vers unten zeigt, worauf es ankam. Er lautet: «Oh, es woll der Himmel! Dass zu diser Zweyfelzeit, die bald heiratreiffe Jugend von dem Scheidwäg nicht weit nicht verfehl der Tugendstrass...»

Nach der Offnung von Stäfa (14. Jahrhundert) durfte die Frau nicht mehr als 18 Pfund ausgeben.[22] Die Offnung von Bubikon bestimmte gar: «Der Mann mag das varent gut der Frau nutzen und damit thun, als synem eignen gut.»[23] Die Frau durfte über ihr Gut nur mit Zustimmung des Mannes disponieren. So bestimmte es etwa das Hofrecht von Pfäffikon.[24] Wer von Frauen, Kindern, Jungfrauen oder Knechten ohne Erlaubnis des Meisters etwas abkaufte, wurde mit einer Busse von 10 Pfund bestraft.[25] Der Mann ist, wie es das Amtsrecht von Villmergen umschreibt, «vogtherr und meister».[26] Es gab aber auch Normen zum Schutze der Frau. In Sargans mussten die Schulden des liederlichen Mannes aus seinem eigenen Gut bezahlt werden. Im Konkurs des Mannes wird der Frau eine bevorzugte Stellung eingeräumt, so heisst es 1650 in Bischofszell. Schön kommt der Schutz im Weistum von Wattwil (St. Gallen) zum Ausdruck: «Wenn der Mann liederlich wär oder würde... und der frowen iro guot ouch vertuen wölti... dann so mugend derselben frowen nächste fründe wer je die sind die frowen und ir gut bevogten.» Der Witwe wurde eine bevorzugte Stellung eingeräumt. In Brütten (Zürich) bekam die Witwe lebenslanges Wohnrecht, wenn sie bei den Kindern sein wollte. Man darf sie «nit usstossen noch verthryben».[27] Im Wallis konnte der Mann Verkäufe und Schenkungen nur mit ausdrücklicher Einwilligung seiner Ehegattin vollziehen. Hans Georg Wackernagel hat nachgewiesen, dass die Walliser Frauen um 1511 auch ins politische Leben einbezogen waren.[28] In manchen Regionen fügten sich die Frauen mit den Männern in die Wehrpflicht. Im Landgericht Sargans wurde um 1467 ausdrücklich festgelegt: «Was herkommen lütt: die da fry oder Walser sind in die Grafschaft ziehend und sich darin setzend dass dieselben lütt, es sey wyb oder mann unsern Herr von Sargans mit schilt und sper dienen sollend.» Wie Paul Zinsli feststellte, stützte sich diese Bestimmung auf altes Walser Recht. Dieses stellte die Frau bei Rat und Tat an die Seite des Mannes.[29] Dass es Ansätze zur Gleichberechtigung gab, vernehmen wir auch aus einer anderen Quelle: Um 1526 beschlossen die Andiaster (Graubünden) unter Mitwirkung der stimmberechtigten Frauen, beim alten Glauben zu bleiben. Wie die Rechtsquellen des Münstertales zeigen, haben die Frauen als Hausvorstände in genossenschaftlichen und wirtschaftlichen Angelegenheiten mitentschieden.[30]

Weil es keine Aufzeichnungen von Frauen gibt, müssen wir uns auf andere Quellen wie die Chroniken, Volkserzählungen und Gerichtsakten stützen, um uns einigermassen orientieren zu können. Hält man sich an die Volkserzählungen, so müssen Prügel zum Ehealltag gehört haben. Sie sind im Schwank, im Fasnachtsspiel und auf illustrierten Flugblättern ein unerschöpfliches Thema. Andere Quellen, wie Gerichtsakten, lassen darauf schliessen, dass es in einzelnen Ehen handgreiflich und laut zugegangen ist. In Graubünden haben bei «wüsten und andauernden Zänkereien» zwischen Eheleuten die Knabenschaften eingegriffen. Mit Schellen, Pfeifen und Kesseln versehen, begaben sie sich nachts vor das Haus, in welchem zänkische Eheleute lebten und «schellten sie weidlich aus». Es kam vor, dass eine Knabenschaft ins Haus einer zankhaften Frau eindrang, sie herausholte, um sie im Dorfbrunnen einzutauchen.[31] Doch gibt es auch Anzeichen dafür, dass es so etwas wie eine ausgleichende Gerechtigkeit gab. Viele Quellen verraten, dass sich die Frau gegenüber ihrem Mann durchzusetzen und ihm sogar Denkzettel zu verpassen wusste. Von Liebe ist in den Volkserzählungen nur selten die Rede. Es gibt, so heisst es andrerseits doch auch wieder, im Ehestand so viel Verdruss und Mühe, dass man es gar nicht aushalten würde, wenn nicht Liebe da wäre. Die Liebe muss aber mit Vernunft gepaart sein.

Was das heisst, erfahren wir aus den Aufzeichnungen von Ueli Bräker, dem armen Mann aus dem Toggenburg. Man hat, so schreibt er, nicht bloss der Sinnlichkeit zu folgen. Wenn er auch Bekanntschaft mit Mädchen machte, die ihm besser gefielen als seine spätere Frau, so war doch keine darunter, die «so gut für ihn zu taugen schien als sie».[32] Jedenfalls soll man bei der Gattenwahl, so wird auch von vielen anderen Zeitgenossen immer wieder dargetan, die Vernunft mitentscheiden lassen. Diesem Grundsatz wurde offenbar nachgelebt: Hans Rudolf Schinz meldet aus dem Tessin, dass im 17. und 18. Jahrhundert «allererst die Morgengab und das Hausratgut, welches die Tochter erhalten soll, vestgesetzt und schriftlich zugesichert und erst hernach die Person in Augenschein genommen worden ist».[33] Um den Grundbesitz nicht zu zersplittern, so heisst es in einer Berner Quelle, «verheiratet sich in einigen bernischen Regionen der bäuerliche Geldadel weniger, später oder nur mit reichen oder schon ältlichen Bräuten». Wollte man keine allzu grosse Kinderschar? Gab es eine frühe Art von Familienplanung? Auch in Güttingen am Bodensee verheiratete sich «nicht sellten und ganz freywillig ein Jüngling mit einer Fünfzigjährigen...» Anders in Küsnacht bei Zürich. Dort wurde ein Jüngling «hart mitgenommmen, wenn er eine alte Witwe um ihrer Äcker und Reben willen heyraten wollte».[34] Allerdings sind auch im Zürichbiet jene Bräute nicht verachtet worden, die Äcker und Reben einbrachten.

Die Männer holten sich ihre Frauen in der Regel in der engeren Umgebung. «Heirate über den Mist, so weiss man, wer es ist.» Wo es nicht geschah, konnte es, ökonomisch betrachtet, schwere Folgen haben. Eine Frau von Ferden im Lötschental heiratete einen Mann aus Blatten. Daraufhin konnte ihr Besitz in Ferden nicht mehr bewirtschaftet werden.[35] In der Berggemeinde Törbel, die kürzlich erforscht wurde, haben sich während drei Jahrhunderten praktisch keine auswärtigen Männer eingeheiratet.

Auf diese Weise sind lebensfähige Bauernbetriebe erhalten geblieben. Auch kam es nicht zur Bildung einer landbesitzlosen Bevölkerungsschicht. Ähnliche Beispiele sind, wenn auch aus neuerer Zeit, aus dem Prättigau bekannt. Erst im 19./20. Jahrhundert kam es zur «Sprengung» der alten Heiratskreise, was zum Teil recht schwierige Bewirtschaftungsprobleme mit sich brachte.[36]

Was vom modernen Standpunkt aus vielleicht als Mangel erscheint, war gleichzeitig wohl auch eine Stärke. Die Liebe als Dauerbeziehung ist, so meinen verschiedene Soziologen, eher ein unstabiles Element.[37] Vielleicht meinten das die Ökonomen des 18. Jahrhunderts, als sie feststellen mussten, dass manche Leute plötzlich altüberlieferte Grundsätze aufgaben, um ganz allein ihrem Glück, ihrer Liebe zu folgen. Anstoss zu dieser neuen Denkweise gab die Protoindustrialisierung. Sie gab vielen Leuten eine neue Existenz und die Aussicht, ihr Leben besser fristen zu können, vermehrt und früher zu heiraten, einen eigenen Hausstand zu gründen und Kinder grosszuziehen. Leute, die früher nicht ans Heiraten denken konnten, schritten nun zur Hochzeit. Dabei kam es, wie kritische Zeitgenossen bemerkten, auch zu «Bettelhochzeiten». Wie weit die neuen Ehegemeinschaften zerbrechlicher wurden, lässt sich empirisch schwer verifizieren. Samuel Huggel, der die Verhältnisse im protoindustrialisierten Baselbiet (Seidenbandweberei) untersuchte, kam zum Schluss, dass sich nicht nur die Ehe, sondern auch die Position der Frau im Laufe des 18. Jahrhunderts geändert hat: «Die Ergebnisse der Untersuchung von Ehegerichtsprotokollen lassen uns die These aufstellen, die Frau habe begonnen, einen Anspruch auf Erotik und sexuelle Lust zu erheben. Es ist auffällig, wie in den fünfziger Jahren und früher der Geschlechtsakt stets als eine Handlung beschrieben wird, die im Handumdrehen erledigt war. In den Ehegerichtsprotokollen der letzten Jahrzehnte des 18. Jahrhunderts mehren sich die Äusserungen, denen zu entnehmen ist, «dass die Liebe zwischen Mann und Frau eine Bedeutung zu gewinnen begann... Erotik und Sexualität erhielten langsam einen andern Stellenwert... Dabei ist bemerkenswert, wie einzelne Frauen, die gegen die Ehegerichtsordnung verstossen haben, keineswegs als zerknirschte Sünderinnen vor Gericht ihren Fehler bereuten, sondern deutsch und deutlich einen Anspruch auf sexuelle Lust anmeldeten».[38] Die These scheint nicht abwegig, so meint Rudolf Braun, dass im 18. Jahrhundert – mittel- und unmittelbar gefördert durch die Protoindustrialisierung – eine Phase der Frauenemanzipation erfolgte.[39]

In diesem Kapitel ging es um die Ehe. Diese Institution hat aller Unvollkommenheit zum Trotz in der Gesellschaft der alten Schweiz eine stabilisierende Wirkung ausgeübt. Ohne jeden Zweifel verhalf sie auch vielen Menschen zu einem ganz persönlichen Glück. Nun dürfen wir aber nicht übersehen, dass es zahllose Frauen und Männer gab, denen es, selbst wenn sie es gewollt hätten, verwehrt blieb, sich zu verheiraten. Aus einer grossen Menge von Zahlen nur zwei Beispiele: Im 18. Jahrhundert waren im Zürcher Unterland mehr als ein Drittel aller Erwachsenen unverheiratet.[40] Im Entlebuch blieben damals 20% aller Mädchen ledig.[41] Was diese Menschen empfanden, wissen wir nicht. Wir können es höchstens ahnen. Wie die Prozessakten zeigen, waren Inzest, Homosexualität und Sodomie (Umgang mit Tieren) verhältnismässig häufig. Oft tritt ein schreckliches Wissensmanko zutage. Ein Jüngling beteuerte 1673 vor Gericht, er habe es wirklich nicht gewusst, dass Sodomie eine Sünde sei.[42]

Aus den Akten von Kindsmord-Prozessen erfahren wir viel über die grenzenlose Not lediger Frauen. Anna Gassmann von Albisrieden, Taglöhnerin, 32jährig, wird vom Junior des Hauses, in dem sie weilt, geschwängert. Sie wagt es nicht, dem Mann die Schwangerschaft einzugestehen – er würde sowieso nie zur Vaterschaft stehen. Sie «eröffnete sich aber auch keinem anderen Menschen». Sie hatte entsetzliche Angst, mit dem neugeborenen Kind entdeckt und verjagt zu werden, darum tötete

Badefreuden. Holzschnitt aus dem Augsburger Kalender, Hans Schönsperger, 1490.

sie das Kind.⁴³ Ebenso schrecklich war das Schicksal der 22jährigen Dorothee St. Ein gewisser Fridli aus dem Württembergerland war der Vater ihres werdenden Kindes; er machte sich aber, obwohl er ihr die Ehe versprochen hatte, aus dem Staub. In der Geburtsstunde war sie allein. Sie fiel in Ohnmacht, und als sie wieder zu sich kam, war das Kind tot. Elsbeth schliesslich, ebenso erbarmungswürdig, war eine Dienstmagd. Sie verliebte sich in den Sohn des Meisters, was nicht ohne Folgen blieb. Auch sie gebar ihr Kind allein; sie tötete es auch aus Angst vor der Schande und weil sie nicht mehr weiter wusste. Sie wurde wie alle anderen Kindsmörderinnen zum Tode verurteilt.

Es wäre gewiss leicht, über die Härte der Richter, Pfarrer und aller Mitmenschen den Stab zu brechen. Was wir mit der Schilderung dieser drei Fälle bezweckten, war etwas anderes: Wir wollten zeigen, wie fürchterlich sich bedrängte soziale und ökonomische Verhältnisse in menschlichen Umfeldern auswirkten: Unter anderen Umständen hätten diese vom Schicksal benachteiligten jungen Frauen Ehefrauen und Mütter werden können.⁴⁴

Die Familie

Die Geschichtswissenschaft hat sich in den letzten Jahren – die Soziologen und Volkskundler gingen voraus – eingehend mit den strukturellen Veränderungen der Familie und ihrer Funktionen befasst. Die Literatur ist beinahe unübersehbar geworden. Was hier vorgetragen wird, ist keine chronologische Beschreibung, schon gar nicht eine Geschichte der Familie in der alten Eidgenossenschaft, sie ist noch zu schreiben. Es geht vielmehr um einige Beispiele. Zum bessern Verständnis ist vorauszuschicken, dass unser heutiges Wort Familie sich erst im 18. Jahrhundert durchgesetzt hat. Es schliesst an das französiche «famille» an, das seinerseits aus dem lateinischen «familia» herkommt. Das Wort hatte ursprünglich eine andere Bedeutung. Wenn in der alten Eidgenossenschaft von Familie gesprochen worden ist, so meinte man damit immer das Haus, die Gesamtheit der in einem Haus lebenden Personen. Der Vorsteher dieses Hauses war der Pater familias. Mit leiblicher Vaterschaft hatte das nichts oder nur wenig zu tun. Der Pater war einfach Herr des Hauses, und die Gesamtheit der Personen bildete die familia. Dass die familia zur Familie wird, ist ein Prozess, der sich in unserm Land im wesentlichen vom 16. bis zum 18. Jahrhundert abgespielt hat. An diesem Wandel sind verschiedene Faktoren beteiligt. Zunächst ist einmal an die Trennung von Wohnung und Arbeitsstätte zu denken, die sich mit Ausnahme des bäuerlichen Lebensbereiches allmählich durchzusetzen begann und die zu «jener Privatisierung und Sentimentalisierung des Wortes beigetragen hat, wie sie für unsern heutigen Familienbegriff charakteristisch ist».¹ Unter den religiösen Einflüssen sowohl der Reformation wie auch der Gegenreformation sowie unter dem Einfluss der Aufklärung im 18. Jahrhundert kam es zu einer Vertiefung der Eltern-Kind-Beziehung. Schliesslich kam es auch zu einer Lösung der Dienstboten aus der engen Gemeinschaft der Hausangehörigen. Die persönliche Dienstverpflichtung begann immer mehr und mehr dem freien Arbeitsvertrag zu weichen. Es entstanden zahlreiche Haushaltungen, die nur aus Familienangehörigen bestanden. Der Familienhaushalt wurde zur vorherrschenden Form.

Wie es ursprünglich – vor allem im ländlichen Bereich – ausgesehen hat, erfahren wir an einem Beispiel aus dem Jahre 1573. In diesem Dokument, das den Haushalt einer bäuerlichen Familie neu zu regeln hatte, wird gesagt, um was es im wesentlichen damals ging: Man hatte «gotzförchtig, wol eins, sittig und züchtig zusammen zu leben». Alle, die den Hof bewirtschaften, haben in einen «Sekel zu hushan und gar kein Abwagen noch Abzühen unnder innen» vorzunehmen.²

196 Über die Erziehung: «Kinderzucht sol von der wiegen her angehebt werden.» Kupferstich aus dem Jahre 1650. Im Bild links ein kleines Kind, das einen Zweig biegt. Damit wird angedeutet dass, wie es im Text heisst: «Die lieben Kinderlein den Zweiglinen nacharten, weil sie zu biegen seind, ehe sie zu alt erharten.» Um zu zeigen, dass ein alter Baum nicht mehr gebogen bzw. erzogen werden kann, erscheint rechts im Bild ein Reiter, der versucht, einen alten Baum umzureissen. Die Quintessenz: «So bleibet auch der mänsch gleich wie er ist erzogen. Drum, wer an Kindern wil erleben freud und ehr, der spar an ihnen nicht die ruten zucht und lehr.»

In dieser Haushaltordnung wird genau bestimmt, welche Funktionen die einzelnen Männer und Frauen zu übernehmen hatten. Bernhard Meyer ist der alte rechte Hausmeister. Sein Sohn Andres hat ihn zu unterstützen und nichts Heimliches für sich selbst zu handeln. Er hat auch dazu zu stehen und Rechenschaft abzulegen. Ueli, der Ältere, hat den Feldbau in die Hand zu nehmen und die Jüngern darin wohl zu unterweisen und anzuführen. Der alten Bea ist die Küche erlassen, und Elsbeth, des Uelis Frau, hat die Küche, den Keller samt dem Brot, dem Gemüse, dem Obst und allen Sachen in ihre Sorge zu nehmen. Ueli, der Jung, der schreiben kann, hat alle Dinge fleissig aufzuzeichnen. Er hat die Einnahmen zu registrieren, zu notieren, was davon gebraucht, verkauft, gelöst, bezahlt und an Zins gegeben worden ist. Sie sollen alle zusammen essen und sich nicht «verschleichen», wie das bisher etwa geschehen ist.

Die Zeit, aus der dieses Dokument stammt, war zwar durch Selbstversorgung und Hauswirtschaft, gleichzeitig aber auch durch grundlegende ökonomische und soziale Wandlungen geprägt. Seit dem 15. Jahrhundert kam es zu einem in den einzelnen Regionen freilich ungleichen, aber insgesamt doch starken Anwachsen der Bevölkerung. Zusammen mit andern Faktoren führte das Wachstum zu grundlegenden Umwälzungen der spätmittelalterlichen Preis- und Lohnstruktur. Einer zunehmenden Knappheit an Lebensmitteln stand ein steigendes Angebot an Arbeitskraft gegenüber. Von diesem Wandel war auch der Haushalt und die Familie betroffen. Er fand also, nicht wie fälschlicherweise oft angenommen wird, schon damals und nicht erst im 19. Jahrhundert, im Zeitalter der aufkommenden Industrialisierung, statt. Der Bevölkerungsdruck führte dazu, dass immer mehr Familien ihr Leben am Rande des Existenzminimums fristen mussten. Selbst in den verhältnismässig gutsituierten Bürgerfamilien der Städte wurde es zunehmend schwierig, allen Kindern annehmbare Lebensverhältnisse zu verschaffen.

Wie es aber unsere Vorfahren trotzdem irgendwie schafften und wie sie im einzelnen vorgingen, hat Ulrich Pfister am Beispiel der Zürcher Bürgerfamilie des 16. Jahrhunderts untersucht. Er kam dabei zu überraschenden Resultaten.[3] Es ist davon auszugehen, dass im alten Zürich die Regimentsfähigkeit vom Vater auf den Sohn vererbt und übertragen worden ist. Im 17. Jahrhundert nahmen die Kosten für eine standesgemässe Versorgung erheblich zu, und es kam zu allerlei Praktiken und Methoden, die schon damals jedermann kannte. Sie bestanden in Geschenken und in einzelnen Fällen in Bestechungen. Das erstaunt uns nicht. Was uns aber mehr überrascht, ist die Tatsache, dass es in dieser Zeit zu ersten Ansätzen von Geburtenbeschränkungen kommt. Werden die in den Jahren 1580 bis 1649 mit den 1650–1689 geschlossenen Ehen verglichen, so sinkt das Alter bei der letzten Geburt von 41,1 auf 38,9 Jahre. Die altersspezifische Fruchtbarkeit ging also zurück.[4] Dazu kamen gewisse «sterblichkeitserhöhende Praktiken». Darunter hat man sich, weil der offene Kindesmord gerichtlich scharf geahndet wurde, «weiche» Formen vorzustellen, bewusste Vernachlässigung eines unerwünschten Kindes etwa. Solche Methoden sind im Mittelalter unter dem Begriffe des «Himmelns» bekannt gewesen. Frühe Fälle von Geburtenbeschränkung sind auch im Genf des 17. Jahrhunderts bekannt. Alfred Perrenoud, der die Genfer Quellen untersucht hat, stellte fest, dass sich die Protestanten bezüglich der Zeugung von Kindern zweckrational verhalten haben. Weniger Geburten in grösseren zeitlichen Abständen hiess grössere Überlebenschancen für jedes Kind, hiess bessere Ausbildungsmöglichkeiten.[5] Untersuchungen in katholischen Gebieten des Entlebuch, Uri und Appenzell Innerrhoden haben ergeben, dass dort ähnliche Praktiken nicht geübt wurden. An sich waren gewisse Methoden, wie ein Gerichtsurteil vom 16. Juni 1795 gegen zwei ledige Personen beweist, durchaus bekannt. Sie führten sich, so heisst es in diesem Gerichtsurteil, «einmal nachts Ehelich auf, doch so, dass sie von ihm nicht schwanger werden konnte».[6]

Geburtenbeschränkung ist nur eines von vielen Mitteln, um sich an die schmalen Resourcen und Umweltkrisen anzupassen. Was von den Familien ausserdem alles unternommen wurde, erfahren wir am Beispiel von Appenzell-Innerrhoden, wo 1622 eine grosse Hungersnot zahlreiche Opfer forderte und wo 1629 auch noch die Pest auftrat. Wie verhielten sich damals die Familien? Zunächst fiel die Zahl der Geburten von 230 um 44% auf 128 im Jahre 1629 zurück. Während in den Monaten Mai und Juni gewöhnlich 27 Kinder getauft wurden, waren es 1630 nur deren zehn.[7] In dieser Zeit gingen auch die Eheschliessungen zurück; sie stiegen erst nach der Pest wieder an. Auch während der grossen Teuerung von 1691/93 sank die Zahl der Eheschliessungen; sie ging um einen Drittel zurück.[8] Ähnliche Erscheinungen hat Bucher im Entlebuch nachgewiesen. Zwischen 1710 und 1720 kam es als Folge von Missernten zu eigentlichen Krisenjahren. Die Familien passten sich so an, dass die Männer im Durchschnitt mit 28 und 30 Jahren und die Frauen erst mit 25 und 26 Jahren heirateten. Manche Heirat unterblieb überhaupt. Fast ein Fünftel der heiratsfähigen Männer blieb ledig.[9]

Wohl nicht mit krisenhaften Erscheinungen, sondern mit grundsätzlicher Einstellung hängt die Frage des engen Heiratskreises zusammen. Wir haben darüber im Zusammenhang mit der Ehe bereits berichtet. Zu den Beispielen aus dem Wallis hier noch ein innerschweizerisches. Im urnerischen Silenen beschränkten sich nicht weniger als 96,2 Prozent der Einwohner auf einen Ehepartner aus der eigenen Ortschaft.[10] Das ist um so erstaunlicher, als es sich hier um ein klassisches Durchgangsland handelt. Kontakte mit Auswärtigen wären durchaus möglich gewesen. Ins gleiche Kapitel gehört die strenge Einbürgerungspraxis. In Appenzell-Innerrhoden gab es Gesetze, die eine Heirat mit einer Auswärtigen erschwerten, wenn nicht verunmöglichten. Wer eine Ausländerin heiraten wollte, hatte den Nachweis zu erbringen, dass sie ein Vermögen von 150 Gulden besass oder eine entsprechende Erbschaft hatte.[11] Bis 1783 war es einer Appenzellerin verboten, einen Fremden zu heiraten. Tat sie es trotzdem, so musste das Paar das Land innerhalb eines Monats verlassen.[12] Silvio Bucher hat fürs Entlebuch nachgewiesen, dass in den 175 in der Zeit von 1707 bis 1919 in Schüpfheim geschlossenen Ehen 15 Bräute aus dem Nachbardorf Escholzmatt, 10 aus dem Nachbardorf Hasle, gleich viele von Marbach kamen, 4 stammten von Entlebuch, drei von Romoos, zwei von Doppleschwand. Etwas häufiger pflegten die Hasler ihre Frauen auswärts zu suchen. Doch auch diese Bräute stammten aus der Nähe, aus den Nachbardörfern.[13] Oft wurde die Ehe sogar auf die eigene Sippe, auf die eigene

Familie beschränkt. In Marbach konnte 1710 bis 1799 ein Viertel aller Ehen nur mit kirchlicher Dispens geschlossen werden.[14] In Silenen gar trugen nicht weniger als 40 Prozent der Ehen in den Pfarrbüchern des 18. Jahrhunderts den Vermerk «Cum dispensatione in secundo (tertio, quarto), gradu consanguinitatis».[15] Man hat also auch Blutsverwandte – allerdings nicht die nächsten – geheiratet.

In den bäuerlichen Regionen blieben die Heiratskreise auch in neuerer Zeit noch recht eng. So konnte A. Dönz für das Vorder-Prättigau nachweisen, dass noch um 1970 die meisten Frauen aus dem eigenen Dorf oder aus der Nachbargemeinde stammten. Dazu hat nicht nur die Gewohnheit, der enge Bekanntenkreis oder die noch geringe Mobilität geführt, sondern auch der Besitz. Es konnte – wir haben schon darauf hingewiesen – eben erhebliche Schwierigkeiten geben, wenn im Dorf plötzlich Häuser, Hausteile, Äcker von Fremden, von Auswärtigen beansprucht wurden.[16]

Wie gestaltete sich das Zusammenleben in der Familie? Wir sind immer noch, gestützt auf Angaben des 19. Jahrhunderts, geneigt anzunehmen, dass in diesen sogenannten Grossfamilien – es wird noch zu zeigen sein, dass sie gar nicht so gross gewesen sind, wie bisher angenommen wurde – alles urwüchsig und gut gewesen sei, dass der Egoismus, die Individualisierung erst später aufkamen. Tatsächlich ist die Familie in vorindustrieller Zeit grösser als in späteren Zeitperioden. Doch ist der Unterschied, man denke an die enorme Kindersterblichkeit, nicht allzu gross. Für das 16./17. Jahrhundert sind Mittelwerte von 4,7 gegenüber heute 3,04 Kinder errechnet worden. In den bäuerlichen Familien lag der Durchschnitt vielleicht etwas höher. Bucher hat festgestellt, dass die Entlebucher Familie des 17. Jahrhunderts tatsächlich grösser war.[17] Im 18. Jahrhundert nahm sie etwas ab. Mit vier oder fünf Kindern «tendierte sie weder zur Klein- noch zur Grossfamilie».[18]

Leider unterrichten uns die Quellen nur spärlich über die Erziehung der Kinder. Meistens ist man auf indirekte Aussagen angewiesen. Im allgemeinen können wir aber annehmen, dass sich der Erziehungsprozess in der alten Gesellschaft «naturwüchsig», das heisst ohne bewusstes Eingreifen und gezielte Bildung und Ausbildung kindlicher Fähigkeiten vollzog. «Geistig sind die Kinder sich selbst und dem lieben Gott überlassen», so wird die Erziehung in alten, vorwiegend bäuerlichen Gesellschaften beschrieben.[19] Inhalt und Ziel der Erziehung kann wohl am besten mit dem Begriff Erziehung zur Arbeit umschrieben werden. Zeit zum Spiel hatte lediglich das Kleinkind. Und es nutzte sie auch aus. Sowohl aus volkskundlichen Museen wie auch aus schriftlichen Zeugnissen sind zahlreiche Kinderspiele überliefert. Die Kinder spielten, so wird etwa 1570 aus Orbe berichtet, mit kleinen Steinchen. Um 1583 wird dieses Steinchenspiel, «Klukern» genannt, auch in Luzern erwähnt. Thomas Platter spricht in seinen Lebenserinnerungen von Holztieren, hölzernen Rösslein. In Zürich liefen um 1349 die Kinder auf Stelzen. In Wil (St. Gallen) waren 1499 die kleinen Kinder «uf dr gassen so kriegisch, das si mit fänlinen und stecken umtzyent».[20] Schon im frühen Kindesalter mischten sich Arbeitsvollzüge mit dem Spiel. Kaum der Brust entwöhnt, werden die Kinder mit einfachen Arbeiten, Hüten von Vieh zum Beispiel, betreut. Wie H.G. Wackernagel nachgewiesen hat, sind Kinder im Alter von 5–6 Jahren zum Hüten von Ziegen, Schafen und Jungvieh herangezogen worden: «Das Hirtentum vertrat so die Schule, die nach altem Herkommen als überflüssig und schädlich erachtet wurde. Statt den Lehrern gaben die Hirten Unterweisung. Sie waren es nicht zuletzt, welche als Hüter der Tradition alte Sitte und Lebensart der jungen Generation weitergaben.»[21] Freilich waren die Hirten – man denke an den «Sennentunsch», an die wüsten sexuellen Spiele mit Puppen – nicht immer die besten Vorbilder. Ueli Bräker hat das sehr genau geschildert: «Meine Hirten-Kameraden waren grösser und älter als ich, fast aufgeschossene Bengel, bei denen schon alle argen Leidenschaften aufgewacht. Schmutzige Zoten waren alle ihre Re-

197 Urs Graf, Heimkehrender Landsknecht, Federzeichnung, 1519. Der Maler hat sichtlich gefreut, diesen kraftstrotzenden, wilden Kriegsknecht in seinem modisch-zerschlitzten Gewand wiederzugeben. Das Bild ist aber auch eine Anklage, ein Aufruf zur Sittenreinheit. Der Geldsack ist aufgeschlitzt, leer und die Inschrift sagt es deutlich: «AL MEIN GELT VERSPILT».

den und unzüchtig alle ihre Lieder, bei deren Anhören ich oft Maul und Augen auftat, oft aber auch Schamröte niederschlug... Die Kerls hatten Leidenschaften in mir rege gemacht, die ich noch selbst nicht kannte, doch merkte ich, dass es nicht richtig stund.»[22] Ulysses von Salis-Marschlins, der gute Einblicke in das Leben der Hirten hatte, meinte: «Aus Kindern, die lange Hirten gewesen sind, werden selten rechtschaffene Bauern gebildet werden.»[23]

Die Erziehung im Elternhaus war alles andere als zimperlich. Zu ihr gehörte fast immer die Rute. Bräker schrieb, dass sein Vater schon sehr früh mit der Rute auf ihn losging, «nur die Mutter und Grossmutter nahmen mich in Schutz».[24] Die Erziehung, so hiess es allgemein, muss früh beginnen, denn das Kind ist von Natur aus schlecht: «s'Kinds herts, wie es sin muter gbirt mit torheit gar verwicklet wirt».[25] Erst die Strafe, vor allem die Rute, machen es zu einem richtigen Menschen. Töricht sind die Menschen, die glauben, es bedürfe derlei Mittel nicht, heisst es im 16. Jahrhundert. Doch gab es auch andere Stimmen: «Dass sy mit lieb und nit mit schleg sich lassind füren den rechten weg», meinte ein aufgeschlossener Dichter. Leider aber, so wird immer wieder festgestellt, gibt es Eltern, die zu geizig sind, um ihre Kinder etwas Richtiges lernen zu lassen. Doch wusste man vor allem in «gehobenen» bürgerlichen Kreisen, auf was es ankam: Die Erziehung sollte aus der Natur, aus der Art des «unvernünftigen Standes» heraus folgen.

«Denn uss jr ard, complex, natur
Ein ding sy schwer ankummt und sur
Dann jr vernunfft hat nit den gwalt
Den aber hat der btagt und alt.»[26]

Auf das Vorbild, so wird argumentiert, kommt es an. Der verständige Hausvater, so meinte Johann Jakob Wyss 1767, «ordnet alles vernünftig an, hält seine Kinder zur Arbeit an und bestimmt einem jeden diejenige Arbeit, dazu er Alters, Kräften und Verstands halb am tüchtigsten ist».[27]

Wie wichtig in der Erziehung die Mutter war, kann kaum ermessen werden. «Es ist die Mutter», so meinte Gotthelf, «nicht nur die Gebärerin des Leibes ihrer Kinder, sondern sie ist auch die Leiterin ihrer Seele, sie prägt die ersten Eindrücke denselben ein. Das weibliche Geschlecht ist darum von so hoher, gewaltiger Bedeutung durch sein Walten im Haus, für Sitte, Zucht und Frömmigkeit...»[28] Das ist freilich leitbildhaft gedacht. In der Praxis sah es doch vielleicht manchmal etwas anders aus. Im Tagebuch eines Kleinbauern und Zwischenträgers wird vom «tyrannischen Donnerton der Frau» gesprochen. Ein Kind soll ein Händchen waschen: «Ich schlag dich mitten entzwei, brech dir Hals und Bein, bring dich um usw. wanns du nicht recht weiss machst! Wanns nicht mit einer Weiberstimm geschäh, nein, kein preussischer Kommandant spricht in einem gröberen, rauheren Ton, bei jedem Bagatell, bei jeder Kleinigkeit, die nicht des Redens wert ist.»[29]

Ein zwiespältiges Verhältnis hatten viele Eltern zur Schule. Manche Bauern hatten Angst, so meinte Ulrich von Salis-Marschlins, die Kinder könnten gescheiter werden als sie, und sie schickten ihre Kinder deshalb nicht zur Schule. Das missfiel selbst jenen katholischen Geistlichen, die hinter jeder Neuordnung Angriffe auf die patriarchalische Familienordnung sahen. Selbst sie traten für den Schulbesuch ein. Pfarrer Josef Franz Schön meinte: «Es muss jeder Mensch, sey er ein Bauer oder Burger zu einer bestmöglichen Vervollkommnung seines Geistes gelangen, deswegen ist die Schule da.»[30] Die protestantischen Pfarrer traten für die Schule ein, da nur dort Gewähr bestand, dass die Kinder lesen lernten, und das war vor allem für die Bibellektüre notwendig. Schule und Kirche gehörten zusammen; das zeigt recht hübsch ein Beispiel aus dem alten Winterthur. Um 1589 zogen die Schüler «nach gehaltenem Examen auf den Lindberg... Es beschach aber dieser Zug nit nach altem Bruch und

198 Erziehung zur Tugend. Sinnbild «Junger such's: Alter brauch's.» Mit diesem Neujahrsblatt versuchte im 17. Jh. die Burgerbibliothek von Zürich ihre Jugend zur Arbeit anzuhalten. Der Text des Bildes lautet wie folgt: «Oh du sorgenfreyes Blut, such, in frischer jugend,/durch die Sinn- und Handarbeit was dich führt zur Tugend,/was im grauen Alter dich nehr- und ehren sol,/wie in disem Sinnenbild vorgebildet wol!/Durch den schnöden Müssiggang Fleisch und Geist erschwachet,/reicher armet, und der arm ärmer wird gemachet:/beide bleiben ehrenlos. Darum liebe Leüth/suchet jung, und brauchet alt zugelassne Beüth.» Die Zeichnung selber ist voller Anspielungen. Links bemerkt man einen Bauer, der mit einem Spaten umsticht. Vom Himmel schwebt ein Engel, der ihm einen Lorbeerkranz aufs Haupt bringen will. Rechts aussen sitzt ein ehrwürdiger Greis mit Lorbeerkranz versehen; er weist mit seinem Stock auf die Insignien der Arbeit und des Fleisses hin. Es sind Zirkel, Globus und Werkzeuge. Neujahrsblatt von 1687.

Gwonheit mit Trummen und Pfyffen, mit Gewehren und fliegenden Fänlinen, sonder guet schuelmeisterisch mit Psalmenbüchlinen in der Hand und christenlichem Lobgesang…»[31] Mit Preisen versuchten die Obrigkeiten Eltern und Schüler für die Schule zu gewinnen. Josua Maler weiss zu berichten, dass «uf den Zinstag 1589» in der «nüwen Schul» von Winterthur abermals ein öffentliches Examen gehalten wurde und dass 21 Schüler «ires Flysses halber mit einem gevierten silbernen Pfennig begabet worden sind».[32] Schulpreise sind im 16. Jahrhundert auch in Basel ausgesetzt worden.[33] In Bern kam es wegen der Schulpreise, der sogenannten «Pacemli» (von lateinisch Pax) zu Missbräuchen. Einzelne Lehrer verkauften diese Preise um Geld an die Schüler. Diese wiederum kauften sich mit solchen Preisen von verhängten Strafen los. Man nannte deshalb die Pacemli auch Ablassbriefe.[34] Die Lehrer waren schlecht besoldet und viele Gemeinden nicht bereit, Schulhäuser zu bauen.[35]

Den Patriotischen Ökonomen ist es zu verdanken, dass es im 18. Jahrhundert zu Schulreformen kam. Bisher hatten die Schulmeister das Gedächtnis der Kinder einseitig, ja übertrieben gepflegt. Die Patriotischen Ökonomen versuchten, den «Gedächtniskult» durch eine planmässige Förderung des kindlichen Denkvermögens und der kindlichen Beobachtungsgabe zu ersetzen. Sie traten auch für eine Verbesserung der recht mangelhaften Ausbildung der Lehrer ein.

Allen diesen Neuerungen zum Trotz gab es auch im 18. Jahrhundert eine mächtige schulfeindliche Strömung. Daran war nicht zuletzt indirekt auch die Protoindustrie, die industrielle Heimarbeit, beteiligt. Sie verschaffte den landlosen oder landarmen Familien zusätzlichen Verdienst. Dies hatte indessen auch Nachteile. Die Kinder erhielten schon im frühen Alter von den Eltern ein tägliches oder wöchentliches Arbeitspensum. Man nannte dies das Rastsystem. Rast bedeutet die von den Eltern als Unterhaltspflicht geforderte Arbeitsleistung der Kinder. Nach getaner Pflicht waren die Kinder frei für das Spiel. Den Mehrverdienst konnten sie für sich behalten. Für die Schule blieb indessen keine Zeit mehr. Die Kinder selber entzogen sich der Schule. Noch bevor sie «mündig» wurden, verliessen sie den elterlichen Haushalt und nisteten sich irgendwo bei Bekannten ein. So entstanden, wie die Obrigkeit es formulierte, «unhaltbare Zustände». Im Rastmandat von 1777 versuchte sie, dagegen einzuschreiten.[36] Doch gibt es sicher auch einen positiven Aspekt. In den rein agrarischen

Regionen sind die beruflichen Wahlmöglichkeiten verbessert worden. In den industriellen Regionen bahnt sich so etwas wie eine Befreiung, eine Emanzipation an. Die Selbstbestimmung führte auch zu einer familialen Unabhängigkeit.[37]
Dass die ältere Generation dies als Aufstand, als Revolte der Kinder empfand, ist verständlich. Die Klagen über Familien- und Sittenzerfall, über Unbotmässigkeit, Respektlosigkeit der Kinder mehren sich. In den alten Zeiten, so wird gesagt, war dies alles anders und besser. Auf den ersten Blick scheinen die «Alten» recht zu haben. Im 14. und 15. Jahrhundert brachte man den Alten, den Ahnen eine beinahe kultische Verehrung entgegen. Die Ahnenverehrung, so berichten uns die Chronisten, war weit verbreitet, und sie wurde insbesondere in den Jugendverbänden, den Knabenschaften gepflegt. Alles, was von den Vätern war, wurde als gut und als richtig erachtet. Ehret Vater und Mutter – diese Norm ist nicht nur von den Pfarrern gepredigt worden, das war allgemein gültige Ansicht. Dafür zeugen auch die Sprichwörter, so etwa die beiden aus Luzern stammenden, bis ins 19. Jahrhundert hinein gebräuchlichen Sentenzen: «Wer den Eltere nid folgd, mues dem Chalbfell (Trom-

mel, lies fremde Dienste, Reisläuferei) folge.» Und der zweite Spruch: «Wer sich an den Eltere vergrift, dem wachst e Hand usem Grab.»[38] Auch in den alten Volkserzählungen – man denke vor allem an die Warnsagen – werden die Kinder, die sich an den Eltern vergriffen, das heisst sie nicht mit Speis und Trank versorgten, mit wahrhaft entsetzlichen Strafen belegt. Verschiedene Gerichtsurteile belegen, dass den Leitbildern nicht immer nachgelebt wurde. Auch der gebräuchliche Ausdruck «Stinkähni», Pfuchähni, mit dem man den Vater oder Grossvater bedachte, zeugt nicht von besonders grosser Hochachtung.[39]

Schwierigkeiten rührten auch von daher, dass die Kinder für die betagten, nicht mehr arbeitsfähigen Eltern aufzukommen hatten. In der Regel blieben die alten Eltern bei der Familie eines Sohnes. Das berühmte bernische Stöckli, von dem im Kapitel Wohnen berichtet wird, scheint eine Ausnahme gewesen zu sein; es kam auch erst im 18. Jahrhundert auf. Diese Regelung blieb auf jene Gebiete beschränkt, in denen es die geschlossene Vererbung gab. Andere Regelungen wie das «z'Balle teile» im Wallis scheinen sich weniger gut bewährt zu haben, jedenfalls führten sie immer wieder zu Konflikten.[40]

Zu Konflikten zwischen Jung und Alt kam es indessen nicht nur beim Generationenwechsel, bei der Hofübergabe im bäuerlichen oder bei der Geschäftsübergabe im gewerblichen Sektor. Generationenkonflikte gab es auch in der Politik. Im Jahre 1565 kam es zu einem eigentlichen «Strafgericht» der Jungen: «In Gerichten verstossend sy von den ämpteren alle die, so inen verdacht der pension halb, und sind yetz vyl jung amman worden hin und wider, di ir läbenlang weder des Gerichts noch raadts gesessen sind.»[41] Noch deutlicher wird der Generationenkonflikt artikuliert in einem Bündner Bundestagsprotokoll vom 5. Februar 1574: «Ey es ist mit unsern grossen hansen vergebens, und würdt nit besser werden, wir fachen ein nüw ufruhr wiederumb, und howent dann solchen grossen hansen die Köpf allen ab.»[42] Zu allen Zeiten und selbst bei den alten Eidgenossen war die Jugend unruhig und stellte sich gegen die alte Ordnung. Es hat noch selten eine durchwegs zufriedene Jugend gegeben, stellte ein erfahrener Politiker einmal fest: «Opposition gegen das Bisherige gehört zu ihrem Element und Ablösung vom Alten und das Selbständigwerden zur Entwicklung des Menschengeschlechts.»[43]

Gemeinde, Nachbarschaft, Bruderschaft und Zunft

Wer Gemeinschaft sagt, wird nie ausschöpfen können, was sie, von der dörflichen Nachbarschaft über die Genossenschaft zur Knabenschaft bis hin zur Zunft und den Gesellschaften des 18. Jahrhunderts, für unsere Vorfahren auch gewesen sein mögen, im Leben unserer Vorfahren bedeutet hat. Diese Institutionen bildeten, so verschieden ihre Funktionen waren, Faktoren ersten Ranges. Immer wieder förderten sie die Integration und Stabilität. Ihre Bedeutung kann denn wohl eher unterschätzt als überschätzt werden.

Wer sich mit den alten Gemeinschaften befasst, wird sogleich grossen Schwierigkeiten ausgesetzt. Wesen und auch Bezeichnungen der Gemeinschaften sind äusserst vieldeutig und variantenreich. So gibt es, um ein Beispiel aus überaus zahlreichen Gebieten herauszugreifen, unendlich viele Spielarten der Genossenschaft. Karl Siegfried Bader, dem wir eines der bedeutendsten Werke über das Dorf und die Dorfgemeinde verdanken, hat das Wort «Genosse» folgendermassen definiert: «Wer unter einem gemeinsamen Dach wohnt, dessen Schutz mitgeniesst, ist ‹husgenoz›.» Aber neben den Hausgenossen gibt es Hofgenossen, Zunft- und Handwerksgenossen. Genosse war auch, wer im gleichen Gerichts-, in der gleichen Vogtei und überhaupt im gleichen Herrschaftsverhältnis stand. Genossenschaft bedeutet zunächst Mitnut-

199 Erziehung und Anleitung zum Beten. Die Mutter, versehen mit Bibel und Rute (!) bringt den Kindern das Beten bei. Ob es wirklich immer Rutenstreiche gab, ist nicht gewiss. Der Zeichner hat die Rute möglicherweise als Symbol gemeint. Jedenfalls weist der Spruch zuunterst auf dem Blatt (hier weggelassen) darauf hin. Er lautet: «Wer ewig wil leben, der übe das Gute/ Und hasse mit nichten die Himlische Ruthe».

zen, Mitniessen, aber es bedeutet auch Regelung, Ordnung, Sicherheit und Stabilität. Diese Funktion wird auch im Wort und Begriff «Gemeinde» deutlich. Doch auch hier, ähnlich wie bei der Genossenschaft, gibt es eine riesige Streubreite in Wort und Begriff. Gemeinde heisst ursprünglich Gemeindeland, Allmende. Doch kommt es früh zur Ausweitung des Begriffes zur politischen Körperschaft. «Die ganze Fülle der hinter Wort und Begriff sich verbergenden Erscheinungen ist überhaupt nicht fassbar.»[1] Wir haben uns an dieser Stelle einmal mehr daran zu erinnern, dass die Ressourcen in der vorindustriellen Gesellschaft äusserst beschränkt waren. Die Daseinsvorsorge stand deshalb an vorderster Stelle. Und dazu gehörte nicht nur die harte Arbeit des einzelnen im Feld, in der Werkstatt, sondern auch der pflegliche Umgang der Gemeinde mit Allmend und Wald. «Die leitende Kategorie der Daseinsvorsorge ist die Auskömmlichkeit für die Gegenwart und Zukunft.» Und aus dieser Auskömmlichkeit entwickelt sich fast notwendigerweise die Vorstellung vom «Gemeinen Nutzen», der das gedeihliche Zusammenleben in Dorf und Stadt überhaupt möglich gemacht hat. Dieser Begriff nimmt vom 16. bis zum 18. Jahrhundert einen ungemein hohen Stellenwert ein. Er tritt nicht nur in den Forderungskatalogen des Volkes immer wieder neu zutage, er wird im Dorf, in der Stadt, kurzum in der Gemeinde tatsächlich auch praktiziert.[2]

Während Jahrhunderten war die Dorf- und Stadtgemeinde Garant der Daseinsvorsorge, der Sicherheit, der Wehrbereitschaft. Sie bot Schutz und Schirm vor streunendem Gesindel auf der Landstrasse, vor Raubtieren, Feuer und Wasser, kurzum vor allen Gemeingefahren. Selbst dort, wo wie in den Stadtstaaten die persönliche Freiheit stark eingeschränkt war, hat die Gemeinde, die ja eine Untertanengemeinde gewesen ist, gestützt auf altverbriefte oder mündlich überlieferte Freiheiten und Rechte, sich weitgehend selbst regiert. Sie hat Gemeindeversammlungen abgehalten, ihre Beamten, Untervogt, Weibel, Säckelmeister (Finanzvorstand), Brunnenmeister, Feuerhauptmann, Gerichtsgeschworene gewählt, Gemeinderechnungen genehmigt, Hintersassen-Einzugsgelder festgelegt. Indem sie zu Ordnungen (Feuer- und Holzrechnung usw.) Stellung nahm, hat sie auch als eigenörtlicher Gesetzgeber gewirkt.[3]

Eine eigentümliche Behörde war der Stillstand. Wohl ursprüngliches Organ der Kirchgemeinde, ist er im Lauf der Jahrhunderte vielerorts zur Armenpflege geworden, nahm aber in vielen Gemeinden auch Preis- und Lebensmittelkontrollen vor und bei Brandschäden ein Inventar auf. Im Kanton Zürich war er auch sittliche Instanz, er sorgte unter anderem dafür, dass die Leute am Sonntagmorgen nicht zu Hause blieben, sondern in die Kirche gingen.[4]

Wohl die grösste Gefahr bedeutete für die Dörfer und Städte mit ihren vielen Holzbauten das Feuer. Vom herrschaftlichen Schutz und Schirm war da nicht viel zu erwarten. Deshalb kam es zum Selbstschutz, und deshalb war weit und breit der Brandschutz und die Hilfe wohl eine der wichtigsten Funktionen der Gemeinde. Dabei galt es auch vorzubeugen: Feuerschauer überwachten Feuerstätten und den Rauchfang landauf landab. Sie prüften auch die Wasserzufuhr, schauten, ob die Dorf- und Hofweiher intakt waren. Überwacht wurden auch die Spritzenhäuser, in welchen in späterer Zeit die Feuerwehr ihre Geräte versorgte.[5] Stark und umfassend war die Hilfe für die Brandgeschädigten. Der Laupener Chronist Niklaus A.R. Holzer führt 1789 aus, das Volk habe viele Laster, aber eine eigentliche Tugend, das Mitleiden: «Ich erinnere mich etwelcher feuersbrünsten, die in dieser Gegend geschehen sind, ihr betragen bey diesen unfällen hat mich alle mahl sehr gerührt: Neulich aber bey der brunst zu Gurbrü 1779 ist meine gute meynung von ihm in verwunderung und hochachtung verwandelt worden. Hier langte ein wagen mit heu an, dort ein anderer mit holz und stroh, ein dritter brachte wein, andere brodt, bettzeug, leinwand, geld, geschirr, hausrath, Kleidungsstücke, alles mit einer solchen Bereitwilligkeit, die den werth der geschenke erhöhte.»[6]

200

Die Hilfe bei Feuersbrünsten und andern Katastrophen entsprach altem Brauch: Beim Brand von Bern erboten sich 1405 Basel, Zürich, Freiburg, Solothurn und Luzern zu helfen. Freiburg schickte 100 Mann und zwölf Wagen zum Aufräumen. Solothurn, Biel, Thun und viele weitere Orte schickten Getreide, Wein und Geld. Von Solothurn stammten vierzigtausend Dachziegel, und es kamen viele Maurer. Ja, um genügend Ziegel aufzubringen, deckten die Solothurner an einigen Stellen ihre Ringmauern ab.[7] Als 1470 Unterseen brannte, «machten inen die von Bern ouch ein nüw Koufhus, das gar vil costet und ander gros hilf, das si inen taten».[8] Beim Brand von Mellingen 1505 schickte Bern Bauholz. Andere Orte, vor allem Bremgarten, übermittelten Brot.[9] Nach dem Brand von Bülach 1506 brachten die Zürcher Zelte, «damit die armen lüt herberg hattend».[10] Auch bei andern Katastrophen war gegenseitige Hilfe etwas Selbstverständliches. Als 1520 ein Hagelschlag weite Gebiete des Bernbietes verwüstete, schickte Luzern Decken, Freiburg und Solothurn Ziegel und Schindeln.[11]

Zu den wichtigsten gemeinsamen Aufgaben der Gemeinde gehörte die Bereitstellung von Trinkwasser. Dabei ging es sowohl um wirtschaftliche wie auch um gesundheitliche Fragen. Die Brunnen sind meist auch Treffpunkt von jung und alt geworden, und man hat sie als eigentliche Wahrzeichen und Schmuckstücke betrachtet und dementsprechend auch ausgestaltet. Stätte geselligen Brauchtums waren allerdings auch die Gemeindebackhäuser, war, in den Weinbaugemeinden, die Trotte. In gemeinsamer Anstrengung, oft auch in Fronarbeit sind Armenhäuser für Betagte und Kranke, Siechenhäuser für Kranke und Leute mit ansteckenden Seuchen gebaut worden, um nur einige Beispiele aus einer langen Liste aufzuzählen.

Um näher beim Geschehen zu sein, direkter eingreifen zu können, sind in vielen Dorfgemeinden und Stadtteilen sogenannte Nachbarschaften organisiert worden. Aus Akten und Chroniken wird deutlich, was die Nachbarschaft ursprünglich alles bedeutet hat. Renward Cysat berichtet aus dem 16. Jahrhundert, dass am Eschermittwoch und Montag nach Invocavit «die Nachpurschaften ein gewohnheit hatten, uff iren zünften oder trinckstuben gastery zu hallten und zu tanzen».[12] Nach

200 Gemeineidgenössische Hilfe bei Brandkatastrophen. Nach dem grossen Brand von Bern 1405 bezeugten, wie der Chronist Diebold Schilling berichtet, «die frommen lute von friburg denen von Bern gross trüw und früntschaft». Der hintere Karren ist mit dem Wappen von Freiburg markiert.

dem Tagebuch des Chronisten Salat haben sich die Nachbarn einmal im Jahr, am Othmarstag (16. November) getroffen, um ein gemeinsames Morgenmahl einzunehmen.[13] Aus Felix Platters Tagebuch wissen wir, dass um 1551 bei jeder Beerdigung die Nachbarn kamen, um die «Lich zu begleiten».[14] Bei jeder Hochzeit waren, wie Hans Stockar 1526 in Schaffhausen registriert, die Nachbarn zugegen.[15] Offensichtlich hatten manche Nachbarschaften auch bürgerliche Pflichten. Jedenfalls bemerkt der Bündner Chronist Ardüser 1583, dass er durch eine «Gmeind und die Nachpuren zum burgerlichen Inwohner» gewählt worden sei.[16] Zur Nachbarschaft gehörten natürlich Frauen und Töchter; sie trafen sich zur Hanfschleizete, das heisst zum Abstreifen des Hanfbastes von den Stengeln. Nachbarliche Hilfe war immer angezeigt beim Bau eines Hauses oder Stalles. Die Hilfe erfolgte unentgeltlich. Den Nachbarn wurde als Abschluss ein «Firstmahl» gespendet.[17]

Neben den Nachbarschaften gab es Bruderschaften. Sie sorgten für die Armen und die Kranken. Ursprünglich scheinen es Gebetsverbindungen von Geistlichen gewesen zu sein. Allmählich fanden aber auch Laien Aufnahme. Sie verpflichteten sich zum Gebet beim Verstorbenen, zur Organisation der Beerdigung und zu gemeinsamer Fürbitte. Seit dem 13. Jahrhundert sind viele Bruderschaften von Zünften gegründet worden. Dabei haben ausländische Vorbilder mitgewirkt.[18] So geht die in der Westschweiz, in Bern und Neuenburg im 13. und 14. Jahrhundert weitverbreitete Confrérie du Saint Esprit auf französische Vorbilder zurück. Wohl die grösste Bedeutung hatten die Bruderschaften im 15. Jahrhundert. In Basel gab es Marienbruderschaften, in Zürich eine Bruderschaft zu den Predigern. Ihr gehörten die Bäckergesellen und Müllergesellen an. Bruderschaften sind urkundlich nachgewiesen in Aarau, Mellingen, Bremgarten, Sursee, Luzern, Beinwil, Knutwil (Luzern). Zu den Marienbruderschaften stiessen in Zürich die Sebastiansbruderschaften. Sie sind in Pestzeiten gegründet worden. Sie alle sorgten für Beerdigungen und Gebete. Oft organisieren die Bruderschaften auch Pilgerfahrten. Manche Bruderschaft ist der Reformation zum Opfer gefallen. In den katholisch gebliebenen Gebieten wurde ihre Tätigkeit eingeschränkt. Cysat vermerkt um 1586 kurz und bündig: Die Bruder-

201 Die Tesslen der Pürteralp in Avers. Auf diesen Holzstücken eingekerbt sind die Kuhrechte. Die einzelnen Tesslen zeigen Initialen oder Hauszeichen des Alpgenossen und seinen Anteil an den Kuhrechten. Die Tesslen wurden aber auch benutzt zur Regelung gewisser Pflichten, zur Kontrolle von gemachten Leistungen und zur Dokumentierung gewisser Rechte. Es sind grossartige Dokumente der Gemeinschaft. Sie zeigen, wie man den «gemeinen Nutzen» verwaltet hat.

202 Immer wieder verheerten fürchterliche Brände Dörfer und Städte der Alten Eidgenossenschaft. Diebold Schilling hat hier das brennende Lenzburg gemalt. Die Stadt brannte am 25. März 1491 zu einem grossen Teil nieder. Vor den Mauern jammernde Frauen und Kinder mit ihrem Hausrat. Rechts aussen eilen Männer zu Pferd und zu Fuss zu Hilfe. Diese Hilfeleistungen von anderen Gemeinden und Städten sowie Nachbarschaften war vorbildlich und hat die Solidarität in hohem Masse gestützt: Man wusste, dass man sich in der Not auf seine Miteidgenossen und Mitbürger verlassen konnte.

202

schaft der Spielleute hatte die Gewohnheit, an ihrer Jahrzeit mit «überflüssigen zächen und mit seittenspil zur Kilchen zu zühen – ist abgestellt».[20]

Zu den bedeutendsten Gemeinschaften zählen zweifellos die Klöster. Die spezielle Eigenart und auch Ausstrahlung auf alle anderen Gemeinschaften kann hier nur angedeutet werden. Wir müssen auf die reichhaltige Spezialliteratur verweisen.

Wohl eine der wichtigsten weltlichen Gemeinschaften des späten Mittelalters waren die Zünfte. Ihr Zweck und Ziel sind in der grossen Reformbotschaft des Jahres 1438 folgendermassen umschrieben worden: «Die Zünfte sind zum Zwecke erfunden worden, dass jeder durch sie sein tägliches Brot verdiene und Niemand ins Handwerk des Anderen übergreife. So wird die Welt ihr Elend los, und jeder kann seinen Unterhalt finden und jeder seiner Nahrung sicher sein.»[21] Sicherheit also stand im Vordergrund, Sicherheit vor Risiko war das Prinzip jeder Zunftwirtschaft. Wir erfassen es nur, wenn wir die Wirtschaftsauffassung des Mittelalters in Betracht ziehen: Wirtschaften war keine Sache für sich, war Teil einer gottgemässen Ordnung, die nach höheren Zielen ausgerichtet war als nach Gewinn und Verlust, Angebot und Nachfrage. Damit der begüterte Zunftgenosse nicht die Möglichkeit hatte, mit Hilfe vieler Gesellen mehr zu produzieren als andere, wurde die Gesellenzahl beschränkt und die Abwerbung durch drastische Strafandrohung verboten. Die maximale Arbeitszeit durfte nicht überschritten werden. Auch Ein- und Verkauf waren reglementiert. Dass es diese Institution fertigbrachte, dass der Handwerker sich mit ihr

203

fast ein Jahrtausend lang identifizierte, ist unter diesen Umständen nicht selbstverständlich. Aber es sind da noch einige Dinge mit im Spiel, die von wesentlicherer Bedeutung gewesen sind als die Reglementierung. Die Zunft war, wie Friedrich Ranke einmal gesagt hat, eine «künstliche Familie». Ihr gehörten auch die Frauen, die Witwen, ja sogar die Kinder an; in ihr erlebte man Böses und Gutes, Feiern und Feste, in ihr teilte man Freud und Leid. In der Zunft war man versorgt, hier lernte man den Mann kennen, feierte man Hochzeit. Die Zunft hatte Witwen- und Sterbekassen. Ebenso wichtig wie diese materiellen Dinge sind immaterielle. Die Zunft gab einen Rückhalt, sie gab Halt, sie gab Heimat.[22] Dass hier auch politisiert wurde, dass man Wahlen besprach und vorbereitete, sei nur am Rande vermerkt. Es ist aber von vielen Zeitgenossen verbürgt.[23]

Neben den Zünften tritt uns eine völlig anders geartete, dennoch recht bedeutende Gemeinschaft entgegen: die Knabenschaft. Sie bestand aus unverheirateten jungen Männern des Dorfes oder der Stadt. Ihre Funktionen können nach Caduff wie folgt beschrieben werden: Geselligkeit, sakrale, kirchliche Tätigkeit, militärisches, sittenrichterliches und politisches Wirken.[24] Am einen Ort war es nur eine los organisierte, an anderen festgefügte, streng organisierte Gemeinschaften mit satzungsmässig geordneten Einrichtungen. Zunächst erscheinen die «Knaben» als Sittenrichter. Nach dem Bericht von Renward Cysat hatten im 16. Jahrhundert die Luzerner Knaben ein «sonderbaren Rat und Gericht», er schritt ein, «wo ettwan einer sich ungeschicklich hallt, das wyb schlacht oder sonst eine thorheit begat». Diese Gerichte nehmen insbesondere auch Ehebrecher ins Verhör.[25] Die sittenrichterliche Tätigkeit scheint oft recht weit gesteckt: Die Knabenschaften regeln, wer zu wem darf und wie; sie halten fremde Freier fern, sie verhängen da, wo die Normen verletzt wurden, Sanktionen. So verlangen sie, dass der Mann, der ein Mädchen schwängert, dieses auch heiratet.[26] Oft müssen sie allerdings gar nicht einschreiten, war es doch eine Schande, erst auf öffentlichen Druck hin zu heiraten. Der Mann tat diesen Schritt deshalb meistens ganz still und aus eigenem Interesse, um den oft drastischen Sanktionen zu entgehen.

Die Knabenschaften wirkten auch bei Hochzeitsfesten, bei Empfängen mit und sie genossen dabei die verschiedensten Vorrechte. Sie geleiteten die Neuvermählten im feierlichen Zug zur Kirche, sie sorgten dafür, dass genug Tranksame vorhanden war. Selbstverständlich beteiligten sie sich selbst beim Trinken, so dass es am Schluss man-

203 Der Kiltgang im Kanton Bern. Gezeichnet und gestochen von F. N. König. Einer der Kilter befindet sich draussen vor dem Fenster und spricht mit seiner Angebeteten, während der andere sich bereits in der Stube befindet. Offenbar handelt es sich nicht um die Schlafkammer, wie das Buffet links sowie die Wanduhr und der Tisch andeuten. In dieser Stube befand sich indessen ein Bett (links aussen auf dem Bild). (1808.)

chen Festes zu Schlägereien kam.[27] Nach altem Brauch wurden die Neuvermählten mit allerhand Spässen und unzüchtigen Liedern geplagt. Felix Platters Mutter hat die Neuvermählten deshalb auf heimlichem Weg «die hinderen Stegen uf» geführt.[28] Die Knabenschaften fehlten bei keinem grossen Empfang von wichtigen Persönlichkeiten oder befreundeten Truppen. Sie waren dabei, als Kaiser Sigismund 1414 Bern besuchte. Sie waren dabei, als man 1475 in Bern die Luzerner empfing. Mit Sprechchören empfingen sie die Gäste. Das ging nicht nur den Luzernern, sondern auch den Bernern selbst so zu Herzen, dass «inen merenteils von rechten fröüden die ougen überlieffen».[29] Sie waren dabei, als 1442 Kaiser Friedrich III. nach Freiburg kam. Die Knaben und auch alle Kinder, die liefen ihm entgegen mit roten und weissen Fähnchen.[30] Sie waren dabei, als 1512 die Truppen aus dem italienischen Feldzug heimkehrten. Da zogen ihnen «ob tuusig junger Knaben» entgegen, um sie in Empfang zu nehmen.[31] Schliesslich waren sie auch beim Besuch Kaiser Ferdinands dabei. Sie waren «wohl ausgebutzt, beritten und mit weissen Straussfedern geziert». Auch als 1531 Bischof Diethelm Blarer von Wartensee in St. Gallen einritt, kamen ihm hundert Knaben, alle mit hölzernen Schwertlein gerüstet, entgegen.[32] Und so geht das weiter durch alle Jahrhunderte bis weit ins 19. Jahrhundert hinein. Noch Gottfried Keller beschrieb den Brauch um 1856: Anlässlich des grossen Volksfestes in Zürich traten viertausend kleine zwölf- bis fünfzehnjährige Krieger auf. «Man machte sich ein Hauptvergnügen mit ihnen. Überhaupt müssen diese kleinen Kerle überall dabei sein. Wenn die Alten ein Fest feiern, so besteht die Ehrengarde und militärische Schutzwehr, wie anderwärts aus Soldaten, so hier aus kleinen Knaben mit ihren Waffen, die als Schmuck und Zier aufgestellt werden und vorausmarschieren.»[33]
Nicht wegzudenken sind schliesslich die Knabenschaften in militärischen Dingen und im Krieg. Die Knaben von 8–15 Jahren haben, wie der Chronist Simler schrieb, ihre eigenen Fähnlein. «Sie tragen Büchsen, Spiesse und Halleparten. Sie tragen von Natur eine Liebe zu den Waffen und gewohnen sich selber von Jugend auf, dass sie wohl unter dem Spiess herein treten können.» Caduff, Wackernagel und Schaufelberger bringen zahllose Beispiele für den kriegerischen Einsatz der Knabenschaften. Sie kommen zum Schluss, dass die Heere der alten Eidgenossen zum grossen Teil aus jugendlichen Elementen bestanden. Mit ihrer Bändigung hatten die Obrigkeiten oft genug ihre liebe Mühe. Es scheint sie aber nicht abgehalten zu haben, immer wieder auf diese jugendlichen Krieger und Freiharste zurückzugreifen.[34] Oft genug stell-

204 «Spinnstubeten», eine Form des winterlichen Kiltganges. Bündner Kalender 1895.

ten sich die Knabenschafen der Obrigkeit direkt in den Weg. In fast allen Aufständen des Landvolkes haben sie zum Teil an vorderster Stelle, zum Teil als «hilfreiches» Element aus dem Hintergrund mitgewirkt. Wie das aussah, hat A. Suter in einer ausgezeichnet dokumentierten Studie über die Aufstände im Fürstbistum dargestellt. Da ging der grösste Teil der Gewalttaten auf das Konto der Knabenschaften. Sie «bestraften» bischofstreue Gemeindeglieder, indem sie ihnen Garten- und Hofeinfriedung einrissen, Türen und Fenster zerstörten, das Dach abdeckten. Dabei erfüllten sie vielfach einen ausdrücklichen Auftrag der Gemeinde. Oft erschienen sie aber auch als eigenständige Konfliktpartei. So erklärte der Dorfmeier von Bure auf die Frage einer Untersuchungskommission, warum seine Gemeinde ihren Widerstand fortsetze, «dass dies von der Halsstarrigkeit der jungen Leute in der Gemeinde herrühre». Die «Halsstarrigkeit» wird deutlich und verständlich, wenn man sich der extremen ökonomischen Schwierigkeiten bewusst ist, vor denen die Jugendlichen in dieser Zeit standen.[35]

Es gab ausser den Knabenschaften noch andere Jungmännerbünde. Im 16. Jahrhundert tritt in Bern der «Äussere Stand» auf. Es war ein Verband von jungen Männern aus den besten Familien. Seinem Namen gemäss setzte sich die Gesellschaft in einen gewissen Gegensatz zum «Inneren Stand», womit die Regierung gemeint war. Auch bei diesem «Äussern Stand» steht zunächst das Kriegerische, das Militärische im Vordergrund. Dazu kamen aber auch politische Funktionen. Der «Äussere Stand» war so etwas wie eine Miniatur- oder Scheinregierung. Bei allem Spiel und Prunk, bei allem Fasnächtlichem und Irrationalem war auch die Ratio, war Ernst mit im Spiel. Und die Obrigkeit selber fand Gefallen am anderen «Stand». Wie wäre es sonst möglich gewesen, dass 1579 bei den österlichen Wahlen in Bern 15 Mitglieder des «Äussern Standes» in den «Inneren» hinüberwechselten? Offensichtlich betrachtete die Regierung diesen «Äusseren Stand» als politische Vorschule für die Amtsführung in der Republik.[36]

Wie die Berner, so besassen auch die Murtener einen «Äussern Stand». Er stammt aus dem Jahre 1574. Die Quellen berichten von Ausmärschen, Ausritten in die Dörfer der Nachbarschaft. Am Sonntag nach dem Zehntausend-Ritter-Tag fand beim Beinhaus vor der Stadt, in welchem die sterblichen Überreste der Toten aus der Schlacht von Murten ruhen, ein grosses Fest statt. Dabei wurden auch kriegerische Übungen abgehalten. Man «kämpfte» um die Schanze, eine hölzerne Burg, die eigens dafür aufgerichtet worden war. Ähnliche Gesellschaften sind in Schwyz, Unterwalden, Sattel, Zug, Neuenburg, Freiburg und Solothurn nachgewiesen. Zu eigentlicher Berühmtheit brachte es der «Unüberwindliche Rat» von Stans; er ist seit 1550 nachgewiesen. Er war eine Art von Narrenzunft, doch sind auch Züge einer kirchlich anerkannten religiösen Bruderschaft erkennbar. Der «Unüberwindliche Rat» stand in enger Beziehung zum Kloster. Es wurden feierliche, manchmal aber auch humorvolle Briefe ausgewechselt.[37]

Andere Züge trägt die Sauzunft von Rapperswil. Diese um 1578 auftretende Gesellschaft gleicht eher einer Knabenschaft.[38] Die Sauzunft wählte ihren Amtswalter am Neujahrstag, den Bubenstubenmeister, den Knabenschultheiss. Zu den Würdenträgern aus der Reihe der Knaben traten von der Jungmannschaft gewählte oberste Amtswalter aus dem Kreise der verheirateten Männer. Die Rechte und Statuten der Gesellschaft sind durch den Rat förmlich bestätigt und besiegelt worden.

Neben diesen ausgesprochenen Männerbünden gab es – freilich verhältnismässig selten – auch einige Frauenvereinigungen. So hat der grosse Unüberwindliche Rat von Zug im 17. Jahrhundert eine weibliche Sektion angegliedert. In ihr schlossen sich die «wohledlen und tugendreichen Reichsfrauen» zur selbständigen Körperschaft mit eigener Gerichtsbarkeit zusammen. Ihre Rechte und Pflichten sind im sogenannten Weiberbrief von 1627 festgelegt. Das weibliche Parlament hatte eine selbstgewählte

205 Jugendlicher Krieger. Niklaus Manuel Deutsch hat in dieser um 1510 entstandenen Federzeichnung die Atmosphäre der damaligen Welt der Jugend ausgezeichnet getroffen. Kühn, ja geckenhaft modisch aufgemacht, zieht dieser Bursche neuen Abenteuern entgegen. Um die Gefahr, die im Nahkampf drohte, anzuzeigen, hat Niklaus Manuel eine kleine Sonnenuhr, eine Art memento mori, beigefügt. Dahinter steht eine Marterl, eine kleine Wegkapelle, vor welcher das letzte Stossgebet verrichtet werden konnte.

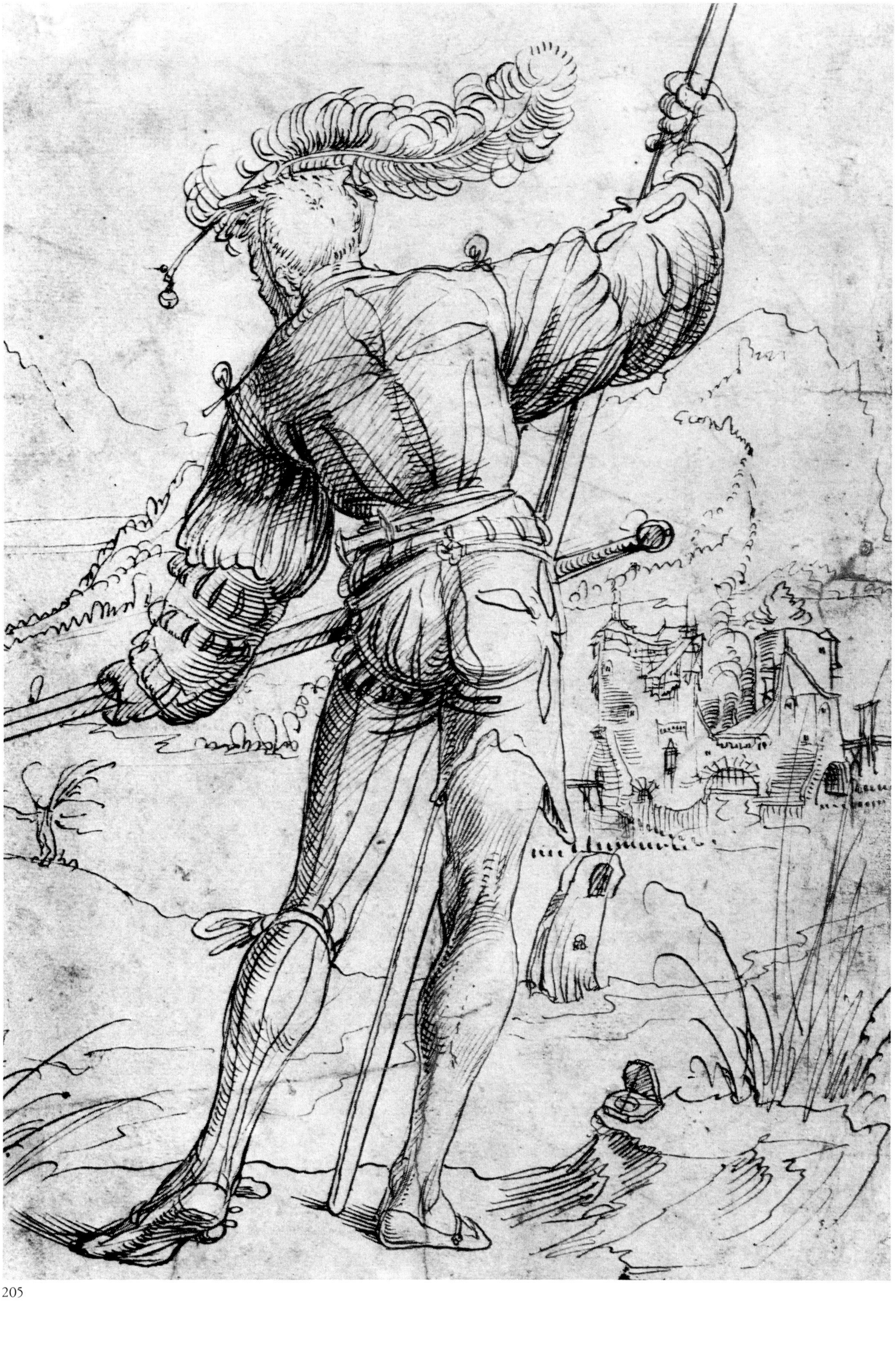

Schultheissin. Sie stand über einen besonderen Verbindungsmann, dem Frauenvogt, mit dem männlichen Rat in Verbindung. Die «Reichsfrauen» überlebten den Sturz der Alten Eidgenossenschaft nicht.[39] Im 18. Jahrhundert gab es auch in Zürich eine Frauengesellschaft; nach dem Gottesdienst trafen sich die Freundinnen «bei einem guten Bier oder einem süssen Wein», um zu plaudern.[40] Die Gesellschaft wurde von der Obrigkeit nicht unterstützt, aber auch nicht verfolgt.

Anders verhält es sich mit den Lesegesellschaften. Getragen von der ländlichen Oberschicht, begannen diese Gesellschaften bald zu politisieren und gerieten deshalb früher oder später in einen Konflikt mit der Obrigkeit. Die Lesegesellschaften sind indessen nur ein Teil der Gesellschaften, die im 18. Jahrhundert, dem geselligen Jahrhundert, wie es Im Hof genannt hat, entstanden sind. Im Hof hat nicht weniger als 120 Gesellschaften festgestellt, die zwischen 1679 und 1788 gegründet worden sind. sie lassen sich in drei Gruppen gliedern: Gelehrte, gemeinnützig-ökonomische und literarische Gesellschaften. An der Spitze steht Zürich mit 30 Gründungen. Die Bewegung – ein Kind der Aufklärung – ist von der protestantischen Schweiz getragen. Doch gab es auch in Solothurn und Luzern einige Gesellschaften; die Katholiken wirkten in einer gesamtschweizerischen Gesellschaft, der Helvetischen Gesellschaft, 1761 in Schinznach gegründet, mit. Die neuen «Societäten» unterscheiden sich in vielen Bezügen von den alten Institutionen, den Knabenschaften, den Handwerkszünften, Genossenschaften und Bruderschaften. Sie übten zwar wie die alten Gemeinschaften die Geselligkeit, doch ging es ihnen um andere, «höher gesteckte» Ziele. Im Gegensatz zu den alten Genossenschaften herrschte, wie es Im Hof ausdrückt, in der neuen Societät «das Prinzip der Gleichheit unter den Mitgliedern».[42] In der Helvetischen Gesellschaft wird, übrigens ähnlich wie bei den Freimaurern, der Titel «Bruder» geführt. Aber diese «Brüder» sind weit entfernt von den alten Bruderschaften. In manchen Bezügen teilt die neue Gesellschaft die alten Verhaltensweisen. Die Devisen lauten ähnlich: So heisst es etwa Delectare et prodesse, ergötzen und nützen. Die Helvetische Konkordia Gesellschaft im Kreis des Luzerner Komponisten Meyer von Schauensee soll die Kurzweil üben; zwei General-Procuratores hatten einen erdichteten Luststreithandel vorzutragen. «Man soll auch das Ergötzende nicht vergessen, so die Musik und Singspiele.» Doch sind solche Gesellschaften eher die Ausnahme gewesen. Sie erinnern mit dem Kurzweiligen und Ergötzenden noch stark an die barocken Gesellschaften, an den Äusseren Stand von Bern und Zug etwa. Am deutlichsten kommen die neuen Tendenzen im Motto einer Lesegesellschaft zum Ausdruck: «Die Geselligkeit der Glieder ist die Seele einer jeden Gesellschaft.» Hinter dieser Fassade – wir denken an die Lesegesellschaften – verbarg sich aber eigentlicher Zündstoff. Im März 1795 gründen in Wädenswil die Brüder Hauser, Gerber und Lederhändler, nach französischem Vorbild einen sogenannten Konventikelklub. Ihm gehörten fast alle führenden Unternehmer der Gemeinde an. Hier las man französische Revolutionsliteratur und die Abschriften der alten Freiheitsbriefe. Im März des gleichen Jahres beschloss man gar, «die Stäfner Patrioten aktiv zu unterstützen».[43]

Das Beispiel Zürich liesse sich in Varianten überall finden, wo die französischen Ideen zu zünden begannen. Doch mit der Revolution gerieten auch diese Societäten in eine Krise. An die Stelle der alten Gesellschaften traten im 19. Jahrhundert die Vereine. Verein, das tönt anders, weniger elitär, tönt demokratisch. Die Idee aber der Soziabilität, die Idee, dass die Gesellschaften nach wie vor ein Mittel menschlicher Kommunikation und menschlicher Wirksamkeit sind, bleibt erhalten. Gesellschaft, Gemeinschaft war in der Konfrontation mit menschlichem Elend, mit Unglück immer notwendig.

Garanten der Sicherheit

Das Haus als Friedensbereich

Nicht im Staat, nicht in der Gemeinde, sondern im Haus liegt der Ursprung aller Friedensordnung. Staat und Gemeinde der alten Eidgenossen sind erst aus einem «allmählichen Zusammenwachsen kleinerer Verbände, familienrechtlich gebundener Gruppen, die wir Sippen nennen mögen, oder künstlich geschaffener Treu-Beziehungen, wie wir sie etwa in der Gefolgschaft vor uns haben, hervorgegangen».[1] Hier, in diesen engsten Verbänden nur, gab es eine feste verbindliche Friedensordnung. Hier, im engumschlossenen Bereich des Hauses, gab es Frieden. Zum Haus gehört natürlich immer eine Familie. Wer vom Haus sprach, meinte immer auch den Familienverband. Haus bedeutete einst Sippe, Familie. Erst im engeren Sinn ist es auch Wohnstätte, Schutzdach, unter dem man «hauste». Das Haus hat dienende Funktion, es bietet rechtlichen Schutz. Hier herrscht Friede, weil jede Fehde hier ausdrücklich verboten ist. Der Friede geht also eigentlich nicht von der Sache, vom Haus, sondern von der Person aus, die darin wohnt. Innerhalb des Hauses gibt es eine noch engere Schutzstelle: Es ist der Herd, die Feuerstelle. Man sprach deshalb immer von Haus und Herd. Der Herd nimmt die dem Haus zugedachte Schutzwirkung auf: Flucht an den Herd, Berührung des Kesselhakens, das erst erbringt die volle Wirkung des Hausfriedens.

Im ländlichen Bereich wird die Grenze des Friedensbereiches durch den Hag gebildet. Er war aber mehr als nur Abgrenzung. Er machte Haus und Hof zur eigentlichen Hegestätte, in welcher Rechtsfriede gilt. Alles, was um Haus und Hof umzäunt ist, was innerhalb des Hofzaunes liegt, nimmt am Hausfrieden teil.[2] Wer in diesen Bereich eindrang, verletzte den Hausfrieden, beging Hausfriedensbruch. Das aber war immer schwerwiegend. Das Kloster Einsiedeln hat, als die Schwyzer im Jahre 1311 ihre Überfälle begingen, ganz energisch darauf bestanden, dass sie in den engeren Bezirk des Klosters, in den Bereich des Zaunes oder Etters, eindrangen. Die Schwyzer, so heisst es in der Anklage, brachen da in das «ochsenhus und stiessen ihr stedel uf und nahmen darus höu und suchten sie da heime inrund etters vreventlich, angerich und anrecht».[3] Ein zweites Beispiel aus dem städtischen Raum. Im Basler Stadtfrieden von 1339 heisst es: «Tete aber dirre dingen (Todschlag, Verwundung) deheines ein burger inwendig den crützen in sinem hus, oder hove sinen lip werende, der verschuldet enkein einunge da mitte.» Das bedeutet nichts anderes, als dass derjenige, der in seinem Haus in Abwehr eines körperlichen Angriffs (sinen lip werende) den Hausfriedensbrecher tötet oder verwundet, straflos sein soll. Wir würden heute von Notwehr sprechen. Damals aber begründete man diese Bestimmung ausdrücklich mit dem Hausfrieden.[4] Nach mittelalterlicher Vorstellung gab das Haus nicht nur Schutz vor Wind und Wetter, es bot seinen Bewohnern einen ganz besonderen und starken Rechtsschutz. Deshalb sind Vergehen, die innerhalb des häuslichen Friedensbereiches begangen wurden, strenger geahndet worden als jene, die ausserhalb

206 Im alten Zürichkrieg werden 1443 die Häuser von Hurden verwüstet und verbrannt. Werner Schodoler, Chronik des Alten Zürichkrieges.

des Rechtskreises verübt wurden. Der Rechtsbrecher konnte mit Hauswüstung bestraft werden. Damit verlor er nicht nur sein Haus, sondern auch jeden Rechtsschutz. Wüstung hiess Zerstörung des gesamten Besitzes einschliesslich der Wohnstätte, die dem Erdboden gleichgemacht wird. Es ging dabei um zwei Dinge: Einerseits hatte die umfassende Zerstörung der materiellen Existenzgrundlagen den geächteten Verbrecher für immer daran zu hindern, in seine ehemalige Heimat und in sein früheres Haus zurückzukehren. Die Ächtung wird auf diese Weise zu einem unwiderrufbaren und dauerhaften Zustand. Andrerseits verlor der Bestrafte auch den Hausfrieden selber. Neben der Strafe der totalen Wüstung gab es die partielle Wüstung. Sie bestand darin, dass einzelne Hausteile, Türen, Fenster, Brunnen, Feuerstelle, Dach, zerstört wurden. Das Haus wurde auf diese Art für einen bestimmten Zeitraum unbewohnbar. Eine solche Wüstung fand 1375 in Luzern statt. Einem Mörder wurden seine beiden Häuser «geschlissen, zur gedächtnus und straff uss krafft einer altenordnung und satzung», wie Cysat berichtet. Die Wüstung als Strafe ist mit der Zeit fallengelassen worden. Das Volk dachte in dieser Beziehung anders. Es nahm im Rahmen der «Volksjustiz» immer wieder Partialwüstungen vor. Sie gehörten noch in den Aufständen des 18. Jahrhunderts zum «eingeübten Repertoire von Sanktionen, die im Rahmen der alltäglichen innerdörflichen Konfliktaustragung häufig eingesetzt wurden».[6]

So haben die Bauern im Aufstand gegen die Fürstbischöfe von Basel 1726–1740 immer wieder Partialwüstungen vorgenommen. Ihr Ziel war, die bischöflichen Beamten und die bischofstreuen Mitbürger einzuschüchtern. So berichtete der Meier von Buix, dass man ihm am 6. Januar 1733 den Zaun seines Gartens umgeworfen und zerbrochen habe. Dem Jean-Jaques Nicolin von Chevenez wurde die aus aufeinandergeschichteten Steinen gebildete Mauer seines Obstgartens während der Unruhen gleich mehrmals umgeworfen. Die Hofzäune waren besonders häufige Angriffsziele. Der Hofzaun hatte ja die Funktion, den Bereich der ausschliesslichen Eigen- und Individualnutzung von den übrigen Bereichen abzugrenzen. Er bildete auch die Grenze des häuslichen Friedensbereiches. «Der Hausfriede endete ja nicht an der Haustüre, sondern umfasste das ganze Gebiet, welches vom Hofzaun eingeschlossen wurde.»[7] Mit der Zerstörung der Umfriedung wurde deshalb dem Betroffenen nicht nur materieller Schaden zugefügt, man verletzte ganz bewusst seinen Hausfrieden. Das verstärkte die Strafwirkung. Ein häufig gewähltes Angriffsziel war auch die Haustüre. Man verrammelte sie mit Steinhaufen oder zestörte sie mit Steinwürfen und Stangen derart, dass das Haus unbegehbar, unbewohnbar wurde. Dabei sind die Knabenschaften, die noch im 18. Jahrhundert solche Gewalttaten vornahmen, ganz genau dem Muster gefolgt, das den mittelalterlichen Partialwüstungen eigentümlich war.

Wohl die schwerste Wüstungsstrafe bildete das Entfernen des Hausdaches, das Dachabdecken. Es beraubte den Betroffenen des elementarsten Schutzes gegen Witterungseinflüsse. Auch im Dachabdecken sind die Knabenschaften mit der Durchführung der Aktion betraut worden. Eine weitere Form des Hausfriedensbruches war das Hauslaufen. Hier ging es einfach darum, dem Hausbesitzer nicht am Haus, sondern im Innern Schaden zuzufügen. Man ass ihm sämtliche Lebensmittel auf oder trank seinen gesamten Weinvorrat. Dieses «Ausfressen» war im 18. Jahrhundert im Kanton Bern auch ein Druckmittel gegen säumige Schuldner. Der «Fresser», auch «Gisler», «Giselesser» genannt, verfügte sich im Auftrag des Gläubigers in das Haus des Schuldners und hielt sich dort so lange essend und trinkend auf, bis dieser seinen Verpflichtungen nachkam.[8] Den Hausfrieden konnte man auch verletzen, indem man das Herdfeuer auslöschte. Bernhard, ein bischofstreuer Bauer aus Cœuve, erklärte, «dass gegen das Neujahr hin sechs Dorfknaben zu ihm gekommen sind. Sie haben sich neben das Feuer gesetzt und darauf begonnen, einige Kübel Wasser ins

207 Der Kriegsrat. Federzeichnung von Urs Graf um 1515. Vor dem Angriff besprechen sich die Hauptleute mit ihren Kriegern. Hinter dem bärtigen Anführer mit phantastischem Kopfschmuck, der an Indianer erinnert, das flatternde Banner. Alle Krieger tragen modische geschlitzte Hosen.

kleine Cheminée zu giessen».[9] Solche Beispiele könnten beliebig vermehrt werden. Sie zeigen recht deutlich, welche Bedeutung und Funktion das Haus als Friedensbereich hatte. Hausfrieden hiess (und heisst auch heute noch) Schutz, Abgrenzung. Wer im Haus wohnt, ist abgegrenzt, gesichert. Eine Hauswüstung war fast immer ein Angriff auf die Grenzen. Scheiben und Türen sind der empfindlichste Teil; es ist die Schwachstelle. Wenn Fenster und Türen eingeschlagen sind, hat das Haus seinen Frieden, seine Friedensqualität verloren.[10] Was aber der Hausfriede wert ist, wussten unsere Vorfahren sehr genau: Es gibt einen alten Spruch, der mit wenigen Worten die ganze Problematik, auch den Sinn des Hausfriedens umschreibt: Mein Haus ist meine Burg.

Wehrbereitschaft

Wer so tapfer kämpft, wer sich so gut schlägt wie die alten Eidgenossen, wird sicher auch den Frieden geschützt und die beste Kriegsbereitschaft gehabt haben. Eine solche Annahme könnte leicht auf falsche Spuren führen, ja sie ist in einem gewissen Sinne sogar falsch. Denn friedliches Dasein setzt ja eine allgemein anerkannte Rechtsordnung und vor allem deren Durchsetzung voraus. Diese allgemein anerkannte Rechtsordnung fehlte, wie an anderer Stelle gezeigt wird. Und Frieden? Wollte man ihn wirklich? Wollte man den Krieg vermeiden? So erstaunlich es klingen mag, der Krieg war im Mittelalter gar nicht unerwünscht. Mit Waffen Ruhm und Reichtum zu erbringen, galt als erstrebenswert, ja ehrenhaft. Friede war weder in ethischer noch politischer Beziehung ein absoluter Wert.[1] Raufereien, Raubzüge, Fehden, kurz die Bereitschaft zum Kampf und Krieg war alltäglich. Gleichzeitig aber hat man, so sehr man sich auf den eigenen Mut verliess und seine eigene Kraft rühmte, unter der dauernden Unsicherheit gelitten. Deshalb kam es immer wieder zu vertraglich vereinbarten Friedensabkommen. Doch sie bedeuteten meist nur einen befristeten Waffenstillstand. Friede war, wie Werner Meyer sagt, «nicht der Normalzustand, dessen Gültigkeit zeitlich, räumlich und personell unbegrenzt gewesen wäre, sondern stets eine Ausnahmeregelung von limitiertem Wirkungsbereich. Ein Stadtfriede galt für ein bestimmtes Stadtgebiet, ein Landfriede für die Vertragsparteien einschliesslich der Untertanen, ein Burgfriede für das Areal innerhalb einer Burganlage.»[2] Leider waren alle diese Abkommen verletzlich, brüchig. Selbst die eidgenössischen Bünde waren nicht nur von politischen Gegensätzen zwischen den einzelnen Mitgliedern, sondern von der dauernden Rauf- und Kampflust bedroht. Wie also der allgemeinen Unsicherheit begegnen? Es gab zunächst einmal Waffenverbote. Sie bezogen sich auf bestimmte Friedensbezirke (Kirchen, Klöster, Gerichtsplätze usw.), und sie schlossen nicht alle Waffen, sondern nur die ausgesprochenen Kriegswaffen aus. Generelle Waffenverbote hätten wohl nie durchgesetzt werden können. Wie unzählige Beispiele zeigen, haben alle diese Waffenverbote bis ins 18. Jahrhundert hinein die Neigung zu Gewalttätigkeit nicht beseitigt, sondern höchstens gedämpft. Noch im 18. Jahrhundert sind, wie die Gerichtsakten belegen, die Schlägereien und Raufhändel mit Waffen an allererster Stelle der kriminellen Handlungen gestanden, und von diesem Übel sind alle erfasst worden, gleichgültig, ob es sich um angesehene Bürger oder um arme Untertanen handelte.[3] Wir werden im Kapitel «Recht» darauf zurückkommen.

Zu den Waffenverboten kamen die Massnahmen gegen unstaatliche Feldzüge. Allen Friedensverträgen und Bündnissen zum Trotz rotteten sich immer wieder Gruppen und ganze Scharen von bewaffneten kriegs- und beutelüsternen Gesellen zusammen, um auf eigene Faust zu «kriegen». Dazu nur einige ausgewählte Beispiele. Im Jahre 1476 war in Zug grosse Fasnacht. Da hatte es, um mit dem Chronisten Stumpf zu sprechen, gute Herren und Gesellen, aber auch liederliche Schlucker und Kriegsleute,

Leute, die man überall findet, die lieber Krieg und Unruhe denn Friede und Ruhe wollen. Die beschlossen, angeblich weil sie in den Burgunderkriegen zu wenig Beute gemacht hatten, Genf zu plündern. Sie zogen nach Freiburg. Dort aufgehalten und befragt, antworteten sie, «sie wellten rich werden». Nach vielen Mahnungen und nachdem jeder Teilnehmer dieses Zuges – man nannte ihn wegen des Banners den Saubannerzug – zwei Gulden und Wein erhalten hatte, verlief sich der Zug wieder.[4] Im Jahre 1448 kam es zum sogenannten Plappart-Krieg. Er war das Resultat eines Zerwürfnisses anlässlich eines Schützenfestes in Konstanz. Die Luzerner Rädelsführer hofften auf reiche Beute. Sie plünderten das Schloss Weinfelden, und die Konstanzer zahlten schliesslich zweitausend Gulden Tribut.[5] Das dritte Beispiel: Am 30. April 1525 kamen in Liestal verschiedene Knaben zusammen. Sie marschierten zum Frauenkloster Olsberg. Hier brachen sie ein, um zu essen und zu trinken. Als sie am 1. Mai nach Liestal zurückgingen, brachen sie noch in den Pfrundkeller ein und stachen ein grosses Weinfass an. Zu diesen Knaben sind auch viele Bürger gezogen, um mit ihnen zu trinken und mit Trommeln in der Stadt herumzuziehen und guter Dinge zu sein.[6] Um solche unstaatliche Kriegszüge oder auch Heischezüge zu verhindern, unternahmen die Regierungen die verschiedensten Anstrengungen. Schon im Pfaffenbrief von 1370 gibt es Verbote privater Feldzüge. Auch das Stanser Verkommnis von 1481 verbietet rebellische Zusammenrottungen. Doch soviel den Obrigkeiten die dauernde Bereitschaft zum Dreinschlagen und Raufen zu schaffen machte, so sehr schätzten sie die Kriegermentalität, wenn es galt, einen staatlichen Krieg zu führen.

Zur Kriegsbereitschaft gehören indes auch noch andere Elemente. Da gab es einmal die Möglichkeit der Befestigung. Von ihr hat man nur in beschränktem Mass Ge-

208 Der Saubannerzug von 1477. Silberisen zeigt die Teilnehmer des Zuges. Es waren nach Stumpf «liederliche Schlucker und Kriegsleute wie man sie überall findet» auf ihrem Marsch nach Genf. Auf dem Banner der Eber.

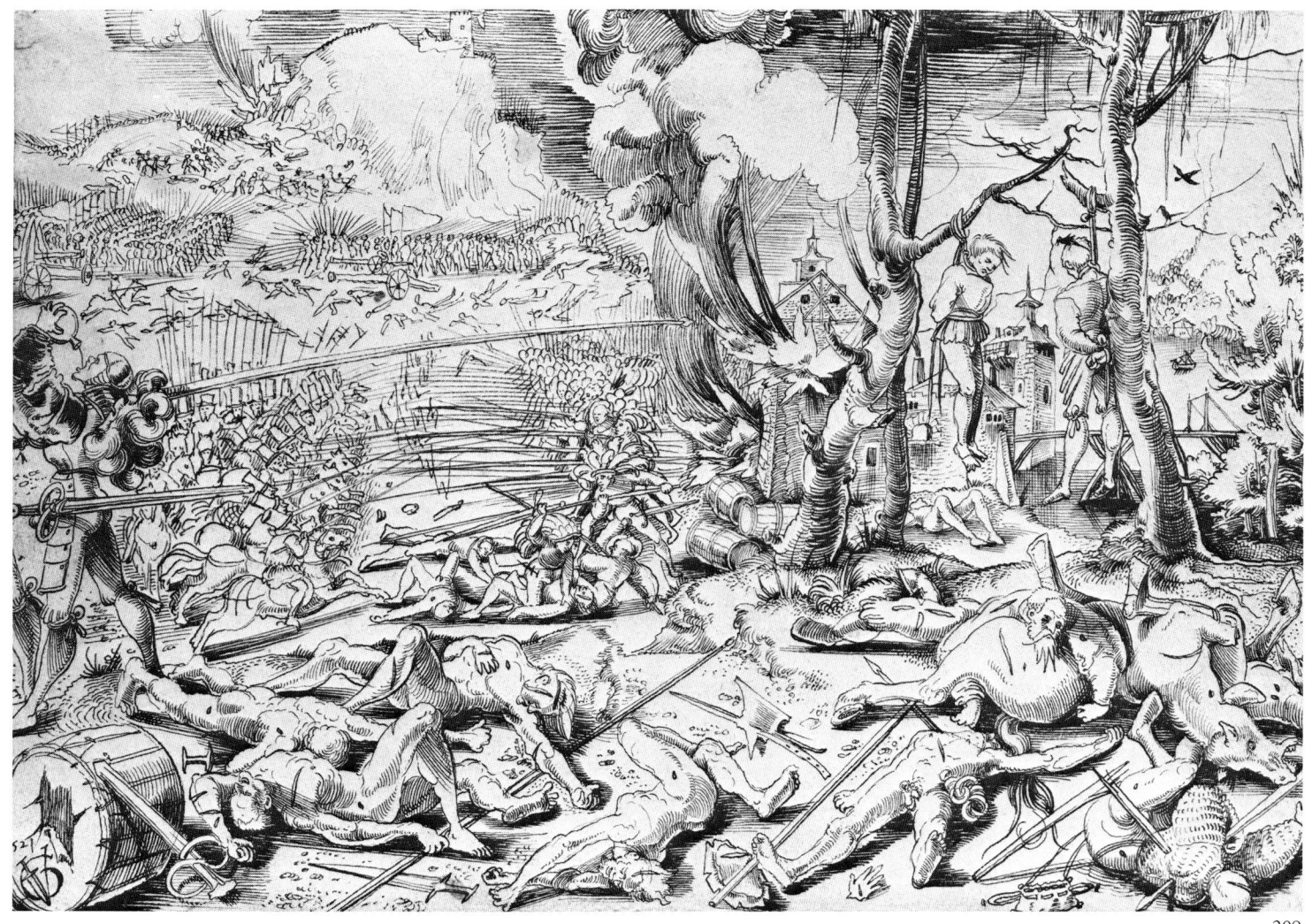

209 Schlachtfeld. Mit seltener Eindringlichkeit hält Urs Graf 1521 die Schrecken des Krieges fest. Da liegen die der Kleider beraubten Toten umher. Die Häuser werden in Brand gesteckt. An den Bäumen hängen entleibte Krieger. Mitten auf dem Schlachtfeld trinkt – man beachte die Figur links aussen – ein Krieger aus der Feldflasche.

brauch gemacht. Die fortifikatorischen Verstärkungen, welche die eidgenössischen Orte auf ihren Landvogtei-Schlössern bei drohender Kriegsgefahr anbrachten, waren eher kümmerlich. Es fehlte sowohl an Waffen wie auch an Mannschaft. Auch die Mauern der Grenzschlösser und Grenzstädte befanden sich in bedenklichem Zustand. Nach der Schilderung des Chronisten Anshelm besass das Schloss Dorneck «bös Muren und schwach Wehrinen».[7] Oft sind Schlösser, wie beispielsweise im Fall von Sargans (Schwabenkrieg), erst in allerletzter Minute zur Verteidigung eingerichtet worden.[8] Das Städtchen Stein am Rhein war an Geschützen und Zubehör «vast blos und ganz übel versehen». Es gab da zwar eine grosse Büchse, aber es konnte sie niemand bedienen. Als endlich ein Büchsenmeister von Zürich eintraf, sprang sie beim ersten Schuss in tausend Stücke.[9] Bollwerke, die den artilleristischen Möglichkeiten und Bedürfnissen des ausgehenden Mittelalters entsprochen hätten, gab es nur in den reicheren Städten wie Basel, Zürich und Schaffhausen. Hingegen gab es an zahlreichen Orten Talsperren, die Letzinen; sie sind in Zeiten drohender Kriegsgefahr jeweils ausgebessert und auch bewacht worden. Schutzmöglichkeiten boten in unsicheren Zeiten, dort wo keine Burgen und Stadtmauern zur Verfügung standen, Wälder, Schluchten und Höhlen. Vieh, Nahrungsmittel und Werkzeuge konnten leichter in solche Verstecke gebracht werden als in die nächste Stadt.[10]

Wie stand es mit der Bewaffnung? Der Chronist Simler betont 1576, dass, obgleich bei vielen Völkern «dem gemeinen Mann die Waaffen verbotten sind», es in der Eidgenossenschaft zu Stadt und Land der allgemeine Brauch sei, dass die Mannspersonen Rapier oder Schwerter tragen. Und es sei jedermann, auch den armen Taglöhnern, geboten, «dass sich nach ihrem Vermögen mit Gewehr und Waaffen verse-

hen».[11] Wer keine Waffen erwerben konnte – man denke an die weitverbreitete Armut –, konnte sich im Zeughaus eine Waffe leihen. Schwierig war es für die Obrigkeiten, den Krieger «richtig» auszurüsten, denn einzelne Waffen wie Hellebarde, Streitaxt, Kreuzdegen waren beliebt, andere wie Langspiess oder gewisse Schutzwaffen (Harnisch) eher unbeliebt. Obwohl die Kriegsordnungen vorschrieben, den Harnisch auf der Strasse, beim Kriegsrat, ja sogar auf dem Kirchgang zu tragen, hatten die Obrigkeiten die grösste Mühe, diese Anordnung durchzusetzen.[12]
Wie die Wirklichkeit aussah, erfahren wir am Beispiel von Schaffhausen. Der Schaffhauser Chronist Rüeger berichtet, es müsse ein jeglicher Bürger bei seinem Eid mit Wehr und Harnisch nach Notdurft und nach «vermögs, sins habs und guots versehen sin».[13] Zu bestimmten Zeiten hatten sich die Bürger mit Wehr und Waffen einzufinden. Manchmal sind solche Kontrollen auch auf den Zünften vorgenommen worden. Wenn es keine Musterung gab, zogen die verordneten Herren von Haus zu Haus und «schowend den burgeren ire waffen in den hüseren».[14] Ein Berner Chronist stellt 1556 fest, dass alle Jahre eine Harnischschau stattfand. Cysat berichtet von den Harnischschauen in Luzern. Um die Musterungen etwas angenehm zu gestalten, beschlossen die Basler, dass nach der Musterung im Mai ein Freudenzug an die Kirchweih nach Liestal unternommen werden dürfe.[15] Mit den Musterungen sind, entgegen allen Erwartungen, wie die beiden Historiker Schaufelberger und Badrutt feststellen, keine militärischen Übungen durchgeführt worden.[16] Von einer systematischen Ausbildung, so wie wir sie heute kennen, kann für damalige Zeiten nicht die Rede sein. Das heisst nun allerdings nicht, dass man den Gebrauch der Waffen nicht geübt hätte. So haben beispielsweise die Obrigkeiten, wie Simler 1576 sagt, «dieweil dieser Zeit die Büchsen in dem Krieg stark gebrucht werden, den Büchsenschützen Gaben zukommen lassen». Solche Gaben sind auch den Bogenschützen zugekommen.[17] Für eine gewisse militärische Ausbildung sorgten auch die Schützenfeste, und schliesslich ist auch die Jugend militärisch erzogen worden. Wiewohl sie von Kriegskünsten noch nicht viel verstehen, meint der Chronist Simler 1576, haben schon junge Knaben ihre eigenen Fähnlein, sie tragen Büchsen, Spiesse und Hellebarden. So bekommen sie «doch von Natur eine Liebe zu den Waffen».[18] Nach dem Zeugnis des Baslers Gast erhielten sie auch Sold. Ausserdem gab man jedem «einen ring und weien und zwei öpfel».[19] Den Gebrauch der Nahkampfwaffen, besonders den schwierigen Umgang mit dem Langspiess, erlernte man, wie Werner Meyer betont, auch auf der Jagd. Und mit der Streitaxt und Hellebarde konnte schliesslich jeder dreinschlagen, der zu Hause Bäume fällte und Holz zu spalten hatte. Selbst taktische Bewegungen, denen die eidgenössischen Krieger ja so viele Erfolge verdankten, entstammten nicht drillmässigen Übungen, vielmehr «den natürlichen Bewegungsabläufen und kollektiver Instinktsicherheit». Selbst die berühmte Keilformation, in der sich die Eidgenossen auf den Gegner stürzten, entstand zwangsläufig «durch den plötzlichen Aufbruch aus einem dichten Haufen».[20] Die Schlacht am Morgarten zum Beispiel, so meint Schaufelberger, zeige eine instinktive kriegerische Nutzung aller Möglichkeiten. Sie erinnere weniger an ein taktisches Lehrbuch als vielmehr an die letzte Phase einer Treibjagd, in welcher das umstellte Raubtier den Fangstoss bekommt.[21]
Ein Historiker der «alten Schule», Bruno Meyer, dagegen meint, ein solches, «rein auf Instinkt geleitetes Tun» sei mit einer «bewussten, auf der Höhe ihrer Zeit stehenden militärischen Leitung nicht vereinbar». Man müsse, meint er, endlich das Bild von einem «räuberischen Bergvolk, das sich ständig zwischen Frieden und Fehde bei Tier- und Menschenjagd» bewegt haben soll, revidieren. Auch die feststellbaren Merkmale der Kriegstechnik sind nach Bruno Meyer nicht die eines «Hirtenvolkes».[22] Wie dem immer auch sei: die grossen Erfolge der Alten Eidgenossen sind zweifellos auf eine ganz bestimmte Kriegermentalität zurückzuführen. Diese Mentalität

210

ist von den Zeitgenossen und vor allem auch von den Gegnern der Schweizer wiederholt bezeugt worden: «In selbstmörderischer Kampfeswut stürzte man sich auch auf die zahlenmässig weit überlegenen Gegner. ‹Viel Feind, viel Ehr› oder ‹je dichter das Gras, desto leichter das Mähen›.» Wie weit es da mitten im Kampf noch Pläne und Weisungen der Hauptleute gegeben hat, ist heute schwer nachzuweisen. Das Kriegsvolk selber erwartete vom Hauptmann wohl auch keine taktische Führung. Vielmehr hatte sich dieser als «Oberschläger in vorderster Front zu bewähren und mit seinem Beispiel die Leute vorwärts zu treiben».[23]

Entscheidend für Sieg oder Niederlage war nicht das militärische Potential, sondern das Verhalten des Kriegers im Feld. Dank «ihrem rücksichtslosen, todesverachtenden Angriffsgeist, dank ihrer Beweglichkeit im unwegsamen Gelände, dank ihrer körperlichen und waffentechnischen Vorteile im Nahkampf» waren die Eidgenossen sicher im 14. und 15. Jahrhundert ihren Gegnern weit überlegen. Als aber im 16. und 17. Jahrhundert bessere Feuerwaffen, künstliche Geländeverstärkungen und kavalleristische Einsätze aufkamen, verloren die Eidgenossen ihre bisherige militärische Vorherrschaft allmählich. Dennoch hat gerade die kriegerische Mentalität unserer Vorfahren mitgeholfen, den Frieden bis ins 18. Jahrhundert zu sichern. So erstaunlich es zunächst klingen mag, «es ist nicht nur die kluge Aussenpolitik, sondern vor allem das Söldnerwesen, das Reislaufen gewesen, das zu diesem Erfolg wesentlich mitgeholfen hat». Für den Fall, dass die Eidgenossen selber in Kriege verwickelt werden sollten, sahen ja die Soldverträge die Entlassung der Söldner vor. Zweifellos lag es aber im Interesse der Grossmächte, die ja ihre Söldner nicht gerne verloren, die Eidgenossenschaft vom Krieg auszuschliessen. «So kann der Historiker feststellen, dass der über Jahrhunderte dauernde Friede für die alte Schweiz – das sog. ‹Schweizerglück› – vom 16. bis ins 18. Jahrhundert hinein mit dem Blut von Schweizer Reisläufern auf den europäischen Schlachtfeldern bezahlt worden ist.»[24]

Das berühmte «Schweizerglück» ist allerdings auch auf die Beobachtung ausländischer Mächte zurückzuführen, dass man die Schweizer Krieger vielleicht auf einem ausländischen Schlachtfeld, weniger gut aber zu Hause besiegen könne. Dazu kamen im weitern die Berichte der Ausländer, die die Schweiz in dieser Zeit bereisten. So erwähnte beispielsweise der Engländer Coryat 1608, die Musterungen und Zielübungen der Eidgenossen hätten ihm einen tiefen Eindruck gemacht.[25] Im Jahr zuvor hatte der Venezianer Padavino vom militärischen Aufgebot berichtet: «Alle, ohne Unterschied nehmen dran teil und üben sich von Kind auf im Schiessen mit der Armbrust, mit Büchsen und Musketen.» Auf alle ausländischen Besucher machten vor allem die Zeughäuser der Schweizer Städte einen tiefen Eindruck. Der Engländer Coryat bemerkte, Zürich brauchte punkto Zeughäuser keine Vergleiche mit den Arsenalen von Mailand und Venedig, ja selbst vom Tower zu scheuen.[26] Um 1755 berichtet der Engländer Edward Gibbon von einem edlen Wettstreit zwischen Bern und Zürich, wer wohl das bessere Zeughaus habe: «Wenn ich darüber entscheiden müsste, würde ich sagen, es habe in Zürich zwar zahlenmässig mehr Geschütze, in Bern dagegen mehr Kriegstüchtige.»[27] Während im 17. Jahrhundert vor allem auch die Befestigungen und Bollwerke der Schweizer Städte noch gerühmt wurden, mehren sich im 18. Jahrhundert die kritischen Stimmen. Ein französischer Reisender bemerkt 1736, die Fortifikationen aller Städte seien «peu de chose – ce n'est que de simples Bastions».[28] Im ganzen herrschte im Ausland die Meinung vor, die Eidgenossenschaft sei dank eigener Anstrengung und allgemeiner Gunst der Zeit frei und stark, keinem König noch Kaiser untertan, «und für den Fall eines Krieges hat sie sich in Friedenszeiten so gut ausgerüstet mit Vorräten an Munition und Kriegsmaterial, dass sie ohne weiteres instande ist, sich gegen irgendwelche fremde Truppen zu verteidigen».[29] Dieses Urteil des Engländers Coryat war vielleicht doch etwas zu schön gefärbt, zu positiv. Im Jahre 1798 hätte er es wohl nicht mehr so formuliert.

210 Kolorierte Zeichnung «Alte Trüll-Musterung» wohl im Kanton Bern. Nach der Natur gezeichnet im Jahre 1789 von N.F. König von Bern. Die allerdings stark karikierte Wiedergabe einer Landmiliz-Musterung lässt die Ereignisse von 1798 erklärlich erscheinen. Garant der Sicherheit stellte diese Truppe sicher nicht dar.

Das Recht

Im Spätmittelalter und weit darüber hinaus waren Staat, Gesellschaft, Rechtsordnung, waren Wahrung von Frieden und Recht keine getrennten Dinge, sondern eng, ja nahezu untrennbar miteinander verwoben und verflochten. «Der Mensch erscheint nicht als Individuum im Rahmen eines einzigen Staates, sondern als Angehöriger von übereinander- und ineinander- gefügten Lebensordnungen, als Glied von Reich, Adelsherrschaft, Stadt, Talschaft, Dorf, Sippe und Haus; als Repräsentant adliger, geistlicher, bürgerlicher oder bäuerlicher Lebensformen.» (H.C. Peyer) Es gab kein alleiniges, vom Staat gesetztes Recht, sondern eine Vielzahl von Satzungs- und Gewohnheitsrechten der Herrschaften, Stände und Sippen. Untereinander waren alle diese verschiedenen Ordnungen durch geschriebene Verträge verbunden. Auch eine Demokratie im heutigen Sinn existierte nicht. Gottgewollt, allgemein üblich, leitbildhaft war im Spätmittelalter viel eher die Monarchie. Deshalb rühmte man die vom König und Kaiser hergeleitete Rechtmässigkeit, vor allem dann, wenn es galt, ausländischen Vorwürfen entgegenzutreten.[1] So bunt und komplex diese verschiedenen Rechtsordnungen auch immer gewesen sein mögen, sie waren doch Garanten des Eigentums und der Persönlichkeit. Eingebunden in die allgemeine Weltauffassung, gekoppelt mit der Religion, erlangt dieses so reichgegliederte Recht die Bedeutung eines universellen und allumfassenden Regulators der sozialen Beziehungen. Es ist sakrosankt, weil es uralt ist. Wenigstens glaubte man dies: Die «Alten», die Ahnen, die Vorfahren kannten das Recht, und sie bewahrten es treu. Sie kannten die alten Gepflogenheiten und Urkunden, und sie wussten sehr genau, was wahr und recht ist. In gefahrvoller Zeit ruft man immer das alte Recht an. Die drei Orte berufen sich 1291 auf alte Urkunden, sie verlangen eine Wiederherstellung der Rechtsverhältnisse, und zwar so, «wie sie vor des künges ziten» geherrscht hatten.[2]

Altes Recht wurde indessen nicht nur von den drei Orten angerufen. Genau dasselbe taten auch die Führer in den Aufständen des 15. und frühen 16. Jahrhunderts. Immer wieder wird das legitimierende Argument des alten Rechtes verwendet. Erst als man endlich, nach langer Zeit die Auswegslosigkeit einsah, nahm man auch Zuflucht zum «göttlichen Recht». Jetzt wird die Einziehung der Verlassenschaft unehelicher Kinder «wider göttlich recht» verurteilt, wird die Forderung nach freier Jagd und Fischerei gerechtfertigt, weil alle Tiere von Gott dem «allmechtigen zu nutz und ufenthalt dem mentschen gmein geschaffen».[3] Was uns am Recht und vor allem auch am Strafrecht unserer Vorfahren zunächst auffällt, sind die archaischen und harten Züge. Jede verbrecherische Tat muss ausgeglichen und gesühnt werden, und es ist am Familienverband des Geschädigten, die Strafe zu vollziehen, Fehde zu üben. Oft genug vergelten die Blutsverwandten nicht nur für Tötung oder Blutwunde, sondern auch für geringes vermeintliches Unrecht mit Blutrache. Diese Institution hat sich behauptet. Es ist noch Blutrache geübt worden, als es schon eigentliche Gerichte gab und diese Träger der Straffunktion waren.[4] Wie ist das zu erklären? Haben wir es hier mit einer zurückgebliebenen, urtümlichen Kultur zu tun? H.G. Wackernagel verneint die Frage. Erstens: Die alpinen Gebirgsgegenden waren keineswegs abgeschlossen. Schon damals herrschte reger Passverkehr. Zweitens: Ein völkerkundlicher Vergleich zeigt mit «völliger Evidenz, dass die Blutrache aufs engste mit dem sippenhaften Aufbau eines Volkstumes zusammenzuhängen pflegt».[5] Ausser der Blutrache äusserte sich einst rächerische Selbsthilfe auch in andern, etwas weniger heftigen Arten, bei denen wenig oder gar kein Blut floss. So strafte man etwa durch die Heimsuchung, die partielle oder totale Wüstung, von der im vorangegangenen Kapitel die Rede war. Den Obrigkeiten waren diese dem archaischen Rechtsgedanken entsprechenden Fehden ärgerlich. Mit immer wieder neuen Verboten versuchten sie das

211

Fehdewesen einzudämmen. Solche Bestimmungen enthält der Pfaffenbrief von 1370, der Sempacherbrief von 1393 und das Stanser Verkommnis von 1481.[6]

Als im 15. Jahrhundert die schweren Verletzungen des Landfriedens durch Fehde, Raub und Diebstahl weiter zunahmen, verschärften die Obrigkeiten die Strafen.[7] Uns erscheinen sie grausam, ja unmenschlich zu sein. Wie die Rechtspflege etwa am Anfang des 15. Jahrhunderts aussah, erfahren wir von Enea Silvio Piccolomini. Dieser Italiener war als Konzilsbeamter jahrelang in Basel. Er kannte also die Sitten und Bräuche aus eigener Anschauung. «Die Basler sind von unbeugsamer Strenge und lieben Gerechtigkeit; wenn sich welche strafbar machen, hilft diesen weder Geld noch Bitten, noch eine Menge Freunde und Verwandte oder Einfluss in der Stadt: Alle müssen für ihr Vergehen büssen. Die aus der Stadt auf ewig Verwiesenen haben keine Hoffnung mehr auf Rückkehr, es sei denn, sie würden etwa im Gefolge von Kardinälen, die in die Stadt einziehen, eingelassen. Solchen wird verziehen, sofern ihre Übeltaten geringfügig sind. Auch die Martern selbst, mit denen sie die Schuldigen bestrafen, sind überaus grässlich. Die Einen nämlich enden ihr Dasein aufs Rad geflochten, mit zermalmten Knochen, Andere werden im Rhein ertränkt, Andere verbrennen sie, wiederum Andere, lebend zwar, verstümmeln sie. Manche sperren sie in den Kerker und gewähren ihnen nur wenig Brot und ein paar Tropfen Wasser, bis sie an Hunger oder Durst zu Grunde gehen. Auch zur Untersuchung der Verbrechen gebrauchen sie äusserst grausame Foltermethoden, so dass es als wünschenswerter erscheint, zu sterben als diese zu erleiden. Trotzdem wollen Einige, wie man hört, lieber all das ertragen, als die verübten oder bloss vorgeworfenen Missetaten gestehen.»[8] Piccolomini räumt zwar ein, dass die Basler Richter unbestechlich seien. Ganz anders sehe es in Wien aus. Die Wiener Justiz sei käuflich und treffe nur die Armen und Einflusslosen.[9]

Man machte sich in dieser Zeit keinen Augenblick Gedanken darüber, ob der Übeltäter seine Bestrafung verdient habe. Vielmehr empfand man innigste Genugtuung über die vorbildliche Ausübung der Gerechtigkeit. Deshalb sind die Strafen immer öffentlich vollzogen worden, denn man wollte ja abschrecken. So vermerkt Johann Haller in seinem Tagebuch, dass am 13. Juni 1550 in Aarau der Student Fels auf offenem Markte am Halseisen aufgestellt worden ist.[10] Der Chronist Wurstisen berichtet, dass 1610 eine steinerne Säule errichtet wurde, «welche man das Halseisen» nennt und auf welche lasterhafte Personen für eine Stunde lang öffentlich zur Abscheu aufgestellt, dann fortgeführt, verwiesen und auch bisweilen gebrandmarkt und vom Scharfrichter ausgepeitscht werden.[11] Die Trülle ist immer dann in Betrieb gesetzt worden, wenn «am Wochenmarckt, am allermeisten Volck vorhanden war».[12] In einem drehbaren Käfig drehte man den Eingesperrten so lange, bis er ohnmächtig zusammenbrach.

Wie ein Strafprozess etwa im 15. Jahrhundert ausgesehen hat, erfahren wir anhand der Originalakten im Archiv Ortenstein des Staatsarchivs Graubünden. Peter Liver hat sie ausgewertet. Es geht um einen Prozess gegen Uoli Sterlaira und Nut Sulaira im Jahre 1470. Da spielt sich folgendes ab: Zunächst tritt der Weibel der Herrschaft als Kläger vor. Er führt aus, dass die beiden wegen begangener Diebereien angeklagt seien. Das Geständnis sei «unbezwungen» abgelegt worden. Uoli Sterlaira tritt mit seinem Vogt und seinem Fürsprecher Hans Lendi von Truns auf. Er bekennt sich schuldig, verteidigt sich aber damit, dass die ganze Angelegenheit in Chur bereits erledigt worden sei. Man habe da bereits alles vergeben. Sterlaira wird aber zum Tod durch den Strang verurteilt. Am folgenden Morgen wird über Nut Sulaira zu Gericht gesessen. Die Klage führt der Weibel des Herrn durch seinen Fürsprecher Heinrich Grass. Der Angeklagte ist verteten durch seinen Vogt Jann Fliesch von Truns und den Fürsprecher Ammann im Ried uf Tschappina. Der Angeklagte, vorher geständig, widerruft nun das Geständnis, er habe es unter Martern abgegeben. Er aner-

211 Noch zu Beginn des 16. Jh. gab es zahlreiche Hinrichtungs- und Verstümmelungsarten. Es waren das Steupen (Auspeitschen), Enthaupten, Handabhacken, Blenden, Ausdärmen, Rädern, Abschneiden der Zunge, Verbrennen, Henken und Ertränken.

bietet sich, das heisse Eisen zu tragen, damit Gott der oberste Richter an ihm zeichne (Gottesurteil). Der Weibel lässt vorbringen, dass das Geständnis unbezwungen erfolgt sei. Darauf bekennt Sulaira seine Schuld. Das heisse Eisen begehre er nicht zu tragen. Das Urteil wird gefällt: Wegen des Diebstahls Tod durch den Strang am Galgen, wegen Verräterei und wegen des falschen Spiels soll ihm der Henker «sin ougen usstechen».[13] Wir stossen immer wieder auf die sogenannte spiegelnde Strafe. Einem Gotteslästerer wird die Zunge durchstossen, einem Hausfriedensbrecher, der freventlich den fremden Hausbezirk betritt, wird der Fuss verstümmelt. Einem Mann, der falsches Geld in Umlauf setzt, wird die Hand abgehauen.[14] Dazu nur wenige Beispiele: Gast berichtet 1531, dass einem Gotteslästerer aus Riehen «in öffentlicher Exekution ein Stück seiner Zunge abgeschnitten wurde».[15] Ein anderer Gotteslästerer – «er hatt gott im Himmel gefluocht» – wurde mit dem Schwert gerichtet, «die Zung ausgeschnitten, an ein Stang genagelt und das Haupt auf die Stang gesteckt, vor Basler Steinentor».[16] Besonders schrecklich waren die Strafen für Juden. Im Jahre 1374 wurde in Basel ein Jude an den Füssen gehängt. «Der hieng drei tag, eb er starb.»[17] Diese Art des Hängens galt als besonders qualvoll und schimpflich. Sie wurde in der ganzen Schweiz angewendet.[18]

Geldfälscher wurden durch Sieden hingerichtet. Recht drastisch drückt sich die schwyzerische Hochgerichtsordnung aus: «Herr, mich dünkt recht, dass der Scharfrichter diesen Menschen, nähme in Hand und Gewalt und ihn allda in einen Kessel oder Standen mit siedend Wasser oder Öl versiede, damit niemand mehr von seiner Fälscherei beschissen und betrogen wird.»[19] Ketzer überantwortete man dem Feuer. Der Basler Ryff berichtet, um aus der grossen Zahl der Quellen nur ein einziges Beispiel zu nennen, dass am 11. August 1530 in Basel ein Ketzer verbrannt wurde, «um sinsz miszglubens willen, namlich hielt er nüt uff das nüw testament Jhesu Cristi, glubt nit, dass er got und mensch war». Man liess aber Gnade walten, indem man ihn zuerst enthauptete und dann erst verbrannte.[20] Den Hexen aber, die ja nach mittelalterlicher Auffassung nichts anderes bildeten als eine grosse, ketzerische Sekte,

212 Hinrichtungsszene. Ende 15. Jh. Ein Urkundenfälscher wird gerädert, zwei falsche Zeugen werden im Ölkessel gesotten. Die Richter wohnen der Szene mit Gerichtsstäben bei. Ein Geistlicher mit Kruzifix versucht, den Sterbenden zu trösten.

213 Ein Mann wird getrüllt. Der Trüllkäfig gehörte zu den häufigen Strafen für kleine Missetaten. So mussten in Appenzell 1651 zwei Männer, die auf der Fronleichnamsprozession den Hut auf dem Kopf behalten hatten, während des Wochenmarktes eine Stunde lang in der Trülle stehen. (Stich von Barbier, Ende 18. Jh.)

die als ihren obersten Herrn den Teufel persönlich verehrten, ist diese Gnade meist nicht zugekommen. Aus der wahrhaft beklemmenden, grauenerregenden Liste dazu nur wenige Beispiele: «Im August 1568 ward zu Erlach eine Hexe samt ihrer Tochter, die sie dem Satan vermählet hat, verbrannt.» Im September 1568 wurde in Spiez eine böse Hexe verbrannt, «von der man viel Wunders sagt». Im Jahre 1482 ist eine Hexe in Murten verbrannt worden. Am 7. Juli desselben Jahres sind in Aesch zwei Hexen verbrannt worden.[21] Der Chronist, der diese Aufzeichnungen machte, fügte den Stossseufzer hinzu: «Welch schreckliche Wesen sind die Weiber, die sich blindlings dem Satan ergeben.»[22]

Wie verhielt sich das Volk? Billigte es diese Prozesse, diese Hinrichtungen? Die Gerichtsakten zeigen, dass es in den allermeisten Fällen die Dorfleute selber waren, die irgendeinen Mitbürger anzeigten und der Hexerei bezichtigten. In Wasterkingen haben die Dorfleute mit Auswanderung gedroht, falls man die Hexen nicht verfolge.[23] Als am 18. Mai 1519 zwei Hexen aus Horgen und Wädenswil zum Feuertode verurteilt wurden, feierte das Volk den Tod dieser beiden Frauen mit einem grossen Fest.[24] Wie sollte das Volk auch anders urteilen, wenn selbst die Kirche solche Prozesse rechtfertigte?

Um die Wahrheit zu ergründen, zu wissen, um mit einem zeitgenössischen Chronisten zu sprechen, «was Gottes Wille sein könnte», griff man zum Gottesurteil. Eine solche Gottesprobe hat sich nach Tschudis Bericht 1315 in Bern zugetragen. Die Angeklagte erbot sich, «das heiss Isen ze tragen, ir Unschuld ze bewisen». Sie trug es «on allen Schaden». Dieses Wunder ereignete sich «in Bisin des Schultheissen, der Räten und einer grossen vile Volcks».[25] Das zweite Beispiel wird vom Chronisten Petermann Etterlin überliefert. Im Jahre 1503 wurde in Ettiswil eine Frau von ihrem Mann erstickt. Er verliess das Haus, als ob nichts geschehen wäre. Die Frau wurde gefunden und bestattet. Weil man keine Wunden fand, ahnte man nichts Schlimmes. Im Volk aber erhob sich das Gerücht, die Frau sei ermordet worden. Der Mann wurde deshalb gefangen und gefoltert, gestand aber seine Tat nicht. Darauf wurde die Bahrprobe angeordnet. Als er bei der Leiche seiner Frau schwur, fing die Leiche an zu bluten. Damit war der Beweis der Tat erbracht. Der Mörder wurde zum Tod auf dem Rad verurteilt. Aus diesem Beispiel kann jedermann sehen, so der Chronist, dass Gott der Allmächtige alles Gute belohnt und das Böse bestraft.[26]

Als Rechtsmittel ist auch der Zweikampf eingesetzt worden. Zwar ist er in Luzern durch ein Statut von 1373 für die Stadt und alle Gotteshausleute ausgeschlossen worden. Die Landgerichtstage der Landschaft aber übten diesen Brauch bis ins 15. Jahrhundert hinein. Doch nun ein Beispiel aus dem Glarnerland. Um 1423 stiess der Bauer Heintz, um in Besitz des Erbes zu gelangen, seinen reichen Schwager Blumer über einen Felsen. Dieser kam indessen nicht um und klagte seinen Schwager an. Heintz sagte aus, er habe seinen Widersacher bei einer verbrecherischen Handlung ertappt und habe ihn deshalb, um die Sippe reinzuhalten, umbringen müssen. Die beiden wurden gefangengenommen, blieben aber trotz Folterung bei ihrer Aussage. «Um die Wahrheit zu erkennen», ordnete das Gericht einen Zweikampf an. In diesem Zweikampf unterlag Heintz und starb.[27]

So hart die Strafmethoden der Justiz auch gewesen sein mögen – es gibt auch Zeugnisse, die eine andere, eine «menschlichere» Sprache sprechen. Dafür steht der alte Brauch des Richtens nach Gnade: Wenn der Angeklagte vor der Urteilsfällung aus dem Gerichtssaal geführt wurde, erschienen Verwandte und Freunde, um den Rat kniefällig um Gnade zu bitten. Tatsächlich liess das Gericht hin und wieder Gnade walten. Dabei ging es nicht darum, das Urteil aufzuheben, sondern lediglich zu mildern: Tod durchs Schwert statt Tod durch Verbrennen. Insbesondere die Fürbitte schwangerer Frauen war wirksam. In Schaffhausen wurde 1549 ein Mann namens Bertle Keller zum Tode durch Vierteilen verurteilt. «Weil aber sein armes grossschwangeres Weib sampt seinen acht lebendigen Kindern für ihn baten, ward das Urtheil umb etwas gemiltert». Er wurde statt dessen geköpft.[28] In Basel verwundete 1598 ein fremder Schreiner einen Mann so schwer, dass er starb. Er wurde zum Tod verurteilt. Für ihn traten nicht nur seine Kollegen, sondern viele schwangere Weiber und Hebammen an. Sie fielen auf die Knie und baten für das Leben des jungen Menschen. Das Gericht liess Gnade walten und schickte ihn nach Hause.[29] Auch die Fürbitte hoher Standespersonen hatte manchmal Erfolg. So bewirkte 1433 die Markgräfin von Baden in Basel die Freilassung eines jugendlichen Diebes, der schon auf dem Weg zum Galgen war.[30]

Die Gerichtssitzungen waren streng und feierlich. Die Symbole spielten eine grosse Rolle. Der Bote, der die Vorladung überbringt, ist mit Stab und Brief ausgerüstet. Der richtende Landammann hält in seinen Händen das Zeremonialschwert, das kaiserliche Schwert. Es symbolisiert die volle Hoheit. Der Eid muss auf Eidtafeln, auf Reliquare oder Schwurblöcke abgelegt werden.[31] In seiner Burgunderkriegs-Chronik hat Diebold Schilling eine Hinrichtungsszene aus dem Jahre 1392 festgehalten. Die Gerichtspersonen trugen Gerichtsstäbe.[32] In der Berner Chronik von Schilling wird eine Gerichtsszene aus dem Jahre 1471 abgebildet. Auf den Bänken sitzen die Parteien, links die Zeugen, zuoberst der einvernehmende Richter mit Weibel und Protokollführer.[33] Unentbehrlich ist der Gerichtsstab. In älterer Zeit bestand er aus einem dünnen Ast des Hasel- oder Schwarzdornstrauches. Später ist er «veredelt», mit Silberknauf und Inschrift geschmückt worden. Der Gerichtsstab besass Macht: Wer die Würde des Richters verletzte oder beim Berühren des Stabes Unehrliches behauptete, musste mit Ehrlosigkeit, ja gar mit Gottlosigkeit rechnen. Das aber wirkte sich bis ins Jenseits aus. Besonders ausgeprägt ist das Ritual bei der Eigentumsübertragung: Der Richter bietet den Parteien seinen Stab dar, behält ihn aber

214 Gerichtsszene in Bern 1471. Anlass war der Twingherrenstreit, von dem im Kapitel «Kleidung» die Rede ist. Uns interessiert hier das Gericht selber: Auf den Bänken sitzen die beteiligten Parteien. Im Hintergrund links sind die Zeugen. Oben der einvernehmende Richter mit Weibel und Protokollführer. Die Richter mit den Gerichtsstäben versehen. Die Tracht der bernischen Patrizier links weist deutliche Unterschiede zu derjenigen der Bürgerlichen rechts auf. Es ging in diesem Streit tatsächlich auch um die Bekleidung. (Diebold Schilling Bern, um 1480.)

während der ganzen Zeremonie in seiner Hand; der Aufgebende prüft zuerst allein den Stab und erklärt in besonderer Formel Aufgabe und Verzicht; danach erfasst die empfangende Partei den Stab; der Veräusserer zieht seine Hand zurück, der Erwerber «zieht» den Stab, seine Rechte vom Stab, um ihn alsdann wieder dem Richter zu überlassen.[34]

Selbst in Prozessen gegen Tiere sind die Formen aufs genauste eingehalten worden. Auf Verlangen des Berner Rates erteilte am 24. März 1451 der Bischof von Lausanne den Bernern die Vollmacht, gegen Würmer und Mäuse einen Prozess durchführen zu können. Die Weisungen sind sehr genau: Zuerst muss mit Gebet und Prozessionen Busse getan werden für die Sünden. Denn Gott will die Reue der Sünder sehen. Das Volk hat einen Sachwalter zu wählen. Hierauf hat man einen Boten in das geplagte Gebiet zu schicken. Dieser hat die Tiere in feierlicher Form auf den nächsten Tag zu bestimmter Stunde vorzuladen, damit sie sich verteidigen können. Zur bestimmten Stunde soll des Volkes Sachwalter erscheinen, um den Tieren unter Androhung der Verfluchung einen dreifachen Termin von je einem Tag zu setzen. Innert dieser Frist haben sie sich aus den verwüsteten Gegenden zu entfernen. Falls sie es nicht täten, sollten sie nach dem Termin wieder erscheinen und den Grund ihres Ungehorsams angeben. Sollten sie sich weigern, so spreche man den Fluch Gottes und der Kirche über sie aus. Darauf soll man die anwesenden Tiere töten und in feierlicher Prozession zu einer weitern Verfluchung über die verwüstete Gegend ziehen. Die Tiere seien mit folgenden Worten zu exorzieren: «Ich exorziere euch Würmer und Mäuse im Namen des Vaters, Sohnes und Heiligen Geistes, und wohin ihr geht, seid verflucht und nehmet ab von Tag zu Tag.»[35] Dreissig Jahre nach diesem Vorfall tauchten in der Eidgenossenschaft grosse Scharen von Engerlingen auf. Darauf forderte Bernhard Schmid, Leutpriester in Bern, die Engerlinge auf, sie sollten sich am 25. August zu Wiblisburg vor dem Bischof oder seinem Vertreter verantworten. Wenn sie es nicht täten, würden sie vom Bischof von Lausanne verflucht. Doch diese Verkündung und Verfluchung war ohne Ergebnis. Der Chronist folgert daraus, dass der allmächtige Gott diese Plage offenbar um unserer Sünden willen gegeben hat, damit wir gebessert würden.[36] Im Bistum Chur wurden die Laubkäfer durch dreimalige Aufforderung vor das Landgericht gefordert. Hier wurde den Käfern ein Anwalt zur Verteidigung angewiesen. Am Ende des Prozesses sind die Laubkäfer in die Wildnis verbannt worden.[37]

Hinter allen Rechtsgeschäften und Gerichtsverhandlungen steht ein ausgeprägtes Ehr- und Rechtsgefühl. Es ist gepaart mit magischen Vorstellungen, und es ist verschwistert mit einer heute kaum mehr vorstellbaren Reizbarkeit und Angriffigkeit. Die Gerichtsakten der Vogteien, beispielsweise von Zürich oder auch Basselland, die genau untersucht worden sind, belegen, dass von allen Vergehen in bezug auf Häufigkeit die Schlägereien oder Schläglete an erster Stelle stehen. Von diesem Übel werden alle erfasst, gleichgültig ob es sich um angesehene und sozial hochstehende Bürger oder um arme Hintersässen handelt. So schlugen sich zum Beispiel Leutnant Dietzinger und Fähndrich Theiler, zwei bekannte Textilverleger von Wädenswil, 1720 die Köpfe blutig wegen eines ganz kleinen, unbedeutenden Zwischenfalles, und so schlug Chirurg Hotz, dessen humane und kulturell hochstehende Gesinnung ausser Zweifel steht, einen Patienten, weil er sich zu einem Konkurrenten begeben hatte.[38] Wer Mühe hat, diese Reizbarkeit zu sehen und zu verstehen, kann es an einem weitern Beispiel, nämlich dem des Jähzorns ablesen und erkennen. Kegeln und Kartenspiel stellt man sich heute gewiss als friedliche Spiele vor. Noch im 17. und 18. Jahrhundert kam es aber, wie aus den Akten eindeutig hervorgeht, bei diesen Spielen immer wieder zu tätlichen Auseinandersetzungen, und mehr als einmal floss Blut.[39] Mächtigen Antrieb empfing solches Handeln nicht nur aus dem oft überempfindlichen Ehr- und Rechtsgefühl, sondern vor allem auch aus der Rachsucht. Ein Mann, der wegen irgendeiner Kleinigkeit zu einer Busse verurteilt worden war, nannte seinen Richter noch nach neun Jahren einen Schlamprichter und Erzschelm und wurde dafür erneut gebüsst.[40] Ja, mitunter suchte man den Rachedurst an den Kindern oder Kindeskindern seines Gegners zu befriedigen.

Zu einem schönen Teil sind viele Konflikte auch auf die Existenzknappheit zurückzuführen. Sie hat das Leben unserer Vorfahren beherrscht und den Beziehungen zwischen den Menschen bis in die Familien hinein ihren Stempel aufgedrückt. Ein starkes gegenseitiges Misstrauen ist die Folge, und es hat die ohnehin recht schwache Kompromissbereitschaft reduziert.

Christian Simon hat am Beispiel der Basler Landschaft dargelegt, dass der Landmann des 18. Jahrhunderts grundsätzlich keinen Vorwurf auf sich sitzen lässt. Er muss ihn zurückgeben: «Wer mit einer Schuldforderung konfrontiert wird, wirft dem Forderer sogleich vor, auch er habe bei ihm Schulden. Eine Scheltung ruft sofort nach einer Gegenscheltung. Da sich zudem die Tendenz zeigt, Gleiches mit Gleichem vergelten zu wollen, führen kleinste Händel in die Eskalation, bis schliesslich keine Partei mehr weiss, wer angefangen hat. Aus einem Baustreit wird ein Abrechnungsstreit, aus einem Erbstreit wird ein Verdacht auf unrichtige Zehntablieferung. Ohne Zweifel verstärkt der Einfluss von alkoholischen Getränken die Bereitschaft, Konflikte mit Gewalt zu lösen.»[41] Der einmal eingenommene Standpunkt wird, ganz unabhängig von der Grösse des Wertes, um den es sich handelt, mit grosser Entschlossenheit und Beharrlichkeit durchexerziert. Dabei wird nach aussenhin die tiefe Überzeugung zur Schau gebracht, dass der andere im Unrecht sei. Dieses generelle Misstrauen, das sich aus der Absolutheit der Rechtsansprüche ergibt, und das eifrige Wachen über dem eigenen Recht gegen Nachbarn, Geschäftspartner und Verwandte vereitelt die ge-

215 Gerichtshandlung unter der Dorflinde zu Schüpfheim 1478 (Amstaldenhandel). Vorne tagt das Gericht, der Maler hält den Augenblick fest, in dem geschworen wurde. Am Tisch sitzt ein Gerichtsschreiber, der fleissig notiert. Hinten unter der Linde tafelnde Männer. Deutlich sichtbar sind die Holzbecher und Messer. (Diebold Schilling Luzerner Chronik.)

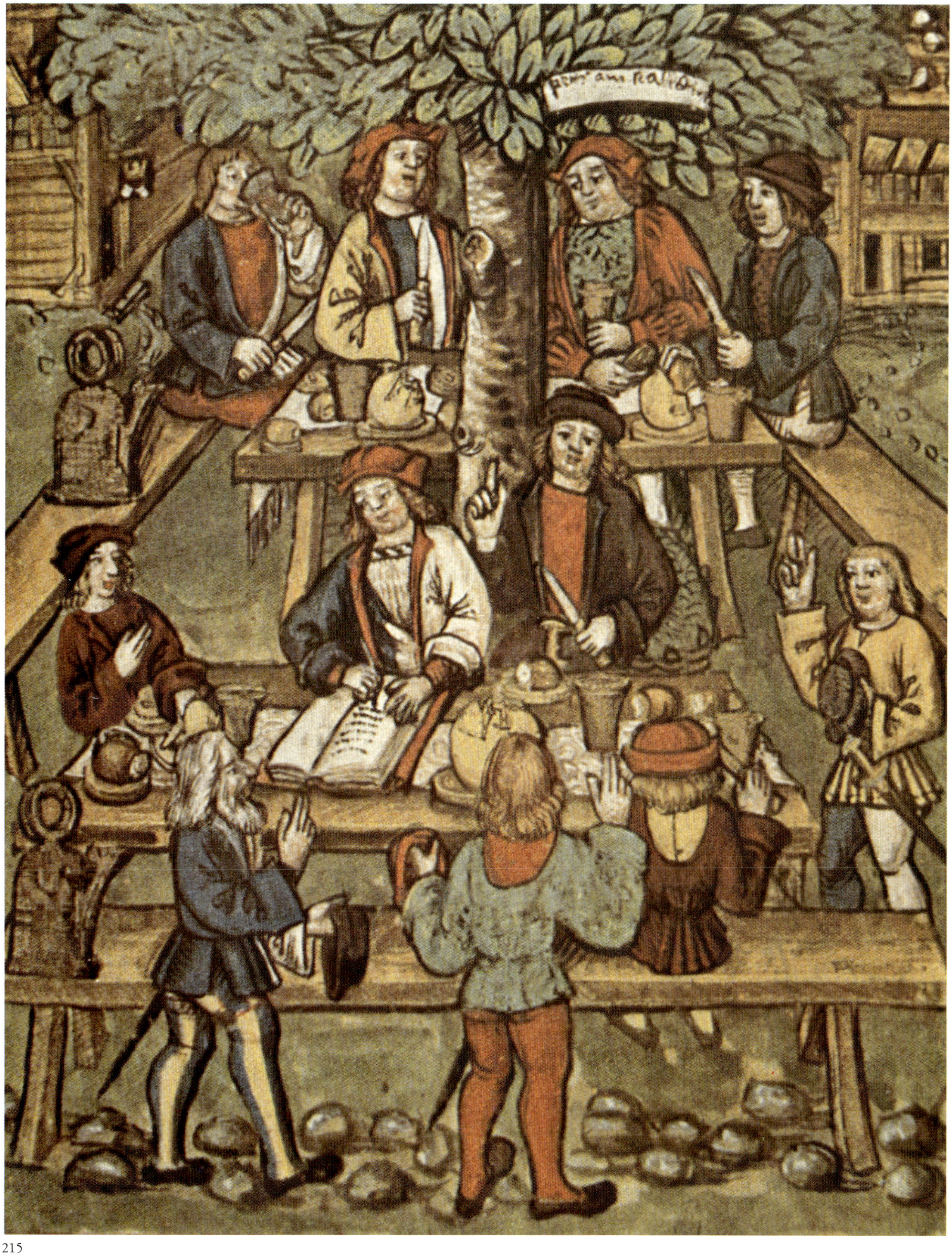

216

meinsame Suche nach einem Weg zur Lösung oft. Mit Recht vermutet Simon, «dass das Misstrauen auch eine Erfordernis der Ehrbarkeit ist: Wer übervorteilt wurde oder wer ein Stück seiner vermeintlichen Rechte kampflos preisgibt, hat damit einen Teil seiner Ehre verloren.» Um den Frieden im Innern wahren zu können, waren selbst Dörfer in Untertanengebieten auf das Eingreifen der Herrschaft angewiesen. Die Herrschaft selber, der Staat, hat aus diesem Umstand auch «profitiert». Solange sie garantieren kann, dass der Frieden im Dorf durch eine Rechtsprechung gesichert wird, die auf «Gerechtigkeit» abgestützt ist, kann sich die Herrschaft unschwer vor den Landleuten legitimieren.

Das damalige Recht kann man nicht mit dem heutigen vergleichen. Vor allem war es uneinheitlich. Im Gerichtswesen spiegelt sich die politische und herrschaftliche Zersplitterung des ganzen Landes. Zudem war das Rechtsleben durch persönliche und wirtschaftliche Bindungen schwer beeinträchtigt. Der Mächtige hatte die besseren Erfolgsaussichten als der Gemeine. Eine Standesperson galt bei Körperverletzungen und Totschlag mehr als der einfache Mensch. Fremde waren bedeutend weniger gut geschützt als Einheimische. Die Frau galt als minderwertig: Das Zeugnis eines Mannes galt vor Gericht soviel wie das Zeugnis zweier Frauen (Bernische Stadtsatzung von 1539). Die Folter gehörte zu den Rechtsmitteln. Sie war keine Strafe, «sondern Zwangsmittel zur Erpressung eines Geständnisses». Bei der Körperstrafe stand die «Abschreckung» im Vordergrund. «Man hat nach dem alten Volksempfinden das Bedürfnis nach Vergeltung erfüllt.» Dass eine Strafe erzieherisch oder «resozialisierend» zu wirken habe, ist bis ins 18. Jahrhundert hinein kaum oder gar nicht spürbar. Dazu kamen unendliche Schwierigkeiten, «das gültige Recht in die Wirklichkeit umzusetzen».[42]

Im 18. Jahrhundert mehren sich die Ansätze zur Verbesserung des Rechtes. J.J. Pestalozzi hat 1780 eine grossartige Abhandlung «über Gesetzgebung und Kindermord» geschrieben. Die Bernische Ökonomische Gesellschaft schrieb um 1777 einen Preis von 100 Louisdors für die beste Abhandlung über die Kriminalgesetzgebung aus. Unter dem Einfluss der Philosophie der Aufklärung ist insbesondere das Strafrecht unter Beschuss geraten. In Zürich wird 1777 die Folter zum letzten Mal gebraucht. Die Todesstrafe wurde selten angewendet. Eine Verbrennung ist im 18. Jahrhundert nur noch zweimal vorgekommen, und das Ertränken ist verschwunden. Das Rad kam im ganzen 18. Jahrhundert nur noch einmal zur Anwendung.[43] Zu den ersten Beschlüssen der helvetischen gesetzgebenden Räte gehört die Abschaffung der Tor-

216 Frauenstrafe in Bern, 18. Jh. Nach einem Stich von Barbier Droyer. Die Unterschrift ist bezeichnend: «Galère des Femmes à Berne». Fünf Frauen ziehen einen vierrädrigen Karren. Fünf weitere Frauen sind damit beschäftigt, Steine und Geröll, vielleicht auch Unrat, auf den Wagen zu bringen. Hinten ein typisches Berner Haus mit den Bögen.

217 Die Kirche von Saanen. S. Birmann 1823. «Im Saanenland ist Leben ein Genuss» schreibt K.V. von Bonstetten 1779, «und die Erde nur durch ihre Geschenke bekannt.» Wohltätige Selbstverklärung und Heimatbewusstsein sind hier eine hübsche Ehe eingegangen.

tur in ganz Helvetien (12. Mai 1798). Damit hat sich wenigstens teilweise erfüllt, was Eugen Huber in seinem Schlusswort zu seinem «System und Geschichte des schweizerischen Privatrechtes» so schön formuliert hat: «Was in den früheren Zeiten errungen worden ist, das war nicht müheloser Gewinn, sondern es war die Frucht eines kräftig sittlichen Bewusstseins, einer klugen Einsicht in die Bedürfnisse einer jeder Zeitlage, und nicht zum mindesten einer Tatkraft, die trotz aller Schwierigkeiten und Enttäuschungen nicht müde wurde, zu jeder Zeit das Rechte und das Recht zu finden...»[44]

Heimat

In jener Zeit des Spätmittelalters, als der Mensch neue Räume erschloss, Land urbar machte, neue Wohnstätten errichtete, hatte er sich mit einer unbekannten «wilden» Welt auseinanderzusetzen, heimisch zu werden, eine Heimat zu finden. «Dieses mähliche Heimischwerden spiegelt sich zunächst in der Fülle eigengeprägter Flurnamen... Erst mit den beziehungsreichen Namen des landschaftlichen Raumes, gleichsam mit dem Ansprechen der Matte, der Tosse und Gütsche, der Chäle und Chrume... wurde die fremde Umwelt zur innerlich erlebten und vertrauten Heimat»[1] Heimat hatte zunächst also eine ganz konkrete räumliche Bedeutung. Sie bezeichnete den kleinen Raum, das «ultimum refugium», des Bürgers Schutz und Aktionsraum.[2] Wieweit unsere Vorfahren sich dieses Prozesses selbst bewusst waren, lässt sich schwer ausmachen. Gewiss ist indessen, dass die Bezeichnung «hâmet», «hêmet» schon im 15. Jahrhundert auftaucht. Heimat war zunächst identisch mit dem Heimwesen, dem Hof und der Siedlung. Im 16. Jahrhundert bedeutet Heimat auch der Ort, wo einer geboren ist: «Patria, seines heimants oder Vatterlands».[3] Dass aber auch eine Bindung vorhanden war, ein deutliches Heimatgefühl, kommt da und dort ja auch bei Ulrich Bräker zum Ausdruck: «Du bist in Deine kropfichte (hügelige) Heimet vernarrt (verliebt).»[4]

Heimatgefühl, Heimatbewusstsein trat vor allem dann auf, wenn man die Heimat nicht mehr hatte, wenn man fern der Heimat leben musste. Deutliche Belege hiefür sind die Briefe der Söldner an ihre Angehörigen aus dem 15. Jahrhundert: «Länger als bis am Ende dieses Monats will Niemand mehr im Feld bleiben, jeder möchte die Seinigen wieder einmal sehen», heisst es in einem Brief der Hauptleute im Feld and die Obrigkeit zu Hause.[5] Zu den schönsten Zeugnissen gehört ein Brief des schweizerischen Staatsmannes und Söldnerführers Ludwig Pfyffer aus Luzern. Er schrieb am 14. März 1569 nach der blutigen Schlacht bei Jarnac an den Luzerner Rat, es sei unter den Verwundeten auch des Hauptmanns Vorfähndrich, «der Sonnenberg gestorben von heimwe». Der Basler Arzt J.J. Hofer, der im Jahre 1688 das Heimweh untersucht hat, kam zum Schluss, dass es eine Reaktion aus dem begrenzten Umkreis herausgerissener Menschen bedeute. Er wusste allerdings nicht, ob es dem Fehlen der zum Frühstück gewohnten Suppe, der schönen Milch oder der Sehnsucht nach der vaterländischen Freiheit zuzuschreiben sei.[6] Um 1705 nimmt J.J. Scheuchzer, Professor für Mathematik und Stadtarzt von Zürich, Anstoss daran, dass «die schweizerische, sonst so freye, starke und tapfere Nation sich überwinden und unterjochen lasse von einer solchen Krankheit». Die Ausländer seien dem Heimweh weniger unterworfen, weil sie «ihre schwere, dicke, unreine Luft» höchstens mit einer leichteren, angenehmeren vertauschen können. Zur Milderung dieses «seltsamen und gefährlichen Fiebers» schlägt Scheuchzer vor, Arzneien wie Salpeter und Schiesspulver einzunehmen, damit sich der Körperinnendruck dem Aussendruck anpasse. Das Heimweh ist vor allem im 18. Jahrhundert zu einer vielbesprochenen und häufig diskutierten Erscheinung geworden. Dichter und Ärzte suchten eifrig nach den Ursachen. Ist es der Boden an sich, oder sind es die Angehörigen? Ist es die heimatliche Lebens-

217

weise und Gewohnheit, oder ist es gar – ein Begriff des 18. Jahrhunderts – die berühmte «Schweizer Freiheit»?[7] Die beiden Deutschen J.H. Afsprung und M.L. Steinbrenner staunten, dass die Schweizer so sehr an ihrer kargen Heimaterde hingen und keineswegs ein Leben in weniger rauhen, angenehmeren Landschaften vorzogen. Gegenstand des Heimwehs konnte also nicht der Boden sein: Die Schweizer sehnten sich zurück nach ihren Sitten und nicht zuletzt nach ihrer Freiheit auf den Bergen. Diese Auffassung tritt uns auch in der selbstbewussten Formel von 1622 im Valser Landbuch des Hochtales Avers entgegen: «Wir haben von Got Gnaden eine schöne fryheit; wir haben eigne Macht und Gwalt zu setzen und zu entsetzen, wir haben eigen Stab und Sigel, Stock und Galgen; wir sind gotlob keinen fremden Fürsten und Herrn nichts schuldig noch unterworfen, denn allein dem allmächtigen Got.»[8]

Aus all diesen Zeugnissen wird eines deutlich: Je stärker wir in die Materie eindringen, um so grösser wird die Entfernung von einem rein räumlichen Heimatbegriff, wie er bei uns im Wort Heimat zuerst vor Augen steht und wie er auch in seiner sprachlichen Entwicklung zu greifen ist. Mehr und mehr tritt zur räumlich-klimatischen Heimat eine sozial-kulturelle Heimat. So sagt denn auch Richard Weiss: «Heimat ist primär nicht Bindung an einen irgendwie lokal bestimmten Raum, auch nicht an einen Kulturraum, sondern Heimat ist innigstes Vertrautsein mit Menschen, ist Gemeinschaft.»

Eindrückliches Zeugnis des Gemeinschaftsgeistes und gleichzeitig des Heimatbewusstseins ist die Ortsneckerei. Als Äusserung des selbstsichern Gemeinschafts- und Dorfgeistes richtet sie sich gegen die Fremden, die Andersartigen. Übernamen, Neckrufe oder Verse sind die traditionellen Formen solcher Äusserungen. Aus der alten Eidgenossenschaft sind, obwohl dieser Brauch kräftig war, nur noch wenige Beispiele bekannt. So gab es 1651 ein Spottlied auf die Thuner, das die Merliger dichteten. In Thun sollte nämlich ein Stier geschlachtet werden, der aber loskam und in der Stadt so übel hauste, dass man Militär gegen ihn aufbieten und ihn erschiessen lassen musste.[9] Aus dem 18. Jahrhundert stammt ein Spottlied, das erzählt, wie die Jäger von Grenchen statt eines Wildschweins einen Iltis erlegten. Sie hatten deshalb für Spott nicht zu sorgen.[10] Fast jede Gemeinde hatte ihre Übernamen. So nannte man die Erlenbacher «Geissebrater», die Zolliker «Lunggesüder».

Oft blieb es indessen nicht beim blossen Necken und Hänseln. An einem Wintermorgen des Jahres 1548 zogen die Buben von Hemmenhofen auf dem Eis über den See nach Steckborn und schlugen Trommeln nach Landknecht-Art. Die Steckborner, aufgebracht und zum Kampf aufgefordert, schlugen sie nach einem kurzen Gefecht in die Flucht, «sodass einer tot auf dem Platz liegen blieb, obwohl sie nur Stekken hatten. Nachher ist noch ein von den Steckbornern geschlagener Hemmenhofner Bub gestorben.»[11]

Regionales, talschaftliches Bewusstsein regt sich auch in den Herkommenssagen und Herkommenstheorien. Sie sind grösstenteils auf die Spekulationen der humanistischen Geschichtsschreiber zurückzuführen. Aber es gibt deutliche Anzeichen dafür, dass sie volkstümlich waren. Gerhard Winterberger hat in einem Aufsatz «Die Herkunft der Oberhasler» schön gezeigt, dass die Herkommensgeschichte, obwohl zum grössten Teil Mythos, das Selbstbewusstsein der Oberhasler mächtig gestärkt und zur Erhaltung der demokratischen und genossenschaftlichen Grundlagen dieser Talschaft beigetragen hat.[12]

Das Heimatbewusstsein wurde indessen auch durch andere Kräfte geprägt. Sie haben mit dem Staat nichts oder nur sehr wenig zu tun. Sie wurzeln in der Familie und im Sippenwesen, in der alpinen Hirtenkultur, in den Nachbarschaften, den Knabenschaften. Gerade diese Institution war Ausgangs- und Kristallisationspunkt zu echtem Gemeinschaftsgefühl und selbstverständlicher Solidarität. Die Richtschnur bil-

218

dete dabei das Vorbild der Ahnen, der Altväter; das Ahnenbild bestimmte weitgehend das Handeln. Man kann, ohne übertreiben zu wollen, von einem Ahnenkult sprechen. Ihm entspringt der in der schweizerischen Kriegsgeschichte mehrfach bezeugte Glaube an das Eingreifen hilfreicher Ahnen in der Stunde höchster Gefahr. Als 1474 in der Eidgenossenschaft gegen den Willen des Volkes ein Frieden mit dem Erbfeind Österreich abgeschlossen wurde, lief in Glarus ein altes Weib auf den Friedhof und schrie überlaut: «Stond uf, ir frommen lantlüt und behaltend (schirmt) üver land und er; denn üwere sün hend sich verbunden mit dem, der uns gern um Land, ehr, gut zum öftern mal gebracht hatte.»[13] Welchen Stellenwert die Familie, die Sippe hatte, kann hier nur angedeutet werden. Ein einziges Zeugnis steht für viele: Die Walsersippe der Strub hat ihre Devise auf dem alten Podestahaus im Averstal, einem auf 2042 m hoch gelegenen Patrizierhaus, angebracht: «Hostibus invitis, vivat gens Strubea, pro pago agere et pati fortia Strubeum est», zu deutsch: «Zum Trutz der Feinde lebe das Strubsche Geschlecht; für die Heimat zu wirken und Schweres erdulden ist Strubsche Art.»

Zu den charakteristischen Merkmalen und Wesenszügen gehört, wie das vor allem H.G. Wackernagel immer wieder betont hat, das Hirtentum der Innerschweizer, das sich gegenüber den andersartigen Agrarkulturen deutlich abhob. Den Zeitgenossen war dieser Unterschied bewusst. So gibt es aus der Zeit von 1380 bis 1480 eine ganze Liste von Schmähwörtern, wie Küghiger, Kügstricker, Kuebuben, Misttrager, Milchbengel, Kuemüller. Die Innerschweizer Regionen werden als Kueställ, Sennhüttli, Milchkübel beschimpft. Man sang:

«Hie Swiz, Grund und boden,
hie Kuedräk bis an knoden.»

Solche Schimpfworte erregten nicht nur den Zorn – «hattend geseit, Küegstricheer, do muest es brennen» –, sie stärkten auch das Selbstgefühl und das Selbstbewusstsein der Beschimpften.[14] Das wird bezeugt in einer Geschichte, die Zinkgraf-Weidner überliefert: «Als ein Schweizer hörete, dass ein Spanier zum andern sagte: Man nenne die Schweitzer Kühemelcker, antwortete er: Ja, wir seyn Kühemelcker, aber wir haben nur zwo Kühe, die wir melcken, den König in Spanien und den in Frankreich.»[15] Hier klingt bereits schweizerisches Bewusstsein auf. Doch es gab unmittelbar daneben ein ebenso starkes, wenn nicht noch stärkeres Bewusstsein der einzelnen eidgenössischen Stände. So werden etwa in den Chroniken nicht nur die Eidgenossen, sondern auch die Stände, die Orte und deren Eigenart erwähnt. Im Vordergrund stehen ebensosehr die Zürcher, Berner, Luzerner, Urner mit ihren Sitten, Bräuchen und ihrem eigenen Standesbewusstsein. Neben recht summarischen und stereotypen Umschreibungen finden wir vor allem in den Chroniken auch differenzierende Betrachtungen und Urteile. Wir müssen uns hier auf einige Beispiele beschränken. Für die Innerschweizer Länderorte soll Uri, für die Stadtstaaten die drei Stände Bern, Zürich und Basel stehen. Uri haben wir deshalb gewählt, weil ein Urner Arzt, Eduard Renner, den Charakter, die Geisteshaltung der Urner in einmaliger Weise beschrieben hat. Er gibt an, welch hohen Stellenwert die Familie, der Glaube, die Landsgemeinde und damit der Staat im kargen Dasein des Urners hat. Besonders ausgeprägt ist aber sein Eigentumsbegriff: «Gang üse usem Eigä – chumm mer nit id's Eigä – Hia fats Eigä a» – sind Begriffe, die schon jedem Kind geläufig sind und waren. Die Gemeinschaft und deren Regeln waren von jeher hoch und heilig zu achten. Jeder Frevel fängt damit an, dass man sich ausserhalb der Gesellschaft stellt, nicht tut wie andere: «nit tua wia d'Lyt». Indem man die allgemeinen Sitten verachtet, bannt man die guten Kräfte und schafft dem Bösen freie Bahn. Wer gehört denn aber zur Gemeinschaft? Edward Renner erklärt es: Ein Brunner, also ein Bürger aus der benachbartesten Gemeinde unseres Nachbarstandes Schwyz, der schon lange in

218 Ein Symbol des Heimatbewusstseins: Die Tellskapelle am Vierwaldstättersee. Aquarell Chr. Meichelt zugeschrieben. Um 1821.

Erstfeld wohnte, wurde vor Jahren vom dortigen Gemeinderat wegen Waldfrevels gerügt und gebüsst. Der Mann machte mit Recht geltend, dass sich noch viele andere das gleiche Vergehen zuschulden kommen liessen, ohne dass man davon grosses Aufheben mache. «Die sind yserte», donnerte ihn der Ortsgewaltige an, «aber ier sind en Usländer.»[16]

Über das bernische Denken und den bernischen Gemeinsinn sind wir dank dem schönen Werk von Hans von Greyerz besonders gut orientiert. Schon in den Volksliedern des 14. Jahrhunderts tritt ein bernisches, ein «einzelörtliches» Nationalbewusstsein zutage. Im Lied über den Guglerkrieg von 1375 tritt der Berner Bär in Erscheinung:

«Der grimme ber vor zorn begond er wüeten,
Sin land und lüt gar sicher wol behüeten,
Mit werffen und mit schiessen.»

Nach Greyerz ist dieses einzelörtliche Nationalbewusstsein eng in den regionalen und lokalen Patriotismus verschlungen. «Es wird später national überdeckt, aber nie ausgelöscht.»[17]

Deutlich ausgeprägt erscheint auch das zürcherische Standesbewusstsein. Immer wieder betonen insbesondere die ausländischen Betrachter, dass die Zürcher die Tradition, den Gemeinsinn und die vaterländische Geschichte pflegen. Da schildert etwa der Gelehrte Humanist Fabricius Montanus um 1550 in einem Gedicht, wie die Zürcher Ratsherren jeweils mit fröhlichen Festmählern auf dem Lindenhof die «mos patrius» ihrer Stadt zu feiern pflegten. Um 1750 bemerkt Edward Gibbon, die Zürcher pflegten wie kein anderer Stand die eigene wie die allgemeine vaterländische Geschichte; der Staat habe einen eigenen Lehrstuhl eingerichtet.[18] Die ländlichen Untertanen, so etwa die Seebuben, hatten allerdings zu «ihrem» Staat ein wesentlich kühleres Verhältnis. Für sie wurde der Staat durch den Landvogt verkörpert. In feierlicher Handlung wurde er seinen Untertanen vorgestellt, und das seltene Schauspiel mag sich wohl in ihr Gedächtnis eingeprägt haben. Kaum war die Kunde von der Abdankung des alten Regimes 1798 auf die Landschaft gedrungen, erschienen zwanzig berittene Wädenswiler im Schloss, dem Sitz der Regierung, um den Landvogt abzusetzen. An ihrer Spitze befand sich, hoch zu Pferd, ein Bürger als Wilhelm Tell gekleidet. Bezeichnend ist auch die Tatsache, dass man sofort die Kokarde des Gemeindeweibels abänderte und die Embleme und Farben des Staates Zürich durch den Freiheitshut der Französischen Revolution ersetzte.[19]

Auch in Basel gab es ein ausgeprägtes «einzelörtliches» Bewusstsein. Der alte Staat war hochgeachtet, von vielen, vor allem den bemittelten und gehobenen Stadtschichten, auch geliebt. Er gründete seine Autorität auf Gottesgnade und war von der Ungleichheit der Menschen überzeugt. Das Volk sollte nach dem Willen der Regenten «under dero Schutz, Schirm und Regierung ein still, ruhig und Gott wohlgefälliges Leben führen». Dem Volk stand wohl die Gemeinde näher. Ein starkes Gemeindebewusstsein ist auch hier festzustellen. Es basierte, so merkwürdig es erscheinen mag, auf den Pflichten und Lasten, die es zu tragen gab. Jeder Gemeindebürger hatte Dorflasten zu tragen, Gemeindewerk, Gemeindefron und Gemeindewacht auszuüben. Nur wer diese Lasten trug, hatte Teil am Weidland der Gemeinde und Anspruch auf das Gemeindeholz. Die gemeinsamen Arbeiten stärkten die Gemeinschaft. An alle Handlungen wie Ämterbesetzung, Ganten, Bachschorreten (Bachreinigungen) schlossen sich Feste an. Das Gemeindebewusstsein wurde nicht zuletzt vom Bannumgang gestärkt. Auf «alle fassliche, unmittelbare Heimat sich beziehend, hatte er vom Mittelalter bis hinein in unsere Tage festen Boden unter Füssen». Wie kaum eine andere Erscheinung zeigte er, «dass alle republikanische Gestaltung und Entwicklung auf der freien Ortsgemeinde beruht».[20]

219

Die Nation

Das Heimatgefühl, das Heimatbewusstsein war so stark, dass ein Patriotismus für die Eidgenossenschaft nur ganz allmählich und nicht ohne immer wieder gehemmt zu werden, wachsen konnte. Um ein Beispiel zu geben: Ein Mann in Altdorf war zuerst Angehöriger seiner Familie, seiner Sippe, dann war er Altdorfer, schliesslich Urner und erst zuletzt, abgrenzend gegen die Ausländer, gegen die Fremden, Eidgenosse. Eine zielbewusste Kraft für die Nation und den Staat gab es nicht. Die Genossenschaft von 1291 umfasste keinen Staat, aber sie barg die Keime zu einem zukünftigen Staat und einer werdenden Nation. Dass es aber so etwas wie einen eidgenössischen Gemeinsinn im 14. Jahrhundert gegeben hat, darüber kann kein Zweifel bestehen. Die Geburt eines lebendigen Patriotismus wartet ja nicht zu, bis ein klarer Begriff von Staat und Nation formuliert worden ist. Zu allen Zeiten ist der Patriotismus von einem genau erfassbaren politischen Bewusstsein unabhängig; er stützt sich vielmehr auf die Grundlage instinktiver persönlicher oder, wenn wir wollen, irrationaler Vorstellungen, wie Liebe und Treue zur Heimat, den Willen, diese selbst zu regieren, den Hass gegen alle die, die diesem Willen trotzen. So hat sich aus dem talschaftlichen und kommunalen Zusammengehörigkeitsgefühl, aus dem Heimatsinn oder Heimatgefühl allen partikularistischen Neigungen zum Trotz allmählich doch ein Nationalbewusstsein entwickelt. Von ausschlaggebender Bedeutung war sodann, dass den verbündeten Waldstätten nicht einzelne und verschiedene Gegner erstanden. Ihr gemeinsamer Feind war das Haus Habsburg-Österreich, und aus der Feindschaft des Volkes dem österreichischen Adel gegenüber erwuchs mit der Zeit so etwas wie Partei- oder Standesbewusstsein. In ihm hat das aufkeimende Nationalgefühl wohl seinen stärksten Ansatz gehabt. Wir sehen das besonders schön in den aus der zweiten Hälfte des 14. Jahrhunderts erhaltenen Volksliedern. In unnachahmlicher Weise kommt dies in einem Gedicht über die Sempacherschlacht zum Ausdruck:

«Do hub sich ein grosser stoss
keiner da sines adels genoss
kam er den eidgenossen in die Hend
er muest da nemen sin lestes end.»[1]

Im 15. Jahrhundert hat das Gefühl der Zusammengehörigkeit und wechselseitiger Verpflichtungen in entscheidenden Proben seine Kraft bewährt. In den Liedern steht anstelle einzelner Orte nun das gesamte Vaterland im Mittelpunkt. Die Chronisten, so etwa der für den Berner Rat tätige Konrad Justinger, setzen sich positiv für den Bund ein. Äusserungen politischer Ideen sind allerdings in dieser Zeit selten, doch vernehmen wir die Stimme des gefährdeten Gemeinsinns spürbar in den drohenden Zwistigkeiten. So bangte man im Zugerstreit von 1405 und im Raronhandel von 1419 um das Bestehen der jungen Eidgenossenschaft. Der Berner Gesandte entschuldigte das Vorgehen seiner Regierung auf der Tagsatzung: «sölte ein bruch in die eidgnoschaft beschechen, das were inen leit, und wollten darzu kein ursach geben.»[2] Ähnliche Stimmen wurden im Zürichkrieg laut. So hat etwa der Luzerner Johannes Fründ dargelegt, dass man die alten Bundesbriefe nicht nur rechtlich, dem reinen Wortlaut nach zu verstehen habe; sie seien vielmehr eine Gesinnungsverpflichtung, und zwar eine solche gegen Österreich. Als er vernahm, dass sich die Zürcher mit dem Abzeichen Österreichs (Pfauenfeder und rotes Kreuz) versahen, bäumte sich in ihm so etwas wie ein eidgenössischer Stolz auf. Auch in Zürich selbst empfand man in diesem Augenblick den Abfall von der eidgenössischen Tradition, weigerten sich doch die eidgenössisch Gesinnten, die fremden Abzeichen anzunehmen. Der Zürcher Heinrich Brunner sprach, als man ihn zwang, sich an Stelle des weissen

219 Das Unspunnenfest. Aquarell von F.N. König. 1808. Das Fest diente der nationalen Erneuerung. Es hat in hohem Masse dazu beigetragen, das Nationalbewusstsein zu fördern.

Kreuzes ein rotes anzuheften, die schönen Worte: Dürfe er das auf seinem Wams genähte weisse Kreuz nicht mehr tragen, so wolle er es dafür im Herzen treu bewahren, allwo es ihm kein Mensch rauben könne.[3]

Die kurze Zeit der glorreichen Burgunderkriege zeigte indessen, dass der gemeinschaftliche Gesichtspunkt, der während der grossen Schlachten sieghaft hervorgetreten war, Volk und Obrigkeit nicht restlos erfüllte. Zwar dankten nach dem Feldzug, so berichtet Diebold Schilling, «die von Bern und Solotern den Eidgenossen gar früntlich und mit ganzen herztrüwen, dass manchem biderben mann sin ougen übergingen von rechten fröuden». Nachher aber rührten die Orte keinen Finger mehr zur Behauptung und Wiedergewinnung der bernischen Eroberungen. So gross war die Eifersucht unter den Bundesgliedern. Nichts beweist aber schlagender das Fehlen der durchgreifenden nationalen Gesinnung, der staatlichen Solidarität, als die mehrfach bezeugte und völlig glaubwürdige Tatsache, dass sich unter den 6000 deutschen Söldnern Karls des Kühnen bei Murten viele Schweizer befunden haben. «Es sein bei 6000 Deutschen bei dem herzogen gewest, sein des merenteyll des landts von den Eygenossen gewest. Dy han sich gar ritterlich gewert. Dy sein alle todt blyben.»

Haben die Kriegszeiten die Auflösung des Gemeinsinns bewirkt? Jedenfalls scheint der grosse Zuwachs an Macht nur schwer verdaulich. Vergebens versuchten die Regierungen in dieser Zeit die wild erregten Scharen zu zügeln. Vergebens warnten sie vor Zwietracht und Uneinigkeit. Denn sie wussten es, und die zeitgenössischen Chronisten Melchior Russ, Johannes Knebel und Eulogius Kiburger bestätigen es: Die Einigkeit ist die Grundlage allen staatlichen Gedeihens. Der Berner Diebold Schilling, der als Augenzeuge der grossen Machtenfaltung der Eidgenossenschaft mehr denn irgend jemand berufen war, Ideen über Staat und Vaterland in sich reifen zu lassen, leitet alles Heil, das der Eidgenossenschaft widerfahren sei, von der Einigkeit ab. Er erhält vom Berner Rat den Auftrag, eine Chronik zu schreiben. Hier eröffnet sich ihm die Möglichkeit, seine Zeitgenossen zu nationalem Denken zu erziehen. Die Nutzanwendungen, die er aus den Ereignissen sieht, erheben sich allerdings nicht über das Mass landläufiger Lebensweisheit. Aber Schilling besitzt ein offenes Auge für die im eidgenössischen Lager zutage tretenden Schäden und vor allem den Mut, seine Kritik nach oben und nach unten zu richten. Er brandmarkt «die schnöden Schelmen und Freiheitsbuben», die sich nicht am Kampfe, wohl aber an der Beute beteiligten, die nachher nicht arbeiten wollen und schuld sind an der schrecklichen Abnahme der öffentlichen Sicherheit. Das verfluchte Raubgut vergiftet das Volk, prophezeit er; es ruft der Rache des Himmels. Müssiggang, Geldgier und zügelloses Kriegsleben der Söldner führen zur Gottlosigkeit. An die Adresse der Obrigkeit: Die Beute wird ungerecht und ungleich verteilt; wenn ein Antrag auf gemeine Beute gestellt werde, kann er nicht durchgeführt werden, weil die «Mächtigen und Gewaltigen» so viel nehmen. Wo bleibt die Gerechtigkeit? Die Armen haben doch ebensoviel getan wie die Reichen. Jedermann hat seine Bürde getragen, Blut und Gut eingesetzt. Doch der mit kühnem Freimut vorgebrachte Appell zu nationaler Einheit und demokratischer Gesinnung scheint ungehört zu verhallen. Da gab unerwartet ein anderer Krieg die Möglichkeit, doch zur Nation zu werden: Im Schwabenkrieg sind die Deutschen für die Eidgenossen allmählich fremdes Volk geworden. Der Reichsadler, früher allgemein verbindliches Symbol, verliert seine Geltung. Im Bewusstsein, dass über dem Schild weder Helm noch Krone passe, wählte der Chronist Brennwald eidgenössische Waffen. Auf Denkmünzen und Schweizerkarten wird der Reichsadler durch andere Symbole ersetzt. Wie folgenschwer die innere Ablösung vom Reich gewesen ist, hören wir aus den Worten eines Boten aus dem Grenzgebiet Thayngen. Er erklärte vor der eidgenössischen Tagsatzung, «dass sie lieber Eidgenossen tod, als Schwaben lebendig sein möchten».

Jetzt vermag auch die deutsche Sprache keine innere Bindung mehr zu bewirken. Jetzt erst ist ein eigentliches eidgenössisches Nationalbewusstsein entstanden. Offensichtlich ist das auch im Ausland erkannt worden. Im Jahre 1516 spricht der Papst von der «neuen, wohlhergekommenen edlen Nation der Eidgenossen». Die Eidgenossen, so sagt treffend Werner Näf, erhoben sich nicht zur Nation, indem sie sich innerlich von der deutschen Nation ablösten; sie trennten sich vom Reich, weil sie zur Nation geworden waren.

Die Überzeugung vom Anderssein verstärkte sich im 16. Jahrhundert. Die schweizerischen Humanisten fühlen sich berufen, die Sonderexistenz der eidgenössischen Nation mit «wissenschaftlichen» und «historischen» Gründen zu erklären und zu rechtfertigen. Eidgenössische Gesinnung tritt etwa in der Abhandlung des Humanisten Albrecht von Bonstetten über die Burgunderkriege zutage. Wir finden sie auch in einer pathetischen Lobrede auf die Eidgenossenschaft von Heinrich von Gundolfingen. Alteidgenössischer Geist beschwor immer wieder Glarean. Selbst beim St. Galler Reformator und Humanisten Joachim Vadian, einer eher unpolitischen Natur, tritt dann, wenn es sich ums Reislauf- und Pensionswesen handelt, ein politisches Interesse an einer starken und geeinten Eidgenossenschaft in den Vordergrund. Eidgenössische Gesinnung offenbaren auch die Werke von Jud, Gwalther, Myconius und Platter. Sie werden indessen an nationalem Gehalt übertroffen durch die Chronik des aus Rottweil stammenden Berner Reformierten Valerius Anshelm. Mit der ihm eigenen Sprachgewalt stellte Anshelm seinen Zeitgenossen die alten Eidgenossen als erhabene Vor- und Leitbilder vor Augen. Doch gelangten die grossartigen Worte Anshelms nicht ins Volk. Seine Bände blieben lange im Archiv liegen, und eine Zeitlang hielt man seine Schriften sogar für verloren. Dafür erschien zu jener Zeit ein Werk, das dank seiner versöhnlichen Haltung und patriotischen Wärme imstande war, ein nationales Besinnen zu erwecken. Der Verfasser war Johannes Stumpf aus Bruchsal. Seine historischen und nationalen Interessen waren von seinem Schwiegervater, dem Geschichtsschreiber Brennwald, geweckt worden. Mit grosser Kraft erhob sich der reformierte Stumpf über die hadernden und streitenden Zeitgenossen. Sein Werk eröffnete die grosse Reihe von Chroniken, die das gesamte Gebiet der Schweiz in ihre Darstellung ziehen. Es fand in der ganzen Eidgenossenschaft fast ungeteilte Aufnahme und erlebte innert weniger Jahrzehnte mehrere Auflagen.

Um die eidgenössische Nation zu erklären, ziehen Chronisten und Liederdichter, vor allem die Humanisten, alles heran, was den Schweizern irgendwie gemeinsam ist und was sie von andern Völkern unterscheiden kann. Heimische Art und Sitte erhält neue Wertung; Biederkeit und Einfalt, Frömmigkeit und Treue werden nicht mehr allein als individuelle Tugenden bewertet; sie sind eben «eidgenössische Eigenschaften».

Im 17. und im beginnenden 18. Jahrhundert geben sich das weltliche Schauspiel und das Volkslied häufig mit vaterländischen Stoffen ab, doch weisen sie fast ausnahmslos rückwärts und stellen der dunklen Gegenwart ein verherrlichtes Bild der alten, moralisch und politisch einsichtigen Eidgenossenschaft entgegen. Oft ersetzt das nationale Empfinden die harte und zum Teil nicht erfreuliche Wirklichkeit durch eine gefällige Täuschung.[4] Vor allem im 18. Jahrhundert begegnen wir auf Schritt und Tritt der Meinung, die Schweiz als solche sei ein freier und unumschränkter Staat. So sagt etwa Urs Balthasar in seinen patriotischen Träumen 1738, die 13 Orte und Zugewandten bilden einen «einzigen Staatsleib». Gabriel de Seigneux de Corrovon, Säckelmeister von Lausanne, schreibt 1760 in einer Abhandlung für die Berner ökonomische Gesellschaft von «einer national und allgemeinen Freyheit des ganzen helvetischen Staates». Die beiden Zürcher Geschichtsforscher Johann Heinrich Füssli und Johann Carl Faesi sowie der Berner Carl Viktor von Bonstetten bezeichnen in ihren Schriften die Schweiz als helvetischen oder eidgenössischen Freistaat.

220 *In einem guten Staat sind die Obdachlosen zu beherbergen. Rundscheibe 1635.*

221 *Barmherzigkeit gehört zu den Tugenden der Heimat und des Staates. Rundscheibe 1635 mit der Kleidung der Nackten.*

222 *Die Gefangenen sind zu trösten. Ein Werk der Barmherzigkeit und der geordneten Gemeinschaft. Rundscheibe 1635.*

223 *Die Pflege der Kranken ist eine wichtige Aufgabe jeder Gemeinschaft. Rundscheibe aus dem Jahre 1635.*

224 *Darstellung des Staates und der Politik. Wappenscheibe 1593. Im Mittelbild allegorische Darstellung der Politik in Gestalt einer Frau; daneben Allegorie Krieg und Frieden, dargestellt als Getreiderute und Reiterschlacht (rechts) zwischen Christen und Türken. Vorne Gesetzestafeln mit Inschriften, Religion und Biblia. Vor dem linken Knie Gesetzesband «Res publi». Über dem ganzen Bild Tafel: «Drü ding ein philosophus melt/So das menschliche Geschlecht erhelt/wan Waltstadt Eer und straff ist bstelt».*

Doch waren sich die Aufklärer des 18. Jahrhunderts im grossen ganzen des Kontrastes und der Divergenz zwischen ihren vaterländischen Ideen und der Wirklichkeit im klaren. Sie glauben, dass die Aufklärung mit ihren leuchtenden Zielen, der Glaubensfreiheit und der Duldsamkeit, schliesslich die Wiedergeburt der eidgenössischen Nation mit sich bringen werde. Ungeachtet der Religion, so sagt beispielsweise J.C. Faesi, werden die Eidgenossen immer wahre Freunde bleiben, «wie dieses die Erhaltung der Freyheit und des Vaterlandes, welchen den Catholischen sowohl als den Evangelischen gemeinsam ist, erfordert».

Nationale Gedanken von besonderer Kraft finden wir in dieser Zeit unter anderem etwa bei Philippe-Syrice Bridel, dem Prediger an der französischen Kirche in Basel. Er möchte in allen Hütten und Häusern, ob welsch oder deutsch, das gleiche tiefsinnige Bekenntnis zur Schweiz sehen. Das Gegenstück finden wir im rührigen Solothurner Chorherren Franz Philipp Gugger, der es liebte, auf der Kanzel für ein gemeinsames Vaterland zu werben. Wie schon die Humanisten, so stellten nun auch die patriotischen Aufklärer des 18. Jahrhunderts ihr Wissen und ihre Erfahrungen in den Dienst des Vaterlandes, indem sie dem Volk die Augen zu öffnen versuchten für die Eigenart, die historisch und geographisch erklärt werden soll. Es war vor allem der bedeutende Naturforscher Johann Jakob Scheuchzer, der sich mit der Frage der Nation befasst hat.

Den von Scheuchzer vorgezeichneten Weg ging J.J. Bodmer weiter. Ihm hat so etwas wie eine schweizerische Volkskunde vorgeschwebt, die er mit seinen Freunden zusammenzutragen hoffte. Geblieben ist ein Fragment, ein Torso, das aber in dieser Gestalt noch für das Widererwachen des eidgenössischen Nationalbewusstsein zeugt. Es manifestiert sich weiterhin im Berner Freitagsblättlein, im Solothurner Wochenblatt, in den monatlichen Gesprächen des Glarners Heinrich Tschudi, den unparteiischen Gedanken von Urs Balthasar, den Gedichten des Berners Ludwig von Muralt und den Abhandlungen des Baslers Isaak Iselin. Mehr oder weniger kräftig zeigt sich in all diesen Werken der Wille, Sitten und Geist zu veredeln, die politische Einsicht zu verstärken und die konfessionell getrennten eidgenössischen Orte wenigstens in der Tugend zu einen. Hier wie auch in den Gedichten Albrecht von Hallers tritt uns der den Aufklärern eigene Glaube an die Güte der Natur entgegen. Wie die Humanisten, so führen auch sie den «verderbten» Zeitgenossen das Idealbild der einfachen und sittenreinen alten Eidgenossen und Hirten vor Augen. Auf den gleichen Ton sind auch die Gespräche und Aufrufe der Gründer der Neuen Helvetischen Gesellschaft abgestimmt.

Es gehört zur Tragik der alten Eidgenossenschaft, dass solche Einsicht nicht überall lebendig war. Der vielgepriesene und heraufbeschworene nationale Geist hat sich am Ende des 18. Jahrhunderts nicht bewährt. Unter dem Ansturm der französischen Revolutionsheere brach die alte Eidgenossenschaft auf schmähliche Weise zusammen. Nüchternen Erwägungen entsprechend hätte allerdings der lockere Staatenbund längst vorher zerfallen müssen. Man wundert sich, dass er allen Mängeln und Gebresten, die ihm anhafteten, allen äussern Gefahren und innern Zwistigkeiten standhielt. Wir können dies mit rationalen Gründen kaum erklären. Charles Monnard, der waadtländische Geschichtsschreiber und Staatsmann, hat dies wohl gespürt, als er sagte, «une force mystérieuse», eine geheimnisvolle Kraft, habe den Bund zusammengehalten. Die Eidgenossenschaft entsprach einem grossen inneren Anliegen des Volkes. In ihr war man gut aufgehoben. Für unsere Vorfahren war der Bund notwendig, ja ein einmaliger Glücksfall. Der Zürcher J.J. Hottinger hat dies in klassischer Weise schon um 1654 formuliert: «Es sei der Bund von ewiger Dauer – notwendig nach Ursprung und Fortsetzung – gerecht – unter mehr als einem Titel wunderbar – erblich von Geschlecht zu Geschlecht – begünstigt, glücklich – köstlich – der Natur und dem Menschengeist gemäss – mit einem Wort sakrosankt.»[5]

Leitbilder und Leitgestalten

Aufgaben und Ziele

Um sich in der stets wandelnden Umwelt zurechtzufinden, brauchte der Mensch zu allen Zeiten Wertordnungen, Leitbilder und Normen. Nach dem Sprachgebrauch der Soziologie sind «Werte mehr oder weniger explizite und explizierbare kollektive Urteile darüber, was richtiges und falsches Handeln ist, welche Einstellungen wünschbar sind und welche allenfalls zu vermeiden sind».[1] Leitbilder sind moralisches Allgemeingut. Es ist erklärtes oder stillschweigendes Ziel einer Gesellschaft, möglichst viele ihrer Glieder zu einem Verhalten zu bringen, das es erlaubt, die angestrebten Werte zu realisieren. Diesen recht allgemeinen Feststellungen kann wohl jedermann zustimmen. Schwieriger wird es, wenn wir nach den Beweggründen solchen Handelns fragen. Wie entstehen Leitbilder? Wer «erfindet» sie? Welche Leitbilder werden akzeptiert, welche nicht?

Wir können unsere Vorfahren nicht mehr befragen. Schriftliche Äusserungen sind verhältnismässig selten. Entstehung und Motiv eines Leitbildes können wir deshalb oft erst durch Rückschlüsse aus beobachtetem Verhalten eruieren. Oft wird angenommen, die Wertordnungen seien früher stabil und langlebig gewesen. Man glaubt, dass sie sich kaum oder nur sehr langsam veränderten. Demgegenüber sei heute alles in raschem Wechsel begriffen. Ja, man stehe vor einer allgemeinen Umstrukturierung aller Werte. Die ganze Welt verwandle sich. Spätestens in drei Monaten sehe alles wieder anders aus als heute. Da ist Vorsicht am Platz. Auch die Wertordnungen und Leitbilder unserer Vorfahren änderten sich dauernd. Dabei wäre wohl einzuräumen, dass sich dieser Wandel im Vergleich zu heute langsamer vollzog. Im übrigen: Auch unsere heutige Welt ändert sich nicht von Tag zu Tag. Wir meinen es nur. Zu dieser falschen Annahme verleiten uns in erster Linie die modernen Massenmedien. Mit einer Wucht sondergleichen lassen sie jeden Tag, jede Stunde die «News» auf uns niederprasseln. Unsere Vorfahren waren dieser Flut nicht ausgesetzt. Es war für sie leichter, sich mit den Neuigkeiten und Änderungen abzufinden, weil sie Zeit hatten, die Neuigkeiten zu verdauen. Vor dem 18. Jahrhundert gab es keine Zeitungen, höchstens Flugblätter. Das heisst nun aber nicht, dass es keine Nachrichtendienste gegeben hätte. Boten, Reisende, Kaufleute, Marktbesucher brachten die Neuigkeiten aus allen Teilen der Schweiz und auch aus dem Ausland. Für den Austausch lokaler Informationen sorgten die Gespräche am Dorfbrunnen; sie versiegten kaum jemals. Auch gab es Erzähler und Liedersänger, welche die Neuigkeiten verbreiteten. Aber was immer den Vorfahren an Veränderungen mitgeteilt worden ist, es war doch nur weniges «neben der Übermacht des Bleibenden, das sie aus eigener Anschauung unmittelbar als bleibend erfuhren».[2] Der moderne Mensch bezieht seine Weltkenntnisse aus den Massenmedien. Er kann daher immer weniger von dem, was er über die Welt weiss, auf Grund seiner eigenen Primärerfahrungen kontrollieren. Eine weit um sich greifende Unsicherheit ist die Folge. Ei-

225 Der Geldnarr. Der Zürcher Jost Ammann hat in seinem berühmten Ständebuch nicht nur die einzelnen Berufe vorgestellt, sondern gleichzeitig auch Leitgestalten entworfen. Mit seinem Bild und Vers über den Geldnarren giesst er seinen Spott und Hohn über die Geldgierigen und Habsüchtigen. Der Text lautet: «Ein Geltnarr so werd ich genannt,/On ruh ist mein hertz, mund und hand,/Wie ich nur gross Gelt und Reichthumb/Unverschemt listig überkumb,/Mit dem Jüdenspiess thu ich lauffn,/Mit Wucher, aufsätzn und verkauffn/Bin doch darbey sehr genauw und karck,/Ich spar das gut und friss das arg.»

gentliche «Verdauungsstörungen» stellen sich ein. Doch wir dürfen diesen schwerwiegenden Tatbestand – man könnte ihn tragisch nennen – nicht allein den Massenmedien anlasten. Die Beschäftigung mit den Leitbildern unserer Vorfahren zeigt uns, dass da noch andere Dinge mit im Spiel sind.

Zunächst gilt es festzustellen, dass es die allerverschiedensten Leitbilder gab. Leitideen und Gestalten schritten in den verschiedensten Kleidern einher, und sie sind in mancherlei Formen verbreitet und überliefert worden. Wir finden sie in den Chroniken, in den Sagen, in den Predigten, in den Sprichwörtern oder sprichwörtlichen Redensarten, im Volksschauspiel, im Drama, in den Volksliedern, in Lebens- und Bauernregeln. Bildhafte Darstellungen mit leitbildhaften Motiven sind an den Wänden von Kirchen, von Ratshäusern, aber auch an ganz gewöhnlichen bürgerlichen Häusern angebracht worden. Selbst Analphabeten konnten sie entziffern, und das war von grosser Bedeutung. Für den Lesekundigen späterer Jahrhunderte standen volkstümliche Erzählungen, Kalender, stand die weitgefächerte erbauliche Literatur zur Verfügung. Im folgenden werden wir den Leitbildträgern nachgehen – nicht nur, um zu fragen *wie*, sondern auch *was* sie tradierten.

226 Gefiederter Krieger. Federzeichnung 1523 von Urs Graf. Sowohl die Chronisten wie vor allem auch die Volksdichter geisselten immer wieder von neuem die Putzsucht ihrer Zeitgenossen. Ob die Krieger, wie unser Beispiel zeigt, nur einer Modeströmung folgten oder aber sich mit Federn schmückten, um den Gegner einzuschüchtern, bleibe dahingestellt.

Volkslieder

Ein deutscher Volkskundler hat einmal gesagt, es gebe zwar die historischen Volkslieder, aber sie seien nicht volkstümlich gewesen, im Volke gar nicht verbreitet worden.[1] Hans Trümpy hat den Nachweis erbracht, dass dem nicht so ist. Schon die alten Chronisten wie etwa Stumpf hätten betont, die Leute seien des Schreibens und Lesens unkundig gewesen und hätten deshalb alles «in Lieder und Gsang gestellt».[2] Auch der Chronist Josia Simler betonte, dass seine Zeitgenossen nicht nur «führtreffentliche Geschichten erzehlen, sondern dass sie bisweilen schöne Lieder singen, insonderheit von den alten Schlachten».[3] Die Lieder sind allerdings nicht nur zur Erbauung und Erheiterung gesungen worden. Sie waren auch psychologische Kampfmittel, waren Propaganda. Beweis: Um 1441 verbietet die Berner Regierung, Lieder auf den Krieg mit Zürich zu verfassen. Es seien über den Zürcher Krieg «Liedli» gemacht worden, «die man jetz pflegt zu singen», da aber Friede geschlossen worden sei, «so ist ouch unser meinung, dass man des Singens geschwyge», bei Busse von drei Pfund. Wegen solcher Lieder kam es auch zu Prozessen. So haben 1473 die eidgenössischen Orte gegen Jost von Bregenz ein Prozessverfahren eingeleitet, weil er Spottlieder gegen die Eidgenossen gesungen hatte.[4]

Nun gab es allerdings nicht nur Spott- und Kampflieder, sondern auch eine Art «Nachrichtenüberbringer». Denn noch fehlten Zeitungen, und die Flugblätter konnten nur wenig Leser erreichen: Im 16./17. Jahrhundert konnten nur fünf Prozent der gesamten Bevölkerung lesen. In den Städten, den Zentren der Bildung, waren es allerdings 25 Prozent.[5] Woher hatten die Liedersänger ihren Stoff? Was waren das überhaupt für Leute? Es wäre naheliegend anzunehmen, dass es, ähnlich wie in Deutschland, irgendeine Meistergesangsschule gab. Doch das war nicht der Fall. Im Gegensatz zu unserem Nachbarland gab es in der Schweiz auch keine mit geistlicher Bildung ausgestatteten Sänger, welche an Fürstenhöfen und auf Jahrmärkten ihre Produkte vortrugen und politische Botengänge unternahmen.[6] Ganz offensichtlich waren die schweizerischen Liedersänger und Dichter, von vereinzelten Ausnahmen abgesehen, Gelegenheitsdichter: Handwerker, Weibel, Lehrer und Reisläufer. Viele kennt man nicht einmal. Von andern sind einige wenige Daten überliefert. Hans Auer, von Schaffhausen, 1440, Bürger von Basel, später in Luzern, war Stadtläufer. Hans Birker war politisch tätig; er brachte es bis zum Schultheiss von Luzern; man weiss, dass er am Zug nach Genua 1507 teilnahm. Von Anton Steinhuser aus Wil

226

ist bekannt, dass er in Appenzell und in Luzern tätig und in einen Streithandel verwickelt war, der ihn ins Gefängnis brachte.[7] Hans Kraft von Zofingen war von 1559 bis 1567 Stadtschreiber, später sogar Schultheiss seiner Stadt. Jahrelang arbeitete er als Stadtschreiber in Luzern. Pamphilius Gengenbach von Basel war Buchdrucker; er verfasste auch Dramen. Hans Lanz in Freiburg, ein Schwabe, war Hauslehrer von Freiburger Patriziern. Der Berner Niklaus Schorr war Kürschner.[8] Weil die Liedersänger nicht nur Moritaten bekanntmachten, sondern auch politische Kampflieder vortrugen, riskierte mancher sein Leben. Das gilt besonders für die bitteren religiösen Parteikämpfe des 16. Jahrhunderts. Da hatten es ihre Vorgänger, die Liederdichter und Sänger des 15. Jahrhunderts, erheblich besser. Sie besangen die kriegerischen Glanztaten der zumeist siegreichen Eidgenossen. Und ein bisschen Ehre und Ruhm fiel auch für sie ab. Zu Reichtum brachte es keiner. Die meisten lebten in bedrängten Verhältnissen. So klagte etwa der Dichter des Liedes von der Schlacht bei Grandson über bittere Armut:

«Der uns dis liedlin nüwe sang,
der tut vil manchen irren gang,
gut leben ist im türe!
in siner teschen ist er swach,
er klaget sêr sin ungemach,
dass ir im koment zu stüre!»[9]

Gegenstand des Volksliedes ist zunächst die siegreiche Schlacht, die historische Tat. Noch stärker als die der Obrigkeit oft nahestehenden Chronisten stehen die Liedersänger und -dichter im Dienste der eigenen Partei, deren Erfolg zu besingen selber Erfolg bringt.[10] Mit Begeisterung übernehmen sie die alte Befreiungstradition. Noch 1477, nach glücklicher Beendigung des Burgunderkrieges, denkt man im damals gesungenen Tellenlied an den Anfang und das Wachstum des nunmehr starken eidgenössischen Bundes. Von der ganzen Tellgeschichte wird allerdings nur der Apfelschuss erzählt, und auch dieser nicht als Selbstzweck zur Verherrlichung des Helden, sondern lediglich als Beispiel der Tyrannei der Vögte und als Anlass zum Ausbruch des Freiheitskampfes und zur Stiftung des ersten Bundes. In der fünften Strophe des Tellenliedes heisst es:

«So bat der got tag und nacht,
dass er den epfel zum ersten traf;
es kond si ser verdriessen.
das glück hatt er von gotes kraft,
dass er von ganzer meisterschaft
so hoflich (genau) konde schiessen.»[11]

Gott hat also geholfen. Er steht auf der eigenen, auf «unserer» Seite. Folgerichtig ist der Gegner nicht nur persönlicher Feind, sondern gleichzeitig auch Feind Gottes, das eigene Volk ist auserwählt. Deshalb werden auch in den andern Volksliedern dieser Zeit die «frommen» Eidgenossen aufgerufen, den Kampf in Gottes Namen zu bestehen. Fromm bedeutet gottgefällig, aber auch tapfer und tüchtig. So verbindet sich in diesem Wort allein Überirdisches mit Menschlichem. Schon in den ältesten Liedern, dem Näfelserlied beispielsweise, kommt diese enge Verknüpfung von göttlicher Beihilfe und menschlicher Tat zum Ausdruck:

«Des danckent wir alle Gott und Sant fridly, dem helgen man.
A diss mannlich datt hand die fromen Glarner than.»[12]

Politische und kriegerische Erfolge sind nicht nur Beweise für die Hilfe Gottes, sie sind auch Voraussetzung für jede Hilfe. Darum ist Gott – so das immerwiederkehrende Leitmotiv und Leitbild – anzurufen und ihm auch zu danken:

«wenn es got nit gefuget het,
wer wolt dann so vil sloss und stet
gewinnen in kurzem zite?»

(Wenn es Gott nicht gefügt hätte,
wer wollte dann so viele Schlösser und Städte
gewinnen in so kurzer Zeit?)

Gott wird zum Verbündeten der Eidgenossen:

«so nemend got zu einem ghilf
und zühend wider inen.»[13]

Mit dem «inen» ist Karl der Kühne gemeint, den die Eidgenossen siegreich bezwangen.
Vorbild war ein anderes «auserwähltes» Volk: die Israeliten des Alten Testamentes. Matthis Zoller, der Schöpfer des Murtenliedes, zitiert sie ausdrücklich:

«alsbald der strit ie anefieng,
der sunneschin da hare gieng,
das zeichen ist beschehen,
recht als der schin Herr Josue,
do er strit mit den heiden.»[14]

Vorbild waren die Altvordern. Ihre Taten werden als beispielhaft vorgestellt und die Zeitgenossen zur Achtung und Nachahmung aufgerufen. So auch in einem Lied aus dem sechzehnten Jahrhundert:

«Wir sagend vil von alten,
rümend uns irer tat,
wir müssen uns auch halten
wie von in gschriben stat
frumb lüt die sin sy gwesen
all welt möcht vor in gnesen,
nimand kein leid hands than,
kein unbill lan fürgan.»[15]

Zum Kampf gehört auch Ritterlichkeit. Dass dieser Begriff in den alten Volksliedern auftaucht, ist insofern erstaunlich, als ja das Rittertum, der Adel für die eidgenössischen Bauern und Hirten ein Feind erster Güte war. Adel – Bauerntum war ein Gegensatz, der die eidgenössische Geschichte wie kein zweiter bestimmte. In einem anti-eidgenössischen, anti-bäuerlichen Lied, das Isenhofer von Waldshut auf den Alten Zürichkrieg verfasst hat, kommt das deutlich zum Ausdruck:

«Dem adel alles ze laide
hand puren zesammen geschworn.»[16]

Bauer ist zunächst ein Übername, ein von bösen Feinden erfundener Spott; nun aber übernehmen ihn die eidgenössischen Liedersänger als Ehrentitel:

«Die Schwizer haten es vernomen,
dass man vor Dorneck leg;
sie wollten die entschütten
zu Dorneck in der mur,
sie giengen oder ritten,
es was menger stolzer pur.»[17]

In einem Lied auf die oberitalienischen Kriegszüge spricht Hans Birker ganz einfach und schlicht von den «schwyzer puren» als den stolzen Siegern. Der Bauer wird so zum Träger eidgenössischen Heldentums. Der Zuger Lehrer, Schreiber und Kriegshauptmann Kaspar Suter hat das in einem Söldner-Lied auf den Feldzug von 1546 verdeutlicht:

«Wir schlugen druf on truren
glych wie die schwyzer buren
schontend des adels nit.»[18]

Wahrhafter Adel und Rittertum sind jetzt in andere Hände – in «eidgenössische» – übergegangen. Im Lied Hans Owers (Auers) auf die Schlacht bei Ragaz stehen die Verse:

«die biderben eidgenossen
die wurdent fröüden vol,
dass sie überwunden hatend
mit ritterlicher hand
vil mengen klugen rüter
dörthar uss Schwabenland.»[19]

Ritterlich meint hier nach altem Sprachgebrauch tapfer, männlich und heldenhaft. Der ursprüngliche Sinn von ritterlich, «wie es sich für einen Ritter geziemt», bleibt bestehen. Er bildet zweifellos «ein spätes Zeichen für das einstige militärische, soziale und ideelle Prestige des Ritterstandes». Doch dieses Prestige als Leitmotiv ist in andere Hände übergegangen: «Wir, die schwyzer sind die rechten edellüt, ir tugent inen den adel foruss gitt.»[20] «Die neue Ritterschaft ist eine solche der Leistung, der Haltung und nicht mehr der Herkunft.»[21]

Volksschauspiel und Drama

Hauptaufgabe der Volksliederdichter und Volksliedsänger war es, das Geschehen des Volkes für eben dieses Volk zu erzählen. Insofern gibt es einen inneren Zusammenhang mit den schweizerischen Volksschauspielern, als auch sie ähnliche Ziele hatten. Auch für sie galt es, das Geschichtsbewusstsein im Volk zu wecken und zu unterhalten. Neben den weltlichen und politischen Schauspielen gab es auch geistliche Spiele, die Oster- und Passionsspiele, die in verschiedenen Städten über die Bühnen gingen. Zu eigentlicher Berühmtheit gelangte das 1450 erstmals aufgeführte Luzerner Osterspiel, über das wir dank den Aufzeichnungen von Renward Cysat ausgezeichnet unterrichtet sind.[1] Die Aufführungen auf dem Weinmarkt wurden von so vielen Menschen besucht, dass der Platz die Spieler und Zuschauer kaum zu fassen vermochte. Der Mailänder Gesandte, welcher um 1549 einer Aufführung beigewohnt hatte, rechnete «die Zahl der beim Schauspiel auf der Bühne, auf Balkonen, Loggien, Fenstern und Dächern anwesenden auf gegen achttausend Menschen.»[2] Die Vorbereitungen dauerten mehrere Monate. Im Jahre 1583 waren nicht weniger als 255 Rollen und 1597 gar 309 Rollen zu besetzen. In langer Prozession aus der Kapelle zu St. Peter kommend, betraten die Darsteller den Platz. Im Aufzug voran kamen die Teufel:

Jüngling mit Pfeilbogen. Holzschnitt von Hans Schönsperger, 1490. Man beachte die spätmittelalterliche Bekleidung.

«Die Tüffel sind vor aller ordnung zu vorderst darvon gfaren, den platz gerumpt und die hell (Hölle) ingnommen...» Feierlich begab sich hierauf der Ewige Vater mit den Engeln in den Himmel, während sich die übrigen Spielleute in einem Ring aufstellten, bis der Herold zum Reden ansetzte. Er forderte das Volk zum Schweigen auf:

«Schwygend und lossend, ihr herren all,
zu vernemen mit Rychem schall,
was mins herren meinung ist,
üch zu verkünden von Jesu Crist,
wie er für unns gelitten hatt,
alls das warlich geschriben stadt,
unnd man üch würdt zeigen an.
dorumb soll schwygen iederman,
das man syn wort mogen vernen
unnd was er üch für bscheyd würt gen.»

Die armen Sünder sollen sich ihrer Hinfälligkeit bewusst werden. Gleichzeitig aber wird ihnen Mut gemacht, sich der Bosheit und Sünde tapfer zu wehren. Was geboten wurde, war beileibe keine Feierabendunterhaltung. Zwar schloss man das Vergnügen nicht ganz aus. Die eingestreuten komödienhaften Züge sollen erheitern. Doch hinter dem Scherz steckt der Ernst des eigentlichen Anliegens, hinter dem Spass eine bittere, ernste Kritik. Der Ernst des altschweizerischen Spieles ist, wie Heinz Wyss sagt, «Ausdruck des religiösen Anliegens und der moralischen Belehrung». Darum ist dreimal am esten Spieltag, zweimal am zweiten gemeinsam mit «uufgehebten Händen» gebetet worden. Am Ende des zweiten Spieltages heisst es:

«so knüwend nider, wie ihr hie sind.
Unnd was do ist vom gschlechte manen,
wie sonnd ihr arm mit ernst usspannen,
ouch dessglych alle kind und frowen
mit uffghebten henden gan himell schowen
gott unnd sym helgen lyden zu Eeren,
marie unnd allen himlischen hören
fünnf patter noster unnd ave maria gseyd,
ein glouben szlob helgen dryvallttigkeyt!»
(Vers 5862 des Osterspieles.)

Demütige Hingabe und Miterleben standen im Vordergrund, ganz im Gegensatz zum heutigen, modernen Theater, das wache Bewusstheit, kritische Distanz zum Spielgeschehen fordert. Das alte Theater war ein Lehrinstrument, es hatte leitbildhaften Charakter, verlangte Einordnung, ja Unterordnung unter die göttliche Herrschaft. Der Mensch soll seine Entscheidungen innerhalb der vorgegebenen religiösen Ordnung treffen. Das Lehrhafte wurde auch äusserlich ausgedrückt: Den Lehrern war in diesem Spiel ein besonderer Ort zugedacht: «Inmitten im platz stad in einem sonderbaren, harzu gerüsten Cantzel oder stand, wol oben har under Paradys gestellt, den tragt man fürher so offt Leerer reden sol, dann die Leerer gand nyt an platz umbher.» Regieanweisung des Osterspiels.[3]

Das Luzerner Osterspiel enthält auch Kritik, Kritik an der Gesellschaft und an der Gegenwart. Aber im Unterschied zu der kritischen Haltung des modernen Theaters, das das Hergebrachte in Frage stellt, «sucht das alte Theater ein Leitbild, das es in der Sittenstrenge und der Tugend der Väter verkörpert findet». Der Staat wird bejaht, es geht um die Sorge, um die Bewahrung der als richtig erkannten Werte. Das Theater des 16. und 17. Jahrhunderts will die Welt verändern, in dem Sinne, dass

227

227 Requisiten zu einem Mysterienspiel. Drei Kostüme mit Masken aus dem Jahre 1638. Im Jahre 1638 führten Schüler des Berner Gymnasiums auf dem Münsterplatz ein Theaterstück von Anton Schmalz auf. Thema des Spieles war das Jüngste Gericht, das am Hauptportal des Münsters präsent war. Sechs Knaben trugen «Larven und todten kleideren». Diese waren aus Leinen hergestellt und mit brauner Farbe als Skelette bemalt. Wie die mittelalterlichen Kleider in geistlichen Spielen lagen sie eng am Körper an und täuschten Nacktheit vor.

der Mensch zurückgeführt wird zum Guten, zum Heil. Es will weder zerstören noch verunsichern, sondern vielmehr die Sicherheit auf dem Fundament des Glaubens herstellen.[4]

Osterspiele sind auch aus andern Städten überliefert. Der Chronist Bosshardt berichtet, dass im Jahre 1470 in Winterthur zum ersten Mal ein Osterspiel aufgeführt worden sei.[5] Dargestellt wurde «unseres herren liden». Am Karsamstag 1513 führten die Basler den Besuch des Heiligen Grabes auf. Es wird von Kaplan Hieronimus Brilinger im einzelnen geschildert. Die Leute waren ergriffen.[6] Den Osterspielen verwandt sind die geistlichen Spiele, etwa die Bekehrung Pauli, ein Spiel, das im Juni 1546 von Basler Bürgern «mit grosser Pracht» aufgeführt worden ist,[7] und die Geschichte der Judith, die 1554 über die Engadiner Bühnen ging,[8] sowie das Spiel vom reichen Mann und Lazarus von 1598 in Thusis.[9]

Geistliche Schauspiele dienten indessen nicht nur der Erbauung. Sie waren im Zeitalter der Reformation auch Mittel im Kampf gegen Andersgläubige. In seinem Spiel «Evangelisch friheit» zeigte 1522/23 der Berner Niklaus Manuel die «missbrüch des ganzen babsttums» auf. Das Volk ward durch diese Anschauungen, wie Anselm betont, bewegt, «kristliche friheit und bäbstliche Knechtschaft zuo bedenken».[10] Die Katholiken rächten sich: Der evangelisch gesinnte Chronist Haller berichtet 1549, dass an Epiphanie in Freiburg Schauspiele aufgeführt werden, in welchen «unsere Kirche verhöhnt und verächtlich gemacht wird». Der Rat von Bern verordnete deshalb, dass kein Berner sich die Freiburger Theater anzuschauen habe. Das hinderte aber viele Leute der Stadt und Landschaft Bern nicht, zum Freiburger Dreikönigsspiel zu wandern. Als sie aber sahen, wie «da unsere Religion aufs schmählichste durchgenommen wurde, liefen sie tiefgekränkt in grosser Aufregung davon. Daraufhin lud der Berner Rat alle Leute, die sich dorthin begeben hatten, vor und bestrafte sie.»[11]

Alle diese Spiele ergötzten, so meint der Chronist Hafner, der 1581 über das Solothurner St. Urserenspiel referierte, nicht nur die Zuschauer, sondern auch die Spieler selber. Und ein Nebeneffekt war: Die Spieler behielten diese Verse ihr Leben lang, denn man ist wohl oder übel mehr als zehn Wochen «damit umbgangen, die sprüch zu lernen».[12]

Die geistlichen Spiele erhalten im Zeitalter der Reformation eine neue Dimension. So wird etwa in Bullingers Lucretia und Brutus gezeigt, dass Brutus aus göttlichem Willen heraus handelt: Nachdem die Untat des Tyrannensohnes offenbar geworden ist, fühlt Brutus aus dem Glauben heraus die Verpflichtung, das Unrecht zu bestrafen:

«wir glouben ouch ihn gloubens krafft,
Dyn schad bleybt gwüss nit ungstrafft.»[13]

Alteidgenössische Staatsidee und reformatorisch-zwinglische Religiosität verbinden sich in diesem Spiel zu einer neuen Einheit. Zwingli selber nahm, wie der Chronist Rütiner berichtet hat, an Theateraufführungen teil; er schrieb für verschiedene Schauspiele die Musik. Als er am 1. Januar 1553 die Zürcher Jünglinge spielen sah, «weinte der berühmte Mann vor Freude».[14] Im Spiel «Der Etter Heini» von 1538 versucht der reformierte Dichter Jakob Ruf, dem Volk zu zeigen, dass Gott das Volk in seiner Gnade erhält. In seinem Ermessen aber liegt es auch, ihm das Land wieder wegzunehmen und einem andern zu geben, «das ihm besser gfallt».[15] In «Adam und Eva», seinem letzten Drama, versucht er, das Erlebnis von Gottes Gnade zu zeigen. Durch seine Gnade hat Gott die Erbsünde von den Menschen genommen, durch sie hat er Christus zum Haupt der Kirche gesetzt,

«welche dann ist ein lyb gemein
aller glöubigen hie uff erden.»[16]

Im Vordergrund steht das erzieherische Element. In seinen Dramen versucht der Basler Gengenbach, den Eltern Ratschläge zur Erziehung zu geben. Die Erziehung, so meint er, hat schon recht früh einzusetzen, muss man doch daran denken, dass böse Neigungen an und für sich vorhanden sind:

«s'Kinds hertz, wie es sin muter gbirt
Mit torheit gar verwicklet wird.»[17]

Um eine nationale Erneuerung – ein erklärtes Ziel der Humanisten – herbeiführen zu können, muss zunächst das Geschichtsbewusstsein verstärkt werden. In den weltlichen Schauspielen rücken die grossen alteidgenössischen Gestalten in den Mittelpunkt. Rufs «Etter Heini» beginnt mit den Worten:

«Diss ist der pundt der eidgnossschaft
verknüpft, verringlet und behafft
mit eid der orthen, zuoverwanntten.»[18]

Gott hat ein Völklein auserlesen, das er «gschtellt in eins und in sin huot». Die Einheit der Schweiz ist göttlicher Wille, nicht mit Gott leben führt zum Zerfall des Landes. Es genügt nach Ruf indessen nicht, sich auf seine Nation zu besinnen. Wichtig ist die Erneuerung. Man muss, so meint er, von Pensionen und Reislaufen gänzlich lassen.[19] Selbst in der Zeit der konfessionellen Trennung schlägt der nationale Gedanke durch. In Mahlers Bruderklausenspiel von 1614 wird der Sachsler Eremit als Vorbild, als Mahner beschworen. Ihm in der Treue zum Land in sittlicher Reinheit nachzustreben, muss das Ziel aller Eidgenossen sein.[20]

Leitbildhafte Vorstellungen treten in den Volksschauspielen auch dort zutage, wo vom gewöhnlichen Alltag die Rede ist. Um den moralisch-lehrhaften Stoff aufzulockern, haben die Dichter in den Zwischenakten Rüpelszenen eingebaut; sie entzückten die Zuschauer immer wieder aufs neue. Im «Samson» des Mattheus Rotbletz erscheint ein betrunkener Koch. Er wird von seiner pflichtbewussten Gattin geprügelt. Dem lachenden Volk soll beigebracht werden, dass die Trunksucht alles andere als eine Tugend ist. Unmässigkeit und Trunksucht fehlen kaum in einem Drama dieser Zeit. Kein Mittel ist zu gering, um das Volk zur Enthaltsamkeit zu bringen. Im Urner Tellenspiel heisst es:

«Darin wir gantz und gar sind beladen
wie d Landtzknecht, die wir etwan hand
für unsere gröste fiend erkant.»[21]

In Jos Murers Schauspiel «Zurobabel» heisst es ebenso schlicht wie deutlich: «Der Wyn macht die wysen gar zu narren.»[22]

Immer wieder halten die Dichter das Volk zum Masshalten an. Gengenbach schildert die angeblich einfache Lebensweise der Vorfahren in seinem «Alten Eidgenossen»:

«käss und ziger was ir spys
sie zugen har in heldens wyss
ein säcklin uff dem rucken
frysch wasser was in edel tranck
Und detten dapffer in her trucken».[23]

Der Dichter des «Etter Heini» hält den Zeitgenossen den Spiegel vor die Augen:

«in syden kleidt sich jedermann
kein landtman kan on sammat gan.
die hosen müend ouch sin zerschnitten
man achtet nit der alten sitten…»[24]

228 Die Madonna des Bürgermeisters Jakob Meyer in Basel, von Hans Holbein d. J. Der Stifter (links im Bild) blickt fromm, mit gefalteten Händen, vertrauensvoll nach oben. Es war zweifellos die Sorge um das Seelenheil, die zu solchen Aufträgen führte. Vielleicht spielte aber auch der Gedanke an persönliche Repräsentation und Darstellung der eigenen wirtschaftlichen Potenz mit.

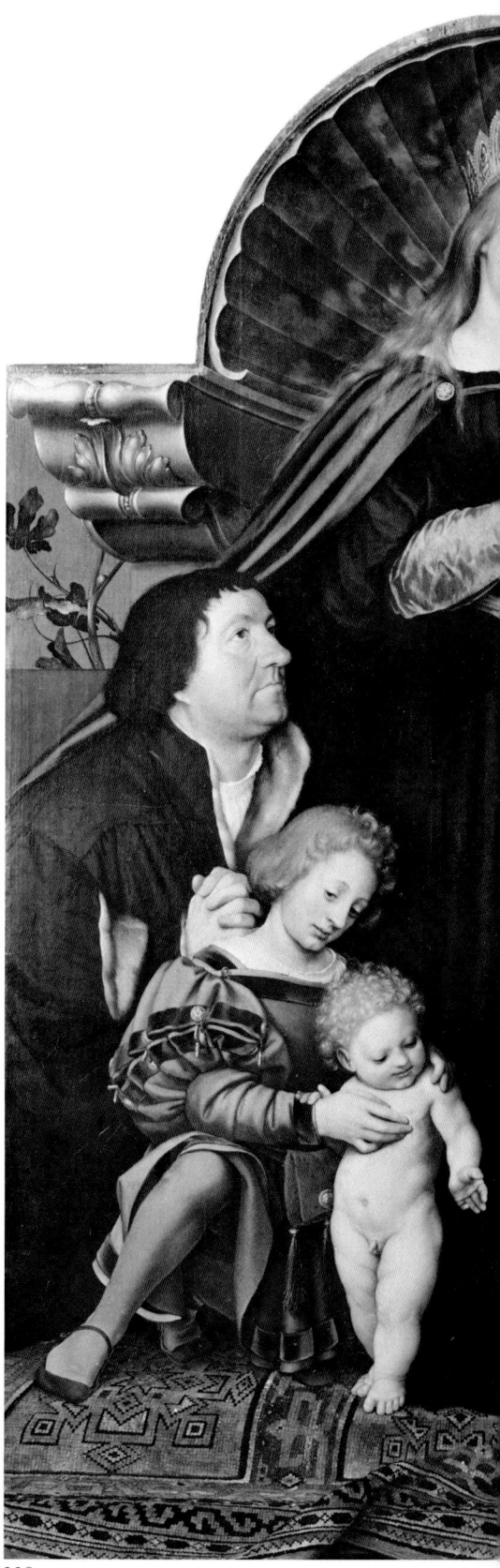

Gegeisselt wird auch das Pensionenwesen. Der zum Tode verurteilte Lucius sagt in einem Bullingerschen Schauspiel zu seinen Zuhörern:

«O hüttend üch vor frembden gellt!
Desshalben ich bin für gestellt.
Wer gooben nimpt, der ist nit fry,
Gellt nemen macht verräthery».[25]

Malerei und Skulptur

Man nennt die Kunst, welche die Absicht hat, eine Idee in Form zu fassen, sie der Vergänglichkeit zu entziehen, sie vor dem Versinken im Strom des Alltags zu bewahren, monumental. Monumentum aber heisst Denkmal, und das lateinische Wort monere heisst mahnen, erinnern. Und gerade dies, das Mahnen, Erziehen und Leiten, ist eine Funktion, welche man in früherer Zeit der Kunst in stärkerem Masse zugewiesen hat als heute. Das gilt vor allem für die sakrale Kunst. In ihr wird die pädagogische Funktion besonders sinnfällig.[1] In der vom Künstler vermittelten Schau einer religiös-christlichen Daseinsmöglichkeit lag immer eine Voraussetzung der ethischen Verwirklichung des Menschen. Das «Sujet», der Inhalt des Kunstwerke hat dabei nicht immer schon ethischen oder moralisierenden Charakter gehabt. Wie insbesondere anhand von Beispielen aus der Romanik gezeigt werden kann, ergeben sich hin und wieder eklatante Widersprüche. Sie rühren zum Teil von daher, dass die christliche Kunst in frühen Formen ganz aufs Jenseits ausgerichtet war. Die irdische Wirklichkeit ist nur als Vorbereitung, als vorübergehende Erscheinung betrachtet worden. Weltliche, diesseitige Formen liess man höchstens so weit gelten, als sie für den Hinweis auf religiöse Inhalte unentbehrlich waren. In den früheren Jahrhunderten war die Bildersprache wohl fast die einzige Kommunikationsmöglichkeit. Es war ein wichtiges Vehikel, um den des Schreibens nicht mächtigen Menschen religiöse Belehrung und Erbauung zukommen zu lassen. Mittels der Kunst sollten die Menschen, um es mit der Bibel zu sagen, verständig und richtig leben, Gleichnisse, Sinnsprüche verstehen und die Worte der Weisen begreifen.[2]

Um dieses Ziel zu erreichen, hat die Kirche ihre ursprünglich bilderfeindliche Haltung aufgegeben. Um 1452 wird die bilderfreundliche Haltung ausdrücklich begründet. Die Bilder sind nötig, erstens weil die Menschen keine Bücher lesen können, hingegen Zeichnungen an der Wand verstehen. Zweitens müssen die Menschen aus ihrer Trägheit zur Andacht bewegt, drittens müssen die Gläubigen, die ja so vergesslich sind, immer wieder von neuem an ihre Pflicht erinnert werden. Bilder berühren das Gemüt stärker als die gesprochenen Worte.[3] Sorge dafür, so heisst es in einer Anleitung zur Erziehung von 1405, dass sich im Haus Bilder von Heiligen befinden. An ihnen soll sich das Kind schon früh erfreuen. Durch die Betrachtung des Heiligen sollen die Kinder selber zum Heiligen hingeführt werden.[4]

Als Auftraggeber religiöser Bilder und Werke trat zunächst der Klerus auf. Doch kommen auch weltliche Stände hinzu, der Adel zuerst, und das Bürgertum, sobald es einmal erstarkt war. Erhalten gebliebene Stiftungsurkunden zeigen, worum es ging: Der Stifter vermacht einer Kirche oder einem Kloster einen Altar, eine Statue für ewige Zeiten, nicht etwa aus der Sorge heraus, das Kunstwerk könnte veräussert oder gar vernichtet werden, sondern vielmehr aus der Besorgnis, dass seine persönliche Stiftung und damit seine Person vergessen werden könnten. Es ging also um das Seelenheil des Stifters. Dass persönliche Momente hineinspielen, zeigen die Inschriften und die Porträts der Stifter. Ein Beispiel ist das Bild Hans Holbeins d.J. aus dem Jahre 1515: Der Basler Bürgermeister Jakob Meyer, der Stifter, erscheint persönlich vor der Mutter Gottes, seitlich vor ihr kniet die sechsköpfige Familie des Stifters.

Der Bürgermeister wird durch die Berührung des Madonnenmantels gewissermassen geadelt. Er kniet mit fromm gefalteten Händen da und blickt vertrauensvoll nach oben. Ihm gegenüber kniet die Frau, wohl seine früh verstorbene erste Gattin, vor ihr befindet sich eine zweite, jugendliche Frau, wohl die noch lebende Gattin. Zuvorderst erblickt man ein Mädchen, die einzige Tochter.[5]

Wie weit der Künstler jeweils das ikonographische Programm seines Bildes bestimmte und wie weit es von seinem Auftraggeber festgelegt wurde, kann nicht immer mit Sicherheit belegt werden. Wir wissen auch nicht in allen Fällen, ob der Künstler dem strengen Ideal genügt hat, ob die religiöse Stimmung, die in seinem Werk wiedergegeben wird, auch die seinige gewesen ist. Zweifellos gab es unter den Künstlern auch religiöse Naturen, die, selbst wenn die Grundstimmung der Epoche eine andere war, den Ausdruck glaubhafter Frömmigkeit wenigstens in einigen ihrer Werke erzwangen. Erstaunlicherweise wird in den Stiftungsurkunden auf die Schönheit, auf die ästhetische Wirkung überhaupt nicht eingegangen. Das ikonographische Programm stand im Vordergrund. Allerdings sind gewisse Qualitätsansprüche geltend gemacht worden. So heisst es in einem Vertrag des Klosters Maria Magdalenen an den Steinen mit dem Basler Maler Hans Herbst, dieser soll das Werk auf das beste und köstlichste machen, den Tabernakel ganz vergolden, und zwar mit dem besten Gold. Alles soll «artlich und uff dz hüpschees gemalt werden». Der Vertrag enthält ganz genaue Angaben, nicht nur über die Themen, sondern auch über die bei der Polychromierung des Altares zu verwendenden Farben.[6]

Erbauung und Belehrung des Betrachters waren sicher immer ein wichtiges Ziel. Die Art und Weise, wie man es in den verschiedenen Zeiten anstrebte, war indessen ganz verschieden. Wer heute in eine romanische Kirche eintritt, wird in der Regel eine gewisse Mühe bekunden, sich in dieser Bilderwelt zurechtzufinden. Da wimmelt es nur so von geheimnisvollen Fratzen, von Teufeln, Engeln und Heiligen. Weil die Figuren nur den knappsten Raum beanspruchen, man denke an das Kapitell, kommt es zu Abkürzungen und formelhaften Abbreviaturen. Das erschwert die Deutung in hohem Mass. Wollten wirklich die Schöpfer all dieser sonderbaren Dinge dem Kirchenbesucher ein lesbares Bilderbuch der Heilstatsachen und der christlichen Lehre vermitteln?[7]

Diese Frage kann mit Recht gestellt werden. Denn in den durch Glasgemälde verdunkelten Räumen waren ja die hochgelegenen und klein dimensionierten Reliefs der Kapitelle schwer zu erkennen. Die Schöpfer wendeten sich zwar an den Betrachter. Sie hofften, er möchte die Kirche aufsuchen, aber sie machten ihm das Entziffern recht schwer. Darin scheint ein Widerspruch zu liegen. Doch er löst sich auf, wenn wir uns vergegenwärtigen, dass die Darstellungen ein Teil des in der Kirche Gott dargebrachten Dienstes, Opus Dei, waren. Die Gebäude selber haben ja in ihrer Form und Erscheinung in keiner Weise auf die Bequemlichkeit des Gläubigen Rücksicht genommen, auf die gute Sicht zum Altar etwa oder eine gute Akustik.

Was aber bedeuten die mysteriösen Figuren? Sind es, wie frühere Autoren meinten, Figuren, die den heidnischen, keltischen oder germanischen Mythologien entspringen? Die neuere Forschung ist anderer Meinung: Es stehen biblische Themata, vor allem jene des Alten Testamentes, im Vordergrund: Abraham, der Isaak opfert (Kirche von Payerne und Basel), Daniel in der Löwengrube (Chur und Genf), Samson, der den Löwen bezwingt (Genf), Salomo, der gerechte und weise Richter (Genf). Es sind, wie ohne weiteres spürbar wird, Präfigurationen des Neuen Testamentes: Abrahams Opfer deutet auf den Opfertod Christi hin. Daniel überwindet wie Christus das Böse, der «gerechte» Salomo ist ein unmittelbarer Vorläufer von Jesus Christus. Dieser erscheint seltener. Man sieht ihn als Kind auf dem Schosse der thronenden Maria (Chur, Grandson, Payerne). In den romanischen Kirchen findet man keine Darstellung der Passion Christi, ein einziges Mal, in Genf, kommt das beliebte

Thema der Frauen am leeren Grabe vor. Doch erscheint Christus immer wieder als thronender Herrscher und Richter, so etwa in den Kathedralen von Genf und Payerne. Was aber bedeuten die vielen Tiere und die Dämonen? Der mittelalterliche Mensch sah in ihnen persönlich existierende Repräsentanten eines höllischen Reiches, das dem Reiche Christi gegenübersteht. Auch dieses ist vertreten: «An der Spitze der himmlischen Heerscharen amten die Engel, insbesondere die Erzengel, und unter ihnen der beliebteste, Michael, der Drachenbesieger.» Auch die Paladine Christi, die Apostel und Evangelisten, erscheinen mitsamt ihren Symbolen an Kapitellen oder Portalen.[8]

Im Gegensatz zur Gotik treten Heilige nur spärlich auf. Sie erscheinen nur dann, wenn sie als Patron der betreffenden Kirche (Zürich Grossmünster, Payerne) oder als Heiliger des zuständigen Ordens (St. Benedikt in Payerne, St. Hugo in Grandson) einen besonderen Sinn haben. Um so reichlicher treten die Gestalten aus der griechisch-römischen Antike auf. Sie sind aber selbstverständlich christlich umgedeutet. Pyramus und Thisbe sind vom 15. bis zum 17. Jahrhundert recht häufig vertreten. Pyramus stellt die Liebe Christi dar, Thisbe die menschliche Seele, die vom Teufel (Löwe) befreit wird und für die Pyramus aus Liebe in den Tod geht. Manche Figur erinnert an die Maskenbräuche, von denen im Kapitel Feste und Feiern die Rede war. Andere Gestalten erinnern an die wilden Jäger oder Wildmänner aus der Welt der Sagen.[9]

Wie die Plastik folgte auch die Wandmalerei geheiligtem ikonographischem Schema und erprobten künstlerischen Rezepten. Gerne hat man die Apsiswölbung oder die obere Partie der Chorwand ausgemalt. Hier erscheint Christus stehend oder sitzend als Herr, Erlöser oder Richter, in den Himmel auffahrend und im Himmel thronend. Ihn umgeben als nächste Wesen Engel- oder Evangelistensymbole, darunter versammelt sich die Schar der zwölf Apostel. Die westliche Eingangswand, manchmal auch der Vorraum, war dem Weltgericht gewidmet. Hier im Vorraum wurde in der Regel auch Recht gesprochen und beurkundet, so dass das Thema eine ganz zentrale Bedeutung bekam. Wohl das grossartigste und umfassendste Bildprogramm bot die Kirche von Zillis. Die gemalte Decke gehört der ersten Hälfte des 12. Jahrhunderts an. Sie war sicher von einem dominierenden Hauptmeister konzipiert. Sie umfasst im ganzen 153 Felder, die Zahl ist nicht zufällig, sie gehört vielmehr zu jenen, die durch die Erwähnung in der Bibel geheiligt sind. Es ist die Zahl der bei Johannes 22,11 erwähnten gefangenen Fischlein, die schon von Augustin zahlenmystisch ausgedeutet wurde.[10]

Hatten sich die Künstler in den romanischen Kirchen auf ein überirdisches Ziel gerichtet, so wenden sich die Bildhauer und Maler des gotischen Stiles beredter und leidenschaftlicher an den Menschen selber. An die Stelle des Typischen treten individuelle und persönliche Formen. Die Legenden der Heiligen werden nun in das Gewand menschlicher Schicksale gekleidet. Die Formensprache, in der Romanik noch stark symbolisch gebunden, wird freier, leichter verständlich. Das ganze Bildprogramm, denken wir nur etwa an das Portal der Lausanner Kathedrale, bleibt reich an religiösen Vorstellungen. Christus rückt nun ins Zentrum; daneben findet sich eine Trilogie des Triumphes Mariä. Die Kathedrale von Lausanne war ja der Maria geweiht.[11] Wie frei und kräftig die Formen werden, beweist auch der Heilige St. Georg mit dem Drachen an der Westfassade des Basler Münsters.[12] Fromme Andacht und mystische Versenkung stehen hinter dem neuen Bildprogramm. Wundervoll kommt das zum Ausdruck im Heiligen Grab der Kirche in Magerau, Freiburg. Da liegt in einem hölzernen Sarg der Leichnam Christi. Er ist im Tode erstarrt, von Wunden und blutigen Krusten bedeckt. Die Augen sind fast ganz geschlossen, die Lippen zu einer letzten Klage geöffnet. Das Ganze ist von stärkster Wirkung: Der Betrachter soll erschüttert, soll zur Einkehr, zur Besinnung gebracht werden.[13]

229 Das Wütisheer (auch Wüetisheer) oder Wilde Heer von Urs Graf. Um 1515. Auf diesem wahrscheinlich einzigen Bildzeugnis dieses Themas bemerkt man oben Mars und Bellona, unten die Scharen des Wilden oder Totenheeres, so wie sie uns auch Cysat schildert und wie sie in den Sagen erscheinen. Grausiges, nächtliches Geschehen in einer irrealen Traumwelt, virtuos von einem grossen Maler hingeworfen.

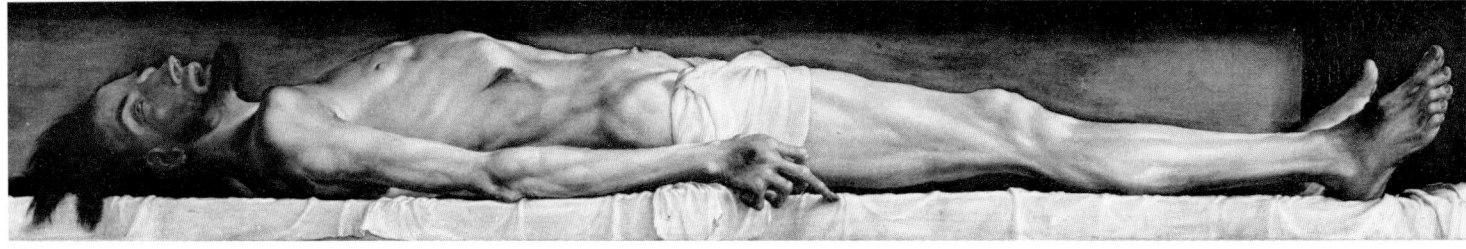

Eine umfassende Ikonographie steht auch hinter dem Hauptportal des Berner Münsters, geschaffen um 1490/1500. Da erscheinen die klugen und die törichten Jungfrauen, da gibt es ein jüngstes Gericht, und die Propheten treten auf. Gleichzeitig sind die Verdammten zu sehen, gibt es einen Höllenschlund mit den ewigen Qualen. Da treten vom Teufel zusammengekettete Ehebrecher auf sowie Spieler und Verschwender.[14] Die Belehrung geht im Innern des Münsters weiter. Die grossartigen Glasfenster verraten, obwohl jedes Fenster seine Geschichte hat, ein genau durchdachtes Bildprogramm. Dem Werk sind theoretische, theologische Betrachtungen vorausgegangen. Schliesslich gelangte man zu einem besonderen Berner Konzept. Für das Mittelfenster waren ursprünglich die Passion Christi sowie die Auferstehung und die Offenbarung vorgesehen. Doch wählte man schliesslich ein volkstümliches Thema: die Legende der Zehntausend Ritter, die den Bernern bei Laupen beigestanden hatten. Weitere Fenster zeigen den Zug der Drei Könige sowie die Hostienmühle, eine Herleitung und Symbolik des Abendmahles.[15]

Zur Glaskunst trat die Wandmalerei. In der Gotik wurden die schon in der Romanik bekannten ikonographischen Programme erweitert. Sie stützten sich mit Vorliebe auf das Neue Testament. Das Leben und das Leiden Christi werden geschildert, aber auch die Martern der Glaubenszeugen sowie der Heiligen. Von besonderer Bedeutung war der hl. Christophorus als Beschützer der Reisenden; seine Riesenfigur war vor allem an den Kirchenfassaden längs der Bergpässe anzutreffen. Etwas seltener war die Darstellung des Gebotes der Sonntagsheiligung mit der von Handwerkszeugen, Tänzern und Spielern umgebenen Gestalt Christi, wie sie etwa in der Kirche von Waltensburg/GR zu finden ist.

Hier, wie auch beim Betrachten des monumentalen Freskos an der nördlichen Schiffswand in der Dorfkirche von Raron (1512–1515), wurde den leseunkundigen Vorfahren die Verkörperung der Mächte der Finsternis, des Üblen und des Bösen drastisch vor Augen geführt.[16] Doch wurde nicht nur gezeigt, wie bedroht unser Seelenheil jederzeit ist: Die Bildwerke zeigen gleichzeitig, dass es eine Erlösung gibt. Sie wird verkörpert von Christus. Kein Wunder, dass die Christusfiguren in der Plastik und der Malerei den ersten Rang einnehmen. Wir beschränken uns auf wenige Beispiele. Um 1521 hat Hans Holbein d.J. einen Christus für einen Altar gemalt. Der ausgestreckte Leichnam ist realistisch, fast erbarmungslos dargestellt, «leicht in Untenansicht, also richtig vom Auge des Kirchenbesuchers aus, der vor dem Altar stand».[17] Von anderer Art ist der geschnitzte gotische Christus aus der Kirche Muri. Er ist um 1400 entstanden und hing als frommes Hauszeichen lange Zeit an der Aussenwand eines Bauernhauses in Kallern. Wind und Wetter haben ihm arg zugesetzt, aber der Eindruck ist aller Zerstörung zum Trotz überwältigend. Unter der schweren Dornenkrone neigt sich das hagere Gesicht zur Seite. Noch ist der Körper des soeben verschiedenen Heilands nicht erschlafft. Der Schnitzer hat sich wohl von den Werken französischer Kathedralplastik inspirieren lassen. Er war im Innerschweizer Raum tätig.[18]

Im Zeitalter der Renaissance wird die Ikonographie von Humanisten und humanistisch inspirierten Klerikern entworfen. An Stelle christlicher Symbole treten selbst in Klöstern wie St. Urban und Stein am Rhein Helden der Antike auf.[19]

230 Der Leichnam Christi im Grabe. Von Hans Holbein d. J. 1521. Das Bild befand sich bei einem Altar in unmittelbarer Augenhöhe und zog deshalb die Augen des Betrachters unwillkürlich auf sich. Es löste zwar beim Betrachter Erschütterung, Trauer und Schmerz aus, wollte aber gleichzeitig andeuten, dass Christus das alles für uns durchgelitten hat und dass er für uns gestorben ist.

231 Die Klugen Jungfrauen. Aus dem von Meister Erhart geschaffenen, umfassenden Bildprogramm (um 1490) für das Berner Münsterportal. Die Betrachter wussten, was gemeint war: «Darum wachet! Denn ihr wisset weder Tag noch Stunde...» (Matth. 25, 13).

Sowohl Barock wie Rokoko versuchen – und hierin liegt eine neue, bisher unbekannte Note – dem sakralen Raum den Charakter eines Gartens zu geben. «Damit ist die jahrhundertealte Vorstellung des Gartens als religiöser Ort verbunden.» Zur Vorstellung des irdischen gesellt sich die des himmlischen Pradieses: So erscheinen in Deckengemälden Johann Baptist Zimmermanns (1680–1758) paradiesische Landschaften, Bilder von zauberhaften Gärten mit Alleen, Grotten und Wasserfällen, welche durch Motive wie Paradiesesbaum oder Lebensbrunnen ins Überirdische, Himmlische übersetzt werden.[20]

Vom Formenschatz der Renaissance zu jenem des Barock scheint nur ein kleiner Schritt zu sein. Und dennoch: Das ganze Programm wird nochmals erweitert: «Der Barock will weltliche und himmlische Freude, demütige Busse und überquellendes Selbstbewusstsein, will lyrisch und dramatisch, visionär und realistisch gestalten».[21] Zentren religiöser Kultur und Kunst werden die katholischen Teile des Landes, Luzern, Freiburg und Solothurn neben vielen andern. Die Klöster der Benediktiner und der Zisterzienser erleben nach einer Zeit spätmittelalterlicher Zersetzung eine Hochblüte. Altes kirchliches Brauchtum wird in frische, neue Formen gegossen. Sprechendes Beispiel dafür ist der Kirchenbau von Einsiedeln. Hier hat Cosmos Damian Adam ein barockes Fresko von einmaliger Grösse geschaffen. Die Geschichte setzt ein mit der Einsiedler Engelweihe. Christus, von den himmlischen Scharen assistiert, vollzieht die Konsekration der Kirche. Die himmlischen Geister werden auf die vier Hauptrichtungen des Kuppelgewölbes verteilt. Diese Gruppen werden mit einer von Putten bevölkerten Wolkenschwade verbunden. An der zweiten Kuppel zieht sich die Szene des Abendmahles hin, während die Kuppel des dritten Raumes die Heilige

231

Weihnacht mit der Anbetung der Hirten darbietet. Kreisförmig baut sich die Landschaft mit dem Stall von Bethlehem und den Hirten im Felde auf. Das malerische Programm ist später durch andere Künstler fortgesetzt worden.[22]

Leitbilder und Leitgestalten finden wir auch in der profanen Kunst. Erste Ansätze zu ikonographischen Programmen sind in der spätmittelalterlichen Stadt fassbar. Dabei stand der Repräsentationsgedanke im Vordergrund. Man fing an, Macht und Reichtum zu zeigen, die Bauwerke prunkvoll auszugestalten. Rathäuser, Stadttore und öffentliche Brunnen erhielten künstlerischen Schmuck. Die Zünfte schafften sich schöne Trinkgeschirre an, und man begann sich buntgemalte Scheiben zu schenken. Klöster, Patrizier und reich werdende Bürger liessen – davon wird im Kapitel Wohnen berichtet – ihre Räume ausmalen. Von diesen Ausstattungen ist nur Weniges auf unsere Tage gekommen. Dazu gehört die Ausmalung des Festsaales im Kloster St. Georgen in Stein am Rhein. Sie ist 1515, kurz vor der Reformation, vom humanistisch gebildeten Abt David von Winkelsheimer in Auftrag gegeben worden. Sein Bildprogramm ist von der Geschichte der Antike bestimmt und zeigt deutlich lehrhafte Ansätze: Der junge Hannibal schwört vor dem Altar, die Römer zu bekämpfen. Auf einem andern Bild erscheint Scipio Africanus, er schwört nach der Niederlage von Cannae, das Vaterland niemals aufzugeben.[23]

Einer der beteiligten Maler, Thomas Schmid, ein Einheimischer, hat auch die Fassade zum weissen Adler in Stein am Rhein geschmückt. Da findet man die antike Historie von den Bündelstäben, die einzeln schwach, zusammen aber unzerbrechlich sind. An anderer Stelle werden die Tugenden und Laster in deutlich pädagogischer Absicht einander gegenübergestellt.[24]

Fast zur selben Zeit, 1517–1519, lässt der Luzerner Jakob von Hertenstein sein neuerbautes Haus in Luzern durch H. Holbein d.J. innen und aussen mit Wandgemälden ausstatten. Das Haus ist 1825 abgebrochen worden, doch kennt man auf Grund von Dokumenten und Entwürfen die ursprüngliche Ausstattung. Die Originalentwürfe Holbeins befinden sich im Kuntmuseum Basel. Da gab es eine besonders eindrückliche Darstellung der Leaina. Diese mutige Dirne beisst sich vor ihren Richtern die Zunge ab, um ihre Freunde nicht zu verraten.[25] Leitbildhafte Züge fanden die Betrachter auch im Bild der Königsprobe: In einer Halle sitzt der tote König, auf den seine Söhne schiessen, damit man nach einer Bestimmung erkenne, welches der wahre Sohn und Nachfolger sein soll. Den wirklichen Sohn erkennt man daran, dass er, statt auf den Vater zu schiessen, den Bogen zerbricht.[26] Dieses grosse Einzelbild war dazu auserkoren, den Nachkommen der Familien Einheit und Eintracht zu predigen, hatte doch Hertenstein Kinder aus vier Ehen.

Hans Holbein hat 1521/1522 auch drei Wände des Grossratssaales im Basler Rathaus bemalt. Das Bildprogramm stammte vom Humanisten Beatus Rhenanus, es ist bis ins Letzte ausgeklügelt. Man wählte sogar den Standort der Bilder zielbewusst aus. Der Eintretende sollte sofort das sehen, worauf es ankam. Warnende Beispiele der Gefahren von Besitz und Macht sollten ihm vor Augen geführt werden.[27] Dargestellt waren Charondas, der sich als Übertreter seines eigenen Gesetzes selbst den Tod gibt, sowie Daleukus, der in grosser Gesetzestreue ein Auge blenden liess.[28]

Um 1583 beschloss der Berner Rat sein Rathaus beziehungsweise die Burgerstube neu auszumalen. Er berief den hugenottischen Maler Humbert Marescheit. Dieser malte in den Jahren 1585 und 1586 insgesamt 24 Bilder. Sie zeigen die Bannerträger der eidgenössischen Orte, die Erbauung der Stadt Bern, das Urteil Salomos, die Bündelstäbe, den Tag zu Stans 1481, um nur einige Beispiele zu nennen. Das Programm ist deutlich: Die Bürger sollten ihre Lehren aus der Geschichte ziehen.[29]

Einen originellen Beitrag zur staatsbürgerlichen Erziehung mittels Bildern leistete Luzern. Um 1540 beschloss der Rat, die berühmte Kapellbrücke mit Bildern zu bestücken. Tatsächlich setzt 1547 ein erster Zyklus mit Szenen aus dem Alten und dem

232

233

234

232 Leaina vor den Richtern, sich die Zunge abbeissend. Hans Holbein d. J., Teilentwurf für die Fassadenmalerei am Hertensteinhaus in Luzern 1517/18. Hier wird die Tugend, die Treue und Verschwiegenheit gepriesen: «Eher beiss ich mir die Zunge ab, als meine Freunde zu verraten.»

233 Wandmalerei aus dem Zürcher Haus «Zum Blauen Himmel», 1574. Dargestellt ist der wohlhabende Stifter Heinrich Lochmann, Tagsatzungsabgeordneter. Er hatte im Kappelerkrieg mitgekämpft und war verwundet worden. Seither trat er unermüdlich für eine gemeineidgenössische Verständigung ein. Das Bild ist dafür ein schöner Beweis. Der Mann rechts, ein Eremit, wohl Bruder Klaus, hat eine göttliche Vision. Er gibt seinem Gesprächspartner den Auftrag, auf eine Versöhnung der durch den Glauben gespaltenen Eidgenossen hinzuwirken.

234 Platte, Winterthurer Keramik. Im Spiegel Szene mit Saul und David. Am Rande das Wappen des Caspar Nüscheler, Zürich, datiert 1678. Die Inschrift auf dem Tellerrand lautet: «Wer ein gutt weyb hat lebt einst desto lenger.»

235 Die Hof- oder Kapellbrücke in Luzern. Lithographie von G. Barnard um 1843. Oben in der Giebelpartie der gedeckten Holzbrücke die dreieckförmigen Bilder verschiedener Maler nach dem Programm von Renward Cysat. Der Fussgänger kann hier, wenn er langsam von Bild zu Bild schreitet, die gesamte schweizerische Geschichte miterleben. Hier sind alle wichtigen religiösen und weltlichen Leitfiguren des Spätmittelalters zu finden.

Neuen Testament ein. Das Bildprogramm und die kommentierenden Inschriften stammen vom Ratschreiber Renward Cysat. Darstellungen der Heilsgeschichte stehen im Vordergrund, doch werden auch Szenen aus der Schweizer Geschichte, vom Rütlischwur über die Tellsgeschichte bis zu den politischen und kriegerischen Ereignissen um 1600, gezeigt. Auf diese Weise diente die Brücke, die Kirchweg, aber auch ein beliebtes Ziel der Spaziergänger war, nicht nur der religiösen Erbauung, sondern auch dem Geschichtsunterricht.[30]

Fast zur gleichen Zeit wanderte der Bündner Schulmeister Hans Ardüser (1557–1618) durch die Täler, um mit der Bemalung von Hausfassaden und Stuben einen Nebenverdienst zu finden. Seine Arbeiten zeigen eine volkskünstlerisch-drastische Umsetzung der klassischen Renaissance-Malerei. Sein Bildprogramm ist bescheidener als jenes des gelehrten Luzerners. Seine Leitbilder entsprechen einer volkstümlich-naiven Weltsicht, sie wirken aber in ihrer naiven Unbeschwertheit echt und überzeugend. An einem Hause in Parpan hat er Simsons Kampf mit dem Löwen dargestellt. In Andeer finden wir die Allegorien der Gerechtigkeit, der Liebe, der Mässigkeit und der Geduld. In Rothenbrunnen (Haus Tscharner) hat er einen St. Georg im Kampf mit dem Drachen, in Parpan das Gastmahl des Herodes gemalt.[31]

Im barocken Zeitalter geht der Brauch, die Fassaden der Bürger- und Bauernhäuser mit Malereien auszustatten, allgemein zurück. Die durch den Maler Johann Brandenberg in Zug an einem Bürgerhaus geschaffene Fassadenmalerei hat deshalb Seltenheitswert. Sie bleibt wie die reiche Malerei am Hofgut Gümligen bei Bern ohne Nachahmung. Dagegen mehren sich die Malereien im Innern der Häuser. In der Schipf zu Herrliberg schafft 1732 der Mailänder J.J. Appiani Deckenfresken mythologischen und allegorischen Inhalts. Die Rat- und Gerichtssäle werden neu ausstaffiert: Willisau erhielt 1695, das Archiv des Luzerner Rathauses 1698 Ausmalungen mit antik-mythologischen Historien. Als grossartige barocke Schöpfung gilt die Stuckdecke des Gerichtsaales von Willisau mit den Fresken Giorgiolis.[32] Drei prachtvolle allegorische Gemälde sind zu betrachten. Amor und Krieg spielen mit der schwerbeladenen Weltkugel. Das zweite Bild zeigt einen nackten Mann, er trägt eine Erdkugel auf dem Rücken. Auf dem dritten Bild erblicken wir eine Erdkugel auf Wolken, begleitet von einem Genius mit dem berühmten Stabbündel. Dargestellt wird die Einigkeit. Es erschienen eine Justitia mit Waage und Schwert sowie die Pax mit Ölzweig und gesenkter Fackel. Die Beischrift lautet kurz und bündig: Conservant (Sie bewahren).[33] Zweifellos war ein Bildprogramm vorhanden. Es bleibt indessen bei Andeutungen, das Ganze bleibt im Spielerisch-Unverbindlichen stecken. Damit ist nichts gegen die hohe Qualität der künstlerischen Ausstattung gesagt.

Volkstümlicher blieb die Bilderwelt der Hafner und Ofenmaler. Mitten im erzählerischen Allerlei treten an den Öfen neben den Sprüchen auch symbolhafte Figuren und Bilder auf. Dargestellt werden allegorische Zyklen, die vier Jahreszeiten, die vier Elemente, die sieben freien Künste, die Tugenden, die fünf Sinne sowie Szenen aus der antiken und der eidgenössischen Geschichte. Zu einem schönen Teil stammt das Programm aus Emblematabüchern von Christoph Murer, Matthäus Merian, Wolfgang von Hohberg, Rudolf und Conrad Meyer. Diese Emblematabücher waren so bekannt und verbreitet, dass die Maler sich oft mit Andeutungen begnügen konnten. Die Winterthurer Ofenmaler malten manchmal allegorische Szenen ohne Titel. Sie verzichteten auf Sinnsprüche im vollen Bewusstsein, dass die Betrachter wussten, worum es ging. Die Symbole kannte jedermann.[34] Wie gekonnt die Ofenmaler ihre Vorlagen umsetzten, zeigt u.a. der Steckborner Ofen in der Kartause Ittingen. Vorbild war Wolfgang von Hohbergs Lust- und Arzeneygarten Davids.

Aus der bunten und grossen Ofenwelt zeigen wir eine Ofenkachel mit der Darstellung des Lindenhofs von Zürich. Gemalt wurde der Ofen von Hans Heinrich Pfau III. von Winterthur (1642–1719).[35] Seine feine Hand finden wir auch im Dekor der meisterhaft bemalten Fayence-Geschirre. Solche Teller und Krüge sind in Winterthur und auch in andern Zentren der Keramik als künstlerisch hochwertige Einzelstücke geschaffen worden. Aus dem dritten Viertel des 17. Jahrhunderts stammt ein Zierteller. Da wird der Lebensweg allegorisch gedeutet. Im Zentrum sitzt eine junge Frau, sie hält in der Hand ein Buch, das deutlich beschriftet ist: «Biblia» steht auf den beiden aufgeschlagenen Seiten. Über der Szene stehen drei Worte, sie deuten an, worum es geht: «Weg Zum Läben.»[36] Oft kommt es zu merkwürdigen, belustigenden Verfremdungen. Auf einer Platte mit dem Wappen des Zürchers Caspar Nüscheler, datiert 1687, erscheinen Saul und David. Vorbild war ein Holzschnitt aus Flavius Josephus' Jüdischer Geschichte, Frankfurt 1581. Der Maler aber fügte einen Spruch bei, der nicht ganz dazu passt. Er lautet: «Wer ein gutt weyb hat, lebt einst desto leng.»[37]

Das barocke Zeitalter hat nicht nur wundervolle Öfen und Keramik, sondern auch grossartige Brunnen geschaffen. Allerdings kann die Schweiz mit den figurenreichen Anlagen von Rom, Wien oder München nicht konkurrieren. Lediglich Zürich besass eine ähnliche, wenn auch kleinere Anlage. Sie ist 1766 auf dem Münsterhof errichtet, in der Revolutionszeit aber beschädigt und 1811 entfernt worden.[38] Die eidgenössische Brunnentradition geht bis ins 15. Jahrhundert zurück. Sie entspricht der Tradition der Spätgotik und der Renaissance: Ein achteckiges Becken wird von der in der Mitte plazierten Säulenstatue dominiert. In den katholischen Regionen standen auf der Säule Maria oder Heilige: in Luzern der Marienbrunnen bei der Hofkirche, in Sarnen der Bruder-Klaus-Brunnen. In protestantischen Orten erscheinen, der Renaissance-Ikonographie entsprechend, allegorische Figuren: Caritas in Basel, die Justitia in Bern, um nur zwei bekannte Beispiele zu nennen. Auch mythologische Figuren sind vertreten, Herkules und Neptun in Basel und Jupiter in Zürich.[39]

Am Beispiel der Brunnenfiguren liesse sich so etwas wie eine Ikonologie der Brunnen entwickeln. Wir wollen dies am Beispiel von zwei Berner Brunnen, deren Geschichte von Paul Hofer mustergültig dargestellt worden ist, etwas näher erläutern. Dabei wird einmal mehr ersichtlich, welche Leitbilder unsere Vorfahren hatten und wie sich der Zeitgeist auf die Gestaltung und die Wertung eines Kunstwerkes ausgewirkt hat.[40]

Um 1544 errichtet der Freiburger Künstler Hans Gieng «by der nollen hus» einen Mosesbrunnen. Das heute nur noch aus Abbildungen bekannte Standbild zeigte

236 *Berner Mosesbrunnen. Standbildfigur aus dem Jahre 1791. In Anlehnung an eine ältere Figur von 1544 weist dieser Moses mit dem nackten rechten Unterarm auf das zweite Gebot der Gesetzestafeln (Du sollst Dir kein Bild machen). Über dem bärtigen Haupt der doppelte Lichtstrahl, der den beiden Hörnern an der Stirn der ältern Figur entspricht. Das Hebräische hat für «Lichtstrahl» und «Horn» das gleiche Wort; doch die Vulgata setzt cornua (Hörner), daher die allgemeine Verbreitung dieses Attributs in den ältern Mosesdarstellungen. Noch im 1770 erhält zum Beispiel das neue Standbild des Solothurner Mosesbrunnens die traditionellen Hörner. Die Mosesfigur bildet nicht allein die Verkörperung des ausschliesslich gültigen Gotteswortes, sie bildet gleichzeitig durch das direkte Aufzeigen des zweiten Gebotes eine öffentliche Rechtfertigung des seinerzeitigen Bildersturmes.*

237 Schöne Brunnen weisen nicht nur die grossen Städte, sondern auch die Hauptorte ländlicher Regionen auf. So besitzt Altdorf gleich mehrere historische Brunnen. Auf unserem Bild erblicken wir den Tellsbrunnen. Er wurde 1785 von F. X. Triner gezeichnet und gemalt. Das Becken stammt aus dem Jahre 1517, die Tellsfigur ist 1786 von J. B. Kuriger geschaffen worden. Sie befindet sich heute in Bürglen. Das Brunnenbecken blieb in Altdorf und erhielt wieder die Franziskusskulptur, die vor der Tellsfigur zum Brunnen gehörte. Auch Brunnen haben ihre Schicksale.

Moses im Prophetenmantel, das vollbärtige Haupt mit Hörnern, in der Rechten die Doppeltafel mit den zwei ersten Geboten im hebräischen Text, die Rechte wies auf das reformatorisch bedeutsame zweite Gebot mit dem Bilderverbot. Thematisch ging es offenbar um die Verkörperung des gültigen Gotteswortes. Nun hat man aber daran zu denken, dass damals immer noch das Bilderverbot diskutiert worden ist. Seit dem Bildersturm im Münster waren ja erst 16 Jahre vergangen. Den direkten Hinweis auf das zweite Gebot könnte man deshalb als Rechtfertigung der Bilderzerstörung auffassen. Der Mosesbrunnen ist während zwei Jahrhunderten gut behütet und unterhalten worden. Im 18. Jahrhundert begann man indessen rücksichtslos mit ihm umzuspringen. Um 1740 wird die angeblich verwitterte Figur entfernt und um 1780 eine Fontänenanlage errichtet. Sie bewährte sich indessen nicht. Das Bauamt bestellte deshalb beim Konstanzer Bildhauer Sporer eine neue Mosesfigur. Sie wurde 1791 errichtet. Es ist, wie Paul Hofer meint, eine «tüchtige, aber etwas unpersönliche Arbeit des späten Barocks». Das Bildprogramm ist geblieben: Moses weist mit der Rechten auf das zweite Gebot. Die Tafel enthält indessen keinen hebräischen Text mehr, sondern römische Zahlen. Die römische Zwei soll für jedermann sichtbar sein. Der Mosesbrunnen steht heute noch, es ist die einzige Anlage, die mit Becken, Stock und Figur in allen Teilen die Gestalt ein und derselben Neuerrichtung zeigt.[41]

Die Geschichte des Gerechtigkeitsbrunnens verläuft anders. Er ist 1544/46, wahrscheinlich ebenfalls von Hans Gieng, erstellt worden. Dargestellt ist die Justitia als Verkörperung der aller weltlichen Herrschaft übergeordneten Gerechtigkeit, mit Richtschwert und Waage, Augen und Ohren, gemäss Jes. 11, 3–4 verdeckt; in den vier Basisfiguren hat man seit jeher Verkörperung der vier Herrschaftstypen, der

Theokratie (Papst), der Monarchie (Kaiser), der Autokratie (Sultan) und der Republik (Schultheiss), gesehen. Alle vier Köpfe sind mit geschlossenen Augen abgebildet. Die Fernwirkung dieses Brunnens war bedeutend. Bis 1650 sind nicht weniger als 11 Justitiabrunnen in der Schweiz errichtet worden. Sie machen aber wohl nur einen Teil des ursprünglichen Bestandes aus.[42] Um 1589 wird der Brunnen von Humbert Marescheit neu bemalt. Um 1668 wird die farbige Fassung von Joseph Werner d.Ä. erneuert. Ein rücksichtsloser Eingriff erfolgt Ende des 18. Jahrhunderts. Der Brunnen wird 1798 des Richtschwertes und der Waage beraubt. Um 1845 wird er entfernt, doch bald darauf, in Weiss und Gold neu übermalt, wieder errichtet. Auf Druck der öffentlichen Meinung, die auch für eine Wiedererrichtung eingetreten war, stellt man auch die alte Polychromie wieder her. Der Brunnen war eine Zierde der schönen alten Stadt Bern. Er ist in der Nacht vom 13. Oktober 1986 von Vandalen aus politischen Motiven zerstört worden.

Leitbilder und Leitgestalten finden wir auch auf den Kabinettscheiben. Die Schweiz ist an solchen Scheiben ganz besonders reich, herrschte doch schon im frühen 15. Jahrhundert die Sitte, einander Kabinett- oder Wappenscheiben zu schenken. Mit diesen Scheiben drückten Städte, Gemeinden oder auch einzelne reich gewordene Bürger ihr Selbstbewusstsein aus. Bis um 1515 sind die meisten Scheiben für Kirchen und Kapellen gestiftet worden. Von diesem Zeitpunkt an erscheinen indessen auch Standesscheiben, die von eidgenössischen Ständen oder Orten gestiftet worden sind. Zu ihnen treten die Zunft-, Gerichts- sowie Ratsscheiben und nach 1570 die Bauernscheiben, die sich Bauern und Handwerker gegenseitig stifteten.[43] Das ikonographische Programm entspricht weitgehend den übrigen Zweigen des Kunstgewerbes. So können wir beispielsweise auf den Ofenkacheln von Steckborn oder Winterthur genau die gleichen Bilder feststellen, die auch die Glasmaler bevorzugten.

238 Jonas wird vom Walfisch ausgespien, nachdem er für seine Rettung gebetet hatte. Diese Geschichte aus dem Alten Testament wurde nicht nur als Beispiel für die Kraft Gottes, sondern auch als Aufforderung zum Gebet gezeigt. Glasscheibe des Adam Rütti, Ammann zu Buchriet, und Niklaus Mäder, von Mülliberg, 1635.

239 Gerechtigkeitsbrunnen von Bern. Gesamtansicht im Gassenbild, von Westen. Aufnahme um 1890. Die bis im Jahre 1845 sichtbare Herstellungsinschrift 1543 an der Frontseite des Achteckbeckens weist daraufhin, dass der Brunnen zur Hauptgruppe von 1542–1546 gehört. Die Autorschaft Hans Giengs ist nach Paul Hofer ausreichend gesichert. Dieser Brunnen war ein Wahrzeichen der Stadt Bern, er ist im Herbst 1986 von Vandalen zerstört worden. Er wird durch eine Kopie ersetzt und 1988 wieder sichtbar sein.

240 David und Goliath. Oben: Gerichtsszene. Glasscheibe des David Zuber, Landweibel von Ösch, 1592.

David Zubber
landtweibell
1 5   9 2
diser Zitt
zu Osch

Zunächst erscheinen Szenen aus dem Alten Testament, Paradiesdarstellungen, Geschichten aus dem Leben von Abraham, Josef, Moses und Salomo. Aus dem Neuen Testament sind Szenen aus dem Leben und der Passion Christi dargestellt. Es folgen Gleichnisse wie etwa der barmherzige Samariter. In den katholischen Regionen treffen wir zahlreiche Madonnenbilder an. Einen grossen Platz beanspruchen die profanen Darstellungen, die sich auf die römische Geschichte stützen. Wir müssen uns angesichts des überreichen Materials auf einige Beispiele beschränken.

Um 1592 hat David Zuber, Landweibel in Oesch, eine Scheibe gestiftet. Für das Oberbild hat er sich seinem Beruf entsprechend eine Gerichtsszene ausgesucht. Die Hauptdarstellung dagegen enthält die ikonographisch bedeutsame Darstellung des David, der den Goliath erschlägt.[44] Die Scheibe, die Adam Rütti Amann zu Buechriet von Mülliberg 1635 stiftet, zeigt die Geschichte vom Propheten Jonas, der vom Walfisch ausgespien worden ist, vor dem Hintergrund eines wohl orientalisch gemeinten Städtchens. Ein phantastischer Walfisch, aus dessen weit aufgesperrtem Rachen Jonas ans Land geworfen wird, ringelt sich am Ufer. Diese Darstellung war im Spätmittelalter bis hinein ins 17. Jahrhundert sehr beliebt, weil sie als Symbol für die Auferstehung Christi galt. Eine solche Jonas-Szene befindet sich beispielsweise auf der Grisaillemalerei des 17. Jahrhunderts im Haus zur Hohlen Eich in Wädenswil. Der Sinnspruch auf der Wappenscheibe deutet darauf hin, worum es ging:

«Glich wie im Walfisch Jonas lag
hatt in uss gworffen am tritten tag.
Also ist Christus ufferstanden.
Dass Er uns löss von sündes banden.»[45]

Einen verhältnismässig breiten Raum beanspruchen die Darstellungen, die auf der römischen Geschichte fussen. Eine Scheibe aus dem Refektorium des Augustinerordens von Zürich aus dem Jahre 1519 zeigt Porsenna. Er sitzt im blauen Gewand vor seinem weissen Zelt. Neben ihm, auf dem Tisch Geld vorzählend, sitzt sein Schreiber (Scaevola) von rückwärts mit dem Schwert durchbohrt. Links im Hintergrund erscheint Scaevola noch einmal, rot gekleidet, seine Rechte in ein loderndes Feuer haltend. Die Darstellung ist der römischen Geschichte entnommen. Porsenna war ein König, der Rom belagerte und bedrängte. Mucius Scaevola ersticht irrtümlicherweise Porsennas Schreiber. Nach der gerichtlichen Verurteilung hält Scaevola seine Rechte ins Feuer, bis sie verbrannt ist; dadurch ist Porsenna tief beeindruckt. Und weil er weitere Anschläge auf sein Leben befürchtet, lässt er Scaevola frei und macht Frieden mit Rom.[46]

Schliesslich erscheinen auf den Scheiben auch Darstellungen aus der Landesgeschichte, wobei die Befreiungstradition im Vordergrund steht. Ein grossartiges Beispiel stellt die Wappenscheibe des Christoph Froschauer dar. Im Mittelbild kniet Tell, um mit seinen gebundenen Händen dem vor einem Baumstamm stehenden Söhnchen den Apfel vom Kopf zu schiessen. Rechts steht Gessler, ganz in Rot, hinter ihm befinden sich seine Hallbartierer in hellblauen Harnischen. Im Oberbild rechts schreitet Tell bedeckten Hauptes am Hut auf der Stange vorbei, links erschlägt Baumgarten den Vogt zu Wolfenschiessen im Bade, während seine Frau am Spinnrocken sitzt. Am Fusse der Scheibe das Wappen der Zürcher Familie Froschauer. Stifter der Scheibe war der berühmte Buchdrucker Christophel Froschauer, der 1519 das Bürgerrecht von Zürich geschenkt erhalten hat.[47]

Selbstverständlich fehlen bei den Kabinettscheiben die Allegorien der Tugenden nicht. Auf der Allianzscheibe Holl-Tobler von 1668 (Landesmuseum Zürich) ist im Mittelpunkt die Einigkeit allegorisch dargestellt. Ein Jüngling bricht einen einzelnen Pfeil über seinem Knie, während das geschlossene Pfeilerbündel zu seinen Füssen liegt. Der erläuternde Text steht am obern Rand:

241

«Wann liebe Einigkeit in einem land sich findet
wenn Einigkeit den mann und weib zusammen bindet
wenn Einigkeit verknüpfft die Kinder in dem Hauss
so grünt der segen süss und bleibt der Fluch darauss
trotz dass den wollstand möglist oder gewalt zu reissen
wie immer darauff sich feinde thun befleissen.»

Vor der seitlichen Architektur stehen weibliche Allegorien, links die Caritas, rechts Konkordia. Am Fuss Kartusche im Knorpelstil mit Inschrift:

«Hr. Hauptmann Lorentz Holl dess Rahts auff der Wolfhalden
und Frau Margretha Toblerin seine Eheliche Hussfraw 1668.»[48]

Chroniken

Das Bild, das man sich von den Chronisten gemacht hat, ist in den letzten Jahrzehnten immer wieder korrigiert worden. Während ihnen die einen glaubhafte Wahrheit attestierten, sprachen die anderen von reiner Dichtung. Nach einem langen und zum Teil leidenschaftlich ausgefochtenen Streit ist ihnen schliesslich eine gewisse Ernsthaftigkeit und Eigenbedeutung zugebilligt worden. Für uns steht hier diese Frage nicht im Vordergrund. Wir fragen nach den Leitbildern der Chronisten. Wie sahen sie aus, und welchen Erfolg hatten sie? Wurden ihre Zielvorstellungen akzeptiert, wurden ihre Leitfiguren volkstümlich?

Es gab Chronisten jeglicher Art. Es ist schwer, sie auf einen gemeinsamen Nenner zu bringen. Was sie indessen allesamt gemeinsam haben, ist eine naive Erzählfreudigkeit. Sie ist verbunden mit einem Hang zum Exempel, zum erklärenden, belehrenden Beispiel. Der Chronist versucht, seine Leser oder Hörer – man denke an die Analphabeten, denen die Geschichten damals vorgelesen worden sind – zu fesseln, zu erheitern; gleichzeitig aber will er belehren. Damaligem Brauch entsprechend galt es, immer wieder zu beweisen, dass «Gott durch sichtbare Zeichen und Wunder seine Präsenz manifestiert».[1] Und das konnte in idealer Weise anhand von Wundergeschichten, Legenden, Geister- oder Teufelsgeschichten geschehen. Es war um so leichter zu machen, als ja die meisten Chronisten von Hause aus Theologen waren. Sie kannten die Methode der Exempel: Das Exempel war im Mittelalter wichtiger Bestandteil der Predigt. Oft bricht der Predigtstil durch, jedenfalls ist die Exempelfreudigkeit immer wieder aufs neue zu spüren. Ein schönes Beispiel ist das Hostienwunder. Im 15. Jahrhundert ereigneten sich gleich drei eindrückliche Fälle. Petermann Etterlin berichtet über einen ersten Fall, der sich am 24. Mai 1447 im luzernischen Ettiswil ereignete. An diesem Tag stahl eine gewisse Anna Vögtlin das Sakrament aus der Ettiswiler Kirche und warf es in die Nesseln. Hier wurde die Hostie «durch schickung göttlicher fürsichtigkeit» von einem Mädchen völlig intakt aufgefunden. Zum Andenken an das Wunder errichtete man an dieser Stelle eine Kapelle: Und hier wurden fortan, so schreibt der Chronist, «grosse merkliche wunderzeichen gewürkt».[2] Valerius Anshelm, der Berner Chronist, hat, obwohl überzeugter Anhänger des neuen Glaubens, eine solche Wundergeschichte erzählt. Sie soll sich im Jahre 1494 in Winikon (Kanton Luzern) zugetragen haben. Eine weitere Hostienwundergeschichte wird vom Chronisten Schradin übermittelt. Anlässlich des Schwabenkrieges 1499 brannte die Pfarrkirche von Sennwald im St. Galler Rheintal nieder. Im Sakramentshäuschen war alles geschmolzen, aber das «wirdig sacrament» lag unversehrt auf einem Stein. Daraus folgt – und hier das Leitbild:

241 Ein Leitbild aus der Antike: Mucius Scaevola. Glasscheibe aus dem Jahre 1519 aus dem Refektorium des Augustinerklosters in Zürich. Vor seinem Zelt sitzt Porsenna im blauen Gewand. Neben ihm, auf dem Tisch Geld vorzählend, sein Schreiber, den Mucius Scaevola von hinten mit dem Schwert durchbohrt. Die Darstellung ist der römischen Geschichte entnommen. Porsenna war ein König, der Rom belagerte und bedrängte. Mucius Scaevola ersticht irrtümlicherweise Porsennas Schreiber. Nach der gerichtlichen Verurteilung hält Mucius Scaevola seine Rechte ins Feuer, bis sie verbrannt ist. Porsenna ist tief beeindruckt; er lässt Mucius Scaevola frei und macht Frieden mit Rom.

CRISTOW FROSCHOWER

«Ein yeder vernünftiger mensch durch sin witz,
Mag nit gnugsam uslegen das zeichen gross,
und wie die macht gottes jst so grundlos.»³

Wie die Hostienwunder, so haben auch die Erzählungen von blutenden oder schwitzenden Heiligenfiguren zu zeigen, dass Gott immer wieder sichtbare Zeichen gibt. Im Jahre 1530 standen sich die Anhänger des alten und des neuen Glaubens bewaffnet gegenüber. Da kam, wie Valerius Anselm erzählt, ein «Geschrei» in die Stadt Solothurn: Der heilige Sankt Urs schwitze, rief man aus. Und nun die Schlussfolgerung laut dem Chronisten: Der Himmelsfürst und Patron zeigt ihnen «durch sinen wunderbaren schweis, sin ängstig sorg und klagte, dass man nit me uf die lieben helge halten wölte».⁴

Gott zeigt seinen Unwillen deutlich – das ist auch die lehrhafte Anschauung des Bündner Chronisten Ardüser, wenn er aus dem Jahre 1585 berichtet: Im Domleschg ist der Silser Frau Margret Schwalde ein Geist in der Gestalt einer weissen Taube begegnet. Die Taube sprach: «Warlich, warlich, wo man sich nit besseret, wird Gott die wält straaffen», worauf sie verschwand. Die Frau wollte diese Warnung für sich behalten. Allein, es kam eine seltsame Unruhe über sie. Daraufhin eröffnete sie ihre Erscheinung dem hochgelehrten Conrad Jeklin von Hohenrealta. Weil das aber zu spät erfolgte, kam eine Strafe über die andere. Das ganze Dorf wäre beinahe untergegangen.⁵ Auch Kometen und Himmelserscheinungen wie Sonnenfinsternis sind, wie die Chronisten schreiben, Warnungen Gottes. Offenbar erschütterten sie nicht nur die gelehrten Männer, sondern das ganze Volk. Konrad Pellikan berichtet, dass sich sein Grossvater beim Anblick der Sonnenfinsternis im Jahre 1485 auf den Boden geworfen habe, «um Gott um Vergebung seiner Sünden und ganz allgemein um Barmherzigkeit gegenüber dem armen Menschengeschlecht anzuflehen».⁶ Leitgestalten fanden die Chronisten insbesondere in der Geschichte des Altertums und des Mittelalters. Sie kannten sich darin gut aus. V. Schlumpf hat nachgewiesen, dass eine aus dem 13. Jahrhundert stammende Handschrift des Nibelungen-Liedes im Besitz des berühmten Glarner Chronisten Aegidius Tschudi gewesen ist. Auch Heldengeschichten standen den Chronisten zur Verfügung, sind doch Drucke des Hildebrand-Liedes in der Schweiz erschienen. So gibt es eine Basler Ausgabe Apiarius um 1572 und eine Berner Ausgabe von 1603. Die berühmten Heldengeschichten von Heinrich Panthaleon sind in Basel 1565 gedruckt worden. Auf sie griffen die Chronisten mit grossem Interesse. Denn sie brauchten die Leitgestalten und Helden einmal, um dem aufkeimenden Nationalbewusstsein ein theoretisches Fundament zu geben. Zum andern aber dienten sie ihnen, um die Sitten der Ahnen als modellhaft vorzustellen. Das war auch der Grund, weshalb Aegidius Tschudi 1572 in der «Gallia Comata» von den «Germaniern und ihren Sitten» sowie von der «uralten Gallierrn Regiment, Bräuchen, Sitten und Wesen» berichtete.⁷

Grosses Vorbild der Chronisten waren Tacitus und seine Germania. In diesem Werk stellte der Geschichtsschreiber den Römern «das Bild eines Volkes von urtümlicher Kraft, innerer Stärke, ungebrochener Freiheit und anspruchsloser Einfachheit als Gegenbild zum eigenen Sittenzerfall vor Augen». Genau das gleiche taten unsere Chronisten. Unentwegt priesen sie Tapferkeit, Mannhaftigkeit, Streitbarkeit, Kriegstüchtigkeit der Altvordern und rühmten sie deren Gastfreundschaft und Mässigkeit im Essen. Glarean hat diesen tugendhaften Helden den Vers gewidmet: «Trunksucht leidet es nicht, ist ein Volk, das, der Kirche ergeben, Grünet im Glauben, durchaus gefällig und freundlich, am Bergbach, Löscht es den Durst, und es ist mit bescheidener Nahrung zufrieden. Gern weist der einfache Mann dir den richtigen Pfad, durch die Alpen Reiset man sicher, und frei ist die Strasse von lauernden Räubern: Hier hat Gesindel kein Schlupfloch.»⁸

242 Der Tellenschuss, aus einer vom Zürcher Verleger Froschauer gestifteten Wappenscheibe um 1530. Im Oberbild Baumgarten, der den Vogt von Wolfenschiessen im Bad erschlägt, und Tell, der ohne den geforderten Gruss am Hut des Landvogts Gessler vorbeigeht.

243 Allegorische Darstellung der Einigkeit. Allianzscheibe Holl-Tobler aus dem Jahre 1668. Im Mittelbild wird ein Jüngling dargestellt, welcher einen einzelnen Pfeil über seinem Knie bricht, während das geschlossene Pfeilerbündel zu seinen Füssen liegt.

244

Nach Simler haben sich unsere Altvordern «aller Zucht und Mässigkeit beflissen». Trunkenheit und «Füllerey» wurde bei ihnen für schmählich gehalten. Dann aber, so fährt er fort, «muss ich es leider bekennen, wann man schon vielleicht nicht so viel trinkt als an mehreren Orten Teutschlands, so ist doch die Trunckenheit nicht mehr bey ihnen ein Greuel, und wird auch nicht mehr wie vor alten Zeiten für ein Schmach gehalten».[9]

Nach Ansicht des Bündners Campell sind viele neue Gewohnheiten von Söldnern aus fremdländischen Kriegen heimgebracht worden: «Dahin gehört auch jener unselige Becherkampf, bei dem heitere Zechgenossen sich gegenseitig zum Hinunterstürzen des Weines einladen, ein Brauch, dem wir die schmähliche Trunksucht unserer Generation verdanken.»[10]

Auch die altbewährten und einfachen Kleider, so meint Pellikan, seien um 1500 durch die heimkehrenden Soldaten durch neue buntfarbige «zerhauene» Kleidermoden ersetzt worden.[11]

Auch der Berner Chronist Anselm beklagt alle diese neuen Sitten und was er für besonders schwerwiegend hält: «Zu dieser neuen Üppigkeit ist man allen obrigkeitlichen Verfügungen und Strafen zum Trotz gekommen».[12]

Die Chronisten wissen Rat: Zurück zu den einfachen Sitten der Altvordern ist das eine Rezept, die Heldenverehrung das andere. Wie aber bekommt man verlässliche Informationen über das Leben und das Wirken der Helden? Da gab es einmal das im Jahre 1474 abgefasste «Weisse Buch» von Sarnen.[13] Kernstück dieses Buches ist die Befreiungssage. Hier wird erzählt, wie unter dem harten Druck österreichischer Vögte die angesehensten Männer der Waldstätte eidlich zusammentraten. Einer davon war Tell, der dem Gesslerhut unter den Linden zu Altdorf den Gruss versagte und dafür verurteilt wurde, mit seiner Armbrust einen Apfel von seines Kindes Haupt zu schiessen. Auf das Geständnis nach vollbrachter Tat, was er mit seinem zweiten Pfeil beabsichtigt habe, wurde Tell über den See hinweggeführt, um das ihm versprochene Leben hinter Mauern zu beschliessen. Er befreite sich im Sturme selber, eilte auf verborgenen Pfaden voraus und tötete den Gewaltmenschen, den Tyrannen, aus dem Hinterhalt. Das Motiv des kühnen Jägers, der einen Gegenstand vom Haupte eines Knaben schiesst, ist im Mittelalter auch in Norwegen, Dänemark, Schottland und Deutschland bekannt. Auch das vor dem Weissen Buch entstandene Tellenlied weist auf auswärtige, der Befreiungssage ursprünglich fremde Herkunft.

244 Bürglen mit der Tellskapelle. «Griechen und Römer errichteten dem Andenken ihrer grossen Männer Bildsäulen; die Schweizer bauten, in christlicher Frömmigkeit, ihren Helden und Vaterlandsrettern Kapellen. Hierher stellen noch heute Urner und Schwyzer jährlich feierliche Betfahrt an.» (Heinrich Zschokke, 1836.) Die kleine Betkapelle befindet sich auf unserem Bild links unterhalb der Kirche. Sie ist 1582 an der Stelle des Wohnhauses Wilhelm Tells gestiftet und erbaut worden. Aus dieser Zeit stammen auch die Fresken zur Tellsgeschichte. (Sepiazeichnung von F.X. Triner, 1785.)

245 Die Wildleute, der Wilde Mann, die Wilde Frau – das war nicht nur ein unerschöpfliches Thema der Sagenerzähler, sondern auch beliebtes Motiv in der Kunst. Hier eine Wilde Frau aus einer Wollwirkerei des 15. Jahrhunderts. Auf dem Spruchband die Worte: «noch ruch noch so wild ich hoff dich zem (zähme) ein wiplich bild». Vermutlich stand der Wilden Frau ein Wildmann gegenüber, dem diese Worte galten.

Heute nimmt man an, dass irgendeine kühne Jägertat sich wohl ereignet habe und den Chronisten zur Übernahme des ganzen Sagenstoffes anregte. Die chronikalische Gründungs- und Befreiungsgeschichte bietet eine höchst eigenartige und kaum entwirrbare Mischung von Dichtung und Wahrheit.[14]

Der Held jedenfalls imponierte nicht nur den Chronisten, er eroberte Herz und Sinnen des ganzen Volkes. Ja dieser Tell ist, weil er individuelle menschliche Züge trägt, zur Leitfigur für ein ganzes Volk geworden: «Ihm eignet Stolz auf seine Kraft und fromme Scheu, sie zu missbrauchen, ihm eignet Offenheit des Worts und zugleich jene Befangenheit, die den zum Äussersten Entschlossenen auszeichnet. Ihm eignet auch schlichte Tapferkeit mit jenem Zug von List des Unbesieglichen.»[15] Nur fünfzig Jahre nach der Niederschrift der Geschichte im Weissen Buch ist Tell eine der grössten Leitfiguren des Schweizervolkes. Wir werden ihm in vielerlei Gestalt und in den verschiedensten Bezügen wieder begegnen.

Sagen

Zahlreichen und eindrücklichen Leitfiguren begegnen wir nicht nur in den Chroniken, sondern auch in den Volkssagen. Die Sagen sind nicht nur aus Freude am Geschichtenerzählen wiedergegeben und tradiert worden. Nicht immer, aber doch sehr oft ist eine erzieherische Absicht spürbar. Mit Recht haben die Sagenforscher – wir nennen hier nur Max Lüthi und Lutz Röhrich – von Leitbild- und Warnsagen gesprochen. Zu den Leitbildsagen gehören in erster Linie die Herkunfts- oder Abstammungs- und Gründungssagen. Sie sind erfunden und erzählt worden, um das Ansehen der Altvordern zu erhöhen. Die ersten Sagen dieser Art stammen aus dem 16. Jahrhundert. Das ist sicher kein Zufall, ist doch in dieser Zeit die Eidgenossenschaft recht selbstbewusst geworden. Auf grosse Ahnen wollte und konnte man um so weniger verzichten, als auch das Ausland grossartige Ahnengeschichten kannte und diskutierte. Aber woher die Ahnen nehmen? Eine der Fragen lautete: Sind die Eidgenossen direkte Nachkommen der Helvetier, also Ureinwohner, oder sind die Vorfahren von irgendwoher eingewandert? Da gab es Helvetiertheorien, schwedische, römische Theorien. Man sprach davon, dass beispielsweise die Räter von den Etruskern herkamen, während die Urner ihren Ursprung von den Goten oder Hunnen ableiteten.[1]

Wie weit das Volk die Spekulationen der humanistisch orientierten Gelehrten übernahm, ist schwer zu beurteilen. Immerhin: diese Theorien sind noch in den Sagen des 19. und 20. Jahrhunderts zu finden. Ähnlich verhält es sich mit den Städtegründungssagen. Auch sie waren Leitbildsagen, auch sie dienten dem Selbstbewusstsein, und auch sie erfreuten sich einer gewissen Beliebtheit. Doch volkstümlicher waren die Drachentötersagen. Selbst sie tragen zum Teil leitbildhaften Charakter. Im Jahre 1480 erschien, wie es bei Renward Cysat heisst, ein fürchterlicher Drache. Niemand wagte, ihn umzubringen, bis ein starker, junger Landmann namens Winkelried sich anerbot, das Tier zu töten und «das Vaterland von dieser schwären Plag zu erlösen». Mit einem «abgedorrten jungen Tannlin» und ohne Wehr und Waffen hat er das «grüwliche Thier» erschlagen.[2] Wie David mit einer einfachen Schleuder vor Goliath trat, so tritt Winkelried nach Cysat ohne Wehr und Waffen dem Ungeheuer entgegen. Der Leser wird erstaunt feststellen, dass der Drachentöter den gleichen Namen trägt wie der Held von Sempach. Zufall? Innerer Zusammenhang? Die Geschichte von Arnold Winkelried, dem Helden von Sempach, ist heute in aller Leute Mund. Ist die Tat historisch nachgewiesen? Für uns ist die Frage belanglos. Wichtig ist, dass es eine solche Leitfigur gab. Sie erscheint schon im Halbsuterschen Sempacherlied:

«Ein Winkelriet, der seit:
he wend irs gwissen lan
min arme kind und frouwen,
so wil ich ein frefel gstan.
he ich wil ein imbruch han,
des wellind ir min geschlechte
in ewikeit genissen lan.»³

Älter als dieses Lied ist eine Zürcher Chronik aus dem Jahre 1438. In ihr wird von einem «getrüwen mann under den Eidgenozen» geschrieben, der angesichts der aussichtslosen Lage so viele Spiesse wie möglich erfasste und niederdrückte.⁴ Schon in der um die Mitte des 14. Jahrhunderts lateinisch verfassten Chronik des Johannes von Winterthur befinden sich zwei Stellen, welche die Tat Winkelrieds vorwegnehmen. Offenbar handelt es sich hier um typische Stilisierungen nach dem Vorbild antiker Epik. Die Parallelen erstrecken sich, wie V. Schlumpf nachgewiesen hat, bis ins sprachliche Detail. Die Winkelried-Stelle des Sempacher-Liedes sowie die Chronikstellen und die Sage bringen alle das gleiche, zu jener Zeit offenbar populäre, mit der damaligen Kampftechnik zusammenhängende Motiv: «Einer für Alle».⁵

Neben den Leitbildsagen gab es Warnsagen. Auch sie enthalten Anweisungen zum richtigen Verhalten. Sie sind in grosser Zahl vorhanden. Schwierigkeit bereitet es bloss, ihr Alter zu bestimmen, jene Sagen herauszufinden, die vor 1800 im Umgang waren. Die Sagensammler haben in den wenigsten Fällen eine Jahreszahl genannt. Eine Ausnahme macht der im 16. Jahrhundert lebende Luzerner Renward Cysat. Er notierte eine Sage, die ihm 1565 von einem Sennen aus dem Pilatusgebiet erzählt worden ist. Die Älpler, so beginnt die Sage, sind in grosser Gefahr, «so sy nit all abendt umb bettglogkenzytt das ‹Ave Maria› schryent oder rüefent mitt lutter stimm, so vast (fest) sie mögent». Einmal aber ereignete es sich, dass ein Senn diese Pflicht versäumte. Die Strafe kam sofort. Ein Gespenst hob sein Vieh in die Lüfte, wo es spurlos verschwand. Am dritten Tag aber erschien es wieder, völlig abgehetzt, ermüdet und elend, so dass es sich eine lange Zeit nicht mehr erholte. Der Schluss wird nicht ausgesprochen, aber er liegt nahe: Versäumt nicht, jeden Abend zu beten.⁶ Um 1707 hat der Zürcher Naturforscher Johann Jakob Scheuchzer eine Warnsage aufgezeichnet.⁷ Es soll in den Clariden-Alpen «ein Senn eine leichtfertige Hur unterhalten und in so hohen Ehren gehalten haben, dass er ihro von der Wohn- oder Sennhütten bis zum Kässgaden den sonst kotlichten, unflätigen Weg mit Käsen bespreitet, damit sie ihre Schuhe oder Füsse nicht besudelte». Als seine arme, hungrige Mutter eines Tages erschien, um ihn um Speise zu bitten, mischte er unter die Milchspeisen Pferdeharn. Da verwünschte ihn seine Mutter und bat Gott, das Geschehen zu rächen. Die Erde aber tat sich auf und verschlang den Sennen mitsamt seiner leichtfertigen Dirne; die Felsen und Firne fielen ein, und aus der schönen, grasreichen fetten Alp wurde ein unfruchtbarer Firn. Diese Sage steht nicht vereinzelt. Nach dem Zeugnis des bernischen Oberförsters Karl Kasthofer, einem etwas jüngeren Zeitgenossen von Scheuchzer, melden alte Sagen von Blümlisalpen, die vormals grüne Weiden gewesen und nun von Gletschern bedeckt sind.⁸

Die Blümlisalp des Berner Oberlands ist seitdem «zum Etikett» für eine ganze Sagengruppe geworden. In allen diesen Sagen, bezogen sie sich nun auf die wirkliche bernische Blümlisalp oder auf die urnerische Blümlisalp am Urirotstock oder auf den Clariden, geht es um den Tatbestand des begangenen Unrechts, das gerächt wird. Gewarnt werden die Hörer und Leser vor Verschwendung, vor zügelloser Lebensweise, gewarnt wird vor Hartherzigkeit den Eltern gegenüber. Gott selbst wird sich einschalten. Hier verschränkt sich einmal mehr das individuelle Rachebedürfnis der Mutter mit überindividuellem religiös-moralischen Empfinden.⁹

246

Zu den Warnsagen gehören die Sennenpuppensagen, denen Gotthilf Isler eine meisterliche Monographie gewidmet hat.[10] Von Älplern wird in frevelhaftem Übermut eine Puppe, ein Tuntschel oder Toggel, geschaffen und wie ein menschliches Wesen behandelt. In einer Urner Sage machten die Sennen dem Tuntsch ein Maul und sie legten ihn unter die Kühe, molken ihm ins Maul, eine Tat, die einem Bergbauern unfassbar erscheint.[11] Weit schlimmer wird es, wenn diese Sennen ihren Tuntsch tauften. Das ist ein wirkliches Sakrileg und das muss sich rächen. Der Toggel oder Tuntsch wird plötzlich lebendig, um sich schliesslich in ein Ungeheuer zu verwandeln. Die Sünder werden furchtbar gestraft, ihre Haut abgezogen und auf dem Dach der Sennhütte ausgebreitet. Zu dieser Sage gibt es, vor allem was die Folgen anbelangt, viele Varianten. Eine Alp wird von Geröll überzogen, unbenutzbar oder aber sie vergletschert.[12]

In andern Sagen ging es um kleinere Vergehen, Milch- oder Brotvergeudung etwa. Angesichts der allgemeinen Armut war das bereits strafbar. In einer Urner Sage wird es angedeutet: «Früher hats eben nicht viel erlitten; solche, die Milch versudlten, mussten nach ihrem Tode umgehen.»[13] Wer Brosamen unter den Tisch fallen liess, beging einen Frevel und musste büssen: «Eine arme Seele bekannte, sie sei die verstorbene Gattin von Toni und müsse noch leiden, weil sie zu Lebzeiten die Brosamen unter den Tisch gewischt und heruntergefallene nicht aufgelesen habe.»[14]

Das Eigentum hatte im bäuerlichen Leben – das wird in den Sagen immer wieder zum Ausdruck gebracht – höchsten Stellenwert. Der Boden gehörte zusammen mit den Tieren zu den wichtigsten Produktionsmitteln. Er war rar und in den alpinen Regionen immer wieder aufs neue gefährdet. Die Sage steht als strenge Richterin für den Boden und seinen Besitzer ein. In wahrhaft klassischer Weise wird dies in einer Sage umschrieben, die A. Büchli aus dem bündnerischen Tavetsch überliefert hat: «Ein wohlhabender Bauer im Tavetsch begehrte von seiner Nachbarin, einer armen Frau, ein Stück Land zu kaufen. Sie wollte es aber durchaus nicht hergeben. Durch allerlei Ränke und Umtriebe brachte er es jedoch schliesslich dazu, dass sie ihm das Grundstück abtreten musste. Zuletzt fragte sie ihn, ob sie nicht wenigstens einen Sack voll Erde von ihrem Grundstück behalten dürfe. Das gestand er ihr zu. Sie hat den Sack mit Erde vollgestopft und diesen nachher auf den Rücken laden wollen. Der Nachbar stand dabei, und sie bat ihn, ihr zu helfen. Er tat ihr den Gefallen, hob ihr den Sack vom Boden und sagte: der sei aber schwer! Da gab sie ihm zur Antwort: ja, der Sack voll Erde da ist schon so schwer, aber wie schwer wird erst das ganze Grundstück sein! Und das wirst du am Jüngsten Tage zum ewigen Gericht tragen müssen. Darauf erwiderte der Nachbar: ‹Wenn das so ist, dann will ich das Grundstück nicht haben. Dieses grosse Gewicht will ich nicht auf mich laden.› Und er hat ihr das Stück Land gelassen.»[15]

Ein anderes Beispiel stammt aus dem Urnerland: «Der starke Martin Schelbert hatte in Glarus eine Kuh gekauft und trieb sie von Linthal durch die schmalen Wiesenpfade hinauf, wo er natürlich mit der Kuh nicht hätte fahren (gehen) dürfen. Endlich stellte sich ihm ein Bäuerlein entgegen und verbot ihm den Weg. Zuerst bat Schelbert mit guten Worten um die Erlaubnis, auf dem Wege weiterfahren zu dürfen; als aber der erboste Bauer nicht einlenken wollte, ergriff er ihn mit dem einen Arm und drückte ihn an seinen Leib, dass er fast erstickte, und sagte ‹und da üfe gan ich jetzt glych›. Dann liess er den Glarner los, nahm die Kuh auf den Rücken und marschierte dem Urnerboden zu.»[16] Dem Bäuerlein wird geholfen, die Forderung nach dem Recht wird erfüllt, gleichzeitig wird auch dem starken Schelbert – schon seiner Stärke wegen – eine gewisse Hochachtung bezeugt.

Einen einmaligen, unerschöpflichen Sagenstoff bilden die Streitigkeiten und Prozesse um Grundstück- und Waldgrenzen. In ihnen tritt uns nicht nur die grosse Bedeutung von Grundeigentum entgegen, da ging und geht es um mehr. Boden, auch

246 Aufforderung zur Verträglichkeit. Aus einer Sammlung von Sinnbildern des 16. Jh. Oben zwei Ziegen, die sich auf einer schmalen Brücke so verhalten, dass beide durchkommen. Der Text dazu lautet: «Die Geissen sichstu wol, wie sie einander weichen,/damit sie kommen fort auff schmalem engen Pfadt,/Gib nach in Streittigkeit, und weich, dass ist mein Raht:/Zwo Parteyen thun wol, wann sie sich baldt vergleichen.» Auf dem untern Bild erscheinen zwei Rüden im Kampf. Der Text dazu lautet: «Ihr Rüden starck last von dem Krieg,/kein Nutz noch Ehr bringt dieser Sieg,/der grimme Wolff des streits sich freut,/den greifft an, der hasst euch all beyd.»

247 Die arme Seele im Fegfeuer. Dieses Thema hat nicht nur die Sagenerzähler, sondern auch die Maler beschäftigt. Raphael Sadeler hat zu Beginn des 17. Jahrhunderts zu diesem Thema gleich eine Reihe von Stichen geschaffen. Hier ein Beispiel eindrücklicher Art.

Waldboden, war immer auch ein Stück Heiligtum, und seine Grenzen zu verschieben, galt als Niedertracht und Gemeinheit ohnegleichen. Weil es oft der Nachbar war, der die Marchsteine zu seinen Gunsten verrückte, also ein Mann, dem man nachbarliches Vertrauen entgegenbrachte, war eine solche Tat besonders verrucht. Es war ein Vertrauensbruch, und die Strafe musste deshalb besonders hart ausfallen. Manche Sage hat einen historischen Hintergrund, das gilt zum Beispiel für die Sage vom Klingnauer Wald-Prozess, die schon Rocholz in sein Sagenbuch aufgenommen hat. Die Gemeinde von Koblenz traute der Grenze des Waldes nicht mehr und liess deshalb einen Grenzumgang machen. Die Klingnauer ihrerseits liessen ihre Marchen neu beschauen und fanden sie urkundengemäss in Ordnung. Man ging vor Gericht, der Landvogt von Baden fällte den Spruch, die Koblenzer seien abzuweisen, hätten alle Kosten zu tragen und eine Busse zu entrichten. Diese fügten sich jedoch dem Urteil nicht, sondern bestachen einen Ratsherrn. Dieser liess die Grenzen heimlich so verrücken, dass sie zu dem gelangten, was ihnen durch Rechtsspruch entzogen worden war. Doch nun geschah es, dass der Marchenrücker nach seinem Tode die Grenzsteine reiten musste, dass gespenstige Tiere immer wieder in diesem Wald erschienen und ein unheimliches Getöse erschallte.[17] Unzählige Sagen beschäftigen sich mit diesem Thema und sie halten alle den gleichen Tenor: «Wer einen Marchstein versetzt, wer bei einem Grenzstreit falsch schwört und so seiner Gemeinde oder Klostergemeinschaft das strittige Land zuschanzt, muss nach seinem Tode umgehen, der Marchsteinfrevler mit dem oft feurigen Marchstein in der Hand oder auf der Schulter, der Meineidige als Schimmelreiter mit umgedrehtem Kopf. Die Heiligkeit der Grenze hat tiefe Gründe, bei jeder Grenze kann die Vorstellung der Grenze zwischen diesseits und jenseits, zwischen dem Land der Menschen und dem der Toten, der Geister oder der Götter unterschwellig mitspielen, vielleicht auch die andere Vorstellung von der Grenze zwischen Vergangenheit und Zukunft, die jeden Augenblick unseres Lebens charakterisiert. Im Vordergrund aber stehen hier handfeste Dinge: die menschliche Ordnung, das Recht, das Eigentum; sie sollen nicht verletzt werden.»[18]

Mit dieser Sage wollen wir den Reigen unserer Beispiele schliessen. Sie zeigen eine erstaunliche Vielfalt von Aussagen. Viele lassen sich ohne allzu grosse Mühe interpretieren. Andere aber widersetzen sich unsern Erklärungen. Eines scheint deutlich: Insgesamt bilden die Sagen so etwas wie Rezepte zum rechten Leben, sie stellen eine volkstümliche Lehre zur Bewältigung des Lebens dar.

Sprichwörter und Redensarten

«Schriften, Schulen, Universitäten und die Mühungen der Gelehrten tun vieles, und tun es mit grossem Aufwande, und manchmal mit nicht kleinem Geräusche. Aber es geht ungesehen und ungeachtet viel Weisheit und Klugheit im Lande umher, von Mund zu Mund.» Also umschrieb 1810 Johann Michael Sailer die grosse Bedeutung des Sprichwortes.[1] Was Sailer sagte, gilt vor allem für die von uns betrachtete Zeit von 1400 bis 1800. Es gilt indessen nicht mehr für die Gegenwart. Liesse man heute in der Schule auf Anhieb die bekannten Sprichwörter aufschreiben, kämen wohl kaum mehr als ein Dutzend zusammen. Wie H. Bausinger meint, lässt das «individualisierende Prinzip, das unser Reden und Handeln leitet, die altväterische Formel des Sprichwortes nicht mehr ohne weiteres zu».[2] Den einstigen Reichtum von Sprichwörtern könnte man fast statistisch beweisen: Um 1870 erschien in Leipzig das Sprichwortlexikon von Wander. Im zweiten der fünf Bände finden wir unter dem Stichwort «Hand» nicht weniger als 924 Nummern. Natürlich hat der gemeine Mann nicht alle diese Sprichwörter gekannt. Aber wie hundertfach bezeugt und belegt ist, kannten unsere Vorfahren ausserordentlich viele Sprichwörter und sprich-

248

248 Aufforderung zur Gerechtigkeit. Im Bild links die Gerechtigkeit mit Augenbinde, rechts die Vertreterin der Religion mit Bibel. Überschrift: «Gerechtigkeit lasst jedem werden/was Ihm gebürt auf diser Erden/Vorsichtigkeit das End betrachtet,/auch die Mitel fleissig achtet.» Diese schöne Zeichnung, auf der sich unten in der Mitte das Zürcher Rathaus befindet, ist «einer Ehr- und Tugendliebenden Jugend in Zürich von der Burgerbibliothek auf das Jahr 1771 verehrt» worden.

wörtliche Redensarten. Es kann hier selbstverständlich nicht darum gehen, sie alle vorzuführen. Wir greifen aus der ungeheuren Fülle des Materials jene Beispiele heraus, die leitbildhaften Charakter haben. Nun erhebt sich sofort die Frage nach der Funktion der Redensart und des Sprichwortes. Der Funktionen sind viele: Da gibt es die Feststellung, die Erklärung, Charakterisierung, das Argument, die Lehre als primäre Funktionswerte. Daneben aber erscheinen andere Aspekte wie Rechtfertigung, Drohung, Prophezeiung, Warnung, Beruhigung, Ausrede, Trost, Ratschlag und Forderung. Es ist, wie Wolfgang Mieder sagte, «absolut keine Übertreibung, von unendlichen Funktionsmöglichkeiten zu sprechen».[3]

Tatsächlich ist dem Gebrauch des Sprichwortes keine Grenze gesetzt. Aus der grossen Vielfalt von Funktionen seien drei wesentliche Leistungen vorangestellt. Ein Erstes: Die Redensart kann Karikatur sein, verdeutlichende Übertreibung. Niemand wird wirklich «die Hände über dem Kopf zusammenschlagen». Dennoch war und ist diese Redewendung recht geläufig. Ein Zweites: Die Sprichwörter und Redensarten fassen meistens komplizierte Sachverhalte formelhaft zusammen. Drittens: Die Redensart kann den Sachverhalt verhüllen oder beschönigen, so etwa, wenn von einem Dieb gesagt wird, er lasse etwas mitgehen. Die Redensart kann aber auch pointieren, so, wenn von einem, der sterben muss, gesagt wird, er beisse ins Gras. Ganz offensichtlich handelt es sich sowohl bei den Redensarten wie den Sprichwörtern um Erfahrungssätze. Bei vielen, längst nicht bei allen, ist der didaktische, belehrende Ton unverkennbar. Gerade das ist indessen bestritten worden. André Jolles hat behauptet, das Sprichwort sei nicht lehrhaft. Zwar werden Erfahrungen wiedergegeben, doch sei deren Tendenz rückschauend, ihr Charakter eher resignierend.[4] Eine andere Forscherin, Mathilde Hain, betont dagegen die Verbindlichkeit des Sprichwortes. Sie weist darauf hin, dass sich der traditionelle Charakter des Sprichwortes in Formeln ausdrückt: «sagten die Alten», «hat meine Grossmutter immer gesagt» oder «wie das Sprichwort sagt». Erst nach der Formel kommt der eigentliche Inhalt.[5] M. Hain betrachtet das Sprichwort als Träger sozial verbindlicher Wertungen. Im Sprichwort, so meinte Richard Weiss, lässt der volkstümliche Mensch die Autorität der Gemeinschaft für sich reden und enthebt sich so der Verantwortung einer persönlichen Formulierung und eines persönlichen Urteils überhaupt. Der Hang zur Formel wie der Hang zum brauchmässigen Verhalten entspringt der Scheu, sich individuell blosszustellen, dem Bedürfnis, sich an das Bewährte zu halten.[6]

Unendliche Schwierigkeiten bietet die Untersuchung der Herkunft der Sprichwörter. Für manche Sprichwörter und namentlich für jene, die leitbildhaften Charakter besitzen, ist die Herkunft geklärt: Als wichtiger Quellbereich erscheint die Bibel.[7] Oft ist die Verbindung deutlich. So geht der Spruch «Wer andern eine Grube gräbt» zurück auf Psalm 7.16 «Et incidit in foveam quam fecit»: Er hat eine Grube gegraben und ist in die Grube gefallen.

Ein zweiter grosser Bereich der Herkunft ist die Antike. Von hier geht der Weg über die Klosterschulen des Mittelalters und die humanistische Literatur in die Volkspoesie. So betrachtet erscheint das Sprichwort als «gesunkenes Kulturgut».[8] Bedeutung und Herkunft mancher Redensart und manchen Sprichwortes bleiben indessen dunkel, weil sich im Laufe der Jahrhunderte auch die dahinter stehenden Begriffe und Bräuche gewandelt haben. Das gilt insbesondere auch für die Rechtssprichwörter und die Bauernregeln, auf die wir noch zurückkommen. Doch schon der reine Tatbestand, «dass Sprichwörter geprägt und gebraucht werden», zeigt nach Max Lüthi, «wie ihre Träger sich selber und ihre Partner verstehen, was für ein Bild vom Menschen sie haben. Sie sehen ihn und verstehen ihn als Gemeinschaftswesen, als einen, der sich durch die Tradition geäufneten Erfahrungsschatz aussprechen lässt und der auch erwartet, in solcher Weise angesprochen zu werden. Er lässt sich trösten oder anstacheln.»[9]

Es gibt auch unmoralische Sprichwörter: Not kennt kein Gebot. Sälber ässe macht feiss. Man muss mit den Wölfen heulen. Doch sind nicht gerade auch diese Redensarten Beweis für das Bedürfnis des Menschen, sich vor sich selber und vor den andern zu rechtfertigen? Zum Teil ist da vielleicht auch Resignation mit im Spiel, wenn es heisst: «Es ist nur ein bös Weib auf der Welt, aber jeder meint, er habe es.» Oder «Juristen sind böse Christen», «Point d'argent, point de Suisse». Oder «Gott regiert im Himmel und 's Gäld uf der Erde». Ähnlich: «Dem Gäld isch es glich, wers hätt».[10] Sprachgewordene Resignation tönt auch aus andern Sprichwörtern: Man muss sich nach der Decke strecken. Man muss mit den Wölfen heulen. Me muess mache, dass d'Chile zmitts im Dorf blibt. Me mues der Hund ha wi-n-er si gwänet ischt. Me mues de Lüte de Wille la und dem Wasser de Gang.[11] Warnend und resigniert spricht sich auch ein Wort aus dem 15. Jahrhundert aus: «Welher einest fäl, dem sye nit wol me ze getrüwen.»[12] Ist es Resignation oder Einsicht in die Schwäche der Menschennatur, wenn es heisst: «Junge Lüte, die gege Zitgeist rönne, isch gueti Besserig z'gönne.»[13] Manches Sprichwort verrät indessen durchaus positive, optimistische Einstellung: «Nüd nahlah gwünnt» oder «Frisch gewagt, ist halb gewonnen», «Geteiltes Leid ist halbes Leid». Einzelne Sprichwörter können, wie Max Lüthi dartut, gegeneinander ausgespielt werden: «Jung gefreit hat niemand gereut» – «Jung gefreit hat gar oft gereut». Oder: «Wohltun trägt Zinsen – Undank ist der Welt Lohn». Alle diese Sprichwörter, wie auch jene, die leise ironisch klingen: «Arbeit macht das Leben süss – und Faulheit stärkt die Glieder», wollen zeigen, dass es keine absolute Geltung gibt: Im Sprichwort äussert sich der Mensch als Erkennender. Wie hellhörig und helläugig Sprichwörter sein können, zeigen die folgenden Beispiele: «En Stiefmutter macht au e Stiefvater» oder «Eine Witwe ist ein niedriger Zaun, über den alles springt» und schliesslich: «Wem Gott ein Amt gibt, dem gibt er auch Verstand».[14]

Die Sprichwörter, die zwischen 1400 und 1800 geprägt und gebraucht worden sind, tragen den Stempel der Gemeinschaft. Sie stellen nicht in Frage, sie rufen zur Erhaltung von Sitte, Brauch und Norm auf. Der Mensch ist an Gemeinschaft und Tradition gebunden. Nur so kann er sich selber sein: «Wenns Recht für Recht gat, so mues es bim Alte blibe», lautet ein alter Spruch aus dem Glarnerland.[15] Ein anderes Sprichwort sagt: «En Erfarne ist besser als zehn G'lerti.»[16] Freilich wusste man genau, dass Erkenntnis und Realität zwei verschiedene Dinge sind. Wenn man etwas weiss, heisst das nicht, dass man auch entsprechend handelt. So heisst es: «Mancher lobt die alte Welt und tut, was der neuen gefällt».[17]

Um was es im Wandel der Zeiten geht, was zu bleiben hat, zeigt der Spruch: «Dr Hof aber, dä stirbt nid, dä blybt.»[18] Diese von Jeremias Gotthelf überlieferte alte Emmentaler Bauernweisheit verlangt Unterordnung, Unterstellung, eventuell sogar Verzicht unter ein Grösseres: unter die Hofidee. Nur wenn alle Generationen, nur wenn jeder Einzelne bereit ist, sich an diese Lebensordnung zu halten, kann der Hof in den Händen der Familie bleiben.

Zur Ordnung mahnt der aus dem 18. Jahrhundert überlieferte Spruch: «S'is bös, wenn d'Stüel uf d'Bank stiged, wenn die Untergebenen Meister werden.» Man soll die regelrechte Ordnung der Dinge nicht umkehren.[19]

Zahlreiche Sprichwörter mahnen zum Fleiss, zur Arbeit: «Dem Flissige gugget de Hunger wol zum Pfeister i, darf aber nid is Hus.» Ähnlich: «Durch Fleiss, Arbeit und Bedacht, wird alles Wärche zu weisen bracht.» So lautet ein Sprichwort aus dem Jahre 1697.[20] Ähnlich aus dem 18. Jahrhundert: «Arbet bringt Brot, Fulheit Nod.»[21] Dementsprechend hiess es im Engadin: «Wer nicht mahlt, hat kein Mehl», oder: «Ohne Fleiss kein Preis.»[22] Die Arbeit muss aber wohl organisiert, das heisst mit Bedacht vorgenommen werden. So hiess es in Luzern: «Wer z'starch ilet, het spöt Firobe.»[23] Und: «Me mues de Firabig am Morge suche», sagte man im Aargau.[24]

Auf der andern Seite wird auch vor Übertreibung, vor übermässiger Arbeit gewarnt: «Lieber ein leerer Darm, als ein müder Arm.»[25] Es kommt auch darauf an, welche Arbeit man macht und wie man zu Reichtum kommt: «Besser arm mit Ere als rich mit Schande.»[26] Wie in den Sagen wird auch im Sprichwort zur Sonntagsheiligung aufgerufen: «Was men am Sunntig macht, das hebt nüd.»[27]

Viele Sprichwörter sind auf das Verhältnis der Geschlechter gemünzt; sie tragen den Stempel der patriarchalischen Einstellung:

«Obsi gänt und nidsi gänt
es gat nüd alls wie d'Wiber wänd.»[28]

Deutlich wird auch gesagt, wie sich die Frauen zu verhalten haben: «Für d'Wiber isch Usga nie so guet, diheime blibe wär besser.»[29] Oder ähnlich: «Der Ofen und d'Frau sölled diheim blibe.»[30] Als Leitwort kann die folgende lapidare Feststellung gelten, sie steht über den Geschlechtern und wohl auch Zeiten: «Alle cha me nid helfe.»[31] Eine bittere Einsicht? Oder heisst es vielleicht auch: Es ist nicht alles machbar? Positiver drückt sich dieses Sprichwort aus: «Wo Hilf nötig, do nütze d'Wort nüd.»[32]

Wie realistisch man dachte und doch das Wohlwollen erhielt, zeigt die aus dem alten Luzern überlieferte Mahnung: «Häb den Nachbar lieb, aber tue de Hag nid eväg.»[33] Gewarnt wird vor Umgang mit schlechten Menschen. Das Sprichwort stammt aus dem alten Appenzell: «Wenn me mit böse Vögle flügt, wird me mit böse Vögle gfange.»[34]

In formelhafter Kürze werden die Tugenden zusammengefasst: «Glauben, Aug und Glimpf (Gnade), leiden keinen Schimpf.»[35] Der Mensch ändert sich, wenn er alt wird, und doch bleibt vieles gleich. Darauf spielt das aus dem alten Engadin stammende Sprichwort an: «Alles nimmt mit dem Altwerden ab, nur die Habsucht nicht.» («Tuot vain almain in gnand vegl, be na l'avarizcha.»)[36] Entsprechend heisst es im Schweizerdeutschen: «Alli Laschter nemed mit der Zit ab, nu der Git und s'Lüge nid.» Noch deutlicher spricht es die aus Luzern stammende Redensart aus: «Wie älter desto gitiger.»[37] Etwas resigniert tönt es aus Graubünden: «Zwei Eltere erhalte liechter 10 Chinder als 10 Chinder zwei Eltere.»[38] Es ist aber, so meint ein anderes Sprichwort, trotzdem schön, ja notwendig, Kinder zu haben: «Wer kei Chind hed, weiss nid, warum er uf der Welt ischt.»[39] Die Kinder soll man nicht verwöhnen, daher die höhnische Redensart: «Oh, wie ist Housi gschickts.» Hier werden in unnachahmlicher Weise jene Eltern verspottet, welche in ihre Kinder vernarrt sind und sie verwöhnen. Doch trösten wir uns. Wir müssen's nicht allein machen: Gott hilft mit. So verheisst es ein aus dem alten Zürich überlieferter Spruch: «Wenn de Herrgott nüd gaumeti (gaumen = hüten, wachen), gäbs na vil me Unglück.»[40]

Rechtssprichwörter

Von besonderer Art sind Rechtssprichwörter. Alter Auffassung gemäss verkörperten sich in ihnen die ältesten und unverfälschten Äusserungen des Volksgeistes. Doch so einfach ist die Geschichte nicht. Ihre Urheber sind grossenteils unbekannt. Man nimmt an, dass es gar nicht einzelne Personen, einzelne Rechtsgelehrte waren, die solche Sprichwörter «erfanden.» Die Sprichwörter wuchsen vielmehr aufgrund bewährter Lebens- und Rechtsregeln allmählich heran und sind mit der Zeit in feststehende Formen gegossen worden.[1] Einzelne stammen indessen von juristisch gebildeten Verfassern. Sie waren kaum volkstümlich, aber bei der Rechtsfindung, wie auch die geläufigen Rechtssprichwörter, eine gute leitbildhafte Hilfe. Die Hilfsfunktion ist historisch belegt, sagt doch eine aus dem 15. Jahrhundert stammende Prozessregel: «Wenn du zu recht stellest, sage, worauf deyn Sachen stehet, und wo du kannst ein

249 «Sey Bey uns auf Allen Wege Liebster Gott mit Deinem Segen.» Inschrift aus dem Jahre 1757 in Mengestorf bei Köniz (Speichertüre).

Sprichwort anhengen, so thue es, denn nach Sprichwörtern pflegen die Bauern gerne zu richten.»[2] Tatsächlich wenden sich viele alte Rechtssprüche mehr oder weniger direkt an den Richter und die Geschworenen. Im Berner Rathaus war ein im Jahre 1584 aufgeschriebener Spruch zu lesen: «Beyd theil zhören ir schuldig sind.»[3] Einen ähnlichen Spruch gab es im Basler Rathaus:

«Mit urtheil fellen gar nicht eyl
Es seyen dann ghört beyde Theil.»[4]

Dieser Vers entspricht der alten Spruchweisheit: «Eines Mannes Rede ist keines Mannes Rede, man soll sie hören beede, audiatur et altera pars.» In der Mundart wird es anders, doch ebenso eindrücklich formuliert: «Jede Chleger hed rächt, wenn mer in elei ghört.»[5] Im alten Prozessrecht galt (und gilt heute noch): «Dem Beklagten gilt allezeit das letzte Wort.»[6] Daran und an die Richter dachte jener Mann, der 1630 an seinem Haus in Saas (Prättigau) den Spruch anbringen liess:

«Richter Standt dem Rächten Bey
Als ob der Jüngste Tag Heutt schon sey.»

Für den Laienrichter waren die Sprüche eine willkommene Gedächtnisstütze, zum Beispiel: «Augen auf, Kauf ist Kauf», oder: «Man muss bei den Rechten wol auflugen, iura vigilantibus, non dormientibus scripta sunt.»[7] Im Erbrecht galt: «Das Gut rinnt wie Blut, wer will gut und selig sterben, der lass sein Gut dem rechten Erben.»[8] In Appenzell hiess es: «Dingrecht bricht Landrecht.»[9]

Zu den spezifischen Rechtsregeln kommen eigentliche Leitbildregeln: «Wer's erst Urecht duldet, häts zweit selber verschuldet», sagte man im alten Schaffhausen.[10] Oder so hiess es um 1692: «Wer recht tut, der wird es finden, bonis bene.»[11] Dem römischen Recht entstammt die im alten Luzern gebräuchliche Regel: «Z'vil Recht ist Urecht, summum ius summa iniuria.»[12] Manche Regel zeugt von feiner Ironie: «Es git drü Recht: Recht, Urecht und wie me's macht, ist's au recht.»[13] Das tönt etwas resigniert, wie auch dieser Spruch: «Recht ist Recht, bringt aber zu Zeiten wenig Freundschaft» (1536).[14] Einsicht in die menschliche Unzulänglichkeit verrät die alte Engadiner Regel: «Besser ein Zeuge, der gesehen hat, als zehn, die gehört haben.»[15] Man wusste, dass auch die Richter Menschen sind: «Mit einem Schinken bekommt man Recht», hiess es in Lavin (GR).[16]

In einem Punkte herrschte Einigkeit: «Wo kein Recht ist, ist kein Glück.»[17] Diesem aus dem 17. Jahrhundert stammenden Spruch steht eine aus Luzern stammende Erfahrungsweisheit zur Seite: «Wenn ir's Recht nid wend, so chömed – ir's Lingg über.»[18]

Klassisch wurde es im alten Engadin formuliert: «Lieber ein Land ohne Brot, als ein Land ohne Recht.»[19]

Fürs Recht einstehen, den Richter anrufen, sofern man geschädigt war, galt zwar als richtig; dennoch wird vor allzu langem und unnötigem Prozessieren gewarnt: «Ein magerer Vergleich ist besser als ein feisser Rechtsstreit», hiess es im Engadin.[20]

Gewarnt wird vor falschem Zeugnis und Rechtsverdrehern. Kurz und bündig sagt es eine Bündner Regel: «Wer das Recht verdreht, zerstört sein Haus.»[21]

Manches Rechtssprichwort drückt die Ohnmacht des Volkes gegenüber dem alten Obrigkeitsstaat aus: «Gwalt ist über Recht, Gott vor Recht», so hiess es im Thurgau und im Zürcher Oberland im 18. Jahrhundert.[22] Dazu kommen jene Sprichwörter, die etwas resignierend das Unrecht feststellen: Unrecht ist auch Recht, hiess es etwa. In solchen Wörtern kommt die Hoffnung zum Ausdruck, dass Macht auf dem Recht aufgebaut sein soll.

Zweifellos hatten die Rechtssprichwörter einst eine grössere Bedeutung; sie warnten vor Unrecht, leiteten zu rechtem Tun an. Heute wäre man vielleicht manchmal froh, zur richtigen Zeit das richtige Wort zur Verfügung zu haben. Doch die Rechtssprichwörter sind aus dem Bewusstsein des Volkes weitgehend verschwunden.

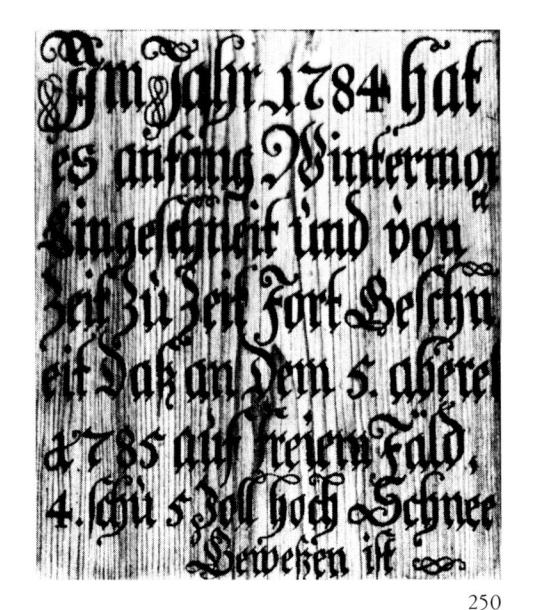

Bauernregeln

Nach ihrer Funktion und teilweise auch nach der Form schliessen sich die Bauernregeln den Sprüchen und sprichwörtlichen Redensarten an. Es gibt zwei Hauptgruppen: die Wetterregeln und die Lebens- und Arbeitsregeln. Uns interessieren hier die Arbeitsregeln. Sie haben sich mit grosser Beständigkeit sowohl in der mündlichen wie schriftlichen Tradition – man denke vor allem an die Kalender – während Jahrhunderten halten können. Viele können bis ins 15. Jahrhundert zurückverfolgt werden; einige stellen noch älteres Erbgut dar.[1]

Zunächst wird gezeigt, welche Arbeiten die einzelnen Jahreszeiten mit sich bringen. So heisst es im Zürcher Kalender von 1574 vom Brachmonat (Juni):

«Der Monat bringt den Summer mit,
der uns vil guter Früchten gibt.
In diesem Monat soll man höuwen,
in allen feissten Gründ und Göuwen.»[2]

Für den Heumonat (Juli) stehen folgende Verse:

«Julius Höuwmon man mich nenne.
Denn 's Brot zu tür ist, mich wol kenne.
Gar trostlich ich dem Armen bin.
Der denckt: Nun ist das Böst dahin,
schnydt wider yhn uf ein gantz Jar
und fröuwet sich, dass er ist us Gfar.»

In knapper Weise gibt diese Bauernregel Zeugnis von den Nöten und Schwierigkeiten der Landwirtschaft jener Zeit: geringe Ernte- und Futtererträge herrschten vor. Schon damals kannte man auch die Beziehungen zwischen Wetter und Ernte. So sagte man vom Monat Mai:

«Nicht zu kalt und nicht zu nass,
füllt die Scheuren und das Fass.»[3]

Diese Regel lässt sich in gleicher oder ähnlicher Fassung vom 16. bis 19. Jahrhundert feststellen.

Grossartige Regeln haben die Rebbauern des 18. Jahrhunderts geschaffen; sie werden zum Teil heute noch angewandt. «E Frau chammer 's ganz Läbe lang verliederle, sie schafft glich, aber bin Räbe rächt sichs scho im erste Summer.» Diese aus Wilchingen stammende Regel sagt, dass bei Neuanpflanzungen die Arbeit des ersten Sommers von entscheidender Bedeutung ist. Eine zweite Regel – sie stammt aus Schaffhausen – heisst:

«Wo der Pflueg cha guun,
söll kei Räbe stun.»

250 In Köniz BE hat ein Bauer um 1785 einen meteorologischen Tatbestand mittels Inschrift festgehalten: «Im Jahr 1784 hat es anfang Wintermonat eingeschneit und von Zeit zu Zeit Fort geschneit dass an dem 5. aberel 1785 auf freiem Fäld 4 schu 5 Zoll hoch Schnee gewesen ist.»

Nach alter Auffassung blieb das flache Terrain dem Ackerbau vorbehalten. Reben gehörten wegen des warmen Lokalklimas an die besonnten Hänge. Das gilt vor allem für den Weinbau in der nördlichen Schweiz. In neuer Zeit ist man vor allem im Wallis von dieser Anschauung abgerückt und hat auch in tieferen flachen Zonen Reben angepflanzt. Ob sich dieses Vorgehen angesichts der Frostgefahr rechtfertigt, wird sich noch zeigen. Schon im 17./18. Jahrhundert wurde, wie die folgende Regel zeigt, das Rebgelände durch Wege und Strassen erschlossen. Die aus Wilchingen stammende Regel lautet:

«D'Räbe ghöred gern d'Wiifuerwerk fahre.»

Auch im Ackerbau gab es schon in älterer Zeit einige Leitregeln: Schwarzer Herd trägt gute Frucht, aber der rote ist nichts. Diese Regel stammt aus dem 18. Jahrhundert und ist recht allgemein gefasst. Einzelne Regeln mahnen den Bauern, rechtzeitig mit dem Pflügen zu beginnen. Es fehlte auch nicht an Hinweisen auf die Beziehung Bodenbearbeitung und Ertrag: Gut Land braucht halben Samen, sagte eine entsprechende Regel.

Zahlreich sind die Düngeregeln. So sagte man im Engadin: «Wer dem Vieh im Stalle Stroh streut, kommt aus dem Hunger; wer Laub streut, hat nichts.»[4] In der Tat verwendete man in Ermangelung von Stroh Obstbaumlaub; es weist einen verhältnismässig hohen Düngewert auf, zersetzt sich aber langsam und hat wenig Saugkraft. In stroharmen Gegenden spielte die Laubstreu eine grosse Rolle. In einigen Regeln wird auch die Düngezeit angegeben. Schon E. König sagt in seinem Hausbuch von 1705, dass man im Januar den alten Mist auf die Felder und Wiesen führen und auf Haufen schlagen soll. Er ist im Februar auszubreiten.

Verschiedene Bauernregeln, vor allem jene älteren Datums, sind mythologisch begründet: «Ungerade Zahl Erbsen und Bohnen stecken», lautet eine solche Regel, oder eine andere: «Rüben soll man auf einem Bein stehend säen, damit sie nur ein Bein und ebenmässige Form bekommen.» Sie sind sympathetischer Art: man schliesst aus gewissen Voraussetzungen auf einen guten Ertrag. Schon im Spätmittelalter befassen sich viele Regeln mit dem Saatgut und seiner Qualität. So enthält das Kunstbuch von Johannes Hutmacher aus dem Jahre 1561 eine solche Anweisung: «So du willt gutt süss Rüben pflantzen, so musst erstlich Acht haben, dass der Samen von gutt Rüben sye harkommen; deshalben wenn man will Samenrüben setzen, so soll man userlesen, die wolgestaltet syn, kleine Wurtzeln haben und süss syn.» Schlicht, aber zutreffend sagt es die alte Engadiner Regel: «Sä guten Roggen, so erntest Du guten Roggen.»[5]

Im 17. und 18. Jahrhundert erscheinen Tierhaltungsregeln. Schon damals hat man die Bedeutung der Hautpflege erkannt: «Strigel und Streu thun mehr als Heu», so heisst es etwa. Ähnlich sagt eine Regel aus Baselland: «Strigel und Streu nutzt mehr als viel Heu», währenddem eine Regel aus der Sammlung Strub mahnt: «Gut geputzt ist halb gefuttert.» Dass man seine Tiere genau beobachten muss, drückt eine Regel aus dem Kanton Graubünden aus: «In der Kirche und im Stall ist man nie zuviel.» Dass es sehr auf das Futter ankommt, drücken verschiedene Regeln aus: «Ordnung im Stall ist halbes Futter», oder jene Regel aus dem Engadin: «Gut gefüttert, viel gebuttert.» Ähnlich heisst eine Regel aus der Sammlung Strub: «Die Leistung geht durch den Magen.» Sie ist von zeitloser Gültigkeit. Einer Huldigung an die Frau kommt die aus Graubünden stammende alte Regel gleich: «Wenn die Frau die Kühe füttert, geben selbst die Hörner Milch.»[6] Tatsächlich eignen sich die Frauen dank ihrer guten Beobachtungsgabe und Einfühlung ganz besonders zum Füttern. Dass die Beschaffung von quantitativ und qualitativ genügendem Futter an zentraler Stelle stand, zeigen die vielen Regeln, die sich mit dem Futtervorrat befassen. So heisst eine aus dem Jahre 1618 aus der Westschweiz stammende Regel:

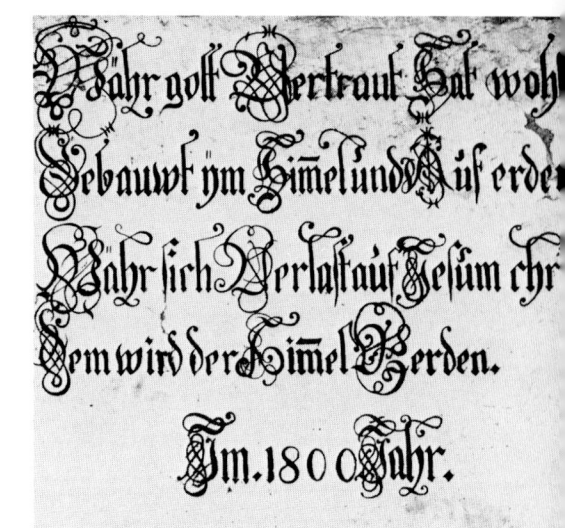

251

251 «Währ Gott Vertraut hat wohl/Gebauwt ym Himel und Auf erden/Währ sich Verlast auf Jesum christ/dem wird der Himel werden.» Diese Inschrift in Usserwald bei Zimmerwald BE geht auf ein Kirchenlied von Joachim Magdeburg zurück.

«Selon les anciens ce dit
si le soleil clairement luit
à la chandeleure, vous verrez
qu'encore en hyver vous aurez
pourtant gardez bien votre foin
car il vous sera besoin
par cette règle se gouverne
l'ours qui retourne en sa caverne.»

Wie die Ahnen sagten: «Ist Lichtmess (2. Februar) ein klarer, sonniger Tag, so wird es nochmals Winter werden – seid sparsam mit Eurem Heu, denn ihr werdet es benötigen.»[7]

Verschiedene Regeln befassen sich mit dem Viehabsatz. Kauf und Verkauf des Viehs gab von jeher viel zu denken und zu reden. Eine zentrale Frage war seit dem 16. Jahrhundert: Soll man auf dem Viehmarkt verkaufen oder ist der Stallhandel vorzuziehen? «Wänn me deheime cha handle, verchauft men am beste», meint eine alte Regel aus Solothurn. Mit ihr stimmt die Engadiner Regel überein: «Am besten verkauft man sein Tier vor der eigenen Tür.» Manche leitbildhafte Regel verrät psychologisches Denken und weist weit über das eigentliche engere Gebiet des Viehverkaufes hinaus: «Bym Verchaufe lehrt mer chaufe», sagt eine Engadiner Regel. Sie lehrt uns auch, auf welche Faktoren es bei der Beurteilung ankommt: «Beim Pferd schau auf die Beine, bei der Kuh aufs Euter und bei den Leuten aufs Herz.» Aus dem Engadin stammt auch eine Regel, die damals allgemeine Gültigkeit hatte, heute indessen kaum mehr angewendet wird: «Kühe und Frauen nimm in Deinem Dorf.» Wer nichts riskieren will, so glaubte man, kauft dort, wo er die Leute und Tiere genau kennt. Bei der Wahl der Frauen spielte das individuelle Glücksempfinden damals nicht eine vorrangige Rolle, es kam vor allem darauf an, eine Frau zu finden, die in den bäuerlichen Betrieb passte und die vielleicht sogar ein schönes Stück Land mit in die Ehe brachte.

Die Bauernregeln sind aus dem Leben der alten Eidgenossen kaum wegzudenken. Sie halfen bei der Bewältigung des Alltages. Heute werden sie nur noch von einigen älteren Bauern gebraucht. Eines Tages werden sie wohl kaum mehr überliefert werden und verschwinden. Obwohl von einzigartiger Qualität, sind sie eben kaum für moderne Ohren bestimmt. Ihre Vorstellungs- und Spruchwelt ist diejenige einer agrarischen Gesellschaft; wir alle und auch die Bauern leben in einer technischen Welt.[8]

Haus-Inschriften

Die Inschrift, der Spruch setzt das Lesenkönnen voraus. Schon deshalb sind zeitliche Grenzen gesetzt. Es ist kein Zufall, dass aus der Zeit vor dem 16. Jahrhundert nur sehr wenige Inschriften überliefert sind. Dabei ist allerdings zu bedenken, dass möglicherweise viele Inschriften mitsamt ihrem Träger (Haus, Möbel, Gerät) verschwunden sind. Wie R. Rüegg für das Prättigau bezeugt hat, sind vor allem Stubeninschriften verlorengegangen, weil die Stuben in späterer Zeit renoviert und verändert worden sind. Die Urheber dieser Inschriften würden das sicher sehr bedauert haben, denn die Inschriften waren ja gerade dazu da, ihnen zu einer gewissen Dauer, ja möglicherweise sogar zur Verewigung zu verhelfen: «Die Affinität der Inschrift zur Dauer, ihr Streben nach Verewigung rückt sie in die Nähe des Spruchs; ‹Inschrift› ist auch eine innere Form, und als solche ist sie dem Spruch verwandt, der seinerseits auf Dauer drängt.»[1] Der Spruch ist mit dem Sprichwort verwandt. Aber es gibt doch einen erheblichen Unterschied. Das Sprichwort gehört eher in den Bereich der Rede. Es bindet «die besondere Situation an eine Ordnung, an eine abstrahierte Erfahrungsweisheit», wohingegen der Spruch eher Aushängeschild einer bestimmten Ordnung ist. Es will den Leser immer wieder von neuem zum Denken veranlassen, und es will ihm ein bestimmtes Welt- und Leitbild vermitteln. Das wird in bestimmter Weise in einem Spruch an einem Steinhaus im bündnerischen Savognin zum Ausdruck gebracht. Er trägt die Jahreszahl 1550 und lautet:

«Der die buochstaben auslesen will
so tete er bey ihm in aller still
und thue auf die augen guet
dan er ein narr verbleiben thuet.»[2]

Oft ist der Spruch auf den Gegenstand bezogen, er gibt ihm so eine gewisse Weihe, er trägt und prägt ihn. Steht so die Funktion des Spruchträgers im Vordergrund, so hat doch immerhin auch das Material einen gewissen Einfluss; Sprüche an festen Häusern sind anders geartet als jene auf zerbrechlichen Gläsern. Auch innerhalb der Gruppen sind diese Determinanten spürbar: Die Hausinschrift ist bis zu einem gewissen Grade abhängig von der Konstruktion, vom Baugefüge selber. Dies wiederum führt, ganz abgesehen von geistigen Einflüssen, zu Abgrenzungen. In manchen Gegenden gibt es keine Inschriften, ganz einfach weil sich die Bauweise für Ausseninschriften nicht eignete. Das gilt zum Beispiel für die geschindelten Häuser in den inner- und ostschweizerischen Voralpen. Hier ist man teilweise auf den Türsturz ausgewichen oder hat die Untersicht des Daches oder des Klebdaches verwendet. Dass es inschriftenreiche und inschriftenarme Landschaften gibt, erklärt sich aber auch aus der Geschichte, genauer gesagt aus der Geistesgeschichte: Es gibt ein reformiertes Spruchgut; es tritt in den inschriftenreichen reformierten Regionen der Schweiz in besonderer Fülle auf.[3] In den katholischen Gebieten herrschen Symbole, dekorative Malereien und Stukkaturen vor.

Inschriften sind indessen nicht nur von den Konfessionen selber geprägt worden. Auch innerhalb der Konfessionsgebiete selber sind gewisse Zeitströmungen zu registrieren. So hat sich zum Beispiel der Pietismus des 17. und 18. Jahrhunderts nicht nur auf die Bücher, sondern auch auf die Inschriften ausgewirkt. Um kein Missverständnis aufkommen zu lassen: Die Inschriften sagen nichts über den Grad, sondern höchstens die Art der Volksfrömmigkeit aus. Katholische und reformierte Frömmigkeiten haben sich anders ausgedrückt. Die katholische Frömmigkeit wurzelt im Kirchengebäude als dem Ort der priesterlichen Handlungen. Ausserdem finden wir sie geprägt in der Wohnstube mit der Kultecke, dem Herrgottswinkel, wie ihn Richard Weiss genannt hat.[4] Für die reformierten Christen stand das Wort, die Bibel im Mittelpunkt. Dazu kam ein Wille zum Bekennen, zum Bekenntnis. Auf diesen Willen gehen die Aussensprüche zurück. Demgegenüber stand im Mittelpunkt des Katholizismus, etwas verkürzt ausgedrückt, das sakramentale Leben: deshalb die Innensprüche!

In seiner Arbeit über die Haussprüche des Prättigaus hat R. Rüegg nachgewiesen, dass es sich um einen eigentlichen Brauch der Dorfgemeinschaften gehandelt hat. Man glaubte, dass der Spruch dem Haus und seinen Bewohnern zum Segen gereichte. Fehlt die Inschrift, so fehlt es am Glauben – zum mindesten empfand man es als Unterlassungssünde, als Verstoss gegen die allgemeine Sitte.[5]

Offenbar war dieser Glaube nicht überall gleich stark vertreten. Das jedenfalls könnte man aus dem ungleichen Vorkommen der Sprüche ableiten. Besonders häufig treten die Inschriften im Prättigau, im Schanfigg, im Safien und im Bergell auf. Es wurde als einziges der Südtäler um 1553 reformiert. Selten sind die Sprüche in Avers, in Mutten, in Davos und sehr selten im Puschlav, im Misox und im Vorderrhein-Haupttal.[6] Den Inschriftenbrauch finden wir indessen nicht nur in Graubünden. Reich an Hausinschriften, heute allerdings nur noch in Resten vorhanden, ist das Lötschental, der Solothurner Bucheggberg, das Berner Oberland, das Waadtländer Alpengebiet. Weniger stark – aber immer noch mit grossartigen Beispielen – ist das Zürcher Oberland, die Stadt Schaffhausen vertreten. Dahinter folgen mit einigem Abstand das Zürcher Unterland und Basel. Wenige oder keine Haussprüche finden wir im Kanton St. Gallen, in Appenzell, im Thurgau, in der Innerschweiz, in der Westschweiz und im Tessin. Die Entfaltung des Brauches hängt von drei Bedingungen ab: von der reformierten Konfession, von der deutschen Sprache und vom Holzbau.[7] Seine Hochblüte fällt ins 17. und 18. Jahrhundert. In den Alpen hat sich der Brauch bis ins 19. Jahrhundert, teilweise sogar bis ins 20. Jahrhundert hinein gehalten.

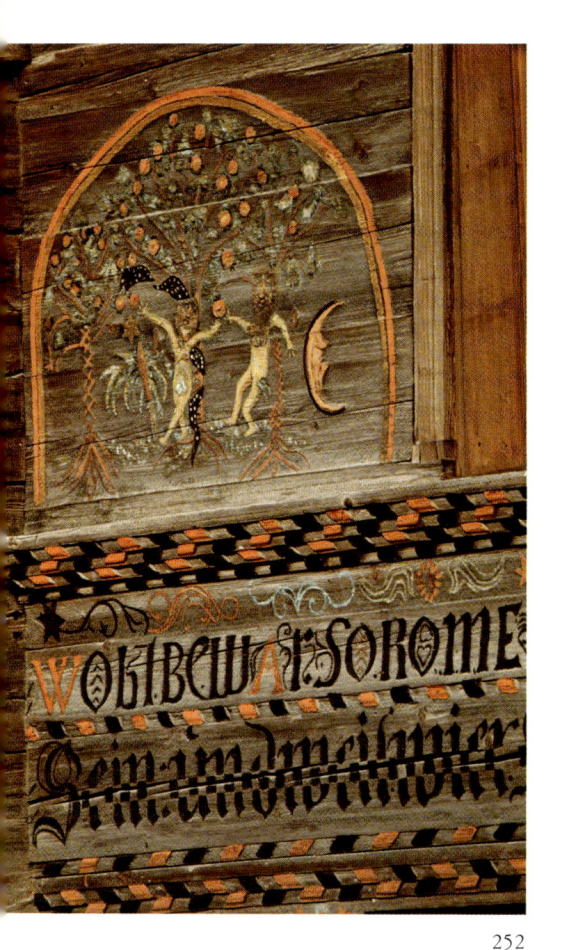

Einige Beobachter haben die Unterschiede der Intensität des Brauches auf das Geld, auf den materiellen Wohlstand zurückgeführt; nur wohlhabende Familien hätten ihn ausgeübt. Das stimmt nur teilweise. Das Prättigau des ausgehenden Mittelalters war sicherlich nicht reich, kaum wohlhabend. Dennoch war es inschriftenreich. Zweifellos setzt der Brauch ein gewisses Standesbewusstsein, einen gewissen bäuerlichen Stolz voraus. Wie stark indessen religiöse Momente mitspielten, zeigen die Vergleiche von spruchreichen und spruchrarmen Gebieten: Prättigau und Montafon, reformierte Münstertaler Dörfer und das katholische Müstair, das Bergell und das Puschlav sowie Misox, die reformierten Waadtländer und die katholischen Waadtländer Bezirke, der Berner und der Luzerner Speicher, protestantische und katholische Walserdörfer Graubündens.[8] In den katholischen Gegenden werden die Haussprüche gewissermassen «ersetzt» durch Wegkreuze, Heiligenfiguren, in den Kirchen durch reiche Altäre. Mit Recht hat R. Weiss von katholischen Sakrallandschaften gesprochen. Die reformierten Gegenden dagegen sind ausgesprochene Wortlandschaften. Nach dem Wort von Luther sollte ja die ganze Bibel «inwendig und auswendig an den Häusern vor jedermanns Augen gemalen werden». Zwingli hatte da seine eigene Auffassung: «Gott wird nicht von den Wänden gelernt.» Dennoch gab es im Zürichbiet Städte und Dörfer mit Inschriften. So wird zum Beispiel vom alten Winterthur berichtet: Wer die Kosten eines ganzen bemalten Hauses nicht tragen konnte, liess wenigstens die Haustüren, Fensterläden und Mauern mit Denksprüchen zieren.[9] Selbst in Zürich gab es Inschriften. Um 1555 haben die vornehmen Zürcher nach einem Bericht von Aloysius Orelli «Denksprüche in grossen Charakteren hingeschrieben entweder der Bibel oder den lateinischen Klassikern entnommen; ein Zimmer enthält an den Wänden oft ein ganzes moralisches Compendium».[10] Joseph Addison, der Zürich 1702 besucht hat, mokierte sich über die Inschriften: «Ich habe in der Tat bei verschiedenen Inschriften in diesem Land beobachtet, dass die gelehrten Männer hier ausserordentliche Freude daran haben, kleine Tricks mit Wörtern und Bildern zu spielen.»[11]

Im ganzen gesehen wiegen die christlich geprägten Hausinschriften vor. Die Haussprüche, so Richard Weiss, «spiegeln in hohem Masse Kirchlichkeit, barocke Weltflucht und Bibelgläubigkeit wider».[12] Doch lassen wir die Beispiele selber sprechen: Eine der ältesten noch erhaltenen Inschriften ist an einem Steinhaus in Bergün angebracht. Sie ist 1554 datiert und lautet:

«aber es kent nimar des menschen herz
anders dan du Got selb alein
O, Du bist barmherzikeit über alen dingen.»[13]

Ähnlich lautet der Spruch von 1597 an einem Steinhaus in Bondo (Bergell):

«Och gott durch dein Barmertzikeit
Bewar dis Haus für Schmertz und Laid.»[14]

252 Beispiel eines besonders reich mit Inschriften und Bildern geschmückten Hauses. Dargestellt ist der Sündenfall. Das Haus befindet sich in Bönigen BE. Die Malerei stammt aus dem 18. Jahrhundert.

Am Jenazer Pfrundhaus von 1575 steht zu lesen:

«hab Gott lieb ob allen dingen
So mag dier nit misslingen.»[15]

Hier stand die Bibel, und zwar die Luthersche, nicht die Zwingli-Übersetzung zu Gevatter: 5. Buch Mose 6,5 und Sirach 34,18. Mahnend sagt die schlichte Inschrift eines Steinhauses in Donath (GR):

«Du solt bey Deinem Trachten
des armen Lazary nit vergessen.»[16]

Etwas ausführlicher, ja bekenntnishaft heisst es an einem Fideriser Holzhaus aus dem Jahre 1628:

«O GOT DURCH DEIN BARMHERTZIGKEIT
BEHUET DAS HUS FUR KUMER UND LEID
GOT UND DER HEREN BOT ACHT ICH FUER KENEN SPOT
ABER DAS ACHT FUR EIN SPOT DES GELT LIBER IST DAN GOT
WAR GOT SO LIEB ALS DAS GELT
SO STUND ES BESER IN DER WELT.»[17]

Um 1650 liess ein Hausbesitzer an sein Haus in Präz folgenden Spruch aufmalen:

«Ein kleines Haus uns Täglis prodt, ein Gut gewist, ein frölich muet
Fründlis Weib und triue hort, wehr solches hatt lebtt one sorg.»[18]

Einen deutlichen Anklang an die Bibelweisheit zeigt der 1671 datierte Spruch an einem Holzhaus in Safien:

«DES MENSCHEN LEBEN IST GLEICH EINEM GLOCKENKLANG
ES FART DAHIN ES WART NIT LANG.»[19]

Biblische Weisheit prägt auch den Spruch von 1694 in Pignia (GR):

«Im Unglüg trag eins Löwenmut
Trau Gott, es wird wohl wieder gut
Es hat der gute und treue Gott
Noch keins verlassen in der Noth
Drum Leid und meid, es komt die Zeit,
da alles Leid von Hinen scheid
Den nur gedult, der teure Schatz
behelt zuletzt den besten platz.»[20]

Spricht hier Trost, so vernehmen wir Niedergeschlagenheit, ja Erschütterung aus den Versen, die ein Haus in Ferenberg/Stettlen (BE) zieren (1711):

«GOTTS FORCHT IST GEN HIMMEL GEFLOGEN
GERECHTIGKEIT IST UEBER MER GEZOGEN
UND LIEBE FERTRYBEN
NYD UND HASS IST UF ERDEN BLYBEN
IM 1711 JAHR.»[21]

Eine Inschrift, die besagt, dass das Haus und seine Bewohner unter Gottes Schutz stehen, kann man ohne weiteres einen Haussegen nennen. Vielleicht war er aber auch gedacht als Schutzsymbol. Doch er war mehr: er war ein öffentliches Bekenntnis. Wahrhaft grossartig kommt dies zum Ausdruck in der Inschrift von 1793 an einem Haus in Worb, Ried (Bern):

«Lass Jesu dieses Haus All Zeit in Segen sten,
Besegnet Sey wär hier hat aus und in Zugehn,
gesegnet Sey der schläft,
gesegnet Sey der wacht,
gesegnet sorg und müh in Stand und Nahrungssachen,
gesegnet das Gebätt,
gesegnet glauben Läben und Stärben,
und endlich lass uns auch den segen dort Ererben
Der dieses Haus hat lassen bauen
auf Gott stat sein Vertrauen
er hat ihm helffen bauen
drum Bittet er den lieben Herren
dass er ihm woll das ewig Leben bescheren
Nikolaus Bürcky heisst sein Nahm
und Elsbeth Schmutz sein Ehgemal
aufgerichtet den 16ten Hornung 1793 Jahres.»[22]

In vielen Varianten erscheint der 1734 an einem Safier Holzhaus stehende Spruch:

«Wo der Herr nicht das Haus baut
arbeiten umsonst die daran bauen.»[23]

Das gilt auch für den romanischen Spruch von 1603 an einem Steinhaus in Bever (Engadin):

«IG PRINCIPI DALLA SABGINTSCHA
EIS LA TEMMA DA DIELL

Der Weisheit Anfang ist die Furcht Gottes.»[24] Oft sind für die Inschriften Lieder verwendet worden, so etwa beim 1711 erbauten Haus in Luzein:

«Vergänglich ist Allzeitlich Gutt
Das Ewige Maht rechten muht
Drum komm o liebster Jesu mein
Und hol mich in den Himmel ein.»

Quelle ist das Lied mit dem Wortlaut «Das ewige macht rechten Mut» nach 1. Joh. 2, 15–17.[25]

Der weitverbreitete Spruch «Jesu, wohn in meinem Haus, weil ich sonst verlassen bin», ist dem Neuen Testament entnommen.

Angesichts dieser vielen frommen Sprüche, so meinte ein Reiseschriftsteller, tauche die Illusion einer guten alten Zeit auf: Alle waren fromm und weise. Nichts wäre indessen verfehlter als diese Meinung; die Menschen jener Zeit hatten, wie wir Modernen, ihre schweren Zweifel. Da herrschte auch schwarzes «Aberwissen», Zauberei und Hexenwahn. Sodann sprechen viele Quellen für eine gewisse «Sittenverwilderung», die angeblich von heimkehrenden Söldnern mitheimgebracht worden sei.[26] Man halte sich immer vor Augen, dass diese frommen Sprüche eben Leitbilder waren. Ausserdem hat das Christentum im 17./18. Jahrhundert, ja bis ins 19. Jahrhundert hinein die einzige geläufige Denk- und Ausdrucksform gebildet. «Man nährte sich dannzumal geistig fast ausschliesslich von Bibel, Gesangbuch, Gebetsbuch, Katechismus und Predigt...»[27] Es ist zwar bezeugt, dass die protestantischen Bauern am Ende des 18. Jahrhunderts in den Wirtschaften Psalmen sangen. Doch sangen sie eben nicht immer nur Psalmen. Zum Ernst kamen Scherz, Spiel, Lust, Laune, launige Fröhlichkeit. Darum begegnet man auf dem Gebiete der Haussprüche neben den vielen ernsten Sprüchen auch scherzhaften Äusserungen, Sprüchen, welche «entwe-

253 Mit Inschriften reich verziertes Haus in Zweilütschinen BE. Datiert 1795.

254 Hausinschrift in Oey, 18. Jh., Diemtigen BE, Haus Sälbeze. «Du komst zu mir mit Schwärt und Schild, ich aber kom zu dir, im namen des Herren Zebaot.»

der halb naiv, halb selbstbewusst, neckisch, schalkhaft-dumm aussehen, oder auch geradezu in unverhülltem Mutwillen Spruch und Sitte selbst parodieren oder karikieren...»[28] Unvergleichlich kommt dies zum Ausdruck in einem Spruch von 1703 aus dem Bernbiet: «Diess Haus steht in Gottes Gewalt, Ist vornen new und hinten alt.» Von Humor zeugt auch der Spruch von 1605 aus Scharnachtal:

«Der Man ist wäder wis noch gschwind
der den Stal bschlüst wenn die Chüe drus sind.»[29]

Zu den fröhlichen Sprüchen gehören die Gaffersprüche. Freuen wir uns am Spruch aus dem luzernischen Emmen (Oberdorf) von 1819:

«Wan einer Bauet an die Wäg und Strassen,
der mus die Gafer reden lassen.
Ein jeder Bauet nach seinem sin,
keiner kommt und zalt für in.»[30]

Im allgemeinen herrscht aber auch bei den weltlichen Sprüchen Ernst und Würde vor: Die Tugenden werden in vielerlei Varianten gepriesen und als Leitbilder empfohlen. Das gilt insbesondere für die lateinischen Sprüche, die in der Regel von gelehrten Pfarrherren entworfen und den Bauherren anempfohlen worden sind. «Humilitas alta petit» (Demut erstrebt Hohes), so lautet der 1467 an einem Steinhaus in Müstair angebrachte Spruch. Kurz und, obwohl in lateinischer Sprache verfasst, doch für jedermann verständlich ist die Inschrift von 1568 an einem Zuozer Steinhaus: «Laus Deo» (Gott sei gelobt).[31] Die Antike lebt auch an einem einfachen Steinhaus von Patzen vom Jahre 1584 wieder auf:

«Concordia res parvae crescunt
discordia maximae dilabuntur»
(Durch Eintracht werden kleine Dinge gross,
durch Zwietracht zerfallen selbst die grössten).[32]

Selbst Horaz wird, allerdings frei, zitiert, so an einem Steinhaus in Celerina 1691:

«Foelix qui procul negotiis»
(Glücklich, wer fern von Geschäften lebt).

Selbst Hippokrats Wahlspruch steht an einem Steinhaus in Lohn, 1703:

«Ars longa vita brevis»
(Lange währt die Kunst, das Leben ist kurz).[33]

Stuben-Sprüche

Zu den Hausinschriften treten – im allgemeinen etwas später – die Stubeninschriften. In den Häusern des Mittellandes sowie auch im Wallis wurden sie meistens auf Tragbalken der Zimmerdecke angebracht. In den alpinen Regionen, in denen es keine grossen Stuben und deshalb auch keine eigentlichen Tragbalken gab, hat man die Sprüche in die Bretter über den Fenstern gekerbt oder gemalt. Spruchträger sind auch das Kranzgesims der Türe oder der Fenster. Sprüche finden sich auch in Schlafzimmern an Pritschen, an Maiensässen und Alphütten. Wie bei den Hausinschriften dominiert hier das christliche Element:

«Gott Behüothe den Aus und Ihn Gang»

lautet der Spruch über der Türe aus einem Haus von 1635 in Klosters Platz.¹ Schlicht und einfach heisst es in einer Furna-Stube: «Gott mitt Uns Allen.» Von Pietismus geprägt sind die Verse:

«Wer in Jesu Liebe Stet
Und in Seinen Wägen get
Der würd Glücklich in der Zeit
Selig Auch in Ewigkeit.»

Diese Worte sind 1765 in ein Fensterfries eines Hauses in Grüsch (GR) gekerbt worden.²

«GOT ALLEIN DIE ER
UND SONST KEINEM MER»

so lautet der Spruch von 1781, der in eine Hirtenpritsche gekerbt worden ist.³
Um 1625 ist in ein Friesbrett über dem Stubenfenster einer Stube in Conters Brunnen folgendes Memento mori gekerbt worden:

«HIN GET DIE TZIT
HAER KUMBT DER TOT
O MENSCH BETRACHT ES WOL
UND FUERCHTE GOT.»⁴

Zu den christlichen Sprüchen kommen weltliche; sie sind aber seltener und wirken, soweit sie nicht von moralisierenden gelehrten Humanisten stammen, spontaner. «Lach, lieb, lach», heisst die Aufforderung, die am Mittelbalken einer Stube von 1629 in Klosters Platz angebracht worden ist.⁵
Ein in französischen Diensten stehender Söldner aus Schiers hat im Hausflur seines Hauses den warnenden Spruch angebracht:

«Ich Hans Truog erschluog acht Schiltwacht
Nehmt die Freiheit wohl in Acht.»⁶

Einen hübschen Rat erteilt die Stubeninschrift von 1668 in Saas:

«Gesellschaft der Frowen
Fruh und spat
Du haben solt
Das ist min Rat.»⁷

In ähnliche Richtung zielt der Spruch auf einem Friesbrett von 1715 in Valzeina:

«Meinem Schatz nur
las ich Platz.»⁸

Etwas aggressiv, zweifellos eindeutig wirkt der Spruch über der Stubentüre des Pfrundhauses von Klosters Serneus 1746:

«Wer Einkombt mit Falschheit
Dem gib ich Gleich Abscheit.»⁹

Dem Zwinglischen Puritanismus verpflichtet ist die Inschrift auf einem Balken einer Wädenswiler Stube 1710:

«Gott liebet alle arbeitsamen
und segnet Ewig ihren Namen
Der Fule kommt in not und Tod
und hat kein Trost vom grechten Gott.»¹⁰

255 Im Argel bei Weissenburg BE lädt eine an die Speichertüre gemalte Frau zum Eintritt ein (Wohl 18. Jh.). Vielleicht aber war es auch die Wächterfunktion, die hier in Erscheinung tritt. Der Vorübergehende soll, wenn das Haus nicht bewohnt ist, die Meinung haben, es sei doch jemand da. So haben die Appenzeller (man sehe sich das Beispiel im Urnäscher Museum an) auf Fensterläden einen hinausblickenden Mann gemalt.

Enthaltsamkeit fordert der Spruch in einem Wipkinger Keller von 1675:

«Nimmer leer und all tag voll
Thut weder Lyb noch Seele wol
Thut d'läng nit guth,
volg meiner Lehr,
zur nüchterkeit dein Läben kehr.»[11]

Leitsprüche in Rathäusern

Die Inschriften in den Ratsstuben unterscheiden sich nicht allzu sehr von den Stubeninschriften. Auch sie enthalten ein Programm. Wie sich ein gelehrter Humanist des 18. Jahrhunderts, G.T. Pistorius, ausgedrückt hat, sollte etwas Nützliches und Nachdenkliches auf eine «ergötzliche Art» dargestellt werden.[1] Ratsherren wie Richter sollten in den Ratshäusern jederzeit Lehrsätze vor Augen haben. Vielleicht warf auch das Volk, das ja dort tanzte, einen Blick auf die Wände – sofern es lesen konnte.[2] Die Sprüche waren zwar zum Teil in lateinischer Sprache abgefasst, doch so kurz, dass man sie ohne weiteres verstehen konnte. So hiess es im Rathaus von Zürich 1694: «Pax et Justitia», oder «Numine et Lumina». Dazu kamen Sprüche religiösen Inhalts: «NISI DOMINUS CUSTODIERIT CIVITATEM / FRUSTRA VIGINAT QUI CUSTODIT EAM.» Daneben wird in deutscher Fraktur ange-

256 Selbstmord des Charondas. Hans Holbein d. J. (nach dem Entwurf für das Wandbild im Grossratsaal zu Basel). Am 15. Juni 1521 hat Hans Holbein mit dem Basler Rat einen Vertrag abgeschlossen. Danach sollten im Rathaus von Basel nach einem Plan des Beatus Rhenanus verschiedene Historienbilder und stehende Figuren gemalt werden. Die Wand, wo die Sitze der Bürgermeister standen und die zuerst als Ganzes übersehen werden konnte, sollte dem Eintretenden warnende Beispiele der Gefahren von Besitz und Macht vor Augen führen. Auch sollten Beispiele heroischer Gesetzestreue gezeigt werden. Der Selbstmord des Charondas eignete sich dazu besonders gut. Charondas, der Gesetzgeber von Thurii, hatte seinem Volke dadurch Ruhe und Ordnung gebracht, dass er das Waffentragen in den oft stürmischen Volksversammlungen bei Todesstrafe verbot. Wer sich gegen das Verbot verging, sollte sofort getötet werden. Eines Tages aber vergass er sich und kam bewaffnet in eine Volksversammlung. Von einem Nebenstehenden auf sein Versehen aufmerksam gemacht, stiess er sich das Schwert in die Brust mit dem Ruf: «Ich selbst werde das Gesetz erfüllen.»

zeigt: Johannes 4, 13, 14. Dort heisst es: Wer von diesem Wasser trinkt, den wird wieder dürsten; wer aber von dem Wasser trinken wird, das ich ihm gebe, den wird ewiglich nicht dürsten, sondern das Wasser, das ich ihm geben werde, das wird in ihm ein Brunnen des Wassers geben, das in das ewige Leben quillt.³
Leitbildhafte Sprüche zieren auch den Pfauofen, den die Stadt Winterthur den Zürchern 1698 für ihr neues Rathaus schenkte. Er befindet sich heute im Landesmuseum.

«Quae Fiunt ordine durant:
Was geht mit guter Ordnung har,
Das grünet und wehret immerdar»

so heisst es da, oder:

«Labor improbus omnia vincet.
Brot ernehret
Leibs Gestalt
Glaub und Treuw
die Seel erhalt.»

Räte und Volk werden zum Zusammenhalten aufgefordert. So heisst es:

«Ein volck mit Einigkeit verbunden
mag nimmer werden überwunden.»

Die gleiche Sprache finden wir in den Sprüchen des Basler Rathauses. Sie enthalten ein ganzes Programm, das Leitbild des guten Regimentes:

«Wenn du das sehr schwere Amt der Führung des Staates übernimmst,
denke überall an das öffentliche Wohl, und von persönlichen
Interessen, von Neid, Gunst, Hass, Gewalttätigkeit halte dich frei,
Frömmigkeit sollst du Gott, Klugheit, Gerechtigkeit,
Unbestechlichkeit dem Gemeinwesen durch Raten und Richten beweisen,
Denn einst wird ein furchtbarer Richter zu Gericht sitzen
und über alle Worte, Taten und Gedanken Rechenschaft fordern.»⁴

*257 Die Blendung des Zaleukos.
Von Hans Holbein d.J. nach dem Entwurf für das Wandbild im Grossratssaal zu Basel.
Von Zaleucus oder Zaleukos aus Locri wird berichtet, dass er auf den Ehebruch die Strafe der Blendung gesetzt habe. Nun war sein Sohn beim Ehebruch erwischt worden und sollte daraufhin die vom Gesetz des Vaters festgesetzte Strafe erleiden. In Anbetracht der Verdienste des Vaters wollten aber die Bürger von Locri dem Sohn die Strafe erlassen. Schliesslich liess Zaleucus sich so weit erweichen, dass ihm und dem Sohn ein Auge ausgestochen wurde, und so hatte er gleichzeitig Vaterliebe und Gesetz erfüllt. Auf dem Bild links aussen sieht man einen Mann, der den Sohn blendet, während rechts aussen der König selber geblendet wird.*

258

Dazu kam im 17. Jahrhundert eine weitere Inschrift; sie ist nicht mehr vorhanden:

«Richter und Weyse Rathschläg geben
Erfordert b'sinnt und nüchter Leben
Rein G'wissen sorgt fürs Vatterland
Und reicht der Unschuld trewe Hand.
Recht hören, und erwegen wol
Von mir man fleissig lehrnen soll.
Mit Urtheil fellen gar nicht eyl,
Es seyen dann g'hört beyde Theil.»[5]

Über dem rechten Fenster stand zu lesen:

«Omne sub regno graviore regnum est:
Jedes Regiment steht unter einem
noch stärkeren Regiment.»[6]

Die gleiche Auffassung und Lehre spricht aus den Inschriften des Berner Rathauses. Sie stehen neben der Darstellung «Das Urteil Salomos» (jetzt im Historischen Museum):

«Richtend Recht
Dir mentschen kindt
Beyd theil zhören
ir schuldig sind.»

Auch hier wird zur Einigkeit aufgefordert:

«Ein stab bricht ring
Ein Bundt bestaht
Syt einig kindt
Das ist my Raht.»[7]

Geschlossen und einmalig wirkt das ikonographische Programm des Rathauses von Schaffhausen. Es stammt aus dem Jahre 1625. Die Sprüche sind vom bekannten Maler und späteren Bürgermeister Hans Kaspar Lang (1571–1645) angebracht wor-

258 Werbung von Söldnern in einer Wirtschaft. Urs Graf, Federzeichnung von 1510. Auf diesem Bild interessiert uns vor allem die Figur links, es ist der Tod. Er spricht – die Worte sind auf dem Spruchband verzeichnet: «ich wet auch gern ein wenig zulosen/was ihr redent unter diesen rosen.» Die Rose war Symbol der Verschwiegenheit. So heisst es um 1528 in den eidgenössischen Abschieden (Protokoll der Tagsatzung): «dieweil ihr nit darum wissen, will ich hier ganz geheim under der rosen sagen...» Dieses «unter der rosen, sub rosa» war damals ein eigentlicher Begriff, und es ist deshalb kein Zufall, dass im alten Rathaus von Zürich, wie Stucki 1582 bezeugt, an der Decke Rosen abgebildet waren; denn im Rathaus sollte ja Verschwiegenheit vorherrschen.

259 Detail aus dem Steckbornerofen aus der Kartause Ittingen, dem sogenannten Psalmenofen. Dargestellt ist ein Bienenkorb mit fliegenden Bienen. Die Inschrift lautet: «Siehe wie fein und lieblich ist... Psalm 133, Vers 2.» Der Betrachter musste offenbar den Psalm selber ergänzen. Er lautet: «Siehe, wie fein und lieblich ist's, wenn Brüder einträchtig beieinander wohnen!» Die Biene galt seit dem Altertum als Symbol des einträchtigen, gemeinsamen Werkens und Lebens. (1736.)

den.[8] Die Inschriften selber sind wohl von einem Schaffhauser Theologen formuliert worden. Sie entstammen grösstenteils dem Alten und dem Neuen Testament. Sie wenden sich zunächst (Ostwand) an die Obrigkeit. Diese wird zu einem unparteiischen, gerechten Handeln und Regieren ermahnt. Sehr konkret werden die Richter angesprochen:

«Du solt nit Verkeert handlen Im Gericht, du solt nit ansehen die Person des Armen, und die Person des Gewaltigen Soltu nit Ehren: In der Gerechtigkeit Soltu deinen nechsten Richten.»

Im zweiten Feld wird die Regierung anvisiert:

«Vom Gesatz soltu nit abtretten. Weder Zu der Rechten/Noch Zu der Lingken, dan also würstu Glück haben/und dan so würstu Weisslich Handlen.»

Im dritten Feld kommen wieder die Richter an die Reihe:

«Jr Sollen die Person nit ansehen Jm Gericht/den Kleinen als Wol Verhören als den Grossen, und keinen Menschen Förchten, dan das gericht ist Gottes.»

Im vierten Feld wird ganz allgemein, aber nicht weniger deutlich gesagt, was das «Ampt der Oberkeit» bedeutet:

«Gott stehet in der grossen Versammlung. Er Richtet mitten under/den Götteren, vnd Spricht: Schaffend Recht den Armen und den Waisen Erretet den geringen vnd Dürftigen vs der hand des Gottlosen.»

Die Inschriften an der Westwand wenden sich an das Volk selber. Schon die Überschrift deutet es an: Die Pflicht der Underthonen, heisst es in der Kartusche beim Fenster. Im ersten Feld heisst es:

«Jederman sey Vnderthon der Oberkeit, dan sy ist von Gott verordnet./Wer sich nun wider die Oberkeit setzt, der widerstrebt Gottesordnung. Sy ist Gottes dienerin vnd tragt das Schwerdt nit vmb sonst. Sonder ist ein Recherin Zur Straff über den, der böses thuet.»

Ähnlich heisst es im zweiten Feld:

«So sind nun Vnderthon Aller Menschlichen Ordnung/vmb des Herren willen, dan also ist der will Gottes/Förchtend Gott, Ehrend den König.»

An der Nordwand werden sowohl die Regenten wie das Volk ermahnt. Im ersten Feld heisst es da:

«So gebend nun Jedermann, was ir/schuldig sind,/schuldig sind die Steur, dem die Steur gebürt, den Zohl, dem der Zohl gebürt,/die forcht, dem die forcht gebürt, die Ehr, dem die Ehr gebürt.»

Im zweiten Feld wird vor Bestechung gewarnt:

«Du solt nit volgen der Menge Zum bösen, vnd nit das Urteil also Sprechen, Das du dich lenckest nach der menge, das Recht zu biegen. Du solt ouch nit gaaben nennen, dan sy verblenden die Ougen der weisen, vnd verkehren die sachen der gerechten.»[9]

Inschriften auf Truhen und Geräten

Die Inschriften an Möbeln und Geräten sind jünger als die Hausinschriften. Sie variieren zwischen religiösem Bekenntnis und ernster bis scherzhafter Bezeichnung des Zweckes. Das spielt mitunter ins Besinnlich-Heitere hinüber, ohne aber das Lehrhafte zu vergessen. Die Sprüche zeigen, dass eine Gerätschaft eben nicht nur banales Gebrauchsgut war; zwischen Besitzer und Gerät bestand eine enge Beziehung. So hat ein Bauer im Prättigau 1766 sein hölzernes Wetzsteingefäss mit folgenden Worten geziert:

«Auf Aerden ist kein besser Kleid
den Zucht und Ehr und Redlichkeit.»

Oft wird ein bäuerliches Leitbild auf kleinstem Raum vorgetragen.

«O Got Las mich erlich läben
und selig staerben.»

Dieser Spruch wurde 1630 in Klosters auf eine bäuerliche Truhe gekerbt.[1] Ein Prättiger Bauer hat auf seiner Bettlade 1664 folgende Verhaltensregel angebracht:

«Mensch wan du gast (gehst) zu bet
vericht zu Got dem Heiland Christ
erweis was dir von Nöten ist.»[2]

Aus Davos-Sertig stammt eine 1640 gebaute Wanduhr, sie trägt den Namen des Besitzers sowie den Spruch:

«Der Zeiger zeigt die Stund
Aber nit ter Dot.»[3]

Selbst so profane Dinge wie Schnupftabakdosen tragen religiöse Inschriften. Auf dem Deckel einer Dose von 1775 ist das Christuskind mit Marterwerkzeugen dargestellt. In den Rand der Dose sind in unbeholfener Fraktur die Worte eingeritzt:

«Ich sitz allhie als wie ein Kind
bis ich aufsteh und straf die Sünd.»[4]

Von knappster Form ist der Leitspruch auf einem Bündner Wappenschild aus dem Jahre 1794:

«Ehre Gott und halte die Gesetze.»[5]

Köstlichen Humor und eine recht sinnliche Lebensweisheit verrät die Wappenscheibe des Jakob Travers von Zuoz 1585:

«Thrinck Ich Win, so Verdirb ich
Thrinck Ich Waser, so stirb ich
Beser ist es Win thrinken und Verderben
den Waser Thrincken und gstorben.»[6]

Eine ähnliche Deutung finden wir auf einem jurassischen Weinfläschchen von 1741:

«On cherche ce que l'on aime.»[7]

Wieder ernster lautet der Leitspruch eines Bauern auf einer Flasche unbekannter Herkunft, datiert 1805:

«Früh morgens wan der Tag anbricht,
ich mein Gebet zu Gott verricht,
darnach span ich meine Pferte an,
und fahr als wie ein ackerman.»[8]

Auf einem wohl ursprünglich aus Böhmen stammenden, im Besitz einer Zürcher Familie sich befindenden Glaspokal von 1767 heisst es:

«Hüt gibt man nicht auf Borgen
wann Sauffen wilst
Kom morgen
Kanst Zech nit zahlen fein.
Las das Sauffen sein.»[9]

Vollständige ikonographische Programme mit lehrhaften, leitbildhaften Tendenzen weisen viele Inschriften auf farbigen Öfen auf. Sie stehen oder standen nicht nur in

260

Rathäusern, sondern auch in Zunft-, Patrizier-, Bürger- sowie wohlhabenden Bauernhäusern. Sie stammen aus Winterthur, Steckborn und in barocker Zeit auch aus Bern, Zürich, Nyon, Muri, Beromünster und Lenzburg. Die Vorlagen für die Sprüche und Bilder holten sich die Maler ähnlich wie ihre Kollegen, die Glasmaler, in den zeitgenössischen Graphiken. Die Sprüche mit religiösem Inhalt stehen an der Spitze. So enthält der Steckborner Ofen des Sprecherhauses in Maienfeld – er stand früher im Rosengarten in Grüsch – nicht weniger als 25 Psalmworte. Da findet man das Bild eines Löwen in seiner Höhle. Ein Hirsch schreitet vorbei. Der Spruch lautet: «Er lauret, dass er den Ellenden erhasche.» Psalm 10, Vers 9. Auf dem gleichen Ofen gibt es ein Bild mit einem fliegenden Storch. Der Storch galt damals als Sinnbild der Auferstehung. Der Spruch lautet:

«Deine güte, Herr sey über uns.» Psalm 33, Vers 22.[11]

Das Programm des nur ein Jahr jüngeren Steckborner Ofens im Grosshaus von Grüsch dagegen ist – vielleicht war es der Wille des Auftraggebers – reicher. Doch auch hier stehen die christlichen Tugenden im Vordergrund:

«Thu dein best / ich stehe fest»

Heisst es zum Bild der brennenden Pyramide neben dem unversehrtem Turm mit Kreuzesfahne.[12]
Unsere Vorfahren kannten die Symbole besser als wir. Sie wussten, dass die Pyramide das Symbol Ägyptens darstellte. Ägypten aber war der Feind des Gottesvolkes. Neben dem Bild eines aufgesprungenen Granatapfels steht der Spruch:

«Das inerlich erfreuet mich.»[13]

Der Granatapfel galt seit der Antike als Symbol der Liebe, der Fruchtbarkeit und Unsterblichkeit.[14]

Flugschriften und Bücher

Vor dem Aufkommen gedruckter Bücher war die Literatur einem kleinen Kreis (Adel, Bürger, Geistlichkeit, Klöster) vorbehalten. Handschriften und Drucke von Holzschnitten waren furchtbar teuer, für den «gemeinen Mann» nicht erschwinglich. Aber sie hätten ihm wenig genützt, denn er konnte, von Ausnahmen abgesehen, nicht lesen. Der Ausbreitung von Literatur stand aber nicht nur das Analphabetentum und die Kostenfrage, sondern auch die lateinische Sprache im Wege. Die Volkssprache setzte sich erst im 15. Jahrhundert allmählich durch. Vor allem Erbauungsbücher und religiöse Dramen werden zum bessern Verständnis in volkssprachlichen Versionen abgefasst. Doch die breiten Massen des Volkes erfasste man nicht. Zentren des Literaturbetriebes blieben die Städte, allen voran Basel und Zürich.[1] Schriftsteller und Lesekundige finden wir auch in den andern Städten. In Bern hat Ulrich Boner eine lateinische Fabelsammlung, in Luzern Johann Friker das Hauptwerk des Thomas von Aquin ins Deutsche übersetzt.[2] Unter den Schriftstellern nehmen die Geschichtsschreiber einen hervorragenden Platz ein. Unter dem Einfluss der Humanisten und der Gründung der Universität Basel (1460) beginnt sich das geistige Leben besser zu entwickeln. Einen eigentlichen Literaturbetrieb lässt indessen erst der Buchdruck, um 1470 in Beromünster einsetzend, zu.[3] Basel und Zürich entwickeln sich zu Druckerzentren. Dank dem Buchdruck wird vor allem auch das reformatorische Gedankengut schnell verbreitet. Die Bibel wird von den sich mehrenden Lesekundigen eingehend gelesen und studiert. Zwischen 1687 und 1705 hat der Basler Zunftmeister Christoph Burkhardt die Bibel nicht weniger als 18 mal, also jedes Jahr einmal durchgelesen.[4]

260 Schnapsflasche farbig bemalt. Flüeli. Aufschrift: «Saft der Reben ist mein Leben.» Die Schnapsflasche gehörte einem Weinbauern. (18. Jh.)

261 Zierteller. Im Spiegel allegorische Darstellung des Lebensweges. Drittes Viertel 17. Jh. Die Frau mit dem Spinnrocken trägt in ihren Armen eine Bibel, sie weist mit ihrer Hand auf das Gotteswort hin.

Zur Bibel kamen die Flugschriften. Sie sind ein neues Propagandamedium – vor der Reformation trat es in dieser Intensität nicht auf. Um 1520 waren in Deutschland und in der Schweiz Tausende von Lutherschriften im Umlauf! Luthers Neues Testament mit 22 autorisierten Ausgaben und 110 Nachdrucken bei einer geschätzten Stückzahl von zweitausend bis dreitausend Exemplaren pro Auflage wurde zu einem der meistgekauften Bücher der ersten Hälfte des 16. Jahrhunderts.[5] Im Jahre 1530 wächst die gesamte Flugschriftenflut auf zwölftausend Exemplare an. Auf den Kopf der Bevölkerung dürften im oberdeutschen Raum und in der Schweiz eine bis drei Flugschriften kommen. «Über die Flugschrift – nicht nur über sie, aber hauptsächlich über sie – erhält der gemeine Mann seine Informationen über die Reformation, ihre Theologie und Ethik.»[6]

Klar treten nun die neuen Leitbilder zutage: «Die positive Argumentationsfigur, die antithetisch der alten Kirche gegenübergestellt wird, heisst fast durchgängig ‹Evangelium›. Schon in den Titeln der Flugschriften kommt das zum Ausdruck: ‹Ain schöner Dialogus von zwaien guten Gesellen genant Hans Toll und Claus Lamp sagent vom Antechrist und seinen Jungeren›; ‹Von dem Pfründmarkt der Curtisanen und Tempelknechten›; ‹Ein Unterred des Babst und seiner Cardinelen wie im zu thun sei und das Wort Gottes under zu trucken ein ieglicher sich darauf zu bedenken›.»[7] Die Argumentation ist einfach, sie folgt immer dem gleichen Schema: Die Anhänger des reinen Evangeliums werden von der habgierigen Kirche geschunden und um ihr Seelenheil betrogen. Es werden Regeln entwickelt, wie man den nichtevangelischen Prediger erkennen könnte, und es werden auch Gebrauchsanweisungen mitgeliefert, wie solche Predigten zu erkennen und aufzunehmen seien. Wer auf der Kanzel nur schelte und zürne ohne Bestätigung der Schrift, wer nur von Wunderzeichen und vor allem von Heiligen spreche, vor dem sei grösste Vorsicht am Platze. Den frommen Mann aber erkenne man daran, dass er das Evangelium lese. Für die Schweiz hat eine im Jahre 1523 erschienene Schrift von Pamphilius Gengenbach in Basel eine eigentliche Gebrauchsanweisung für theologische Entscheidungsfragen enthalten. Schon der Titel lässt das erkennen: «Ein kurzer begriff wie der Schultheiss und die gemeinen dess dorffs Fridhusen uff dem gnodenbärg, gemeinlich erkant und erwelt haben...» Es wird dargelegt, wie ein Gemeindemitglied namens Hans Knüchel zum Prediger gewählt wird. Er gilt bei seinen Dorfgenossen als bibelkundig. Dieser aber erklärt, dass der Glaube allein nicht genüge zur Seligkeit, wichtig sei die Predigt des reinen Evangeliums sowie eine entsprechende Lebensführung. In dieser Schrift kommt auch eine neue Ordnung zum Ausdruck. An die Stelle der alten, ständischen Ordnung tritt neu der Gemeindegedanke. Es kommt jetzt «nicht mehr auf die Herren als solche an, sondern auf die Gemeinde als Ganzes, da nur in ihr ein wirklich christliches Leben unter den Menschen möglich ist.»[8]

Nach der Reformation sind die Flugschriften fast schlagartig zurückgegangen. Erst im 18. Jahrhundert tauchen sie als Vorboten der Revolution nochmals auf, erreichen aber nie mehr die einstige Intensität. Der ganze Literaturbetrieb weist nach dem Aufschwung des 16. Jahrhunderts deutliche Zeichen der Abflachung, des Erlahmens auf. Dieter Schwarz führt dies auf den absolutistischen Geist des 17. und 18. Jahrhunderts zurück, musste doch «jeder Autor Gefahr laufen, bei irgendwelchen missliebigen Äusserungen politischer oder religiöser Art von der Obrigkeit zur Rechenschaft gezogen zu werden.»[9] Immerhin sind einige grossartige Neuerungen zu verzeichnen. Um den sich mehrenden Lesekundigen die neuen Werke zugänglich zu machen, sind da und dort Bibliotheken geschaffen worden. So fällt die Gründung der Stadt- und Universitätsbibliothek von Bern und Zürich in diese Zeit. Die Klöster schaffen grossartige Bibliotheksräume. Doch ist die Benützung all dieser Bibliotheken, wie ein Zeigenosse mit offensichtlicher Enttäuschung meldete, zögernd, ja spärlich erfolgt.[10]

262

262 In zahlreichen Häusern des 18. Jh. standen auf dem bescheidenen Bücherbrett nicht nur die Bibel, sondern auch Gebetbücher. Auf unserem Bild ein aufgeschlagenes Gebetbuch aus dem 18. Jh. Gebet aufs Fest der Geburt des Herrn.

263 Eine Bibliothekskommission berät in einer Sitzung um 1696, welche Bücher angeschafft werden sollen.

Bücherlesen setzt Lesefähigkeit voraus. Und da sah es, wir haben es schon angedeutet, nicht zum besten aus. Noch um 1770 konnten nach R. Schenda im deutschen Sprachraum nur 15 Prozent der Bevölkerung lesen. Um 1800 waren es 25 Prozent.[11] Auch in der Westschweiz war das Lesen Angelegenheit einer über Freizeit verfügenden Elite aus der hohen Beamtenschaft, von Magistraten, Offizieren, Beamten, was die Zusammenstellung der 78 Abonnenten des Journal helvétique von 1770 beweist.[12] Im übrigen müssen nicht alle «Leute, die einmal lesen gelernt hatten, auch wirklich gelesen haben». Auch mit der Vermittlung des Lesestoffes haperte es. Zwar gab es in den schweizerischen Städten im 18. Jahrhundert einige Buchhandlungen. Das Land hingegen war schlecht bedient. Hier sind Bücher und Zeitschriften von Hausierern vertrieben worden. Es ist aber quellenmässig belegt, dass einzelne Landleute in die städtischen Buchhandlungen gingen. Die Leute vom Zürichsee pilgerten nach Zürich, um sich bei Rudolf Hofmeister, der 1749 unter dem «Storchen» mit Büchern handelte, einzudecken. Es gab auch Leihbibliotheken. In Zürich hat 1740 Buchbinder Heinrich Köchli eine Leihbibliothek eingerichtet.[13] In mancher Stadt gab es gegen Ende des 18. Jahrhunderts so etwas wie einen organisierten Lesebetrieb. In den «Lesetrucken», Leseschachteln, zirkulierten «die Werke Wielands, Voltaires oder auch Friedrichs Werke, eine Beleuchtung der Cantischen Philosophie oder aber auch die elendesten Romane, wie sie nur der seichteste Kopf ausführen konnte».[14] Leseschachteln wanderten auch aufs Land.

Was aber der gemeine Mann im ländlichen Raum las, erfahren wir von Bräker. Er besass neben der Bibel folgende Bücher: den Katechismus, sodann Johann Arndts «Sechs geistreiche Bücher vom wahren Christentum» 1605/09. Im weitern das «Paradys Gärtlein voller christlicher Tugenden» des gleichen Autors, gedruckt 1635. Auf seinem Bücherregal stand im weitern das Büchlein von Samuel Lutz, «Jesus der Gecreutzigte» Bern 1750, sodann «Die Paradisische Aloe der Jungfräulichen Keuschheit», gedruckt in Herisau 1733. Ferner war vorhanden das Buch «Fliegender Brief evangelischer Worte an die Jugend von einem jungen Prediger» (Autor wohl E.G.

Woltersdorf, Züllichau 1752).¹⁵ Es waren also alles Werke religiösen, zum Teil pietistischen Inhaltes. In andern Häusern sah die Buchecke nicht viel anders aus. Man nährte sich im 17. und 18. Jahrhundert fast ausschliesslich von Bibel, Gesangbuch und Gebetbuch.¹⁶ Ausserdem haben auch die damals neu aufkommenden Schulbücher «den Grundstock des volkstümlichen Wissens und Glaubens gebildet, an dem man wie an der Offenbarung mit blinder Buchstabentreue hing».¹⁷ Neben den Lehrmitteln gab es Erbauungsbücher sonder Zahl. Genugtuung für die Pfarrer? Dem war nicht so. Pfarrer Heinrich Escher von Pfäffikon (Kanton Zürich) stellte 1774 fest, «dass alle diese Bücher nicht am besten geschikt sind, gesunde Erkenntnis und wahre Gottseligkeit zu befördern. Wer sie kennt, der weiss, wie viel unrichtiges, ungereimtes, mystisches Zeug darin enthalten ist. Ja, in den besten aus denselben befindet sich eine so überspannte Moral, die eine gute Seele muthlos macht...»¹⁸

Als greifbare Folge zunehmenden Wohlstandes und wohl auch der Schule ist in der zweiten Hälfte des 18. Jahrhunderts endlich vermehrtes Lesen spürbar. Nach dem Zeugnis des Horgener Pfarrers Jakob Christoph Nüscheler konnte um 1760 auf der Zürcher Landschaft «blos ungefähr die Hälfte der Leute Gedrucktes lesen und von anderer Lektur als Bibel, Katechismus und Gebetbuch konnte nicht die Rede seyn». Nach der erfolgreichen Einführung der Textilindustrie, besserer Lehrer und einem allgemeinen Aufschwung sah es um 1790 «bekanntermassen ganz anders aus».¹⁹ In St. Gallen war man um 1773 nach dem Zeugnis von Diakon Zollikofer «dem bücherlesen überhaubt nicht hold». Doch gab es an verschiedenen Orten literarische Gesellschaften: Schon um 1775 ward im Textilhandelsort Herisau eine «Lecturliebende Gesellschaft» gegründet.²⁰

In den Zürichseedörfern Stäfa, Wädenswil, Richterswil wuchsen aus dem Schosse von Musikgesellschaften viele Lesegesellschaften.²¹ In ihrem Kreis sind nicht nur literarische, sondern vor allem auch politische Probleme besprochen worden. Die Obrigkeit des Stadtstaates sah dies nicht sonderlich gern. Man zensurierte, doch ohne grossen Erfolg. Um 1753 stellten die Gnädigen Herren verwundert fest, dass Bücher verkauft und vertrieben worden seien, «die nicht nur der heiligen Religion anstössig, sondern auch dem politischen Wesen schädlich seyen thun».²² Am 9. Februar 1754 wird deshalb beschlossen, «dass das husieren mit und zu verkauf der bücheren abgekennt und verbotten sei».²³ Dennoch nahm die «Lectur von bücheren» weiterhin stark zu.²⁴ Gewiss waren die Lesegesellschaften, allen bösen Vorahnungen der Regierung zum Trotz, keine eigentlichen Verschwörerzirkel. Im Schosse dieser Lesegesellschaften wollte man «auf möglichst annehmbare Weise geistige Werke sammeln».²⁵ Welche Bücher sind gelesen worden? Die Gründer der Lesegesellschaft Wädenswil ersuchten den Landschreiber Konrad Keller, der wohl belesen war und neben seinen Amtsgeschäften literarisch wirkte, um Rat. Seine Empfehlung: Neben der Bibel sollen Gebetsbücher, Wörterbücher, Enzyklopädien, geographische und naturgeschichtliche Werke angeschafft werden. Das scheint hochgegriffen, ist aber durchaus keine Theorie gewesen: Pfarrer Leonhard Brennwald hat 1797 registriert, dass man im Knonaueramt Fäsis Geographie, Stumpfs Chronik und Blunschlis Memorabilia Tigurina las.²⁶

Keller selber steuerte fünfzehn Bände bei. Sie bleiben zum Teil etwas hinter unseren Erwartungen zurück. Da war das Buch des Berners Daniel Langhans «Von den Lastern, die sich an der Gesundheit der Menschen selbst rächen», eine 1773 herausgekommene Schrift, die gegen die Verirrungen menschlicher Triebe eiferte. Unter den gestifteten Bänden fanden sich auch Heinrich Sanders zwei Bände «Über das Grosse und Schöne in der Natur», 1781/82 in Leipzig erschienen, sodann J.H. Jungs, genannt Stilling, «Häusliches Leben», 1789, sowie, was schon besser klingt, Pestalozzis «Lienhard und Gertrud». Die Reiseliteratur war vertreten durch Hirschfelds Briefe über die Schweiz.²⁷ Die Gründer der Lesegesellschaft scheinen in der Auswahl der

264 Lesende Frau. Federzeichnung von H.H. Wegmann, 1595.

Bücher recht unbeschwert gewesen zu sein. Man schaffte sie aufgrund des Messekatalogs und der Inserate in Kalendern und den damals noch spärlichen Zeitungen an: «Abendstunden eines Vaters mit seinem Sohn», die «Ratschläge für junge Frauenzimmer, sich und ihre künftigen Männer glücklich zu machen» und «Schönaus Familiengeschichte; zur Unterhaltung für gebildete Jünglinge und Frauenzimmer». Dazu kam schweizerische Literatur: «Arnold von Winkelried oder die Schlacht bey Sempach, ein Eidgenössisches Trauerspiel in 5 Aufzügen von Ludwig Kaiser», das 1791 in Zürich erschienen war, sowie die Schrift des Zürcher Malers Jakob Christoph Köchli «Die Sonntage in der Schweiz», in der die Spiele und Lustbarkeiten der ländlichen Bevölkerung im Sinne Gessners idyllenhaft geschildert wurden. Man kaufte auch «Die Reise durch etliche Cantone der Schweitz», in welcher Christoph Heinrich Müller von Zürich, nach seiner Verbannung, seine Beobachtungen von Umsturz und Revolution 1789 notiert hatte.[28]

Doch werden nach ruhigeren Jahren die Lesegesellschaften, ja die Buchlektüre ganz allgemein mehr und mehr von politischen Strömungen erfasst. In der Patriotischen Lesegesellschaft des obern Glattales hat man es vorsichtig formuliert: «Es haben sich einige Freunde und Liebhaber der alten Schweizergeschichte und der Revolutionsgeschichte in Frankreich entschlossen, einige dahinlaufende Bücher zu kaufen.»[29] Am 11. März 1793 teilte Untervogt Dietrich von Volketswil, ein Mitglied der Aataler Lesegesellschaft mit, er habe den Strassburger Kurier bestellt, weil sich hier im Aatal viele Leute für die französische Revolution interessierten. Die Wädenswiler Lesegesellschaft beschaffte sich, aller Warnungen der Obrigkeit zum Trotz, französische Revolutionsliteratur.[30] Leitbilder dieser Literatur waren die in Paris proklamierten Menschenrechte: Gleichheit, Freiheit und Brüderlichkeit. In einem Artikel des Volksfreundes von Stäfa vom 10. Januar 1799 wird genau gesagt, um was es sich handelte: Durch eine kluge Auswahl von belehrenden Schriften soll dem Leser ein vortreffliches Mittel zur Aufklärung, zum Gefühl von Menschenwürde angeboten werden. Die Folgen blieben nicht aus: am Berchtoldstag ist 1799 in Wädenswil Gesundheit getrunken worden «erstens auf die Aufrechterhaltung der jungen helvetischen Republik und zweitens auf die Freundschaft und die innige Verbindung mit der grossen fränkischen Republik». Weitere, auf die Umstände und Anwesenheit der Gäste passende Gesundheiten wurden hoch aufgerufen: «Es lebe Buonaparte zum Trotze derer, die ihn todt haben wollen; es lebe Massena, der neue Obergeneral in Helvetien; es leben alle Bündner Patrioten – vereint mit den helvetischen Freunden der republikanischen Freyheit.»[31]

Als Leitfigur trat einmal mehr Wilhelm Tell in Erscheinung. Am 3. April 1798 waren im Landvogteischloss Wädenswil zwanzig berittene Wädenswiler erschienen, um den Landvogt abzusetzen. An ihrer Spitze befand sich ein als Wilhelm Tell verkleideter Bürger. So traten die Leitfiguren aus dem Kreise der Literaten hinaus, um aktiv ins politische Geschehen einzugreifen.[32]

265

Übergangsrituale

Geburt und Taufe

In der alten Eidgenossenschaft hatten die Geschehnisse im Leben des Menschen scharf betonte Formen. Jede Begebenheit, jedes Ereignis war umringt von bestimmten und ausdrucksvollen Formen, war eingestellt auf die Erhabenheit eines strengen, festen und religiösen Lebensstils. Die grossen Ereignisse, Geburt, Eheschliessung und Sterben, die entscheidenden Stationen des irdischen Lebensweges standen im Glanze des göttlichen Mysteriums. Der spätmittelalterliche Mensch verstand sie nicht nur als Stationen, sondern auch als Übergänge, als Phasen der Unsicherheit. Die Geburt stellte sich dar als Eintritt ins Leben, als Übergang in die Gemeinschaft der Lebenden. Ihr folgte unmittelbar die Taufe, die Aufnahme in die christliche Gemeinschaft. Beim Eintritt in die Volljährigkeit gab es Initiationsriten. Die Hochzeit war Beginn eines neuen, gemeinsamen ehelichen Lebens, der Tod Abschluss des irdischen und Beginn des ewigen Lebens. Um alle diese Übergänge bestehen zu können, bedurfte es brauchmässiger Rituale. Man nennt sie nach einem französischen Volkskundler auch etwa «Rites de passage».[1]

Immer ging es um Absicherung vor Ungewissem und Unerklärlichem. Schon dem ungeborenen oder neugeborenen Kind drohte noch vor der Aufnahme in die menschliche Gemeinschaft Böses. Vorsicht war also angezeigt und darum auch abwehrende Massnahmen: Die schwangere Frau darf nicht erschrecken und sich nicht an den Kopf greifen, sonst bekommt das Kind Muttermale. Die Leibesfrucht könnte vorzeitig absterben. Vieles konnte man gar nicht erklären. Was lag näher als nach den möglichen Verursachern zu fragen. Vielleicht ist es eine Hexe gewesen? Vielleicht lief eine schwarze Katze über den Weg? Äusserste Vorsicht war nötig: Eine Schwangere darf keiner Hinrichtung beiwohnen, keinem armen Sünder nachgehen, keinen Toten anschauen, sonst bekommt das Kind die Totenfarbe. Schwangere Frauen sollten aber auch keine Feuersbrunst erleben, das Kind könnte sonst mit einem roten Muttermal auf die Welt kommen.[2] Die werdende Mutter darf auch nicht von einem Tier erschreckt werden; das Kind könnte haarige Muttermale bekommen. Niemals sollte die Schwangere einen Hasen sehen: Das Kind liefe Gefahr, eine Hasenscharte zu bekommen. Es ist auch wichtig, dass die Schwangere alle Nahrungsmittel erhält, nach denen sie gelüstet. Wird das Gewünschte nicht gegeben, sind Missbildungen zu befürchten. Alte Weistümer geben der Schwangeren das Recht, sich ungestraft mit gestohlenem Obst, Gemüse, Fisch und Wildbret zu bedienen. Die Obrigkeiten wussten, was sie zu tun hatten: Der St. Galler Chronist Miles berichtet, dass die St. Galler Stadtherren am Dienstag nach der Fasnacht 1509 einen Hirsebrei kochen liessen, von dem alle schwangeren Frauen, «so Gelust hand», genug essen können.[3] Besonders eindrücklich ist eine Geschichte, die der Luzerner Chronist Cysat um 1610 überliefert: Eine schwangere Frau hätte gerne Forellen gehabt. Aus Schamhaftigkeit verschwieg sie aber ihren Wunsch. Nach der Geburt tauchte diese

265 Geburt der Maria von Niklaus Manuel 1515. Der Maler lässt uns einen Blick in eine Wochenstube des beginnenden 16. Jh. tun. Rechts hinten sehen wir im Bett Maria als Wöchnerin, betreut von einem Kind. Vor dem Bett der Wasserzuber, in dem das Neugeborene gerade gebadet worden ist. Es wird von einer Frau der andern übergeben.

Lust mit grosser Kraft erneut auf. Die Begierde war so mächtig, dass sie einer Forelle ins Wasser nachsprang.⁴

Schon während der Schwangerschaft galt es an die Geburt zu denken, sie richtig vorzubereiten. Erfahrene Weiber erschienen nach dem Bericht Thomas Platters im Haus zur Beratung. Die Hebamme tritt in Erscheinung. Sie legt der schwangeren Frau «ein gros hültzin paternoster umb in St. Margarethen namen», auf dass sie um so sanfter gebäre. Sie mahnte die Schwangere, eine Messe zu verheissen. Der Ehemann hat – so jedenfalls gebot es die Sitte im Wallis – nicht mehr weit wegzugehen, damit er in der entscheidenden Stunde dabeisein kann. Das hat so zu erfolgen, «damit sy den hernach dester mer gedult mit den wiberen heigin».⁵

Nach alten Vorstellungen ist die Wöchnerin in den ersten sechs Wochen nach der Geburt unrein. Während dieser Zeit darf sie die Hausschwelle nicht überschreiten und auch nicht über die Dach-Traufe hinausgehen. Der erste Ausgang führt in die Kirche, wo die «Aussegnung» stattfindet.⁶

Besondere Fürsorge galt dem Neugeborenen. Die Nabelschnur wird mit einem Faden abgebunden. Ein in Olivenöl getauchter Verband aus Leinenstreifen wird um das Neugeborene gelegt. Es wird gebadet. Ein Tropfen Olivenöl kommt auf die Augen; Nasen und Ohren werden ihm gereinigt. Die Hebamme hat vor der Geburt ihre Nägel zu schneiden; das Kind darf nicht verletzt werden. Das Neugeborene darf nicht neben der Mutter schlafen, die Gefahr, dass es erdrückt werden könnte, wäre zu gross. Um den Gliedern des Kindes einen schönen Wuchs zu sichern, werden Hände und Arme ausgestreckt und gewinkelt, ebenso die Beinchen und selbst der Kopf. Die ersten Tage soll das Kind im Dunkeln liegen, damit das grelle Licht den Augen nicht schaden kann. Das Kind soll von der Mutter selbst ernährt werden. Verweigert das Kind in den ersten Tagen die Brust, so gibt man ihm vor dem Anlegen ein wenig Honig in den Mund. Abgestillt wird zwischen dem ersten und zweiten Jahr.⁷

Sofort nach der Geburt hat der Vater die Taufe beim Pfarrer anzumelden: Hat Gott den Eltern ein Kind geschenkt, so ist es auch ihre erste Sorge, aus ihm einen Christen zu machen. Das hat sofort zu geschehen; stürbe es vorher, käme es nicht in den Himmel, sondern an einen Ort, «wo weder Freud noch Leid ist». Es müsste in aller Stille

266 Das Wochenbett von David Herrliberger aus den «Heiligen Ceremonien», Zürich 1752. Wir blicken ins Haus eines vornehmen Bürgers. Im Alkoven steht hinter zurückgezogenen Vorhängen das Nischenbett. Der hohe Kopfteil war mit Flachschnittdekor und polychromer Bemalung verziert. Zum Bettzeug gehören der hohe Kissenberg, Bettdecke und Oberlaken mit breitem Spitzenbesatz. Die Wöchnerin erhält soeben ein Süpplein, während auf dem Tisch eine Teegarnitur bereitsteht. Die Frau links am Fenster, wohl die Hebamme, beschäftigt sich mit dem Säugling; vor ihr steht die reich ausgestattete Wiege.

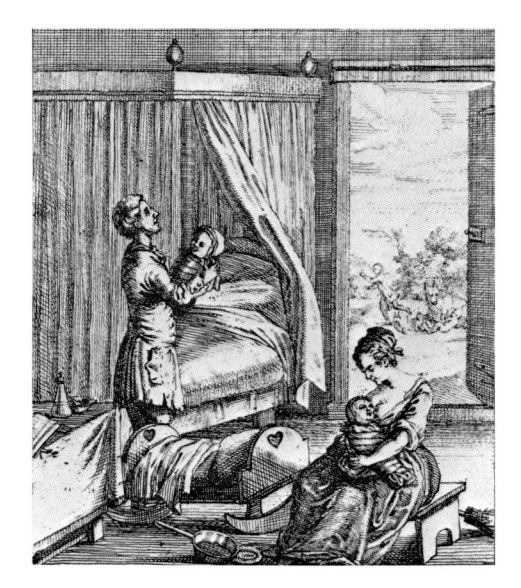

an einer besondern Stelle auf dem Friedhof bestattet werden, in einer ungeweihten, kleinen Gruft in der Ecke des Friedhofes. Schon vor der Geburt des Kindes hat man sich auch um die «Gvatterlüt» bekümmert. Die Sitte schrieb vor, an wen man sich zu wenden hatte. In Nidwalden zum Beispiel fragte man zuerst die Grosseltern, dann die Vorbraut und den Vorbräutigam der Eltern des Kindes, beim dritten Kind den Götti und Gotte der Eltern, dann Onkel und Tante, Basen und Vettern. Niemals durfte die Gevatterschaft ausgeschlagen werden. Das verlangte nicht nur der Brauch, sondern auch das Gesetz. Selbst die Landsgemeinden haben sich im 18. Jahrhundert mit dieser Frage beschäftigt. Das Nidwaldner Landbuch von 1717 verbietet ausdrücklich das Abschlagen der Gevatterschaft. Das hatte zur Folge, «dass einige weltliche und geistliche Herren und fromme Frauen mit einer beträchtlichen Schar Patenkinder gesegnet sind und jährlich das Martinizinslein von einem bessern Kapital auf Neujahr zur Helseten (Neujahrsgeschenk für die Patenkinder) reservieren mussten».[8]

Die alte Kirche hat die Taufe ganz besonders feierlich gestaltet. Und das Volk machte freudig mit: Bei Glockengeläute formiert sich der Taufzug, allen voran Götti und Gotte, geschmückt mit Blumensträussen, nicht umsonst nannte man sie in der Innerschweiz einst «die hübschä Lüt». Die Hebamme trägt das Kind. Es ist eingewikkelt, «igfäsched, gefäscht» mit weissem Käppchen, auf das weisse Taufkissen gebettet. Bei der Kirche angekommen, wird der Sigrist gerufen. Dieser erscheint mit dem Weihwasserkessel und dem Salzgefäss. Vor dem Altar steht der Priester in Chorrock, Samtkragen und violetter Stola mit dem Birette auf dem Kopf und dem Ritual in der Hand. Nach einer kurzen Ansprache beginnt die Zeremonie: Wollt ihr, dass dieses Kind getauft wird? Sie antworten Ja. Die Eltern nennen den Namen. Der Priester haucht den Täufling dreimal an. Es schliessen sich die Zeichnung mit dem Kreuze, die Handauflegung, die Mitteilung des Salzes, der Exorzismus, die Auflegung der Stola, die Besprengung mit Weihwasser an. Es folgt der eigentliche Taufakt: Der Priester giesst dreimal Wasser auf das Kind. Nach der Salbung mit Chrisam trocknet er es mit Baumwolle ab. Dann wird vom Priester eine brennende Kerze hingehalten, sie wird während des Gebetes von den Paten gehalten.[9] In älterer Zeit tauchte der Priester den Täufling im Taufbrunnen, ein und die Paten hoben ihn heraus, um ihn der Hebamme zur Bekleidung zu übergeben.

Die Reformatoren liessen die alten Taufbräuche nur teilweise gelten. Die neuen «predicanten» sagten, «es werrind als unnütze ceremony». Zunächst wird die Taufformel vom Latein in die deutsche Sprache übertragen. Im Jahre 1523 wird in Zürich ein Büblein zum ersten Mal in deutscher Sprache getauft.[10] Ein Jahr später taufte man in Zürich die neugeborenen Kinder nur noch im Wasser, ohne «crisem saltz und andere ceremony», auch ohne Weihwasser. Die Reformationschronik meldet aus Orbe, dass im Jahre 1531 ein Knabe nur mit klarem Wasser, genommen vom Brunnen, getauft wurde.[11]

Die Taufe in der protestantischen Kirche sieht einfach aus. Vorbild für die Taufform ist die an Christus vollzogene Taufe des Johannes. Nach Bullinger ist alles später Hinzugefügte, Teufelsaustreibung, Verwendung des Lichtes, Gebrauch von Öl, Salz und Speichel unnötig.[12] Die Handlung wird auf ein Minimum beschränkt. Geblieben ist nur die Begiessung mit Wasser und die Gebärde des Segens. Das Wort ist wichtig. Der äusseren Handlung wird wenig Beachtung geschenkt. Der Zolliker Pfarrer Bullinger beschrieb sie 1561 also: «So er es taufen will, nimmt er's selber (der Pfarrer) in die Hände und nachdem er's getauft, gibt er's wiederum der Hebamme mit den Worten: ‹Gott verleih dir Gnade› und heisst darauf die Gemeinde gehen.»[13]

Für die protestantischen Theologen, die sich vor allem auf die Bibel beriefen, war die Handlung nur Zeichen und Symbol. Wie sie gehandhabt wurde, spielte keine allzu grosse Rolle. Das Volk hatte hierin seine eigene Meinung: Erst die feste, tradi-

«Erste Sorge der Eltern für ihre Kinder», so lautet der Titel dieses Bildes. Es ist der «tugendliebenden Jugend» von der Bürgerlichen Bibliothek von Winterthur am Neujahrstag 1768 gewidmet. Gezeigt wird links der Vater, der das fest eingewickelte Kind liebkost. Rechts stillt die Mutter einen Säugling. Links auf dem Tisch steht der Schoppen (Glasflasche mit Zinn-Sauger).
Graphische Sammlung ZB Zürich.

tionell gebrauchte Form kann die Sicherheit schenken, dass sie auch wirklich gültig vollzogen ist. Offenbar musste sich die Form zunächst stabilisieren, herauskristallisieren. Das geschah! Schon bei der zürcherischen Kirchenvisitation von 1670 zeigt sich ein recht buntes und facettenreiches Bild. Vor allem die Frage, wer das Kind zur Taufe halten sollte, war nicht überall gleich gelöst. In der Stadt hielt es die Gotte über dem Taufstein, auf dem Land aber meistens der Pfarrer. Änderungen und Neuerungen, Abweichungen von den lokalen Gewohnheiten waren verpönt. Die Einträge in den Pfarrbüchern sprechen dafür eine deutliche Sprache. So wurde in Russikon am 7. Juli 1640 unter dem Taufeintrag beigefügt: «Dieses Kind hatt die gotten zum ersten über den thouffstein gehebt, us gheis unserer Herren.» Der Pfarrer von Uster empfand indessen diese Neuerung nicht nur als Eingriff in die Dorfsitte, sondern als Änderung der göttlichen Ordnung.[14]

Durch die Taufe nahm man indessen ein Kind nicht nur in die Gemeinschaft der Gläubigen, sondern auch in die staatliche Gemeinde auf. Der Pfarrer amtete ursprünglich als Zivilstandsbeamter; er schrieb den Namen ein. Ein ungetauftes Kind durfte – eine Anschauung, die mehrfach bezeugt ist – nicht mit seinem Namen genannt werden. Böse Geister könnten sich des noch ungeschützten, weil nicht getauften Kindes bemächtigen. Selbst die Pfarrer betrachteten die ungetauften Kinder als namenlos. Starb ein Kind vor der Taufe, so trugen sie das Kind ohne Namen ins Totenregister ein. So wurde 1554 im Taufbuch St. Peter unter dem 11. Juni eingetragenen: «Vater: Lienhart Vögeli, n. obiit.» Am 11. Januar 1733 ist im Taufregister Stallikon vermerkt worden: «Töchterlein starb, ehe es den heiligen Tauff empfangen.» Noch 1875 wurde im Totenverzeichnis der Gemeinde Bäretswil ein 21 Tage altes, ungetauft gestorbenes Kind ohne Namen eingetragen.[15] Um 1550 hat der Gossauer Pfarrer in einem Gedicht die Situation umschrieben: Ein Kind, das ohne den heiligen Taufakt stirbt, redet von sich selbst also:

«Eh zeit hat mich der schnelle todt
genommen hin uss angst und noth.
Den tauff ich nit empfangen hab,
Ich ward geleget in das grab,
Und hatt doch keinen eignen namm,
Da ich, Herr Christe, für dich kam.
Doch ohne namm verzeichne mich
Ins lebensbuch, Herr, bitt ich dich!
Der Jesu namm mein hoffnung ist
Mein teil, ein trost zu jeder frist.»[16]

Dem Namen kam eine Bedeutung zu, die wir heute nicht mehr kennen: «Man ist so gewohnt», so meinte Jeremias Gotthelf, «bei den Namen nichts mehr zu denken, nicht zu denken, dass sie eigentlich Eigenschaften oder das ganze Wesen eines Menschen bezeichnen sollen, dass man auch bei denen nichts mehr denkt, auf den blossen Klang achtet, bei welchen man doch sehr gut weiss, was sie sagen wollen, zum Beispiel Friedrich, Gottlieb, Gotthelf, Gottfried, Siegmund usw.... Ehedem sah man auf die Bedeutung des Namens.»[17] Die Tradition enthob die Eltern bei der Namenwahl mancher Sorge. In vielen Regionen war es Brauch und Sitte, dem Kind den Namen des Paten zu geben. Altem Volksglauben zufolge übertragen sich die guten Eigenschaften von Gotte und Götti aufs Kind. Im alten Zürich beispielsweise trugen mindestens drei Viertel aller Kinder den Namen von Paten. Diese Tradition war so allgemein, dass es für die Paten eine Beleidigung war, wenn der Täufling nicht den «richtigen» Namen erhalten hatte.[18] In andern Regionen sind die Kinder nach den Eltern benannt worden. In Graubünden hiess der erste Knabe nach dem Grossvater väterlicherseits, der zweite nach demjenigen mütterlicherseits. Bei den Mädchen kam die Mutterseite zuerst an die Reihe.[19] In dieser Tradition ist indessen auch das Streben nach Stabilität zu erkennen. Dadurch, dass man immer wieder die gleichen Namen gab, erreichte man, dass trotz der hohen Säuglings- und Kindersterblichkeit doch am Ende immer wieder ein Hans oder ein Jakob übrigblieb, damit man den Hof mit dem gleichen Familien- und Vornamen weiterführen konnte. Heute geben Eltern jedem Kind einen eigenen Vornamen. Man hört, wie es schon Gotthelf angedeutet hat, nur noch auf den Klang. Zum Teil ist das auch das moderne, individuelle Denken: Man will nicht gleich heissen wie der Bruder oder die Schwester, weil dadurch die Individualität gefährdet werden könnte. Für unsere Vorfahren war das Individuum nicht das alles Entscheidende. Wichtig war der Name, den der mehr oder weniger kurzlebige Mensch zu tragen hatte. Die Hausinschrift variierend könnte man sagen: «Dieser Name ist mein und doch nicht mein; wer nach mir kommt, wird auch so sein».[20] Nun gab es allerdings auch im späteren Mittelalter gewisse Modeströmungen in der Namengebung. So wanderten «neue» Namen etwa von den Städten auf die Landschaft. Das hing zum Teil damit zusammen, dass die Pfarrer und Landvögte und deren Familien den Landkindern Pate standen. So hat Pfarrer Wirts 1528–1531 in Fehraltorf vier Knaben getauft. Nicht weniger als drei wurden auf seinen eigenen Namen Adrian getauft. Dieser Name ist allerdings auf der Landschaft später wieder verschwunden. In der Stadt hat er sich gehalten. Auch der Name Beat, den ein Pfarrer nach Oberglatt brachte, hielt sich während längerer Zeit. Namen, die sich auf der Landschaft einmal eingebürgert hatten, blieben noch im Gebrauch, selbst wenn sie in der Stadt schon wieder verschwunden waren. So ist in Horgen 1604 eine Sara getauft worden. Im 18. Jahrhundert folgten mehrere Saras nach.[21]

In den katholischen Gebieten blieb man beim Brauch, die Namen von Lokalheiligen oder Kirchenpatronen zu übernehmen. Im Unterwallis war es der Saint Maurice, Maurizius, in Silenen der hl. Albin, in Disentis der Sogn Plazi. In reformierten Gebieten verschwanden die Heiligennamen. Hier findet man dafür Abraham, den Josua, den Moses, den Isaak, den Simeon. Einzelne Heiligennamen haben allerdings die Reformation überdauert. Man denke etwa an die Zürcher Märtyrer Felix und Regula.[22]

Bei der Taufe haben in alter Zeit die Taufpaten eine überragende Bedeutung gehabt. Das wird in mittelalterlichen Schriften deutlich. Man nannte sie susceptores oder levantes, weil sie das Kind aus der Taufe hoben; offerentes, sponsors oder fidei jussores, weil sie für das Kind das Taufgelübde ablegten und für eine christliche Erziehung zu sorgen hatten; patrini oder compatres bzw. matrinae oder commatres, weil sie geistliche Väter und Mütter der Kinder werden sollten.

Offenbar hat man im Spätmittelalter die Sicherheit etwas zu weit getrieben: Es genügte oft nicht, nur ein Götti oder eine Gotte zu haben. Man bot gleich mehrere auf. Deshalb beschlossen am 6. Mai 1555 die drei Orte Uri, Schwyz und Nidwalden in Brunnen, in ihren Untertanengebieten nicht mehr als fünf «Gevätterte» zuzulassen.[23] Luzern teilte den andern katholischen Orten mit, es habe ein Mandat erlassen, nach welchem für ein Kind nicht mehr als zwei Personen, nämlich eine Mann- und eine Weibsperson zu Gevatter gebeten werden dürfen.[24] Dass die Paten im Falle der Not Elternstelle vertreten mussten, war aus kirchlich-staatlicher Sicht eine weise Fürsorgemassnahme. Ob dieses Anliegen allerdings immer sehr ernst aufgefasst worden ist, wissen wir nicht genau. Im 16. Jahrhundert gab es jedenfalls verschiedene Pfarrer, die über siebzigmal einem Kind Pate gestanden hatten.[25] Um die Sicherheit zu gewährleisten, baten die Eltern immer wieder angesehene, reiche Leute um die Patenschaft. Um 1670 war der Walliser Bannerherr Melchior Werlen, einer der angesehensten Männer des Tales, siebzigmal Pate.[26] Die reiche Jungfrau Elisabeth Nägeli von Fluntern hatte im 18. Jahrhundert nicht weniger als 76 Patenkinder.[27]

267 Gotte und Hebamme im Festkleid des wohlhabenden Bürgertums der Stadt Zürich im 18. Jh. Stich von David Herrliberger.

Um die soziale Sicherheit zu unterstreichen, ordnete ein Zürcher Mandat von 1628 an, die Paten sollten mit dem Täufling nicht blutsverwandt sein. Diese Vorschrift scheint nicht eingehalten worden zu sein, denn 1664 wurden am Zürcher St. Peter für mindestens 15 Prozent aller Täuflinge Verwandte als Paten gewählt. Um 1704 waren es schon 28 Prozent, denen Verwandte Paten standen. Um 1800 war es nicht nur die Regel, sondern sogar Ehrensache, die nächsten Verwandten als Paten zu wählen.[28]

Am schwierigsten gestaltete sich die Patensuche für ledige Mütter. Im Jahre 1681 ereignete es sich, dass drei Männer die Gevatterschaft an einem unehelichen Kind ausgeschlagen hatten. Schliesslich musste ein Mann dazu gezwungen werden. Um 1732 sind im Taufregister von Stammheim folgende Sätze eingetragen worden: «Diese Dirn kam als Bättelmensch gen Schlattingen, heuschte Übernachtung und gebar über Nacht dies Kind und mussten die Gfaterleuth hierzu gezwungen werden. Jacob Schmid forster von Schlattingen (Gastgeber) und Adelheit Schmid obstetrix (die Hebamme, die zur Geburt gerufen worden war)».[29] Offenbar sind manchmal sehr junge Leute zum Patenamt aufgeboten worden. Jedenfalls gibt es Mandate mit Bestimmungen, «dass keine jungen Knaben und Töchterlein zu Gevatteren, die das Heilige Nachtmahl noch nicht empfangen habend, gewonnen werden sollen». Junge Taufzeugen sind auch examiniert worden. Das geschah um 1659 in Fehraltorf: «Weil diese Dorothe Probst noch ziemlich jung zu sein bedunkte, als welche erst im November die nötigen 16 Jahr ihres Alters erreichte, hab ich selbige für mich erforderet und sie examiniert... Weil sie nun auf alle Fragen mir richtig und zu meiner Beruhigung antworten konnte, hab ichs geschehen lassen, dass sie das Kind heben sollte.»[30]

Wie ernst das Patenamt einst genommen worden ist, zeigt ein Beispiel aus Basel. Im Mai 1531 wurde Pfarrer Bertschi vor den Rat beschieden. Angeklagt hatte ihn Heinrich Harnister, weil er ein Kind nicht hatte taufen wollen «wegen eines gottlosen Taufzeugen, den der Ankläger gestellt hatte, nämlich des Apothekers Caspar Marx auf dem Platz. Diesen hatte, wie ich glaube, die Kirche gebannt, und weil er die Versöhnung mit ihr verschob, war er aus der Stadt verwiesen worden.» Marx bekam den Auftrag, sich zu rechtfertigen. Das tat er auch. Der Rat aber beschloss, dass künftig kein Taufzeuge zugelassen werden soll, der nicht zum Tisch der Herrn gehe und dessen würdig sei.[31] Noch im gleichen Jahr beschloss der Basler Rat, «es solle kein Päpstler von den Unsern als Taufzeuge genommen werden, wenn er nicht zuvor auf Anfrage die Antwort gebe, er erhebe keinen Widerspruch gegen unsere Sakramente. Ob er uns als Christen anerkenne? Wenn er ja sagt, ist er zuzulassen, wenn er nein sagt, zurückzuweisen.» Wenn ein Protestant von einem Katholiken als Taufzeuge angefragt würde, hätte der Protestant zu erklären: «In bezug auf das Wesen bekämpfen wir ihre Taufe nicht, obschon wir so viele Zeremonien, die nichts mit der Einsetzung durch Christus zu tun hätten, missbilligen, wie wir auch ihren Glauben nur billigten, soweit er dem geschriebenen Wort Gottes entspreche.»[32]

Die Taufe galt als Sakrament, und es war da keineswegs zu spassen. Im Knonauer Amt spielte sich im Jahre 1559 nach einem Bericht aus den Synodalakten folgendes kleines Drama ab: Ein junger Vater von Rifferswil holte für sein neugeborenes Kind Paten vom Wädenswilerberg. Weil der Weg sehr lang war, kehrten sie in Kappel in einem Wirtshaus ein, um eine Suppe zu nehmen und etwas Wein zu trinken. Die Einkehr dauerte länger als vorgesehen, und dem Wein wurde ordentlich zugesprochen. Und so geschah es, dass die Paten den Vater missverstanden, als er ihnen auf die Frage nach dem Namen des Kindes «spöttlicherwys geantwortet: ‹Jakob›», obwohl es sich bei dem Neugeborenen um ein Mädchen handelte. Jedenfalls erhielt das Kind den falschen Namen. Als sie ernüchtert den Irrtum einsahen, wurde es ihnen angst und bang. Sie nahmen das Kind und eilten mit ihm zum Pfarrer. Dieser

268 Taufe zu St. Peter in Zürich im 18. Jh. Die Trachten zeigen, dass es sich um eine Familie der gehobeneren bürgerlichen Schicht handelt.

nannte nun das Kind Anna. Dieser Fall gab in der Synode viel zu reden. Schliesslich wurden Vater und Götti bestraft. Der Rifferswiler Fall ist aber eher atypisch. Im allgemeinen nahm das Volk die Taufe sehr ernst. In ihr erblickte man nicht nur den Akt der Aufnahme in die Christengemeinde, man glaubte auch, die Taufe sei heilsnotwendig, sie bedeute Sündenvergebung. Die Reformatoren bekämpften diese Auffassung: Die Taufe ist nicht Sündenvergebung, sondern ein Pflichtzeichen des Volkes Gottes. Weil die Christenkinder Gotteskinder sind, sollen sie dieses Zeichen erhalten. Der Glaube, das Wasser nehme dem Kind die Sünde ab, wird als Irrtum erklärt.[33] Johann Heinrich Heidegger schreibt 1694: «Nicht der heilige Tauff, sondern das Blut Jesu Christi reinigt die Menschen von aller Sünde, der heilige Tauff ist nicht mehr als ein göttliches willkürliches Zeichen und Pfand der allbereit geschehenen Reinigung durch das Blut Christi.»[34]

Die neue Tauflehre ist indessen zum Teil nur mit dem Intellekt erfasst worden. Das Volk hatte da seine eigenen Ansichten. Vor allem aber hielt es am Ritual fest. Und die protestantische Kirche sah das wohl ein. Am Ende des 16. Jahrhunderts setzt eine Regeneration des Taufritus ein. Die Hebammentaufen zum Beispiel werden verboten, die Taufhandlung hat in der Kirche, vor versammeltem Volk stattzufinden, und das Taufritual wird feierlicher. Einen Rückschlag brachte erst das 19. Jahrhundert: Nach der Schaffung des staatlichen Zivilstandswesens 1876 gingen die Kirchentaufen zurück; die Haustaufen nahmen zu. Heute spielt die Haustaufe praktisch keine Rolle mehr: «Das volkstümliche Bedürfnis nach sichtbarer kirchlicher Gemeinschaft macht sich geltend, und die Kirche muss diesem Bedürfnis folgen.»[35]

Initiationsriten

Um den Übergang zur politisch-rechtlichen sowie kirchlichen Mündigkeit zu kennzeichnen, haben unsere Vorfahren eine Reihe von Bräuchen und Riten eingeführt. Sie unterscheiden sich indessen wesentlich vom heutigen Brauchtum. Die Jungbürgerfeiern zum Beispiel, so wie wir sie heute kennen, gab es nicht. Dieser Übergangsbrauch entstand erst in den 40er Jahren des 20. Jahrhunderts. Damals gin-

gen einzelne Kantone und Gemeinden dazu über, «die angehenden Aktivbürger zu vereinigen und ihnen so den Eintritt in die neuen Pflichten und Rechte bewusst zu machen».[1] Die kirchlichen Übergangsrituale wie Firmung und Konfirmation sind wohl älter, in der jetzigen Ausgestaltung indessen kaum mehr mit den ursprünglichen Formen vergleichbar. Entstehung und Entwicklung all dieser Bräuche ist noch wenig erforscht, so dass wir uns mit einigen Andeutungen begnügen müssen.
Im alten Recht war die Beendigung des Eltern- und Kindsverhältnisses nach Eugen Huber an zwei einfache Momente geknüpft: «Der Vater erklärte den geschlechtsreif gewordenen Sohn mit irgend einer öffentlichen feierlichen Handlung für mündig, und damit war dieser in die Möglichkeit versetzt, sich der Hausgewalt des Vaters zu entziehen, oder wurde geradezu aus derselben entlassen.»[2] In welcher Form dies stattfand, wissen wir nicht. Bei den einfachen Verhältnissen der damaligen Zeit bestand nach Huber kein Bedürfnis, «den Zeitpunkt des Aufhörens der väterlichen Gewalt bei den unverheirateten Söhnen näher zu bestimmen». So kennt beispielsweise Basel nach den Rechtsquellen bis zum 16. Jahrhundert keinen bestimmten Termin der Mündigkeit. Und doch: Irgend einmal muss die politisch-rechtliche Mündigkeit eingetreten sein. Wann und wie erreichte man das Stimm- und Wahlrecht – sofern es dieses überhaupt gab? Zunächst haben wir daran zu denken, dass die Altersgrenze ganz allgemein tiefer angesetzt war als heute. Dies hängt mit der völlig anderen Altersstruktur zusammen, vorüber im Kapitel «Institutionen» näher berichtet wird. Offenbar wurde der Eintritt in die politische Mündigkeit in den einzelnen Regionen verschieden gehandhabt. So berichtet etwa der Schwyzer Chronist Hans Fründ, dass im Jahre 1440 am Sonntag nach Matthis an der Gemeindeversammlung alle Männer, die mehr als 16 Jahre alt waren, teilgenommen hätten.[3] Der Basler Henmann Offenburg berichtet, dass alle «Mannspersonen über 14 jar» am Kornmarkt erschienen seien, um den Bund zu beschwören. Der Schaffhauser Chronist Rüeger schreibt, dass der Papst Martin V. im Jahre 1418 «von allen Knaben, so 14-järig» empfangen worden sei.[4] Die «Knaben» bildeten in der alten Eidgenossenschaft nicht nur eine Altersklasse, deren Grenzen unscharf waren und von Region zu Region differierten, sondern auch eine eigene soziale Gruppe. Wie aus der Sozialanthropologie bekannt ist, haben die Menschen dieser Übergangsphase vom Kind zum Erwachsensein immer die Tendenz, sich dem gleichaltrigen Kreis zuzuwenden, sich gegen oben und unten scharf abzuschliessen. In den «primitiven» Völkern ist diese Tendenz besonders gut sichtbar. Hier wird die Aufnahme in die Gruppe und die Entlassung in die Welt der Ehemänner und Familienväter durch eindrückliche Übergangsriten symbolisiert.[5] Reste solcher Aufnahmeriten finden wir auch in der modernen Gesellschaft – man denke nur an die Verbindungen, an die Pfadfinder und andere Jugendgruppen. In den Knabenschaften der alten Eidgenossenschaft gab es zahlreiche Aufnahme- und Entlassungsriten. Der Neuling musste sich allerhand gefallen lassen; er musste sich symbolisch beugen, unterziehen, ja eigentliche, demütigende Quälereien über sich ergehen lassen. In Valens (Graubünden) wurde er mit Holzkohle geschwärzt und verschmiert. Ein anderes Ritual bestand darin, dass der «Schultheiss», das heisst der Meister der Gesellschaft, den Neueintretenden mit einer Kelle voll Glut (glühender Holzkohle) verfolgte, um ihm ein Brandmal aufzudrücken.[6] Dieser Bericht stammt aus dem 19. Jahrhundert. Der Brauch ist aber – wie unschwer nachzuweisen ist – viel älter. So liegt ein Zeugnis für einen ähnlichen Brauch aus dem 16. Jahrhundert vor. Es ist eine aus dem Jahre 1522 stammende bemalte Glasscheibe der Knabenschaft Dallenwil (Nidwalden). Auf dieser Scheibe ist im Mittelstück ein bärtiger Harnischmann abgebildet, er trägt zwei schwarze Kohlenstriche auf der Wange.[7] Zweifellos handelt es sich hier um ein symbolisches Zugehörigkeitszeichen, um ein Kennzeichen dafür, dass der Knabe in die Gesellschaft aufgenommen worden ist. Mit der Aufnahme trat der Knabe tatsächlich in völlig neue Verhältnisse ein.

269 Liebespfand aus dem 18. Jh. im Form eines Spruchband-Ostereies. In das Ei ist auf einer Spule aufgewickelt ein Pergamentbändchen mit Liebessprüchen. Es beginnt mit einer Dedikation: «Nim hin dies Ey zum Angedenken/ich will es Dir aus Lieb verschenken.»

Liebespaar. Holzschnitt von Hans Schönsperger, 1490.

Er wird gewissermassen seiner Unmündigkeit entrückt, er ist jetzt vollwertiges Mitglied einer von starkem Selbstbewusstsein durchdrungenen Gemeinschaft. Voller Stolz nennt er sich denn auch Chnab, Junggeselle, im Gegensatz zu der unreifen Jungmannschaft.[8] Initiationsrituale finden wir auch in den sogenannten «Äusseren Ständen», an manchen Orten auch «Unüberwindlicher Rat» genannt, die im 16. Jahrhundert auftreten.[9] So hatte etwa der Anwärter für den «Äusseren Stand» in Bern ein «zümblich spitzfindiges Examen» zu bestehen. Da waren ganz bestimmte Eidesformeln zu sprechen. Eine dieser Formeln lautete: «Alles, was die hochlobliche unüberwindliche Republik mir erfordern, wird ich getreulich halten und auch von demme, was ich sehen, hören, riechen und schmöcken wird, ein ewiges Stillschweigen halten und das so war der Schutzgott Bacchus mir helffet.» Sodann hatte der Neuling auch das «hohe Secret-Insigill mit gezimmender Ehrfurcht zu küssen».[10] Mit der Knabenschaft ist die Erlaubnis zum Wirtshausbesuch verbunden, zum Tanz und zur Liebschaft. Diese «Äusserungen der Männlichkeit», die einstmals zu den Rechten der Ledigen, der Knabenschaften gehörten, sind später auf die Konfirmation und Firmung übertragen worden, die schon durch den Übergang zur Kleidung der Erwachsenen, bei den Knaben meist die ersten langen Hosen, als volkstümlichen Übergangsbräuche gekennzeichnet sind.

Die Geschichte der Konfirmation ist kompliziert. Die alte Kirche kannte keine Konfirmation, hingegen die Firmung. Sie war ein selbständiges Sakrament, das vom Bischof vorgenommen werden musste. Mit geweihtem Salböl salbte er die Stirn des Kindes und sprach dazu die Worte: «Ich zeichne dich mit dem Zeichen des Kreuzes und bestärke (confirmo) dich mit dem Salböl des Heils, im Namen des Vaters und des Sohnes und des Heiligen Geistes.»[11] Der Sinn dieser Handlung bestand darin, dem heranwachsenden Menschen die Gabe des Heiligen Geistes zu verleihen. Mit der Firmung war immer ein kleines Fest verbunden. Der Firmpate oder die Firmpatin spendete ein Mittagessen, ausserdem gab es kleine Geschenke. Dieser Brauch ist trotz wiederholter Verbote in der alten Schweiz bis ins 18. Jahrhundert nachzuweisen. Weil ein Bischof oder sein Vertreter die Firmung vorzunehmen hatte, ist auch der Empfang jeweils feierlich gestaltet worden. Es sollen, so heisst es aus dem Jahre 1684 aus Sachseln, «beim Eintritt des Bischofes und beim Gesundheittrinken fünf Stücke losgebrannt werden». Es war zudem dafür gesorgt, dass auch das Volk auf seine Rechnung kam. An Jahrmarktständen sind Lebkuchen und Wein dargeboten worden.[12]

Die Reformatoren lehnten die Firmung ab. Diese Handlung sei nicht als Sakrament anzusehen, sagten sie. Was nach römisch-katholischer Lehre die Firmung leistet, stelle bereits die Taufe dar. Ein eigentliches Einsetzungswort Christi für die Firmung sei nicht vorhanden. An die Stelle der Firmung trat aber nicht, wie wir eigentlich erwarten würden, die Konfirmation, sondern der Katechismusunterricht. Dieser Katechismusunterricht ist nicht mit einer eigentlichen Feier abgeschlossen worden. Erst Erasmus von Rotterdam hat diese Anregung gemacht. Er empfahl, die öffentliche Neuerung des Taufbekenntnisses am Schluss des Unterrichtes durch eine feierliche Zeremonie auszugestalten. Es soll deutlich werden, dass diese Feier wichtiger ist als alle andern.[13] Ein weiterer Impuls ging vom Strassburger Reformator Bucer aus. Er setzte die Konfirmation ausdrücklich mit dem ersten Abendmahlsgang in Beziehung. Die weitere Entwicklung der Konfirmationsfeier ist recht eigenartig: Im 18. Jahrhundert zerfiel der Katechismusunterricht, obwohl es nicht an zahlreichen Vorschriften gefehlt hatte. Es war nicht möglich, das Volk bei dieser strengen Ordnung zu halten. Die Katechismusexamen wurden deshalb abgeschafft, und man baute den Admissionsunterricht zum Konfirmandenunterricht aus. Schliesslich schob man zwischen das Admissionsexamen und den ersten Abendmahlsgang als feierlichen Abschluss das bisher unbekannte Gebilde der Konfirmation. In der Alten

Eidgenossenschaft begann diese Entwicklung in den welschen Kantonen, sie griff aber bald auf den deutschsprachigen Landesteil über. Erstaunlich ist es, dass diese gottesdienstliche Konfirmationsfeier schon nach kurzer Zeit recht volkstümlich war. Offenbar entsprach sie dem allgemeinen Denken. Was im 19. Jahrhundert noch geändert wurde, war lediglich der äussere Rahmen und die Liturgie der Feier. So kam der Brauch auf, dass die Konfirmandinnen Schleier und besondere Hauben zu tragen hätten. Dabei scheint der Gedanke mitgespielt zu haben, dass sie bei der Konfirmation «als Bräute Christi» vor den Altar treten sollen.[14] Im 20. Jahrhundert ist dieser Brauch wieder verschwunden. Die Konfirmation ist ein schönes Beispiel dafür, wieviele Einflüsse und Anstösse kirchlicher und weltlicher Art einen solchen Übergangsbrauch verändern können.

Verlobung und Hochzeit

Verlobung und Hochzeit sind in ein reiches Netz von Bräuchen und traditionellen Verhaltensweisen verwoben. Selbst für die Liebeswerbung und Eheeinleitung gab es traditionelle Formen und Normen. Dazu gehört der Kiltgang oder das Gadensteigen, das z'Hengart ga. Dieser Brauch – wir sprechen hier, auch wenn diese Bezeichnung nicht für alle Regionen gilt, einfachheitshalber von Kiltgang – ist von der Kirche und den Obrigkeiten immer wieder aufs neue angegriffen worden; er hat sich trotzdem behauptet. Er gehört in der alten Schweiz in den festen Fahrplan, der vom Kennenlernen über die Verlobung bis hin zur Hochzeit führt. Wir wollen ihn anhand einiger Beispiele kennenlernen.

270

Im Jahre 1308 gab es, wie der Chronist Aegidius Tschudi berichtet, auf der Feste Sarnen eine Magd. Sie empfing in der Neujahrsnacht ihren Kiltgänger, ihren Geliebten. Dieser bestieg die Burg anhand eines heruntergelassenen Seils, mit ihm zogen aber gleich heimlich zwanzig «Pundtsgesellen», die dann gleich daran gingen, die Festung zu erobern.[1] Was uns hier interessiert, ist nicht die Eroberung der Burg, sondern jene des Herzens. Der Vorgang zeigt besonders hübsch die Verflechtung der Kiltbräuche mit den Vorgängen der Befreiungsgeschichte.

Kiltgänger gab es indessen schon in früher Zeit nicht nur auf der Landschaft, sondern auch in der Stadt. So drohte 1482 der Basler Rat den unverheirateten Personen, «die byeinander sitzen oder teglich Wandlung in Üppigkeit zesammen haben», an, dass Stadtknechte sie des Nachts aufgreifen und für eine Busse pfänden würden.[2] Nun wurde allerdings sexuelle Abstinenz junger Leute weder im Dorf noch in der Stadt erwartet. Hingegen gab es ganz bestimmte Normen; für deren Einhaltung war die Knabenschaft zuständig. Sie regelte, wer zu wem darf und wie oft. Sie hielt die Fremden fern, sie verhängte Sanktionen gegen Normenverstösse. In wahrhaft klassischer Weise hat Jeremias Gotthelf geschildert, wie sich das im einzelnen vollzog und wie wirksam die Sittenkontrolle der Knabenschaft war. Ein junger Schulmeister trifft Bäbeli, die nicht ganz unbescholtene Tochter einer Wirtin. Beide, sowohl die Mutter wie die Tochter, versuchen, den jungen, unerfahrenen Mann einzufangen, einzugarnen. «Und bald sass Bäbeli darauf auf meinem Schosse, trank aus meinem Glase, hielt mich über den Hals fest umschlungen und eben waren wir am besten am Müntschlen, als richtig das Müetti zur Türe ein kam und uns zurief: ‹So, so, das geyt lustig, cheut Ihr das o, Schuelmeister?› Bäbeli wollte aufschiessen und fort und ich hätte es gehen lassen, denn trotz dem Wein war ich doch verblüfft, aber die Mutter sagte: ‹Syt ume rüyhig, ih gange grad wieder...› Da blieb Bäbi... Man trank mir zu, Bäbeli lag mir um den Hals und hatte mir schon versprochen, dass ich bei ihm liegen könne... Da schlug es draussen an die Fenster wie ein Donnerschlag, klirrend stürzte ein ganzes Fensterkreuz in die Stube. Hintennach polterte ein schwerer Stock, und diesem nach sprangen ein paar Buben. Bäbeli war längst aufgesprungen, aber wie vom Donner gelähmt sass ich da und hörte zu, wie sie mich verhöhnten und sagten, das syg e luschtige Schuelmeister, der da gang ga Kylbi ha mit settig Hure und so ugschämt da hinger em Tisch schätzeli; mi chönn de tänke, was de nachegang, si heyge nid glaubt, dass ich sone Wüeschte sei, aber das sei dem ganzen Dorf eine Schande, und der Pfarrer müsse das nadisch auch wissen.»[3] Die Buben nahmen ihn unter die Arme, führten ihn dem Dorfe zu. «Weit tönte uns das Geschrei der Weiber nach.» Die Begleiter aber hielten ihm Galgenpredigten, fragten, ob «ich erst Kindbetti oder erst Hochzeit halten wolle, ob ich selbst der Vater oder ob ich ein Gekaufter sei». Er musste auch vernehmen, das Bäbi bereits schwanger sei, «also in eine Falle war ich getrappt oder vielmehr bis an den äussersten Rand nach allen Regeln der Kunst hineingesprengt». Hier hatte ihn also die Knabenschaft vor dem Schlimmsten bewahrt.

Die Knabenschaften regierten nicht immer unangefochten. Zwischen ihnen und den Eheleuten, den Hausvätern, von den Pfarrern und Priestern nicht zu reden, herrschte ein dauernder Kampf. So verholzte ein Hausvater die an den Gaden angelegte Leiter, um den Kiltgängern das Spiel zu verderben.[4] Allerdings sind es nicht allein die Knabenschaften, welche für die Normen eintreten: Strittige Fälle werden durchs «Volk» beurteilt. Dafür ein schönes Beispiel aus dem Baselbiet vom Jahre 1770. Eine frisch Verheiratete kommt sehr früh mit einem Kind nieder, das nicht vom Ehemann sein kann. Hat es als ehelich oder unehelich zu gelten? Die in den Fall verwickelten Parteien bejahen die eheliche Geburt. Die öffentliche Meinung im Dorf kommt dagegen zum Schluss, es sei unehelich, und das war dann auch das letzte Wort.[5]

Im allgemeinen duldeten die Eltern den Kiltgang. Im Plädoyer vor einem Ehegericht 1778 wurde ausgesagt, die Mutter habe wohl gemerkt, dass jemand bei der Tochter in der Kammer sei. Sie habe gefragt, was los sei. Die Tochter: «Joggi Buser ist es; er hat die Gaden bestiegen.» Und die Mutter gab sich mit dieser Antwort zufrieden. Am 4. Juni 1771 wird vor dem Basler Ehegericht ein anderer Fall besprochen. Die wesentlichen Punkte sind die folgenden: Der Bursche – ein Kiltgänger – kommt zum Mädchen. Der Meister hört etwas und fragt, wer da sei. Auf die Auskunft hin, es sei nur der Brosi Joggeli, ist er beruhigt und unternimmt nichts. Auch hier stillschweigendes Einverständnis mit den Kiltgängersitten. Die Akten der Ehegerichte zeigen überdies, dass eine konkrete Eheabsicht beim Kiltgang oder Gadensteigen nicht unbedingt erforderlich war. Der Knabe hatte lediglich zu versichern, dass im Falle einer Schwängerung geheiratet würde, damit die Frau nicht in Schande und Schaden gestürzt werde. Tatsächlich zwangen Knabenschaften zusammen mit der öffentlichen Meinung des Ortes «den letzten Kilter und Gadensteiger eines schwangeren Mädchens» zur Heirat. Weil es aber ehrenrührig war, erst unter Druck der öffentlichen Meinung zu heiraten, schritt der Mann meistens in seinem ureigenen Interesse zur Heirat, um dann die ihn erwartende Strafe als «früher Beischläfer» zu entrichten. Das Mädchen seinerseits trachtete danach, nicht als liederlich verschrien zu werden.[6] Dem ohne Zeugen abgegebenen Versprechen des Mannes folgte, sofern eine Heirat wirklich angestrebt wurde, alsbald das offizielle Versprechen. Der Mann trat dabei selber auf oder liess durch einen Freund ein Pfand überreichen. Oft gingen, wie das 1526 Hans Stockar von Schaffhausen schildert, eigentliche Verhandlungen mit dem Brautvater voraus.[7] Im Wallis war es in älterer Zeit Sitte, «schon in der Wiegen einandern zu versprechen».[8] Dies scheint aber eher selten gewesen zu sein. Zum Ehepfand kam oft noch ein Brief. So berichtet Hans Ardüser in seiner Selbstbiographie 1610, er habe der Braut «einen brief, hat einen goldenen Kragen (ist also verziert), geschrieben, sand schön gäld darin und geschrieben, si sölt es für eigen han im namen Gottes, so si mich welt zur ee».[9]

Die ganze Zeremonie des Versprechens geht aus den Ehegerichtsprotokollen von 1618 hervor. Am 1. Januar dieses Jahres erschienen vor dem Chorgericht von Velt-

270 Eheschliessung in einer Zürcher Kirche des 18. Jh. Bürgerliche Trauung im kleinsten Kreis.

heim Hans Jakob Müri und Vreni, eine Magd. Ein Zeuge schildert den Verlobungsvorgang: «Da trat Hans Jakob Müri zu Vereny. Er hat vier Nuss in der Hand ghan und gseit: ‹Vereny, wen du mich zur Eh wilt haben, so büt mir din Hand und nüm die Nuss!› Sie streckt die Linke dar. Er habe gsäit, nein so streck die rechte Hand. Sie streckte die rechte Hand und er liess zwo Nüs fallen und behalte allein zwo.»[10] Interessant ist auch, was die Zeugen in einem Prozess vor dem Zürcher Ehegericht 1525 aussagten. Es ging um den Verlobungsvorgang. Mädchen und Burschen sassen auf der Gutschen, also auf einem Sofa, beieinander, «hattend dieweil ir hend ineinanderen. Darauf wott er, dass man daruf trunke, das dett sie, die Elsi», worauf sie verlobt waren. Als Verlobungsversprechen genügte es auch, wenn man aus dem gleichen Teller ass oder aus dem gleichen Glas trank. Als Ehepfand galt auch das Taschentuch, galten Handschuhe, Messer, Gürtel, Gesangbücher, Ringe oder Geldstücke.[11] Bei der Übergabe dieses Pfandes hat der Mann eine Formel zu sprechen, aus der deutlich wird, dass das Pfand auf die Ehe hin gegeben wird. Ohne diese Formel ist das Pfand eine nette Gefälligkeit, mehr aber nicht.[12] Vor dem Eingehen eines rechtswirksamen Versprechens müssen die Eltern angefragt werden. Vor dem Basler Ehegericht drückte sich eine Frau 1795 so aus: Der Freier muss vor dem Eheversprechen seine und ihre Eltern um ihr Einverständnis fragen, wie es «einem braven Menschen zusteht».[13]

Vor der Heirat müssen die Verlobten immer wieder aufs neue beweisen, dass sie das Eheversprechen halten wollen. Dafür stehen eine ganze Reihe von symbolischen Handlungen zur Verfügung: Wein trinken, gemeinsame Spaziergänge. Auf «Lustbarkeiten» dürfen die Verlobten nur zusammen tanzen. Ein Ehegerichtsurteil von 1767 hält fest, dass die Versprochene auch mit andern getanzt habe. Das Versprechen habe deshalb nicht mehr gegolten.[14] Ein gültiges Versprechen zog da und dort die bindende Verpflichtung nach sich, innert acht Wochen zu heiraten.[15] Eine Begründung hiezu finden wir in Heinrich Bullingers Abhandlung «Der christliche Ehestand»: Nach getroffener Eheabrede soll man mit dem Kirchgang (Hochzeit) nicht lange zögern, damit der Feind nicht Gelegenheit finde, Samen darin zu säen.[16]

271 Der Kiltgang wird von den Knabenschaften überwacht. Ein unerwünschter Kiltgänger «fällt» in den Güllenwagen. Hinkender Bott von Bern 1820.

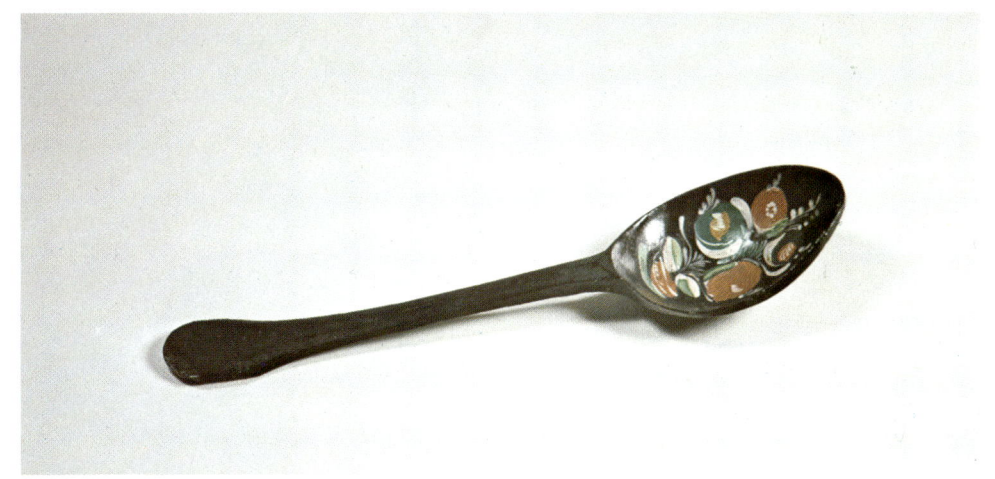

272 Brautlöffel. (18. Jh.) Als Geschenk, manchmal auch als Ehepfand, übergab der Bräutigam seiner Braut vor der Hochzeit einen bemalten Löffel. An der Hochzeit selber war es da und dort Sitte, mit dem gleichen Löffel zu essen, aus dem gleichen Glas zu trinken. Auf diese Weise erhielt man «den gleichen Geist». Ob man dazu allerdings einen bemalten Löffel gebraucht hat, scheint eher fraglich. Er war wohl mehr Symbol der Liebe; er ist von der Braut dankbar bewahrt worden.

Nach dem Eheversprechen folgte das öffentliche Aufgebot: Es soll, so heisst es am 27. August 1532, «niemand nimmer eingesegnet werden, ehe er am Sonntag in der Pfarrkirche darin sie gesessen, öffentlich ab der Kanzel verkündiget haben, und die Personen sich ausrufen lassen».[17] Noch deutlicher als bei der Verlobung – die durch Rückgabe des Pfandes wieder rückgängig gemacht werden konnte – mussten die Partner empfinden, dass bei der Verkündung etwas völlig Neues geschieht. Einmal kommt es zu einer damals als unauflöslich empfundenen Bindung zweier Menschen – Scheidungen waren äusserst seltene Ausnahmeerscheinungen –, sodann traten weit über das Individuelle hinausreichende rechtliche und verwandtschaftliche Bindungen in Kraft. In all den Ritualen und Bräuchen am Hochzeitsfest spielt deshalb nicht nur die neue Bindung, sondern auch der Abschied vom alten Leben eine Rolle. Gefeiert wird nicht nur das neue Leben, sondern auch der Abschied von der Jugend, von der Gruppe der Ledigen, der Knabenschaft und für die Braut von der Familie.[18] So vielfältig das Brauchtum auch ist – es schälen sich dennoch einige allgemeine Kennzeichen heraus. Vielerorts wird die Braut zu Hause von Freundinnen geschmückt, dann muss sie weinend von der Mutter, da und dort auch vom Herd und Grab der Ahnen Abschied nehmen. Die Lösung der Braut aus der Gruppe der Ledigen und der Aufsicht der Knabenschaft aber kostete Geld. Der Bräutigam hatte den Auskauf, auch Haus- oder Ausstand genannt, zu berappen, der Knabenschaft ein Mahl zu stiften. Die Trauung selbst fand nach mittelalterlicher Sitte vor der Kirchentüre statt, in der Kirche selber wurde nur der Brautsegen erteilt. «Vor de Chile isch e Tritt, wome de Liebi zämme git.» Braut und Bräutigam haben bei der Trauung so nahe zusammenzurücken, dass man nicht dazwischen durchsehen kann, der Teufel könnte sonst zwischen sie treten.[19]

Hochzeiten konnten Tage, wenn nicht Wochen dauern. Der Schaffhauser Chronist Stockar klagt 1526, dass ihn das Fest mit allen Unkosten ein halbes Vermögen gekostet habe.[20] Felix Platter, der in Basel 1557 sein eigenes, grosses Hochzeitsfest beging, konnte ein ähnliches Liedlein singen. Hier seine Schilderung: Zunächst ging der Hochzeitszug in des «Schwechers» Haus. Der Bräutigam (nicht nur die Braut) trug auf dem Barett ein Kränzlein mit Beeren und Blumen. Nach der Predigt im Münster gab er der Braut einen Ring. Am nachfolgenden Mahl nahmen nicht weniger als 150 Personen teil. Zwischen Mittag- und Nachtessen wurde getanzt. Zum Nachtmahl trug man auf: «Voressen von heuner mäglin, kreglin, suppen fleisch, heuner, gsotten karpfen, wildbrätpfeffer, fischgalleren (Sulz), kiechlin.» Nach dem Essen verbarg sich Platter «in des Vaters Stübli», wohin ihm seine Braut gebracht wurde. Sie weinte sehr, «dass ich meint sy wurde sich noch gar verweinen». Doch kamen «etlich wiber der iren zuo ir, dröstent sy; denen gab ich von einem claret» (Gewürzwein). Platters Vater erschien, um zu sagen, dass die Knabenschaft ihn suche, er solle sich mit der Braut verbergen. Die zwei versteckten sich an einem Ort, wohin der «purs», die Burschenschaft, Knabenschaft, nicht hinkommen konnte.[21] Weshalb sich die beiden derart abschirmten, vernehmen wir von Bullinger: «Wenn die jungen Eheleute müde und verstört wegkommen, ziehen erst unzüchtige und unruhige Buben vor das Brautgemach und singen unzüchtige wüste Lieder.»[22]

Der Holländer Brackenhoffer schildert 1643 eine Zürcher Hochzeit: «Der Bräutigam und die Braut versammeln sich jeder in seinem Haus, mit ihrer Gesellschaft; dann begibt sich der Bräutigam mit den Seinen zum Wohnhaus der Braut, von wo der Festzug zur Kirche aufbricht. An der Spitze gehen die Ehrenjünglinge und Jungfrauen, dann der Bräutigam, der einen Kranz auf seiner Mütze trägt, begleitet von dem Mann, der den höchsten Rang innehat, und der Hochzeitsgesellschaft. Darauf folgen je zwei und zwei zusammen die übrigen Männer, nach ihnen kommen die jungen Mädchen, geschmückt mit kleinen, bestickten Bändern und die am höchsten gestellten gehen gleichfalls zuhinterst. Am Schluss geht die Braut und hinter ihr die verheirateten Frauen.»[23]

Brackenhoffer hat, wie bei einem Fremden nicht anders zu erwarten ist, nur als Zuschauer auf der Strasse teilgenommen. Um 1736 aber konnte ein Franzose, der Verfasser der «Voyages historiques et politiques», als geladener Gast an einer Zürcher Hochzeit teilnehmen. Kaum war er in seinem Gasthaus eingekehrt, kam der «Hochzeitsbitter» und lud ihn in aller Form zu dem Fest ein, wobei er ihm, wie es Sitte war, ein sehr schönes Taschentuch aus Mousseline und ein Filigransträusschen überreichte; eine Geste, die der Autor sehr galant fand. Er schildert hierauf das Essen. Zwischen den einzelnen Gängen sind Pausen eingeschoben worden, während derer die Gäste tanzten. Er beschreibt ausserdem das bekannte «Bhaltis», ein Geschenk, das man mitnehmen durfte. Bei Hochzeiten pflegten Nichteingeladene ihren eingeladenen Freunden und Verwandten scherzhafte Geschenke zu schicken, meist begleitet von einem witzigen Vers. Es gehörte zur vergnüglichen Abwechslung, die Verse vorzulesen, die Geschenke auszupacken und den Absender zu erraten, da die «Ürten» selbstverständlich ohne Angabe der Herkunft verteilt wurden. Dieser Hochzeitsbrauch hat sich bis in unsere Zeit erhalten.[24] Weitverbreitet war das Schuhstehlen: «Zwei Burschen stellen sich während des Essens unauffällig so, als ob sie etwas fallen gelassen hätten. Sie bücken sich und benützen die Gelegenheit, um unter dem Tisch hinweg der Braut einen Schuh zu stehlen. Der Brautführer, dessen Aufgabe es gewesen wäre, diesen Raub zu verhindern, muss ihn mit Geld wieder loskaufen.» Oft versuchten einige Spassvögel, die Braut selber zu stehlen. Sie führten sie in ein benachbartes Wirtshaus, wo sie der Bräutigam gegen ein saftiges Lösegeld abzuholen hatte.[25]

273 Trauung im 16. Jh. Der Priester legt die Hände von Braut und Bräutigam ineinander. Beide haben Kränze auf dem Kopf. Aus einem St. Galler Codex.

274

Die Schilderungen, über die wir verfügen, betreffen fast immer Hochzeiten in begüterten Kreisen, darunter auch solche von Magistraten. Erstaunlicherweise haben die gleichen Leute in zahllosen Mandaten die Hochzeitsfeiern einzuschränken versucht. Und dies längst vor der Reformation. Schon im Zürcher Richtebrief aus dem 14. Jahrhundert wird die erlaubte Zahl von Gästen, wird die Musik, die Brautgabe festgelegt. Es sollten nicht mehr als drei Mahlzeiten gehalten werden.[26] Ein Zürcher Mandat vom 18. November 1488 bestimmt, dass Hochzeiten nicht mehr als einen Tag dauern dürfen. Als Hochzeitsgäste dürfen nur Angehörige und Mitglieder der eigenen Zunft eingeladen werden. Nur die nächsten Freunde dürfen Geschenke mitbringen, und sie dürfen einen Wert von fünf Schillingen nicht übersteigen. Auch die Luzerner Obrigkeit schränkt 1471 die Hochzeitsgeschenke ein.[27]

Den Reformatoren waren üppige Verlobungs- und Hochzeitsfeste besonders zuwider. In heiligem Zorn geisselt Bullinger «das Gewühl und Gespiess an der Verlobung». Um 1553 wird verordnet, die Hochzeit habe im eigenen Haus stattzufinden, eine Ausnahme war nur den Gesellschaften und Zünftern zugebilligt.[28] Die Kirchenordnung für die Basler Landschaft bestimmt 1619, «dass der Hochzeiter und sein Gesponst den Gästen fürderhin keine Morgensuppen weiters geben, desgleichen mehr nicht als vier Tisch mit Gästen oder von jedem Tisch, so über jetzt bestimmte Anzahl beruffen wird, ein Pfund Geldts zur Straf bezahlen».[29]

Um 1640 wird das Hochzeitsessen in Zürich bis in alle Einzelheiten festgelegt. Zum Voressen gab es eine Pastete, zwei Schüsseln warme und zwei Schüsseln kalte Suppe, ein gesottenes Huhn, eine geräucherte Wurst, ein Stück Geräuchertes, ein Stück Rindfleisch, eine Platte Reis oder eine Platte Krauträben, ein halber Kopf und Krös. Es folgte das Gebratene, zwei Braten, zwei Paar Hähnchen, ein Paar Tauben, ein Paar Bratwürste oder Spiessli, ein halber Schlauchbraten oder die Hälfte eines Hasen, zwei Schüsseln Randen oder Birnen, zwei Schüsseln Zwetschgen, und die Gäste assen

274 Ländliches Fest. Aquarell von W.A. Töpffer um 1800. Der Maler hat in Genf und Umgebung die Freuden einfachen ländlichen Lebens entdeckt und in heiter-duftigen Farben dargestellt.

selbstverständlich diese Speisefolge nicht von A bis Z durch. Vielmehr lasen sie die ihnen zusagenden Speisen aus, ähnlich wie das in neuerer Zeit mit der schwedischen Platte zu geschehen pflegte.[30]

Was den ausländischen Beobachtern schweizerischer Hochzeitsfeste auffiel, war indessen nicht allein das üppige Essen. In seiner bereits erwähnten «Voyage historique et politique» von 1736 schreibt der sehr genau beobachtende Franzose, er habe an diesem Fest sehr gut tanzen sehen. Überhaupt habe er «nichts ‹Schweizerisches› gefunden, insofern man diesem Wort einen abschätzigen Beiklang gebe, wie dies viele törichte Leute täten; vielmehr habe er viel ‹Gut Französisches› daran gefunden, ‹et plus du François, du délicat et du fin›.»[31] Das ist wahrhaft ein nobles Zeugnis für die Lebensart, für die Kunst, ein Fest richtig zu feiern; für einen gekonnten «Rite de passage».

Sterberitual und Totenbrauch

Zuverlässige Sterbeziffern für die Zeit zwischen 1500 und 1800 zu bekommen, ist wie Markus Mattmüller, der grosse Kenner der schweizerischen Demographie bemerkt, nicht leicht. Für das 16. Jahrhundert konnte er einzig für Liestal eine Sterbeziffer beibringen. Sie beträgt für das Jahr 1585 nicht weniger als 45,7 Promille. Er rechnet für Basel, Liestal und einigen Zürcher Kirchgemeinden fürs 16. Jahrhundert mit Sterbeziffern von über 45 Promille, fürs frühe 17. Jahrhundert 40–45 Promille, für das ausgehende 17. Jahrhundert mit Zahlen die deutlich unter 40 Promille liegen. Im 19. Jahrhundert sank die Sterbeziffer auf 23,3 (1836–1900). Heute rechnet man mit 8,8 Promille. Die Sterbeziffer hat sich also seit dem 17. Jahrhundert auf weniger als einen Drittel reduziert. In der frühen Neuzeit war also die Sterblichkeit ausserordentlich hoch:» Der Tod griff früher und häufiger ins Leben der Menschen ein als heute.»[1]

Um den Übergang vom Leben in den Tod und ins Jenseits zu erleichtern, schufen unsere Vorfahren zahlreiche Sterberituale und Verhaltensregeln. Sie bilden Teil eines grösseren Brauchkomplexes, des Totenbrauchtums. Zu ihm gehören auch das Memento-mori-Brauchtum, die Bräuche um die Beerdigung und schliesslich das Gedächtnisbrauchtum.[2] Alle diese Bräuche sind eingebettet in religiöse Anschauungen und in das soziale, wirtschaftliche und gesellschaftliche Gefüge jener Zeit. Das Totenbrauchtum der alten Schweiz ist nur teilweise erforscht. Heute aber schon steht fest, dass es im Leben unseres Volkes eine zentrale Bedeutung hatte. In älterer Zeit scheint es einen eigentlichen Totenkult gegeben zu haben. Giovanni Francesco Bonhomini, weitgereister Nuntius, schreibt 1570, bei den alten Eidgenossen äussere sich die Frömmigkeit in einer Fürsorge für Verstorbene, die ohne Beispiel sei. Man finde etwas Ähnliches in keinem Land, nicht einmal in Italien. Hier in den fünf Orten der Eidgenossenschaft verehre man die Toten in ganz besonderer Weise. Dabei sei es nicht die Kirche, die den Anstoss zu diesem Kult gebe. Die Eidgenossen fänden am Gebrauch der Sakramente keinen rechten Gusto, keinen Geschmack.[3] Wie weit der päpstliche Nuntius richtig sah, können wir nicht beurteilen. Sicher ist, dass sich das Gefühl, mit dem Reich der Toten, der Ahnen verbunden zu sein, in vielen Formen äusserte. Da ist zunächst einmal an die Blutrache zu erinnern. Bei diesem höchst merkwürdigen Brauch wird begangener Totschlag und sonstige schwere Unbill am Täter mit Tötung vergolten. Der Antrieb gründet im Glauben, dass die Verstorbenen in den Gräbern so lange keine Ruhe finden können, bis ihr Tod an den Mördern rächende Vergeltung gefunden hat. Dass die Blutrache in den Freiheitskriegen der alten Eidgenossenschaft eine besondere Bedeutung hatte, ist von H.G. Wackernagel, aber auch vom österreichischen Volkskundler R. Wolfram erneut betont worden. Darauf können wir hier nicht eintreten.

275 Der Ritter und die dankbaren Toten. Schweiz, 1. Hälfte 16. Jh. Das Motiv erscheint sowohl im Bild wie in den Sagen und Märchen. Tote treten, wenn sie darum gebeten werden, zur Verteidigung von Lebenden auf. Das gleiche Motiv erscheint auch in der Chronistik: Eine Glarnerin eilte, als sie glaubte von der Obrigkeit verraten worden zu sein, auf den Friedhof, um die Toten zur Rache aufzurufen.

Dafür wollen wir unser Interesse einer kleinen Episode zuwenden, die für unser Thema besonders aufschlussreich ist. Im Herbst des Jahres 1521 zog Kardinal Matthäus Schiner mit einem Heer von über 10 000 Mann (es waren hauptsächlich Innerschweizer und Walliser) gegen die französische Krone zu Felde. Die eidgenössischen Truppen gelangten auf dem Marsche durch die Lombardei nach Marignano, wo sie sechs Jahre zuvor nach erbitterter Schlacht geschlagen worden waren. Da hielt der Kardinal eine denkwürdige Rede. Er zeigte den versammelten Kriegern zuerst die gebleichten Schädel und Gebeine der gefallenen Eidgenossen, die seit sechs Jahren auf dem Kampffeld unbestattet herumlagen und, nach altem Glauben, so die ewige Ruhe noch nicht gefunden hatten. Und dann sagte er: Jetzt ist es eure Pflicht, für diese noch unbegrabenen Verwandten an den Franzosen Rache zu nehmen (di fare vendetta). Nun muss der Krieg gegen die Franzosen mit erneuter Wucht fortgesetzt werden. Tatsächlich, der hier so predigte, kannte seine Landsleute.[4]

Sowohl bei der Blutrache wie bei der kultischen Ehrung der Toten geht es um Verstorbene, und es bestehen deshalb bestimmte innere Zusammenhänge. Schwieriger wird es aber, wenn wir erkennen, dass die in der alten Schweiz üblichen Wettkämpfe und Kampfspiele ebenfalls dem Bereich des Toten- und Ahnenkultes zugeordnet werden müssen. Verschiedene Chronisten bezeugen, dass diese Wettspiele oft in der Nähe von Gottesäckern, von Friedhöfen und an Tagen abgehalten worden sind, an welchen man die Toten kultisch verehrte.[5] Schon um 1330 verbot der Luzerner Rat das Schiessen, Turnieren sowie Steinstossen auf den Kirchhöfen.[6] Ein schönes Beispiel bietet die Totenhalde bei St. Wolfgang-Hünenberg, Kanton Zug. Beim Beinhaus der einstigen Gefallenen der Schlacht von Weihnachten 1388 errichteten Burschen und junge Krieger, darunter befanden sich auffallend viele Reisläufer, ein Gesellenhaus. Dort massen sie ihre Kräfte, feierten Fasnacht, gedachten der Toten von 1388 und kamen auch zu Beratungen zusammen. Das wusste sogar der französische König; als er einmal Truppen haben wollte, schrieb er an die Hauptleute dieser Krieger der Totenhalde von St. Wolfgang und bekam denn auch ein stattliches Kontingent. Hier haben wir nun wirklich alle Elemente schön beisammen, die Schlachtfeiern, das Beinhaus (Gottesacker), den Krieg und den Totenkult.[7]

Aus den Quellen, vor allem aus den Chroniken dieser Zeiten tritt uns eine weitere Eigenschaft der alteidgenössischen Krieger entgegen. Es ist die oft bezeugte, blinde, todesverachtende Kampfeseinstellung, ja Kampfeswut. Der Chronist Aegidius Tschudi berichtet, sich auf mündliche und echte Tradition stützend, dass die Kriegsknechte im Jahre 1444 in der Schlacht bei St. Jakob «toubig», wütend, rasend gewesen seien. Der venezianische Gesandte Correro sagt sogar, die Innerschweizer – es ging um den Rückzug bei Meaux im Oktober 1567 – seien ihm vorgekommen wie cani arrabiati, wie wütende Hunde. Auf den ersten Blick scheint diese Bemerkung etwas hart zu sein, aber wenn wir hören, dass zu Beginn des 15. Jahrhunderts im Wallis sich die Krieger in einer «Gesellschaft vom Hund» zusammenschlossen, verstehen wir die Bemerkung des Italieners. Der Genfer Rat sprach zwar nicht von tollen Hunden, als er davon Kenntnis nahm, dass man die jugendlichen Saubannerleute vor der Stadt noch aufhalten müsse, sondern von einem furor Alemannorum.[8]

Die bis zur Raserei gesteigerte Tapferkeit geht mit eigentlichen Todesgedanken und Totenbräuchen Hand in Hand. Unmittelbar vor Kampfesbeginn bei Marignano nahm der Zuger Ammann Werner Steiner «dry schollen erd us dem erdrich» und warf sie über die Köpfe seiner Krieger und sagte: «Das ist im namen des vaters, sohns und heiligen geists; das soll unser kilchkopf sin, frommen, lieben Eydtgenossen.» Dann forderte er seine Leute auf, niederzuknien und fünf Vaterunser und das Ave Maria mit «zertanen», ausgebreiteten, Händen zu sprechen.[9] Unschwer ist hier eine gewisse Ähnlichkeit mit dem Begräbnisritual zu erkennen, ja vielleicht handelt es sich um noch ältere, unheimliche, geheimnisvolle Zaubersprüche.

Ehepaar in der Stube. Die Frau am Spinnrocken, der Mann schlafenderweise am Tisch. Holzschnitt von Hans Schönsperger, 1490.

Das Bewusstsein, mit dem Reich der Toten, der Ahnen verbunden zu sein, trat nicht nur im Krieg, sondern auch im Zivilleben in Erscheinung. Wie ernst die alten Eidgenossen ihre religiösen Pflichten nahmen, erhellt das Beispiel der Schächentaler. Diese klagten um 1290 dem Bischof von Konstanz, dass sie im Winter oft nicht in die Pfarrkirche von Bürglen kommen könnten. Vor allem aber blieben auch die Sterbenden immer wieder ohne Abendmahl und ohne letzte Ölung. Der Bischof liess die Angelegenheit untersuchen. Als er keine baldige Hilfe in Aussicht stellte, griffen die Schächentaler zur Selbsthilfe. Die angesehensten Bürger des Tales stellten sich als Bürgen; einige Grundeigentümer gaben das Land für den Kirchbau und den Friedhof. Die Kosten für den Bau selber übernahmen die Schächentaler. Für die gewiss nicht reichen Bergbauern waren keine Opfer zu gross, um ihr Seelenheil zu retten.[10] Die alte Kirche als Institution selbst entsprach im allgemeinen nach Möglichkeit den Wünschen des Volkes. Zunächst setzt sie das Mittel der Volkspredigt ein. Unermüdlich mahnen die Prediger den Menschen, sein Ende zu bedenken. Schon im Leben hat man sich entsprechend zu verhalten. Die Sünden werden grausig ausgemalt: «Stets beschworen sie vor zerknirschten Seelen die Schrecknisse des ewigen Todes.» Die höchste, schwerste Strafe ist, vor Gottes Antlitz verbannt zu werden. Um den Wettstreit zwischen Gut und Böse bestehen zu können, muss man die angebotenen Hilfen der Kirche annehmen. Legate unter anderem sind bewährte Mittel: «pro remedio et salute animae». Auch Almosen sollen gespendet werden; sie verschaffen himmlische Gnade. Die Kirche übernimmt sodann die Ausrichtung von Seelengaben aus dem Nachlass des Verstorbenen. Für den Verblichenen sollen dreissig Messen abgehalten werden. Der Sterbende soll sich jederzeit des qualvollen Todes Christi am Kreuz bewusst sein. Er soll auch rechtzeitig den Priester rufen, damit er die Sterbesakramente empfangen kann. Das «allerheiligst Sacrament soll zu dem Kranken mit Liechteren, Fenen (Fahnen) und Laternen auch mit dem Himmel getragen werden mit so viel Waxkerzen und grössere prozession alls möglich begleitet sein». So wird 1580 aus Luzern berichtet. «Versehgänge» sind aber auch aus allen andern Regionen der alten Schweiz überliefert. Der Priester hat den Kranken zu salben, dem Sterbenden die Beichte abzunehmen; darauf erhält dieser die Kommunion. Die letzte Reise soll «mit der Eucharestie im Mund und Herzen angetreten werden».[11] Beim Sterbenden hat man Kerzen angezündet. Entscheidende Bedeutung hatte sodann das Weihwasser. Ein St. Galler Codex aus dem 15. Jahrhundert umschreibt es folgendermassen: «Der erst nutz ist, daz der mensch hat drissig tag applas als das er es nymt.

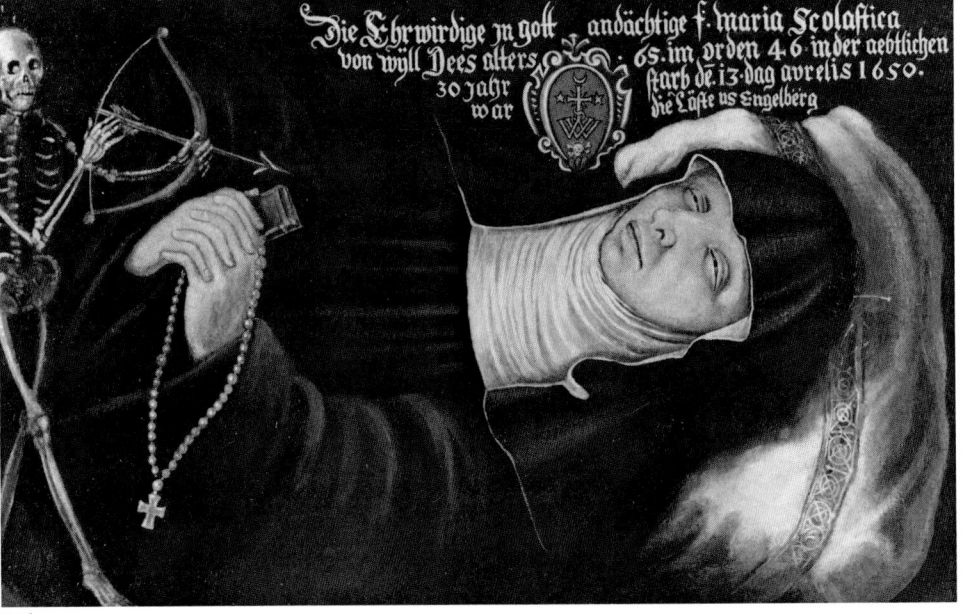

276 Die Äbtissin von Wyll auf dem Totenbett. Sie ist in den Ordenshabit der Benediktinerinnen gekleidet. Von links tritt der Tod heran und legt den Pfeil auf den Bogen. (Um 1650.)

Der ander nutz ist, daz es den gegenwärtigen gebresten des menschen senftet. Der dritt ist, daz es den menschen behutet vor kunftigen siechtagen an lib und sel. Der vierd nutz ist, daz es menschen senftet gegen wustigen anvechtungen. Der fünft nutz, daz es die tufel vertribt als ain fur in schos. Der sechst nutz ist, daz es din pyn und marter in dem fegfur nymot. Der sybent nutz ist, wo man es versmachet, so trinct dem menschen der teufel in sel und in den lib. Der achte nutz ist, wen man es versmachet, daz tut der sel vil wirs denn dem lib ain tod. Der nünde nutz ist, daz alle selen in dem fegfur davon getrost werden. Der zehend nutz ist, daz es dem menschen gesuntheit bringt an sel und an lipp.»[12]

Am Sterbebett beten nicht nur die Priester, sondern auch die Angehörigen. Die Heiligenlitanei beginnt mit dem Kyrie und den Invokationen. Nach dem Namen der Heiligen folgt das «Miserere ei», das «Ora pro eo», «Libera eum». Angerufen werden die Sterbepatrone wie Erzengel Michael, die heilige Barbara, der heilige Christophorus (an die Christophorus-Verehrung erinnern ja ausserdem viele Kolossaldarstellungen an schweizerischen Kirchen und Kirchtürmen). Ist der Tod erfolgt, so werden dem Toten die Augen geschlossen – mit offenen Augen könnte der Tote einen Lebenden nachziehen. Hierauf werden die Verwandten benachrichtigt. Der Leichnam wird gewaschen, um ihn auf das saubere Erscheinen im Jenseits vorzubereiten. Schon im Spätmittelalter wird bei der Leiche gewacht und gebetet, aber auch getrunken und gesungen. Dieser Brauch ist allerdings von der Kirche immer bekämpft worden. Anders das Glocken- und Sterbensgeläute; es fordert zum Beten wie zur Totenverehrung auf; es dient aber auch, und damit war die Kirche allerdings wieder nicht einverstanden, der Abwehr von bösen Geistern und Dämonen.

Die Totenbräuche waren für die Reformatoren ein Greuel. Die Zürcher schafften nach dem Zeugnis des Chronisten Edlibach schon bald einmal «alle grepten sibenten drissig und jarzit und das lüten der lichen» ab.[13] Und der Berner Rat gebot, zu einer «klagbaren lich nit me denn ein Pfund zu geben». In St. Gallen sind ähnlich wie in Zürich «alle grabstein ab dem Kirchhof» geführt worden. Die Berner verboten ausserdem die Grabspenden sowie die grossen Leidkappen.[14]

Was aber empfand das Volk? Wie erlebte es das Sterben und wie war seine Einstellung zum Tod? Der im 16. Jahrhundert lebende Stadtapotheker Renward Cysat gibt

277 Porträt auf dem Totenbett von Jost Knab. Kaspar Meglinger zugeschrieben, 1658, Hofkirche Luzern. Der berühmte Propst des Stiftes ist mit den Insignien seiner Ämter aufgebahrt. Neben ihm das Kruzifix.

Auskunft. Er berichtet getreulich über die Vorstellungen des «gemeinen Volkes» oder, wie er es nannte, des «Pöffels». Er meinte damit die einfache, ungebildete Bevölkerung; ein abschätziges Werturteil lag ihm fern. Er berief sich immer dann gern auf die Meinung des Volkes, wenn er selber vor einem Rätsel stand, eine seltsame Erscheinung nicht deuten konnte, aber doch geneigt war, an deren Realität zu glauben. Das gilt für das Sterben und das Totenbrauchtum. Zunächst befasste er sich mit dem Glauben an das wütende Heer: «Es gehen nachts seltsame Gespenste um; der gemeine Pöffel spricht von gouttinsheer oder auch von den säligen Lüt.» Cysat korrigiert: Es muss richtigerweise «wouttinsheer» heissen. Denn da ist Wotan im Spiel. Es handelt sich, so Cysat, um nichts anderes als um die Seelen verstorbener Menschen, «die vor der rechten Zit und Stund, die ihnen zu dem End ihres Lebens gesetzt, verscheiden und nit des rechten natürlichen Tods gestorben wärend». Nach ihrem Tod müssen sie auf Erden wandeln, «bis sie dieselbige Stund nachmalen erreichen und also in prozessionswis miteinander umherzyhen von einem ort zum andern». Vor dem Prozessionszug geht meistens einer, der ruft: «Ab weg, ab weg, es kommen die Säligen». Er hat das im Jahre 1568 erzählen hören, und zwar haben ihm die Leute mitgeteilt, dass sie selber mit den Seligen gewandelt seien. Die Seligen haben sie auch in ihren Häusern besucht.[15]

Der Glaube an die permanente unsichtbare Anwesenheit der armen Seelen und der Toten im Bereich der Lebenden war überall vorhanden, und er hat allen Bemühungen der Reformatoren trotzend bis in die beginnende Neuzeit kaum etwas an Stärke eingebüsst. Die alten Leute wussten aber, wie man mit den armen Seelen, mit den Toten umzugehen hatte. Ein frommer Wunsch genügt manchmal schon, ein Helf-Dir-Gott gegenüber der armen Seele, die sich zu erkennen gibt. Man soll mit einem «Vergelt's Gott» danken, wenn man sie hört oder wenn man mit ihnen spricht, denn die armen Seelen erwarten das. Der Glaube geht tief in mittelalterliche Schichten des Arme-Seelen-Glaubens zurück[16]. Ein merkwürdiger Widerspruch liegt in diesen alten Volksvorstellungen: Auf der einen Seite fühlt man sich mit den verstorbenen Angehörigen eng verbunden. Man weiss, dass man über kurz oder lang zu dieser Schar gehören könnte. Anderseits fürchtet man sich vor einer Begegnung. Man glaubt, dass die armen Seelen auf unsere Hilfe angewiesen sind und jedes Gebet, jede Messe hoch belohnen. Man spricht denn auch die Toten im Gespräch mit Du an. Diesem beinahe freundschaftlich-verwandtschaftlichen Verhältnis gegenüber steht die allgemein verbreitete Angst vor jeder Begegnung mit den Toten. Sie helfen zwar, wenn sie zurückkommen, eine Zeitlang bei der Verrichtung der täglichen Arbeit mit. Aber da ist Vorsicht geboten. Nach einer alten Walliser Erzählung hilft die Frau ihrem Mann beim Wässern oder besorgt ihre Kinder; der verstorbene Vater entführt sein Kind zwei Tage weit in eine Alp oder warnt den missratenen Sohn energisch zurück auf die rechte Lebensbahn. Aber solche Begegnungen sind, wie wir aus vielen Sagen des älteren Typs wissen, gefährlich. Wer sich da einlässt, kann in einer einzigen Nacht weisse Haare bekommen.

Gerne hätte man gewusst, wie es eigentlich dort drüben im Jenseits sei. Zwei Walliser Frauen trafen deshalb folgende Abmachungen: Wer früher stirbt, soll zurückkommen und vom Jenseits berichten. Nun stirbt tatsächlich die eine. Die Tote kommt und sagt: «Was du mit dieser Abmachung zum Schaden gewesen bist, das wissen ich und der Herrgott». Ein anderer Toter sagte: «Ich habe es erfahren, und du wirst es auch erfahren.» Oder «Es ist alles ganz anders, als man sich das vorstellt».[17]

Immer lässt eine Begegnung mit einem Toten ein Zeichen zurück, eine Krankheit oder gar eine Lähmung, die bis zum Tode führen kann. Das kann auch passieren, wenn ein Bösewicht die Toten herausfordert, sei es, dass er mit Totenschädeln spielt, sei es, dass er sich vorwitzig äussert. Das Schlimmste aber, was geschehen kann, ist eine Vorladung vor Gottes Gericht, ins Tal Josaphat. Hier wird dem allerhärtesten

Sünder klar, dass da nicht mehr zu spassen ist. Gefährlich ist es auch, den Totenprozessionen zuzusehen. Zwar ist es recht eindrücklich, die Schar armer Seelen zu betrachten, die während Stunden ihren Weg wandeln. Sie erscheinen entweder in weissen Kleidern, den alten Bruderschaftskleidern oder im Gewand, in welchem sie zu Grabe getragen worden sind. Wer einer solchen Prozession begegnet, so sagten die alten Leute, tut gut daran, sich an gewisse Verhaltensregeln zu halten und sich vor allem oberhalb des Weges aufzustellen. Auf keinen Fall darf man vorwitzig sein oder die Verstorbenen gar verspotten.[18]

Im Zentrum aller alten Todesvorstellungen steht das Künden, die Vorahnung. Beim Künden erhält ein Angehöriger ein Zeichen, dass bald eine bestimmte Person abberufen wird. Um zu erklären und zu «beweisen», dass das Todeskünden eine Realität, kein Aberglaube sei, hat Cysat eine grosse Zahl von solchen Fällen angeführt. Ein Mann liegt schwerkrank im Bett. Plötzlich fällt ein «genterlin mit Husgeschirr mit grossem Gerumpel zu Boden». Im Hause eines Sterbenden fällt ein schwerer Sack mit Korn oder Mehl unerklärlicherweise um. Es will dies des Menschen Tod «vorbedüten oder verwarnen». Schaut man nach, so kann man die Ursache dieser Erscheinung nicht finden, und doch hat sie stattgefunden. Ein Läufer oder Botengänger stirbt, und dabei hat es sich ereignet, dass im Augenblick des Todes von andern ein Geräusch gehört worden ist, «glych alls ob ein löuiffer daher käme». Ein Kind ertrinkt und im gleichen Augenblick hören die Eltern zu Hause ein merkwürdiges Geräusch von fliessendem Wasser. Im Jahre 1614 befindet sich ein Luzerner Priester auf einer Reise. Er weilt sechs Tagereisen weit von Luzern und hat plötzlich eine Erscheinung. Er weiss, dass in diesem Augenblick jemand stirbt. Er kommt heim und da wird ihm mitgeteilt, dass die Mutter tatsächlich in jenem Augenblick der Erscheinung gestorben ist. Cysat selbst hatte ein ambivalentes Verhältnis zu diesen Vorfällen. Bei manchen merkt er an, dass es vom Volk erzählt worden sei und man nicht so ganz sicher sei, ob es sich wirklich so zutrug. Plötzlich aber stellt er fest, dass es sich halt doch zugetragen habe. Ja, er vermerkt ausdrücklich, dass ihm «selbst vieles begegnet ist, bin ettliche malen daby gsin».[19]

Um solche für uns unerklärliche Koinzidenzen zu erklären, hat C.G. Jung den Begriff Synchronizität eingeführt. Er hat diese als ein Prinzip akausaler Zusammenhänge postuliert, deren verbindendes Glied der Sinn ist.[20] Vertreter der Volkskunde sprechen von einem Prozess der Aufladung, der am Anfang vieler magischer Vorstellungen steht. Für die auf Kausalität festgelegte klassische Naturwissenschaft sind solche Erscheinungen nicht fassbar. Unsere Vorfahren dachten anders. Für sie wirkte, wie es Paracelsus formuliert hat, in jedem Menschen, ja selbst im Tier, das lumen naturae, das «Liecht der Natur», das auch ein Traumgeist ist.[21] Dieser Geist tritt uns in all den vielen Volkserzählungen und Sagen, in denen vom Todkünden die Rede ist, entgegen. Keinem dieser Erzähler wäre in den Sinn gekommen, solche Zeichen nicht ernst zu nehmen.

Wir kommen zu einem weiteren Mann, dem wir Aufzeichnungen alter Totenbräuche verdanken. Es ist Felix Platter (1536–1614), renommierter Stadtarzt in Basel. Auch er hat ähnlich wie Cysat alten Erzählern zugehört, ja er vermerkt, dass er diesen alten Leuten manch wichtige Erkenntnis verdanke. Es machte ihm stets grosse Freude, «wann man etwan Historien erzellt».[22] Als Mediziner hat er nicht nur die Krankheiten, sondern auch das Sterben seiner Zeitgenossen genau erfasst und sachlich beschrieben. Als 1551 eine Pestwelle – es war die zweite – Basel erreichte, wurde er von seinem Vater ins Schloss Röttelen im badischen Wiesental geschickt. Seine Schwester Ursula blieb im Basler Haus, um zum Rechten zu sehen. Sogleich wurde sie krank, «legte sich», wie Platter berichtet, «ze bett, hat ein bülen am bein, war gleich erschlagen und schwach». Man tat, was man konnte, liess das Töchterchen zu Ader, gab ihr Medizin. Die Krankheit war stärker. Wie tapfer aber war das Kind.

Platter schreibt: «Es redet gar christenlich die vier tag seiner Krankheit, denn es war ein gotselig Meitlin in Gottesfurcht auferzogen.» Am vierten Tag nach Ausbruch der Krankheit nahm es Abschied von den Angehörigen, dankte Vater und Mutter, befahl dem «lieben Briederlin, der ich zu Röttelen war, zu Gnaden und verschied seliglich im Alter von 17 Jahren».[23] Der Vater aber litt so sehr, dass er sich weigerte, in das Haus zurückzukehren, bevor sämtliche Effekten seiner Tochter weggeschafft worden waren.

Felix Platter beschreibt auch die dritte Pestwelle. Sie erfasste seinen Vater, seine Mutter sowie seine Magd und den Knecht. Wie rasch sie zuschlagen konnte, sehen wir am Beispiel des Knechtes. Am 16. Oktober 1564 meldete er sich krank. Als Felix Platter ihn am nächsten Tage aufsuchen wollte, um ihn zu pflegen, trug man ihn tot aus dem Haus. Wie sein Schwiegervater, der als Scherer (Wundarzt) tätig und deshalb der Ansteckungsgefahr im höchsten Grade ausgesetzt war, wurde auch Platter krank, doch genas er. Er wusste genau, wie gross die Gefahr war. Er dankt im Tagebuch Gott für die Rettung. Gleichzeitig notiert er, dass bei seinem Schwager der Sohn Daniel sowie die zwei Kinder Madlin und Esterlin und schliesslich auch dessen Gehilfe starben: «Das Sterben ist gross und ohn erbarm.»[24]

Tatsächlich war man dieser Seuche gegenüber völlig machtlos. War sie einmal ausgebrochen, kamen alle Massnahmen zu spät.[25]

Jeder Seuchenzug brachte Hunderte von Kindern um, fällte jugendliche Menschen in der Blüte, riss Ehen auseinander, hinterliess zahllose Witwen, Waisen oder löschte ganze Familien aus, bedrohte sogar den Fortbestand ganzer Regionen. Renward Cysat hat eindrücklich beschrieben, welch panischer Schrecken aufkam: vergeblich versuchten die Leute, sich in unverseuchte Dörfer, in die Alpen zu flüchten. Aber das alles nützte in der Regel nichts. Es kam vor, dass Geschwister und Verwandte hinstarben, obwohl sie die Kranken nie gesehen, nie besucht hatten. Sie starben, obwohl «abwesend an der Frömde in guotter lufft gewesen».[26] Cysat notierte auch, dass die Pest dort am schwersten wütete, wo die Bevölkerung durch Hunger bereits geschwächt war: «Im Jahr 1439 ist ein sehr grosser Mangel an Nahrungsmitteln gewesen, nach diesem Nahrungsmangel begann eine sehr heftige Pest zu regieren.» Das gleiche passierte im Jahre 1516.[27] Die Pestzeiten haben im Volk einen unbeschreiblich tiefen Eindruck hinterlassen. Noch im 19. Jahrhundert beschrieben die Sagenerzähler die Seuche so, als ob es gestern gewesen wäre. Das Elend in den Dörfern wird bildhaft dargestellt: «Ganze Ortschaften sterben aus; 30 Vorbräute werden tot aus dem langen Tal geführt; die sieben Überlebenden von Fiesch essen unter einem Baum gemeinsam zu Mittag; der Sigrist hört auf, die Glocken zu läuten, um die Leute nicht zu erschrecken; die Toten werden auf Umwegen zum Friedhof gebracht; eine Trichelkuh wechselt über Nacht neunmal den Besitzer», um nur einige Beispiele aus dem Wallis zu erwähnen.[28] Prozessionen zu den Pestaltären versprechen Rettung, sie vermehren aber nur die Ansteckungsgefahr. Man gründet Bruderschaften, die den Kranken in den Tod begleiten, Jahrzeiten für die Verstorbenen stiften, Pilgerfahrten zu Pestaltären organisieren, die Toten beerdigen. Sinnfällig nannten die Walchwiler ihre Organisation die Bruderschaft «vom guete Tod».

Unter dem Eindruck des grossen Sterbens entstand eine neue Literatur. Sie nannte sich ars moriendi. Das erste Buch dieser Art, geschrieben um 1465 in der Rheingend, wird sogleich zum Bestseller. Die ars moriendi behandelt die Versuchungen, fünf an der Zahl, mit denen der Teufel den Sterbenden Schlingen legt: den Glaubenszweifel, die Verzweiflung über seine Sünden, die Anhänglichkeit an seine irdischen Güter, die Verzweiflung über das eigene Leiden, endlich den Hochmut auf die eigene Tugend. In England und in den Niederlanden erscheint das Spiel des Jedermann, das Spiel vom reichen Mann, der plötzlich sterben muss und vor Gott Rechenschaft abzulegen hat. Das Spiel – es wurde auch bei uns aufgeführt – zeigt die

278 Ein eindrückliches Memento mori: Auch der König wird vom Tod heimgesucht. Die Darstellung stammt aus dem Jahre 1538, der Holzschnitt von Hans Holbein d. J.

wunde Stelle in unserem Leben: «Mitten im Leben sind wir vom Tod umfangen.»[29] So hat Luther die aus dem 11. Jahrhundert stammende Antiphon übersetzt.

Zu diesem Spiel kommt der Totentanz. Er breitet sich, von Frankreich kommend, auch in unserem Land aus. Johann Jakob Wick hat ein Bild des Totentanzes beim Grossmünster in Zürich hinterlassen. Es gibt auch eine Beschreibung aus Basel: Am 22. Februar 1531 wird notiert, dass sechs Basler Bürger «zu nacht in Geistswis in weissen Kleidern den totentanz getrieben». Sie hätten, so meint der Basler Pfarrer J. Gast, damit die Pest ankündigen wollen.[30] Bildliche Darstellungen in Klöstern und Städten wandeln das Motiv ab. Doch sind sie nicht mit nächtlichen Tänzen der Bürger zu verwechseln. Die Totentänze von Basel und Bern haben eine längere Vorgeschichte. Sie gehen auf zwei Vorbilder zurück: zunächst auf einen oberdeutschen Text, der in Anlehnung an die lateinische Todeselegie vado mori von einem Würzburger Dominikaner in der Pestzeit zwischen 1350 und 1370 erst lateinisch, dann deutsch verfasst und bald auf Bilderbogen in Deutschland und Frankreich verbreitet worden ist. Das zweite Vorbild war das Wandgemälde des Friedhofs Innocents in Paris von 1424. Da wie dort liegt dem düsteren Totentanzmotiv der uralte Volksglauben zu Grunde, dass die Toten in der Nacht ihren Gräbern entsteigen und Reigen tanzen, wobei sie die Lebenden miteinbeziehen, mit ihnen in den Tod tanzen. Im Laufe der Zeit hat sich der Tanz der Toten mit den Lebendigen in einen Tanz des Todes mit den Menschen umgewandelt. Während langer Zeit stehen jedoch beide Vorstellungen in Wort und Bild ungeschieden nebeneinander.[31] Berühmt war insbesondere der Totentanz von Basel. Er ist nicht viel jünger als jener von Paris. Der Auftrag zu diesem Gemälde ist kurz nach 1439, als Basel von einer Pestepidemie heimgesucht worden war, vergeben worden. Man schreibt es Konrad Witz zu. In 51 Genreszenen werden die Menschen bei ihren alltäglichen Arbeiten vom Tod überrascht. Der Tod tritt unbarmherzig auf, er ruft den ungerechten Richter vom Stuhl, den Krämer vom Handel, er greift dem pflügenden Bauer ins Gespann. Nur den gebeugten Greis geleitet er sanft ins Grab. Der Alte war mit sich und dem Tod einig geworden, er war vorbereitet.[32]

Der Berner Totentanz ist von Niklaus Manuel zwischen 1516 und 1519 gemalt worden. Dem Betrachter bot sich ein ergreifendes Schauspiel: In einer langen Reihe fast lebensgrosser Figuren bewegen sich Menschen aus allen Ständen und Berufen, geleitet, gezerrt, bedroht von schrecklichen Todesdämonen, einem Beinhaus zu, in dem sie von einer Gruppe mit Posaunen und Dudelsack musizierender Gerippe empfangen werden. Im Grunde genommen ist es eine mächtige und eindrückliche Predigt über die Hinfälligkeit des menschlichen Daseins.[33]

279 Totentanz. Niklaus Manuel. Gemalt in Bern um 1515 bis 1520. Der Tod spricht zu der Ehefrau: «Eefrouw, das Kind must du mir lan,/es mus tantzen und kan nit gan! Es ist besser, du lassests also stärben,/es möcht villicht zum Buben werden.»

Man muss sich auf die Sterbestunde vorbereiten. Diese Ansicht wird auch im 17. und 18. Jahrhundert vertreten. Zu diesem Zwecke schuf man Sprüche mit Zitaten aus der Heiligen Schrift in Gestalt von Rebus- oder Vexierbildern. Man nennt sie abkürzend Memento mori. Auch sie haben ihre eigene Tradition und Anschauung. Schon im 14. Jahrhundert malt ein unbekannter Maler in der St. Georgs-Kirche auf der Insel Reichenau-Oberzell ein solches Memento mori: Da sieht man ein grosses Tierfell, das von vier Teufeln ausgebreitet wird; der eine packt es ausser mit den Klauen auch mit den Zähnen. Auf dem Fell sitzt ein fünfter Teufel, der mit Schreiben beschäftigt ist. Darüber werden die Köpfe zweier Frauen sichtbar, die eifrig miteinander schwatzen. Eine Art Hängelampe, von der an Kettchen drei Kreuze herabhängen, deutet an, dass das Gespräch in einer Kirche geführt wird. Die in gotischen Buchstaben stehende Schrift erklärt das Bild:

Ich wil hie scriben
von disen tumben wiben:
was hie wirt plapla gesprochen
Ueppigs in der wochen,
das wirt alles wol gerath,
So es wirt fur den rihter braht

(Ich will hier schreiben
von diesen dummen Weibern:
was hier wird blabla gesprochen
Ueppiges in der Wochen,
das wird wohl alles gereiht,
so wird es vor den Richter gebracht.)[34]

Das gleiche Motiv tritt auch in den Urner und Walliser Sagen auf. Wir resümieren kurz: Ein Teufel hält sich während des Gottesdienstes in der Kirche auf und schreibt die Namen der Schlafenden, Ruhestörer und Schwätzer auf eine Tierhaut auf; dabei erweist sich die Haut meist als zu kurz, so dass er sie in die Länge zerren muss. Bei dieser Operation schlägt er den Kopf an. Das reizt einen Zuschauer zum Lachen. Prompt wird auch er aufgeschrieben.

Ausgangspunkt für die Anschauung, dass die Sünden der Menschen von Teufeln auf Pergament notiert werden, um dann beim Tode oder auch beim jüngsten Gericht als Belastungsmaterial zu dienen, sind verschiedene, zum Teil aufeinander bezugnehmende Bibelstellen, besonders Offenbarung Johannis 12: «Und ich sah die Toten beide, gross und klein, stehen vor Gott, und Bücher wurden aufgetan. Und ein ander Buch ward aufgetan, welches ist das Buch des Lebens. Und die Toten wurden gerichtet nach der Schrift in den Büchern, nach ihren Werken.» Ähnlich Matthäus 12, 36: «Wahrlich ich sage euch aber, dass die Menschen müssen Rechenschaft geben am Jüngsten Gericht von einem jeglichen unnützen Wort, das sie geredet haben.» Dem modernen Menschen sind die Bilder, die aufgrund dieser Bibelstellen entwickelt worden sind, fremd geworden. Wohl wird etwa heute noch gesagt: Das geht auf keine Kuhhaut. Dass dies einst mit den Sünden und mit dem Tod zusammenhing, weiss man nicht mehr.

Eine neue Form von Memento-mori-Bildern bringt das 18. Jahrhundert. Es sind Klappbilder, auf ihrer Vorderseite wird ein hübsches Pärchen dargestellt. Beim Aufklappen verwandelt sich die untere Körperhälfte in ein Totengerippe. Doch verweisen diese nicht aufs Jenseits. Sie enthalten vielmehr die vieldeutige Mahnung: Was du jetzt bist, war ich auch. Auf einem solchen Druck – er stammt vom Kupferstecher Bruppbacher in Wädenswil – steht die Mahnung: «Freund lass mit Zittern uns auf Erden stets schaffen dass wir selig werden.»

280 Totentanz von Hans Holbein d. J. 1525. Holzschnittfolge; oben der Krämer, unten der Abt.)

In katholischen Gebieten erschienen auch Gebetszettel wie «Andacht für die armen Seelen im Fegfeuer, zu Ehren des siebenfachen Blutvergiessens Herrn Jesu Christi auf alle Tage in der Woche eingeteilt». Dazu kamen die für den häuslichen Gebrauch bestimmten «Armeseelenbilder». Sie hingen in der Stube neben dem Weihrauchkesselchen. Memento-mori-Bilder waren auch die vielen Feld- und Wegkreuze; sie alle hatten den Wanderer an die letzte Stunde zu erinnern.

Wie erlebte der Mensch des 18. Jahrhunderts das Sterben? Wir wissen es nicht. Sie schrieben es nicht auf. Eine Ausnahme macht Ueli Bräker (1735–1768), der arme Mann aus dem Toggenburg. Er hat das Sterben seiner Grosseltern und zweier Kinder erlebt und aufgezeichnet. Des Grossvaters Tod war grauenvoll. Er stach sich mit einem Dorn in den Daumen; damaligem Brauch entsprechend band er frischwarmen Kuhmist darauf; die ganze Hand schwoll auf, und er starb nach fürchterlichen Qualen. Ihm folgte die Grossmutter in den Tod. Sie war lange Zeit völlig blind und «starb endlich in einem hohen Alter von 50, 51 oder 52 Jahren. Sie war gewiss ein gottseliges Weib...» Im Jahre 1762, so berichtet Ueli Bräker weiterhin, «starb mein geliebter Vater eines schnellen, gewaltsamen Todes, den ich lange nicht verschmerzen konnte». Er verunglückte im Alter von 55 Jahren beim Holztransport und hinterliess eine grosse Kinderschar. Ueli hatte die Vaterstelle anzutreten. Im Herbst 1771 trat der Tod auch in sein eigenes Häuschen. Die rote Ruhr grassierte, und sie traf gleich den Erstgeborenen. «Er legte sich ins Bett, an Hilfe war nicht zu denken. Er litt geduldig wie ein Lamm Tag und Nacht. In der Todesstunde riss das Kind mich mit seinen schon kalten Händchen auf sein Gesicht herunter, küsste mich noch mit seinem verstorbenen Mündchen und sagte unter leisem Wimmern mit stammelnder Zunge: Lieber Ätti! Es ist genug. Komm auch bald nach! – rang dann mit dem Tod und verschied. Mir war, mein Herz wollte mir in tausend Stücke zerspringen. Noch war mein Söhnlein nicht begraben, so griff die wütende Seuche mein ältestes Töchterchen, und es war aller Sorgfalt der Ärzte ungeachtet noch schneller hingerafft. Jammer, Hunger waren damals im Lande allgemein. Alle Tag' trug man Leichen zu Grabe, oft drei, vier bis elf hintereinander...»[35] Bräker hat nicht nur das Sterben, sondern auch die Todesursache notiert. Lediglich die Todesursache der Grossmutter bleibt unbekannt. Seine Notiz ist dennoch von Bedeutung, sagt er doch, sie sei «im hohen Alter von 50, 51 oder 52 Jahren» gestorben. Bräker hat damit angesprochen, was wir aus der Demographie und aus der Sozialgeschichte wissen. Die Menschen starben auch im 18. Jahrhundert allesamt früh. Man lebte nahe dem Tod her, und wer krank wurde, war auf ein baldiges Ende gefasst. «Fünfzig Jahr ist der berg, dahin des menschen leben kommen ist, was drüber ist, das leuft den berg wieder herunter», meint ein zeitgenössischer Dichter. Die Lebensstufen-Darstellungen weisen in die gleiche Richtung:

Zehn Jar kindischer Art
Zwanzig Jar ein Jungfrau zart
Dreissig Jar im Haus die Frau
Vierzig Jar ein Matron genau
Fünfzig Jar ein Grossmutter
Sechzig Jar des Alters Schuder
Siebzig Jar alt ungestalt[36]

Die Lebenserwartung von Frauen im Alter von 25 Jahren, d.h. im heiratsfähigen Alter, lag in den Jahren 1680–1779 bei 58 Jahren, zwischen 1780 und 1809 bei 60 Jahren.[37] Und die Kindersterblichkeit blieb unverändert hoch. Fast ein Drittel aller zu Grabe getragenen Menschen im 18. Jahrhundert hat das erste Lebensjahr nicht vollendet. Nimmt man die bis 8jährigen Kinder dazu, so macht dies die Hälfte aller Ster-

282 Um 1784 hat J. J. Ridinger mittels Schabkunst diesen eindrücklichen Totentanz geschaffen. Er sollte der Erbauung dienen, ist indessen nichts anderes als ein Memento mori. In der Mitte der eigentliche Totentanz.

281 Wegkreuz mit zwei Querbalken, sogenanntes Lothringer-Kreuz, auf dem Hochplateau von Sigigen bei Ruswil (Luzern). Wegkreuze und Wegkapellen waren Memento mori. Sie erinnerten den Wanderer an die Endlichkeit unseres Daseins, forderten ihn auch zum Beten auf. Die Obrigkeiten, namentlich der katholischen Regionen, waren deshalb immer darauf bedacht, dass diese Heiligenstöcklein und Kreuze gepflegt wurden. Noch im Jahre 1805 hat die Luzerner Regierung verordnet, «dass die Stege sollen sicher gemacht... und die Kreuze und Heiligenstöcklein an den Wegen anständig unterhalten werden.»

befälle aus.[38] Der Rest verteilt sich fast gleichmässig auf die Heranwachsenden, die Menschen zwischen 30 und 40, schliesslich die alten Menschen. Der Tod war unberechenbarer, schneller als heute, er schlug entschlossen zu.

Gerade dieser plötzliche, der jähe Tod, wie die Leute sagten, hat seine ganz besondere Bedeutung. Es ist nicht das gleiche, ob man mitten aus den beruflichen und familiären Verflechtungen und Verpflichtungen herausgerissen oder ob man nach langer, schwerer Krankheit von den Beschwerden des Alters erlöst wird. Mit Recht betont Imhof, dass die Generationsbeziehungen auch im kollektiven Nichtbewusstsein durch die Art und Weise geprägt werden, wie die eine Generation der nächsten (oder heute vielmehr der übernächsten) Platz macht und wie die Erinnerung an diesen Abgang weiterlebt. «Es ist ein Unterschied, ob dieses Platzräumen durch die Vorgänge im blühenden Alter, bei vollen körperlichen und geistigen Kräften, unerwartet und rasch erfolgt oder aber bei verwelktem Körper und nachgelassenen geistigen Fähigkeiten, endlos hinausgezögert, langwierig, von den Nachfolgenden herbeigesehnt und in ihren Augen längst überfällig.»[39]

Eine weitere Frage drängt sich auf: Wie konnten Mütter und Väter mit dem Sterben ihrer Kinder fertigwerden? Man glaube nicht, dass die elterliche Liebe erst im 20. Jahrhundert erfunden worden sei. Die Beschreibungen von Platter und Bräker belehren uns eines andern. Der Beweis ist erbracht, dass die Eltern ihre Kinder so liebten, wie das heute geschieht. Um unsere Frage richtig beantworten zu können, müssen wir an die Ausführungen im Kapitel Volksglauben erinnern. Unsere Vorfahren hatten eine Weltanschauung, die von der unsrigen beträchtlich abweicht. Vor allem aber waren sie stärker an die Lehren der Kirche gebunden. Und die Kirche lehrte, dass ein Neugeborenes durch die Taufe in die Christengemeinschaft aufgenommen werde. Die Taufe begründet die Aussicht auf die Auferstehung von den Toten, das Eingehen in die ewige Herrlichkeit Gottes. Ausserdem lehrte die alte katholische Kirche, dass die Aufnahme den kleinen Kindern um so sicherer sei, je früher sie – noch im Stande der vollkommenen Unschuld – sterben. Sie würden sich im Himmel als Fürbitter bei Gott und den Heiligen für die irdischen Hinterbliebenen einsetzen.

Wir legten bereits dar, dass die Reformatoren einschritten, dass sich aber dieser Glaube weiterhin zäh behauptete. In den katholischen Gebieten lässt sich der Glaube, dass die Kinder, je früher sie sterben, um so sicherer Aufnahme im Himmel finden, bis in das 19. Jahrhundert hinein feststellen. Und gerade dieser Glaube war es denn auch, der den Eltern half, den Tod ihrer Kleinkinder zu überwinden. Er hatte aber noch eine andere Konsequenz: Er erhöhte, so seltsam dies klingt, die Kindersterblichkeit. Den Beweis liefert Christoph Girtanner. Er beschreibt die Zustände im Urnerland um 1800: «Wenn Kinder krank werden, suchen die Eltern selten Hilfe, sondern lassen Messen und Passionen lesen, damit sie bald sterben mögen. Auf diese Weise kommen eine Menge Kinder um, welche leicht hätten erhalten werden können. Der Grund dieses unnatürlichen Wunsches liegt im Glauben, dass die Kinder als unschuldige Wesen gerade in den Himmel steigen. Bei dem Tode kleiner Kinder sieht man deshalb äusserst selten Tränen fliessen. Im Gegentheile, man freut sich; und es heisst: Du hast nun einen Engel im Himmel.»[40] Zu überraschenden Feststellungen kam auch der deutsche Reiseschriftsteller Ebel. In Appenzell-Innerrhoden sei die Kindersterblichkeit besonders hoch. Die Eltern nähmen eine fatalistische Haltung ein. Niemand anders aber steuere sie als die Kirche: «So wird den Gläubigen erzählt, die unschuldigen Kinder kämen beim Tod sofort in den Himmel. Also ziehen die Appenzeller keinen Arzt zu, sondern lassen vielmehr die Mesmer Psalter lesen, um einen frühzeitigen Tod herbeizurufen.»[41] Ein Toggenburger Pfarrer stellt 1785 fest, dass die geringe Trauer über den Tod eines Kindes nicht Ausdruck von Gleichgültigkeit ist. «Die Dürftigen müssen es wahrlich mit dem besten Herzen am schwersten empfinden, wie weh es tut, Kinder so kümmerlich und armselig durchzubringen, daher sie ohne unnatürliche Härte froh seyn können, wenn, wie sie sagen, unser Herr Gott mit ihnen theilt... Ich kenne auch Eltern, die so denken und reden... und doch für ihre Kinder eine wahre Anmuthung haben.»[42]

Barmherzigkeit auf der einen, religiöse Einstellungen auf der andern Seite. Wir Heutigen können das alles kaum mehr nachvollziehen. Um aber die Kluft, die uns heute von den Menschen dieser Zeit trennt, zu verdeutlichen, sei auf eine weitere Begebenheit hingewiesen. Im Jahre 1822 hat sich in ländlichen Kreisen ein deutlicher Widerstand gegen gewisse medizinische Massnahmen wie die Pockenschutzimpfung gezeigt. Über diesen Sachverhalt gilt es nachzudenken. Einfach und naheliegend wäre es, auf den tiefen Bildungsstand hinzuweisen. Ein zweites: Vielleicht herrschte Misstrauen, Skepsis gegen unbekannte Massnahmen, gegen einen serienweisen körperlichen Eingriff. Der Konflikt liegt tiefer. Hier prallten zwei verschiedene Weltanschauungen aufeinander. Für die Entlebucher, Appenzeller, Urner – um nur die uns bekannten Beispiele zu nennen – bedeutete Sterben etwas anderes als für uns moder-

283 Der Tod kriecht einem Mädchen unter den Rock. Niklaus Manuel (1584 bis 1630) will damit wohl sagen, dass der Tod – er erscheint auf diesem Bild als Lüstling – vor blühendem Leben nicht Halt macht. Vielleicht aber deutet er an, dass junge Frauen, gerade ihres Geschlechtes wegen, besonders gefährdet sind.

ne Menschen. Sterben war ein Übergang, war ein Übertritt vom irdischen ins jenseitige ewige Leben, und der jenseitige Teil war selbstverständlich der wichtigere. Alles in allem: es kam auf die Glückseligkeit, die Ruhe der Seele nach dem Tode an. Deshalb war es – man denke an die vielen Sagen – eine grosse Strafe, wenn ein Holzfäller, ein Marchenrücker, ein Mörder nach dem Tode keine Ruhe fand, jede Nacht umgehen musste. Deshalb war es kein Unglück, wenn ein Kind, sofern es getauft war, starb. Wichtig war nur, dass es getauft wurde. Vor diesem Hintergrund sieht alles anders aus. In dieser Sicht verliert der Tod viel von seinem Schrecken. Leicht und gelassen starb man deswegen gewiss immer noch nicht. Und für die Menschen, denen der Tod einen lieben Angehörigen wegnahm, bedeutete es Schmerz und Trauer. Doch haben wir damit noch nicht genügend erklärt, weshalb die Menschen mit dem Tod irgendwie besser zurechtkamen als wir heute. Es gab da noch einige Verhaltensregeln, die weiterhalfen.

Es sind die Trauerbräuche. Ihnen wollen wir uns zuwenden. Sie sind geschaffen worden, um die schwersten Stunden im Menschenleben zu bewältigen, den Schmerz, die Trauer um den Verlust eines lieben Angehörigen besser zu ertragen. Eine Betrachtung des Trauerbrauches ist um so nötiger, als er für den modernen Menschen nicht ohne weiteres verständlich ist. Ihm lagen ähnlich wie im Totenkult die verschiedensten Anschauungen zugrunde. Es ist zunächst der Glaube – wir erinnern an die Sagen von den armen Seelen –, dass der Tote weiterlebt. Wir sahen schon, dass dies nicht so harmlos war: Der Tote konnte mächtig, gut oder böse sein. Die Vorstellung von der Macht des Toten beruht auf der Tatsache, dass das Erinnerungsbild des Toten uns lange Zeit begleitet. Was man liebt, sieht man in allen Dingen. Aber andererseits und leider: Es kann auch Hass sein, der über den Tod hinaus wirkt. Und – ebenso schrecklich – die Erinnerung kann schmerzlich sein, weil man sich selber dem Verstorbenen gegenüber schuldig fühlt.[43] Widerstreitende Gefühle stellen sich ein: Man liebte den Verstorbenen, doch gab es da auch einiges zu «beanstanden». Eine «Generalabrechnung» wäre fällig... Solche Gedanken mögen die alten Freiburger bewogen haben, als sie ihren höchst merkwürdigen und wohl einmalig dastehenden Brauch des «Kleinen Gerichtes» schufen. Er ist fürs 18. Jahrhundert bezeugt und verschwand im darauffolgenden Jahrhundert. War ein Mensch gestorben, vermummten sich die Nachbarn, traten ins Trauerhaus, stellten den Toten in eine Ecke und hielten Gericht. Man wirft ihm zunächst vor, sich aus der Gemeinschaft entfernt zu haben. Und dann werden alle kleinen «Vergehen» aufgeführt, die der Verstorbene begangen hat. Die «grossen» Sünden werden nicht erwähnt, weil sich der Tote vor dem Weltenrichter selber zu rechtfertigen hat. Wahrlich eine aussergewöhnliche Art, mit dem Sterben und dem Tod fertigzuwerden, mit dem Verstorbenen und sich selber ins Reine zu kommen.[4]

Die Trauerbräuche gehen letztlich auf die Identifikation, auf die Ergriffenheit zurück: «Wir verstehen alles Seiende, alles Wirkende, alles Geschehene nur dadurch, dass wir es miterleben, indem wir uns in es hineinversetzen... Das kann freilich sehr schmerzlich sein, denn gerade jener Tote, mit dem man am innigsten verbunden war, wird der schlimmste sein... Wie verwandter – wie verdammter, sagt man heute noch.»[45] Indem man die Trauersitten gewissenhaft vollzog, versöhnte und beruhigte man den Toten. Gleichzeitig beruhigte man sich selber. Der Trauerbrauch ist doppelseitig, die Gefühle sind ambivalent: «Den Schmerz lässt die Sitte bis zur vollen Sättigung austoben; der Liebe, die sich nicht trennen kann und will, gibt die Sitte tausend Möglichkeiten, ihre sorgende Pflege weiter zu üben und sich allmählich an den Verlust zu gewöhnen... Den Trauernden sucht die Gesellschaft durch Teilnahme zu heilen... Sie hält ihn mit lockenden Gaben und liebevoller Überredung im Leben fest und führt ihn mit öffentlichen Festlichkeiten in die Gesellschaft zurück.»[46]

Alle diese Elemente sind im alteidgenössischen Trauerbrauch enthalten. Zunächst wird geweint. Doch ist im volkstümlichen Brauchtum das Weinen auf ganz bestimmte Zeiten festgesetzt. Man weinte bei der Totenwache. An andern Orten weinte man, wenn die Leiche aus dem Haus getragen wurde. Am dritten Ort war es Sitte zu weinen, wenn der Sarg ins Grab gesenkt wurde. «Weint man bei Euch schon im Hause oder erst im Friedhof?», fragte eine Bäuerin, die aus einer andern Region zu Bestattung kam. Um weinen zu können, bediente man sich auch etwa eines Hausmittels. Im Glarnerland pflegte sich die «Umesägeri», die Leichenansagerin, einer Zwiebel zu bedienen, um schön und ausgiebig weinen zu können. Im Engadin weinten die Frauen nicht nur beim Trauergottesdienst, sondern auch an kirchlichen Festtagen. Wer aber bei einer Beerdigung seine Trauer nicht zeigte, so berichtet Herrliberger aus dem alten Zürich, konnte leicht in den Verdacht kommen, das Ganze berühre ihn nicht.[47]

Doch es gab auch beim Weinen ein gewisses Mass, das nicht überschritten werden durfte. Für diese Auffassung spricht eine Leitmotivsage aus dem alten Uri: «Einer armen Witwe entriss der unerbittliche Tod ihren einzigen Sohn, einen arbeitsamen,

284 Besuch am Grabe. Wollwirkerei. 3. Viertel 15. Jahrhundert. In diesem Bild wird die stille Trauer, aber auch die demütige Haltung dem Unabänderlichen gegenüber in ergreifender Weise zum Ausdruck gebracht.

eingezogenen Jüngling, die einzige Stütze und den Trost ihres Alters. Tag und Nacht beweinte sie ihn, und niemand vermochte die Verlassene in ihrem bitteren Schmerz zu trösten. Da erschien ihr die arme Seele des so masslos betrauerten Toten und sprach: ‹Mutter, ich bitte Euch, weint nicht mehr um mich! Solange Ihr um mich weinet, habe ich keine Freude. Für Euch wird der himmlische Vater sorgen.› Sprach's und verschwand.» Ein zweites Beispiel: In Wassen wurde ein junger Bursche bei einem Hochzeitsschiessen erschossen. Nach einiger Zeit erschien der Tote wieder, und zwar in einem ganz nassen Kleid. «Er sagte, er müsse wandeln, bis er seine Zeit erlebt habe… Zur Mutter aber, die auch nach seinem Tod oft weinte, sagte er: ‹Weine nicht mehr, Du hast mir mit Deinen Tränen das Kleid so nass gemacht›.»[48]

Wichtig war allemal auch, dass man Trost spendete. Die Leidtragenden waren zu beschenken. Dieser Brauch ist schon für das Spätmittelalter bezeugt. Er war den Obrigkeiten zuwider. Um 1475 beschloss der Schwyzer Rat, «dass man niemand zu keinem Leid in seiner Zunft noch davor schenken soll».[49] Die gleiche Regierung missbilligte auch das allzu reiche Schmücken von Särgen. Um 1617 schränkt sie «die Hoffart, welche vor allem bei der Schmückung der Särge Lediger getrieben wurde, ein: der toten ledigen Tochter soll nur ein Schäppelin (Krone) gemeiner und schlechter Art aufgelegt werden».[50] Um 1667 tadelt ein Basler Mandat «die verbottene, aber bei etwas Zeit widerumben eingeführte Inheftung der Kraenzen und Meyen bei der Bestattung ohnverheirateter Personen».

Zu einer rechten «Gräbt» gehörte die feierliche, festtägliche Kleidung. Man erschien schwarz. Mancherorts waren die Frauen verschleiert.[51] Ein Trunk hatte zur Stärkung bereitzustehen. Nach der Beerdigung setzte man sich zum Leichenmahl. Unsere Vorfahren wussten, dass das Essen und Trinken Leib und Seele zusammenhält. Und sie wussten auch, das man nach und nach wieder ins Leben zurückzufinden hatte: Was war geeigneter als eben ein gutes Essen und ein währschafter Trunk. Doch schlich sich da nicht der Teufel ein? Es gibt, so berichtet Stucki im 16. Jahrhundert, viele Leute, welche die Güter und das Vermögen des Gastgebers aufzehren; die sich wie Raben auf einen Kadaver stürzen. Man spreche denn auch vom Rabenmahl. Am Zürichsee sprach man auch vom «Todtenfressen». Es sei abzuschaffen, meinte der Zürcher Rat. Um 1601 rief er in Erinnerung, dass das «Vertrinken der Todten durch Mandat abgestrickt sei». Im Jahre 1785 wird angeordnet, dass solche Leichenmahlzeiten nicht im Wirtshaus, sondern zu Hause vorgenommen werden sollen.[52]

Wie eindrücklich, aber auch hilfreich Trauerbräuche sein konnten, wollen wir am Beispiel des alten Sarganserlandes zeigen. War der Tod eingetreten, wuschen die Frauen die Leiche, kleideten sie an und bahrten sie auf. Dem Verstorbenen wurde das beste Festkleid angezogen; er erhielt auch Schuhe. Besonders bei den Wöchnerinnen war das wichtig, glaubte man doch, dass sie nachts wieder zu ihrem Kind zurückkehren. Der Raum wurde geschmückt und abgedunkelt. Die Verwandten und Nachbarn, die Frauen in schwarzen Schürzen, statteten den Beileidsbesuch ab. Sie besprengten den Leichnam, beteten fünf Vaterunser. Am Nachmittag erschienen die Schüler des Dorfes. Sie umstanden gruppenweise die Leiche und beteten. Am Abend des Sterbetages erwartete die Trauerfamilie die Verwandten und Nachbarn zur Totenwache. In der Nacht wurde gebetet. Zwischen den Gebeten stärkte man sich mit Kaffee und Weissbrot. Da sind auch Anekdoten und Sagen erzählt worden. Man scheute sich nicht zu lachen. Auf diese Weise versuchten die Menschen mit dem Unfasslichen und Numinosen fertigzuwerden.[53]

Alles in allem gesehen, wird man feststellen können, dass uns unsere Vorfahren in der Bewältigung des Todes um einiges voraus waren. Arthur Imhof versuchte es zu erklären: «Während das Leben früher aus einem mehr oder weniger kurzen, jedenfalls ziemlich unwichtigen irdischen und einem unendlich viel wichtigeren und län-

285 Die Toten müssen richtig bestattet werden. Eine Aufgabe des christlichen Staates. Rundscheibe 1635. Auffallend ist, dass der Tote nicht im Sarg, sondern nur mit Totenhemd und mit verhülltem Haupt bestattet wird.

geren jenseitigen, eben dem ewigen Teil bestand, so haben wir inzwischen den jenseitigen Teil völlig abgekoppelt und wegsäkularisiert. Der irdische Teil ist unser einziger Teil geblieben und hat dadurch, wohl oder übel, die Rolle des nunmehr allein wichtigen übernehmen müssen.»[54] Tatsächlich glaubte man auch noch im 18. Jahrhundert an eine Fortsetzung des Lebens im Jenseits. Und das war hilfreich. Musste man endgültig Abschied nehmen, so war es in Erwartung des ewigen Lebens leichter, den Übergang, die Brücke zu überqueren. Leichter sagen wir, nicht leicht, denn unsere Vorfahren litten selbstverständlich auch unter Todesangst. Sie tritt uns aus vielen Zeugnissen entgegen. Aber diese Zeugnisse verraten immer auch, wie man mit dem Tod fertigwerden kann. Wohl die schönsten Beispiele finden wir in den Sagen. Hier ein Beispiel aus Graubünden: Unterhalb Sedrun waren Jäterinnen auf dem Feld. Sie hörten eine Stimme aus dem Wald von Cavorgia rufen: «El pégn è pinaus, mu gl em è betga cò!» (Die Tanne ist bereit, aber der Mann ist nicht da!) Dann kam ein Mann von Sedrun eilig daher. Er wollte in den Wald Cavorgia hinüber, um zu holzen. Die Jäterinnen riefen ihn an, sie wollten ihn warnen. Sie ahnten, dass da drüben etwas nicht in Ordnung war. Ja sie hielten ihn am Rock fest, doch er liess sich nicht aufhalten. Er liess den Rock in den Händen der Jäterinnen zurück und lief hinunter in den Wald von Cavorgia, wo er bald darauf von einer fallenden Tanne erschlagen wurde.[55] Ein zweites Beispiel stammt aus Nidwalden: Vor vielen Jahren gingen einst im Winter einige Bauern von Alpnach ins Gebirge hinauf, um dort ihr Brennholz anzurüsten. Als sie nachmittags, so wie gewohnt, streng arbeiteten, hörten sie nahe neben ihnen eine helle, gellende Stimme rufen: «Die Stunde ist da, aber der Mann ist noch nicht da.» Kein Mensch war in ihrer Nähe, weit und breit. Es war eine Geisterstimme. Bald nachher kam ein Bauer mit einem Schlitten den Berg hinauf, um Holz zu holen, und wie er so mühsam mit dem Schlitten beladen hinanstieg, kam vom Berge herab eine Tanne, fuhr auf ihn zu und tötete ihn augenblicklich. Der Unglückliche, dem seine Stunde geschlagen, wurde von den übrigen Bauern auf dem Schlitten zu Tal befördert, den er hinaufgetragen hatte.[56] Zwei packende Bilder menschlicher Ohnmacht! Doch sie sind mehr als das. Sie bringen uns bei, auf was es im Leben ankommt: Der Mann, der seinen Rock fallen lässt, dem es so wichtig scheint, das Holz rechtzeitig einbringen zu können, richtet sich selbst zugrunde, weil er nur den irdischen Geschäften nachgeht. Er wusste nichts Besseres zu tun, als atemlos zu eilen, um doch noch zur Zeit zu kommen.

Schlusswort

Um 1500 haben wir für das Gebiet der heutigen Schweiz mit einer Bevölkerung von 582000–605000 zu rechnen. Sie stieg bis 1600 auf 895000–940000, dann auf 1'200000 für die Zeit um 1700 und schliesslich auf 1'666000 im Jahre 1798 und 2'393000 um 1850. Es fand also zwischen 1500 und 1700 eine erste, zwischen 1700 und 1850 eine zweite Verdoppelung statt. Dieses erhebliche Wachstum geht auf eine grosse «passion», eine vitale Kraft, eine Lebensfreudigkeit, auf eine feurige Lebenslust zurück. Sie konnte sich aber nur auswirken, weil aller Knappheit der Resourcen zum Trotz das Kornland doch erhebliche Reserven aufwies. Es konnten neue Böden unter den Pflug genommen werden; ausserdem sind neue Wiesen gewonnen worden, um so eine grössere Viehhaltung zu ermöglichen. Extensiv genützte Flächen sind in Kunstwiesen oder Äcker umgewandelt worden. Im 18. Jahrhundert gab es eine eigentliche Einschlagbewegung; damals hat man auch begonnen die Brache zu nutzen. Die Heimindustrie, die Ausbreitung der Manufakturen, die Verbesserung im Weinbau und im Textilpflanzenbau halfen mit, das Wachstum zu garantieren.

Aber es gab auch wachstumshemmende Faktoren: Die Pest hat gewaltige Lücken gerissen, erstrecken sich doch die Verluste zwischen 10% bis 50%.[1] Im Durchschnitt kann mit 25% Verlust gerechnet werden. Die Lücken sind zwar verhältnismässig rasch wieder aufgefüllt worden. Markus Mattmüller hat in seiner Bevölkerungsgeschichte viele Beispiele dieses Auffüllprozesses aufgeführt. Zu den wachstumshemmenden Faktoren zählen auch die Hungersnöte. Da war zum Beispiel die Teuerung der Jahre um 1690; im Durchschnitt betrug sie über einen Drittel (36,4% gegenüber dem Preis der vorangehenden zwei Jahrzehnte). Sie brachte eine erhöhte Sterblichkeit, einen deutlichen Rückgang der Geburtenhäufigkeit als Folge des Rückganges der Heiraten sowie der Nuptialität in den Ehen sowie grössere Abwanderungen. Ernst Menolfi hat dies anhand einer ausgezeichneten Studie der grossen thurgauischen Kirchgemeinde Sulgen anschaulich dargestellt.[2] Hier wie in vielen anderen Regionen hat die Teuerung zu drastischen Verknappungen der Lebensmittel und schliesslich zu einer eigentlichen Bevölkerungskrise geführt. Man lese dazu auch das Kapitel Typologie der Hungerkrise in Mattmüllers Bevölkerungsgeschichte. Geradezu erschütternd ist der Bericht von Ueli Bräker über die Hungerjahre 1770 bis 1775.

Eine wachstumshemmende Kraft ersten Ranges war schliesslich die Auswanderung. Es gab zwar auch Einwanderungen – man denke etwa an die Refugianten – doch in allen drei Jahrhunderten war die Wanderungsbilanz eindeutig negativ und man übertreibt nicht, wenn man vom Auswanderungsland Schweiz spricht. Dabei gibt es allerdings am bisherigen Geschichtsbild einige Retouchen vorzunehmen. So haben die Solddienste nicht jene Dominanz gehabt, die früher angenommen wurde. Jedenfalls darf, wie Mattmüller betont, nicht von einer «langfristigen Notwendigkeit des Solddienstes» gesprochen werden.

Die Siedlungsauswanderung hat in der dargestellten Epoche die Bevölkerungsweise nicht entscheidend beeinflusst. Anders die Berufswanderung – man nimmt an, dass

286 Niklaus von Flüe. Brustbild in Tempera, um 1500. Heute als «Pater Patriae» bezeichnet, ist Niklaus von Flüe schon zu seiner Zeit eine Leitgestalt gewesen. Man wusste es schon damals: In Krisenzeiten kann nur ein Mensch als Retter auftreten, der lange nachgedacht hat und der das Wesentliche vom Unwesentlichen zu trennen vermag.

287

etwa 10% der Bevölkerung temporär auswanderte – sie ist einem eigentlichen Aderlass gleichzusetzen. Alle diese positiven und negativen Kräfte haben die Bevölkerungsweise nachhaltig beeinflusst. Was aber besonders ins Gewicht fällt: Das Wachstum ging nicht gleichmässig vor sich. Es gab grosse regionale Unterschiede. So betrug das Wachstum im 17. Jahrhundert im Kornland zwischen 7 und 8 Promille, im Hirtenland waren es lediglich 2 bis 3 Promille. Vor allem die Heimindustrie hat zur ungleichmässigen Entwicklung und damit auch ungleichen Bevölkerungsdichte geführt. Der alpine Kanton Appenzell-Ausserrhoden gehörte im 18. Jahrhundert mit seinen mehr als 150 Einwohnern pro Quadratkilometer zu den dichtestbesiedelten Regionen der Schweiz, während es Appenzell-Innerrhoden nur zu einer Dichte von unter 60 brachte.[3]

Die Asymetrie des Wachstums zwischen dem Flachland und der Alpenregion sowie des Hochjuras hatte schwerwiegende politische Folgen. Sie müssen in unserem Zusammenhang nicht weiter verfolgt werden. Was uns hier interessiert, sind die gesellschaftlichen Folgen. Sie haben das alltägliche Leben schwerwiegend beeinflusst und verändert. Sie verstärkten die sozialen Unterschiede, schufen neue Ungleichheiten, kurz – sie verwandelten die soziale Pyramide. Hungersnöte und Seuchentod trafen die Reichen weniger stark als die Armen. Die Angehörigen der Oberschicht hatten, man denke an das angeführte Beispiel von Felix Platter in Basel, die Möglichkeit sich vor der Pest durch Flucht in nicht verseuchtes Gebiet zu retten. Und in den Zeiten der Knappheit hatten die Bemittelten immer noch die Möglichkeit zu jenen Rationen zu kommen, die ihnen ein gewisses Wohlleben garantierten. Dass Notzeiten manchmal auch dazu benützt werden, um den Schwächeren zu unterdrücken, ist zwar nicht schön, doch ein menschlicher Zug. So hat man um 1660, in einer schweren Notzeit, im Luzernischen die Nutzungsrechte der Allmend beschränkt. In Basel führte man drastische Einwanderungsbeschränkungen ein. Zwar waren die wenigsten Gemeinden fremdenfeindlich, doch wenn es um die Aufnahme neuer Bürger ging, wurde zunächst darüber diskutiert, ob der Bewerber bemittelt genug war, um der Gemeinde auf keinen Fall zur Last fallen könne. Man denke auch an die vielen Bettlerjagden; eine Region, ein «Staat» trieb die Bettler zusammen, um sie dem lieben Nachbarn abzugeben. Kurzum das Bild, das da zu Tage tritt, weist recht viele Schatten und dunkle Stellen auf.

Einige unserer Leser sind möglicherweise enttäuscht: Sie erwarteten eine wenn nicht heile, so doch bessere Zeit und Welt, einfache Zustände und entsprechend anspruchslose einfache Menschen, intakte Kreisläufe, kräftige Wälder und haushälterisch bewirtschafteten Boden. Vielleicht erwarteten sie sittenreine oder zum mindesten an strenge Zucht sich haltende Menschen und wohlgeordnete Klassen, Stände und Gemeinden.

Unser Bericht förderte eine andere, in einem gewissen Sinne erbarmungslose Wirklichkeit zutage. Das angeblich naturnahe und so gesunde Leben hatte im vollen Sinne des Wortes seine Schattenseiten. Es fehlte an Nahrung, an Licht, an Wärme, es fehlte an Strassen, an Kommunikation jeglicher Art. Dafür gab es Seuchen, Ignoranz und Elend, soviel man wollte. Der Kampf gegen den Hunger zieht sich durch alle diese Jahrhunderte hindurch. Beschränkte Ressourcen zwangen zur temporären oder völligen Auswanderung, zur Kinderarbeit und vielen weiteren unwürdigen Lebensumständen, wie erzwungene Ehelosigkeit. Nicht weniger schwer wogen der Wissensnotstand, das Fehlen einer sachkundigen medizinischen Versorgung sowie der gänzliche Ausfall an sexueller Aufklärung. Statt dessen wucherte Angst vor Irrlichtern, bösen Geistern, dem bösen Blick, vor Hexenverfolgungen. Doch malen wir das Bild nicht zu schwarz. Die Quellen berichten oft nur von anormalen und von schrecklichen Zuständen. Das Normale, das Gute, das Alltägliche wird oft beiseite gelassen. Man muss auch aus dem Schweigen der Quellen lernen können. Das heisst,

287 Die Armut. Kupferstich, 18. Jh. Im allgemeinen zeichnen die Maler und Kupferstecher das Bild des Wohlstandes: schöne Häuser, hübsch gekleidete, wohlgenährte Leute. Auf diesem Bild tritt uns die Realität entgegen. Die Menschen sind von hagerer Statur, die alte Frau links erscheint ausgemergelt. Die Kleider sind zerschlissen, die Fensterscheiben grösstenteils zerstört. Kurzum: Hier herrschen Kargheit und Elend. Hier tritt uns die ganze Misere des einstigen Entwicklungslandes Schweiz entgegen.

dass es damals so gut wie heute auch viel Glück und seelisches wie körperliches Wohlbefinden gab. Es gab sehr viele intakte Familien, in denen man die familiären und ökonomischen Schwierigkeiten gemeinsam bewältigte und sich gemeinsam an abendlichen Zusammenkünften, an kirchlichen und weltlichen Festen erfreute und aufrichtete. Zweifellos war der Existenzkampf hart und jeder einzelne auf sich selbst gestellt, weil es keine staatlichen Institutionen gegeben hat, die eingegriffen hätten. Um so stärker war die Hilfe der Familienangehörigen, der Sippenangehörigen, der Nachbarn, der Gemeinschaften. Bei den immer wieder auftretenden verheerenden Dorf- und Stadtbränden sprang die Gemeinschaft ein, und gemeinschaftlich wehrte man sich auch gegen die verheerenden Naturgewalten. Weil die Ressourcen beschränkt waren, entwickelte sich eine neue Kategorie: die Auskömmlichkeit, die Nachhaltigkeit. Diesem Denken entsprach auch die Vorstellung vom gemeinen Nutzen, der schliesslich zum Zweck der politischen Ordnung erhoben wird.[4] Zweifellos: die eingesetzten Mittel mögen den heutigen Betrachter nicht immer restlos begeistern. Es gab zuviele Mandate und zuviel an Polizeistaat, und was die Umwelt betrifft, so sind auch unsere Vorfahren keineswegs Tugendbolde, Tugendhelden gewesen. Sie haben – man denke etwa an den Raubbau im Wald, an die Kontamination der Gewässer – ganz kräftig gesündigt. Und was die Schule anbelangt, könnten wir auch nicht das allerbeste Zeugnis ausstellen. Die Wirkung von Pestalozzis neuen Lehren setzte erst im 19. Jahrhundert ein, in einem Zeitabschnitt also, den wir hier nicht mehr betrachteten.[5]

Aber ohne oder auch trotz sehr unzulänglicher Schulung gab es eine Werterziehung, und vielleicht waren uns die Altvordern gerade in diesem Punkt um einiges voraus. Instinktiv haben sie erkannt, dass der Aufbau einer Wertwelt ebenso wichtig, vielleicht noch wichtiger ist als jene der Wissenswelt.

Mit welch unerschöpflicher Fantasie haben sie Leitbilder und Leitideen entwickelt, zum Ausdruck und zur Vorstellung gebracht. Man denke etwa im religiösen Raum an die vorbildlichen Heiligen, an die Darstellungen christlicher Tugenden und im profanen Bereich an die Bilder in den Rathäusern, die zur politischen Erziehung beitragen sollten. Wie eindrücklich waren auch all die Rituale, die halfen, in schwierigen Übergangsstadien die Identität zu finden, sich nicht zu verlieren. Man täusche sich nicht: Es fehlte nicht an Fragen und unendlich grossen Problemen. Unsere Vorfahren mussten sie ohne das umfassende Wissen, das uns seit der Aufklärung zugeflossen ist, zu lösen versuchen. Und sie haben sie auf ihre Weise gelöst: «Sie erreichten generationen-überdauernde Stabilitäten und jahrhundertelang geltende Normen als haltgebende Rahmenbedingungen...»[3] Und mehr als das: Sie wussten im Gegensatz zu uns, dass man sich selbst nur finden und verwirklichen kann, indem man sich selbst entäussert. Sie lebten – oder versuchten es ernsthaft – nach dem Doppelgebot der Liebe: «Du sollst Gott lieben deinen Herrn, von ganzem Herzen und von ganzem Gemüte.» Und gleichzeitig: «Du sollst deinen Nächsten lieben wie dich selbst.»

Ihre Weltanschauung ging, obwohl sie viel weniger wussten vom Bau dieser Welt, räumlich und zeitlich weit über das Ende des irdischen Lebenslaufes hinaus. Sie akzeptierte Sterben und Tod als naturgegebene, selbstverständliche Zäsur. Damit aber war der Blick keineswegs verstellt für das, was nachher kam. Gewiss und ganz selbstverständlich: Auch sie hatten Angst, Angst vor den Gefahren, die alltäglich lauerten, Angst vor Hunger, Pest und Krieg, Angst vor Ernteausfällen und Viehseuchen. Aber eine Weltangst gab es für sie nicht. Diese Angst hatte im Rahmen ihrer Weltanschauung keinen Platz: «Sie schloss alles in sich ein und hob damit alles in sich auf.»[7]

Anhang

Anmerkungen

Vorwort (S. 7–8)

1 Hauser, A. Das Nationalbewusstsein. Sein Werden und Wandel 1941. Derselbe, Bauerngärten der Schweiz, Zürich 1976. Holzfäller und Waldgeister. Der Wald im Spiegel der Sage, Zürich 1980. Mit Waldschritten gemessen. Land und Leute der alten und neuen Schweiz, Zürich 1984.
2 Mattmüller, M. Bevölkerungsgeschichte der Schweiz. 2 Bde. Basler Beiträge zur Geschichtswissenschaft. Basel u. Frankfurt a.M. 1987.
3 Zur Problematik solcher Forschungen hier nur zwei Werke: Ehalt, H.CH. (Hg.), Geschichte von unten. Fragestellungen, Methoden und Projekte einer Geschichte des Alltags. Wien–Köln–Graz 1984. Ferner: Paul, A., Schossig, B. (Hg.) Die andere Geschichte. Geschichte von unten – Spurensicherung – Ökologische Geschichte – Geschichtswerkstätten. Köln 1986.

Umwelt S. 9–24)

1 Bonstetten, K.V. Briefe über ein schweizerisches Hirtenland, Basel 1782. In: Die Schweiz im Lichte der Geschichtsschreibung. Hg. Paul König. Zürich 1966, S. 267.
2 Mannhart, W. Wald- und Feldkult, Berlin 1874 und 1905. Neudruck Darmstadt 1963. Zit. in: Hauser, A. Mit Waldschritten gemessen. Zürich und München 1982, S. 135.
3 Hauser, A. Mit Waldschritten gemessen. S. 135. Dort sind auch weitere Literatur- und Quellenhinweise zu finden.
4 Hauser, A. Mit Waldschritten gemessen, a.a.O. S. 137 und 138.
5 Hegetschweiler, Th. Untersuchungen über die Entwicklung der schweizerischen Bannwälder. ETH Diplomarbeit (unveröffentlicht) 1976, S. 15 ff.
6 Simler, J. Die Alpen, übers. A. Stern, München 1931, S. 163 ff. Zehnder, Volkskundliches in der älteren schweizerischen Chronistik, Basel 1976, S. 38.
7 Lutz, A. Die Zürcher Jagd. Zürich 1963, S. 112.
8 Hauser, A. Wirtschaftsgeschichte der Gemeinde Wädenswil 1956. S. 22.
9 Lutz, A. Die Zürcher Jagd a.a.O. S. 118–120.
10 Hauser, A. Waldgeister und Holzfäller. Der Wald in der schweizerischen Volkssage. Zürich 1980, S. 85.
11 Campell, U. Anhang zur Topographie von Graubünden, hg. F. Schiess, Chur 1900, zit. von Zehnder a.a.O. S. 348.
12 Erlebte Landschaft. Eine landeskundliche Anthologie, hg. E. Egli, Zürich 1943, S. 5.
13 Cysat, R. Collectanea, 4 Bde, Luzern 1972 ff. S. 46, 560. Zehnder a.a.O. S. 17, Anm. 100.
14 Meyer, W. Hirsebrei und Hellebarde. Olten und Freiburg i.Br. 1985, S. 21.
15 Weiss, R. Das Alpenerlebnis in der deutschen Literatur des 18. Jahrhunderts, Horgen–Zürich und Leipzig 1938, S. 6.
16 Zinsli, P. Walser Volkstum. Frauenfeld und Stuttgart 1968, S. 329.
17 Zinsli, P. Grund und Grat. Bern o.J., S. 216 ff. Dazu neuerdings u.a. Zihlmann, J. Namenlandschaft im Quellgebiet der Wigger. Hitzkirch 1984.
18 Zinsli, P. Grund und Grat a.a.O. S. 216 ff.
19 Zinsli, Grund und Grat a.a.O. S. 227.
20 Zinsli, Grund und Grat a.a.O. S. 229.
21 Zinsli, Grund und Grat a.a.O. S. 233.
22 Zinsli, Grund und Grat a.a.O. S. 234.
23 Aussage von R. Cysat um 1600, zit. Zinsli, Grund und Grat a.a.O. S. 237.
24 Pfister, Ch. Das Klima der Schweiz, 2. Bd., S. 99.
25 Siegrist, J.J. Rupperswil, ein aargauisches Bauerndorf im Mittelalter und in der frühen Neuzeit. Aarau 1971, S. 80.
26 Pfister, Ch. Klimageschichte, 2. Bd., S. 49.
27 Suter, E. Wasser und Brunnen im alten Zürich. Zürich 1981, S. 84.
28 Sutter, E. Wasser und Brunnen, a.a.O. S. 88.
29 Dirlmeier, U. Trinkwasserversorgung und Abfallbeseitigung, in: Mensch und Umwelt im Mittelalter, Stuttgart 1986, S. 152 ff.
30 Idiotikon, Bd. 7, Spalte 1482.
31 Idiotikon, Bd. 4, Spalten 949–953. Vergl. dazu auch die Arbeit von Zihlmann, J. Wasserlandschaft im Quellgebiet der Wigger. Hitzkirch 1984. Dort sind auf S. 314 wegweisende Hinweise zum Namen Rotbach.
32 Rutishauser, J. Die Namen der laufenden Gewässer im Bezirk Winterthur. Winterthur 1967, S. 111–112.
33 Rutishauser a.a.O. S. 112.
34 Hauser, A. Bauernregeln. Zürich und München 1973, S. 140.
35 Hauser, A. Bauernregeln a.a.O. S. 371.
36 Hauser, A. Bauernregeln a.a.O. S. 371.
37 Hauser, A. Bauernregeln a.a.O. S. 102.
38 Hauser, A. Bauernregeln a.a.O. S. 103.
39 Hauser, A. Bauernregeln a.a.O. S. 422.
40 Hauser, A. Bauernregeln a.a.O. S. 422.
41 Simler, J. Die Alpen 1574. Übersetzt von Alfred Stern, München 1931, S. 28.
42 Hauser, A. Bauernregeln a.a.O. S. 69 ff.
43 Pfister, Ch. Klimageschichte der Schweiz. Bern 1984. 1. Bd., S. 22.
44 Pfister, Ch. Klimageschichte, 1. Bd., S. 155 und 156.
45 Lüthi, M. Aspekte der Blüemlisalpsage. Schweiz. Archiv für Volkskunde, 76. Jahrgang. Basel 1980, Heft 1–2, S. 229.
46 Pfister, Klimageschichte a.a.O. 1. Bd., S. 22.
47 Pfister, Ch. und Thut, W. Haushalterischer Umgang mit Boden. Erfahrungen aus der Geschichte. Nationales Forschungsprogramm 7. Universität Bern 1986, S. 8.
48 Darüber Näheres bei Hauser, A. Wald und Feld in der alten Schweiz. Zürich 1972, S. 162 ff.
49 Pfister, Ch. und Thut, W. Umgang mit Boden a.a.O. S. 10.
50 Pfister, Ch. und Thut, W. Umgang mit Boden a.a.O. S. 15.
51 Hauser, A. Güllewirtschaft und Stallmist – zwei grosse Erfindungen der Landwirtschaft. Publiziert in «Schweizerische landwirtschaftliche Forschung», 13. Bd., Heft 1/2, 1974, S. 15–26.

Raum und Zeit (S. 25–32)

1 Gurjewitsch, A. Das Weltbild des mittelalterlichen Menschen. München 1962, S. 28.
2 Dubler, A. Masse und Gewichte im Staat Luzern und in der Alten Eidgenossenschaft. Luzern 1975, S. 13 ff.
3 Dubler, A. Masse und Gewichte a.a.O. S. 24.
4 Zentralbibliothek Luzern. Sammelband aus St. Urban, 14. Jahrhundert. Msc 19. Alltag zur Sempacherzeit, Luzern 1986, S. 162.

5 Imhof, A.E. Die verlorenen Welten. München 1985, S. 198.
6 Victring, J. 1443. Liber certarum historiarum. Hg. J.F. Böhmer. Übers. W. Friedensberg, Leipzig 1885, S. 264, sowie Zehnder a.a.O. S. 48*.
7 Kessler, J. Sabbata. Hg. E. Egli und R. Schoch. St. Gallen 1902, S. 136, Zehnder a.a.O. S. 581.
8 Zehnder a.a.O. S. 582, Anmerkung 6.
9 Rehermann, E.H. Das Predigtexempel bei protestantischen Theologen des 16. und 17. Jahrhunderts. Göttingen 1977, S. 96. Ferner Pfister, R. Kirchengeschichte der Schweiz, 2. Band, S. 592 und 595.
10 Pfister a.a.O. S. 595.
11 Moser-Rath, E. Die Schweizer in der deutschen Schwankliteratur. Schweiz. Archiv für Volkskunde, 62. Jahrgang. Basel 1966, I/II, S. 12.
12 Moser-Rath, a.a.O. S. 12.
13 Platter, F. Tagebuch. Hg. Valentin Lötscher, Basel und Stuttgart 1976. S. 9 und S. 13.
14 Denecke, D. Strasse und Weg im Mittelalter als Lebensraum. In: Mensch und Umwelt im Mittelalter. Hg. B. Herrmann, Stuttgart 1986, S. 216 und S. 217. Ohler, N. Reisen im Mittelalter. München und Zürich 1986, S. 138.
15 Denecke, a.a.O. S. 220.
16 Die Karte wird in der Zentralbibliothek Zürich unter dem Kennzeichen Ms XI. 301 aufbewahrt.
17 Kaiser, D. Fast ein Volk von Zuckerbäckern? Zürich 1965, S. 65 ff.
18 Kaiser a.a.O. S. 28.
19 Aerni, K. Die Entwicklung des Gemmipasses. Schweizerische Zeitschrift für Geschichte 29. 1979 No. 1, Basel 1979, S. 77.
20 Gasser, M. Zürich von aussen gesehen. Zürich 1973, S. 21.
21 Ratsbüchlein 10, 12, 33, Zehnder, S. 200.
22 Fallet-Scheurer. Die Zeitmessung im alten Basel. Basel 1915, S. 237, sowie Hauser, A. Vom Essen und Trinken im alten Zürich, S. 69 und Zehnder, L. Volkstümliches in der älteren schweizerischen Chronistik, Basel 1976, S. 58.
23 Cipolla, C.M. Clocks and culture 1300–1700. London 1967, S. 44.
24 Wurstisen, Chr. Beschreibung des Basler Münsters. Hg. R. Wackernagel 1888, Bd. 2, S. 421, Zehnder S. 59 und S. 60, Anm. 4.
25 Borst, O. Alltagsleben im Mittelalter. 1983, S. 342 ff.
26 Zehnder, S. 60*.
27 Zehnder, S. 60*.
28 Rosenfeld, H. Kalender, Einblattdruck, Bauernkalender und Bauernpraktik. Bayerisches Jahrbuch für Volkskunde, Würzburg 1962. S. 7, sowie Hauser, A. Bauernregeln. Zürich und München 1973, S. 23 ff.
29 Hauser, A. Bauernregeln. Zürich 1973. S. 68 ff.
30 Hauser, A. Bauernregeln a.a.O. S. 70 ff.
31 Handwörterbuch des deutschen Aberglaubens VI, S. 443 und Zehnder, S. 447.
32 Stockar, H. Chronik von 1520–1529. Hg. K. Schib, 1949, S. 65 sowie Zehnder, S. 447.
33 Hauser, A. Bauernregeln a.a.O., S. 35.
34 Braun, R. Das ausgehende Ancien Régime der Schweiz. Göttingen und Zürich 1984, S. 131.
35 Rousseau, J.J. Emile oder über die Erziehung. Aus dem Französischen übersetzt von H. Denhardt, Leipzig 1945, S. 315–440.
36 Wendorf, R. Zeit und Kultur. Geschichte des Zeitbewusstseins in Europa. Opladen 1980, S. 284.

Arbeiten (S. 33–47)

1 Schweizerisches Idiotikon, Wörterbuch der schweizerdeutschen Sprache. Frauenfeld 1889 ff., I. Bd. Sp. 422.
2 Schweizerisches Idiotikon, I. Bd. Sp. 423.
3 Schweizerisches Idiotikon, I. Bd. Sp. 423.
4 Schweizerisches Idiotikon, I. Bd. Sp. 425.
5 Borst, O. Alltagsleben im Mittelalter. 1983, S. 337.
6 Cysat, R. Collectanea, I. Bd. S. 249.
7 Hauser, A. Waldgeister und Holzfäller. Zürich 1980. S. 67.
8 Braudel, F. Der Alltag. Sozialgeschichte des 15.–18. Jahrhunderts. München 1985. S. 362.
9 Cysat, R. Collectanea, 4. Bd. 3. Teil, S. 249.
10 Bild Silberisen aus Gessler, E.A. Schweiz. Bilderchroniken, Zürich 1941, Abbildung 196.
11 Wildhaber, R. Beiträge zur Volkskunde Graubündens. Schriftenreihe des rhätischen Museums Chur Nr. 26, Chur 1982, S. 40.
12 Maissen, A. Werkzeuge und Arbeitsmethoden des Holzhandwerks in Romanisch Bünden. Erlenbach Zürich 1943, S. 108.
13 Gessler, E.A. Bilderchroniken Zürich 41, Abb. 8–11.
14 Schmidt, G.C.L. Der Schweizer Bauer im Zeitalter des Frühkapitalismus. Bern, Leipzig 1932, I. Bd. S. 38.
15 Luzerner Chronik des Diebold Schilling. 1512/13. Reproduziert in «Alltag zur Sempacherzeit». Luzern 1986, Abb. 163.
16 Holzer, R. Beschreibung des Amtes Laupen 1779, hg. von H.A. Michel, Bern 1984, S. 95.
17 Mannhardt, W. Die Antworten auf die Umfrage. Schweiz. Archiv für Volkskunde, 67. Jahrgang, Basel 1971, Heft 1/3, S. 324. Vergleiche dazu meinen Aufsatz, Bäuerliches Brauchtum im Wandel der Zeit in «Mit Waldschritten gemessen». Zürich 1984, S. 255.
18 Sigg, O. Zunftherrlichkeit 1336–1798, in: «650 Jahre Zürcher Zünfte», Zürich 1986, S. 14.
19 Sigg, a.a.O. S. 14.
20 Sigg, O. 650 Jahre Zürcher Zünfte, a.a.O. S. 24.
21 Sigg, a.a.O. S. 27.
22 Lutz, A. Handwerkslehre und Handwerksgerichte im alten Zürich. Zürcher Taschenbuch 1962, Zürich 1961, S. 35 ff. Vergleiche dazu auch Braun, W. Ancien Régime, a.a.O. S. 169.
23 Lüthy, H. Nochmals: Calvinismus und Kapitalismus. Über die Irrwege einer sozialhistorischen Diskussion. In: Schweiz. Zeitschrift für Geschichte. 11/1961.2. S. 145.
24 Zwingli, U. Eine Auswahl seiner Schriften. Zürich 1918, S. 263. Sowie: Braun, R. Industrialisierung und Volksleben, 1. Bd. a.a.O. S. 182.
25 Hauser, A. Zur Geschichte der Kinderarbeit in der Schweiz. ETH, Kultur- und staatswissenschaftliche Schriften. Heft 94, Zürich 1956, S. 5.
26 Braun, R. Industrialisierung und Volksleben, 1. Bd. S. 184.
27 Hirzel, J.C. Beantwortung der Frage: Ist die Handelsschaft unserem Lande schädlich oder nützlich. Zürich 1792, S. 105 ff.
28 Hirzel, S. 105, zit. von Braun, R. Industrialisierung und Volksleben, S. 186 und 187.
29 Braun, R. Industrialisierung und Volksleben a.a.O. S. 187.
30 Braun, R. Das ausgehende Ancien Régime. Zürich 1984. S. 110.
31 Braun, R. Ancien Régime, a.a.O. S. 133.
32 Bonstetten, K. von. Briefe über die italienischen Ämter, 1. Teil, Ascona 1982, S. 43. Braun, Ancien Régime, zit. S. 133.
33 Ebel, J.G. Schilderung der Gebirgsvölker, Bd. 2, S. 272, und Braun zit. Ancien Régime, S. 133.
34 Braun, Ancien Régime, a.a.O. S. 135.
35 Protokoll der ökonomischen Kommission 1785, Staatsarchiv Zürich, B IX/62, S. 109 und S. 90, zit. Hauser, Wirtschaftsgeschichte der Gemeinde Wädenswil, S. 75.
36 Meiners, C. Briefe über die Schweiz. Tübingen, 1791. S. 57.
37 Peyer, H.C. Von Handel und Banken im alten Zürich, Zürich 1968, S. 117.
38 Vergl. dazu etwa Lüthy, H. La banque protestante en France. Paris 1959, S. 40 ff.
39 Hauser, A. Vom Essen und Trinken a.a.O. S. 144 ff.
40 Hauser, A. Vom Essen und Trinken a.a.O. S. 167 ff.

Wohnen (S. 49–77)
Hausentwicklung und Wohnkosten (S. 49–51)

1 Weiss, R. Häuser und Landschaften. Erlenbach Zürich 1959, S. 134 sowie 132.
2 Chronik des Diebold Schilling. ZBL. fol. 112 r.
3 Cysat, R. Collectanea, I. Band, Luzern 1972, 3. Teil, S. 396 und S. 18.
4 Steiner, W. Chronik 1532/1536, Helvetia 7, 1832, S. 228. Zehnder, Volkskundliches

in der älteren schweizerischen Chronistik, zitiert S. 15.

5 Anshelm, V. 1529–1547. Die Berner Chronik des Valerius Anshelm, hg. vom historischen Verein des Kantons Bern. Bern 1884–1901. II. Band, S. 340, ferner: Zehnder, L. Volkskundliches a.a.O. S. 16.
6 Bonstetten, A. Beschreibung der Schweiz, hg. v. A. Büchi 1893, S. 254.
7 Vadian. (J. v. Watt) Deutsche Hist. Schriften, Hg. v. E. Götzinger 1. Bd., S. 260, ferner: Zehnder, S. 18.
8 Weiss, R. Häuser und Landschaften, S. 35–62.
9 Dirlmeier, U. Untersuchungen zu Einkommensverhältnissen und Lebenshaltungskosten in Oberdeutschen Städten des Spätmittelalters. Dissertation Heidelberg 1978, S. 239.
10 Arnold, W. Zur Geschichte des Eigentums in den deutschen Städten. Basel 1861, S. 2.
11 Geering, T. Handel und Industrie in der Stadt Basel 1886, S. 262.
12 Welti, F.E. Das Tellbuch der Stadt Bern aus dem Jahre 1448. Bern 1936, S. 443.
13 Ammann, H. Schaffhauser Wirtschaft im Mittelalter. Thayngen 1948, S. 230 und S. 231.
14 Stadtbücher Zürich, Band I, S. 188. Dirlmeier S. 24.
15 Platter, Th. und F. Zur Sittengeschichte des 16. Jahrhunderts, bearbeitet von H.R. Boos. Leipzig 1878, S. 97. Dirlmeier S. 243.
16 Platter a.a.O. S. 44, 48, 67, 68, 93, 94. Dirlmeier S. 247.
17 Dirlmeier, S. 252.
18 Kessler, J. Sabbata, hg. vom Historischen Verein des Kantons St. Gallen, St. Gallen 1920, S. 520, Dirlmeier, Untersuchungen a.a.O. S. 253.
19 Dirlmeier, Untersuchungen a.a.O. S. 254.
20 Dirlmeier, Untersuchungen a.a.O. S. 253.
21 Stadtbücher Zürich, Band II, S. 340, Dirlmeier S. 255.
22 650 Jahre Zürcher Forstgeschichte. Zürich 1983. Band I, S. 345.
23 Wullschleger, E. Forstliche Erlasse der Obrigkeit im ehemals Bernischen Unteraargau, Birmensdorf 1981, S. 153.
24 Jezler, Ch. Freye Gedanken über die Beschaffenheit unseres Waldswesens. Aufgesetzt 1770. Gedruckt Schaffhausen 1948, S. 194.
25 Dirlmeier, Untersuchungen, a.a.O. S. 253.
26 Bonstetten, a.a.O. S. 254 und 232. Zehnder, a.a.O. S. 15.
27 Zehnder, a.a.O. S. 16.
28 Piccolomini, Aeneas Sylvius, 1434–1438. In: A. Hartmann, Basel in alten Stadtbildern und den Beschreibungen des Aeneas Sylvius. Mit einer Einführung von Edgar Bonjour. Basel 1951, S. 38 ff. Zehnder a.a.O. S. 17.
29 Stumpf, Johann. Gemeiner loblich Eydgnoschaft Stetten, landen völckeren Chronickwirdiger thaaten beschreybung, Zürich 1548. Band II, S. 191. Zehnder, S. 19.

Stube (S. 51–58)

1 Hähnel, J. Stube. Wort- und sachgeschichtliche Beiträge zur historischen Hausforschung, Münster 1975, S. 166.
2 Vergleiche dazu die Belege im einzelnen bei Hähnel a.a.O., S. 168 ff.
3 Campell, U. Raetiae alpestris topographica descriptio, 1571 Basel (Hg. von J.C. Kind, 1884); ferner Weiss, R. Häuser und Landschaften a.a.O., S. 144.
4 Meyer von Knonau, Ludwig. Canton Zürich, Band I, S. 232. Weiss, R. Häuser und Landschaften a.a.O. S. 340.
5 Rechtsquellen des Kantons St. Gallen. Öffnungen und Hofrechte, Bd. I, S. 227. Ferner Hähnel a.a.O. S. 167.
6 Idiotikon, Bd. X, Sp. 1103.
7 Weiss, Häuser und Landschaften, a.a.O. S. 147.
8 Weiss, Häuser und Landschaften, a.a.O. S. 146.
9 Idiotikon, Bd. IX, Sp. 1689.
10 Weiss, R. Häuser und Landschaften a.a.O. S. 126.
11 Tauber, J. Herd und Ofen im Mittelalter. Untersuchungen zur Kulturgeschichte im archäologischen Material vornehmlich der Nordwestschweiz (14. Jahrhundert), Olten und Freiburg i.Br. 1980.
12 Tauber, J. Herd und Ofen, a.a.O. S. 404.
13 Tauber, J. Herd und Ofen, a.a.O. S. 394.
14 Tauber, J. Herd und Ofen, a.a.O. S. 401 und S. 403.
15 Wackernagel. Altes Volkstum a.a.O. S. 77.
16 Tauber, J. Herd und Ofen, a.a.O. S. 402.
17 Platter, a.a.O. S. 68, vergleiche auch Dirlmeier, a.a.O. S. 259.
18 Zweifel-Wildberger, R. Die Erfindung des Komforts, in: «Stoffe und Räume». Langenthal 1986, S. 52.
19 Predigerkloster Bern 1414, Tschachtlan Chronik. Nr. 25, in E.A. Gessler, Bilderchroniken.
20 Ratsstube Stans, Luzerner Schilling: Gessler, E.A. Bilderchroniken Nr. 127. Ratstube Luzern, Luzerner Schilling: Gessler, E.A. Bilderchroniken Nr. 136.
21 Abbildung Meyer, W. Hirsebrei a.a.O. S. 185.
22 Vergleiche dazu das Bild bei Meyer, W., S. 186.
23 Schwarz, D. Die Kultur der Schweiz, Zürich 1967, S. 218.
24 Vuilleumier-Kirschbaum, P. Textile Wandbespannungen in der Schweiz. In: Stoffe und Räume. Langenthal 1956, S. 26.
25 Stoffe und Räume a.a.O. S. 27 und S. 28.
26 Stoffe und Räume a.a.O. S. 26.
27 Stoffe und Räume, a.a.O. S. 31.
28 Stoffe und Räume, farbiges Bild auf S. 30.
29 Stoffe und Räume, a.a.O. S. 33.
30 Stoffe und Räume, a.a.O. S. 35.
31 Stoffe und Räume, a.a.O. S. 109.
32 Rapp, A. Tischtücher – die Kleider der Tafel. In: Stoffe und Räume, Langenthal 1986, S. 38.
33 Stoffe und Räume, a.a.O. S. 39.
34 Stoffe und Räume, a.a.O. S. 39.
35 Bild des Hans Klüber 1559. Öffentl. Kunstslg. Basel, abgebildet: Stoffe und Räume, a.a.O. S. 40.
36 Hauser, A. Vom Essen und Trinken im alten Zürich 1973, S. 74.
37 Stoffe und Räume, a.a.O. S. 48.
38 Sigerist, D. Wohnkultur in Schaffhausen. Die Bürgerstuben im Museum zu Allerheiligen. In: Unsere Kunstdenkmäler, 1986, Nr. 2, S. 136.
39 Trachsler, W. Stadtzürcher Wohnräume und Möbel des 18. Jahrhunderts. Zürcher Taschenbuch auf das Jahr 1984, S. 75.
40 Vgl. dazu im Einzelnen die Entwicklung von Täfer und Decke bei Trachsler a.a.O. S. 76.
41 Vergleiche dazu die Abbildung 14, in: W. Trachsler, Stadtzürcherische Wohnräume, S. 84.
42 Staatsarchiv Zürich. D IX 63, S. 196 und B X 39, S. 7.
43 Meiners, C. Briefe über die Schweiz, erster Teil, Berlin 1784, S. 69.
44 Coxe, W. Briefe über den natürlichen, bürgerlichen, politischen Zustand der Schweiz. Zürich 1791, II. Band. S. 37.
45 Hunziker, O. Die Unruhen im Kanton Zürich. Quellen zur Schweizergeschichte, Band 17, Basel 1897, S. 369. Zitiert: Hauser, A. Wirtschaftsgeschichte der Gemeinde Wädenswil, S. 72.
46 Vergleiche dazu das Bild im Band: Zürich, Konturen eines Kantons, S. 79.
47 Sigerist, D. Wohnkultur in Schaffhausen, a.a.O. S. 139.
48 Campell, C. Die Engadiner Stube. Zürich 1968, S. 41, und Trachsler, W. Das Bündner Möbel. In: Das Rhätische Museum. Ein Spiegel von Bündens Kultur und Geschichte. Chur 1979, S. 292 ff.

Küche (S. 58–61)

1 Tauber, J. Herd und Ofen im Mittelalter. Schweizer Beiträge zur Kulturgeschichte und Archäologie des Mittelalters. Band VII, Olten und Freiburg im Breisgau 1980, S. 143–145 und 364–384.
2 Alltag zur Sempacherzeit. Luzern 1986, S. 237. Bild 327a.
3 Alltag zur Sempacherzeit a.a.O. S. 238, Bild Nr. 327c, sowie Furrer, E. Die Bauernhäuser des Kantons Uri. In: Die Bauernhäuser der Schweiz, Band XII, Basel 1985, S. 212, Abb. 482.
4 Alltag zur Sempacherzeit, S. 238, Abb. 329.
5 Alltag zur Sempacherzeit, S. 239, Abb. 331.
6 Luzerner Schilling. Fol. 43r. In: Alltag zur Sempacherzeit. S. 242, Abb. 337b.
7 Schnyder, R. Keramik des Mittelalters. (Aus dem Schweiz. Landesmuseum, 30) Bern 1972, S. 16 und Abb. 4. Ferner: Alltag zur Sempacherzeit, S. 244, Abb. 341 und 244.
8 Farbige Abbildung 327b, auf S. 230, Alltag zur Sempacherzeit.

9 Gschwend, M. Die Bauernhäuser des Kantons Tessin, Basel 1982, II. Band, S. 172.
10 Gschwend, M. a.a.O. Bd. 1, S. 165.
11 Weiss, Häuser und Landschaften, S. 138.
12 Zürich, Konturen eines Kantons, a.a.O. S. 74.
13 Unsere Kunstdenkmäler, 1986 Nr. 2. S. 139.
14 Simonett Ch., Die Bauernhäuser des Kantons Graubünden, Bd. I, Basel 1965, S. 215.
15 Simonett, Bauernhäuser Graubünden, Bd. II, S. 84.

Schlafstube (S. 61–64)

1 Abbildung in: Meyer, Hirsebrei, a.a.O. S. 216.
2 Idiotikon Band X, Spalte 1103, Urkunde Zürich 1472.
3 Weiss, Häuser und Landschaften, S. 140 und 142.
4 Simonett, Ch. Bauernhäuser Graubünden, Band I, S. 62 und S. 109.
5 Idiotikon Band II, Spalte 563, sowie Brunner-Littmann B. Textile Bettgeschichten. In: Stoffe und Räume a.a.O. S. 57.
6 Idiotikon, IV. Bd., Spalte 1811.
7 Stoffe und Räume, a.a.O. S. 57, Bild.
8 Stoffe und Räume, a.a.O. Bild v. H. Murer, S. 58.
9 Stoffe und Räume, a.a.O. S. 58.
10 Stoffe und Räume, a.a.O. S. 59.
11 Stoffe und Räume, a.a.O. S. 59.
12 Stoffe und Räume, a.a.O. S. 59.
13 Stoffe und Räume, a.a.O. S. 60.
14 Stoffe und Räume, a.a.O. S. 60.
15 Stoffe und Räume, a.a.O. S. 62.
16 Renfer, Ch. Die Bauernhäuser des Kantons Zürich, Bd. 1, S. 556.
17 Stoffe und Räume, a.a.O. S. 60.
18 Stoffe und Räume, a.a.O. S. 60 Bild.
19 Das erste Beispiel, Bild auf S. 60, in: «Stoffe und Räume», schwarz-weiss. Das zweite Beispiel auf S. 61.
20 Stoffe und Räume, a.a.O. S. 65. Farbiges Bild.
21 Stoffe und Räume, a.a.O. S. 63.
22 Stoffe und Räume, a.a.O. S. 65.

Beleuchtung (S. 64–65)

1 Schneider, J. Zürichs Weg zur Stadt; archäologische Befunde zur frühen Stadtgeschichte (7.–13. Jahrhundert), in: Nobile uregum multarum copia rerum, drei Aufsätze zum mittelalterlichen Zürich, hg. v. J. Schneider. S. 3–37, Zürich 1982.
2 Michel, R. Die Beleuchtung des Bürgerhauses im Spätmittelalter am speziellen Beispiel einiger Schweizer Städte. Lizenziatsarbeit, 1985, Zürich, S. 2 ff.
3 Er befindet sich heute im Historischen Museum von Olten. Michel, a.a.O. S. 45 und S. 123.
4 Michel, R. S. 129.
5 Landesmuseum Zürich, Inventar Nr. 6369. Foto des Museums, Negativ-Nr. 46254.
6 Michel, R. a.a.O. S. 45.
7 Michel, R. a.a.O. S. 53.
8 Michel, R. a.a.O. S. 57.
9 Michel, R. a.a.O. S. 69. Katalog Sempach S. 253–254. Lichtspanhalter: Hohle Eich. Leuchtermännchen aus Holz, Horn und Eisen von 1642: im Historischen Museum in Bern. Foto Nr. Negativ 1250. Leuchterweibchen aus dem Redinghaus Schwyz, jetzt LMZ Foto Nr. Negativ 29623.
10 Michel, R. S. 29 und S. 33.
11 Michel, R. a.a.O. S. 5, Abb. 7.
12 Hauser, A. Vom Essen und Trinken im alten Zürich a.a.O. S. 144/145.

Badstube und heimlicher Ort (S. 66–67)

1 Idiotikon, Band X, Spalte 1139.
2 Hähnel, Stube a.a.O. S. 92.
3 Alltag zur Sempacherzeit, Katalog Luzern 1986 a.a.O., S. 110.
4 Hähnel, Stube, S. 78.
5 Idiotikon, Band VII, Spalte 1698, Hähnel, S. 80.
6 Hähnel, a.a.O. S. 79.
7 Hähnel, a.a.O. S. 79.
8 Idiotikon, Band IX, Spalte 1653.
9 Idiotikon, Band X, Spalte 1147.
10 Meyer, W. Hirsebrei, S. 98.
11 Mensch und Umwelt im Mittelalter, a.a.O. S. 156.
12 Anderegg, J.P. Die Bauernhäuser des Kantons Freiburg, Band I, S. 280.
13 Renfer, Ch. Die Bauernhäuser des Kantons Zürich, Band I, Basel 1982, S. 541, dort auch Bilder S. 554.

Waschhäuser, Speicher und Stöckli (S. 68–71)

1 Simonett, Bündner Bauernhäuser Band II, S. 107 und Brunner, Luzerner Bauernhäuser, S. 326.
2 Renfer, a.a.O. Band I, S. 645.
3 Abbildung Nr. 1415, Renfer, Band I, S. 648.
4 Simonett, Band II, S. 107 (Bild 306).
5 Simonett, Bd. II, S. 107.
6 Gotthelf, J. Anne Bäbi Jowäger, Erlenbach, Zürich und Stuttgart 1963, S. 429.
7 Felber, J.K. Luzerner Speicher aus dem Amte Willisau, Bern 1951, S. 6.
8 Weiss, R. Häuser und Landschaften, S. 262.
9 Ramseyer, R. Das altbernische Küherwesen. Bern 1961, S. 180 und 181.
10 Vischer, A.L. Das bernische Stöckli. Bern 1959, S. 14. Laedrach, W. Das bernische Stöckli. Berner Heimatbücher 1951, S. 3 ff.
11 Hauser, A. Der Familienbetrieb in der Schweizerischen Landwirtschaft. In: Mit Waldschritten gemessen a.a.O. S. 174.
12 Hauser, A. Mit Waldschritten gemessen a.a.O. S. 188.
13 Vischer, a.a.O. S. 39.
14 Vischer, a.a.O. S. 19.

Die geistige Hauskultur (S. 71–73)

1 Renner, E. Goldener Ring über Uri. Zürich 1941, S. 185–208.
2 Simonett, Bd. II, S. 132.
3 Simonett, Bd. II, S. 193.
4 Brunner, Luzerner Bauernhäuser, S. 406 und 410.
5 Simonett, II, S. 193.
6 Simonett, II, S. 194.
7 Simonett, II, S. 194.
8 Simonett, II, S. 195.
9 Brunner, Luzerner Bauernhäuser, a.a.O. S. 404.
10 Simonett, II, S. 195.
11 Simonett, II, S. 198.
12 Simonett, I, S. 202.
13 Brunner, S. 405 für ältere Beispiele: geweihte Palmen usw. Zehnder, S. 447. Weitere Beispiele im Kapitel Volksglauben.
14 Dieses Pergament wird im schweiz. Landesmuseum aufbewahrt. Signatur LM 24097. Abb.: Alltag zur Sempacherzeit, S. 53.
15 Brunner, Luzerner Bauernhäuser, a.a.O. S. 407.
16 Über diese Erscheinung siehe 3. Bd. der Urnersagen Nr. 1320, 1325 und 1327, in: Sagen aus Uri, gesammelt von J. Müller, 3 Bände, Basel 1978, S. 196–201.
17 Locher, P.Th. Bindung und Freiheit im bäuerlichen Leben. ETH-Dissertation 1978, S. 52.
18 Moser-Rath, E. Familienleben im Spiegel der Barockzeit, in: Daphnis, 10–81 S. 57–59.
19 Moser-Rath, E. Lustige Gesellschaft, Stuttgart 1984, S. 104.
20 Cysat, R. Collectanea, 4. Band, III. Teil, S. 242.
21 Gasser, M. Zürich von Aussen gesehen, a.a.O. S. 201.
22 Ruchat, A. Les Délices de la Suisse, Leiden 1714, S. 75.
23 Gotthelf, J. Anne Bäbi Jowäger, Ausgabe von 1963, S. 523.

Wohnen im Garten (S. 74–77)

1 Grimm, J. und W. Deutsches Wörterbuch, 4. Band, 1. Abteilung, Leipzig 1878, Spalte 13.
2 Idiotikon, Bd. 2, Sp. 518.
3 Bader, K.S. Rechtsformen und Schichten der Liegenschaftsnutzung im mittelalterlichen Dorf. Graz und München 1973, S. 67 und S. 37.
4 Das Bild befindet sich heute im Landesmuseum. Vergl. dazu Heyer, H.R. Historische Gärten der Schweiz, Zürich 1980, S. 49.
5 Heyer, H.R. Historische Gärten a.a.O. S. 46.
6 Heyer, H.R. Historische Gärten a.a.O. S. 49–53.
7 Heyer, H.R. Historische Gärten a.a.O. S. 67.

8 Hauser, A. Bauerngärten der Schweiz, Zürich 1976, S. 39.
9 Heyer, H.R. Historische Gärten a.a.O. S. 54. Vergl. dazu unsere Ausführungen in den Kapiteln Sport und Spiel.
10 Heyer, H.R. Historische Gärten a.a.O. S. 58.
11 Heyer, H.R. Historische Gärten, Bild auf S. 57.
12 Hauser, A. Bauerngärten a.a.O. S. 17.

Ernährung (S. 79–110)
Nahrungsmittel und Lebenshaltung (S. 79–101)

1 Wiswe, H. Kulturgeschichte der Kochkunst. München 1970. S. 59 und ffe.
2 Heinrich von Laufenberg. Versehung des Leibs. Augsburg 1491, S. h.
3 Hauser, A. Zur Entstehung und Charakteristik einer Zürcher Handschrift des 15. Jahrhunderts, in «Zürcher Taschenbuch auf das Jahr 1978», Zürich, S. 29.
4 Tacuinum sanitatis. Das Buch der Gesundheit. Herausgegeben in Mailand 1973, ins Deutsche übertragen München 1976, S. 30.
5 Wäckerlin-Swiagenin, K. Der Schüpfheimer Codex, ein Medizinalbuch aus dem 2. Viertel des 15. Jahrhunderts. Aarau 1976, S. 37.
6 Teuteberg, H.J. und Wiegelmann, G. Der Wandel der Nahrungsgewohnheiten unter dem Einfluss der Industrialisierung. Göttingen 1973, S. 29.
7 Hauser, A. Vom Essen und Trinken im alten Zürich, S. 115.
8 Vergleiche dazu: Die Darstellung über die Hausväterliteratur in Hauser, A. Wald und Feld, S. 123.
9 Staindl, B. Ein sehr künstliches und nützliches Kochbuch. Augsburg 1568. Faksimiledruck Zürich, Stocker 1979.
10 Ein sehr künstliches und nützliches Kochbuch. Kommentar von Hauser, A., bei Stocker, Dietikon, Zürich 1979.
11 Wiswe, a.a.O. S. 72.
12 Wiswe, a.a.O. S. 72.
13 Hauser, A. Vom Essen und Trinken im alten Zürich, S. 75.
14 Lössi, H. Sprichwörter, S. 173.
15 Idiotikon, Bd. 11, Spalte 1368, und Idiotikon, Bd. 1, Spalte 700.
16 Hauser, A. Vom Essen und Trinken im alten Zürich, S. 73.
17 Dirlmeier, U. Untersuchungen zu Einkommensverhältnissen und Lebenshaltungskosten in oberdeutschen Städten des Spätmittelalters. Heidelberg 1978. Tabelle auf Seite 320.
18 Dirlmeier a.a.O. S. 325.
19 Dirlmeier a.a.O. S. 325 und 327, 366, 369, 394, 400 und 402.
20 Stat. Erhebungen a.a.O. S. 90.
21 Dirlmeier a.a.O. S. 328 und 329, Tabelle 4.
22 Siegrist, H.J. Rupperswil. Ein aargauisches Bauerndorf 1971, Bd. 1, S. 263.
23 Dirlmeier a.a.O. S. 296.
24 Statistische Erhebungen und Schätzungen über Landwirtschaft und Ernährung. Brugg 1985, S. 116.
25 Teuteberg, H.J. Wandel und Ernährungsgewohnheiten 1972, S. 101.
26 Dirlmeier a.a.O. S. 304 und S. 315.
26a Dirlmeier a.a.O. S. 314.
27 Dirlmeier a.a.O. S. 314. Fussnote 109.
28 Dirlmeier a.a.O. S. 357.
29 Dirlmeier a.a.O. S. 358, Tabelle 17.
30 Dirlmeier a.a.O. S. 361.
31 Statistische Erhebungen und Schätzungen. Brugg 1985, S. 125.
32 Rennefahrt, H. Geschichte der Rechtsverhältnisse des Inselspitals von Bern. Bern 1954, S. 53.
33 Dirlmeier a.a.O. S. 310.
34 Dirlmeier a.a.O. S. 311.
35 Dirlmeier a.a.O. S. 312.
36 Ammann, H. Mittelalterliche Wirtschaft im Alltag. Aarau 1942/54, Quellen Bd. 1, S. 56, 158 und 211.
37 Wackernagel, R. Geschichte der Stadt Basel. Basel 1968 (Neudruck), Bd. 1, S. 487.
38 Dirlmeier a.a.O. S. 313, Fussnote 100.
39 Hinweise für Brot bei Dirlmeier S. 312, für Wein bei Hauser, A. Vom Essen und Trinken im alten Zürich, a.a.O. S. 165.
40 Hauser, A. Vom Essen und Trinken im Alten Zürich, a.a.O. S. 165.
41 Vgl. zur Produktivität den Artikel Hauser, A. Produktivität und Lebenshaltung in der schweizerischen Landwirtschaft, in «Wald und Feld in der alten Schweiz», S. 162 ff.
42 Zehnder, L. a.a.O. S. 98 und Hauser, A. Vom Essen und Trinken a.a.O. S. 14 ff.
43 Hauser, A. Wald und Feld in der alten Schweiz, S. 138.
44 Hauser, A. Vom Heimweh. Neue Schweizer Rundschau, Juli 1938, S. 5.
45 Hauser, A. Wald und Feld, S. 139.
46 Durrer, R. Eine italienische Schilderung schweizerischer Sitten aus dem Jahre 1588. Geschichtsfreund 75, 1920, S. 170.
47 Piuz, Anne-Marie. Alimentation populaire et sousalimentation au XVII siècle. Le Cas de Genève. Schweiz. Zeitschrift für Geschichte, Bd. 18 1968, 1. S. 23 ff.
48 Chronikalien Ratsbuch S. 52. S. Zehnder S. 98.
49 Pfister, Ch. Bevölkerung, Klima und Agrarmodernisierung 1525–1860, Bd. 2, S. 100.
50 Hauser, A. Bauerngärten, S. 71.
51 Herrliberger, D. Ausrufbilder Nr. 101. Vergl. dazu auch Gemüselisten der Bauerngärten in Hauser, A. Bauerngärten a.a.O. S. 105 ff.
52 Hauser, A. Vom Essen und Trinken, S. 15.
53 Van Winter, J.M. Kochen und Essen im Mittelalter, in: Mensch und Umwelt im Mittelalter. Hg: B. Herrmann. Stuttgart 1986, S. 94.
54 Hauser, A. Vom Essen und Trinken a.a.O. S. 42.
55 Durrer. Eine italienische Schilderung a.a.O. S. 70.
56 Stumpf, Chronik, 2, 89, Zehnder a.a.O. S. 93.
57 Herrliberger, Ausrufbilder Nr. 96.
58 Hauser, A. Vom Essen und Trinken a.a.O. S. 21 ff.
59 Hauser, A. Vom Essen und Trinken, S. 15 ff.
60 Suter, E. Wasser und Brunnen im alten Zürich. Zürich 1981 S. 50, sowie Huber, K.A. Die Basler Wasserversorgung. Basler Zeitschrift für Geschichte und Altertumskunde, Bd. 54. Basel 1955.
61 Hauser, A. Vom Essen und Trinken a.a.O. S. 57.
62 Siegrist, J.J. Beiträge zur Wirtschaftsgeschichte der Herrschaft Hallwil. Aarau 1952, S. 397. Sigg, O. Bevölkerung, Agrar- und Sozialgeschichtliche Probleme des 16. Jahrhunderts. Schweiz. Zeitschrift für Geschichte 1974. 24. Jg., S. i ff.
63 Messmer K. und Hoppe P. Luzerner Patriziat, Luzern & München 1972, S. 407, Anmerkung 497.
64 Hauser, A. Vom Essen und Trinken a.a.O. S. 165 ff.
65 Bielmann, J. Die Lebensverhältnisse im Urnerland während des 18. und zu Beginn des 19. Jahrhunderts. Basel & Stuttgart 1972, S. 177–195.
66 Bielmann, J. Urnerland a.a.O. S. 109.
67 Pfister, Ch. Agrarkonjunktur und Witterungsverlauf 1755–1797. Bern 1975, S. 135.
68 Bolz, A. Ökonomische Beschreibung des Kirchspiels Kerzers 1763, S. 87.
69 Pfister, Klimageschichte, Bd. 11, S. 50.
70 Pfister, Ch. Klimageschichte, Bd. 2, S. 50 und 51.
71 Cysat, Collectanea 908 und 945, zit. von Pfister 2, S. 53.
72 Cysat, Collectanea 946, Pfister 2, S. 53.
73 Pfister. Bd. 2, S. 54. Näheres über diese Verhältnisse bei Hauser, Wald und Feld in der alten Schweiz, S. 174.
74 Dirlmeier, W. Untersuchungen zu Einkommensverhältnissen und Lebenshaltungskosten in Oberdeutschen Städten des Spätmittelalters. Heidelberg 1978, S. 45.
75 Dirlmeier, a.a.O. S. 49.
76 Dirlmeier, a.a.O S. 52.
77 Wicki, H. Bevölkerung und Wirtschaft des Kantons Luzern im 18. Jahrhundert. Luzern 1979, S. 399.
78 Wicki, Bd. 2, S. 56, Fussnote 85.
79 Zehnder, S. 101. Hauser, Wirtschaftsgeschichte Wädenswil, S. 79.
80 Hauser, Wirtschaftsgeschichte, S. 24.
81 Staatsarchiv Zürich A 150/4 zit. Hauser, Wirtschaftsgeschichte Wädenswil, S. 17.
82 Anselm, V. Berner Chronik, Bd. 1, S. 188, zit. Zehnder, S. 357.
83 Bosshart, Winterthurer Chronik, S. 205. Zehnder, S. 358.
84 Schilling, Berner Chronik, Bd. 2, S. 250.

85 Tschudi, V., S. 90, Zehnder, S. 359.
86 Wurstisen–Bruckner, S. 502, Zehnder, S. 360.
87 Hauser, A. Vom Essen und Trinken im Alten Zürich, S. 181.
88 Hauser, Wald und Feld, S. 99.
89 Simler, J. Die Alpen 1574, Ausg. München 1931. S. 167. Zehnder, S. 99.
90 Schnitt Chronik, S. 149. Zehnder, S. 99.
91 Vgl. dazu für die Sammelnahrung Waldmeier-Brockmann, A. Sammelwirtschaft in den Schweizer Alpen, Basel 1941, S. 127.
92 Bock Kräuterbuch 1784. Vgl. dazu auch Christ, H. Zur Geschichte des alten Bauerngartens in Basel. Basel 1920, S. 49.
93 Christ, a.a.O. sowie Zwinger, Theatrum botanicum, S. 497.
94 Christ, a.a.O.
95 Ausspruch eines Gewährsmannes, geb. 1889 in Wädenswil.
96 Pfister, Ch. Bd. 2, S. 59.
97 Bräker, U. Das Leben und die Abentheuer des Armen Mannes im Tockenburg. Berliner Ausgabe 1910, S. 185.
98 Braun, R. Industrialisierung und Volksleben, Bd. 1, S. 96.
99 Bircher, R. Ursprünge der Tatkraft. Beiträge zur Ernährungsgeschichte der Schweiz. Erlenbach Zürich 1985.
100 Imhof, A.E. Die verlorenen Welten. S. 230.

Ess- und Trinksitten (S. 101–110)

1 Kohler, E. Martin Luther und der Festbrauch, Köln/Graz 1959, S. 17 ff.
2 Huizinga, J. Herbst des Mittelalters, S. 334.
3 Barack, Zimmerische Chronik, Bd. 1, S. 213. Corp. Ref. Zwinglis Werke, Bd. 1, S. 109.
4 Fallet-Scheurer, M. Die Zeitmessung im alten Basel, a.a.O. Basel 1915, S. 237, sowie Bilfinger, G. Die mittelalterlichen Horen und die modernen Stunden, Stuttgart 1892, S. 90.
5 Fallet-Scheurer, M. Die Zeitmessung im alten Basel, S. 354.
6 Fallet-Scheurer, M. Die Zeitmessung im alten Basel, S. 237. Bilfinger, G. Die mittelalterlichen Horen, S. 90. – Idiotikon, Bd. 1, Sp. 237, 238.
7 StAZ a 75.3. Zimmerleuten Nr. 51 – Vgl. auch StAZ B 11 1022, S. 227/236.
8 Nicht alle Handwerke beschränkten im Winter die Arbeitszeit auf den Lichttag. In vielen Handwerken wurde im Winter bis in die Dunkelheit hinein gearbeitet. Dafür begingen die Meister oder Zünfte den Michaelistag, von dem an auch unter Licht gearbeitet wurde, festlich mit einem «Liechtbraten».
9 Gessler, E.A. Gastmahls-Altertümer, S. 127.
10 Gessler, E.A. Gastmahls-Altertümer, S. 125.
11 Gessler, E.A. Gastmahls-Altertümer, S. 123–125.
12 ZBZ Graphische Sammlung. Einzeldrucke 1a, 1 (Tischzucht).
13 Troll, J.C. Geschichte der Stadt Winterthur, nach Urkunden bearbeitet, Winterthur 1840, 4. Teil, S. 8/9.
14 Corrodi-Sulzer, A. Das alte Gasthaus zum Storchen in Zürich, ZT 1940, S. 15.
15 Gessler, E.A. Gastmahls-Altertümer, S. 148/49.
16 Gessler, E.A. Gastmahls-Altertümer, S. 135.
17 StAZ 3 Abb. 1. Gedruckte Zürcher Mandate 1525–1630.
18 Von Liebenau, Th. Das Gasthof- und Wirtshauswesen der Schweiz in älterer Zeit, Zürich 1891, S. 107 fff.
19 Enderli, J. Zürich und seine Gasthöfe, Zürich 1896.
20 Hauser, A. Vom Essen und Trinken a.a.O. S. 84.
21 Krebs, F. Alte Handwerksbräuche, Basel 1933.
22 Gessler, E.A. Gastmahls-Altertümer, S. 130.
23 Hoffmann-Krayer, E. Das Würgen am Namenstag oder Geburtstag, SAVk 1899, S. 139 ff.
24 Nüscheler, J.C. Beobachtungen eines Redlichen Schweizers aus vaterländischer Liebe entworfen zum allgemeinen Nutzen des Loeblichen Kantons Zürich, Zürich 1786, S. 19 ff.
25 Meier, S. Volkskundliches aus dem Frei- und Kelleramt, SAVk 1900/1905, S. 172.
26 Bolleter, E. Geschichte eines Dorfes, S. 172 ff.
27 Bolleter, E. Geschichte eines Dorfes, S. 173.
28 Surber. Das Wehntal und ein Wehnthaler, Zürich, 1869, S. 91.
29 Kuhn, E. Zur Volkskunde von Maur, SAVk, Jg. 1923, S. 259. Meier, F. Geschichte der Gemeinde Wetzikon, Zürich 1881, S. 460. Hess. H. Aus vergangenen Zeiten. Beiträge zur Lokalgeschichte der Gemeinde Wald, Separatdruck aus dem Schweiz. Volksblatt am Bachtel, Wald 1919, S. 97. Heer, A. Die Kirche von Gossau–Zürich, Wetzikon und Rüti 1947, S. 33.
30 Schiedlausky, G. Essen und Trinken, Tafelsitten bis zum Ausgang des Mittelalters, München 1956, S. 12. Bolleter, E. Geschichte eines Dorfes, S. 172.
31 Hauser, K. Geschichte der Stadt, Herrschaft und Gemeinde Elgg, Elgg 1895, S. 488.
32 Schiedlausky, G. Essen und Trinken, Tafelsitten bis zum Ausgang des Mittelalters, München 1956, S. 12.
33 Hauser, K. Geschichte der Stadt, Herrschaft und Gemeinde Elgg, Elgg 1895, S. 448.
34 Weiss, R. Volkskunde der Schweiz. Grundriss, Erlenbach–Zürich 1946, S. 129.
35 Bächtold, H. Die Gebräuche bei Verlobung und Hochzeit. Bd. 1, Basel 1914, S. 96 ff.
36 Bächtold, H. Die Gebräuche bei Verlobung und Hochzeit. Bd. 1, S. 104. Weiss, R. Volkskunde, S. 130.
37 Weiss, R. Essen als Brauch und Sitte, Atlantis Nr. 10 (1950), S. 439.
38 Staub, F. Das Brot im Spiegel schweizerdeutscher Volksprache und Sitte. Leipzig 1868, S. 117.
39 Messikommer, H. Aus alter Zeit. Zürich 1909–1911, Bd. 1, S. 51 ff.
40 Gessler, E.A. Gastmahlsaltertümer, S. 138/139.
41 Hauser, A. Vom Essen und Trinken a.a.O. S. 126.
42 StAZ. Gedruckte Zürcher Mandate 1525–1630, Nr. 47. 31. Dezember 1609, StAZ. 3 Abb. 1. Gedruckte Zürcher Mandate 1525–1630. 14. August 1611, Heiratsmandat 1790.
43 Hauser, A. Vom Essen und Trinken a.a.O. S. 140.

Kleidung (S. 111–118)

1 Rüeger, J.J. Chronik der Stadt und Landschaft Schaffhausen (1600–1606). Herausgegeben von C.A. Bächtold. 1/2 Schaffhausen 1884–1892, S. 899 ff. Zehnder, S. 83 Fussnote.
2 Rüeger a.a.O. S. 496 und Zehnder, S. 81, Fussnote.
3 Schilling, Diebold. (1483) Die Berner Chronik herausgegeben von Tobler, G. 2 Bände, Bern 1897–1901, Bd. 1, S. 45–70. Zehnder, S. 80–83.
4 Brennwald, I. S. 181 und Tschudi, Aegidius., Bd. 1, S. 727. Zehnder, S. 80.
5 Zehnder, S. 80/81.
6 Pellikan, K. Die Hauschronik. Herausgegeben und übersetzt von Theodor Vulpius, Strassburg 1892, S. 9.
7 Anshelm, a.a.O. Bd. 2, S. 389, Zehnder, S. 74.
8 Anshelm, a.a.O. Bd. 4, S. 462, Zehnder, S. 74.
9 Cysat, R. Collectanea, a.a.O. S. 647 und Zehnder S. 76.
10 Edlibach, G. 1485/86. Chronik herausgegeben von J. M. Usteri 1846, S. 269, Zehnder, S. 77.
11 Piccolomini 1434/38, in A. Hartmann, Basel in alten Stadtbildern, Basel 1951, S. 33 und Zehnder, S. 77.
12 Kessler, J. Johannes Kesslers Sabbata, herausgegeben von E. Egli und R. Schoch, St. Gallen 1902, S. 233, Zehnder, S. 77.
13 Campell, U. 1570/73. Ulrici Campelli Raetiae Alpestris topographica descriptio, herausgegeben von Christian Emanuel Kind 1884. S. 342 und 305. Deutsche Zusammenfassung nach Traugott Schiess. Anhang Anmerkung 136, Zehnder, S. 78.
14 Platter, Felix, a.a.O. S. 81 und S. 156. Ferner Zehnder, S. 79.
15 Platter, F. Tagebuch a.a.O., herausgegeben von F. Lötscher, Basel 1976, S. 324 und Zehnder, S. 79.
16 Zehnder, S. 81 und S. 141.
17 Zehnder, S. 81.

18 Diebold Schilling, Luzerner Chronik, Zentral-Bibliothek Luzern, Folio 185 v. Abgebildet in: Faksimile Ausgabe Luzern 1981, S. 284.
19 Die Schweizer Bilderchronik des Luzerner Diebold Schilling a.a.O, S. 664–669.
20 Gasser, M. Zürich von aussen gesehen, a.a.O. S. 205.
21 Gasser, M. Zürich von aussen gesehen, a.a.O. S. 206.
22 Gasser, M. Zürich von aussen gesehen, a.a.O. S. 207.
23 Schwarz, D.H. Die Kultur der Schweiz. Zürich 1967, S. 288.
24 Schürch, L. und Witzig, L. Trachten der Schweiz. Basel 1984 S. 8.
25 Etterlin. 1505. Kronika von der loblichen Eydgnoschaft, herausgegeben von E. Gruber 1965, S. 134, Zehnder, S. 88.
26 Zehnder, S. 88.
27 Zehnder, S. 81 und S. 88.
28 Abschiede 4 1b, 148. Zehnder, S. 89, Anmerkung 2.
29 Anshelm 4, 462, Zehnder, S. 74.
30 Bullinger, H. Reformationsgeschichte, 3 Bde. Frauenfeld 1838/40, Bd. 2, S. 104 und Zehnder, S. 88.
31 Stumpf, Chronik, Bd. 1, S. 264 und Cysat, Collectanea 1090. Ferner Simler, Wallis 4. Ferner Campell, Anhang, Anmerkung 136, Zehnder, S. 78.
32 Geering, T. Handel und Industrie in der Stadt Basel. 1886. S. 259/260.
33 Dirlmeier, U. Untersuchungen a.a.O. S. 261.
34 Dirlmeier, a.a.O. S. 268 und S. 270.
35 Dirlmeier S. 286.
36 Harms, B. Der Stadthaushalt Basels im ausgehenden Mittelalter. Tübingen 1909. Bd. 1 3, S. 293, und Dirlmeier, S. 290 und S. 304.
37 Hauser, A. Vom Essen und Trinken a.a.O. S. 155.
38 Dirlmeier, U. S. 291.

Volksglauben und Volksfrömmigkeit (S. 119–132)

1 Huizinga, J. Herbst des Mittelalters, a.a.O. S. 214.
2 Moser-Rath, E. Predigtmärlein der Barockzeit. Berlin 1964, S. 20.
3 Moser-Rath, a.a.O. S. 54.
4 Rehermann, E.H. Das Predigtexempel bei protestantischen Theologen des 16./17. Jahrhunderts. Göttingen 1977. S. 94, S. 219, S. 109.
5 Moser-Rath. Predigtmärlein a.a.O. S. 433.
6 Cysat, Collectanea, S. 706, Zehnder, S. 197.
7 Cysat, Collectanea, S. 425/465, Zehnder, S. 198.
8 Klosterbibliothek Engelberg. Engelberger Codex 62. Vergl. dazu den Text im Katalog: Alltag zur Sempacherzeit, Luzern 1986, Nr. 272.
9 Curti, P.N. Volksbrauch a.a.O, S. 2 ff.
10 Tschachtlan, B. Berner Chronik QSG I, 1877, S. 220. Chronik des Berner Schilling, S. 62, Zehnder, S. 475.
11 Hemmerli, F. 1455. Chronik hg. von B. Reber, Zürich 1846, S. 304. Tschudi, Aeg. Chronik 2, 523, Zehnder, S. 477.
12 Jahrzeitbuch des Johannes Eberhard, hg. R. Henggeler 1951, S. 9, Zehnder, S. 478.
13 Jahrzeitbuch des Johannes Eberhard a.a.O. S. 10, 83, Zehnder, S. 479, S. 155, Anmerkung 10.
14 Zehnder, a.a.O. S. 480.
15 Zehnder, a.a.O. S. 482/483.
16 De Jussie, Jeanne hg. von Adolf C. Crivel, Genf, 1865, S. 109, Zehnder, S. 490.
17 Gundelfingen, H. 1486. Topographia urbis Bernensis, hg. von E. Blösch 1880, S. 435, Zehnder, S. 452.
18 Zehnder, S. 453.
19 Zehnder, S. 454.
20 Stumpf, Chronik, S. 238 v. und Zehnder, S. 459.
21 Cysat, Collectanea, S. 893 und Zehnder, S. 461.
22 Zehnder, S. 456.
23 Zehnder, S. 457.
24 Zentralbibliothek Luzern. Diebold Schilling Chronik Fol. 59 r (119) und 59 v (120).
25 Sempacherkatalog a.a.O. S. 198.
26 Sempacher Katalog a.a.O. S. 201 sowie Kühnel, H. Alltagsleben, Graz 1984, S. 104.
27 Etterlin Chronik, S. 134, Zehnder, S. 473 und Cysat, R. Bericht über das Wirken der Jesuiten, hg. von Theodor von Liebenau 1904. S. 33 und Zehnder, S. 473.
28 Landesmuseum Zürich Nr. 12094. Sempacher Katalog a.a.O. S. 201.
29 Offenburg, Henmann, Chronik 1445, hg. von H. Bernoulli, Basel 1894, S. 304 und Zehnder, S. 463.
30 Tschudi, L. Reyss und Pilgerfahrt. Rorschach 1606. S. 355. Zehnder, S. 467, Anm. 41.
31 Blickle, P. Gemeindereformation. München 1985, S. 13.
32 Blickle, a.a.O. S. 20.
33 Blickle, a.a.O. S. 21, 28.
34 Blickle, a.a.O. S. 29 ff.
35 Blickle, a.a.O. S. 31.
36 Blickle, a.a.O. S. 33.
37 Blickle, a.a.O. S. 32.
38 Blickle, a.a.O. S. 111.
39 Vadian, J. Deutsche Historische Schriften, hg. v. E. Götzinger, 3 Bände, St. Gallen 1875/79, 3.24 und Zehnder, S. 189, und Küssenberg, H. Chronik der Reformation in der Grafschaft Baden, hg. v. J. Huber 1875.
40 Pfister, R. Kirchengeschichte der Schweiz. Bd. II, S. 49.
41 Weiss, R. Grundzüge einer protestantischen Volkskultur. Schweiz. Archiv für Volkskunde 61, Basel 1965, Heft 1/2, S. 82.
42 Vasella, O. Über die Taufe totgeborener Kinder in der Schweiz. Zeitschrift für schweizerische Kirchengeschichten 60, 1966, S. 1–75. Gotthelf, J. Leiden und Freuden eines Schulmeisters. Gesammelte Werke Bd. 3, S. 158.
43 Pfister a.a.O. Kirchengeschichte Bd. 2, a.a.O. S. 596.
44 Pfister a.a.O. Bd. 2, S. 596 und S. 598.
45 Pfister, Bd. 2, S. 598.
46 Schweiz. Archiv für Volkskunde 2, 1898, S. 277 und Bd. 3, 1899, S. 52.
47 Anshelm, Valerius. Berner Chronik a.a.O. Bd. 6, S. 26 und Zehnder, S. 199.
48 Reformationschronik (1520/1561) von Orbe: Mémoires de Pierrefleur, hg. v. L. Junod, Lausanne 1933, S. 222, und Zehnder, a.a.O. S. 200.
49 Hauser, A. Bauernregeln. S. 130 auch für das Folgende.
50 Gotthelf, J. Käserei in der Vehfreude. Rentsch, Erlenbach, 1965, S. 403–405. Zu den übrigen Angaben betreffend Tagewählerei vergleiche Hauser, Bauernregeln, S. 68.
51 Weiss, R. Grundzüge einer protestantischen Volkskultur, a.a.O S. 78.
52 Weber, W. Zeit ohne Arbeit: Aufsätze zur Literatur. Zürich 1959, S. 15.
53 Strübin, E. Baselbieter Volksleben a.a.O. S. 199–206. Vergl. dazu auch Rüegg, R. Haussprüche und Volkskultur, Basel 1970, S. 331.
54 Weiss, Volkskunde, S. 306.
55 Hauser, Wirtschaftsgeschichte Wädenswil, S. 81.
56 Staatsarchv Zürich. B VII 41 1–7 und B VII 41 11, 1796, sowie B VII 41 5.
57 Gemeindearchiv Wädenswil. Stillstandsprotokoll IV a 1.
58 Archiv für schweiz. Geschichte. Bd. IV, S. 250. Vgl. dazu auch Hauser, A. Wirtschaftsgeschichte der Gemeinde Wädenswil, S. 129.
59 Gemeindearchiv Wädenswil, Stillstandsprotokoll 1780, IV A 1.a.
60 Gemeindearchiv Wädenswil, Stillstandsprotokoll 1781, IV A 1.a.
61 Simon, Ch. Untertanenverhalten und obrigkeitliche Moralpolitik. Basler Dissertation 1981, S. 212.
62 Simon, a.a.O. S. 224.
63 Finlay, M. Das politische Leben in der antiken Welt. München 1986.

Gesunde und kranke Tage (S. 133–148)

1 Schipperges, H. Der Garten der Gesundheit. Zürich 1985, S. 243.
2 Tacuinum sanitatis. Das Buch der Gesundheit. Hg. von Luisa Cogliati Arano, München 1976. Dort zahlreiche Literatur-Angaben. Für den schweizerischen Raum seien stellvertretend drei Schriften genannt: Schüpfheimer Codex, hg. von K. Wäckerlin, Aarau 1976. Zwinger, Teodor, Sicherer und Geschwinder Artzt, Basel 1695. Lombard, E. Der medizinische

Inhalt der schweizerischen Volkskalender im 18./19. Jahrhundert. Zürich 1925. (Vergl. noch die angegebene Literatur im Kapitel Ernährung.)
3 Simler, J. (1574) Die Alpen. Übersetzt von A. Stern, München 1931, S. 554. Besonders interessant sind auch die Aufzeichnungen von Conrad Gessner. Er schrieb 1553 ein Buch (De Balneis, Venedig), in dem er den Badebetrieb von Baden, Pfäfers, Fideris und Leuk schilderte. Er stützte sich auf eigene Beobachtungen sowie das älteste ungedruckte Traktat des Zürcher Chorherrn Felix Hemmerli aus dem Jahre 1451.
4 Schipperges, H. Der Garten der Gesundheit a.a.O. S. 240.
5 Vergleiche zu dieser Fragestellung und zur Problematik allgemein: Mensch und Gesundheit in der Geschichte. Abhandlungen zur Geschichte der Medizin und der Naturwissenschaften. Heft 39, Berlin 1978, S. 12 ff.
6 Keil, G. Seuchenzüge des Mittelalters. In: Mensch und Umwelt im Mittelalter. Hg. von B. Herrmann, Stuttgart 1966, S. 109/111.
7 Biraben, Jean-Noel. Les hommes et la peste. Bd. 1. Paris 1975, S. 412. Keller-Höhn, J. Die Pest in der alten Eidgenossenschaft. Zürich 1954. Die wesentliche Pest-Literatur bei Mattmüller, M. Bevölkerungsgeschichte der Schweiz a.a.O. Bd. 1, S. 228 ff. u. Bd. 2 S. 473. Vgl. dazu auch den Artikel von P. Stöcklin im 2. Bd. S. 462 ff. Koelbing, H.M. und Koelbing-Waldis, V. Zwischenstaatliche Pestabwehr vor 400 Jahren. NZZ Nr. 184, 1985.
8 Stumpf, Chronik a.a.O. 2, S. 441 und Zehnder, a.a.O. S. 532.
9 Koelbing, H.M. Die ärztliche Therapie. Grundzüge ihrer Geschichte. Darmstadt 1985, S. 84.
10 Keil, G. Seuchenzüge a.a.O. S. 124.
11 Zehnder, S. 533.
12 Schipperges, H. Der Garten der Gesundheit. Medizin im Mittelalter, Zürich 1985, S. 96 ff.
13 Ackerknecht, E. Kurze Geschichte der Medizin, S. 68.
14 Kriss-Rettenbeck, L. Ex Voto, Zürich 1972, S. 294, Fig. 57.
15 Kriss-Rettenbeck, a.a.O. S. 293, Fig. 56b.
16 Bosshart, L. Die Chronik des Laurentius Bosshart, herausgegeben von Kaspar Hauser. Quellen zur schweizerischen Geschichte 3, 1905, S. 217, Zehnder, S. 49.
17 Stumpf Chronik, 1, S. 110, Zehnder, S. 49.
18 Vergl. dazu die Überlegungen von Noll P. Diktate über Leben und Sterben. Zürich 1984, S. 41.
19 Theobald, W. Votivmalerei und Medizin.
20 Zehnder, a.a.O. S. 479.
21 Wölflin, H. Leben Bruder Klaus. Übersetzt und herausgegeben von Robert Durrer, 1916/17, S. 153 und 225. Zehnder, S. 497.

22 Zehnder, S. 537.
23 Die damalige Einwohnerzahl wird auf etwa 16 000 geschätzt. Platter, F. Tagebuch. Basel Stuttgart, 1976 S. 22 und S. 335.
24 Platter, F. Tagebuch, a.a.O. S. 337.
25 Platter, F. Fussnote 57 auf S. 338.
26 Platter, F. Observationum libri 3, Basel (Waldkirch) 1614, S. 346, zitiert nach Koelbing, H.M. Renaissance der Augenheilkunde 1540–1630. Bern und Stuttgart 1967, S. 121.
27 Koelbing, a.a.O. S. 234.
28 Koelbing, a.a.O. S. 234.
29 Koelbing, a.a.O. S. 235.
30 Boschung, U. Johannes von Muralt. Zürich 1983.
31 Boschung, a.a.O. S. 33.
32 Boschung, a.a.O. S. 34/35.
33 Martin-Kies, V. Der Alltag eines Engadiner Arztes um 1700 auf Grund des Tagebuches von J.E. Frizzun. Chur 1977, S. 21 ff.
34 Martin-Kies, V. Der Alltag eines Engadiner Arztes, a.a.O. S. 68.
35 Martin-Kies, V. Der Alltag eines Engadiner Arztes, a.a.O. S. 99.
36 Meyer-Salzmann, M. Michel Schüppach. Berner Heimatbücher. Bern 1981, S. 13 ff.
37 Meyer-Salzmann, Michel Schüppach a.a.O. S. 89–90.
38 Stumpf, J. Gemeiner loblicher Eydgnoschaft Stetten, landen und völckeren Chronickwirdige thaaten beschreybung, Zürich 1548, S. 285.
39 Zehnder, S. 537.
40 Zehnder, S. 538.
41 Zehnder, S. 538.
42 Cysat, Collectanea 3, S. 303. Zehnder, S. 539.
43 Cysat, Collectanea 3, S. 302. Zehnder, S. 540.
44 Cysat, Collectanea 3, S. 299. Campell, Anhang 23, Zehnder, S. 542.
45 Stumpf. Chronik 2, S. 285. Campell Anhang 23, Zehnder, S. 542.
46 Cysat, Collectanea 3, S. 300, Zehnder, S. 25/26.
47 Koelbing, H.M. Die ärztliche Therapie, a.a.O. S. 102.
48 Zehnder, S. 543–549 (dort auch Literatur) sowie Trümpy, H. «Similia similibus». Schweiz. Archiv für Volkskunde 62, 1966, S. 1 mit zahlreicher Literatur.
49 Chronik Strettlinger S. 141 und Zehnder, S. 447.
50 Zehnder, S. 448.
51 Cysat, Collectanea, S. 632, Zehnder, S. 450.
52 Manz, W. Volksbrauch und Volksglaube im Sarganserland, Basel 1916, S. 71, und Weiss, R. Volkskunde der Schweiz, S. 329.

Feiern und Feste (S. 149–168)

1 Hugger, P. Fasnacht in Zürich. Schweiz. Archiv für Volkskunde, Jahrgang 82, Basel 1986, 1/2, S. 106–107.
2 Kessler, J. Sabbata 1533, Hg. von E. Egli und R. Schoch, St. Gallen 1902, S. 52.
3 Stumpf, J. Chronik a.a.O. Zürich 1548, 2.35 r.
4 Meuli, K. Gesammelte Schriften. Basel/Stuttgart 1975. Bd. 1. S. 177 ff.
5 Röllin, W. Entstehung und Formen der heutigen Schwyzer Masken-Landschaft. Schweiz. Archiv für Volkskunde Basel 1978. 74. Jahrgang, Heft 3/4, S. 129 ff.
6 Tschudi, A. Gallia Comata 1572, S. 294, Zehnder, S. 308 a.a.O.
7 Meuli, K. Gesammelte Schriften, S. 185.
8 Meuli, K. a.a.O. S. 186.
9 Cysat, Collectanea a.a.O. S. 723 und Zehnder, a.a.O. S. 303 ff.
10 Zehnder, a.a.O. S. 306 und 307.
11 Tschudi, Chronik 2. S. 641, Zehnder, S. 313.
12 Zehnder, S. 437. Bilder: Fasnachtstanz auf der Landmatte zu Schwyz 1509, Diebold Schilling Luzerner Chronik Folio 259 Zentralbibliothek Luzern, Abb. in Schweiz. Archiv für Volkskunde, Basel 78. S. 181. Saubannerzug der Bande vom torrechten Leben 1477; Miniatur Diebold Schilling Berner Chronik, Bd. 3, 1484, Stadtbibl.-Bern. Maskenbilder: Schweiz. Museum für Volkskunde Basel. Muotatalermaske sowie Märchlermaske vom 18. Jahrhundert im Museum für Volkskunde in Basel. Muotatalermaske Nr. 6 24 104, Märchlermaske 6 5091.
13 Röllin, a.a.O. S. 135.
14 Bullinger, H. 1574 Von den Tigurinern in der Stadt Zürich, und Zehnder, S. 311.
15 Für Bern, Anshelm Chronik 1. 165 für Luzern Cysat, Coll. 724 für Bischofszell Maler 2 127 sowie Zehnder, S. 311.
16 Suter, A. «Troublen» im Fürstbistum Basel. Göttingen 1985, S. 357.
17 Tschudi, A. Chronicon Helveticum. Hg. J.R. Iseli, Bd. 2, Basel 1734/36.
18 Bäldi, F. (1525/1529) Chronik des Fridolin Bäldi in Glarus, Hg. von J.G. Mayer 1907, S. 50, und Zehnder, S. 315.
19 Schaufelberger, W. Der Wettkampf in der Alten Eidgenossenschaft. Bern 1972, S. 36.
20 Schaufelberger, a.a.O. S. 33.
21 Chronik Haller-Müslin (1550/1587). Chronik aus hinterlassenen Schriften des J. Haller und A. Müslin. Zofingen 1829, S. 10, Zehnder, S. 312.
22 Cysat, Coll. S. 724, Zehnder, S. 312.
23 Bullinger, Reformations-Chronik 2.45, Zehnder, S. 302 und Cysat, Coll. S. 723, Zehnder, S. 304.
24 Wurstisen, Ch. Basler Chronik 1580, 3. Auflage, Basel 1828, S. 383.
25 Zehnder, S. 309, Anmerkung 5.
26 Gast, Tagebuch, S. 263.
27 Haller-Müslin, S. 243, Zehnder, S. 309.
28 Zehnder, S. 309.

29 Das Jahr in Fest und Brauch. Zürich 1981, S. 114 und 115.
30 Das Jahr der Schweiz a.a.O. S. 131.
31 Röllin, W. Entstehung und Formen der heutigen Schwyzer Maskenlandschaft a.a.O. S. 141.
32 Röllin, W. Entstehung und Formen a.a.O. S. 137 und 138.
33 Röllin, W. Entstehung und Formen a.a.O. S. 141.
34 Elsener, F. (Herausgeber) Die Rechtsquellen des Kt. St. Gallen 3. Teil. Rechte der Landschaft, 1. Band, Landschaft Gaster mit Weesen, Aarau 1951, S. 196 Anm. 50.
35 Wurstisen, S. 228 und Zehnder, S. 292.
36 Chronik Strettlinger, a.a.O. S. 159 und Zehnder, S. 221 Anmerkung.
37 Stumpf, J. Schweizer- und Reformationschronik QSG NF 1. Abt. Chroniken 5/6, 1952/55, 2,315, Zehnder, S. 222.
38 Sprüngli, B. 1538/1568 Annalen. Z.B. Zürich Ms 335 39. Zehnder, S. 223.
39 Chronikalien der Ratsbücher 1356 bis 1548. Hg. von A. Bernoulli, Basler Chroniken 4, Leipzig 1890, S. 451, und Wurstisen Chronik 375, Zehnder, S. 225.
40 Anshelm, V. 1529/1547. Berner Chronik. Hg. Hist. Verein des Kt. Bern, 6 Bände, Bern 1684/1901, Band 1, S. 184, und Zehnder, S. 223.
41 Cysat, Collectanea 1097. Zehnder, S. 223. Frühere Mandate schon 1433. Cysat, Coll. 664. Über die Morde und Unruhen an Kirchweihfesten: Zehnder, S. 232.
42 Peyer, J.C. Könige, Stadt und Kapital, Zürich 1982, S. 53.
43 Peyer, J.C. Könige, Stadt und Kapital, Zürich 1982, S. 53.
44 Peyer, a.a.O. S. 55.
45 Chronikalien Ratsbücher, a.a.O. S. 69, Zehnder, S. 268.
46 Vergleiche dazu etwa die Schilderung von Edlibach und Brennwald anlässlich des Empfanges von Herzog Sigismund von Österreich im Jahre 1474, Zehnder, S. 258.
47 Schilling, D. Luzerner Chronik. Folio 54 VZB. Luzern.
48 Justinger, C. 1420/30. Die Berner Chronik. Hg. von G. Studer, Bern 1871, S. 217. Zehnder, S. 260.
49 Schwinkhart, L. Chronik 1606/21, Hg. von H. von Greyerz 1941, S. 212. Zehnder, S. 261.
50 Gasser, M. Zürich von aussen gesehen. Zürich 1973, S. 211.
51 Gasser, a.a.O. S. 212.
52 Gasser, a.a.O. S. 214.
53 Nabholz und Kläui P. Quellenbuch zur Verfassungsgeschichte 3. Aufl. Aarau 1947, S. 65, und Zehnder, S. 280.
54 Stockar, H. 1520/1529. Chronik, Hg. von K. Schib 1949, S. 65, Zehnder, S. 280.
55 Haller, J. und Müslin, A. 1550/1587. Chronik aus den hinterlassenen Handschriften des Johannes Haller und Abraham Müslin. Hg. von S. Gränicher, Zofingen 1829, S. 205, Zehnder, S. 281.
56 Cysat, R. Der Walliser-Bundesschwur von 1578. Separat-Abdruck kath. Schweizer-Blätter, Jahr 1885, S. 1, und Zehnder, S. 284.
57 Bluntschli, H.H. Memorabilia Tigurina oder Merkwürdigkeiten der Stadt und Landschaft Zürich, Zürich 1742, S. 380. Die ganze Problematik des Schützenwesens: Schaufelberger, Wettkämpfe a.a.O. S. 37. Zur Erscheinung des Schützenfestes vergl. das Bild von D. Schilling in der Luzerner Chronik, folio 62, dazu den Text im Katalog Sempach 1986, S. 124.
58 Schaufelberger, a.a.O. S. 37.
59 Vergleiche dazu die Ausführungen von Schaufelberger auf S. 38–41.
60 Zehnder, a.a.O. S. 236.
61 Vadianische Briefsammlung. Hg. von E. Arbenz und H. Wartmann, S. 644 und Zehnder, S. 237.
62 Vadianische Briefsammlung S. 646, Zehnder, S. 246.
63 Stockar, Chronik 1520/1529 a.a.O. S. 92, Zehnder, S. 246.
64 Miles a.a.O. 320. Zehnder, S. 248.
65 Wurstisen-Bruckner a.a.O. S. 654, Zehnder, S. 244.
66 Vergleiche dazu die verschiedenen Belege bei Zehnder, S. 242, 245, 235, 236.
67 Schaufelberger, W. Bd. 1, S. 43 und 45.
68 Masüger, Schweizerbuch, S. 121 und Schaufelberger, Bd. 1, S. 151, Bd. 2, S. 91.
69 Schaufelberger, W. Bd. 1, S. 151.
70 Staatsarchiv Bern C.M. Erlenbach 1614–1624 Kirchgemeindearchiv 194 und 196, Schaufelberger, W. Bd. 2, S. 93 Anmerkung 78.
71 Schaufelberger, W. Bd. 1, S. 156.
72 Staatsarchiv Bern C.M. Belp 1636–57. Schaufelberger, Bd. 1, S. 156 und Kirchgemeindearchiv 250, Jahr 1675.
73 Schaufelberger, W. Bd. 2, S. 94, Anm. 66.
74 Zehnder, S. 50 und 51.
75 Stockar (1520–29), Die Chronik. Hg. von K. Schib, 1949, S. 152. Zehnder, S. 52.
76 Stalder, F.X. Fragmente über Entlebuch. 2 Teile, Zürich 1797 bis 1798. Bd. 2, S. 36, Anmerkung 53.
77 Curti, N. Volksbrauch und Volksfrömmigkeit im katholischen Kirchenjahr. Basel 1947, S. 3.
78 Curti, N. Volksbrauch und Volksfrömmigkeit im katholischen Kirchenjahr. Basel 1947, S. 16.
79 Erste «Vorboten», vgl. dazu Zehnder, L., Volkskundliches a.a.O. S. 185.
80 Curti, N. Volksbrauch und Volksfrömmigkeit a.a.O. S. 3, 19, 22, vgl. dazu die Krippendarstellungen aus der Ostschweiz aus der Sammlung des Stiftes Einsiedeln, abgebildet bei Curti, S. S. 197.
81 Bätschmann, E. Das St. Galler Weihnachtspiel, Bern 1977.
82 Carlen, A. Das Ordinarium Sedunense und die Anfänge der geistlichen Spiele im Wallis. Blätter aus der Walliser Geschichte IX, 1943, 349–373.
83 Eberle, O. Theatergeschichte der inneren Schweiz im Mittelalter und zur Zeit des Barock, Königsberg 1929.
84 Das Jahr in Fest und Brauch, a.a.O. S. 61.
85 Cysat, R. Collectanea a.a.O. S. 115, und Zehnder, a.a.O. S. 300.
86 Das Jahr in Fest und Brauch, a.a.O. S. 33.
87 Kessler, Sabbata a.a.O. S. 52, und Edlibach, Chronik, S. 263 und 268. Zehnder, S. 185 und 186.
88 Vgl. dazu die Ausführungen von I. Zihlmann, in Das Jahr der Schweiz in Fest und Brauch, Anm., S. 29. Miles, H. Die Chronik des Hermann Miles. Hg. von Traugott Schiess 1902, S. 275, Zehnder, S. 188/189.
89 Brilinger, Ceremonien, S. 152 und 181, und Zehnder, S. 190 und 192.
90 Kessler, Sabbata a.a.O. S. 53, Zehnder, S. 191.
91 Kessler, Sabbata, a.a.O. S. 53, und Zehnder, S. 193.
92 Ökolampad. De risu paschalis. Basel 1518.
93 Hauser, A. Das Osterlachen. NZZ Nr. 80 vom 5./6. April 1980, S. 53.
94 Curti, a.a.O. S. 60 ff.
95 Wyss, H. Dienendes Theater einst und jetzt. Festschrift für Paul Zinsli. Bern 1971, S. 201 ff.
96 Curti, a.a.O. S. 66.
97 Edlibach (1485/86) G. Edlibachs Chronik. Hg. von Johann Martin Usteri, 1846, S. 270. Zehnder, S. 194. Historisches Museum Baden. Abb. 42, in: Museen der Schweiz, S. 125.
98 Das Jahr in Fest und Brauch, Zürich und München 1981, S. 184. Curti, S. 66.
99 Die Chronik des Laurencius Bosshart von Winterthur. Hg. von K. Hauser, 1905, S. 12, und Zehnder, S. 201.
100 Miles, a.a.O. S. 391, Zehnder, S. 202.
101 Das Jahr in Fest und Brauch, S. 193. Sowie Stark, F. 900 Jahre Kirche und Pfarrei St. Mauritius, Appenzell 1971, S. 162.
102 Das Jahr in Fest und Brauch, S. 198.
103 Schnitzer, M. Die Morgartenschlacht im werdenden schweiz. Nationalbewusstsein. Zürcher Diss. 1969, S. 86, und Zehnder, S. 288, wo noch weitere Literatur angegeben ist.
104 Justinger, C. (1420/30). Die Bernerchronik. Hg. von G. Studer, Bern 1871, S. 93, und Zehnder, S. 288.
105 Cysat, Coll., S. 714, und Zehnder, S. 289, Anmerkung. Sowie: Das Jahr in Fest und Brauch, S. 216.
106 Das Jahr in Fest und Brauch, S. 216.
107 Simler, J. Regiment der loblichen Eydgenossenschaft. Hg. von H.J. Leu, Zürich 1735, S. 563. Zehnder, S. 290.
108 Weitere Angaben im Artikel Näfelser-Fahrt, in: Das Jahr der Schweiz, S. 143.
109 Hoffmann-Krayer, E. Feste und Bräuche des Schweizer Volkes. Zürich 1913, S. 80. Das Jahr der Schweiz a.a.O. S. 22.
110 Flüeler, K. Nidwaldner Landsgemeinde in Stans: Das Jahr der Schweiz in Fest und Brauch a.a.O. S. 167/168.

111 Das Jahr in Fest und Brauch, a.a.O. S. 187 ff.
112 Hoffmann-Krayer, E. Feste und Bräuche des Schweizervolkes. Zürich 1913, S. 90.
113 Das Jahr in Fest und Brauch, a.a.O. S. 117.
114 Keller, G. An Lina Duncker am 8. September 1856. Der Brief ist abgedruckt in «Gesammelte Briefe». Bern 1951, Bd. 2, S. 16.

Sport (S. 169–180)

1 Piccolomini, A.S. (1434/1438) Hartmann, A. Basel in alten Stadtbildern, Basel 1951. S. 29 und Zehnder, Volkskundliches in der älteren schweizerischen Chronistik a.a.O. S. 328.
2 Pellikan 1544, die Hauschronik des Konrad Pellikan von Rufach, hg. und übers. von Th. Vulpius, Strassburg 1892, S. 33, Zehnder, a.a.O. S. 328.
3 Simler, J. Von dem Regiment der loblichen Eydgenossenschaft. Hg. von H.J. Leu, Zürich 1735, S. 406, und Zehnder, S. 327.
4 Rüeger, J.J. Chronik der Stadt und Landschaft Schaffhausen. Hg. von C.A. Bächtold, 1/2 Schaffhausen 1884/89, S. 491 und S. 494, und Zehnder, S. 328.
5 Schaufelberger, W. Der Wettkampf in der Alten Eidgenossenschaft, 2 Bände, Bern 1972, I. Band, S. 67. Dazu weitere Beispiele und Belege im II. Band, S. 35.
6 Schaufelberger, I., S. 68.
7 Schaufelberger, I., S. 69, und Zehnder, S. 247.
8 Schilling, D. Spiezer Chronik 1485. Hg. von H. Bloesch, Genf 1939, Tafel 61.
9 Justinger, C. Die Berner Chronik, hg. v. G. Studer, Bern 1871, S. 89.
10 Wackernagel, H.G. Altes Volkstum, a.a.O. S. 213, Anmerkung 2.
11 Stalder, X. Fragmente über Entlebuch, Zürich 1797/98, Band I, S. 107.
12 Platter, Th. Lebensbeschreibung, hg. v. A. Hartmann, Basel 1944, S. 16.
13 Idiotikon X, Sp. 1783. Weitere Erklärungen des Spieles auch bei Masüger, J.B. a.a.O. S. 235 und 262. Ferner: Schaufelberger, Wettkampf II, S. 39.
14 Staatsarchiv Zürich A42.4 (1600–1620) und Zehnder, S. 337, Zürcher Mandat 1530.
15 Platter, F. Tagebuch hg. v. V. Lötscher, Basel 1965. S. 66, und Zehnder, S. 335, wo weitere Angaben gemacht sind.
16 Idiotikon II, Sp. 435.
17 Vadian (1529/1550). von Watt, J. Deutsche historische Schriften, Hg. v. E. Götzinger, 3 Bände, St. Gallen 1875/79, Band 3, S. 324.
18 Stalder, X. Fragmente a.a.O. 2. Band, S. 346, und Zehnder, S. 247.
19 Steinmüller, J.R. Beschreibung der schweiz. Alpen- und Landwirtschaft. Winterthur 1804, 2. Band, S. 191. Vergleiche dazu auch Schaufelberger, Wettkampf, 2. Band, S. 41.
20 Zehnder, S. 335.
21 Schaufelberger, Wettkampf 1, S. 77.
22 Ratsbüchlein Luzern, a.a.O. S. 10, Zehnder, S. 336.
23 Schaufelberger, Wettkampf a.a.O. 1, S. 78.
24 Schaufelberger, Wettkampf 1, S. 80.
25 Idiotikon, Bd. I, Sp. 151/152.
26 Wackernagel, Volkstum a.a.O. S. 316. Über Mädchenläufe: Zehnder, S. 331, Anmerkung 12, sowie Schaufelberger, Wettkampf 1, S. 90.
27 Schaufelberger, Wettkampf a.a.O. S. 82.
28 Peter, H. Katzenstriegelziehen: Flachsschnitzerei im Kloster Rheinau, in: Unsere Kunstdenkmäler 12, 1961. Nr. 2. S. 59–60. Vergl. dazu auch Masüger, J. Schweizerbuch der alten Bewegungsspiele, Zürich 1955, S. 154 und 155, ferner: Alltag zur Sempacherzeit, S. 127, Abb. 152.
29 Simler, Regiment, a.a.O. S. 406 und Rüeger, Schaffhauser Chronik, a.a.O. S. 491, Zehnder, S. 333.
30 Wurstisen, Chr. Basler Chronik, Basel 1828, S. 444, und Zehnder, S. 333.
31 Gasser, M. Zürich von aussen gesehen. Zürich 1973, S. 226.
32 Piccolomini, A.E. 1434/1438 a.a.O. S. 29, und Zehnder, S. 332.
33 Gast, J. Das Tagebuch. Hg. und übersetzt von P. Burckhardt, Basel 1945, S. 229, Zehnder, S. 332.
34 von Watt, J. Deutsche hist. Schriften, hg. von E. Götzinger, 3 Bände, St. Gallen 1875–1879, 2. Band, S. 316, Zehnder, S. 332.
35 Schaufelberger, Wettkampf 1, S. 45.
36 Zehnder, S. 287, wo auch weitere Literatur angegeben ist.
37 Schaufelberger, Wettkampf 1, S. 143.
38 Schaufelberger, Wettkampf 1, S. 149.
39 Handwörterbuch des Deutschen Aberglaubens V, S. 1828 und Zehnder, S. 609.
40 Tschudi, Aegidius (1572) Gallia Comata, hg. v. J.J. Gallati, Konstanz 1758, S. 397, und Zehnder, S. 609.
41 Schaufelberger, Wettkampf, S. 107.
42 Zehnder, a.a.O. S. 610.
43 Wackernagel, H.G. Altes Volkstum, a.a.O. S. 277.
44 Aus den hinterlassenen Handschriften von J. Haller und A. Müslin, hg. von S. Gränicher, Zofingen 1829, S. 206, und Zehnder, S. 609.
45 Schaufelberger, Wettkampf, 1, S. 150.
46 Simler, Regiment, a.a.O. S. 337.
47 Schaufelberger, Wettkampf, 1, S. 153.
48 Schaufelberger, Wettkampf, 1, S. 160.
49 Schaufelberger, Wettkampf, 1, S. 156.
50 Schaufelberger, Wettkampf, 1, S. 119.
51 Schaufelberger, Wettkampf, 1, S. 123.
52 Schaufelberger, Wettkampf, 2, S. 126.
53 Schaufelberger, Wettkampf, 1, S. 178.
54 Schaufelberger, Wettkampf, 1, S. 130.
55 Schaufelberger, Wettkampf, 1, S. 133 und 2, S. 80.
56 Ziegler, P. Das Wehrwesen der Herrschaft Wädenswil. Wädenswil 1959, S. 97. Weitere Literatur zu diesem Thema: Schaufelberger, 2, S. 84.
57 Simler, J. Regiment, S. 406, Zehnder, S. 30 und S. 327.
58 Herrliberger, D. Zürcherische Ausrufbilder, Zürich 1968, Abb. Wildtauben, Weisshühner und Eichhörnchen. Die Stelle des Habichtverkaufes nach Mailand: Campell, Anhang, S. 84, Zehnder, S. 33. Ferner Waldheim, Reisebericht, S. 116, wo es heisst, dass der Herzog von Mailand alle Jahre die Habichte aus Unterwalden holen lasse.
59 Zehnder, S. 33, Anmerkung 9.
60 Zehnder, S. 33, Anmerkung 2.
61 Lutz, A. Die Zürcher Jagd. Zürich 1963, S. 56.
62 Suter, A. Troublen im Fürstbistum Basel, Göttingen 1985, S. 186.
63 Vergleiche dazu die Formulierungen in den Aufständen und Bauernunruhen, sodann auch die Sagen über den Wildfrevel. In den Augen des Volkes war Wildfrevel keine Straftat. Dazu auch Eckhardt, H.W. Herrschaftliche Jagd, bäuerliche Not und bürgerliche Kritik. Göttingen 1976.
64 Lutz, A. Zürcher Jagd, a.a.O. S. 100.
65 Lutz, Zürcher Jagd, a.a.O. S. 101.
66 Cysat, Collectanea, a.a.O. S. 1076 und Zehnder, S. 31.
67 Lutz, Zürcher Jagd, a.a.O. S. 161.
68 Lutz, Zürcher Jagd, a.a.O. S. 164.
69 Lutz, Zürcher Jagd, a.a.O. S. 176–187.
70 Lutz, Zürcher Jagd, a.a.O. S. 190.
71 Lutz, Zürcher Jagd, a.a.O. S. 63.
72 Lutz, Zürcher Jagd, a.a.O. S. 46–157.
73 Herrliberger, D. Eigentliche Vorstellung der adelichen Schlösser im Zürich-Gebieth. Zürich 1743, Bild: Schloss Elgg.
74 Kunsthaus Zürich, Abb. 76 bei Lutz, Zürcher Jagd.
75 Lutz, Zürcher Jagd, a.a.O. S. 131.
76 Lutz, Zürcher Jagd, a.a.O. S. 137, Herrliberger, D. Eigentliche Vorstellung der adelichen Schlösser im Zürich-Gebieth, Zürich 1743.
77 Weber, P.X. Der Pilatus und seine Geschichte. Ziak, K. Der Mensch und die Berge. Eine Weltgeschichte des Alpinismus. Salzburg 1983, S. 24.
78 Bähler, E. Eine Stockhornbesteigung von 1536, BGKA 2. 1906, S. 97, und Campell, U. Raetiae Alpestris topographica descriptio. Hg. v. Ch. E. Kind QSG 7, 1884, S. 324, und Zehnder, S. 349.
79 Weiss, R. Das Alpenerlebnis in der deutschen Literatur des 18. Jahrhunderts. Horgen, Zürich und Leipzig 1933, S. 53.
80 Ziak, K. der Mensch und die Berge, a.a.O. S. 28.
81 Ziak, K. Der Mensch und die Berge, S. 41.
82 Ziak, K. Der Mensch und die Berge, S. 35.
83 Ziak, K. Der Mensch und die Berge, S. 41.

Spiel, Tanz und Musik (S. 181–196)

1. Zehnder, L. Volkskundliches in der älteren schweizerischen Chronistik a.a.O. S. 68 ff. sowie S. 63 ff.
2. Pellikan, K. (1545) Die Hauschronik, hg. und übersetzt von Th. Vulpius, Strassburg 1892, S. 102, S. 105, und Zehnder, S. 65.
3. Gasser, M. Zürich von aussen gesehen a.a.O. S. 223.
4. Piccolomini, A. a.a.O. S. 32–44 und Zehnder, a.a.O. S. 67.
5. Poggio Bracciolini. Die Berichte über Baden und St. Gallen, in deutscher Übersetzung von W. Oechsli, Quellen zur Schweizergeschichte NF. Zürich 1893, S. 361, und Zehnder, S. 329.
6. Reinle, A. Zeichensprache der Architektur. Zürich u. München 1976, S. 17 u. S. 19.
7. Chronik des Valerius Anshelm, zitiert von Reinle, A. In: Zeichensprache, a.a.O. S. 19.
8. Pantaleon, H. Warhafftige und fleissige beschreibung der uralten Statt und Graveschaft Baden, Basel 1572. S. 83, und Zehnder, S. 329.
9. Gasser, M. Zürich von aussen gesehen, a.a.O. S. 224.
10. Bonstetten, A. Beschreibung der Schweiz 1479, a.a.O. S. 232 und S. 253.
11. Waldheyms Bericht von 1474, zitiert von Gasser, M. Zürich von aussen gesehen, a.a.O. S. 221.
12. Schachzabelbuch des Conrad von Ammenhausen von Luzern. Bern, Burgerbibliothek Mss.h.h. X 48. Beschrieben in: Alltag zur Sempacherzeit, Katalog der Ausstellung im Historischen Museum Luzern von 1986, S. 122.
13. Abb. in: Alltag zur Sempacherzeit, S. 122, Nr. 141. Literatur dazu: Ewald, J. und Tauber, J. Die Burgruine Scheidegg bei Gelterkinden, Schweizer Beiträge zur Kulturgeschichte und Archäologie des Mittelalters. Bd. 2. Olten und Freiburg im Breisgau 1975, S. 61 und Abb. S. 89.
14. Alltag zur Sempacherzeit, S. 123, Abb. 143. Vergleiche dazu auch: Meyer, W. Obrecht, J. und Schneider, H. Die bösen Türnli. Archäologische Beiträge zur Burgenforschung in der Urschweiz. Olten 1984, S. 98, Abb. S. 115.
15. Brennwald (1508/1516) Heinrich Brennwalds Schweizer Chronik, hg. v. Rudolf Luginbühl. Quellen zur Schweizergeschichte NF. Abt. 1, Basel 1908 und 1910, 2, 142. Zehnder, S. 339.
16. Bullinger Reformationschronik 1, S. 329 und 2, S. 285. Zehnder, S. 341. Für Bern: Valerius Anshelm Chronik 1, S. 188 und S. 281, für Luzern: Cysat, Collectanea, S. 1120 und 1096, für Schaffhausen: Huber a.a.O. S. 100, für St. Gallen: Vadian 3436, für die Waadt: Reformationschronik Orbe, S. 221. Zehnder, S. 341–343.
17. Dokumente Waldmann 1.11 und 1.27, Gast, Tagebuch, a.a.O. S. 357, Ardüser, Chronik, S. 114, und Zehnder, S. 345. Weitere Belege zu Falschspiel und Gewalttätigkeit: Eidgenössische Abschiede, 1 d, S. 792.
18. Alltag zur Sempacherzeit, S. 123, Abb. 144.
19. Rumpf, M. Zur Entwicklung der Spielkartenfarben. Schweiz. Archiv für Volkskunde, 72. Jg. Basel 1976, 1/2. S. 5. Dort ist auch weitere Literatur angegeben. Ferner: Zehnder, S. 339 ebenfalls mit reicher Literatur über das Kartenspiel.
20. Schweizerisches Idiotikon, Bd. 6, Sp. 1389.
21. Rumpf, a.a.O. S. 1, Abb. 3 und 4.
22. Idiotikon, Bd. 3, Sp. 69 und 70.
23. Idiotikon, Bd. 3, Sp. 514, und Zehnder, S. 339.
24. Rumpf, a.a.O. S. 10.
25. Idiotikon, Bd. 4, Sp. 929.
26. Übersicht bei Rumpf, S. 29.
27. Rumpf, a.a.O. S. 9.
28. Vadian, a.a.O. 2. 325 und Stumpf, Chronik 2. 47 v., sowie Zehnder, S. 341.
29. Wurstisen und Bruckner a.a.O. S. 467 und Zehnder, S. 341.
30. Cysat, Collectanea a.a.O. S. 642 und Zehnder, S. 341.
31. Zehnder, S. 344, Anmerkung 21.
32. Mathys, F.K. Ist die schwarze Köchin da? Alte Kinderspiele. Frauenfeld 1983, S. 18.
33. Cysat, Collectanea, S. 101, Zehnder, S. 345.
34. Mathys, a.a.O. S. 19.
35. Mathys, S. 65, 74, 75, 79 und 83.
36. Mathys, a.a.O. Bild S. 85.
37. Mathys, a.a.O. Bild S. 89.
38. Piccolomini, a.a.O. S. 29, und Zehnder, a.a.O. S. 605.
39. Piccolomini, Aenea Sylvius, a.a.O. S. 29, und Zehnder, S. 605 sowie Niger, F. 1547. Eine Dichtung, hg. von T. Schiess, Chur 1896/97, S. 62, und Zehnder, S. 605.
40. Poggio, a.a.O. S. 361, und Zehnder, S. 605.
41. Idiotikon, Bd. 13, Sp. 840.
42. Berner Hinkender Bote 1796, mit einer Abb. des Metzgertanzes. Vgl. auch Idiotikon, Bd. 13, Sp. 870.
43. Idiotikon, Bd. 13, Sp. 868. Vgl. dazu auch: Hoffmann-Krayer, E. Der Küfertanz in Basel, SAVK 14, 1910, S. 97.
44. Haller-Müslin, 1550/1587, Chronik, a.a.O. S. 22, und Zehnder, S. 610, wo weitere Literatur angegeben ist.
45. Meier, J. Ahnengrab und Rechtsstein. Deutsche Akademie der Wissenschaften zu Berlin, Veröffentlichungen der Kommission für Volkskunde 1, Berlin 1950, S. 137.
46. Schaufelberger, a.a.O. S. 329, und Zehnder, S. 612, Anmurkung 5, Belege aus der Westschweiz: Burdet, J. La danse populaire dans le pays de Vaud, sous le régime bernois, 1958, S. 75.
47. Idiotikon, Bd. 13, R. d. Sp. 839 und 840.
48. Otterbach, F. Die Geschichte der europäischen Tanzmusik. 2. Aufl. Wilhelmshafen 1983, S. 27.
49. Ratsbüchlein von Luzern 1300/1402, a.a.O. S. 10, und Zehnder, S. 606.
50. Anshelm, V. Berner Chronik. a.a.O. Bd. 1, S. 188, und Zehnder, S. 605.
51. Gast, Tagebuch, a.a.O. S. 331, Zehnder, S. 606. Weitere Verbote: Id. Bd. 13, Sp. 841.
52. Sicher, F. Chronik von 1530, S. 153, und Zehnder, S. 606.
53. Bullinger, H. Reformationsgeschichte. Hg. J.J. Hottinger und H.H. Vögeli, 3 Bde. Frauenfeld 1838/40, Bd. 1, S. 329, und Zehnder, S. 605.
54. Ardüser, H. Chronik. Hg. von J. Bott 1877, S. 118, und Zehnder, S. 607. Zur allgemeinen Begründung der Tanzverbote vergleiche auch: Panzer, M. Tanz und Recht, Deutsche Forschungen 32, Frankfurt a.M. 1938, S. 12.
55. Reuss, R. Strassburg im 16. Jahrhundert. Auszug aus der Imlin'schen Familienchronik, Alsatia 1873/74, Colmar 1875, S. 388, und Zehnder, S. 608, Anmerkung 3. Im 15. Jahrh. war es auch in Zürich, wie die Rats- und Richtbücher zeigen, zu ähnlichen Erscheinungen gekommen. Vgl. dazu Martin, A. Geschichte der Tanzkrankheit in Deutschland. Zeitschrift des Vereins für Volkskunde 24, 1914, S. 113 und S. 225. Zehnder, S. 608, Anmerkung 3. Veitstanz wird auch als Nervenkrankheit beschrieben. Vgl. dazu Idiotikon, Bd. 13, Sp. 862.
56. Idiotikon, Bd. 13, Sp. 850.
57. Platter, F. Tagebuch a.a.O. S. 153.
58. Platter, F. S. 153/154 Fussnote 49. Erklärung des Kommentators V. Lötscher.
59. Idiotikon, Bd. 13, Sp. 850.
60. Suppan, W. Deutsches Liedleben zwischen Renaissance und Barock. Die Schichtung des deutschen Liedgutes in der zweiten Hälfte des 16. Jahrhunderts. Tutzing 1973, S. 34. Vgl. dazu auch Tappolet, W. Notenschrift und Musizieren. Das Problem ihrer Beziehungen vom Frühmittelalter bis ins 20. Jahrhundert. Berlin 1967.
61. Otterbach, F. a.a.O. S. 47. Zu den einzelnen Instrumenten: Dudelsack vgl. Bild von einem Tonfragment aus Zürich, 1. Hälfte des 15. Jahrh. Schweiz. Landesmuseum. Inventar Nr. 16471, Bild Nr. 102 im Katalog Alltag zur Sempacherzeit, S. 105. Zur Maultrommel: Bachmann, B. Die Volksmusikinstrumente der Schweiz, in: Handbuch der europäischen Volksinstrumente Serie 1, Bd. 4, Leipzig 1981, S. 39. Dort sind auch die übrigen Geräuschinstrumente wie Rasseln und Schellen beschrieben.
62. Chronik D. Schilling, a.a.O. fol. 259 r. Bild Sempacher Katalog S. 103.
63. Simler, J. a.a.O. S. 407, sowie Luzerns Geheimbuch verfasst von R. Cysat, hg. von Th. Scherer, Luzern 1875.
64. Luzerns Geheimbuch a.a.O. S. 113.
65. Volksmusik in der Schweiz. Zürich 1985, S. 44.
66. Bachmann, B. a.a.O. S. 96.
67. Fries, H. Chronik 1480. Hg. von A. Büchi, als Anhang zum 2. Bd. der Schilling Chronik. Ed. von G. Tobler, Bern 1901, S. 408, und Zehnder, S. 603.

68 Klingenberger Chronik a.a.O. S. 324, und Zehnder, S. 603.
69 Justinger, Berner Chronik. Zitiert in: Idiotikon, 13. Bd. Sp. 840.
70 Schilling, O. Amtliche Chronik 1478/83. Burgerbibliothek Bern, Mss. hist. helv. 1, 3, S. 783, Abb. bei Bachmann, B. Tafel 41.
71 Bachmann, B., S. 45. Notenbeispiel 36, Manuskript (1563) der Fundaziun Planta Samedan, Gr.
72 Frei, S. Mittelalterliche Schweizer Musik. Bern 1967, Abb. auf S. 48.
73 Bachmann, B. a.a.O. S. 85.
74 Bachmann, B. a.a.O. S. 99.
75 Luzerner Chronik D. Schilling fol. 54 Z.B. Luzern, sowie Katalog Sempach S. 113, Nr. 120.
76 Bachmann, B. a.a.O. S. 95.
77 Bachmann, B. a.a.O. S. 95.
78 Bachmann, B. a.a.O. S. 94 und S. 95.
79 Bachmann, B. a.a.O. S. 45 und S. 46.
80 Bachmann, B. a.a.O. S. 39.
81 Bachmann, B. a.a.O. S. 39.
82 Luzerner Chronik a.a.O. Z.B. Luzern fol. 259.
83 Platter, F. Tagebuch, a.a.O. S. 70. Zwingli als Musiker: Zehnder, S. 604 sowie Reimann, H. Huldrych Zwingli – der Musiker, Zürich 1960.
84 Platter, F. a.a.O. S. 71.
85 Bachmann, B. a.a.O. Tafel 24.
86 Schweiz. Landesmuseum Inventar Nr. 6237, Abb. in Geiser, B. Das Hackbrett, ein alpenländisches Musikinstrument. Trogen/Herisau 1975, S. 41 und S. 36.
87 Pergamenthandschrift Stiftskirche Einsiedeln Cod. 600 (4) fol. 163. Abgebildet im Katalog: Alltag zur Sempacherzeit, S. 101.
88 Vergleiche dazu das Bild im Katalog Alltag zur Sempacherzeit, S. 102, Abb. 940. Ältere Streichinstrumente: Zehnder, S. 604, Bachmann, B. S. 64, wo auch Literatur angegeben ist.
89 Idiotikon, 13. Bd. Sp. 838.
90 Schweiz. Idiotikon, 13. Bd. Sp. 848 und 865.
91 Idiotikon, 2. Bd. Sp. 152.
92 Jakob, F. Die Orgel. Bern und Stuttgart 1974, S. 59.
93 Bild bei Jakob, S. 58. (Instrument im Hist. Museum Basel) Inventar Nr. 1956.643.
94 Farbiges Bild bei Jakob, S. 63.
95 Historisch-biographisches Lexikon der Schweiz, 60. Faszikel, S. 84. Vgl. dazu auch Schott, H. Cembalospielen, München und Zürich 1983, S. 20.
96 Zürich, Landesmuseum LM. 26056. Katalog Alltag zur Sempacherzeit, Nr. 97 auf S. 104.
97 Landesmuseum Zürich. Inventar Nr. 7313-4 u.
98 Zehnder, a.a.O. S. 604.
99 Schweiz. Landesmuseum Nr. 20848. Text: Bachmann, B. a.a.O. S. 66. Die Harfe im Bild: Lexikon der christl. Ikonographie, 1. Bd. S. 479.
100 Hist. Museum Basel. Abb. bei Frei. Mittelalterliche Schweizer Musik a.a.O. S. 56.
101 Staehelin, M. Musikleben in der Schweiz 1580–1650 in: Das Reich und die Eidgenossenschaft. 7. Kolloquium der SGG. Freiburg 1986, S. 335 ff.
102 Bullinger, Reformations-Chronik a.a.O. 1. S. 418, und Zehnder, a.a.O. S. 601. Ferner Jakob, F. Die Orgel. Orgelbau und Orgelspiel von der Antike bis zur Gegenwart. Bern und Stuttgart 1947, S. 40.
103 Fluri, A. Orgeln und Organisten in Bern vor der Reformation. Bern 1905, S. 34.
104 Wurstisen, A. Beschreibung des Basler Münsters 1585, hg. von R. Wackernagel, 1888, S. 154, und Zehnder,S. 602.
105 Ryff, F. Die Chronik des Fridolin Ryff 1515–1541, hg. von W. Vischer und A. Stern, Basler Chroniken, Leipzig 1872. S. 79, und Zehnder, S. 600.
106 Wurstisen, Chronik, a.a.O. S. 393 und Zehnder,S. 599. Über die Gesangkontroverse sowie auch die verschiedenen Auffassungen der Reformatoren, insbesondere Zwinglis, vgl. Zehnder, S. 600, Anmerkung. Die gegensätzlichen Auffassungen bestehen vor allem darin, dass die einen Autoren meinen, es sei die vorübergehende Stillegung der Kirchenmusik und des Gesanges nicht so schwerwiegend gewesen, weil die Gemeinde vorher tatsächlich nicht gesungen habe. Ausserdem habe man ziemlich schnell wieder zu neuen liturgischen Formen gefunden. Andere Autoren vertreten dagegen die Auffassung, dass der Kirchengesang schon vorher geblüht habe und dass es tatsächlich ein grosser und schwerer Eingriff gewesen sei, den Zwingli, an und für sich aus theologisch gut begründeter Meinung, vorgenommen habe.
107 Jenni, M. Geschichte des deutschschweizerischen evangelischen Gesangbuches im 16. Jahrhundert. Basel 1962, S. 6 ff.
108 Zehnder, a.a.O. S. 600, Anmerkung 10.
109 Jenni, M. a.a.O. S. 9.
110 Jenni, M. a.a.O. S. 122.
111 Rhau, G. Bicinia Gallica. Wittenberg 1545 Tomus 11. Nr. 84. Vgl. dazu die Übertragung von H. Reichenbach. Bicinia Germania. Deutsche Volkslieder in zwei gleichen oder gemischten Stämmen. Wolfenbüttel 1926.
112 Idiotikon. 6. Bd., Sp. 6, und von Greyerz, O. Das Volkslied a.a.O. S. 164.
113 Hofer, J. a.a.O. S. 91.
114 Geiger, P. Volksinteresse und Volksliedforschung in der Schweiz vom Anfang des 18. Jahrhunderts bis zum Jahre 1830. Berner Diss. 1912. Anhang, S. 136–137.
115 Ebel, J.G. Schilderung der Gebirgsvölker der Schweiz, 2 Teile, Leipzig 1798–1802, Teil 1: Schilderung des Gebirgsvolkes vom Kanton Appenzell 1798, S. 152 und S. 154.
116 Ebel, J.G. Schilderung des Schweizervolkes a.a.O. S. 155.
117 Ebel, J.G. Schilderung der Gebirgsvölker a.a.O. S. 172.
118 Bräker, U. Lebensgeschichte a.a.O. Zürich 1798, S. 129.
119 Helvetischer Calender fürs Jahr 1780, Zürich 1780, S. 157, und Baumann, M. Musikfolklore a.a.O. S. 143.
120 Weiss, R. Alpiner Mensch und alpines Leben in der Krise der Gegenwart. Schweiz. Archiv für Volkskunde 58, 1962, Heft 4, S. 234.
121 Simler, J. Von dem Regiment a.a.O. S. 412 und 417.
122 Tschudi, Chronik 2. S. 358, und Zehnder, S. 59.
123 Vgl. dazu Platter, A. Schmähungen, Scheltreden, Drohungen. Ein Beitrag zur Geschichte der Volksstimmen zur Zeit der Reformation, Basel 1911, S. 30.
124 Suppan, W. Deutsches Liedleben zwischen Renaissance und Barock. Tutzing 1973, S. 13 und Anhang.
125 Suppan, W. a.a.O. S. 101. Dazu auch: Volksliedforschung heute. Basel 1983, S. 49 ff. Vgl. dazu die Hinweise bei Zehnder a.a.O. S. 580. Zuletzt hat H. Trümpy Meiers These (1959) gründlich widerlegt.
126 Aus den zahlreichen Belegstellen hier nur eine kleine Auswahl: Simler, Regiment a.a.O. 1, 123. Platter, Tagebuch a.a.O. S. 73. Bräker, Chronik 1985, S. 340, 349, 355. Tobler, R. 2. Schweizer Lieder, S. 32.
127 Trümpy, H. Schweizerdeutsche Sprache und Literatur im 17. und 18. Jahrhundert. Basel 1955, S. 266.
128 Tobler L. Schweizer Volkslieder. S. XXXVII.
129 Trümpy, H. a.a.O. S. 272.
130 Trümpy, H. a.a.O. S. 273.
131 Trümpy, H. a.a.O. S. 276.
132 Herrliberger, D. Ausrufbilder 1748, Zürcher Serie, Nr. 59.

Institutionen der Stabilität (S. 179–220)

Ehe (S. 197–204)

1 Mattmüller, M. Bevölkerungsgeschichte a.a.O. 1. Bd., S. 383 ff.
2 Mattmüller, M. Bevölkerungsgeschichte a.a.O. 1. Bd., S. 386 ff.
3 Schmitz, H.J. Die Bussbücher und das kanonische Bussverfahren, nach handschriftlichen Quellen dargestellt, Bd. 1/2, Graz 1958.
4 Hagemann, H.R. Basler Rechtsquellen im Mittelalter a.a.O. S. 78.
5 Cysat, R. Collectanea a.a.O. 4. Bd. 2, S. 1084 ff.
6 Hagemann, a.a.O. S. 266 und 267.
7 Bullinger, H. Reformationchronik I, S. 381, Zehnder, S. 119, für St. Gallen: Kessler, Sabata, S. 248 und für Genf: Roset, S. 260.
8 Beuys, B. Familienleben in Deutschland. Hamburg 1980, S. 220.

9 Simon, Ch. Untertanen und obrigkeitliche Moralpolitik, Basler Diss. 1981, S. 142.
10 Simon, a.a.O. S. 143.
11 Simon, a.a.O. S. 143.
12 Simon, a.a.O. S. 229.
13 Simon, a.a.O. S. 248.
14 Gasser, M. Zürich von aussen gesehen. Zürich 1973, S. 201.
15 Sprecher und Jenny, Kulturgeschichte der Drei Bünde, Chur 1951, S. 289.
16 Simon, a.a.O. S. 248, Fussnote 93.
17 Schmidt, Der Schweizer Bauer im Zeitalter des Frühkapitalismus, a.a.O. Bd. II, S. 94.
18 Schmidt, Bd. II, S. 96.
19 v. Bonstetten, A. Beschreibung der Schweiz. Quellen zur Schweizergeschichte, 13. Bd. Basel 1893, S. 267.
20 Weistum aus dem St. Gallischen Rheintal, Grimm, Weistümer V. 205 (Jahr 1475).
21 Vgl. dazu Fehr, H. Die Rechtsstellung der Frau und der Kinder in den Weistümern, Jena 1912.
22 Grimm, Bd. I, S. 67.
23 Grimm, Bd. I, S. 65.
24 Fehr, S. 26. Anm. 4.
25 Grimm, Bd. I, S. 85, und Fehr S. 26.
26 Amtsrecht von Villmergen, 1495 und 1527. Fehr, S. 57.
27 Fehr, S. 32 und Grimm, Bd. 1, S. 146.
28 Wackernagel, H.G. Altes Volkstum der Schweiz (Frauenrecht im alten Wallis), S. 108.
29 Zinsli, P. Walser Volkstum, Bern 1968. S. 321 und S. 489.
30 Freundliche Mitteilung von Prof. Peter Liver. Vgl. auch seine Rechtsgeschichte des Unterengadins. Einleitung S. 53.
31 Sprecher und Jenny, Kulturgeschichte Graubündens a.a.O. S. 290.
32 Bräker, a.a.O. S. 173. Vgl. dazu auch Möller, H. Die kleinbürgerliche Familie im 18. Jahrhundert. Berlin 1969, S. 307 ff.
33 Schmidt, G.C.L. Bd. II, S. 97.
34 Asketische Gesellschaft, Manuskripte V. 95. Schmidt, a.a.O. Bd. II, S. 97.
35 Netting, R.M.C. Eine lange Ahnenreihe. Die Fortdauer von Patrilinien über mehr als drei Jahrhunderte in einem schweizerischen Bergdorf. In: Schweiz. Zeitschrift für Geschichte, Vol. 29. 1979, Nr. 1, S. 194.
36 Bachmann, F. Die traditionelle Kulturlandschaft einer Berggemeinde. Zürich 1970. S. 252, und Flütsch, E. St. Antönien – Kulturlandschaftliche Aspekte einer Walsergemeinde. Zürcher Dissertation 1976.
37 Möller. O., Die Kleinbürgerliche Familie, S. 306.
38 Huggel, S. Die Einschlagsbewegung in der Baslerlandschaft – Gründe und Folgen der wichtigsten agrarischen Neuerungen im Ancien Régime. Liestal 1979, S. 493 f.
39 Braun, R. Das ausgehende Ancien Régime in der Schweiz. Zürich 1984, S. 49.
40 Meili, J. Hexen in Wasterkingen. Basel 1980, S. 25.
41 Bucher, S. Entlebuch a.a.O. S. 45.
42 StAZ. Gerichtsakten Zürich-Landschaft A. 10.
43 Hoof, D. Kindsmordvorgänge in Stadt und Landschaft Zürich im 18. Jahrhundert. In: Zürcher Taschenbuch 1985, S. 50.
44 Hoof, D. a.a.O. S. 65.

Familie (S. 204–211)

1 Mitterauer/Sieder. Vom Patriarchat zur Partnerschaft. Zum Strukturwandel der Familie. München 1984, S. 21.
2 Sigg, O. Bevölkerungs-, Agrar- und Sozialgeschichtliche Probleme des 16. Jahrhunderts am Beispiel der Zürcher Landschaft. In: «Schweizerische Zeitschrift für Geschichte», Heft I, 1974, 24. Jahrgang, S. 19.
3 Pfister, U. Die Anfänge von Geburtenbeschränkung in Europa: Wege zu einer umfassenden Analyse, in «Ehe, Liebe, Tod». Münster 1983, S. 213.
4 Pfister, a.a.O. S. 226.
5 Pfister, a.a.O. S. 219. Vergl. dazu auch Imhof, A.E. Die gewonnenen Jahre, München 1981, S. 63.
6 Schürmann, M. Bevölkerung. Wirtschaft und Gesellschaft in Appenzell Innerrhoden im 16. Jahrhundert. Appenzell 1974, S. 90.
7 Schürmann, a.a.O. S. 125.
8 Schürmann, a.a.O. S. 130.
9 Bucher, S. Bevölkerung und Wirtschaft des Amtes Entlebuch im 18. Jahrhundert, a.a.O. S. 49.
10 Bielmann, J. Die Lebensverhältnisse im Urnerland. Basler Diss. 1972, S. 40.
11 Schürmann, a.a.O. S. 69.
12 Schürmann, a.a.O. S. 70.
13 Bucher, a.a.O. S. 49 und 50.
14 Bucher, a.a.O. S. 51.
15 Bielmann, a.a.O. S. 40.
16 Dönz, A. Die Veränderungen in der Berglandwirtschaft am Beispiel des Prättigau. ETH Dissertation 1972, S. 34.
17 Bucher, a.a.O. S. 40.
18 Bucher, a.a.O. S. 41.
19 Rosenbaum, H. Formen der Familie, 1962, S. 93.
20 Zehnder, a.a.O. S. 346. Weitere Angaben über Kinderspiele im Kapitel «Spiel, Tanz und Musik».
21 Wackernagel, H.G. Altes Volkstum a.a.O. S. 21.
22 Bräker, U. Das Leben und die Abenteuer des armen Mannes im Tockenburg. Berlin 1910, S. 33 und S. 34.
23 Schmidt, a.a.O. Bd. II, S. 290.
24 Bräker, a.a.O. S. 4.
25 Stricker, H. Die Selbstdarstellung des Schweizers im Drama des 16. Jahrhunderts. Bern 1961, S. 118.
26 Stricker, a.a.O. S. 118.
27 Schmidt, a.a.O. 2. Bd., S. 94.
28 Gotthelf, Jeremias. Wie fünf Mädchen jämmerlich im Branntwein umkommen. S. 15.
29 Kinderstuben. Dokumente. Wie Kinder zu Bauern, Bürgern, Aristokraten wurden. 1700–1850. Hg. von Jürgen Schlumbohm, München 1983, S. 95.
30 Schmidt, a.a.O. 2. Bd., S. 94.
31 Maler, J. Selbstbiographie eines zürcherischen Pfarrers des 16. Jahrhunderts. Zürcherisches Taschenbuch 1886 und 1888, Bd. 2, S. 176. Zehnder, a.a.O. S. 134.
32 Maler, J. Selbstbiographie, 2. Bd., S. 176. Zehnder, S. 134.
33 Chronik Wurstisen-Bruckner, Basel, S. 488, Zehnder, S. 136.
34 Zehnder, S. 136, Fussnote 2. Hier ist Literatur über das Schulwesen verzeichnet.
35 Cysat, Collectanea 4, Bd. 2, S. 168, sowie Zehnder, S. 136. Über die Schulzustände im 18. und 19. Jahrhundert auch Jeremias Gotthelf, Leiden und Freuden eines Schulmeisters.
36 Braun, R. Das ausgehende Ancien Régime in der Schweiz. Zürich 1984, S. 54.
37 Vgl. dazu Mitterauer und Sieder, a.a.O. S. 125.
38 Hauser, A. Die Lebensalter. In: «Apropos» Artemis. Zürich 1982, S. 172.
39 Hauser, A. Die Lebensalter, a.a.O. S. 172.
40 Hauser, A. Der Familienbetrieb in der schweizerischen Landwirtschaft, in der Festschrift: Mit Waldschritten gemessen. Zürich und München 1984, S. 176.
41 Padrutt, Chr. Staat und Krieg im Alten Bünden. Zürich 1965, S. 100.
42 Padrutt, a.a.O. S. 252.
43 Schmid-Ammann, P. Betrachtungen zur Unruhe unter Jugendlichen, NZZ vom 6.2.1986, Nr. 30, S. 35.

Gemeinde, Nachbarschaft, Bruderschaft und Zunft (S. 211–220)

1 Bader, K.S. Dorfgemeinschaft und Dorfgemeinde. Studien zur Rechtsgeschichte des mittelalterlichen Dorfes. Köln und Graz 1962, II. Bd. S. 7 ff.
2 Blickle, P. Gemeindereformation. München 1985, S. 118 ff.
3 Blickle, P. Gemeindereformation, a.a.O. S. 172 ff.
4 Hauser, A. Wirtschaftsgeschichte der Gemeinde Wädenswil, 1956, S. 117.
5 Hauser, A. Wirtschaftsgeschichte, a.a.O. S. 253.
6 Holzer, R. und Michel, H.A. Beschreibung des Amtes Laupen 1779, Bern 1984, S. 39.
7 Justinger, Chronik, S. 196, Stumpf, Chronik Bd. II, S. 253, und Haffner Chronik, S. 38, Zehnder, S. 361.
8 Berner Chronik des D. Schilling I, S. 45, Zehnder, S. 362.
9 Schodoler Chronik 3, 311. Zehnder, S. 362.
10 Stumpf Reformationschronik I., S. 62 und 229, Zehnder, S. 362.
11 Anshelm Chronik 4, Zehnder, S. 383.
12 Cysat, Collectanea 649, Zehnder, S. 180.

13 Salat, Tagebuch 53, Zehnder, S. 180.
14 Platter, F. Lebensbeschreibung, S. 116.
15 Stockar, Chronik, S. 138, Zehnder, S. 181.
16 Ardüser, Selbstbiographie, S. 19, Zehnder, S. 181.
17 Escher, W. Dorfgemeinschaft und Silvestersingen in St. Anthönien, Basel 1947, S. 24 und 25. Vgl. dazu auch die ausführlichen Bemerkungen über die gemeinsamen Hilfen bei Niederer, A. Gemeinwerk im Wallis. Basel 1965 (2. Auflage).
18 Pfister, Kirchengeschichten II, S. 359.
19 Pfister, II, S. 359.
20 Cysat, Collectanea 1102, Zehnder, S. 172.
21 Borst, O. Alltagsleben im Mittelalter, Frankfurt 1983, S. 224 ff.
22 Borst, O. a.a.O. S. 227.
23 Zehnder, a.a.O. S. 95 und S. 96.
24 Caduff, G. Die Knabenschaften Graubündens. Chur 1932, S. 2.
25 Cysat, Collectanea, S. 671, Zehnder, S. 177.
26 Simon, Ch. Untertanenverhalten und obrigkeitliche Moralpolitik. Basler Diss. 1981, S. 228.
27 Reformationschronik Orbe, Zehnder, S. 174.
28 Platter, F. Tagebuch 1536–1567, hg. von Lötscher Valentin. Basel 1976, S. 327.
29 Schilling, Berner Chronik, S. 223 und Etterlin Chronik, S. 227, sowie Justinger Chronik, S. 217, Zehnder, S. 175.
30 Von Greyerz, Hans. Annalen, S. 18, Fries, S. 394, Zehnder, S. 175.
31 Chronikalien Zunftbuch 453 und Chronik Anton Mailänder, S. 83, Zehnder, S. 175.
32 Vadian III, 311, Zehnder, S. 176.
33 Gottfried Keller an Ludmilla Assing. Brief vom 21. April 1856, in «Gesammelte Briefe», Bern 1951, II. Band, S. 44.
34 Simler, Regiment a.a.O. S. 406, Zehnder, S. 176.
35 Suter, A. «Troublen» im Fürstbistum Basel 1726–1740. Eine Fallstudie zum bäuerlichen Widerstand im 18. Jahrhundert. Göttingen 1985, S. 353–364.
36 Wolfram, R. Studien zur älteren schweizerischen Volkskunde. Wien 1980, S. 190 ff.
37 Wolfram, a.a.O. S. 200.
38 Wolfram, a.a.O. S. 211.
39 Wolfram, a.a.O. S. 205.
40 Hauser, A. Vom Essen und Trinken im alten Zürich. S. 80.
41 Im Hof, U. Das gesellige Jahrhundert, Zürich 1984.
42 Im Hof, U. a.a.O. S. 220.
43 Hauser, A. Wirtschaftsgeschichte der Gemeinde Wädenswil, S. 133 und Fretz, Die Entstehung der Lesegesellschaft Wädenswil, Wädenswil 1940, S. 113.

Garanten der Sicherheit (S. 221–244)
Das Haus als Friedensbereich (S. 211–223)

1 Bader, K.S. Das mittelalterliche Dorf als Friedens- und Rechtsbereich, Weimar 1957, S. 14, 55, 121, 216, 218, 131.
2 Bader, a.a.O. S. 221.
3 Quellenwerk zur Geschichte der Eidgenossenschaft 1/2, 1937, S. 289. Bader Bd. 1, S. 166.
4 Hagemann, H.R. Basler Rechtsquellen im Mittelalter. Basel 1951, S. 238.
5 Cysat, Collectanea, a.a.O. S. 1132. Zehnder, S. 409.
6 Suter, A. «Troublen» im Fürstbistum Basel, Göttingen 1985, S. 211.
7 Suter, «Troublen» a.a.O. S. 212.
8 Suter, «Troublen» a.a.O. S. 218.
9 Suter, a.a.O. S. 209., vgl. dazu auch die Arbeit von Bühler, Th. Wüstung und Fehde, Schweiz. Archiv für Volkskunde 66, 1970, S. 1.
10 Canetti, E. Masse und Macht, Frankfurt 1985, S. 15.

Wehrbereitschaft (S. 223–227)

1 Meyer, W. Hirsebrei und Hellebarde. Olten 1985, S. 339 ff. Schaufelberger, W. Der Alte Schweizer und sein Krieg. Zürich 1952, S. 7 ff.
2 Meyer a.a.O. S. 343.
3 Hauser, A. Wirtschaftsgeschichte von Wädenswil, S. 126. Andere Beispiele bei Simon, Chr. Untertanenverhältnisse a.a.O. S. 252.
4 Suter. Zuger Chronik, S. 72. Chronik des Berner Schilling, S. 126. Stumpf, Chronik, Band II, S. 438, Zehnder, S. 155.
5 Chronik des Petermann Etterlin von 1505–1507. In Quellenwerk zur Entstehung der Schweizerischen Eidgenossenschaft, Abt. III, 3. S. 228, Zehnder, S. 153.
6 Wackernagel, H.G. Altes Volkstum in der Schweiz, a.a.O. S. 265.
7 Schaufelberger, W. Der alte Schweizer und sein Krieg, a.a.O. S. 28.
8 Schaufelberger, a.a.O. S. 29.
9 Schaufelberger, a.a.O. S. 30.
10 Högl, L. Burgen im Fels, Olten 1986, S. 183.
11 Simler, Josias. Von dem Regiment der loblichen Eydgenossenschaft, herausgegeben Hans Jacob Leu, Zürich 1735, S. 404.
12 Schaufelberger, a.a.O. S. 17.
13 Rüeger, J.J. Chronik der Stadt und Landschaft Schaffhausen, herausgegeben von C.A. Bächtold, 2 Bände, 1. Band, S. 491, Zehnder, S. 415.
14 Rüeger, a.a.O. S. 492, Zehnder, zitiert, S. 139.
15 Zehnder, S. 136–140.

16 Schaufelberger. Der alte Krieg, a.a.O. und Badrutt, Ch. Staat und Krieg im alten Bünden, Zürich 1965, S. 58.
17 Simler, J. Von dem Regiment a.a.O. S. 405, Zehnder, S. 333. Vergl. auch die Fussnote 2 auf S. 273.
18 Simler, Regiment, a.a.O. S. 496, Zehnder, zitiert, S. 176.
19 Gast, J. Das Tagebuch, Basel 1945, S. 442, Zehnder, S. 176.
20 Meyer, W. Hirsebrei und Hellebarde, a.a.O. S. 356 ff.
21 Schaufelberger, W. Morgarten und Marignano, in: Allgemeine Schweiz. Militär-Zeitschrift 1965, 131, S. 673.
22 Meyer, B. Die Schlacht am Morgarten. Schweiz. Zeitschrift für Geschichte, 16, 1966. 2. S. 170.
23 Meyer, W. Hirsebrei und Hellebarde, S. 360., vgl. dazu auch Schaufelberger, W. Der alte Schweizer und sein Krieg, a.a.O. S. 67 ff.
24 Meyer, W. Hirsebrei und Hellebarde, a.a.O. S. 384.
25 Gasser, M. a.a.O. S. 103.
26 Gasser, M. a.a.O. S. 104, 105.
27 Gasser, M. a.a.O. S. 108.
28 Gasser, M. a.a.O. S. 113.
29 Gasser, M. a.a.O. S. 120.

Recht (S. 228–237)

1 Peyer, H.C. Verfassungsgeschichte der Schweiz. Zürich, 1980, S. 54.
2 Gagliardi, E. Geschichte der Schweiz. Bd. 1. Zürich, 1934, S. 189.
3 Blickle, P. Gemeindereformation. München, 1965, S. 66.
4 Wackernagel, H.G. Altes Volkstum der Schweiz, S. 41 und 159.
5 Wackernagel, H.G. Altes Volkstum der Schweiz, S. 42.
6 Zehnder, a.a.O. S. 434, wo auch Literatur über das Fehdewesen angegeben wird.
7 Liver, P. Abhandlungen zur Rechtsgeschichte. Chur 1970, S. 585.
8 Der lateinische Originaltext befindet sich in «Basilea latina», ausgewählt und erläutert von Alfred Hartmann, Basel 1931, S. 41, zit. von Hagemann, H.R. Basler Rechtsleben im Mittelalter, Basel 1981, S. 145.
9 Hagemann, H.R. Basler Rechtsleben a.a.O. S. 146.
10 Haller, J. Das Tagebuch. Hg. und übersetzt von Ed. Bähler. 1917, S. 251, Zehnder, S. 399.
11 Wurstisen, Ch. Basler Chronik von 1580 gedruckt Basel 1882, S. 504, Zehnder, S. 399.
12 Wurstisen, S. 49, Simler, Regiment, S. 625, Zehnder, S. 401 Anmerkung 10.
13 Liver, P. Abhandlungen zur Rechtsgeschichte, Chur 1970, S. 591.
14 Carlen, L. Rechtsgeschichte der Schweiz, Frauenfeld 1978, S. 39.

15 Gast, J. Tagebuch 1531–1552, Basel 1945. S. 115. Zehnder, S. 403.
16 Wurstisen, Ch. Diarium 1557–1573. Basel 1902, S. 119. Zehnder, S. 403.
17 Zehnder, S. 379.
18 Zehnder, S. 379, Anmerkung 1.
19 Zehnder, S. 402.
20 Ryff, A. Selbstbiographie, S. 112. Zehnder, S. 531.
21 Zehnder, S. 520.
22 Anshelm 1, 224, Zehnder, S. 526.
23 Meili, D. Hexen in Wasterkingen. Basel 1980, S. 35.
24 Hauser, A. Wirtschaftsgeschichte Wädenswil, S. 59.
25 Tschudi, Aeg. Chronicon Helveticum, 1. Teil, S. 271 und Zehnder, S. 390.
26 Etterlin, P. Kronica von der loblichen Eydgnoschaft. Quellenwerk zur Entstehung der Schweizerischen Eidgenossenschaft, Abt. 3. 1965, S. 319, sowie Zehnder, S. 393.
27 Tschudi, A. Chronicon 2, S. 153. Zehnder, S. 391.
28 Huber, P. Schaffhauser Chronik. Hg. v. C.A. Bächtold, 1906, S. 100, und Zehnder, S. 397.
29 Wurstisen-Bruckner, S. 501, Zehnder, S. 398.
30 Metzger, S. 137. Zehnder, S. 398 Anmerkung 5.
31 Carlen, L. Rechtsgeschichte der Schweiz, S. 83.
32 Bilderchroniken Blatt 81.
33 Bilderchroniken Blatt 89, Kommentar S. 177.
34 Liver, P. Grundstückgeschäfte im alten Chur (13.–15. Jh.), Jahrbuch 1985 der Historisch-Antiquarischen Gesellschaft von Graubünden, S. 91. Forschungen zur Rechtsarchäologie und Rechtlichen Volkskunde. Hg. von Louis Carlen. Bd. 4, Zürich 1982, S. 94.
35 Reber, B. Felix Hemmerlin von Zürich, Zürich 1846. S. 336, und Zehnder, S. 410 und 411.
36 Die Berner Chronik des D. Schilling. Hg. v. G. Tobler, Bern 1897/1901 2. S. 179, sowie Stumpf, Chronik 2, 253 und Zehnder, S. 411.
37 Reber, B. Felix Hemmerlin a.a.O. S. 476, Zehnder, S. 411.
38 Staatsarchiv Zürich B.7, 41/11 und 41/2.
39 Staatsarchiv Zürich A 150/ 5. Jahr 1730.
40 Staatsarchiv Zürich Z B. 7, 41/3 Fall Hottinger. Vgl. dazu auch Hauser, A. Wirtschaftsgeschichte von Wädenswil, S. 127.
41 Simon, Ch. Untertanen-Verhalten und obrigkeitliche Moralpolitik, Frankfurt und Basel 1981, S. 264.
42 Meyer, W. Hirsebrei und Hellebarde. Auf den Spuren mittelalterlichen Lebens in der Schweiz. Olten und Freiburg 1985, S. 311 ff. Vgl. dazu die Abhandlung von Dieter Hoof im Zürcher Taschenbuch auf das Jahr 1985, S. 50 ff.
43 Pfenninger, H. Das Strafrecht der Schweiz. S. 101. Liver, P. Abhandlungen zur Rechtsgeschichte, S. 620.
44 Huber, E. System und Geschichte des schweizerischen Privatrechtes. Bd. 4, Basel 1893, S. 905.

Heimat (S. 237–249)

1 Zinsli, P. Walser Volkstum a.a.O. S. 222 und 239.
2 Greverus, J.M. Der territoriale Mensch. Frankfurt a.M. 1972, S. 28.
3 Idiotikon, Bd. 2, Spalte 1283.
4 Idiotikon, Bd. 2, Spalte 1283.
5 Schaufelberger, W. Der Alte Schweizer und sein Krieg. Zürich 1952, S. 134.
6 Hauser, A. Vom Schweizer Heimweh. Neue Schweizer Rundschau, 1939, Heft 3, S. 178.
7 Hauser, A. Vom Schweizer Heimweh a.a.O. S. 179. Vgl. dazu auch Ernst, F. Vom Heimweh, Zürich 1949, S. 13.
8 Zinsli, P. Walser Volkstum a.a.O. S. 369.
9 Tobler, L. Schweizerische Volkslieder. Neudruck Hildesheim 1975, S. CXII.
10 Zehnder, Volkskundliches a.a.O. S. 658.
11 Zehnder, Volkskundliches a.a.O. S. 178.
12 Winterberger, G. Die Herkunft der Oberhasler. Bernische Zeitschrift für Geschichte, Bern 1951, 1, S. 19. Zehnder, Volkskundliches a.a.O. S. 57.
13 Wackernagel, H.G. Altes Volkstum der Schweiz. Basel 1956, S. 86.
14 Hauser, A. Heimatbegriff und Heimatbewusstsein in der alten Eidgenossenschaft. In: Mit Waldschritten gemessen, Festschrift, Zürich 1984, S. 32.
15 Moser-Rath, E. Der Schweizer in der deutschen Schwankliteratur. Schweiz. Archiv für Volkskunde, Basel 1966. 62. Jg. Heft 2, S. 27.
16 Renner, E. Goldener Ring über Uri. Zürich 1941 S. 53 und S. 245.
17 von Greyerz, H. Nation und Geschichte im bernischen Denken. Bern 1953, S. 34.
18 Gasser, M. Zürich von aussen gesehen. Zürich 1973, S. 184.
19 Hauser, A. Wirtschaftsgeschichte der Gemeinde Wädenswil. Wädenswil 1956, S. 136.
20 Strübin, E. Baselbieter Volksleben. Basel 1952. S. 9, 11 und 19.

Nation (S. 241–244)

1 Die Lieder bilden eine ausgezeichnete Quelle. Vgl. hierüber: O. von Greyerz, Das Volkslied der deutschen Schweiz. Frauenfeld und Leipzig 1927; R. von Liliencron, Die historischen Volkslieder der Deutschen vom 13. bis 16. Jahrhundert, 4 Bde. 1865–1869.
2 Hauser, A. Das eidgenössische Nationalbewusstsein. Sein Werden und Wandel, Zürich und Leipzig 1941, S. 13.
3 Hauser, A. S. 14. Auch für das Folgende sei auf diese Schrift bzw. deren Quellenangaben verwiesen. Weitere Literaturangaben bei L. Zehnder. Volkskundliches in der Chronistik a.a.O. S. 55, Anmerkung 279.
4 Vgl. für das 18. Jahrhundert namentlich die Dissertation von K. Schwarber, Nationalbewusstsein und Nationalstaatsgedanken der Schweiz 1700–1789. Diss. Basel 1919, ungedr. Ausserdem sei nachdrücklich auf zwei neuere Arbeiten hingewiesen: H. von Greyerz, Nation und Geschichte im bernischen Denken. Bern 1953. Chr. Pappa, Die Entstehung des schweizerischen Nationalbewusstseins in Graubünden. Ein Beitrag zum Anschluss Graubündens an die Eidgenossenschaft. Chur 1944.
5 Ernst, F. Der Helvetismus. Zürich 1954, S. 32.

Leitbilder und Leitgestalten (S. 245–295)

Aufgaben und Ziele (S. 245–246)

1 Planck, U. und Ziche, J. Land- und Agrarsoziologie. Stuttgart 1979, S. 268.
2 Roegele, O.B. Neugier als Laster und Tugend. Zürich 1982, S. 54 ff.

Volkslieder (S. 246–249)

1 Meier, J. Kunstlied und Volkslied in Deutschland. Halle a/S. 1906, S. 17.
2 Trümpy, H. Die alten Lieder auf die Schlacht von Näfels. 1963, S. 33 ff. und Stumpf, Chronik I 23. Zehnder, zit. S. 596, Anm. 69.
3 Simler, J. Von dem Regiment der loblichen Eidgenossenschaft, hg. Hans Jacob Leu, Zürich 1735, S. 417. Sowie Zehnder, Volkstum a.a.O. S. 596, Anm. 69.
4 Zehnder, a.a.O. S. 596, Anmerkungen 79 und 71.
5 Engelsing, R. Analphabetentum und Lektüre. Stuttgart 1973, S. 42 ff.
6 Tobler, T. Schweizerische Volkslieder. Nachdruck Hildesheim. 1975, I. Band, S. 24 der Einleitung.
7 Tobler, II, S. 8.
8 Tobler, II, S. XI und VII.
9 Tobler, T. Schweizerische Volkslieder a.a.O. II, S. 61.
10 Schlumpf, V. Die frumen edlen Puren. Untersuchungen zum Stilzusammenhang zwischen historischen Volksliedern der alten Eidgenossenschaft und der deutschen Heldenepik. Zürcher Diss. 1969, S. 17.
11 Tobler, L. Schweizerische Volkslieder, I. Teil, S. 4. Zur Befreiungstradition selber vgl. Handbuch der Schweizergeschichte, Zürich 1980, S. 196.
12 Schlumpf, V. Die frumen edlen Puren, a.a.O. S. 74.
13 Schlumpf, S. 75.
14 Schlumpf, S. 76.

15 v. Liliencron. Die historischen Volkslieder der Deutschen. 4 Bände, Leipzig 1865–1869, Lied No. 594, Strophen 11–12.
16 Schlumpf, a.a.O. S. 149.
17 Schlumpf, a.a.O. S. 151.
18 Schlumpf, a.a.O. S. 152.
19 Schlumpf, a.a.O. S. 154.
20 Schlumpf, a.a.O. S. 156.
21 Schlumpf, a.a.O. S. 159.

Volksschauspiel und Drama (S. 249–253)

1 Cysat, R. Collectanea, S. 750, Zehnder, S. 652, Anmerkung 30.
2 Wyss, H. Dienendes Theater einst und jetzt. In: Festschrift für Paul Zinsli, Bern 1971, S. 202.
3 Wyss, H. a.a.O. S. 205.
4 Wyss, H. a.a.O. S. 207–209.
5 Zehnder, a.a.O. S. 680.
6 Ceremoniale Basiliensis Espicopatus, hg. Konrad, W. Hieronymus «Das Hochstift». Basel 1938, S. 192, Zehnder, S. 645.
7 Platter, Felix. Tagebuch S. 82, Zehnder, zit. S. 646.
8 Campell, Ulrich. Historia Raetia, hg. P. Platter. Quellen zur Schweizer Geschichte 8/9 1887 ff, S. 352. Ferner: Zehnder, a.a.O. S. 648.
9 Ardüser, H. Chronik hg. J. Bott, 1877, S. 113, Zehnder, S. 649.
10 Anshelm, Valerius. Berner Chronik 6 Bände. Bern 1884–1901. 4. Band, S. 475. Zehnder, S. 641.
11 Haller, J. Das Tagebuch 1548–1661, hg. Ed. Bähler AHVB 1917, S. 237, Zehnder, S. 643.
12 Hafner, A. 1587. Chronik hg. W. Tugginger, Solothurn 1849, S. 84, Zehnder, S. 644.
13 Stricker, H. Die Selbstdarstellung des Schweizers im Drama des 16. Jahrhunderts. Bern 1961, S. 123.
14 Zehnder, S. 644.
15 Stricker, S. 124.
16 Stricker, S. 125.
17 Stricker, S. 117.
18 Stricker, S. 140.
19 Stricker, S. 140.
20 Stricker, S. 142.
21 Stricker, S. 11.
22 Stricker, S. 11.
23 Stricker, S. 13.
24 Stricker, S. 16.
25 Stricker, S. 44.

Malerei und Skulptur (S. 253–265)

1 Grassi, E. Kunst und Mythos. Hamburg 1957, S. 116. Meyer, P. Europäische Kunstgeschichte Zürich 1947, Bd. 1, S. 113.
2 Vergleiche dazu Sprüche Kapitel 1, Verse 5 und 6.
3 Preceptorium von 1452. In: Kühnel, H. Alltag im Spätmittelalter, 2. Aufl. Graz, Wien und Köln 1985, S. 304.
4 Kühnel, H. Alltag im Spätmittelalter, a.a.O. S. 161 und S. 162.
5 Reinle, A. und Gantner, J. Kunstgeschichte der Schweiz, Frauenfeld 1956, Bd. X, S. 69, Abb. Nr. 47.
6 Kühnel, H. Alltag im Spätmittelalter, a.a.O. S. 284.
7 Reinle, A. Kunstgeschichte der Schweiz, Frauenfeld 1968, Bd. 1, S. 424.
8 Reinle, A. Kunstgeschichte der Schweiz 1. Bd., S. 425.
9 Zahlreiche Abb. bei Reinle Bd. 1, S. 427. Dort ist auch die Literatur über die Symbolik der Kunst angegeben. Vgl. dazu auch das Lexikon der Christlichen Ikonographie Bd. I–VI, Rom, Freiburg, Basel und Wien 1968 ff.
10 Vgl. die Abb. 538–550, in: Reinle, A. Kunstgeschichte der Schweiz Bd. 1, S. 521.
11 Gantner, J. Kunstgeschichte der Schweiz. 2. Bd. a.a.O. S. 192 ff.
12 Abb. 217 in: Gantner, J. Kunstgeschichte der Schweiz. 2. Bd. Frauenfeld 1947, S. 252.
13 Abb. 227 in: Gantner, J. 2. Bd., S. 264.
14 Kunstdenkmäler des Kantons Bern, Bd. IV. Basel 1960, S. 176 ff.
15 Kunstdenkmäler des Kantons Bern, Bd. IV. a.a.O. S. 236.
16 Kunstführer durch die Schweiz, Bd. 2, 1976, S. 321.
17 Reinle, A. Kunstgeschichte der Schweiz, Bd. 3, Frauenfeld 1956, S. 66.
18 Schatzkammer der Schweiz, o.J. S. 40, Abb. 41.
19 Reinle, A. Kunstgeschichte 3. Bd. Frauenfeld 1956. Vgl. dazu das Bild Nr. 42, Schwur des Scipio im Kloster St. Georgen, Stein am Rhein S. 57.
20 Morel, A.F.A. Andreas und Peter Moosbrugger. Zur Stuckdekoration des Rokoko in der Schweiz. Bern 1973, S. 71.
21 Reinle, A. Kunstgeschichte Bd. 3, S. 152.
22 Abb. 207 in: Reinle, A. Kunstgeschichte der Schweiz Bd. 3, S. 317.
23 Kunstdenkmäler des Kantons Schaffhausen Bd. 2, Basel 1958, S. 122 ff.
24 Reinle, A. Kunstgeschichte der Schweiz, a.a.O. Bd. 3, S. 58.
25 Kunstdenkmäler des Kantons Luzern, Bd. 3, Basel 1954, Abb. Nr. 109, S. 124.
26 Kunstdenkmäler des Kantons Luzern, Bd. 3, Abb. 105, S. 122.
27 Kunstdenkmäler des Kantons Basel-Stadt, Bd. 1, Basel 1932, S. 533.
28 Kunstdenkmäler des Kantons Basel-Stadt, Bd. 1, Abb. 407 und 409, S. 536 und S. 537.
29 Kunstdenkmäler des Kantons Bern, Bd. 3, Basel 1947, S. 186.
30 Reinle, A. Kunstgeschichte der Schweiz, Bd. 3, S. 111 sowie Gemälde der Kapellbrücke, Luzern 1978, S. 5 ff. Vgl. dazu neuerdings die ausgezeichnete Darstellung von H. Horat (Totentanz und Welttheater) in: Renaissancemalerei in Luzern 1500–1650, Luzern 1986, S. 115.
31 Zinsli, P. Der Malerpoet Hans Ardüser. Chur 1986, S. 187, 190, 200, 201, 204, 206.
32 Reinle, A. Kunstgeschichte der Schweiz, Bd. 3, S. 323 und S. 324.
33 Kunstdenkmäler des Kantons Luzern, Bd. 5, Basel 1959, S. 270.
34 Wyss, R.L. Winterthurer Keramik. Schweizer Heimatbücher Bern 1973, S. 33. Dort auch Literaturangaben über die Ofenmalerei, S. 56. Vgl. zur Ofenmalerei auch Ganz, P. Geschichte der Kunst in der Schweiz, Basel 1960, S. 580.
35 Schatzkammer der Schweiz. Kostbarkeiten des Schweiz. Landesmuseums, Zürich 1980, S. 83 und 84.
36 Wyss, R.L. Winterthurer Keramik a.a.O. Abb. XIII.
37 Wyss, R.L. Winterthurer Keramik a.a.O. schwarz-weiss Abb. Nr. 38 und 40.
38 Reinle, A. Kunstgeschichte Bd. 3, S. 336.
39 Ganz, P. a.a.O. S. 460 ff.
40 Vgl. zur Ikonographie und Ikonologie auch den Aufsatz von Martin Warnke: Hüterin der Künste – die Kunstwissenschaft. NZZ Nr. 296 vom 20./21.12.1986, S. 65.
41 Kunstdenkmäler des Kantons Bern, Bd. 1, Basel 1952, S. 294–300.
42 Kunstdenkmäler des Kantons Bern, Bd. 1, S. 319–321.
43 Schneider, Jenni. Glasgemälde. Katalog der Sammlung des Schweizerischen Landesmuseums Zürich, 2 Bände, Bd. 1, S. 19 ff sowie von Witzleben, E. Bemalte Glasscheiben. Volkstümliches Leben auf Kabinett- und Bierscheiben. München 1977, S. 28 ff.
44 Mâle, E. L'art religieux du 13ème siècle, S. 157 ff, sowie von Witzleben, E. a.a.O. S. 28. Die Scheibe befindet sich heute im Musée d'Art et d'Histoire in Genf.
45 Original im Musée d'Art et d'Histoire in Genf. Abgebildet und zitiert in von Witzleben, E. a.a.O. S. 29 und S. 113.
46 Schneider, J. Glasgemälde Bd. I, S. 64. Die Scheibe befindet sich im Eigentum der Gottfried Keller Stiftung.
47 Schneider, J. a.a.O. Glasgemälde Bd. I, S. 77. Die Wappenscheibe befindet sich im Schweizerischen Landesmuseum. LM 13255.
48 Schneider, J. a.a.O. Glasgemälde Bd. II, S. 324 und Abbildung 639 auf S. 433.

Chroniken (S. 265–269)

1 Srbik, H. Geist und Geschichte vom deutschen Humanismus bis zur Gegenwart. München und Salzburg 1950. I, S. 27 und Zehnder, S. 45.*
2 Etterlin, P. Kronica von der loblichen Eydgnoschaft. Quellenwerk zur Entstehung der Eidgenossenschaft, hg. E. Gruber, Abt. III 3. 1965 S. 226 und Zehnder, S. 46.*
3 Schradin (1500). Der Schwabenkrieg von 1499. Gfd 4. 1847, S. 25 und Zehnder, S. 38*.
4 Anshelm, V. Die Berner Chronik Bd. 6, S. 22 und Zehnder, S. 47*.

5 Ardüser, H. Chronik hg. Jakob Bott 1877, S. 89 und Zehnder, S. 47★.
6 Pellikan 1544. Die Hauschronik, hg. und übersetzt von Theod. Vulpius Strassburg 1892, S. 8, Zehnder, S. 49★.
7 Tschudi, Aegidius. Gallia Comata, hg. J.J. Gallati, Konstanz 1758, S. 391 und S. 372, Zehnder, S. 61★.
8 Glarean. 1515. Beschreibung der Schweiz. Lob der dreizehn Orte, hg. und übersetzt von Werner Näf, St. Gallen 1948, S. 365 ff., Zehnder, S. 64.
9 Simler. Von dem Regiment S. 400. Zehnder, S. 65.
10 Campell, U. Anhang zur Topographia von Graubünden 1570/71. Chur 1900, S. 190, Zehnder, S. 68.
11 Pellikan, K. Die Hauschronik 1544, hg. Vulpius, Strassburg 1892, S. 9, Zehnder, zit. S. 73.
12 Anselm, Valerius. Die Bernerchronik 1526–1547, 6 Bände. 4. Bd., S. 462, Zehnder, zit. S. 74.
13 Das Weisse Buch von Sarnen, hg. H.G. Wirz, Q W 1, Aarau 1947.
14 Vgl. dazu etwa Peyer, Conrad, im Handbuch zur Schweizergeschichte, Zürich 1980, Bd. I, S. 197.
15 Ernst, F. Wilhelm Tell. Blätter aus seiner Ruhmesgeschichte. Zürich 1936, S. 10.

Sagen (S. 269–272)

1 Weisses Buch von Sarnen, a.a.O. S. 3. Bonstetten S. 238 ff. Zehnder, S. 615 und 59★, Ettelin Chronik S. 84.
2 Cysat, Collectanea. Bd. I, S. 568.
3 Liliencron, R. Die historischen Volkslieder der Deutschen, Bd. I, No. 34, S. 131. Winkelried-Sage: vgl. noch die Zürcher Dissertation von Beat Suter «Arnold Winkelried, der Heros von Sempach». Die Ruhmesgeschichte eines Nationalhelden. Stans 1977.
4 Liliencron, R. I, S. 113 und S. 115.
5 Schlumpf. Die frommen edlen Puren a.a.O. Zürich 1969, S. 68 und 69.
6 Cysat, R. Collectanea. 4. Bd. 2. Teil. Luzern 1969, S. 692.
7 Scheuchzer, J.J. Beschreibung der Naturgeschichte des Schweizerlandes. Zürich 1780. 3. Teil, dat. 2. März 1707.
8 Kasthofer, K. Bemerkungen auf einer Alpenreise über den Susten, Gotthard usw. Aarau 1822, S. 327.
9 Lüthi, M. Aspekte der Blümlisalpsage. Schweiz. Archiv für Volkskunde. 76. Jahrgang, Basel 1980. Heft 1/2.
10 Isler, G. Die Sennenpuppe. Basel 1971, S. 39 ff.
11 Renner, E. Goldener Ring über Uri. Zürich 1941, S. 26.
12 Müller, Sagen aus Uri, 3. Bd., S. 32.
13 Müller, Sagen aus Uri, 3. Bd., S. 32.
14 Müller, Sagen aus Uri, 3. Bd., S. 31.
15 Büchli, A. Mythologische Landeskunde von Graubünden. 2 Bde. 2. Bd. S. 92.
16 Müller, J. Urner Sagen, Bd. 1, S. 25.
17 Rocholz, E.L. Naturmythen. Leipzig 1862, S. 100 und Hauser, A. Waldgeister und Holzfäller. Der Wald in der schweizerischen Volkssage. Zürich und München 1980, S. 39 ff.
18 Lüthi, M. Volksliteratur und Hochliteratur a.a.O. S. 38.

Sprichwörter und Redensarten (S. 272–275)

1 Bausinger, H. Formen der Volkspoesie. Berlin 1968, S. 90.
2 Bausinger, H. Formen der Volkspoesie a.a.O. S. 91.
3 Mieder, W. Das Sprichwort in der deutschen Prosaliteratur des 19. Jahrhunderts. München 1976, S. 10.
4 Vgl. dazu Bausinger, Formen der Volkspoesie a.a.O. S. 95.
5 Hain, M. Sprichwort und Volkssprache. Eine volkskundlich-soziologische Dorfuntersuchung. Giessen 1951, S. 68.
6 Weiss, R. Volkskunde der Schweiz, S. 70 und S. 278.
7 Darüber ausführlich Röhrich, Lutz. Lexikon der sprichwörtlichen Redensarten. Freiburg i.Br. 3. Aufl. 1973, S. 19 ff.
8 Bausinger, a.a.O. S. 99.
9 Lüthi, M. Volksliteratur und Hochliteratur a.a.O. S. 11.
10 Schweiz. Idiotikon, II. Spalte 239.
11 Schweiz. Idiotikon, II. Spalte 338.
12 Schweiz. Idiotikon, 186. Heft, 1985, Spalte 1615.
13 Schweiz. Idiotikon, II, Spalte 332.
14 Lüthi, Volksliteratur und Hochliteratur a.a.O. S. 13.
15 Schweiz. Idiotikon, I, Spalte 958.
16 Schweiz. Idiotikon, I, Spalte 896.
17 Schweiz. Idiotikon, I, Spalte 204.
18 Gotthelf, Ergänzungsschriften 2, S. 67 und Riedhauser, Hans, Essen und Trinken bei Jeremias Gotthelf. Bern und Stuttgart, 1985, S. 71.
19 Idiotikon, II, Spalte 1380/81 und Idiotikon, I, Spalte 1212.
20 Hedinger, H. Inschriften im Kanton Zürich, Zürich 1958, S. 38.
21 Idiotikon, I, Spalte 791.
22 Lössi, H. Der Sprichwortschatz des Engadins, Winterthur 1944, S. 45.
23 Idiotikon, I, Spalte 179.
24 Idiotikon, I, Spalte 36.
25 Idiotikon, I, Spalte 452.
26 Idiotikon, I, Spalte 390.
27 Idiotikon, II, Spalte 887.
28 Idiotikon, II, Spalte 31.
29 Idiotikon, II, Spalte 24.
30 Idiotikon, I, Spalte 110.
31 Idiotikon, II, Spalte 1192.
32 Idiotikon, II, Spalte 1196.
33 Idiotikon, II, Spalte 1066.
34 Idiotikon, I, Spalte 691.
35 Idiotikon, II, Spalte 638, dat. 1824, aber wohl älter.
36 Lössi, Der Sprichwortschatz des Engadins a.a.O. S. 202.
37 Idiotikon, II, Spalte 505 und 506.
38 Idiotikon, III, Spalte 337.
39 Idiotikon, III, Spalte 337.
40 Idiotikon, II, Spalte 1247.

Rechtssprichwörter (S. 275–277)

1 Grundmann, G. und andere Autoren. Rechtssprichwörter. Hanau 1984, S. 125.
2 Osenbrüggen, E. Die deutschen Rechtssprichwörter. Basel 1876, S. 6.
3 Kunstdenkmäler Stadt Bern, Bd. III, S. 187.
4 Kunstdenkmäler Basel Stadt, Bd. I, S. 640.
5 Portmann, P.F. Schweizerdeutsche Sprichwörter. Frauenfeld 1983, S. 92.
6 Grundmann, G. a.a.O. S. 129.
7 Idiotikon, Bd. 6, Spalte 245.
8 Carlen, L. Rechtsgeschichte der Schweiz. 2. Aufl. Bern 1978, S. 88.
9 Idiotikon, Bd. 6, Spalte 288.
10 Idiotikon, Bd. 6, Spalte 277.
11 Idiotikon, Bd. 6, Spalte 212.
12 Idiotikon, Bd. 6, Spalte 235.
13 Idiotikon, Bd. 6, Spalte 245.
14 Idiotikon, Bd. 6, Spalte 245.
15 Lössi, E. Engadiner Sprichwörter, S. 152.
16 Lössi, E. Engadiner Sprichwörter, S. 61.
17 Idiotikon, Bd. 6, Spalte 245.
18 Idiotikon, Bd. 6, Spalte 245.
19 Lössi, E. Engadiner Sprichwörter, S. 152.
20 Lössi, E. Engadiner Sprichwörter, S. 217.
21 Lössi, E. Engadiner Sprichwörter, S. 52.
22 Idiotikon, Bd. 6, Spalte 245.

Bauernregeln (S. 277–279)

1 Hauser, A. Bauernregeln der Schweiz, Zürich 1973, S. 27 ff.
2 Hauser, A. Bauernregeln a.a.O. S. 609.
3 König, E. Hausbuch. 18. Jahrhundert: Hauser Bauernregeln S. 149, 150.
4 Für alle diese Zitate: Hauser, A. Bauernregeln.
5 Hauser, Bauernregeln, S. 135.
6 Hauser, Bauernregeln, S. 141–161.
7 Hauser, Bauernregeln, a.a.O. S. 136. Für die andern Tierhaltungsregeln S. 161 ff.
8 Über die ökonomischen und sozialen Wandlungen sowie ihre Folgen, ferner auch über die sozial-psychologische Situation vgl. Hauser, Bauernregeln, Allgemeiner Kommentar, S. 49 ff.

Haus-Inschriften (S. 279–284)

1 Bausinger, H. Formen der Volkspoesie. Berlin 1968, S. 106.
2 Simonett, Ch. Die Bauernhäuser des Kantons Graubünden. 2 Bände. Basel 1968, 2. Band, S. 179.
3 Rüegg, R. Haussprüche und Volkskultur. Basel 1970, S. 300.
4 Weiss, R. Häuser und Landschaften a.a.O. S. 303.

5 Vgl. dazu die Überlegungen von Rüegg, R. Haussprüche und Volkskultur a.a.O. S. 418.
6 Simonett, a.a.O. 2. Band, S. 186 und S. 188.
7 Rüegg, R. Haussprüche a.a.O. S. 418.
8 Rüegg, Haussprüche a.a.O. S. 421.
9 Troll, J.C. Geschichte der Stadt Winterthur. Winterthur 1840 und Rüegg a.a.O. S. 422.
10 Rüegg a.a.O. S. 426.
11 Gasser, M. Zürich von aussen gesehen. Zürich 1973, S. 56.
12 Weiss, R. Häuser. S. 321 und Rüegg, S. 388.
13 Simonett, Bd. 2, S. 179.
14 Simonett, Bd. 2, S. 179.
15 Rüegg, a.a.O. S. 8, Inschrift Nr. 14.
16 Simonett, Bd. 2, S. 180.
17 Simonett, Bd. 2, S. 180.
18 Simonett, Bd. 2, S. 180.
19 Simonett, Bd. 2, S. 180.
20 Simonett, Bd. 2, S. 181.
21 Rubi, Chr. Volkskunst am Berner Bauernhaus, Basel 1942, S. 49.
22 Tuor, R. Berner Hausinschriften. Bern 1981. S. 56.
23 Simonett a.a.O. 2. Bd. S. 181.
24 Simonett a.a.O. 2. Bd. S. 184.
25 Rüegg a.a.O. S. 65, Inschrift Nr. 129.
26 Vgl. dazu Rüegg S. 330.
27 Rüegg, a.a.O. S. 331.
28 Sutermeister, O. Die Parodie der Haussprüche. In: Zeitschrift «Die Schweiz», Bern, 1862, S. 164.
29 Maurer, G. Hausinschriften im Schweizerland. Spiez 1942, S. 43.
30 Brunner, E. Die Bauernhäuser im Kanton Luzern. Basel 1977, S. 401, Abb. 872.
31 Simonett, a.a.O. S. 182.
32 Simonett, a.a.O. S. 182.
33 Simonett, a.a.O. S. 183.

Stuben-Sprüche (S. 284–286)

1 Rüegg, a.a.O. S. 36, Inschrift Nr. 51 a, 1.
2 Rüegg, a.a.O. S. 98, Inschrift Nr. 277.
3 Rüegg, a.a.O. S. 10, Inschrift Nr. 17, 115.
4 Rüegg, a.a.O. S. 23, Inschrift Nr. 28, 1.
5 Rüegg, a.a.O. S. 28, Inschrift Nr. 37.
6 Rüegg, a.a.O. S. 33, Inschrift Nr. 40.
7 Rüegg, a.a.O. S. 45, Inschrift Nr. 76.
8 Rüegg, a.a.O. S. 67, Inschrift Nr. 133.
9 Rüegg, a.a.O. S. 87, Inschrift Nr. 205. 2.
10 Haus der Familie Hauser in der Vordern Rüti, Wädenswil.
11 Hedinger, H. Inschriften im Kanton Zürich, Zürich 1956, S. 38.

Leitsprüche in Ratshäusern (S. 286–289)

1 Pistorius, G.T. Untersuchung der vornehmsten teutschen Sprichwörter nach ihrem Ursprung und wahren Verstande. Leipzig 1725 (Vorrede).
2 Über das Leben in den schweizerischen Ratshäusern vgl. die Studie von Kopp, P.F. Schweiz. Ratsaltertümer. Zürcher Diss. 1972, S. 5.
3 Kunstdenkmäler, Band Zürich Bd. IV, Basel, 1939, S. 350.
4 Kunstdenkmäler Basel-Stadt, Bd. I, S. 634.
5 Kunstdenkmäler Basel-Stadt, Bd. I, S. 640.
6 Kunstdenkmäler Basel-Stadt, Bd. I, S. 640.
7 Kunstdenkmäler Bern-Stadt, Bd. III, S. 187.
8 Frauenfelder, R. Die Inschriften im Schaffhauser Ratssaale. Schaffhauser Schreibmappe 1945, S. 2.
9 Frauenfelder. Die Inschriften a.a.O. S. 7.

Inschriften auf Truhen und Geräten (S. 289–291)

1 Rüegg, a.a.O. Abbildung 19, S. 209.
2 Rüegg, a.a.O. S. 43, Inschrift Nr. 72 (hier gekürzt wiedergegeben).
3 Rüegg, a.a.O. S. 40, Inschrift Nr. 60, 1.
4 Museum für Volkskunde in Basel. VI, Nr. 16489.
5 Rhätisches Museum Chur, S. 472.
6 Rhätisches Museum Chur, S. 218.
7 Lipp, C.F. Bemalte Gläser. München 1974, Abbildung 143, S. 111.
8 2000 Jahre Glaskunst. Kunstmuseum Luzern, Katalog 1981, S. 193.
9 Pokal im Besitze des Verfassers.
10 Gantner, J. und Reinle, A. Kunstgeschichte der Schweiz, III. Bd. S. 147 und S. 360.
11 Rüegg, a.a.O. S. 88, Inschrift Nr. 215.
12 Rüegg, a.a.O. S. 90, Inschrift Nr. 239.
13 Rüegg, a.a.O. S. 90, Inschrift Nr. 234.
14 Lexikon der christlichen Ikonographie Bd. 2, S. 198.

Flugschriften und Bücher (S. 291–295)

1 Peters, U. Literatur in der Stadt. Studien zu den sozialen Voraussetzungen und kulturellen Organisationsformen städtischer Literatur im 13. und 14. Jahrhundert. Tübingen 1963, S. 61 ff.
2 Peters a.a.O. S. 241.
3 Schwarz, D.W.H. Die Kultur der Schweiz. Frankfurt 1967, S. 160.
4 Wernle, P. Der schweizerische Protestantismus im 18. Jahrhundert. Bd. I, S. 5 und S. 92/93.
5 Blickle, P. Gemeindereformation. Die Menschen des 16. Jahrhunderts auf dem Weg zum Heil. München 1985, S. 129.
6 Blickle a.a.O. S. 132.
7 Blickle a.a.O. S. 142.
8 Böckmann, P. Der Gemeine Mann in den Flugschriften, S. 213. Zitiert bei Blickle, S. 149.
9 Schwarz. Die Kultur der Schweiz, a.a.O. S. 253.
10 Schwarz, a.a.O. S. 260.
11 Schenda, R. Volk ohne Buch. Frankfurt 1970. S. 444. Vom gleichen Autor: «Die Lesestoffe der kleinen Leute». München 1976, S. 38.
12 Ausstellung der Neuenburger Bibliothèque publique vom April 1986.
13 Fretz, D. Die Entstehung der Lesegesellschaft Wädenswil. Wädenswil 1940, S. 47. Für den Hausiererhandel vgl. u.a. Herrliberger, D. Ausrufbilder. Zürich, hg. von Conrad Ulrich, Zürich 1968, S. 9.
14 Fretz, a.a.O. S. 49.
15 Chronik Ulrich Bräker. Bern 1985, S. 26.
16 Vgl. dazu etwa die Hinweise bei Braun, Bd. I, S. 132 und Strübin, Volksleben im Baselbiet, S. 199.
17 Braun, Bd. I, S. 136.
18 Escher, H. Synodalrede über die besten Mittel. Zürich 1774, S. 24, sowie Fretz, D. Die Entstehung der Lesegesellschaft Wädenswil a.a.O. S. 11.
19 Fretz, a.a.O. S. 43.
20 Fretz, a.a.O. S. 170, Anmerkung S. 37.
21 Fretz, a.a.O. S. 45.
22 Fretz, a.a.O. S. 46.
23 Fretz, a.a.O. S. 47.
24 Fretz, a.a.O. S. 61.
25 Fretz, a.a.O. S. 66.
26 Fretz, a.a.O. S. 85.
27 Fretz, a.a.O. S. 86 und S. 87.
28 Fretz, a.a.O. S. 88.
29 Staatsarchiv Zürich, BX 38.
30 Staatsarchiv Zürich, BX 38 und Fretz S. 135.
31 Der Volksfreund von Stäfa, Nr. 11, vom 10. Januar 1799, S. 1 und 2.
32 Hauser, A. Wirtschaftsgeschichte von Wädenswil a.a.O. S. 136, Anmerkung 20 und Ernst, F. Wilhelm Tell. Blätter aus seiner Ruhmesgeschichte. Zürich 1936, S. 103.

Übergangsrituale (S. 297–328)
Geburt und Taufe (S. 297–303)

1 Gennep, A. von. Übergangsrituale. Frankfurt/Main 1986. Dieses Werk geht auf eine Studie aus dem Jahre 1908 zurück. Die neueste Literatur ist aber auf S. 254/255 angegeben. Vgl. dazu auch Weiss, R. Volkskunde a.a.O. S. 174
2 Zehnder, L. Volkskundliches in der älteren schweizerischen Chronistik. Basel 1976, S. 108.
3 Die Chronik des H. Miles. St. Gallen 1902, S. 304, Zehnder, S. 108.
4 Cysat, Collectanea 3, S. 125.
5 Platter, F. Lebensbeschreibung 1572, gedruckt Basel 1944, S. 93.
6 Zehnder, a.a.O. S. 109.
7 Borst, O. Alltagsleben im Mittelalter. Frankfurt a.M. 1983, S. 500.
8 Niderberger, F. Sagen und Gebräuche aus Unterwalden. Nachdruck Zürich 1978, S. 354.
9 Edlibach, G. Chronik 1846, S. 271. Zehnder, S. 110.
10 Welti, E. Taufbräuche im Kanton Zürich. Zürich 1967, S. 19.
11 Mémoires de Pierrefleur. 1530–1561, hg. v. Louis Junod, Lausanne 1933, S. 56. Zehnder, S. 110.

12 Welti, Taufbräuche a.a.O. S. 21.
13 Welti, Taufbräuche a.a.O. S. 24.
14 Welti, a.a.O. S. 25.
15 Welti, a.a.O. S. 33.
16 Welti, a.a.O. S. 35.
17 Gotthelf, J. Leiden und Freuden eines Schulmeisters. Gesammelte Werke Erlenbach 1963, S. 449.
18 Welti, a.a.O. S. 100.
19 Weiss, Volkskunde, a.a.O. S. 262.
20 Imhof, E. Die verlorenen Welten. München 1984, S. 149.
21 Welti, a.a.O. S. 105.
22 Weiss, Volkskunde, a.a.O. S. 263.
23 Abschiede 4 1e, 1197, Zehnder, S. 112, Fussnote 6.
24 Abschiede 4 2.1.810, Zehnder, S. 112, Fussnote 6.
25 Welti, Taufbräuche a.a.O. S. 72.
26 Welti, a.a.O. S. 71.
27 Welti, a.a.O. S. 72.
28 Welti, a.a.O. S. 74.
29 Welti, a.a.O. S. 78.
30 Welti, a.a.O. S. 81.
31 Das Tagebuch des Johannes Gast, hg. von P. Burckhardt, Basler Chroniken 8, Basel 1945, S. 169. Zehnder, a.a.O. S. 111.
32 Gast, Tagebuch, a.a.O. S. 169. Zehnder, S. 111.
33 Vgl. dazu Zwingli-Werke 4, S. 247 und Welti, E. Taufbräuche a.a.O. S. 30.
34 Heidegger, J.H. Gegen die falsche Lehre von der Notwendigkeit des heiligen Taufs, Zürich 1694, S. 1.
35 Weiss, R. Grundzüge einer protestantischen Volkskultur. Religiöse Volkskunde und Beiträge zur Volkstumsforschung, hrg. v. Institut für Volkskunde 14, München, 1964 S. 31.

Initiationsriten (S. 303–306)

1 Weiss, R. Volkskunde a.a.O. S. 177.
2 Huber, E. System und Geschichte des schweizerischen Privatrechtes. Basel 1893, Bd. 4, S. 482.
3 Fründ, H. Chronik hg. von J. Kind, Chur 1875, S. 48.
4 Rüeger, Schaffhauser Chronik a.a.O. S. 92, Zehnder, S. 176. Für den Basler Hinweis: Die Chronik Henmann Offenburgs 1413–1445, hg. von A. Bernoulli, Leipzig 1895, S. 324.
5 Suter, A. «Troublen» a.a.O. S. 356 und Schurtz, H. Altersklassen und Männerbünde. Eine Darstellung der Grundformen der Gesellschaft. Berlin 1902, S. 6 ff.
6 Manz, W. Volksbrauch und Volksglaube des Sarganserlandes. Schriften der Schweiz. Gesellschaft für Volkskunde, Basel 1916, S. 8.
7 Wackernagel, H.G. Bemerkungen zum Geschichtsbild in der alten Eidgenossenschaft in: «Discordia concors», Festschrift für E. Bonjour, Basel 1968, Abb. S. 308.
8 Manz, W. a.a.O. S. 9.
9 Wolfram, R. Studien zur schweizerischen Volkskunde, a.a.O. S. 167.
10 Wolfram, R. Studien a.a.O. S. 204.
11 Vischer, L. Die Geschichte der Konfirmation. Zollikon 1958, S. 9.
12 Niderberger, F. Sagen und Gebräuche aus Unterwalden. Neudruck Zürich 1978, S. 375.
13 Vischer, L. Geschichte der Konfirmation, S. 64.
14 Vischer, L. Geschichte der Konfirmation a.a.O. S. 127.

Verlobung und Hochzeit (S. 306–312)

1 Wackernagel, H.G. Altes Volkstum a.a.O. S. 27.
2 Hagmann, H.R. Basler Rechtsquellen im Mittelalter, Basel 1981, S. 80.
3 Gotthelf, J. Leiden und Freuden eines Schulmeisters. Ausgabe Rentsch, Erlenbach 1963, S. 247, 248.
4 Simon, Ch. Untertanenverhältnisse und obrigkeitliche Moralpolitik, Basler Dissertation 1984, S. 228.
5 Simon, S. 228 Fussnote.
6 Simon, a.a.O. S. 230, Fussnote 19.
7 Hans Stockar, Chronik von 1520–1530, hg. Karl Schib. Quellen Schweizer Geschichte, Neue Folge, 1. Abt. 1949, S. 65 und S. 135.
8 Platter, Tagebuch a.a.O. S. 313.
9 Zehnder, Volkskundliches a.a.O. S. 117, Fussnote Nr. 10.
10 Bächtold, H. Die Gebräuche bei Verlobung. Schriften Schweiz. Gesellschaft für Volkskunde. 1914, 1. Bd., S. 128.
11 Bächtold, a.a.O. S. 94.
12 Leu, H.J. Eidg. Stadt- und Landrecht, Zürich 1728, 1. Bd. S. 253.
13 Simon, a.a.O. S. 235.
14 Simon, a.a.O. S. 236.
15 Simon, a.a.O. S. 123.
16 Bullinger, H. Der christliche Ehestand 1540, S. 74.
17 Zehnder, a.a.O. S. 118.
18 Weiss, R. Volkskunde a.a.O. S. 177.
19 Hoffmann-Krayer, E. Feste und Bräuche des Schweizervolkes. Zürich 1913, S. 37.
20 Die Stockar-Chronik von Schaffhausen, a.a.O. S. 138.
21 Platter, F. Tagebuch, a.a.O. S. 323, Zehnder, a.a.O. S. 120.
22 Bullinger, H. Der christliche Ehestand 1546, S. 374.
23 Brackenhoffer, E. Voyages en Suisse 1643–1646, hg. H. Lehr, Lausanne 1930, S. 215.
24 Gasser, M. Zürich von aussen gesehen, a.a.O. S. 216.
25 Hoffmann-Krayer, E. Feste und Bräuche, a.a.O. S. 39.
26 Hauser, A. Essen und Trinken, a.a.O. S. 98.
27 Dokumente Waldmann I, S. 310 und S. 314, Zehnder, S. 122 und Cysat, Collectanea, a.a.O. S. 189.
28 Hauser, A. Vom Essen und Trinken, a.a.O. S. 123.
29 Zehnder, a.a.O. S. 124.
30 Hauser, A. Vom Essen und Trinken, a.a.O. S. 100 und 123.
31 Gasser, M. Zürich von aussen gesehen, a.a.O. S. 217.

Sterberitual und Totenbrauch (S. 312–328)

1 Mattmüller, M. Bevölkerungsgeschichte a.a.O. 1. Bd. S. 402
2 Stüber, K. Commendatio animae. Sterben im Mittelalter. Erschienen in «Geist und Werk der Zeiten. Zürcher Reihe». Bern 1976, S. 5.
3 Die Nuntiatur von Giovanni Francesco Bonhomini. Dokumente, 1 1906, S. 7 ff. Zitiert von Wackernagel, H.G. Altes Volkstum der Schweiz. Basel 1956, S. 8.
4 Wackernagel, H.G. Altes Volkstum a.a.O. S. 12.
5 Schaufelberger, W. Der Alte Schweizer und sein Krieg. Zürich 1952, S. 49.
6 Pfyffer, K. Der Kanton Luzern Bd. 1 1858, S. 343.
7 Wolfram, R. Studien zur älteren Schweizer Volkskultur, a.a.O. S. 66.
8 Wackernagel, H.G. a.a.O. S. 14 Fussnote.
9 Viele Gebete vor Schlachten aufgeführt bei Zehnder, a.a.O. S. 160.
10 Oechsli, W. Die Anfänge der schweizerischen Eidgenossenschaft. Zürich 1891, S. 238.
11 Niderberger, F. Sagen und Gebräuche aus Unterwalden. Neudruck Zürich 1978, S. 417.
12 Stüber, K. a.a.O. Commendatio animae, S. 112.
13 Zehnder, L. Volkskundliches in der älteren schweizerischen Chronistik. Basel 1976, S. 128.
14 Zehnder, L. a.a.O. S. 119.
15 Zehnder, L. a.a.O. S. 515.
16 Lutz Röhrich. Sage und Märchen, Erzählsammlung. Freiburg i.Br. 1976, S. 68.
17 Guntern, J. Volkserzählungen aus dem Oberwallis. Basel 1978, S. 500 ff.
18 Guntern, J. Volkserzählungen a.a.O. S. 506 ff.
19 Cysat, Collectanea. Bd. 4, 1. Teil, S. 606 und S. 619.
20 Isler, G. Synchronizitäten in Erlebnissagen. Archiv für Volkskunde 1984. Heft 1 und 2, S. 8 ff. Vergl. dazu auch: Jaffé, A. Geistererscheinungen und Vorzeichen. Olten 1978 S. 216 ff. Die gleichen Erscheinungen heute: Bausinger, H. Volkskultur in der technischen Welt. Stuttgart 1961, S. 57.
21 Isler, G. a.a.O. S. 6.
22 Zehnder, a.a.O. S. 515
23 Platter, F. Tagebuch «Lebensbeschreibung». Hg. von Lötscher, V. Basel 1976, S. 116.

24 Platter, F. Tagebuch a.a.O. S. 437.
25 Biraben, J. Les hommes et la peste, Bd. 1. Paris 1975 S. 412. Ferner für das Wallis: Guntern, J. Volkserzählungen aus dem Oberwallis S. 327.
26 Cysat, R. Collectanea Bd. 4, 2. Teil S. 603.
27 Cysat, R. Collectanea Bd. 4, 2. Teil S. 767.
28 Guntern, J. Volkserzählungen a.a.O. S. 324.
29 Borst, O. Alltagsleben im Mittelalter. Frankfurt 1983 S. 606.
30 Muschg, W. Die schweiz. Bilderchroniken, Zürich 1941 und Wackernagel, H.G. a.a.O. S. 270.
31 Zinsli, P. Manuels Totentanz, Bern 1979, S. 19.
32 Rosenfeld, H. Der mittelalterliche Totentanz. Münster und Köln 1954 S. 103, sowie Kunstdenkmäler der Schweiz, Kanton Basel, Bd. 4. Basel 1961 S. 95, sowie Boehrlin, K. Der Basler Prediger Totentanz. Geschichte und erste Restaurierungsergebnisse in «Unsere Kunstdenkmäler» Bd. 17, 1966 Nr. 4 S. 128.
33 Zinsli, P. a.a.O. S. 22.
34 Röhrich, L. Erzählungen des späten Mittelalters und ihr Weiterleben in Literatur und Volksdichtung bis zur Gegenwart. Bern und München 1962, Bd. 1 S. 271.
35 Bräker, U. Das Leben und die Abenteuer des Armen Mannes im Tockenburg. Ausgabe Berlin 1910, S. 12 ff.
36 Hauser, A. Die Lebensalter. In: Apropos Artemis, Zürich 1982, S. 163.
37 Imhof, A.E. Unsere Lebensuhr. In: Ehe, Liebe, Tod. Herausgeber Borscheid, P. und Teuteberg, H.P.
38 v. Sprecher, A. und Jenny, R. Kulturgeschichte der Drei Bünde, Chur 1976, S. 8.
39 Imhof, A. Die verlorenen Welten. München 1984, S. 200 ff.
40 Bielmann, J. Die Lebensverhältnisse im Urnerland während des 18. und 19. Jahrhunderts. Basler Dissertation 1972, S. 56.
41 Schürmann, M. Bevölkerung, Wirtschaft und Gesellschaft in Appenzell-Innerrhoden im 18. und 19. Jahrhundert, Appenzell 1974, S. 101.
42 Archiv der ehemaligen asketischen Gesellschaft des Kt. Zürich, jetzt Zentralbibliothek Zürich. Beschreibung des moralischen Zustandes der Haushalte der Grafschaft Toggenburg aus dem Jahre 1785. Bericht eines Gemeindepfarrers.
43 Meuli, K. Gesammelte Schriften. Basel 1975, S. 303.
44 Hugger, P. Ein eigenartiger Trauerbrauch aus dem Freiburgischen. Schweiz. Archiv für Volkskunde. Basel 1972/73. Heft 16, S. 26.
45 Meuli, K. a.a.O. S. 318.
46 Meuli, K. a.a.O. S. 325.
47 Barblan, G. Schweiz. Archiv für Volkskunde 18 (1914), S. 167 und Schorta, A. Diczunari Rumantsch Grischun 2. 112 sowie Herrliberger, D. Heilige Ceremonien 1. Abt. 1750, S. 14.
48 Sagen aus Uri, gesammelt von Josef Müller. Basel 1978, Bd. 3, S. 80.
49 Schweiz. Idiotikon Bd. 2, Sp. 350.
50 Schweiz. Idiotikon Bd. 2, Sp. 350.
51 Schweiz. Idiotikon Bd. 2, Sp. 350.
52 Hauser, A. Vom Essen und Trinken im alten Zürich. Zürich 1961, S. 101.
53 Senti, A. Gebete aus dem Sarganserland, Sargans 1983, S. 59–64.
54 Imhof, A.E. Die verlorenen Welten. Alltagsbewältigungen durch unsere Vorfahren – und weshalb wir uns heute so schwer damit tun. München 1984. S. 212.
55 Büchli, A. Mythologische Landeskunde. Bd. 2, a.a.O. S. 575.
56 Niderberger, F. Sagen und Gebräuche aus Unterwalden, a.a.O. S. 232.

Schlusswort (S. 329–332)

1 Mattmüller, M. Bevölkerungsgeschichte a.a.O. Bd. 1, S. 249
2 Menolfi, E. Sanktgallische Untertanen im Thurgau. Eine sozialgeschichtliche Untersuchung über die Herrschaft Bürglen (TG) im 17. u. 18. Jh. Diss. Basel. St. Gallen 1980.
3 Mattmüller, M. Bevölkerungsgeschichte a.a.O. 1. Bd, S. 371.
4 Blickle, P. Kommunalismus, Parlamentarismus, Republikanismus. Historische Zeitschrift München, Bd. 242, 1986, S. 529.
5 Vergl. dazu Martin, E. Johann Heinrich Pestalozzi und die alte Landschaft Basel. Zur Wirkungsgeschichte der pestalozzischen Pädagogik. Liestal 1986.
6 Imhof, A.E. Die verlorenen Welten. Alltagsbewältigung durch unsere Vorfahren a.a.O. S. 227.
7 Imhof, a.a.O. S. 229. Vergleiche zum Problem der Angst auch die hervorragende Schrift des Engadiner Kolloquiums, Angst und Urvertrauen, Zürich 1985.

Abkürzungen

BB	Burgerbibliothek Bern
Gr.	Grösse
GSZB	Graphische Sammlung Zentralbibliothek
HM	Historisches Museum
KB	Kantonsbibliothek Aarau
KdM	Die Kunstdenkmäler der Schweiz
Kk	Öffentliche Kunstsammlung Basel, Kupferstichkabinett
KM	Öffentliche Kunstsammlung Basel, Kunstmuseum
LM	Landesmuseum Zürich (siehe SLM)
MzHE	Museum zur Hohlen Eich Wädenswil
SL	Schweizerische Landesbibliothek Bern
SLM	Schweiz. Landesmuseum Zürich
SMV	Schweizerisches Museum für Volkskunde, Basel
ZB	Zentralbibliothek

Bildernachweis

Frontispiz: *Fasnacht in Schwyz 1508.* Luzerner Chronik des Diebold Schilling, Folio 259r, ZB Luzern.

1 *Der Eichhörnchen-Verkäufer.* Aus der Sammlung Zürcher Ausrufbilder des David Herrlibergers, 1748, Nr. 82.
2 *Holzfrevler.* Ausschn. aus: Ex-Voto. (Ausschn.) SMV Basel, Nr. 74.
3 *Der Lerchenverkäufer.* Aus der Sammlung Zürcher Ausrufbilder des David Herrliberger, 1748, Nr. 37.
4 *Holzfäller.* In: Luzerner Wirtschaftsgeschichte im Bild, S. 43. Foto Heimatmuseum Sarnen, (Ausschn.).
5 *Der Rhonegletscher im Jahre 1772, gemalt von Johann Heinrich Wüest.* Gr. 126 × 100 cm, Öl auf Leinwand, Kunsthaus Zürich, Inv.-Nr. 286.
6 *Lawine.* Aus der Chronik von Johannes Stumpf 1540. Foto R.A. Stähli, Winterthur, Neg.-Nr. 130817a.
7 *Grosser Schneefall in Zürich um 1428.* Chronik des Christoph Silberisen von 1576. KB Aarau, MS. Wett. F. 16:1, S. 722. Gr. 16,2 × 11,3 cm, teilweise koloriert.
8 *Überschwemmung bei Wettingen um 1568.* In: Wickiana, ZB Zürich, MS. F. 12–35, Blatt 163.
9 *Viehseuche.* Ex-Voto Heiligkreuz, Wallfahrtskirche, Gemeinde Hasli, (Ausschn.).
10 *Marktszene in Zug.* Chronik des Christoph Silberisen. KB Aarau, Bd. 1, MS. Wett. fol. 16 S. 724. (Ausschn.)
11 *Das Schema der Dreifelderwirtschaft.* In: Georgica Helvetica Curiosa. Emanuel König, Basel 1705, S. 136.
12 *Längenmasse.* HM Luzern, Inv.-Nr. 721, 1528, 722. In: Dubler, Masse und Gewichte im Staat Luzern und in der Alten Eidgenossenschaft, S. 66.
13 *Komet.* Chronik des Christoph Silberisen, KB Aarau, MS. Wett. F. 16:1, S. 455. Teilweise koloriert. Gr. 16,3 × 13,1 cm.
14 *Weltbild 14. Jh.* ZB Luzern, MSC. 19. Aus dem Bestand des ehemaligen Klosters Sankt Urban. (Ausschn.)
15 «*Ein Schrekhafft Passage von Wassen die Schöllenen hinauf auf dem St. Gotthard.*» SL Bern. (Ausschn.)
16 *Gefahren der Landstrasse.* Wickiana, ZB Zürich, MS. F. 12–35, Bl. 28. Dat. 24. Februar 1586. «Nüwe zytung ab Dafos.»

17 *Überfall auf Marktbesucher.* Chronik des Christoph Silberisen, KB Aarau. MS. Wett. F. 16:1, S. 279. Gr. 16,3 × 10,8 cm, teilweise koloriert.
18 *Strassenszene, 18. Jh.* Bild aus dem Staatsarchiv Bern. In: Luzerner Wirtschaftsgeschichte im Bild, S. 54. (Ausschn.)
19 *Konrad Türst, Karte der Eidgenossenschaft 1495/1497.* GSZB Zürich. (Ausschn.)
20 *Astronomische Wanduhr.* In: Müller, J.R. Zuger Künstler und Kunsthandwerker, Zug 1972, S. 146 und S. 147.
21 *Weg der Gemmi.* Nach Ryff, A. Reisebüchlein 1591, Ausgabe 1862. (Ausschn.)
22 *Zeitglockenturm von Bern.* BB Bern. Neg. Nr. 10733.
23 *Frachtschiff im Sturm.* Ex-Voto Beckenried (NW), Ridlikapelle. In: Luzerner Wirtschaftsgeschichte S. 55 und S. 56.
24 *Zürcher Kalender aus dem Jahre 1514.* GSZB Zürich. In: Hauser, A. Bauernregeln, S. 68.
25 *Rose von Jericho.* MzHE Wädenswil. (Foto P. Friedli). Lit.: Brunold-Bigler, U. Die Rose von Jericho. Eine weihnachtliche Orakelpflanze. Schweiz. Archiv für Volkskunde 73. Jg., Basel 1977, Heft 3–4, S. 121.
26 *Garnhaspel mit Zählwerk, 18. Jh.* MzHE Wädenswil (Foto Langendorf).
27 *Bäckerei des 16. Jh.* In: Jost Ammann. Eygentliche Beschreibung aller Stände auf Erden. Frankfurt a.M. 1568. ZB Zürich.
28 *Bau des Berner Münsters.* Amtl. Berner Chronik des Diebold Schilling. BB Bern. Mss. hist. helv. 1.1, S. 451. (Ausschn.)
29 *Bau der Zürichbergstrasse im Jahre 1587.* Wickiana. ZB Zürich, MS. F. 35, Blatt 166.
30 *Bauern beim Eggen und Säen.* Luzerner Chronik des Diebold Schilling, Folio 157r, ZB Luzern. Repr. SLM, Neg. Nr. 14631.
31 *Landwirtschaftliche Arbeiten im 16. Jh.* Illustration aus der Chronik von Christoph Silberisen. Schweizer Chronik 1576. KB Aarau, MS. Wett. F. 16:1, S. 454.
32 *Bäuerliche Arbeiten im März.* SLM Zürich, LM 24499.
33 *Die Arbeiten in den einzelnen Monaten.* GSZB Zürich.
34 *Butterfässchen.* MzHE Wädenswil. (Foto P. Friedli)
35 *Bündeli-Tag in Bern um 1803.* Hinkender Bote von Bern 1803. SMV Basel, Kal.-Inv. 9353. (Ausschn.)
36 *Zimmerleute.* In: Jost Ammann. Eygentliche Beschreibung aller Stände auf Erden. Frankfurt a.M. 1568. Zürich, ZB.
37 *Erbauung der Stadt Bern.* BB Bern. Mss. hist. helv. 1. 1, S. 11.
38 *Das Gewerbe der Stadt Luzern um 1600,* von Daniel Lindtmeyer. SLM Zürich, Inv.-Nr. 42979.
39 *Der Reuschtenhof in Schlieren.* Staatsarchiv in Zürich. (Ausschn.)
40 *Die Flohableserin.* Luzerner Chronik des Diebold Schilling, Folio 112r, ZB Luzern. (Ausschn.)
41 *Wohnraum in Adelbodner Haus von 1698.* Freilichtm. Ballenberg. Foto R.A. Stähli.
42 *Stube eines Appenzellerhauses in Brülisau* (AI). Freilichtmuseum Ballenberg. (Foto R.A. Stähli)
43 *Berner Minneteppich (1500).* HM Bern. Gr. 78 × 113 cm, Inv.-Nr. 18954.
44 *Gestrickte Vorhänge mit Pfauenmuster.* MzHE Wädenswil. (Foto P. Friedli)
45 *Wollstickerei-Wandbehang Ende 16. Jh.* Textilmuseum St. Gallen. Gr. 53 × 67 cm.
46 *Fusswärmekistchen.* MzHE Wädenswil. (Foto P. Friedli)
47 *Bildnis der Familie des Baslers Zunftmeisters Hans Rudolf Faesch.* Hans Hug Kluber, 1559, Gefirnisste Tempera auf Leinwand 127,5 × 207,5 cm. KM Basel, Inv.-Nr. 1936.
48 *Stube des Hauses zur Hohlen Eich, Wädenswil.* Foto Langendorf, Wädenswil.
49 *Der Wurstsieder.* Zürich, SLM.
50 *Dreibeinige Pfännchen aus Zürich, um 1500.* Zürich, SLM. LM 26470. Lit.: Schnyder, R. Keramik des Mittelalters (Aus dem Schweiz. Landesmuseum 30) Bern 1972.
51 *Kesselhängekette (Häli).* Aus der Gesslerburg bei Küssnacht. 14./15. Jh., Eisen. Gesamtlänge 145 cm. Zürich, SLM. LM 15413.
52 *Feuerrost aus Alt-Regensberg (ZH) 14. Jh.* Geschmiedet 9,4 × 48,2 × 27,1 cm. Zürich, SLM. Inv.-Nr. 24884.
53 *Küche des Hauses zur Hohlen Eich, Wädenswil.* Foto Langendorf.
54 *Kammer mit Spannbett.* Stadt- und Universitätsbibliothek Bern. (Ausschn.)
55 *Schlafzimmer des Hauses zur Hohlen Eich, Wädenswil.* Foto Langendorf.
56 *Schlafkammer in Ettiswil.* Luzerner Chronik des Diebold Schilling, Folio 215v, ZB Luzern.
57 *Die bäuerliche Schlafkammer.* Zeichnung von Ludwig Vogel (1788–1879). Zürich, SLM. Inv.-Nr. 28473. (Ausschn.)
58 *Kerzenleuchter, 17. Jh.* Eisen. Zürich, SLM. LM 8477.
59 *Kienspanleuchter.* Höhe 1,5 Meter. MzHE Wädenswil.
60 *Badeszene um 1300.* Miniatur aus der Manessehandschrift. Aus Schwarz, D.W.H. Die Kultur der Schweiz, S. 124. (Ausschn.)
61 *Zweilöchriger Abort.* Wickiana, ZB Zürich, MSF. 12.250 v.
62 *Speicher der Familie Bannwart, Richenthal 1737.* In: Felber, J.K. Luzerner Speicher, S. 31.
63 *Stöckli in Gurbrü (BE).* Foto R.A. Stähli.
64 *Menschenfratze, 1722.* In: Brunner, E. Die Bauernhäuser im Kanton Luzern. S. 405.
65 *Palmzweige.* In: Brunner, E. Die Bauernhäuser im Kanton Luzern, S. 412.
66 *Basel um 1743.* Lavierte Federzeichnung, Gr. 40,9 × 67,8 cm. Bottmingen, Privatbesitz. Reprod. Kk Basel. (Ausschn.)
67 *Ein zerlegter Baum (Linde).* Ehemaliger Schützenpavillon. In: Meyer, H.R. Historische Gärten der Schweiz, S. 57.
68 *Die Hauptstrasse von Pratteln/BL um 1735.* Gouache von Emanuel Büchel 1735. Original im Gemeindesaal von Pratteln). In: Strübin, E. Baselbieter Volksleben. Basel 1952, S. 89ff.
69 *Sinnbild einer «tugendliebenden Jugend» (1655).* GSZB Zürich.
70 *Männer beim Mahle.* Titelblatt eines Fastnachtspieles aus dem Jahre 1558. GSZB Zürich.
71 *Aufruf gegen die Trinksucht.* Ausschn. aus einer Glasscheibe des 16. Jh. SLM Zürich, Inv.-Nr. 17606.
72 *Weinkrug aus Winterthurer Fayence mit Zinndeckel.* Dat. 1685. SLM Zürich.
73 *Holzbecher,* gedrechselt um 1750 aus dem Oberwallis. SMV Basel, Inv.-Nr. VI, 20772.
74 *Hirt mit Schweinen in der Eichelmast,* von Hans Holbein. (Ausschn.) Entstanden gegen 1520. Feder, laviert 31,5 × 21,1 cm. KM Basel.
75 *Bauern beim Kuhmelken und Käsen.* Entwürfe für Bauernscheiben von Daniel Lindtmeyer 17. Jh. Feder, laviert 30,5 × 20,5 cm, signiert mit den Initialen. (Ausschn.) Graphische Sammlung der ETH, Zürich.
76 *Fischer an der Arbeit.* In: Jost Ammann. Eygentliche Beschreibung aller Stände auf Erden. Frankfurt a.M. 1568. ZB Zürich.
77 *Salzmühle aus Granit,* auf einen Holzblock montiert, um 1673. Schweiz. Salzmuseum Aigle. In: Bergier, J.F. Die Wirtschaftsgeschichte der Schweiz, S. 94.
78 *Spanische Suppenschüssel.* Giesserei Füssli, 17. Jh. SLM Zürich. Inv.-Nr. LM 594.
79 *Der Murmeltierverkäufer.* Aus der Sammlung Zürcher Ausrufbilder des David Herrliberger, 1748. Nr. 96.
80 *Krämer.* Glasgemälde-Entwurf der Zunft zu Safran Bern. Ende 15. Jh. HM Bern. Sammlung Wyss.
81 *Kesselhalterung mit Dreibeinkessel.* In: Nikolaus de Lyra 1460/61. ZB Luzern. Msc. 3g fol. 236 r.
82 *Drei Zinnschüsseln.* 18. Jh., Basler und Innerschweizerische Arbeiten. SLM Zürich, Inv.-Nr. LM 21423, 21436, 8435.
83 *Holz-Model aus dem 18. Jahrhundert.* MzHE Wädenswil. Foto P. Friedli.
84 *Kaffeeröstpfanne und Kaffeemühle um 1800.* MzHE Wädenswil. Foto P. Friedli.
85 *Speisung der Hungrigen.* Rundscheibe aus dem Jahr 1635. SLM Zürich, Inv.-Nr. AG 1194b.
86 *Räbenspiel.* Kupferstich 18. Jh. GSZB ZH.
87 *Beinlöffelchen aus dem Toggenburg/SG,* um 1750. SMV Basel, Inv.-Nr. VI, 9320, 9321, 16106.
88 *Holzlöffel aus dem Binntal (Wallis) um 1790.* SMV Basel, Inv.-Nr. VI, 7343.
89 *Vornehme Zürcherfamilie am Esstisch,* um 1645 von Conrad Meyer. GSZB Zürich.
90 *Bankett.* Scheibenriss von Chr. Murer, 1588. (Ausschn.) Feder in schwarz/violett, lasiert. Karlsruhe, Kupferstichkabinett.

91 *Deckelhumpen, Basel, um 1673.* Silber, getrieben, teilw. vergoldet. Höhe 19 cm. Meister: Hans Ludwig Mieg, Basel. SLM Zürich, Inv.-Nr. 22162.
92 *Holzbecher,* gedrechselt aus dem Oberwallis, um 1750. SMV Basel, Inv.-Nr. VI, 307.
93 *Der Schüssler.* Aus der Stumpf Chronik (1548). Foto R.A. Stähli.
94 *Essbesteck des Landschreibers und Rittmeisters Eschmann von Wädenswil 1630.* Privatbesitz Wädenswil. Foto A. Hauser.
95 *Ehelöffel.* Vermutlich 16. Jh. SLM Zürich. Inv.-Nr. AG 2671.
96 *Deckelhumpen.* Silber/vergoldet, Basel. Höhe 18 cm. SLM Zürich, Neg.-Nr. 65 212.
97 *Der arme Mann im Toggenburg und seine Frau.* Gemälde von J. Reinhart. Bernisches HM Bern, Inv.-Nr. 1965/92.
98 *Maria Barbara Aberli im Alter von 18 Jahren.* Öl auf Leinwand, 91 × 73 cm. SLM Zürich, Inv.-Nr. 4224. Lit.: Wüthrich, L.H. Schweizerische Porträtkunst. Von der Renaissance bis zum Klassizismus. Aus dem SLM, Heft 29, Bern 1971, Nr. 14 sowie Schneider, J. Textilien. Katalog der Sammlung des SLM, Zürich 1975, S. 67.
99 *Bildnis des Bannerherrn Jacob Schwyter.* Gefirnisste Tempera auf Lindenholz 1564. Von Tobias Stimmer, 1564. 191 × 66,5 cm, KM Basel. Inv.-Nr. 577.
100 *Bildnis der Elisabeth Lochmann, geb. Schwytzer.* Von Tobias Stimmer, 1564. Gefirnisste Tempera auf Lindenholz 191 × 66,5 cm. KM Basel. Inv.-Nr. 578.
101 *Tracht der bürgerlichen Frau für den Kirchgang.* Aus der Sammlung «Schweizer Trachten, Zürichgebiets» von J.R. Schellenberg, 1784. SLM Zürich, Neg.-Nr. 32 834.
102 *Bürgerlicher Kirchenhabit des Mannes.* Aus der Sammlung «Schweizer Trachten, Zürichgebiets», von J.R. Schellenberg, 1784. SLM Zürich, Neg.-Nr. 32 832.
103 *Engadiner- und Oberländer Frauentracht.* Ende 18. Jh. Rhätisches Museum Chur.
104 *Junge Frau und Krieger,* von Niklaus Manuel Deutsch um 1510. (Ausschn.) Feder 28,5 × 19,2 cm. Sign. mit den Initialen. Kk Basel.
105 *Männer mit Schaube bekleidet.* Diebold Schilling, Luzerner Chronik. Folio 650 v, (Ausschn.). ZB Luzern.
106 *Spätmittelalterliche Männerkleidung.* Diebold Schilling, Luzerner Chronik. Folio 6 v, (Ausschn.). ZB Luzern.
107 *Frauenkleid um 1500.* Diebold Schilling, Luzerner Chronik. Folio 206 r, (Ausschn.). ZB Luzern.
108 *Der fromme und der zerstreute Beter.* Pergamenthandschrift des Klosters Engelberg um 1330/40. Klosterbibliothek Engelberg, Cod. 62.
109 *Die «Klausstud».* SMV Basel.
110 *Handgebärde (Feige).* Federzeichnung von Albrecht Dürer, 1434. In: Kriss-Rettenbeck, L. Bilder und Zeichen religiösen Volksglaubens, S. 66 und S. 111. Albertina, Nationalbibliothek Wien, Inv.-Nr. 26, 327: L.
111 *Der Engelsturz.* Ölmalerei auf Bohlenwand, Ende 17. Jh., aus Wädenswil. (Ausschn.) MzHE Wädenswil; Foto Peter Friedli. In: Lexikon der christl. Ikonographie, Bd. 1, S. 642.
112 *Das Ettiswiler Sakramentswunder.* Diebold Schilling, Luzerner Chronik. ZB Luzern, Folio 59 v. Reprod. SLM, Neg.-Nr. 3703.
113 *St. Verena bei Solothurn.* In: Carlen, L. Busswallfahrten aus der Schweiz. Schweiz. Archiv f. Volkskunde 55. Jg. 4, S. 244. Das Bild stammt von Germann. Es befindet sich in der SL Bern.
114 *Bildersturm in Zürich.* In: Altendorf, H.D. Zwinglis Stellung zum Bild und die Tradition christl. Bildfeindschaft. KdM 1984. 3 S. 267ff.
115 *Zauberinschrift aus dem 18. Jh. auf einem Haus in Urmein.* In: Simonett, Ch. Die Bauernhäuser des Kantons Graubünden, Bd. II, S. 198.
116 *Der Heilige Jakobus aus Malters (LU).* SLM Zürich, Inv.-Nr. 12 094.
117 *Ex-Voto von Blatten.* Blatten, Wallfahrtskirche.
118 *Länge des Heiligen Grabes.* Hergestellt in Köln 1755. SMV Basel. Inv.-Nr. VI 8689.
119 *Alraunwurzel (Mandragora).* MzHE Wädenswil. Foto P. Friedli.
120 *Allermannsharnischwurzel (Allium Victorialis L.).* MzHE Wädenswil.
121 *Die Mandragora- oder Alraunwurzel wird ausgegraben.* In: Taccuinum Sanitatis, Wien. Nationalbibl. Ms. Nova 2544 fol. 40. Lit.: Taccuinum Sanitatis hg. von Luisa Cogliati Arano, München, 1976.
122 *«Breverl», Heiltumstäschchen.* SMV Basel. Inv.-Nr. VI, 26773a.
123 *Froschauer Bibel, Zürich 1556.* Aus dem Obertoggenburg. In: Geburt, Taufe Kleinkind. Führung durch das Museum für Volkskunde Basel, S. 6.
124 *Schluckbildchen.* SMV Basel. Inv.-Nr. VI, 14542.
125 *Niklaus von der Flüe.* Diebold Schilling, Luzerner Chronik. ZB Luzern, Folio 126 v. Reprod. SLM, Neg.-Nr. 64 474.
126 *Lahme werden durch Baden geheilt.* Wickiana. ZB Zürich, Folio 13.85 r.
127 *Aussätziger mit hölzerner Siechenklapper.* Federzeichnung aus der Nikolaus de Lyra-Bibel, 1460–1461. ZB Luzern.
128 *Der Heilige Rochus.* (Ausschn.) SLM Zürich, Inv.-Nr. 16 922.1.
129 *Badebetrieb im Leukerbad um 1800.* Kolorierte Aquatinta von A.S. Fischer um 1800. (Ausschn.) Gottfried-Keller-Stiftung Bern.
130 *Heilbad (Kaltbad).* Aus der Stumpf-Chronik von 1540. Foto: R.A. Stähli.
131 *Stube eines Schärers.* Glasscheibe aus dem Jahr 1534. (Ausschn.) SLM, Gr. 267 × 194 cm. Inv.-Nr. 12 815.
132 *Urin beschauender Arzt.* Pergamenthandschrift, illuminiert. Erste Hälfte 15. Jh. ZB Luzern.
133 *Der Zahnbrecher.* In: Jost Ammann. Eygentliche Beschreibung aller Stände auf Erden. Frankfurt a.M. 1568. ZB Zürich.
134 *Eine Mutter betet zu Maria für ihr Kind.* Öl auf Holz. Kapelle Niederrickenbach. Gr. 17,8 × 21,2 cm.
135 *Ex-Voto Vom Augenübel befreit.* Undatiert, wohl 18. Jh. Gr. 10 × 11,3 cm. In: von Matt, H. Votivkunst in Nidwalden, S. 180.
136 *Ex-Voto Kind in der Wiege.* Von Franz Murer, 1784. Heiligkreuzkapelle Emmetten (NW). Gr. 20 × 15,2 cm. In: von Matt, H. Votivkunst in Nidwalden, S. 202.
137 *Ein Bader beim Schröpfen.* In: Jost Ammann. Eygentliche Beschreibung aller Stände auf Erden. Frankfurt a.M. 1568. ZB Zürich.
138 *Das «Collegium anatomicum».* (Ausschn.) Gravierter Grund einer Silberschale von Goldschmied Balthasar Ammann (Privatbesitz). In: Boschung, U. Johannes von Muralt, Zürich 1983.
139 *Das Senfpflaster.* In: Lombard E. Der medizinische Inhalt der Schweiz. Volkskalender im 18. und 19. Jh., Zürich 1925, S. 81 und 84. MzHE Wädenswil. Foto P. Friedli.
140 *Schabmadonna,* Tonfigürchen. Einsiedeln, um 1750. SMV Basel, Inv.-Nr. VI, 150.
141 *Heilmittel gegen Behexung und gegen Verwundungen.* Alle 18. Jh. SMV Basel, Inv.-Nr. VI 6126, VI 5669, VI 5992.
142 *Michel Schüppach in seinem Ordinationsraum.* Radierung von Barthélemi Hübner, Basel, 1773. 43,2 × 28 cm. Graph. Sammlung ETH, Zürich.
143 *Muotathaler Maske,* 18. Jh. SMV Basel, Inv.-Nr. 24 104.
144 *Larve aus Berschis (SG).* SMV Basel, Inv.-Nr. 6604.
145 *Bruder Fritschi wird gestohlen.* (Ausschn.) Diebold Schilling, Luzerner Chronik. ZB Luzern, Folio 255 v. Reprod. SLM Neg.-Nr. 14 749.
146 *Zwei Fritschimasken.* Geschaffen von Friedrich Schäfer 1762. Papiermaché, 34 cm hoch. Safranzunft (Nölliturm) Luzern. Foto HM Luzern.
147 *St. Niklausbaum-Verkäufer.* Aus der Sammlung Zürcher Ausrufbilder des David Herrliberger (1748), Nr. 32.
148 *Nikolaus an Weihnachten.* Zeichnung von J.M. Usteri, Zürcher Neujahrsblatt 1799. ZB Zürich.
149 *König Sigmund wird in Luzern feierlich empfangen.* Diebold Schilling, Luzerner Chronik. Folio 53 v, ZB Luzern. Reprod. SLM Neg.-Nr. 74 828.
150 *Trinkgefäss in Form des Löwen von San Marco.* Höhe 31,5 cm. SLM Zürich. Depositum der Gesellschaft der Schildner zum Schneggen Zürich, Nr. 374.
151 *Umzug der Widder-Zunft auf dem Lindenhof.* (Ausschn.) Kupferstich von Johann

Meyer nach einem Gemälde seines Vaters Conrad Meyer. GSZB Zürich.

152 *Gauklervorstellung.* Scheibenriss von Daniel Lindtmayer, 1594. Feder in schwarz, grau lasiert, sign. DLM V.S. (von Schaffhausen). Karlsruhe, Kupferstichkabinett.

153 *Schützenfest in Konstanz 1458.* Diebold Schilling, Luzerner Chronik. Folio 62 v. ZB Luzern.

154 *Schützenfest in St. Gallen im Jahre 1583.* Wickiana. ZB Zürich MS.F. 12–35, Blatt 172.

155 *Schwingtag auf der Kaiserstattalp.* Federzeichnung von Ludwig Vogel. (Ausschn.) 3. Aug. 1817. GSZB Zürich.

156 *Hl. Johannes aus der Ölberggruppe der Pfarrkirche Wettingen/AG, 16. Jh.* HM Baden. Foto W. Nefflen.

157 *Eiersuchen an Ostern.* (Ausschn.) Zürcher Singbuch des David Bürkli von 1789. SLM Zürich. Neg.-Nr. 50 582.

158 *Palmesel aus Steinen (Schwyz) um 1200.* Holz, geschnitzt. Höhe 177 cm. SLM Zürich, Inv.-Nr. 362.

159 *Trinkspiel in Form des Heiligen St. Georg.* Basel um 1590 bis 1600. Silber, getrieben, gegossen, teilweise vergoldet, zisiliert, graviert. Das Automatenwerk im Innern des Fusses mit punzierter, ungedeuteter Marke N, vielleicht Nürnberg. Meister: Hans Bernhard Koch. Höhe: 26,4 cm. SLM Zürich, Inv.-Nr. 24 541.

160 *Vue de la chapelle et du champ de bataille de Sempach.* Gezeichnet von Perignon, gestochen von Chénu. GSZB Zürich.

161 *Leichtathletische Spiele auf der Schützenwiese Einsiedeln.* Diebold Schilling, Luzerner Chronik. ZB Luzern, Folio 275 r, Reprod. SLM Neg.-Nr. 3762.

162 *Der starke Steinstosser Anton Josef Thörig von Appenzell Innerrhoden.* (Ausschn.) Holzschnitt. Appenzeller-Kalender, SMV Basel, Kal. Inv.-Nr. 275.

163 *Steinstossen.* Lithographie anfangs 19. Jh. GSZB Zürich.

164 *Die Jagd.* Von Tobias Stimmer, um 1570. Rundblatt, 19,8 cm, Sign. mit Initialen, Schaffhausen, Museum zu Allerheiligen.

165 *Katzenstriegelziehen.* (Ausschn.) Flachschnitzerei mit originaler Polychromie in Kaseintechnik. 5 Teile eines Deckenbrettes zu je 31,5–32, 5 × 55–56,5 cm. Totallänge 280 cm. Kant. Psychiatrische Klinik, Rheinau. Inv. 35–39. Foto Erich Alb, Zürich.

166 *Schwerttanz in Zürich vom 17. Februar 1678.* Kolorierter Stich von Martin Usteri. Kunsthaus Zürich. In: Hoerburger, F. Volksmusikforschung. Laaber 1986, S. 93.

167 *Das Zürcherische Knabenschiessen im Jahre 1794.* Aus der Sammlung der Kinderlieder für die Zürchersche Jugend. GSZB Zürich.

168 *Älplerschwinget auf der grossen Scheidegg.* Aquatinta von H. Hess. (1. Hälfte 19. Jh.). GSZB Zürich.

169 *Winterliche Entenjagd im 17. Jh.* (Ausschn.) von Conrad Meyer. GSZB Zürich.

170 *Hasen-Verkäufer.* Aus der Sammlung Zürcher Ausrufbilder des David Herrlibergers, 1748. Nr. 22.

171 *Der Maler Johann Heinrich Freudweiler als Jäger um 1790.* Öl auf Leinwand. Kunsthaus Zürich.

172 *Bärenjagd von Lux Zeiner.* 16. Jh. Ausschn. aus Holzschnitt. Graphische Sammlung der ETH.

173 *Der Genfer Physiker de Saussure ersteigt 1787 den Mont Blanc.* Stich von Chr. de Mechél in Basel. Kk Basel. Neg.-Nr. 97754.

174 *Der Spielplatz auf der Berner Münsterplattform um 1635.* Öl auf Holz. A. Schmalz. Bernisches HM. Inv.-Nr. 828.

175 *Der Lindenhof in Zürich.* Ofenkachel von Hans Heinrich III Pfau (1642–1719). SLM.

176 *Ziehung der Schützenfestlotterie.* Zürich 1504. Zürcher Chronik des Gerold Edlibach 1485/1506. ZB Zürich Ms.A.76–MS.A.77.

177 *Liebesgarten.* Ausschn. aus einem Bildteppich um 1495 (Zelt mit kartenspielendem Liebespaar). Wirkerei in Wolle, Leinen und Seide. 108 × 134 cm. HM Basel.

178 *Tanzendes Brautpaar.* Federzeichnung von Urs Graf 1525. Gr. 21 × 15,2 cm. Torino, Biblioteca Reale.

179 *Vier tanzende Bauernpaare.* 1. Hälfte 16. Jh. Feder. Anonym, Schweiz; 10,4 × 21,4 cm. KK Basel, Inv.-Nr. U. VI. 57.

180 *Musikantenpaar.* (Ausschn.) Scheibenriss von Chr. Murer, 1606, Feder in Schwarz. Karlsruhe, Kupferstichkabinett.

181 *Hirt aus dem Oberhasli mit einem Alphorn.* SLM Zürich, Neg.-Nr. 78'359.

182 *Die Hackbrettlerin.* Von Tobias Stimmer. In: G. Hirt, Liebhaberbibliothek alter Illustratoren. München 1880–1903, Bd. 4, S. 1084.

183 *Krummhorn oder Trompete spielender Engel.* (Ausschn.) Pergamenthandschrift um 1450. Einsiedeln, Stiftsbibliothek.

184 *Fidel spielender Engel.* (Ausschn.) Pergamenthandschrift. Einsiedeln Stiftsbibliothek. Lit.: Geiser, B. Studien zur Frühgeschichte der Violine. Bern und Stuttgart 1974, S. 105.

185 *Christof Leibfried an seiner Hausorgel.* Aquatinta 1594 aus seinem Orgeltabulaturbuch. Universitätsbibliothek Basel.

186 *Der Castalische Brunnen gemalt um 1540.* Maler unbekannt. Öl. Gr. 1,60 × 2,70 cm. HM Basel. Inv.-Nr. 580. 1906.2901.

187 *Darstellung eines Laute spielenden Engels.* (Ausschn.) Pergamenthandschrift um 1450. Einsiedeln Stiftsbibliothek.

188 *Hausmusik. Appenzeller Hausorgel von 1811.* Malerei eines unbekannten Künstlers. SLM Zürich, Inv.-Nr. 20'848.

189 *Das Collegium Musikum in Thun.* Grisaillemalerei, 1737, Bernisches HM.

190 *Titel-Kupfer zur «Sammlung von Schweizer Kühreihen und Volksliedern».* (Bern 1826) von Johann Jakob Lips. In: Volksmusik in der Schweiz, S. 106.

191 *Lieder-Verkäufer.* Aus der Sammlung Zürcher Ausrufbilder des David Herrlibergers, 1748. Nr. 59.

192 *Liebespaar.* Federzeichnung von Urs Graf. 15,8 × 14 cm. Sign. mit Monogramm. Amsterdam, Rijksmuseum.

193 *Emblem eines Luzerner Frauenhauses.* HM Luzern; Foto U. Bütler, Luzern.

194 *Ehescheidungsszene vor dem Richter.* 1539. In: Hans Weiditz. Petrarkas Trostspiegel Augsburg 1539.

195 *«Am Scheidwäg nit verfehl, die rechte Strass erwehl.»* Aufforderung zur Keuschheit. GSZB Zürich.

196 *«Kinderzucht sol von der wiegen her angehebt werden.»* Kupferstich, 1650. GSZB Zürich.

197 *Heimkehrender Landsknecht.* Urs Graf, Federzeichnung 1519. Kk Basel.

198 *«Junger such's: Alter brauch's.»* Erziehung zur Tugend. GSZB Zürich.

199 *Erziehung und Anleitung zum Beten.* In: Nützliche Zeitbetrachtung fürgebildet durch Conrad Meyer, Zürich. 2. Hälfte 17. Jh. GSZB Zürich.

200 *Hilfe bei Brandkatastrophen (Brand von Bern 1405).* Diebold Schilling, Amtliche Chronik. BB Bern. Mss.hist.helv. 1. 1. S. 292.

201 *Die Tesslen der Pürteralp in Avers.* Aus der Tesslensammlung der Abteilung für Landwirtschaft, ETH, Zürich. In: Stebler, F.G. Die Hauszeichen und Tesslen der Schweiz. Schweizerisches Archiv für Volkskunde, 11. Jahrgang, Heft 3. Basel 1907, S. 165 ff.

202 *Das brennende Lenzburg.* Diebold Schilling, Luzerner Chronik. Folio 133 v, ZB Luzern. Reprod. SLM Zürich, Neg.-Nr. 14'609.

203 *Der Kiltgang im Kanton Bern.* Gezeichnet und gestochen von F.N. König. Graphische Sammlung der ETH, Zürich.

204 *«Spinnstubeten».* Bündner Kalender 1895. SMV Basel, Kal.-Inv.-Nr. 2296.

205 *Jugendlicher Krieger.* Federzeichnung von Niklaus Manuel Deutsch, um 1510. Gr. 27,3 × 19,2 cm. Privatbesitz.

206 *Wüstung von Hurden um 1443.* (Ausschn.) Werner Schodoler. Chronik des Alten Zürichkrieges.

207 *Der Kriegsrat.* Federzeichnung von Urs Graf, Sign. mit Monogramm, datiert 1515. Sign. 29 × 21,4 cm. KM Basel.

208 *Der Saubannerzug von 1477.* Burgunderchronik des Christoph Silberisen. KB Aarau. MSB. Wett. Fol. 16, Bd. II, S. 242r.

209 *Schlachtfeld.* Federzeichnung von Urs Graf, 1521. Gr. 21,1 × 31,7 cm. Kk Basel. Inv.-Nr. U.X. 91.

210 *«Alte Trüll-Musterung».* Kolorierte Zeichnung. 1789 von F.N. König gezeichnet. Lithographie von 1825.

211 *Hinrichtungs- und Verstümmelungsarten.* Holzschnitt von 1508. In: Meyer, W. Hirsebrei und Hellebarde, S. 315.

212 *Hinrichtungsszene.* Ende 15. Jh. Diebold Schilling, Spiezer Chronik. BB Bern. Mss.hist.helv. 1. 16. S. 506.

213 *Ein Mann wird getrüllt.* Stich von Barbier. Ende 18. Jh. SL Bern.
214 *Gerichtsszene in Bern 1471.* Diebold Schilling (Bern), Chronik der Burgunderkriege 1480, ZB Zürich MS.A. 5, Blatt 48.
215 *Gerichtshandlung unter der Dorflinde zu Schüpfheim 1478.* (Ausschn.) Diebold Schilling, Luzerner Chronik. Folio 127 v, ZB Luzern.
216 *Frauenstrafe in Bern, 18. Jh.* In: Zurlauben, Voyage Pittoresque. SL Bern.
217 *Die Kirche von Saanen.* Aquarellierte Bleistiftzeichnung von S. Birmann, 1823. Kk Basel. Inv.-Nr. Bi 332.
218 *Die Tellskapelle am Vierwaldstättersee.* Aquarell Chr. Meichelt zugeschrieben, 1821. SL Bern. Neg.-Nr. 209.
219 *Unspunnenfest.* Aquarell von F.N. König, 1808. Kk Basel.
220 *Beherbung der Obdachlosen.* Rundscheibe 1635. SLM Zürich, Inv.-Nr. AG 1194 d.
221 *Kleidung der Nackten.* Rundscheibe 1635. SLM Zürich, Inv.-Nr. AG 1194 c.
222 *Tröstung der Gefangenen.* Rundscheibe 1635. SLM Zürich, Inv.-Nr. AG 1194 g.
223 *Pflege der Kranken.* Rundscheibe 1635. SLM Zürich, Inv.-Nr. AG 1194 f.
224 *Politik und Staat.* Wappenscheibe 1593. Gr. 28,1 × 19,4 cm. SLM Zürich, Inv.-Nr. LM 1093/6.
225 *Der Geldnarr.* Holzschnitt von Jost Ammann. In: Eygentliche Beschreibung aller Stände auf Erden. Frankfurt a. Main 1568. ZB Zürich.
226 *Der gefiederte Krieger.* Federzeichnung von Urs Graf 1523. Kk Basel.
227 *Drei Kostüme mit Masken aus dem Jahre 1638.* Requisiten zu einem Mysterienspiel. HM Bern; Inv.-Nr. 743 a + b.
228 *Die Madonna des Bürgermeisters.* Jakob Meyer in Basel, 1526. Tempera 146,5 × 102 cm. Schlossmuseum Darmstadt. Foto KM Basel.
229 *Das Wilde Heer.* Von Urs Graf. Um 1515. 25,5 × 17,5 cm. Gefirnisste Tempera auf Papier oder Pergament, auf Lindenholz aufgezogen. KM Basel. Inv.-Nr. 258.
230 *Der Leichnam Christi im Grabe.* Von Hans Holbein d.J. 1521. Gefirnisste Tempera auf Lindenholz, 30,5 × 200 cm. KM Basel, Inv.-Nr. 318.
231 *Die klugen Jungfrauen, um 1490.* In: Mojon, L. Das Berner Münster. KDM des Kantons Bern, S. 175 ff.
232 *Leaina vor den Richtern.* (Ausschn.) Von Hans Holbein d.J., 1517/18. Kk Basel. Gr. 21,2 × 16,5 cm. Inv.-Nr. 1662159.
233 *Wandmalerei aus dem Zürcher Haus «Zum Blauen Himmel», 1574.* Foto: Baugeschichtliches Archiv, Büro für Archäologie der Stadt Zürich.
234 *Platte, Winterthurer Keramik.* Datiert 1678. Gr. Ø 35,5 cm. SLM Zürich.
235 *Die Hof- oder Kapellbrücke in Luzern.* Lithographie von G. Barnard um 1843. SL Bern.
236 *Berner Mosesbrunnen. Standbildfigur aus dem Jahre 1791.* Reprod. Bb Bern, Neg.-Nr. 11396 a.
237 *Tellsbrunnen 1785.* Lavierte Sepiazeichnung von F.X. Triner, 1785. Sammlung Jenny, Ennenda.
238 *Gerechtigkeitsbrunnen von Bern.* Foto um 1890. In: KDM des Kantons Bern, S. 315.
239 *Jonas wird vom Walfisch ausgespien.* (Ausschn.) Grisaille-Malerei aus einem Wädenswiler Bürgerhaus, jetzt MzHE Wädenswil. Foto P. Friedli.
240 *David und Goliath.* Glasscheibe des David Zuber, Landweibel von Oesch, 1592. Genf, Musée d'Art et d'Histoire. Inv.-Nr. 98.
241 *Mucius Scaevola.* (Ausschn.) Glasscheibe, Gr. 790 × 527 cm, SLM Zürich, Dep. 39.
242 *Der Tellenschuss.* Wappenscheibe um 1530. Gr. 350 × 250 cm, SLM Zürich, Inv.-Nr. 13255.
243 *Allegorische Darstellung der Einigkeit.* Allianzscheibe Holl-Tobler aus dem Jahre 1668. Gr. 294 × 200 cm, SLM Zürich, Inv.-Nr. 62060.
244 *Bürglen mit der Tellskapelle.* Lavierte Sepiazeichnung von F.X. Triner um 1785. Gr. 19 × 28 cm. Sammlung Jenny, Ennenda.
245 *Wilde Frau.* Wollwirkerei (Fragment). 3. Viertel 15. Jh. 81,5 × 49,5 cm. SLM Zürich.
246 *Aufforderung zur Verträglichkeit.* Sinnbildersammlung 16. Jh. ZB Zürich.
247 *Die arme Seele im Fegfeuer.* Stich von Raphael Sadeler, 17. Jh. In: Renaissance-Malerei in Luzern 1560–1650. Kat. 1986, S. 186.
248 *Aufforderung zur Gerechtigkeit (1771).* GSZB Zürich.
249 Auf einer Speichertüre in Mengestorf (Köniz BE) ist 1757 dieser *fromme Spruch* angebracht. In: Berner Hausinschriften, Paul Haupt Bern, 1981, S. 17.
250 In Köniz BE hat ein Bauer um 1784 *eine meteorologische Beobachtung* als Hausinschrift verwendet. In: Berner Hausinschriften, Paul Haupt Bern 1981, S. 52.
251 *Hausinschrift im Jahr 1800.* Zimmerwald, Usserwald. In: Berner Hausinschriften, Paul Haupt Bern, 1981, S. 76.
252 *Der Sündenfall.* Bönigen BE. Foto R.A. Stähli.
253 *Inschrift auf einem Haus* in Zweilütschinen BE. Datiert 1795. Foto R.A. Stähli.
254 *Hausinschrift* in Oey, Diemtigen. Haus Sälbeze. Foto R.A. Stähli.
255 *Bemalte Haustüre mit Frau.* Argel bei Weissenburg BE. Foto R.A. Stähli.
256 *Selbstmord des Charondas.* (Ausschn.) Von Hans Holbein d.J. Feder getuscht 28,1 × 31 cm. Kk Basel. Inv.-Nr. 1662.174.
257 *Die Blendung des Zaleukos.* (Ausschn.) Von Hans Holbein d.J. Feder, getuscht 27,8 × 29,8 cm. Kk Basel. Inv.-Nr. 1262.173.
258 *Werbung von Söldnern.* Federzeichnung von Urs Graf 1510. Kk Basel.
259 *Steckbornerofen aus der Karthause Ittingen.* Karthause Ittingen.
260 *Schnapsflasche farbig bemalt.* Flüeli, 18. Jh. MzHE Wädenswil.
261 *Zierteller.* 3. Viertel 17. Jh. Gr. Ø 30,5 cm. HM Bern.
262 *Gebetbuch aus dem 18. Jh.* MzHE Wädenswil. Foto P. Friedli.
263 *Eine Bibliothekskommission um 1696.* Ölbild von Johann Dünz. Gr. 117 × 195 cm. BB Bern. Portr.-Neg.-Nr. 1796.
264 *Lesende Frau* von H.H. Wegmann, Feder, dat. (15)95. 18,4 × 11,3 cm. KM Basel.
265 *Geburt der Maria.* Von Niklaus Manuel Deutsch, 1515. Fichtenholz 122 × 83 cm. KM Bern. Inv.-Nr. 324 a.
266 *Das Wochenbett.* David Herrliberger, aus den «Heiligen Ceremonien», Zürich 1752. GSZB Zürich.
267 *Taufe in Zürich.* Aus der Sammlung Zürcher Ausrufbilder des David Herrliberger, 1748/51.
268 *Taufe zu St. Peter in Zürich.* In: David Herrliberger. Kurze Beschreibung der gottesdienstlichen Gebräuche, Zürich 1751.
269 *Liebespfand aus dem 18. Jh. in Form eines Spruchband-Ostereies.* Privatbesitz Hirzel, (ZH). Foto P. Friedli.
270 *Eheschliessung in Zürich.* In: David Herrliberger. Kurze Beschreibung der gottesdienstlichen Gebräuche, Zürich 1751.
271 *Kiltgänger fällt in den Güllenwagen.* Hinkender Bott von Bern 1820. SMV Basel, Kal.-Inv.-Nr. 9460.
272 *Brautlöffel.* MzHE Wädenswil.
273 *Trauung im 16. Jahrhundert.* Miniatur aus einem Rituale des Codex 442, angefertigt für Abt Diethelm. Stiftsbibliothek St. Gallen, Folio 114.
274 *Bewirtung im Freien.* Aquarell von W.A. Töpffer um 1800. Bleistift aquarelliert, 19,5 × 24,5 cm. Winterthur, Stiftung Oskar Reinhart.
275 *Der Ritter und die dankbaren Toten.* (Ausschn.) Schweiz, 1. Hälfte 16. Jh. Feder aquarelliert, Zeichner unbekannt. Gr. 30,5 × 21,4 cm. Kk Basel, Inv.-Nr. U.XV.5.
276 *Porträt Jost Knab auf dem Totenbett.* Wohl Kaspar Meglinger, um 1658. Hofkirche Luzern, nördlich neben der Westempore.
277 *Porträt der Äbtissin von Wyl auf dem Totenbett.* Öl auf Leinwand auf Holz, 55,5 × 91 cm. Frauenkloster St. Andreas, Sarnen.
278 *Der König wird vom Tod heimgesucht.* Hans Holbein d.J. 1538. GS ETH Zürich.
279 *Totentanz.* Von Niklaus Manuel Deutsch. Gemalt in Bern um 1515 bis 1520. Ausschn. der Kopie von Albrecht Kauw von 1649. In: Zinsli, P. Manuels Totentanz.
280 *Totentanz.* Holzschnitt von H. Holbein d.J., 1525. Kk Basel.
281 *Wegkreuz, auf dem Hochplateau von Sigigen bei Ruswil LU.* In: Brunner, E. Die Bauernhäuser im Kanton Luzern, S. 55.

282 *Totentanz.* Von J.J. Ridinger 1784. GS ETH Zürich.
283 *Der Tod kriecht einem Mädchen unter den Rock.* Von Niklaus Manuel Deutsch (1584–1630) Silberstiftzeichnung im Musterbuch für Flachmaler. Kk Basel.
284 *Besuch am Grabe.* Wollwirkerei. Linke Seite eines Antependiums, 3. Viertel 15. Jh. SLM Zürich.
285 *Begraben der Toten.* Rundscheibe 1635. SLM Zürich, Inv.-Nr. AG 1194g.
286 *Niklaus von Flüe.* Tempera, um 1500. ZB Zürich. Geschenk des Standes Zürich an Obwalden, 1951.
287 *Die Armut.* Der Abend einer armen Haushaltung unseres Landes im Winter. R. Schinz inv. et sculpsit, Hülfsgesellschaft 1817. GSZB Zürich.

Arbeitsaufwand pro Stunden und Minuten, 1550 bis 1800, im alten Zürich

Jahr	Staatswein		Kernen		Rindfleisch	Brot	Butter
	Arbeitsaufwand für den Gesellen pro Eimer (kursiv = 1 Liter)		Arbeitsaufwand für den Gesellen pro Mütt (kursiv = 1 Pfund)		Arbeitsaufwand für den Gesellen 1 Pfund	Arbeitsaufwand für den Gesellen 1 Laib = ca. 4 Pfund	Arbeitsaufwand für den Gesellen 1 Pfund
	in Std. und Min.		in Std. und Min.		in Std. und Min.	in Std. und Min.	in Std. und Min.
1550	95.—	*-.52*	132.08	*1.09*	1.19		
1560	87.08	*-.48*	128.34	*1.07*	1.33		2.51
1570	117.18	*1.04*	206.17	*1.48*	2.15		
1580	144.21	*1.19*	206.44	*1.48*	1.59		
1590	174.22	*1.35*	235.—	*2.03*	2.30		
1600	209.07	*1.54*	217.26	*1.53*	2.23		3.22
1610	132.21	*1.12*	145.35	*1.16*			4.46–6.11
1620	55.—	*-.30*	128.11	*1.07*	3.02		
1630	144.09	*1.19*	264.09	*2.18*	2.56		8.47–14.38
1640	139.29	*1.16*	237.40	*2.04*	2.43		
1650	128.31	*1.10*	130.30	*1.08*	2.37		3.23
1660	60.—	*-.33*	75.—	*-.39*	1.30		
1670	83.05	*-.45*	131.12	*1.08*	1.59		3.58
1680	91.18	*-.50*	105.39	*-.55*	2.17		4.53
1690	92.47	*-.51*	117.13	*1.01*	2.26		
1700	117.35	*1.04*	173.56	*1.31*	2.25		
1710	97.30	*-.53*	114.33	*1.—*	2.23		
1720	90.38	*-.49*	123.08	*1.04*	2.30		
1730	70.—	*-.38*	97.20	*-.51*	2.20	2.07	
1740							
1770	107.22	*-.58*	115.47	*1.—*	2.06	2.48	
1780	108.30	*-.59*	123.30	*1.04*	2.08	2.45	
1790	96.30	*-.53*	120.—	*1.03*	2.17	2.57	5.57
1800	114.11	*1.02*	116.27	*1.01*	1.54	2.46	3.55

Quelle: Taglöhne des städtischen Kornamtes für Handwerker und Arbeiter in Stadt und Land, StAZ F III 17, 1535–1798 Kornamtsrechnungen.

Wieviel Nahrungsmittel bekam man für 1 Stunde Arbeit von 1550 bis 1987?

Jahr	Wein (Staatswein) Liter	Kernen (Brotgetreide) Kilogramm	Rindfleisch (Siedfleisch) Kilogramm	Butter Kilogramm
1550	1,15	0,43	0,38	–
1570	0,93	0,27	0,22	0,17
1590	0,63	0,24	0,20	0,14
1610	0,83	0,39	–	0,09
1630	0,75	0,21	0,17	0,04
1650	0,85	0,44	0,19	0,14
1670	0,87	0,44	0,25	0,12
1690	1,17	0,49	0,20	–
1710	1,13	0,50	0,21	–
1730	1,57	0,58	0,21	–
1750	–	–	–	–
1770	1,03	0,50	0,23	–
1790	1,03	0,47	0,21	0,08
1800	0,96	0,49	0,26	0,12
1987	1,81	4,5	1,00	1,02

*Für 1987 sind wir von folgenden Zahlen ausgegangen:
1 Liter Wein Fr. 10.–   1 kg Brot Fr. 4.–   1 kg Rindfleisch Fr. 18.–   1 kg Butter Fr. 17.50   Stundenlohn Fr. 18.–

Sachregister

Die Ziffern verweisen auf die Seitenzahlen. (In Klammern gesetzte Ziffern verweisen auf Legendentexte der entsprechenden Seiten.)

Abendmahl 39, 129, 130, 258, 305, 315
Abort 66, 67, (67)
Ahnen, Ahnenverehrung 53, 210, 228, 239, 267, 309, 312, 315
Allermannsharnischwurzel (126), (145)
Allmend 84, 212
Alp, Alpen, Alpgenosse 22, 214, 317, 319
Alraunwurzel (Mandragora) 126, (127)
Alphorn (186), 186, 194
Altar 120, 253, 254, 281, 299, 306
Altenstöckli 70, 71
Amulett 72, (120)
Analphabeten 265, 291
Apfelmus (Apfelkompott) 81, 85
Apotheker, Apotheke 134, (147)
Arbeitszeit 32, 43, 65, 215
Arme, Armenhäuser 98, 213, 242
Arme Seelen (271), 317, 318, 322, 325
Arzt (136), (141), 142, 143
Astrologen 26
Astronomen 26
Auffahrt 164, 165
Auferstehung 264, 291, 324
Aufgebot (Eheaufgebot) 309
Aufklärung, Aufklären 32, 128, 204, 220, 244, 295, 332
Augenkranke 138, 140, 141
Aussatz 9, 93, 134, (135)
Auswanderung 26, 40, 320, 331

Backen, Bäckerei (45), 53, 61, 213
Bader 66, 140, (141)
Baden, Badstube 66, 67, 80, (133)
Bannumgang 167, 187, 240
Bannwald 11, 13
Barbier 140, 142
Barett 112, (113), 309
Bauern, Bauernhandwerk 43, 45, 213
Bauer, Bauernarbeit, Bauerntum 36, 108, 248, 283, 320
Bauerngärten (50), 77
Bauernregeln, Bauernpraktik 21, 273, 274, 277f., 278, 279
Bäume, Zerlegte 77, (77)
Becher, Becherkampf (57), (83), 268
Beerdigung 214, 326, 327
Befreiungssage (Befreiungsgeschichte) 268, 269, 306
Befreiungstradition 247, 264
Beichte 125, 315
Beinhaus 314, 320
Beinlinge (105), (113), 114
Beleuchtung 50, 51, 64
Berg, Bergbau, Bergler 11, 13, 15
Beten (102), 129, 137
Bett 64
Bettausstattung, Bettbehang 62, 63, 64
Bettelwesen 94, 180, 331

Bevölkerung 7, 58, 205, 229, 329, 331
Bibel, Bibelglaube 106, (129), 221, 253, (273), 280, 282, 283, 291, 292, (293), 294, 299
Bienen (288)
Bier 80, 93
Bilderstürmer (Bildersturm) 121, (123), 125
Bilderverbot 261
Bilderwelt 260
Bilderkult, Bilderverbot, Bildersprache 125, 253, 261
Birnen, Birnweggen 85, 89, 92, 108
Blitz 71, 127
Blockbau (50), 52, 66
Blutsegen, Blutung 143, 148
Boden, Bodenbearbeitung, Bodenwerkzeug, Bodenordnung 22, 23, 27, 278
Bohnen, Bohnenmehl, Bohnenmus 87, 88, 278
Bote (Botengänger) 27, 28, 318
Brache 23, 96
Braguette (Schamkapsel) (113), 114
Brandkatastrophen (213), 214, (215)
Branntwein 100, 110
Braten 85, 86, (102)
Brauch 280, 281, 304, 306, 327
Braut 108, 309, 310, (310)
Bräutigam 108, 309, 310, (310)
Brennessel 99, 147
Brennholz 50, 51, 328
Brettspiele 159, 182
Brot, Brotbacken, Brotkonsum, Brotsorten 34, (45), 45, 85, 88, 94, 99, 1100, 102, 103, 108, 109, 213, 271, 287
Bruderschaften 214, 318, 319
Brunnen, Brunnenhäuser 17, 68, 69, 213, 260f.
Buch, Buchdruck, Buchvertrieb 291f., (292), 293
Buffet 54, 107
Busse, Bussbücher 137, 197
Butter 61, 92, 101

Caritas 260, 265
Cembalo 188
Chirurgen 134, 140, 142
Chlausbräuche 153
Christentum 203, 283, 293
Christkind (Christus Kind) 160, 290
Christus (Christusfigur) (119), 124, 162, 255, 256, (256), 257, 299, 302
Chronisten (Chronik) 265, 270
Collegium Musicum (192)

Deckengemälde (Deckenfresken) 257, 259
Dill 81
Dinkel 37, 86
Dörren, Dörrofen 37, 89
Dorflinde 10, (234)
Drachen 13, 128, 269
Dreibeinpfännchen, Topf 59
Dreifelderwirtschaft (22), 23, 24, 79
Dreikönige, Dreikönigssingen, Spiele 161, 236, 251
Dünger, Düngeregeln 24, 278

Egge 34, 36, (36)
Ehebücher 198
Ehe, Ehebuch, Ehebruch 107, 108, 128, 197, 198, 200, 203, 204, 206, 216, (287), 297

Ehegericht 199, 200, 203, 307, 308
Eheleute 202, 307, 310
Ehelosigkeit 199, 331
Ehepfand 307, 308, (309)
Ehescheidung (Scheidung), Eheschliessung (199), 200, (306), 309
Eheversprechen 108, 308, 309
Eierspiele 119
Eichelmast (84)
Ei, Eierspeisen 81, 101, 161, (304)
Eigentum 23, 271
Einraumhaus 49, 51
Einzuggeld, Einzugsmahl 109
Englischer Schweiss 9, 136
Enthaltsamkeit 82, 286
Erbgang, Erbgut, Erbrecht 95, 276, 277
Erbsen 37, 88, 96, 278
Erdrutsch 11, 16
Ernteausfälle, -ausfall, -ertrag 168, 277, 332
Ertrag, Ertragsfaktor 23, 86, 278
Ess- und Trinkgeräte, Esszeiten 49, 87, 101, 102, 109
Esslöffel (102)
Essmesser (107)
Esstisch (102)
Existenzminimum 94, 205, 234
Exorzismus (Geistvertreibung) 127, 299

Fäkaliengruben 63, 66, 67
Familie, Planung 60, 73, 199, 202, 204, 207, 221, 332
Fasnacht 53, 114, 119, 149, 150, 151, 152, 157, 223, 297, 314
Fastengebot, Fastenzeit 83, 85, 88, 101
Fechten 169, 173, 174
Fegefeuer (271), 322
Fehde 223, 228
Feier, Feiertag, Fest 30, 101, 149, 156, 157
Fenster 64
Festmahlzeit (Festessen) 104, 109, 156
Feuer, (Brandgefahr), Feuerglocke, Brunst 29, 64, 212, 297
Feuerhaus 58, 68, 69
Feuerstelle, Herdstelle 58, 59, 60, 220
Firmung 304, 305
Firmpate (Firmpatin) 305
Firstmahl 214
Fische, Fischen, Fischer 80, 81, 82, 85, 86, 87, (87), 98, 101, 103, 105, 297
Fleisch, Fleischmarkt, Fleischkonsum 45, 81, 82, 84, 85, 86, 90, 98, 100, 101, 102, 104, 105, 107
Flöhe, Flohbefall 49, (50), 135
Flugschriften Flugblätter 194, 245, 291, 292
Folter 229, 236
Frau (Weib) 73, 275, 277, 278, 279, 282, (291), (294), 301, 317, 322
Frauenhäuser 66, (198)
Frauenkleidung 115, (118)
Frieden 220, 223
Friedensbereich 222
Friedhöfe 314, 315, 319
Frömmigkeit 243, 254, 312
Fronleichnamsprozession (Fronleichnamstag) 156, 165
Frösche, Froschregeln 20, 101
Fruchtbarkeit, Fruchtbarkeitsbrauch 110, 150, 196, 291

Gabel (45), (102), 104, 107
Gadensteigen (Gaden) 62, 306, 307
Galgen 230, 232
Garten 74f., 257
Gartenhäuschen 74, 77, (77)
Gebäck 59, (99), 110
Gebet (119), 120, 233, 299, 317, 327
Gebetbuch (293), 294
Geburt, Geburtenbeschränkung, Geburtenhäufigkeit 133, 206, 297f., (297), 298, 299, 329
Geld, Geldgier 110, 281, 242
Gemeinde 125, 212f., 240, 299, 300, 304
Gemeindegesang 191, 193
Gemeinschaft (Gemeinsinn) 9, 238, 239, 240, 274, 297, 300, 305, 325, 332
Gemüse 99, 100, 102, 297
Gesellen, Gesellenhaus 62, 324
Gesundheit, Gesundheitslehre 79, 80, 81, 133
Gerichtswesen (Gericht) 232, 236, (262), 264
Gerste, Gerstenbrei, Gerstenbrot 87, 96, 99
Gesangbuch 191, 294
Getreide, Getreideimporte, Getreidepreis 23, (24), 45, 83, 85, 94, 96, 97, 98
Gevatterschaft 299, 302
Glas, Glasfenster, Glasgemälde 254, 256, (309)
Glaube 72, 292, 317, 324
Glasmaler 262, 291
Gletscher (15), 22, (179)
Glocke (Glockengeläute) 29, 299
Glücksspiele 159, 183
Gotik 255, 260
Gott 72, 275, 276, 281, 282, 283, 290, 319, 332
Götti, Gotten 106, 299, 300, (301), 301, 303
Gottesdienst 29, 39, 124
Grabbesuch, Grabspende 316, (326)
Grundeigentum 23, 271

Hackbrett 186, 187, 188, 190, (190)
Hafner (Ofenmaler) 260
Halsleiden 138
Händler 27
Handwerker, Handwerkertanz 111, 184
Hafer, Hafergerichte, Ernte 37, 87, 88, 96, 99, 109
Hagel 71, 162, 213
Harfe 188, 190, (190)
Harnisch 226
Harsthorn 186
Hase 81, 109, 176
Haselnüsse 99
Hasenbraten 81, 148
Haus, Hausbau, Hauspreis 20, 49, 50, 283, 291
Hausfrau 73, 104
Hausfrieden 53, 220, 222, 223, 230
Haushalt 81, 94, 103, 107, 200, 204, 205
Hausinschrift 280, 281, (283), 289, 301
Hausorgel (Positiv) 188, (188), 190, (192)
Haussegen 282
Hauswirtschaft 205
Hauswüstung 222

359

Hauszeichen 72
Hebamme 134, 140, 298, (298), 299, (301), 303
Heilbad (135)
Heilige, Heiligenbild 106, 120, 121, 124, 253, 256, 281, 292, (324), 324
Heilkunde, Heilmittel 146
Heimarbeiter 32, 41, 42
Heimat 15, 16, 216, 237
Heimatbewusstsein (236), (230)
Heimgarten 74
Heimindustrie 331
Heimlicher Ort, siehe auch Abort 66
Heirat 107, 197, 206
Heischebräuche (157), 224
Hellebarde 226
Helsete (Neujahrsgeschenke) 161, 299
Hemd (113), 115
Kesselhängekette 59, (95)
Herd 53, 220
Herdfeuer 222
Hergottswinkel (Kultecke) 280
Herkommen 30
Heu 278, 279
Heuernte 108
Hexe 72, 74, (120), 230, 231, 283, 297, 331
Hinrichtung (229), (230), 297
Hirsebrei, Hirsbreifahrt 87, 158
Hirtenkultur (Hirtentum) 27, 175, 207, 239
Hirtenland (24), 87, 96
Hochzeit 56, (167), 214, 216, 306f., 307, 309, 310, 311, 327
Hof 20, 52, 70, 211, 274
Hofzaun 220, 222
Hölle 119, 256
Holz, Holzbauten 49, 52, 71
Holzfällen (Holzfäller) (12), 30, 325
Holzfrevler (10), 13
Holzschuhe 112, 115
Holztransport 322
Honig 92, 93, 298
Hopfen 88
Hornussen 171, 172
Hose 114
Hostie (122), 123
Hostienwunder 265, 267
Humanisten 285, 286, 291
Hunger 23, 26, 82, 95, 100, 101, 278, 322, 331
Hungersnot (Hungerkrise) 19, 88, 93, 100, 206, 329, 331

Ikonographisches Schema (Bildprogramm) 255, 256, 258, 259, 260, 261, 262, 288
Initiationsriten (Initiationsrituale) 297, 303, 305
Inschriften 71, 279, 288
Intarsien 54, 58
Inzest 203

Jagen 91, 107, 169, 176, 177, (177)
Jass 182
Jenseits 312, 317, 328
Jodeln 194, (194)
Jungfrauen 310, 322
Jungfrauen, kluge und törichte 256, (256)
Jüngster Tag, (Jüngstes Gericht) 271, 276, 321

Kabinettscheiben 262, 264
Kabis 89

Kachelofen 53, (54)
Kälte 13, 133
Käse 85, 86, 88, 101, 102, 135
Kaffee 69, 92, 93, 100, 110, 327
Kaffeemühle (99)
Kalbfleisch 45, 90, 91
Kalender (31), 31, 295
Kalendermacher 31, 32
Kalorienbedarf 86
Karfreitag 72, 128, 162
Kartoffel 79, 83, 87, 93, 107
Kastanien 88, 98, 99
Katechismus 283, 293, 305
Katholiken (Katholizismus) 40, 280
Katzenstriegelziehen 172, (172)
Kaufkraft 43, 45, 46, (46), 94
Kegeln 170, 171, 234
Kerze (65), 162, 299
Kesselhängekette 59, (95)
Keuchhusten 136
Kiltgang (Kiltwesen) 62, 133, 170, 187, (216), 306, 307, (308)
Kind 297, 300, 317, 324
Kinderarbeit 331
Kindererziehung 207
Kinderkrankheiten 137, 138
Kindermord 236
Kinderspiele 183, 207
Kindersterblichkeit 301, 322, 324
Kinder, totgeborene, ungetaufte 123, 303
Kindermord 203, 204, 206
Kirche 101, 119, 149, 254, 281, 292, 299, 303, 310, 321
Kirchenbau 35, 315
Kirchenbesuch 126, 254
Kirchenfest 160
Kirchengesang 190
Kirchenordnung 311
Kirchhoftänze 184
Kirchweih 113, 114, 154, (157), 170
Kirschen 86
Kleiebrot 99
Kleid 111, 268
Kleidermoden 268
Kleider-Ausgaben 117
Kleiderlänge 111
Kleidermandate 111, 116, (116)
Klima, siehe auch Wetter/Witterung 21, 79
Klimageschichte 21, 95
Klöster 215, 257, 292
Kluckern (Murmeln) 183
Knabenschaft 202, 211, 216, 217, 218, 222, 204, 305, 306, 307, 309, 310
Knabenschiessen (175)
Knoblauch 134, 147
Kochbuch 81, 87, 92
Kochen 40, 49, 80, 82, 106
Kochofen 53
Kölsch 62, 63
Körperstrafe 236
Kohl 89, 90
Komet 26, (27), 122, 267
Konfirmanden (Konfirmation) 130, 304, 305, 306
Konkubinat 198
Konsumverhalten 118
Konzerte (192)
Korn, Kornhaus 97, 98, 109
Kornland (24), 79, 329, 331
Kornspeicher 69
Körper 323
Krähhahnen 109
Krämer (93), 320

Kranke, Krankenpflege 85, (243), 315, 319
Krankheiten 71, 317
Kräuter 74, 100
Kräuterbrot 146
Kräutertee 98, 147
Krankendiät (Krankenkost) 80, 91
Kreuz 11, 53, 72, 299
Kreuzabnahme (160), 163
Kreuzfahne 72, 291
Kreuzlagen 226
Krieg 26, 97, 133, (247), 314, 332
Kriegsbereitschaft 224
Kriegsknecht (207), (218)
Küche 58, (60), 60, 81, 156, 205
Kruzifix 62, 106, (316)
Kuchen 85
Küchentanz 183
Kugelschlagen 171
Kuh 271, 279
Kühlteppich 55
Küherstöckli 69
Kuhmist 322
Kuhrechte (Tesslen) (214)
Kuhreigen (Kuhreihen) 192, 194, (194)
Küssen des Ofens 53
Kümmel 147
Künden 318
Kunstwiesen 329
Kurhaus 145, 146

Labkäse 87
Lähmung 317
Läuse 49
Landsgemeinden 166, 167, 299
Landwirtschafts-Produktivität 100
Langspiess 226
Lattich 89, 90
Laubsack 62
Laubstreu 278
Laute 188, 190, (190), (191)
Lavezstein 61
Lawine 11, 16, (16), 52
Lebensbaum 10
Lebensbrunnen 257
Lebenserwartung 322
Lebensführung 16, 39
Lebenshaltung (Lebensart) 110, 312
Lebensordnung 32, 228, 252, 260, 274, 290
Lebensregeln 275
Leder 37
Legenden 265
Lehrer 294
Lehrvertrag 106
Leiche 327
Leichenansagerin (Leichebitter) 326
Leichenmahlzeiten 327
Leichnam 316, 326
Leid 274
Leintuch (Tischtuch) (57)
Leinwand 31, (118)
Leistungsnorm 32
Leitbilder (Leitgestalten) 245, 246, 258, 262, 265, 269, 280, 283, 287, 290, 292, 295, 332
Lerchen (10), 91
Lesefähigkeit 279, 293
Lesegesellschaften 220, 294, 295
Lesekundige 291, 292
Lesestoff 293
Lesetrucken 293
Leuchter 64
Licht 331

Lichtmess 279
Lichtspanhalter 65
Lichttag 102
Liebe 80, 203, 259, 291
Lieder 129, 194, 195, 196, 208
Linde 77, (77)
Lindenplätze 76, 181
Linsen 88, 96
Liturgie 149, 306
Löffel 104, (107), 107
Löhne 45, 46, 94
Lohnordnung 42
Lohn- und Preisreihen 45, (46)
Lostag 30
Lotterien 183
Luchse 176
Luftverschmutzung 18

Magen- und Darmleiden 137
Mästereien (84)
Magen 80, 278
Mahlzeiten 311
Mahlzeitenpausen 42
Maisrevolution 79
Mandat 301, 302, 332
Mandelkäse 81
Mandelöl 144
Mangold 89
Mann 302, 317
Männergesellschaft 200
Männertracht (Männerkleidung) 115, (117)
Manufakturen 329
Marchenrücker 272, 325
Marchsteine 272
Markt (27), 27, 91
Marktplatz 169
Marterwerkzeuge 72, 290
Märtyrertod 121
Maske (Larven) 150, 152, (250)
Maskenbräuche 255
Masshalten (Mässigkeit) 252, 259, 268
Massholder (Ahorn) 99
Mastvieh 37
Maultrommel 186, 187
Meersalz (89)
Mehl 98, 274
Memento Mori 321, 322
Menschenrechte 295
Messe 162, 317, 324
Messkatalog 295
Messeplatz 159
Messer (79), (102), 103, 108
Messingleuchter 65
Met 93
Meteorologie (277)
Metzgete (84), 109
Miete 50
Migräne 138, 140
Mikro-Kosmos 25
Milch 83, (85), 87, 94, 100, 101, 237, 278
Milch- und Butterpreise 46
Milchkaffee 107
Milchmus 87
Milchproduktion (84)
Milchspeisen 85
Milchsuppe 87, 93
Milchspeise (85)
Misswuchs (Missernte) 97, 99, 101, 133, 206
Mist 30, 50, 278
Mistauslegen 30
Mitfastenfeuer 150

Mittagsmahl 43, 102
Mittagspause 45
Mode 114, 116
Moral 119
Moralisten 41
Mörder 325
Morgenessen (Morgenmahl) 92, 102, 214
Morgengabe 202
Morgensuppe 110
Mosesbrunnen 260, (260), 261
Most 93, 98
Mostproduktion 93
Mündigkeit 304
Murmeltier 91
Murmeltierfleisch 148, 176, (176)
Mus 85, 87
Musglocken 29
Mushafen 98
Musik 311
Musikautomaten 40
Musikgesellschaften 190
Musikleben 190
Muskelkraft 33
Mutter 73, 208, 297, 302, 306, 318, 324
Mutter Gottes 253
Muttermal 297
Mütze 115
Mysterienspiel (250)

Nachbarschaft 211, 213, 214, 332
Nachrichtendienst 245, 246
Nachrichter 51
Nachtessen (Nachtmahl) 42, 309
Nachttopf 62, (63)
Naturgewalten 331
Naturwissenschaft 318
Nägelschneiden 30
Nahrungsmangel 319, 331
Nahrungsmittel (46)
Nahrungsmittelpreise 97
Namen (Namengebung) 18, 30, 301, 302
Namenstag 106
Narrenzunft 218
Nation 240, 242, 243, 252
Nationalbewusstsein 194, (241), 241, 243, 244, 267
Naturgefühl 179
Neptun-Brunnen 260
Neujahr 26, 161
Notnahrung 99
Nüsslisalat 99
Nuptialität 329
Nutzdenken 74
Nutzgarten 76
Nutzungsrechte 58, 331
Nutzungssystem 95

Obdachlose (243)
Oberkleid (Obergewand) (113), (117), 117, (119)
Oberrock 115, (116)
Obrigkeit 292, 294, 297, (323)
Obst 37, 85, 89, 94, 297
Obsttorten 89
Ökonomen 24, 209
Öl 92, 299
Ölung 315
Ofen 53
Ofenanbeten 53
Ofenbeichte 53
Ofenkuchen 100
Ofenwüstung 53

Ölberggruppe (160)
Oleander 49
Orakelbrauch (31)
Ordinationsraum 147
Ordnung 274, 280, 287
Orgel 190, (190)
Orgelspiel 125, 129, 190
Ornat 130
Orthodoxie 105
Ostern 119, 163
Osterfeuer 72
Osterfladen 119
Osterkerze 164
Ostermarkt 159

Palmesel 125, 127, (163)
Palmsonntag 162
Palmweihe 162
Palmzweige 72, 162
Pantoffel 112
Paradiesblume 257
Paradiesdarstellung 264
Paramenten 160
Parteikämpfe 247
Pass (Passwege) 135
Passion 264
Passionswerkzeuge 34
Pastete 82, 92
Pate (Patenkinder) 299, 300, 301, 302
Patriotismus 241
Pelzwerk (Pelze) 113, 135
Pest 9, 16, 26, 97, 101, 134, (135), 137, 206, 318, 319, 328, 331, 332
Pestepidemien (Pestzeiten) 135, 214
Pfeffer 86, 92
Pfeife 186, 192
Pfeifer (158), 186
Pferd 37, 279
Pferdebohne 88
Pfingstmarkt 159
Pflug (36), 277, 329
Pietismus 280, 285
Pilger 27
Pilgerfahrt 123, 214
Pilgerstab 123
Pilgerzeichen 123
Pilze 99
Plattenschiessen 170
Posamenter 39
Posaune 190, 320
Preise (22), 37, 97
Preisfrage 21
Preis- und Lohnstruktur 205
Priester 119, 120, 163, 299, 307, (310), 315, 316, 318
Produktivität, System 34, 40, 271
Protoindustrie 40, 100, 203, 209
Prozession (154), 157, 162, (163), 163, 165, 166, 233, 249, 317
Prozessregel 275
Prügel 202
Prunkraum 57
Psalmensingen 190, 191, 283
Psalmworte 291
Purpur 113
Putzsucht (247)

Quacksalber 134
Qualitätsgarantie 37
Quellen 93
Quellwasserwerke 93
Querflöte 190

Rachezüge 132
Rachsucht (Rache) 234, (313)

Radspinner 34
Räderpflug 34
Randen 89
Rapier 225
Rasenplätze 169
Rathaus (273)
Rastsystem 209
Rat, unüberwindlicher 305
Rationalisierung 70
Rathaus 258, 276, (286), 287, 332
Ratsstube 51, 286
Ratten 135
Raubbau 9, (10), 332
Rauchküche 58
Rauflust (Schlägereien) 223, 234
Rebbauern 277
Rebgelände 278
Rebenholz 135
Recht 274, 288, 289
Recht der Frau 202
Rechtsfindung 275
Rechtsgefühl 234
Rechtspflege 229
Rechtsschutz 220
Rechtssprichwörter 273, 275f., 277
Rechtsstreit 76
Rechtsverdreher 276
Rechtsquellen 304
Redensarten 273
Reformation (Reformatoren) 42, 101, 105, 124, 125, 151, 158, 190, 194, 199, 204, 214, 251, 258, 292, 299, 301, 303, 305, 311, 316, 317, 324
Regen 133
Regenwasser 17
Regiment 287, 288
Regimentsfähigkeit 205
Reis 92, 100
Reise 27, 28
Reisedauer 123
Reiseführer 28
Reiseliteratur (Reiseberichte) 123, 294
Reisemantel (125)
Reislaufen (Reisläufer) 26, 211, 226, 243, 252, 314
Reitbahn 173
Reiten 172
Reiterspiel 161
Religion 119
Religiosität 251
Reliquie 121, 123
Renaissance 257, 260
Renaissance-Malerei 259
Repräsentationsbedürfnis 52
Repräsentationsgedanke 258
Revolution 292
Richter 276, 289, 320, 321
Richtstätte (211)
Riesen 128
Rindfleisch 45, 90, 108
Ring 308, 309
Ringen 160, 169, 174, 175
Ritterburg 51
Ritterlichkeit 248, 249
Ritterschaft (Rittertum) 111, 248, 249
Ritual 303, 332
Rock (113), 113, 118
Rösti-Pfanne 58
Roggen 37, 96
Roggenbrot 86
Rokoko 257
Römisches Recht 276

Romanik 254, 255
Rorate-Messen 160
Rosenkranz (154)
Rosmarin 135
Rottannenharz 148
Rübenkaffee 101
Rüben, rote 85, 88, 98, 278
Ruhestunden 45
Ruhr 147, 322
Russ 20, 54
Rutenstrafe 208

Safran 86, 92
Sage 270, 272
Sagenerzähler 41
Sakrament 122, 302, 305, 312
Sakramentswunder (122)
Sakrileg 271
Säumer 34
Salat 89
Salbeiküchlein 92
Salbung (Salböl) 299, 305
Salz 20
Salzbüchse (Salzgefäss) (105), 299
Salzmühle (89)
Samichlaus 153
Samariter 264
Samt 113
Samtbespannung 55
Sandalen 112
Sänger (Liedersänger) 245, 246, 247
Sarg 326
Saubannerzug (Saubannerleute) 224, (224), 314
Sauerampfer 99
Saubohne 88, 89
Sauerkäserei 87
Sauerkraut 90, 99
Sauerteig 88
Sauna 53
Schabmadonna (143)
Schabzieger 87, 88
Schachspiel (135), 182
Schadenzauber 120
Schalmei 188, 190, (190), 192
Schauspiel 243, 320
Schaltjahr 31
Schärerstube 145
Scharfrichter 134
Schaube (116)
Schaugerichte 81
Schaukeln 182
Schauspiel 249
Scheibenfenster 49
Scheibenhund 128
Schellen 150, 186
Scherer 66, 319
Schiessen 160, 173, 314
Schifferpatron (120)
Schinken 276
Schlachtfigur 165, 166, 314
Schlachthaus 68
Schlafen 49, 80
Schlafhaus 62
Schlafstube 61
Schlaftrunk 102
Schleiertuch 115, (118)
Schliissvertrag 71
Schlitteln (Schlitten) 183, 328
Schlossgarten 74
Schluckbildchen (129)
Schmähwörter 239
Schmiede (45)
Schnapsflasche 291
Schnecken 101

Schnee (Schneefall) (16), 133, 276
Schnepfen 176
Schnittlauch 81
Schnitzereien 54
Schokolade 92, 110
Schonzeit (9), 11, 91
Schürze 115
Schüssel 107
Schüssler (106)
Schüttstein 60
Schützenhose 118
Schützenfest 114, (157), (158), 159
Schützenfestlotterie (182)
Schützenmeister 159
Schützenwesen 175
Schuhe 37, 112, 115, 117, 118
Schuhmacher 37
Schuhpreise 117
Schuhstehlen 310
Schule 208, 332
Schulexamen 209
Schulmeister 306
Schulpreise 209
Schutzbrief 72
Schutzpatron (125)
Schutzsymbol 282
Schutzzeichen 72
Schutzzettel 72
Schwangere (Schwangerschaft) 133, 208, 297
Schwängerung 307
Schweine 52, (84)
Schweinefleisch 90
Schwimmen 169, 172
Schwingen (169), 175
Schwingfest (Schwingtag) (158), 159
Schwitzstube 66
Schwurblöcke 232
Sechthaus 68
Sechtkessel 68
Seele 107, 327
Seelenheil 124, (252), 253, 256, 292
Seelsorger 130
Seide 112, 113
Seidenelle 25
Seidentapeten 56
Seidentuch 118
Seilspringen 183
Selbstbild 7
Selbstentfremdung 32
Selbsthilfe 228
Selbstversorgung 50, 69, 205
Selige 317
Seligkeit 292
Sellerie 89
Senfpflaster (142)
Sennenpuppe (Sennentuntschi) 271
Sense 34, 37
Serge 62, 63
Serviette (57), 57, (102)
Seuche 319, 331
Seuchentod 331
Seuchenzug 319
Sichel 34, 37
Sicherheitsdenken 23
Siechenhäuser 135, 213
Siechenklapper 134
Siedlungsraum 16
Sigrist 319
Silber 113
Silvester 161
Singen 126
Singvögel 91
Singvögeljagd 11

Sinnsprüche 253
Sippe 299, 332
Sittengesetzgebung 198
Sittenkontrolle 306
Sittenmandate 39
Sittenrichter 216
Sittenstrenge 250
Sittenverwilderung (Sittenzerfall) 210, 283
Sitzordnung 106
Societäten 220
Sodbrennen 93
Sodloch 68
Sodomie 203
Söldner 27, 85, 87, 112, 227, 249, 288, 329
Solidarität 242
Sommergerste 37
Sonnenfinsternis 267
Sonnenuhr 29
Sonntag 130
Sonntagsheiligung 256
Sozialordnung 42
Spanischsuppe 91
Spannbett 62
Spargeln 89
Sparsamkeit 40
Spaten 34
Speck 90
Speisefolge 107
Speisezettel 85, 86
Spick-Speckspiel 170
Spielkarten 182
Spielplatz 181
Spielverbot 182
Spinett 188, 190
Spinnen 34, 40
Spinnstubenten 217
Spital (135)
Speiseordnung 43
Spiesskuchen 88
Spitalrechnungen 85
Spott- und Schmählieder 194, 238
Sprichwörter (Spruchweisheiten) 272, 274, 276, 279
St. Nikolaus (153)
Staatsidee 251
Stabelle 57
Stabilität 332
Stadtarzt 134
Stadtbürger 90, 102
Stadtgärten 76
Stadtmauern 225
Stände 111
Standesbewusstsein 240, 281
Stall 66, 90
Stallwohnungen 49
Standesfarben 111
Standesscheiben 262
Staren 176
Statuswert 118
Steinbauten 49, 52
Steinstossen 160, 169, (169), (170), (171), 314
Steintisch 74
Steinobst 89
Steinstossen (158)
Stelzengehen 183
Sterben 297, 316, 318, 322, 324, 325, 332
Sterbegeläut 316
Sterbekunst 133
Sterbepatrone 316
Sterberitual 312f.,
Sterbestunde 320

Sterbeziffern 312
Sterblichkeit 312, 329
Sternsingen 161, 162
Sticken 40
Stiefel 115
Stiftungsrechnungen 85
Stillstand 212
Stimulanzien 41
Stockfisch 81
Stöcklen 170
Stöckli 69, (70), 211
Stollentruhen 54, 62
Storch 291
Strafprozess 229
Strafrecht 228
Straussenfedern 115
Strassen 331
Strassenbau (35), 35
Streitaxt 226
Streu 278
Strickarbeit (112)
Stricken 40
Stroh 34
Strohflechten 40, 41
Stube 51, 52, (54)
Stubenheizung 50
Stubeninschriften 279
Stubensprüche 284f.
Stuckdecken 259
Stuhl 54
Stundeneinteilung 102
Stundenschema 32
Sulz 85, 309
Sünde (Sünden) 250, 197, 303, 315, 319, 321
Sündenfall (281)
Sünder 250, 271
Suppe 81, 92, 107, 302
Symbole 291
Synchronizität 318
Synode 303
Syphilis 9, 133, 136

Tabernakel 254
Täferung 54
Tafelfreuden (119)
Taffet 112
Tageseinteilung 101
Tagesration 86
Tagsatzung (130)
Tagwählerei 31, 32, 128
Tagwerk 29, 37
Talar 130
Talgkerzen 65
Talglampen 65
Tambourin 190, (190)
Tanz 113, 183, 184, 185, 186, 188
Tanzarten (185)
Tanzmusik 185
Tanzsucht 184
Tanzverbote 184
Tapeten 55
Tapferkeit 314
Taschentuch 308, 310
Tatzenkreuz 71
Tauben 91, 267
Taufe 106, 129, 297f., 298, 299, 300, (303), 324
Taufbräuche 299
Taufgelübde 301
Täufling 300, 302
Taufregister 300
Taufstein 300
Taufwasser 148
Taufzeuge 302

Technologiekonflikt 39
Tee 92, 110
Tell, Wilhelm (Tellgeschichte) 247, 259, (261), 264, (267), 268, (268), 269, 295
Teller (102), 104, 105
Tellereisen 176
Testament, Altes 254, 259, (262), 264, 289
Testament, Neues 254, 256, 259, 283, 289, 292
Teuerung 83, 86, 93, 97, 116
Teufel 72, (120), 231, 249, 256, 309, 319, 321
Teufelsaustreibung 299
Teufelsgeschichten 265
Textilien 118
Textilindustrie 294
Textilpflanzenbau 229
Theater 250, 251
Thymian 135
Tierhaltungsregeln 278
Tierhaut (Tierfell) 321
Tierzucht 9
Tirass 176
Tirggelmodel (99)
Tisch 54
Tischgebet 106
Tischdiener 103
Tischsitten 101
Tischtuch 56, 57, (102), 107
Tischzucht 57, 101, 103
Töpferofen 53
Tod 297, 312, (313), (315), 316, (318), 320, 322, 323, (324), 324, 325, 328, 332
Todesangst 328
Todesstunde 322
Todesstrafe 236
Todesursache 322
Todesvorstellungen 318
Topos 27
Torten 92
Tote 297, 314, 320, 325, (327)
Totenbett (315), (316)
Totenbrauch 312, 316, 317
Totendämon 149, 320
Totengedenktage 165
Totengerippe 321
Totengräber 18
Totenfressen 327
Totenheer (255)
Totenhemd 327
Totenkult (Totenverehrung) 149, 312, 314, 316, 325
Totenmahlzeit 109
Totenprozession 318
Totenschädel 317
Totentanz 82, 320, (320), (321), (323)
Totenverehrung 160
Totenvolk 13
Totenwache 326
Trachten (111), (114), 115, 116
Tradition 126, 241, 274, 277, 300, 321
Traghimmel 155
Träger (93)
Trägerkleid (118)
Tragräf (93)
Transport 35
Trauben 85
Trauer 324, 325
Trauerbräuche (Trauersitten) 325, 327

Trauergottesdienst 326
Trauerhaus 325
Trauung 309, (310)
Treibjagd 176
Trinkgeschirr 105, 258
Trinkspiel 164
Trinkwasser 16, 213
Trommler (158), 186
Trommeln 150
Trompete 186, (187)
Trülle 229, (231)
Truheninschriften 289f.
Trümpi 187
Trotte 213
Tuch 117
Truhen 54
Trunksucht 80, 252, 267, 268
Tuch (31)
Tugend 250, 258, (259), 260, 264, 275f., 284, 319
Tugenderziehung (207)
Tumor 143
Tüpfi (58)
Turnier 173
Twingherrenstreit 111

Übergangsrituale 297f., 304
Überlebenschancen 206
Übernamen (Necknamen) 238
Überschwemmung 16, (16)
Uhr 29, 40
Uhrenmacher 37
Umritt 164
Umwelt 9, 22, 332
Umweltsbedingungen 7
Umweltzerstörung 16
Ungeziefer 54
Unglücksjahr 31
Unrecht 270, 276
Unspunnenfest 186
Unsterblichkeit 291
Unterernährung 100
Unternehmer 42
Unterordnung 274
Unterrock 115, (118)
Untertanenpflicht 289
Untervogt 212
Unzucht 197, 199, 200
Urin (136)
Ürten 310
Ürtenbeitrag 105

Vater 73, 303, 304, 324
Vaterland 241, 244, 258
Vaterschaft 204
Vaterunser 73, 327
Vegetarier 89
Vegetationsglauben 160
Vegetationskult 149
Veitstanz 184
Venus 181
Verhaltensregeln 318
Verlagswesen 39
Verleger 41
Verlobung (Verlobte) 107, 306f., 308, 309, 311
Verlobungsmahl 108
Verlobungsversprechen (Verlöbnis) 308
Verpflichtung 72
Verpfründungsvertrag 71
Versehgang 315
Versorgung, medizinische 331
Verstümmelung 229
Verursacherprinzip 18

Verwandte 302
Viehhaltung 24, 329
Viehmarkt 98, 279
Viehseuche (19), 101, 138, 332
Viehzüchter (Viehzucht) (24), 98
Violine 190
Vögel 98
Vogelleim 176
Vogelregeln 19
Volksbücher 291
Volksfrömmigkeit 280
Volksgeist 275
Volksgesang (194)
Volksglaube 15, 120, 300, 324
Volksjustiz 222
Volkskunde 244
Volkslied 243, 246, 249
Volksmedizin 134
Volksnahrung 91, 93
Volkspoesie 273
Volkspredigt 315
Volkssagen 269
Volksschauspiel 252
Volljährigkeit 297
Vorbild 208
Vorbraut (Vorbräutigam) 299, 319
Voressen 309, 311
Vorhänge 56
Vorlegegabel 107, 115
Vornamen 301
Votivtafel 138

Wacholder 135, 147
Wachteln 91
Wachs 73
Wachskerzen 65
Wachstum 329, 331
Wähen (Fruchtkuchen) 92
Wäsche 117
Waffeleisen 60
Waffenverbot 223
Wahlrecht 304
Waisen 319
Wald 13, 20, 331
Walddenken 13
Waldglasrauten 49
Waldgrenzen 271
Waldmeister 148
Waldschritt 25
Walfisch 264
Wallfahrt (Wallfahrtsort) 122, 123, 124, 126
Wallfahrtskirche (125)
Wams 112, (113), 114
Wandbekleidung (Wandverkleidung, Wandbehang) (54), 55, 56, (57)
Wanderungsbilanz 329
Wanderer 27
Wanderstab (93), (125)
Wandkörbe 61
Wandmalerei 254, 255, (259)
Wanduhr (28)
Wappenscheiben 262, 264
Wärme 331
Warnsagen 211, 269
Waschen 40
Waschanlage 68, 69
Waschhäuser 68
Wasser 16, 93, 98, 299
Wasserbruch 141
Wassergätzi 107
Wasserkonsum 93
Wassersuchen 30
Weben 34, 40
Wegkreuz 281, (323)

Wehrbereitschaft 223f.
Weichkäse 87
Weibel 212
Weidgang 133
Weihnachtsspiele 160
Weihnachten (31), 258
Weihnachtsabend 184
Weihnachtsbaum (Christbaum) (153)
Weihwasser 315
Weihwasserkessel 299
Wein (31), 46, 80, 82, 84, 85, 86, 92, 93, 98, 102, 103, (105), 109, 302, 305, 306, 308
Weinbau 87, 277, 329
Weinertrag 87
Weinkeller 156
Weinkrug (83)
Weinland (24)
Weinpreise 46, 83
Weinstein 146
Weissbrot 86, 100, 110, 327
Weisshühner 176
Weistümer 297
Weitsprung (169)
Weizen 46, 96, 97, 99
Weltanschauung 101, 324, 332
Weltauffassung 228
Weltbild 26, (27)
Weltgericht 255
Weltkenntnis 245
Weltkugel 259
Wertordnung 245
Wermut 49, 69
Werterziehung 332
Westen 112
Wetten 183
Wetter 19
Wetter-Heiri 19
Wetterhexe 127
Wetterläuten 127
Wetterpropheten 19
Wetterregeln 19, 277
Wettersegen 73
Wettervorhersage 30
Wettkampf 170
Wettlauf (158), 160
Wicken 37, 96
Wiesland 23, 329
Wild 91, 98
Wildbraten (Wildbret) 91, 297
Wilder Jäger 255
Wildes Heer (255)
Wildfrevel 176
Wildleute, Wildmännli 56, 73, 128, 255, (269)
Wildpfeffer 91
Wildschwein 176
Wildtauben 176
Windellade 57
Windrädchen 183
Winkelried 269, 270, 295
Winterräume 52
Wintersaat 37
Wirkteppich (54), 55
Wirtschaftsauffassung 215
Wirtschaftsziel 22
Wirtshäuser 105, 302
Witterung (Wetter) 21, (22), 95
Witwen- und Sterbekassen 216
Wochenarbeitszeit 45
Wochenstube (W'bett) (297), (298)
Wöchnerin 64, (297), 298
Wohlfahrtsfunktion 13
Wohnen 49

Wohnaufwand 50
Wohngefühl 71
Wohnhaus 90
Wohnkomfort 51
Wohlleben 331
Wohnraum 54
Wohnrecht 201
Wohnungs- und Mietkosten 50
Wolf 9, 12, 176
Wolfstreibjagd 12
Wolkenbilder 21
Wolkenregeln 20, 21
Wollstickerei 56
Wollvorhänge 56
Wotan 317
Würgete 106
Würfelspiel 154, 182
Würste 82, 90
Wurstsieder (58), 59
Wüstungen 9, 222, 223, 228
Wundärzte 134, 319
Wundergeschichten (Wunder) 265, 292
Wundmale Christi (119)
Wurzeln 100
Wütendes Heer 317

Zahnarzt 136
Zauberei 283
Zauberschrift (125)
Zaubersprüche 314
Zaun 74
Zaungeflecht 74
z'Balleteile 70, 211
Zecherei 106
Zehnten (24), 98, 132
Zeit 25, 29, astronomische 102
Zeitbegriff 29
Zeitbewusstsein 29, 30, 32
Zeiteinteilung 30, 102
Zeitglocken 29
Zeitströmungen 280
Zeitungen 245
Zelt 156, 213
Zeremonie 305, 307
Zeremonialschwert 232
Zeuge 276
Zeughaus 226, 227
Ziegel 51
Ziegenfleisch 90
Ziegenhaltung 97
Ziegenmilch 94
Zieger 87, 101
Ziergarten (74), 76
Zimmerleute (43)
Zimtröhren 86
Zinngefässe 60
Zinngeschirr 57
Zinnteller 107
Zither 188
Zipfelmütze 114
Zivilstandswesen 303
Znüni (Zvieri) 102
Zucker 92, 110
Zuckerwerk 92
Zünfte 37, 152, (157), 211, 214, 215
Zunftgenossen 221
Zunftfest 82
Zunfthäuser 105
Zunftstube 51
Zunftwirtschaft 215
Zungenkrankheiten 138
Zweikampf 232
Zwerge 128
Zwetschgen 81, 89
Zwiebeln 80, 86, 326

363